노겸 소성규 교수 화갑기념
(勞謙 蘇星圭 敎授 華甲紀念)

대진의 인연, 기억 그리고 사랑

노겸 소성규 교수 화갑기념
간행위원회 · 개성포럼 편

2024. 8.

간행사

일찍이 다산 정약용 선생은 "겸손은 사람을 머물게 하고, 칭찬은 사람을 가깝게 하며, 넓음은 사람을 따르게 하고, 깊음은 사람을 감동케 하니, 마음이 아름다운이여 그대 향기에 세상이 아름다워라!" 라고 설파한 것처럼 겸손과 노력의 향기로 세상을 아름답게 하는 참스승이 있으니 그가 바로 노겸(勞謙) 소성규 교수님이다.

1964년 7월 7일 경상북도 의성군에서 9남매 중 일곱째로 태어난 노겸(勞謙)은 대구의 명문고 경북고등학교와 한양대학교 대학원에서 수학한 뒤, 이 시대 최고의 민사법, 특히 부동산법학자이자 존경받는 스승으로 탄생하셨다.

1995년 2월 법학박사 학위취득과 함께 대진대학교 교수로 임용된 소성규 교수님은 '노겸(勞謙)'이라는 호가 말해주듯이 항상 겸손하고 근면한 자세로 연구 활동과 후학양성, 지역사회와 학교발전을 위해 상상을 초월할 정도의 활동을 펼쳐오고 있다.

『부동산중개계약론』을 시작으로 『민법총칙』, 『물권법』, 『채권법』, 『가족정책법』, 『법여성학강의』, 『남북한의 법』 등 주옥같은 전문도서를 저술한 바 있고, 1991년 "독일 저당은행의 저당채권에 관한 고찰"을 시작으로 2023년 "평화경제특구조성의 실효성 확보를 위한 입법체계 정합성 확립과 상호보완방안"에 이르기까지 다수의 논문을 발표한 바 있다.

또한, '경기북부지역에 대한 정부정책과 대응방향' 연구를 비롯해 '군사기지 및 군사시설보호구역의 피해보상' 등 수 많은 지역사회 등과 관련한 연구와 함께, 'DMZ 세계평화공원 조성은 가능할까?' 등 주민들이 관심을 갖는 사안에 대해 전문가적 고견을 신문지면 등을 통해 컬럼이나 기고 형태로 수없이 발표해오고 있다.

이와 함께 후학양성에도 심혈을 기울여 2024년 8월 현재 지도교수로 배출한 박사 10명, 석사 101명 등 총 111명의 석사·박사를 배출했다. 이에 더하여, 대진대학교 발전을 위해 법학과장, 고시원장, 법무행정대학원장, 경영대학원장, 대외협력처장, 종합인력개발원장, 한중산학협력지원센터장, 입학홍보처장, 공공정책대학원장, 공공인재대학장, 통일교육선도대학사업단장 등 주요보직과 법정책연구소장, 경기북부발전정책연구소장, 대진평화통일교육연구원장 등을 맡은 바 있다.

노겸은 지역사회 활동에도 적극 참여하여 경기도 지역혁신협의회 위원장과 경기도지방소청심사위원회 위원, 국가균형발전위원회(지방시대위원회) 평가자문위원, 행정안전부 지방행정혁신 평가위원, 통일부 정책자문위원회 위원과 통일부 통일교육위원, 국회 법제 및 사법제도 자문위원회 위원, 의정부지방법원 민사조정위원, 국민건강보험공단 장기요양등급판정위원회 위원, 딜라이브 서울경기케이블TV 경기북부지역 자문위원회 위원 등을 역임하였다. 법학자로는 제7대 한국인터넷법학회장(2012.1.~12.), 제12대 한국부동산법학회장(2014.7.~2018.6.), 한국법정책학회장(2020.1.~2021.12.), 군과 지역사회발전연회장(2020.1.~2021.12.) 등을 역임한데 이어, 2019년 11월부터 대한민국 통일을 준비하는 개성포럼 회장으로 왕성한 활동을 펼쳐오고 있다.

지금까지 노겸 소성규 선생님의 활동은 칭송받아 마땅할 것이다. 이에 2016년 5월 23일 '국민훈장 석류장' 수상을 비롯해 통일부장관과 검찰총장 및 검사장, 지방자치단체장과 경찰청장, 군부대장, 대진대학교 이사장과 총장 등으로부터 수많은 표창장과 감사장 등을 수상한 바 있다.

이처럼 겸손하고 근면함을 바탕으로 살맛 나는 세상을 만드는데 앞장서고 있는 노겸 선생님께서 화갑을 맞이하게 됨에 따라 뜻있는 제자들을 중심으로 2023년 2월 24일 노겸 소성규교수 화갑기념 간행위원회를 출범하면서 이번 행사가 시작되었다.

특별히 이번 "북콘서트"에서 선보이는 출판물은 여타 정년 또는 화갑기념 출판물들이 당사자 중심으로 구성된 것과 달리 주인공보다 노겸 선생님과 인연이 있는 많은 사람들의 감칠맛 나는 이야기들이 더 많이 수록되어 있다. 이는 이번 행사의 주인공인 노겸 소성규 선생님의 뜻에 따라 이루어진 것으로 자신의 삶에 대해 집필한 "51대 49의 삶"이라는 내용 이외에 노겸 선생님과 인연이 있는 학부, 석사, 박사, 동료 교수, 전문가 등 약 100여 분들이 교수님과 대진대학교와의 인연 등을 각자의 시각에서 수필과 논문 형태로 집필되어 있다. 노겸 선생님이 평소에 자주 말씀하시는 "서로 다름을 존중하고 이해하는 통이(通異)"의 관점에서 집필진 각자의 생각을 정리한 내용이다.

이런 관점에서 이번 출판기념회 내지 간행물은 노겸 소성규 선생님 개인의 출판기념회 내지 간행물이라기보다는 여러 명이 함께하는 공동 출판기념회 내지 간행물이라고 하는 것이 좋을 듯하다.

아무쪼록, 이번 '통이(通異)의 관점에서 소통(蘇通)하는 북콘서트'를 계기로 그동안 이루신 노겸 소성규 선생님의 업적이 더욱 빛나게 될 뿐만 아니라, 교수님 앞날에 더 큰 영광이 있도록 함께 응원해주시길 당부 드립니다. 저희들도 교수님의 세상을 아름답게 하는 향기와 빛나는 업적을 계승하고 발전시키는데 앞장서도록 하겠습니다.

끝으로, 노겸 소성규 교수님 화갑을 기념하여 열리는 '통이(通異)의 관점에서 소통(蘇通)하는 북콘서트'를 위해 주옥같은 글을 보내주신 집필진 여러분, 축하 말씀과 성원으로 행사를 더욱 빛나게 해주신 모든 분들께 행사를 준비해온 사람들의 마음을 모아 정중한 인사를 올립니다. 감사합니다.

2024년 8월 20일

'통이(通異)의 관점에서 소통(蘇通)하는 북콘서트'

총괄집행위원장 신한대학교 석좌교수/법학박사   손 경 식

경과보고

    노겸 소성규 교수의 화갑에 대한 다양한 이야기들이 동문들 사이에서 꾸준히 언급되었다. 말뿐이어서는 아무것도 할 수 없다는 생각과 준비할 것이 많을 것이라는 우려로 본격적인 논의를 위해 2023년 2월 24일 공공인재법학과 95학번 대표들과 소성규 교수를 지도교수로 하는 석·박사들의 대표들이 한자리에 모였다. 대표자들이 모인 자리에서 '노겸 소성규 교수 화갑 준비위원회(이하 '준비위원회'라 한다)'를 출범하였다.

    준비위원회는 첫 회의에서 "대진의 인연, 기억 그리고 사랑"이라는 대주제를 결정하고 노겸 소성규 교수의 화갑기념 북콘서트에 대해 다음과 같은 행사의도를 결의하였다.

    첫 번째로 소성규 교수 한 명의 출간기념회가 아닌 참여하는 모두를 위한 축제의 장인 북콘서트의 형태로 개최한다. 참가자와 프로그램은 대주제에 적합하도록 기획한다.

    두 번째로 화갑기념집은 100명의 저자들이 참여하는 것으로 하고 공동저자들은 대주제에 부합하게 자신의 자서전 형태의 수필을 작성하나 예외적으로 수필 이외의 글을 허용한다.

    세 번째로 학부, 석사, 박사 모든 동문들이 함께 어울러져 하나의 준비위원회를 구성하고 함께 준비하고 참석자 모두가 주인공이 되는 북콘서트를 기획한다.

    준비위원회는 행사준비에 적합한 동문들로 준비위원으로 위촉하여 행사를 준비하고 가장 적합한 의사결정을 위해 중간중간 전체 회의를 개최하여 의견을 나누기로 하였다.

    전체 동문들과의 원활한 소통과 업무를 진행하기 위해서 대진대 학부, 석사, 박사 출신으로 천영성 박사를 간사로 선출하여 실무를 총괄하게 결정하였다.

  준비위원회는 기존의 교수님들의 화갑 기념행사와는 상이하지만 노겸 소성규 교수의 제자, 지인 100명에 의해 화갑기념집이 제작되고 북콘서트는 참여하는 모든 분들이 주인공이 되는 행사로 의미있는 행사를 준비하고자 하였다.

  준비위원회는 행사개최지로 포천, 양주, 의정부 등의 장소를 직접 방문하여 실사한 끝에 양주에 소재한 섬유종합지원센터를 행사장소로 선정하였는데 양주섬유종합지원센터는 인원의 수용, 교통, 행사기획 의도에 적합하다 판단하였기 때문이다. 테이블보의 색깔, 답례품을 비롯한 모든 행사준비에 위원들은 하나하나 고민하고 체크하고 의견을 모았다. 모두의 노력으로 우리만의 북콘서트를 준비하게 되어 여전히 부족하지만 만족하고 자신 있게 축제에 초대할 수 있게 되었다.

  마음이 급해서 사진 한 장 못 남긴 적도 많았고 위원 간 전화통화로 이루어진 것도 많아서 일일이 기록으로 남길 수 없었지만 그래도 중간중간 모여서 의견을 나눈 준비위원회 회의의 모습을 부분적으로나마 공유하고자 한다.

  준비위원들의 헌신과 노고로 소성규 교수와 제자 그리고 지인들이 주인공이 되는 축제인 북콘서트의 정식명칭은 다음과 같다.

노겸 소성규 교수 화갑기념(勞謙 蘇星圭 敎授 華甲紀念)
통이(通異)의 관점에서 소통(蘇通)하는 북콘서트
- 백인백색(百人百色); 100명 공동저자의 "대진의 인연, 기억 그리고 사랑" 이야기

2023년 2월 24일 1차 정식 회의

* 장소 : 의정부 해랑

[참석자]
김민성, 김대중, 원진희, 천영성, 서창원, 임춘환, 소성규, 김윤범, 장인권, 김호연

* 주요내용 :
1) 행사 대주제("대진의 인연, 기억 그리고 사랑") 결정
2) 필진 구성 논의, 원고청탁 방법, 출판사, 소요예산 계획 논의
3) 준비위원회 추천 위원(학부 대표 : 임춘환, 95학번 약간명, 석사 대표 : 원진희, 이상훈, 박사대표 : 손경식, 권영택, 학계 대표 : 이현석<한국승강기대학교 총장>, 박수곤<경희대 교수>, 위원 : 최정민, 김효운, 고병철, 서창원, 이용호, 최진웅, 전철) / 간사 : 천영성

2023년 4월 28일 2차 전체 회의

* 장소 : 의정부 파크프리베

[참석자]
이상훈, 이관용, 천영성, 최진웅, 서창원, 임춘환, 김윤범, 장인권, 손경식, 신현숙

* 주요내용 :
1) 행사일 : 24년 8월 28일 수요일 18시 가안 확정
2) 행사장소 섭외건
 - 의정부 후보지 파크프리베는 실외이고 공간협소, 마굿간 등의 사유로 행사진행이 어려움
 - 포천지역 행사 인원 수용과 행사진행이 가능한 시설 보유한 장소 없음
 - 양주 섬유종합지원센터를 대상으로 다시 조사하는 것이 합리적임
3) 행사기획 등은 이상훈 대표가 담당, 천영성 간사가 필진 구체적으로 지정준비
4) 답례품 논의
5) 준비위원 : 학부 임춘환, 장인권 / 석사 원진희, 김윤범 / 박사 손경식, 권영택 /
   행사기획 이상훈 대표, 간사 천영성

2024년 5월 8일 실무진 집중회의

* 장소 : 양주 지역사회문화연구원

[참석자]
천영성, 이상훈, 김태희

* 주요내용
1) 행사명, 행사일, 행사시간 재논의
2) 행사 시나리오 구체적인 안 협의
3) 예산안 및 필진 수정안 협의
4) 동영상 축사, QR코드 삽입 논의
5) 기타 실무진 회의

2024년 5월 17일 3차 전체 회의

* 장소 : 의정부 지동관

[참석자]
천영성, 원진희, 손경식, 정규창, 이종호, 임경식, 권영택, 최정민, 최진웅, 김효운, 신현숙, 이태진, 박차남, 홍준경, 김주연, 정서영, 이관용, 김태희, 김윤범, 소성규 등

* 주요내용 :
1) 행사일, 행사장소, 화갑기념집 일정 최종 확정
2) 이상훈 대표 기획안 확정
3) 소요예산 확정
4) 기존 결정사항 확인 및 수정사항 논의
5) 답례품 논의

2024년 6월 7일 4차 전체 회의

* 장소 : 의정부 주막

[참석자]
천영성, 권영택, 원진희, 김윤범, 이상훈, 김태희

* 주요내용 :
1) 예산(수입 및 지출) 상세내역 논의
2) 답례품 논의(에코백, 도자기 등)
3) 행사 상세 준비물품 논의
4) 행사 스텝진 논의
5) 유튜브 운영 등 논의

2024년 7월 5일 5차 전체 회의

* 장소 : 의정부 주문진생선구이

[참석자]
신현숙, 홍준경, 김태희, 임춘환, 김윤범, 정재종, 소성규, 유성근, 천영성

* 주요내용 :
1) 총 기획안 재점검
2) 답례품 재논의(에코백, 도자기 등)
3) 당일 공연행사 등 논의
4) 행사 스탭진 논의

2024년 7월 12일 6차 전체 회의

* 장소 : 양주 묵호횟집

[참석자]
권영택, 김태희, 이용호, 최진웅, 전철, 서창원, 천영성, 소성규

* 주요내용 :
1) 홍보 관련 문자발송 및 참여인원 사전 조사
2) 답례품 논의(에코백, 도자기 등)
3) 예산안 심의

2024년 7월 17일 7차 전체 회의

* 장소 : 의정부 주막

[참석자]
권영택, 소성규, 원진희, 임춘환, 김태희, 이상훈, 손경식

* 주요내용 :
1) 화갑, 정년기념집 다른 사례를 참고하여 대진대만의 독자적 편집방향 최종 협의
2) 화갑 출판기념회 준비 및 행사기획(안) 최종 점검(이상훈 행사기획 준비위원장)
3) "노겸 소성규교수 화갑기념 간행위원회"로 용어 통일 및 위원 최종 확정
4) 환영사, 축사, 졸업생 위주 사전 동영상 촬영 협의 및 점검(최재훈 박사 UCC 제작 등)
5) 8월 20일 행사 홍보방안 협의
6) 필진 기념품 문경 "관욱요" 확정(박지훈, 최정민 실무 협의)
7) 소요예산 확보방안 협의

축 사

축 사

정성호

국회의원

(경기 동두천시·양주시·연천군 갑)

　반갑습니다. 소성규 교수의 제자인 정성호 국회의원입니다.
　노겸 소성규 교수의 화갑을 기념하여 열리는 "통이의 관점에서 소통하는 북콘서트" 개최를 축하합니다. 또한 소성규 교수의 인생역정이 담긴 회고록 "대진의 인연, 기억 그리고 사랑"의 출간을 환영합니다.
　소성규 교수와의 인연은 지금으로부터 30년을 거슬러 올라갑니다. 제가 의정부에서 변호사로 활동을 시작한 이후 경기북부의 열악한 현실을 바꿔보겠다는 생각으로 경기북부발전시민포럼 공동대표를 맡아 활동하면서 소성규 교수와의 소중한 인연이 시작됐습니다. 경기북부는 수도권 접경지역으로 6.25 전쟁 이후 국가안보를 위해 희생해 왔지만 혜택은 커녕 수도권 규제와 접경지역 곳곳에 있는 군부대와 미군 공여지로 인해 군사규제를 동시에 받는 낙후된 지역이었습니다. 이러한 문제의식을 함께 하며 저는 정치인으로, 소성규 교수는 학자로 의기투합해 경기북부의 중첩규제를 완화하고 발전의 법적 근거를 만들기 위해 노력해 왔습니다. 그 결과 "주한미군 공여구역주변지역 등 지원 특별법"이 만들어졌고, 이를 통해 수도권 규제에도 불구하고 경기북부의 미군공여지역과 주변지역에 대학교 이전 설립이 가능해졌습니다. 또한 기업들에 대한 각종 세제혜택과 철도, 도로 등 교통 인프라, 교육, 의료, 후생 등 문화복지 인프라 확충의 근거법이 마련되어 지역 발전의 발판이 만들어졌습니다. 소성규 교수는 경기북부의 발전을 바라는 지역주민들의 열망을 담아 전문가, 정치인을 비롯한 지역 주요 인사들, 경기북부 지자체들과 함께 토론회와 각종 연구를 지속하면서 경기북부발전 방향과 내용을 구체화하고 이를 바탕으로 정부의 관심을 이끌어내는데도 큰 역할을 하였습니다.

지난 30년의 노력은 경기북부 발전이라는 현실이 되었습니다. 제가 처음 양주·동두천에 출마했을 당시 의정부를 제외한 양주, 동두천, 연천, 포천에는 전철이 없었습니다. 그나마 철도가 있었던 곳에서는 한 시간에 열차가 한 대 다닐까 말까 했습니다. 이제 동두천을 지나 연천까지 전철시대가 열렸습니다. 그 다음은 포천입니다. 이제 곧 양주 옥정을 지나 포천으로 가는 7호선 공사가 시작될 것입니다. 운행을 멈췄던 교외선이 수소열차의 미래를 안고 달릴 예정입니다. 3번국도 우회도로가 연천까지 뚫렸고, 구리-포천 고속도로가 세종까지 이어지고 제2순환고속도로 동측 구간과 연결되었습니다. 올해 말이면 파주, 26년에는 김포까지 연결됩니다. 그리고 제1순환과 2순환 고속도로를 잇는 양주 서부권 서울-양주고속도로가 만들어질 예정이고, 강남을 30분안에 연결할 GTX-C노선이 착공했습니다. 저와 소성규교수가 꿈꾸었던 경기북부 발전을 위한 인프라들이 현실이 되었고, 계획에 따라 만들어질 예정입니다.

지정학적으로 한반도의 중심이었던 경기북부는 분단과 6.25전쟁 이후 변방이 되었습니다. 소성규 교수는 경기북부의 변방에 자리잡고 현실을 직시했습니다. 그의 학문은 대학이라는 공간에 갇혀있지 않았습니다. 대진대가 위치한 포천에서 시작해 경기북부로 확장해 왔습니다. 오히려 대학이라는 공간을 적극 활용해 지역의 리더들을 묶어 세우고, 지역발전을 위한 화두를 던져 왔으며, 현실의 대안을 끊임없이 탐구해 왔습니다. 문제의식을 오늘에만 가두지 않고 다가올 미래를 준비해 왔습니다. 제가 법무행정대학원 1기로 소성규 교수의 지도아래 공부할 당시 논문 주제가 "통일 후 북한 국유기업의 사유화 방안에 관한 연구"였습니다. 소성규 교수는 저 뿐만 아니라 많은 제자들과 함께 통일 이후의 사법, 행정, 경제 등 다양한 분야에 관심을 가지고 통일 이후 한반도와 경기북부의 미래를 바라보며 연구해왔고 지도해 왔습니다.

우리가 바라보는 경기북부의 미래는 경기북부특별자치도에 머물지 않습니다. 그 넘어 평화와 번영의 시대에 자리매김해야 할 경기북부의 새로운 위상입니다. 희생만을 강요당했던 변방, 주변부가 아니라 통일 한반도의 새로운 시대를 이끌어 나가는 주역으로서의 경기북부의 미래입니다.

이제 그가 뿌린 씨앗들이 경기북부 곳곳에서 뿌리를 내리고 열매를 맺고 있습니다. 더 나아가 미래의 새로운 씨앗들이 만들어지고 있습니다. 경기북부 발전의 밑그림을 그렸고, 경기북부특별자치도로 확장했으며, 통일 이후 경기북부가 한반도의 중심이 되는 미래를 그려온 소성규 교수! 저의 5선 국회의원 과정과 지난 30년 경기북부의 정치인으로서 살아온 인생에 함께 해온 스승이자 동료인 소성규 교수! 그가 걸어온 우직한 발걸음에 경기북부 발전을 위해 의기투합 해왔던 동지로서 경의의 박수를 보냅니다. 화갑을 맞은 그는 오늘의 행사를 통해 마무리가 아닌 새로운 길을 열고 있습니다. 지금까지 걸어온 발자취를 돌아보고 그 끝에서 다시 새로운 길을 나서는 소성규 교수의 앞날에 무궁한 발전과 영광이 함께하길 기원합니다. 다시 한 번 화갑과 회고록 출간과 북콘서트 개최를 축하하며, 그의 제자로서, 동료로서, 경기북부 발전을 위해 함께한 동지로서 변함없는 기대와 응원의 인사를 전합니다.

감사합니다.

축 사

백영현

포천시장

안녕하십니까. '더 큰 포천, 더 큰 행복' 포천시장 백영현입니다.

먼저, 오늘 대진대학교 소성규 교수님의 화갑(華甲)을 기념해 개최된 '통이(通異)의 관점에서 소통하는 북콘서트'를 진심으로 축하드립니다.

'통이'라는 말이 처음에는 낯설게 느껴지기도 했지만, '서로 다름을 인정하고 함께하는 것을 지향한다'는 뜻을 알게 된 이후로는 자연스럽게 마음속에 각인된 것 같습니다. 그리고 오랜 시간 제가 깊이 있게 알고 지내온 소성규 교수님이야말로 바로 이런 '통이'의 정신을 누구보다 가장 잘 실천해 오신 분이 아닌가 생각합니다.

교수님과의 인연은 제가 경기도청에 근무하던 시절부터였습니다. 당시 젊고 유망한 교수님이셨는데, 도청에서 발주한 연구용역을 열정적으로 수행해 주셨던 기억이 아직도 생생하게 남아 있습니다.

이후로 제가 부동산법을 더 공부해 보고자 대진대학교 법무행정대학원에 진학하게 됐을 때 담당 교수로 다시 만나게 됐고, 교수님의 세심한 지도 덕분에 '민간투자사업의 활성화 방안 및 개선 대책에 관한 연구'라는 어려운 주제의 졸업논문을 성공적으로 마무리할 수 있었습니다.

이렇게 교수님께서는 모든 일에 임할 때 '남의 일'이라는 생각을 갖지 않는 분이십니다. 다른 사람의 일도 나의 일처럼 최선을 다함으로써, 결과적으로 '통이'를 실천해 오셨다고 생각합니다.

교수님의 이런 열정과 배려는 대진대학교 뿐만 아니라, 우리 포천시 지역사회 발전에도 큰 영향을 미치고 있습니다. 대학과 지역을 분리해서 생각하지 않고, 언제나 소통하고 협력하시며 상생발전을 위한 마중물 역할을 해오셨습니다.

특히, 지난 2012년 '세계대학태권도대회' 개최 당시 교수님의 큰 도움으로 우리 포천시가 세계 속에 위상을 드높일 수 있었고, 교수님께서 만든 '개성포럼'은 혼란한 남북관계 속에서 포천시가 나아가야 할 방향을 제시해 주고 있습니다.

이뿐만 아니라 우리 학생들이 타지역으로 안보 견학을 떠나는 상황을 안타까워하시며, 관내에서도 현장 안보 교육을 받을 수 있도록 전쟁의 상흔이 남아 있는 시설물들을 발굴하고 교육과 연계시키는 등 많은 노력을 기울여 오고 계십니다.

올해 화갑을 맞이하셨어도, 이렇게 열정적으로 일하시는 모습은 우리가 처음 만났던 그때 그 모습 그대로인 것 같습니다. 앞으로도 교수님의 제2의 고향인 포천시를 사랑하는 마음 변치 않으시기를 바라며, 대진대학교와 포천시 모두의 더 큰 발전을 위해 왕성한 활동 펼쳐주실 것을 부탁드립니다.

다시 한 번 소성규 교수님의 화갑과 북콘서트 개최를 축하드리며, 항상 건승하시고 주위의 모든 분들과 함께 행복하시기를 기원드립니다.

감사합니다.

소성규 교수님을 기리며

조성민

한양대학교 법학전문대학원 명예교수
대륙문인협회 이사장(시인/여행작가/수필가)

I

오랜 세월 땅속에서 도 닦은 매미
나뭇잎에 몸 숨기고
간간이 부는 바람의 리듬에 맞춰
노래를 하다가 날기도 하는
낭만의 계절에 열리는
화갑기념집 봉정식을 축하합니다.

한양대학교 민사법교실에서
오래 전에 인연을 맺은
소성규 박사님은
적극성과 봉사정신으로 임하는
연구실의 모범생이었습니다.
법학자의 길로 들어서면서

후배들에게 강의의 문을 열어주셔서
이제는 전국의 각 대학에서
중견 교수의 소임을 다 하고 있습니다

II

똑바로 흘러가는 시냇물보다
굽어 흘러가는 시냇물이
더 정겹다는 신념으로
강단을 평생 지켜오신
소성규 교수님!

열정이 넘치는 동안(童顔)으로
학문에 전념하신 지
어언 30여 성상
그동안 수많은 제자를 배출하여
우리 사회를 이끌어 가는
견인차가 되게 하였습니다

화갑을 맞이하신 계기로
그동안 애써오신
평화통일 교육에 매진하시어
우리 민족의 염원인
한반도통일의 초석을 다지는
마중물이 되시기를 간구합니다.

안순용 특급건설기술자

갑진회(김현철, 안순용, 임재혁, 임종래)

(대진대 CEO과정)

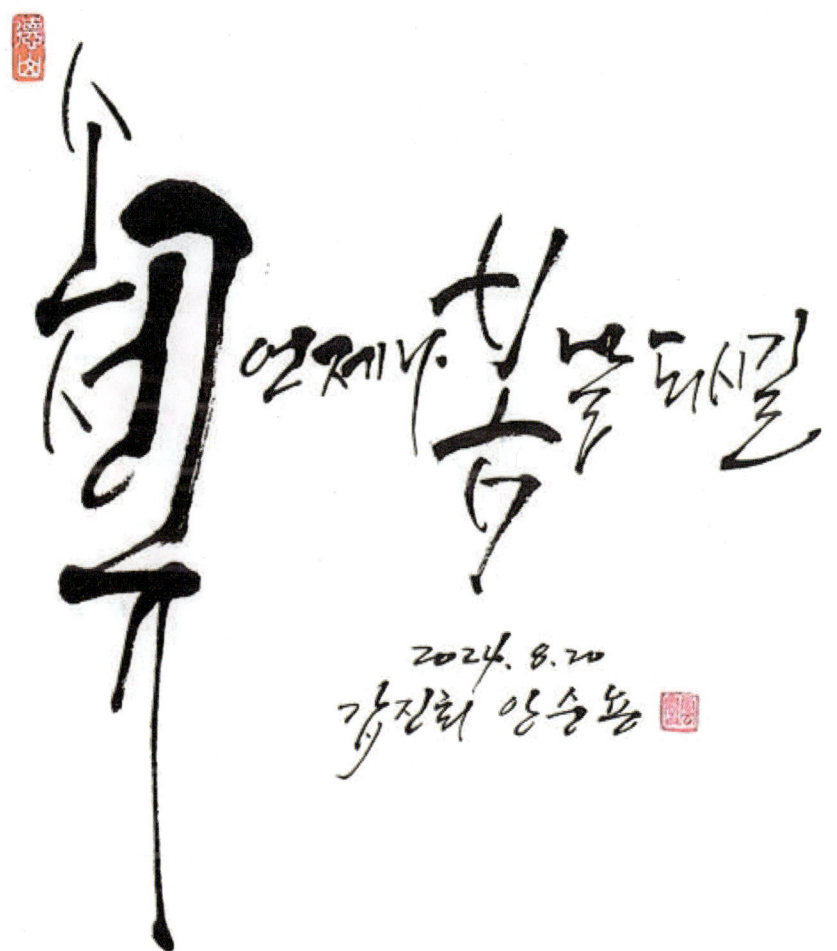

휴 언제나 참 눌러시길

2024. 8. 20
갑진회 양승용

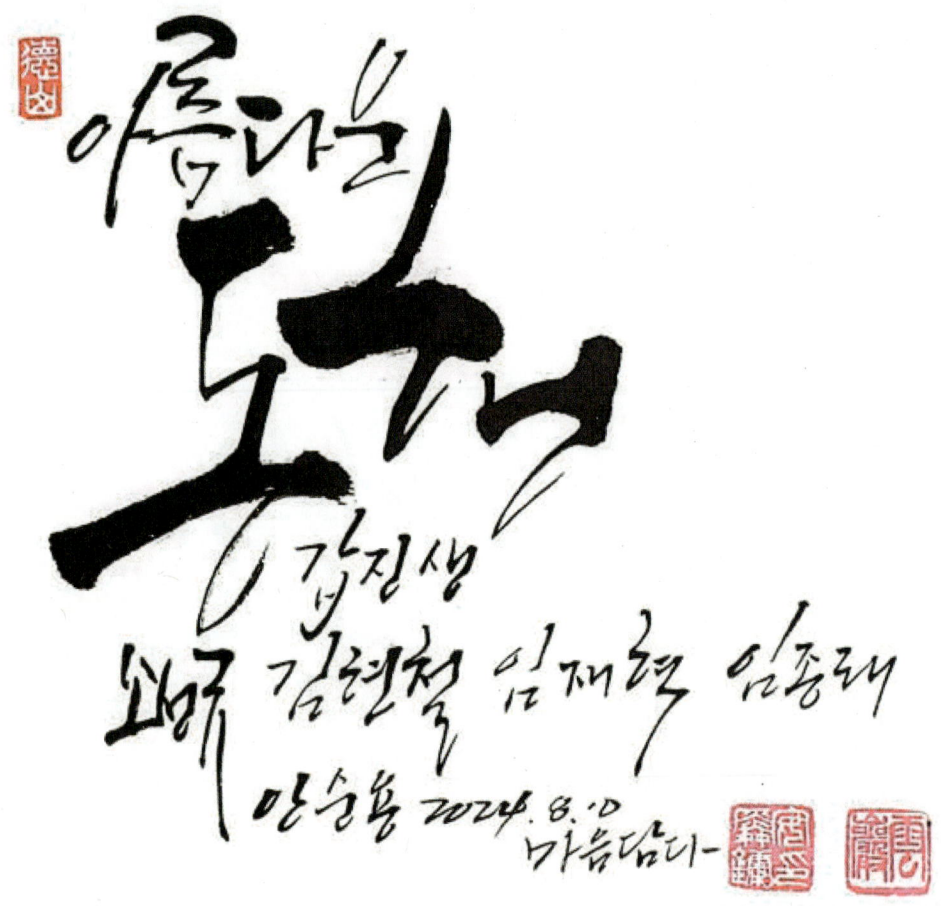

목 차

간행사 - 손경식 총괄집행위원장 신한대학교 석좌교수 ·· 3
경과보고 - 백인백색; 100명 공동저자의 "대진의 인연, 기억 그리고 사랑" 이야기 ············ 6
축 사 - 정성호 국회의원 ·· 14
축 사 - 백영현 포천시장 ·· 17
소성규 교수님을 기리며 - 조성민 한양대학교 법학전문대학원 명예교수 ······················ 19
               - 갑진회(김현철, 안순용, 임재혁, 임종래) ·································· 21

"51대49"의삶 - 소성규 대진대학교 공공인재법학과 교수 ······················· 3

소성규교수의 주례

    김민성(법학95) 동문 ··· 127
    김현식(법학08) 동문 ··· 128
    최정민(법학05) 동문 ··· 129
    최진웅(법학01) 동문 ··· 130
    임승환(법학06) 동문 ··· 131
    홍진화(법학06) 동문 ··· 132

소성규교수의 제자들 이야기

소성규 교수님과의 인연 - 강석원 양주시 기후에너지과장 ··· 135
나의 인생에서 꽃핀 노겸과의 인연 - 권영택 현대물류(주) 대표이사 ······························· 138
영원한 스승, 소성규 교수님의 화갑에 즈음하여
     - 권호석 강원특별자치도경찰청 범죄예방계장(총경) ·· 154
대진과의 우리 가족 30년 - 김윤범 ㈜이산 대표이사 ·· 164
대진대 인연으로 시작된 나의 변화 - 김태희 대진대학교 객원교수 ······························· 173
소성규 교수님과의 인연 - 김현석 안경코어 대표 ·· 184
대진의 인연, 기억, 그리고 사랑 - 김현수 양주시의회 의원 ·· 189
대순진리회, 대진대학교 그리고 나의 신념
     - 김효운 (주)미래푸드시스템 법무이사 ··· 195
인생의 멘토를 만나다 - 남상인 서울강북경찰서 감사실장 ·· 211

평생을 볼 것 같다 - 모상필/ 강유진/ 정재종/ 최국일(새끼손가락 졸업생 대표) ················ 229
감사한 소중한 인연 - 박용학 ㈜타이거오토몰 대표이사 ·· 238
다시 찾아온 인연 - 박지훈 개그늘 에이플러스 대표 ·· 240
거기엔 사람이 있다 - 박차남 연천군 보건의료원 ·· 250
민법 교수님이 제일 좋아요 - 서우진 육군본부 사무관 ·· 254
세상을 아름답게 빛내는 참스승 소성규
     - 손경식 신한대학교 석좌교수 ·· 260
인생의 전환점에서 나를 이끌어 준 진정한 지도자
     - 신택수 양주시 수도과 수도행정팀장 ·· 277
존경하는 노겸 소성규 교수님과의 소중한 인연 - 우양태 법무법인 선우 변호사 ········ 283
포장마차에서의 인연 - 원진희 경기도 감사담당관 ·· 287
대진과의 인연 - 윤기상 법무법인 저스티스 변호사 ·· 298
대진대학교와의 인연 소성규교수님과의 인연 - 윤충식 경기도의회 의원 ···················· 307
C+의 사랑 - 이관용 ㈜ 정선그룹 법무이사 ·· 312
우연을 가장한 필연적 만남, 그냥 좋은 사람 - 이상훈 ㈜인터니즈 대표이사 ············ 319
내 인생의 중간점검 - 이승형 양주시 하천팀 주무관 ·· 325
군형법상 군인등 강제추행죄에 대한 소고
     - 이용호 법무법인 담정 변호사 ·· 334
학과장님과의 첫만남 - 이제흠 ㈜씨앤즈컴 기획팀 차장 ·· 346
귀인(貴人) - 이종호 前양주시의회 의장 ·· 348
스승님과 멘토의 인연 - 이태진 경기도 기획예산담당관 ·· 355
소중한 인연(因緣) - 임경식 경기북부저널 대표 ·· 359
소성규교수님과의 만남, 그리고 새로운 시작 - 임승환 대진대학교 입학팀 팀원 ········ 365
30년의 추억 그리고 다짐 - 장인권 제이에이치앤씨 대표이사 ·· 368
스승과 제자사이, 교수님 사랑합니다. - 전 철 경기도 평화기반조성과장 ···················· 376
셈 좀 하고 살겠습니다. - 정서영 법률사무소 사무국장 ·· 382
존경하는 스승님과 왕방고시원의 추억
     - 정석배 국회 과학기술정보방송통신위원회 입법심의관 ······················ 386
대진과의 인연 그리고 사람 - 천영성 대진대학교 객원교수 ·· 393
상아탑의 휴머니스트 - 최재훈 경인일보 경기북부 취재본부장 ·· 418
너는 나에게 참 잘한 친구임을 잊지 않으마 - 최정민 남양주시의회 주무관 ················ 423
대진의 인연으로 육포(六抱)의 완성

    - 최진웅 법무사사무소 대표법무사 ·· 438
대진의 인연, 기억 그리고 사랑 <賀書>
    - 허균 경희법학연구소연구원 ·· 450
막막함과 상처, 치유, 대진과의 인연 - 홍준경 양주시 개발민원1팀장 ············· 455
대진대학교는 언제나 '통일ING' - 홍진화 대진대학교 학생생활상담센터 팀원 ······ 460

소성규교수와 좌담회 이야기

노겸 선생과의 만남 그리고 대진의 인연, 사랑 "좌담회"
    - 김규선/ 정찬영/ 최윤/ 임경식/ 서장원 ·· 473

소성규교수와 지인들 이야기

노겸선생님과의 만남, 학문적 교감, 그리고 감사함
    - 강한구 입법정책연구원 국방혁신연구센터장 ····································· 511
존경하는 소성규 교수님 - 고대유 대진대학교 행정정보학과 교수 ················ 523
또 하나의 시작을 축하드리며… - 김도협 대진대학교 공공인재법학과 교수 ······ 525
학문의 전환: 물리학에서 부동산학으로
    - 김선주 경기대학교 부동산자산관리학과 교수 ·································· 528
2:8 가르마 - 김영주 대진대학교 역사문화콘텐츠학과 교수 ······················· 531
시일야 파안대소 - 김욱한 ㈜엘케이물류 회장 ······································ 536
노겸선생님과의 아름다운 동행 - 김재광 선문대학교 인문사회대학장 ············ 551
통일의 길은 늘 희망이다. - 김정수 대구대학교 교수 ····························· 560
불합리한 토지경계 해소 방안 - 김진 LX공간정보연구원 연구위원 ··············· 567
김형석의 통일여정, 노겸 소성규 교수와의 인연 - 김형석 대진대학교 객원교수 ······ 594
통일교육의 새로운 방향과 과제 - 모춘흥 한양대학교 평화연구소 연구교수 ······ 599
프랑스에서의 법관 양성제도 - 박수곤 경희대학교 법학전문대학원 교수 ········ 614
군사 및 통일문제에 관한 경기북부 지역의 현안과 미래
    - 박영준 현대건설(주) 상무 스마트건설연구실장 ································ 640
국토 균형발전, 발상의 전환이 필요하다! - 서진형 광운대학교 교수 ············ 651
노겸 소성규교수님과의 인연을 돌아보며 - 신상화 한국승강기대학교 교수 ······ 656
綠竹猗猗(녹죽의의) - 푸른 대 우거졌네 - 양재모 한양사이버대학교 교수 ······· 667
대진과의 인연-노겸과의 인연 - 오승규 한국지방세연구원 지방재정연구실장 ······ 671
군과 지역사회의 접점에서 - 우정범 한국국방연구원 연구위원 ····················· 677

법학교육에 대한 반성과 미래 - 위계찬 한양대학교 법학전문대학원 교수 ·················· 681
기다리는 사람에게는 인연도 찾아오지 않는다. - 윤익준 대구대학교 연구교수 ········· 690
노겸 소성규교수님과의 추억
      - 이강일 대진대학교 스마트건설환경공학부(토목공학전공) 교수 ················ 697
대진의 인연 기억 그리고 사랑 - 이규관 前대진대학교 박물관장 ························ 708
"새로운 시작" 오늘도 삶은 새롭게 시작된다.
      - 이종덕 대진대학교 공공인재법학과 교수 ··· 722
대진의 인연, 기억 그리고 사랑 - 이학남 양주시 도시환경사업소 하수과장 ············· 733
한국승강기산업의 미래와 한국승강기대학교의 비전
      - 이현석 한국승강기대학교 총장 ··· 739
노겸 선생과 "갑진회" - 임종래 지승반짝이 대표 ··· 747
해피엔딩 드라마를 꿈꾸며 - 장욱 연세대학교 보건대학원 연구교수 ····················· 751
소성규교수님과의 만남 - 장환명 대진대학교 학사팀장 겸 융합전공지원센터장 ········ 772
부동산의 개념과 부동산학의 연구대상 - 장희순 강원대학교 교수 ························ 776
소성규 교수님과의 인연을 되돌아보며 - 전원택 신중년창직교육원 대표 ················ 786
노겸과 나의 이야기 - 조대원 대진대학교 중국학과 교수 ··································· 788
공평(公平)과 공정(公正)의 경계 - 조용기 대진대학교 상생교양대학 교수 ·············· 803
勞謙 蘇星圭 교수님과의 인연, 그리고 은혜와 감사
      - 최성환 국립한밭대학교 공공행정학과 교수 ··· 809
노겸 소성규 교수의 화갑을 축하하며 - 최용전 대진대학교 공공인재법학과 교수 ······· 826
인연의 시작 - 한병홍 대진대학교 DNA플러스융합기술전문대학원 초빙교수 ············ 830
소성규교수님과의 만남 - 홍선기 동국대학교 법학과 교수 ································· 837
통일 공감대 확산과 통일교육의 중요성 - 홍용표 한양대학교 교수 ······················· 841

부록-노겸 소성규 교수 삶의 기록 사진모음 =
      - 사진편집 : 최재훈 박사(경인일보 경기북부 취재본부장) ························ 851

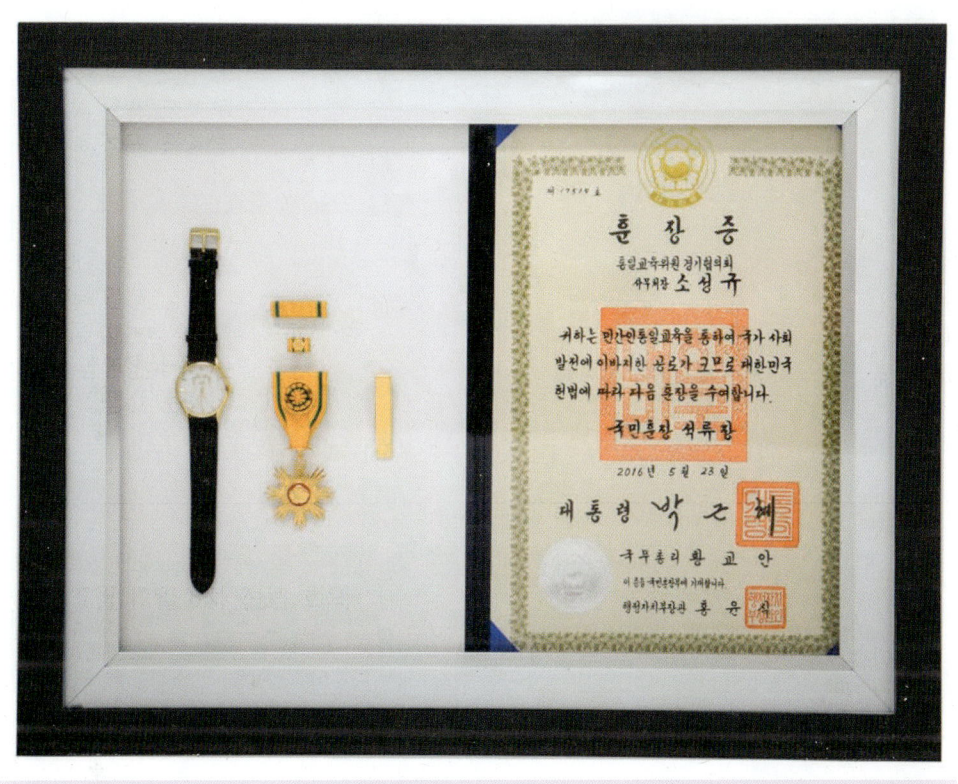

국민훈장 석류장

노겸 소성규 교수

"51대 49"의 삶

– 누군가와의 "만남" 그리고 "신뢰"

소성규(대진대학교 공공인재법학과 교수)

95학번과의 약속은 지켜지다

1997년 10월 30일. 서울시청 인근 롯데호텔에서는 지금은 고인이 된 은사님이신 석하(石霞) 김기수 교수 정년기념 논문 봉정식이 있는 날이었다. 나는 당시 대진대학교 (공공인재)법학과 정식 교수 자격으로 참석하고 있었다. 당시 대진대학교 95학번 여러 명의 제자들도 함께 참석했다. 대진대학교 첫 제자들에 대한 나의 관심과 애정의 표현이기도 했다. 대진대학교는 1992년 3월에 첫 입학생을 받았고, 나는 1993년 3월부터 한양대학교 박사과정에 다니면서 대진대학교 강의를 하기 시작했고, 1995년 2월 박사학위 취득과 함께 1995년 3월 1일부터 정식 교수 임명을 받았다. (공공인재)법학과는 94학번이 1회, 2회는 95학번이다. 첫 정식 임용 시기에 95학번 지도교수를 맡게 되었다. 어린 나이의 교수 생활이고, 정식 교수는 처음이라 첫 제자들에 대한 애정은 남달랐다. 1996년 의정부로 이사를 오기 전까지 서울 압구정동 현대아파트에 살았다. 압구정동 현대아파트에도 95학번 제자들을 초청해 식사도 하고, 술도 먹었던 것 같다. 술안주를 마련하느라, 아내가 수고를 많이 했다. 이후 의정부로 이사한 뒤에도 95학번 제자들은 유독 많이 챙겼던 것 같다. 95학번은 고등학교를 금방 졸업하고 입학한 학생들도 있었지만, 직장을 다니면서 만학을 하시는 분들도 많았다. (공공인재)법학과는 초기 야간학과로 출발했지만, 이후 주간 (공공인재)법학과와 야간 (공공인재)법학과가 병존하는 형태였다.

　95학번 제자들을 김기수 교수 정년기념 논문 봉정식에 함께 초청한 이유는 당시 논문 봉정식 준비위원이라 가능했다. 실무 간사로서 많은 역할을 한 터라, 첫 제자들에게는 다소 생소했겠지만, 제자들의 안목을 넓혀주고자 하는 의도가 있었다. 김기수 선생님은 서울대학교 법과대학 9회 졸업생이다. 구법회(九法會)라는 모임이 있었다. 수많은 학문적 업적을 기리기 위한 행사에는 대법관을 포함한 전·현직 법조인, 법학자, 정치인, 기업인 등 우리나라 거물급 인사들이 대거 참석하는 큰 행사이기도 했다.

　김기수 선생님께서는 그동안 법학자로서 오랜 시간 한양대학교 법과대학에 재직하면서, 그동안의 인생을 되돌아보고, 마지막 정리하는 자리로 생각하시는 것 같았다. 1992년 6월 19일에는 화갑을 맞이하여 "부동산법학의 제 문제"이란 주제로 화갑 기념 논문집 봉정식을 서울시청 근처 플라자 호텔에서 거행한 바 있었다. 김기수 선생님께서는 여러 소회가 있었을 것 같다. 이런 김기수 선생님의 입장을 석사, 박사과정에서 공부하고, 조교 생활을 하면서 보았기 때문이다. 여러 해 동안 선생님을 모셔 보았기 때문에 상황을 나름 파악할 수 있었다. 화갑 때와 정년 때는 너무나 분위기가 달랐다. 정년 때는 연구실에서 저와 둘이 있을 때 눈물을 보이면서, 지난날을 회고하는 모습을 지켜보았기 때문이다. 특히 정년기념 논문 봉정식 책 제목은 "21세기 한양법학에의 낙수(落穗)"였다. "한양법학"과 "낙수"라는 단어가 탄생하게 된 배경을 여러 날 지켜보았다. 일반적으로 이런 행사 하나를 준비하기 위해서 1~2년이 소요된다. 화갑 때와 정년기념 봉정식 때에는 이미 나의 사회적 직위는 달라져 있었다. 그러나 김기수 선생님의 제자들 사이에서는 "소성규 교수"는 늘 실무 간사였던 것 같다.

김기수 선생님께서는 마지막이 될지도 모르는 행사라고 생각하는 것 같았다. 실무적으로 챙겨야 할 일이 많았다. 대진대학교 95학번들에게도 이 행사에 참여할 기회를 주고 싶었다. 당일 행사에 학부생들이 참석한 것은 한양대학교 법과대학생이 아닌 대진대학교 (공공인재)법학과 학생들이었다.

정년기념 논문집 봉정식 행사는 성대하게 잘 끝나고, 논문집과 선물들을 가지고 귀가하는 길이었다. 누군지는 정확하게 기억할 수 없지만, 대진대학교 95학번 제자 중 한 명이 "소성규 교수님, 존경하고, 자랑스럽습니다. 교수님이 대진대학교에서 정년퇴임 할 때는 우리가 이런 행사 마련해 드릴게요"라는 이야기를 한 것 같다. 당시 95학번 제자들이 이런 말을 한 것을 기억하긴 했지만, 잠시 지나가는 기억이었다. 그런데 95학번 제자들은 그 이후에도 변하지 않았다. 설 명절, 추석 명절, 스승의 날 등 졸업 이후 이들 첫 제자들의 만남에서 95학번 제자들은 당시의 기억을 늘 떠올리고 있었다. 그러던 어느 날, 95학번 들의 1박 2일 MT에 잠시 들른 적이 있었다. 이제 내 나이도 50대 후반을 지나고 있었고, 95학번 제자들도 40대 후반 내지는 50대 초, 중반을 지나고 있던 시기였다. "이제는 우리도 자리를 잡았다"며 다시 1997년 당시의 기억을 되살리고 있었다. 이제 선택의 시간이 온 것이다. 공이 95학번 제자들에게서 나에게로 넘어온 것이다. 선택과 결정의 시간이 온 것이다. 그동안 학부생 제자 못지않게 많은 석사, 박사 제자들도 많이 배출했기 때문에 이들의 의사도 중요했다. 이 행사가 얼마나 어려운지, 시간과 예산, 참여 인원 등 여러 가지 생각할 것이 많았기 때문이다. 은사님의 화갑과 정년 행사를 직접 경험해 본 나로서는 고민이 많았다.

대진대학교 석사, 박사 동문이 많지만, 소성규를 지도교수로 한 경우만을 보더라도 2024년 8월 기준, 석사 101명, 박사 10명을 배출했다. 석사·박사 중복인원이 있긴 하지만, 100명이 넘는 제자들에게 의사를 물어

볼 수는 없었다. 일부 제자들과 격의 없이 편하게 농담 반 진담 반으로 의사를 타진했다. 모두 흔쾌히 찬성했다. 그런데 나에게는 또다시 고민이 생겼다. 정년과 화갑 중 어느 것이 좋을지를 선택해야 했다. 일반적으로 화갑기념 행사는 잘하지 않는다. 그러나 이 고민의 결정 시간은 짧았다. 교수님들은 규모에 따라 차이가 있을지언정 대부분 정년퇴임식을 한다. 그 자리에 여러 번 참석한 적이 있다. 내가 느낀 점은 그래도 무엇이든 열정이 있을 때 해야 한다는 생각이 들었다. 은사님의 "21세기 한양법학에의 낙수(落穗)"라는 주제 선정 때 선생님의 눈물보다는 제자들에게 스승의 열정과 패기를 보여주고, 남은 시간을 정리하고자 하는 의도가 크다. 최근 초고령사회를 맞이한 한국 사회는 화갑, 고희기념도 하지 않는 것이 일반적이다. 하지만 일반 사회인과 교육자의 입장은 조금 다르다고 생각했다. 화갑을 핑계로 제자들과의 인연과 기억을 정리하고, 인생의 중간 점검 내지 남은 시간 동안 무엇을 할지에 대한 점검 시간이 필요하기 때문이다. 기억이 더 희미해지기 전에 말이다.

이런 고민과 검토 끝에 드디어 2023년 2월 24일(금) (가칭) "대진의 인연, 기억 그리고 사랑"이란 주제로 노겸 소성규 교수 화갑 기념 간행위원회가 출범하게 되었다.

기존의 출판기념회는 특정 본인 위주의 출간기념회를 개최하곤 한다. 그러나 우리 간행위원회는 소성규 교수와의 인연을 계기로 한 학부, 석사, 박사, 동료 교수, 전문가 등 대진대학교와의 다양한 인연을 가진 분들의 각자 회고와 전문가적 식견을 수필 형태로 공동 집필하는 것을 원칙으로 삼았다. 따라서 이 출판기념회는 소성규 교수 개인의 출판기념회라기보다는 여러 명의 공동 출판기념회라고 볼 수 있다.

그동안의 삶을 되돌아보면, 누군가와의 만남이 중요한 것 같다. 이 만남을 통해 세상을 살아간다. 기쁨과 슬픔을 함께한다. 만남이 오랫동안 지속되기 위해서는 상대방에게 서로 믿음을 주고, 신뢰가 있어야 한다.

믿음과 신뢰를 잘 지켜온 것인지 되돌아보는 "인생 반성문"을 쓰는 시간이다. 이런 점에서 "60년"이란 삶 동안 믿음과 신뢰를 가진 이들의 만남을 중심으로 기술하고자 한다.

대구, 경북에서의 운명적이고 행복한 삶, 20년

1964년 7월 7일. 나는 "경상북도 의성군 단북면 노연리"라는 조그마한 마을에서 태어났다. 아버님 소봉열과 어머님 정정하의 9남매 중 일곱째다.

* 할아버님(소충근, 아호: 용포) 화갑연   * 아버님(소봉열) 군복무 사진

* 할아버님 화갑연 가족 사진

* 삼성중학교 졸업식에서 부모님과 찍은 사진

* 경북고등학교 졸업식 사진

* 한양대학교 법과대학 졸업식 사진

　원래는 3남 6녀인데, 첫 번째, 두 번째, 아홉 번째 자식들이 죽고, 현재는 1남 5녀다. 내가 태어나기 전에 두 명이 죽고, 대학 4학년일 때 남동생(소태규)이 죽었다.

* 경상북도 의성군 안계면 소재 사진관에서 아버님만 함께하지 못한 가족 사진
* 왼쪽 첫 번째 순으로 소관순, 소경숙, 어머님(정정하) 품에 있는 아기가 남동생 소태규, 소성규
* 왼쪽 두 번째 순으로 소경임, 소경자, 소경순

* 4촌 여동생(소민정), 누나(소경임), 여동생(소관순), 동생(소태규)과 찍은 사진
* 대구 달성공원에서 누나(소경숙), 여동생(소관순), 동생(소태규)과 찍은 사진

경상북도 의성군은 원래 면적이 크고 인구는 적은 곳이다. 2024년 현재는 전국 지자체 가운데서 대표적 인구소멸지역으로 분류되는 곳이다. 그러나 내가 다닌 초등학교, 중학교 시절은 인구가 적지만은 않은 곳이었다.

* 단북초등학교 시절 소풍 가서 담임 선생님(최명렬)과 찍은 사진

단북초등학교를 다녔다. 노연리 집에서 이연리 단북초등학교까지는 1시간 30분 이상을 걸어 다녀야만 했다. 하루 3시간 이상을 걸어 다닌 셈이다. 지금의 부지런함, 성실함은 당시 초등학교를 3시간 이상 걸어 다녀서 기초체력이 만들어진 것이 아닌가 싶다. 초등학교는 4개 반이 있었다. 반장 등 학교 간부를 많이 했다. 어릴 적 동네에서 함께 놀던 전병철, 정준호, 이승대, 이종필, 백승우, 윤종성, 이종구 등 이름만 들어도 좋다.

* 단북초등학교 6학년 2반 졸업 사진

　중학교는 지금은 거의 폐교 위기에 있을 정도의 삼성중학교에 다녔다. 내가 다닐 때는 3개 반을 운영할 정도였다. 기독교 설립 정신을 가진 미션 스쿨이었다. 중학교 1학년 구약, 2학년 신약, 3학년 때는 한국 기독교 사상을 배웠다. 사도신경, 주기도문 등을 도덕 시험에 반영해서 그런지 아직도 찬송가 등은 능숙하게 부를 수 있을 정도다. 되돌아보면, 당시 기독교 정신을 배운 것이 인성 함양에 큰 도움이 된 것 같다. 집에서는 비교적 가까운 거리였지만, 부모님의 배려로 3년 동안 자전거를 타고 다녔다. 이 역시 지금의 기초체력에 도움이 된 것 같다. 기독교 정신의 삼성중학교와는 달리 공립학교인 인근의 안계중학교가 있다. 문재인 정부의 국토교통부 장관을 지낸 변창흠 교수님이 친구이자 안계중학교 출신이다. 장관 퇴임 이후 안 사실이지만, 변창흠 장관은 생일(음력 7월

7일)도 같다. 문재인 정부의 마지막 국가균형발전위원회 김사열 위원장님과 윤석열 정부의 우동기 초대 지방시대위원장님이 바로 안계중학교 출신이다. 공립과 사립의 차이인지는 모르겠지만, 당시 삼성중학교 선생님들은 아주 열성적이었다. 어떤 행사를 하든지 간에 의성군에서 삼성중학교가 1등을 하기 위해 노력한 것 같다. 우수 학생에게는 스파르타식 집중교육을 하기도 했다. 우수 학생들에게 많은 배려를 했다. 내가 중학교 다닐 때는 보이스카우트 대회를 하면, 의성군에서 늘 삼성중학교가 1등을 했던 것 같다.

나 역시 삼성중학교 재학 시절, 선생님(특히 우종로 선생님)들의 특별한 배려가 있었다. 조금 힘들기는 했다. 그러한 인적 네트워크로 삼성중학교 졸업 이후 "성우회(聖友會)"라는 이름으로 사적 모임을 하기도 했다. 이 모임에는 동양대학교 황종규 교수님이 좌장이고, 동기들로는 권인섭, 백인화, 김문호, 우현경 등의 친구가 있다. 삼성중학교 친구들 가운데는 고향을 지키는 훌륭한 친구들이 많다. 의성군 의원으로 활약하고 있는 우칠윤 의원님을 비롯하여 강응구, 김봉수, 소천호, 전일환 등 이름만 들어도 기분 좋은 친구들이 있다.

과거에는 사람도 많았던 지역이 지금은 인구소멸로 걱정하는 지방자치단체가 되었다. 다행히 대구공항이 군위와 의성군으로 이전함으로 인해 의성군을 살리기 위한 다양한 노력을 하고 있다. 그러나 일자리와 교육 문제가 해결되지 않는 상황에서 고향 의성군이 예전처럼 될지는 의문이다. 다행히 의성군 농업기술센터에서 귀농·귀촌인을 대상으로 "농지법과 농지은행의 이해"라는 주제로 가끔 강의할 기회를 주고 있다. 삼성중학교 1년 선배님이신 정영주 농업기술센터 소장님의 배려와 삼성중학교 친구인 김봉수 전 단북면장님의 추천이 있었기 때문이다. 이 강의를 기회로 고향을 생각하고, 고향을 위해 무엇을 할지 고민하고 있다. 특히 고향 집은 관리되지 않고 있는 빈집상태다. 이 집을 어떻게 활용할지에 대한 숙제가 남아 있다. 빈집을 법률적 시각에서 보면, 도시지역에는 「빈집 및 소규모주택 정비에 관한 특례법」, 농어촌은 「농어촌정비법」에서 빈집을 규율하고 있다. 도시지역과 농어촌의 빈집은 차이가 있다. 일본 등을 포함한 외국 사례의 실증적 연구를 통해 빈집 활용방안과 법 개정을 고민해 보아야 할 시점이다. 나 역시 고향 빈집에 대한 고민이 있다.

* 삼성중학교 보이스카우트 활동 시절

* 삼성중학교 3학년 2반 졸업 사진   * 삼성중학교 졸업 편집위원 사진

삼성중학교 졸업 이후 연합고사를 보아 대구에 있는 고등학교를 진학했다. 연합고사를 통과하고 난 후에는 추첨으로 고등학교를 배정받았다. 추첨은 본인이 직접 했다. 나는 운이 좋아 경북고등학교를 배정받았다. 경북고등학교와의 인연은 경상북도 의성군에서 보지 못했던 새로운 기회가 되었고, 대구사람이 되었다. 대구 생활은 봉덕동에서 3년 동안 살았다. 할아버지 형제와 고모님 등이 봉덕동에 살았기 때문이다. 특히 고모님(소분난)의 큰 도움이 있었다.

경북고등학교는 지금은 황금동으로 이전했지만, 내가 고등학교 다닐 때는 대봉동에 자리 잡고 있었다. 경북고등학교 시절, 검도와 야구라는 운동을 처음 접했다. 3년 동안 검도를 통한 심신 수련은 지금도 많은 도움이 되고 있다. 정신적으로 힘들 때 "한국도" 진검 개인 수련을 통해 극복하고 있다. 특히 고등학교 3학년 때 야구부는 고교야구 메이저 4대 대회 중 3개 대회를 우승할 정도로 인기가 많았다. 늘 선린상고와 결승전을 했던 것 같다. 야구 경기가 있는 날은 선생님과 학교의 배려로 전교생이 수업 시간에 라디오 중계방송을 듣기도 했다. 아직도 야구 경기를 즐겨보는 것은 고등학교 때 좋은 기억이 작용하는지 모르겠다.

경북고등학교 졸업 연도는 본인의 출생연도와 대부분 비슷하다. 나는 64회다. 1964년생이지만, 부모님이 출생신고를 1년 늦게 하는 바람에 주민등록증에는 1965년으로 되어 있다. 덕분에 대학교수 생활은 1년 더 할 수 있는 행운을 얻었다. 배인준 전 동아일보 논설주간님(주필) 51회, 김부겸 전 국무총리님 56회, 국회의원과 전 국립공원관리공단 박보환 이사장님 56회, 경북고등학교 동문 가운데 골프 전설이면서 골프를 주제로 체육학 박사학위를 취득한 김욱한 박사님이 56회다. 특히 김욱한 박사님 아들(김유동)은 대진대학교 연극영화학부를 졸업했다. "대진"과의 인연이 예사롭지 않다. 유승민, 권오을 전 국회의원님이 57회, 송언석 국회의원님(김천 지역구)과 LH한국토지주택공사 상임이사 퇴임 후 대진대학교

DNA플러스융합기술전문대학원 초빙교수님으로 재직하고 있는 한병홍 박사님은 63회다.

* 코로나19 때인 2021년 10월 경북 안동에서 개최된 국가균형박람회에 참석한 김부겸 국무총리, 김사열 국가균형발전위원회 위원장, 경기도 류인권 기획행정실장, 김경환 과장 등과 경기도 지역혁신협의회 위원장 자격으로 경기도 부스에서 찍은 사진
* 김부겸 국무총리 부친 김영룡 옹, 동아일보 배인준 주필과 운동중 찍은 사진
* 국무총리 퇴임 이후 김욱한 박사, 연호준 회장과 운동중 찍은 사진

　　고등학교 1학년 때는 고등학교 근처에 유신학원에 등록하여 "성문기본영어"와 "수학 정석"을 배우기도 했다. 그러나 정부의 사교육 폐지 정책에 따라 학교 교육에만 충실해야만 했다. 시골 출신인 나에게는 오히려 이러한 정부 정책이 유리하게 작용한 점이 있었다. 고등학교 졸업 이후, 고등학교 친구들 이야기로는 일부 입주 가정교사 등 사교육을 받은 친구들이 있다는 이야기를 들었다. 그러나 대부분은 고등학교 정규교육만을 받아야 했다. 고등학교 3학년 시절 대봉동의 경북고등학교가 황금동으로 이전한다는 소식과 함께 교복은 입었지만, 두발 자율화가 된 시

기이다. 경북고등학교 시절 맺은 친구들과 선후배들과의 인연은 지금까지 잘 이어지고 있다. 지금의 소성규 교수가 있기까지 가장 도움을 많이 주고 있는 학연이 경북고등학교 인적 네트워크 같다. 경북고등학교 시절 친구들로는 고등학교 1학년 때 짝궁 서병부(대구대 교수), 2학년 때 짝궁 한이식(나라비전 대표), 3학년 때 짝궁 이권철(한라대학교 법인 상임이사, 전 한라건설 임원), 이백규(서울중앙지법 판사), 서승우(서울대 교수), 남궁 선(주식회사 유니트론텍 대표이사), 김길섭(경주 불국사 한의원 원장), 이상곤(서울 갑산 한의원 원장), 장대수(주식회사 비오엘 대표이사), 장재혁(경북 경산 제일정형외과 원장), 장병용(경기북부경찰청), 장병철(강릉지원 집행관), 노형기(전 포스코 건설 임원), 변창훈(대구한의대 총장), 류중일(전 삼성라이온즈 야구 감독), 신태성(명원스님) 등이 있다. 사회 각계각층에서 다양한 활동을 하고 있다.

* 2019년 12월 14일 재경 경북고 64회 친구들 부부동반 송년회

* 경북고등학교 시절 3학년 2반 담임 선생님(엄태옥), 친구들과 찍은 사진

* 경북고등학교 3학년 2반 친구들과 찍은 사진

* 경북고등학교 3학년 2반 졸업 사진

경북고등학교 재학시절은 육군사관학교 진학 시험 과목인 국어, 영어, 수학 과목만 집중적으로 공부했다. 본의 아니게 시력 때문에 정작 육군사관학교는 원서를 내보지도 못하고, 대입 학력고사를 보아야 했다. 국어, 영어, 수학 이외 암기과목은 몇 개월만 공부해서 시험을 볼 수밖에 없었다. 결과적으로 3년 동안 수험전략의 실패였다. 그래도 한양대학교 법과대학에 합격할 수 있었다. 당시 한양대학교 법과대학에 진학하느냐,

경북대학교 법과대학에 진학하느냐, 연세대학교와 고려대학교 낮은 학과를 진학할지에 대한 고민이 있었다. 고등학교 시절 꿈꾸었던 육군사관생도의 꿈을 접고, 판사, 검사, 변호사의 길을 생각하며, 한양대학교 법과대학을 선택했다. 대구, 경북지역 생활에서 서울 생활이 시작된 것이다.

미래를 준비했던 서울에서의 삶, 10년

처음 서울에 왔을 때다. 당시 서울은 현재 우리 가족 기준으로는 둘째 누나(소경자)가 서울에 살고 있었다. 만리동, 청파동이다. 둘째 누나의 소개로 서울 첫 생활이 만리동이었다. 그래도 대학생이라고 나에게만 공부를 위해 독방을 쓰게 하고, 셋째 누나(소경임)와 넷째 누나(소경숙)가 같이 한 개의 방을 사용했다. 특히 넷째 누나는 대구에서 3년 동안 나의 뒷바라지를 했다. 실제로 어머님 역할을 하신 분이다. 늘 잊지 않고 있다. 물론 다른 누나와 여동생도 나에 대한 헌신은 한결같았다. 가족이라고 하지만, 나에겐 늘 감사한 마음, 어찌 표현할까. 내 인생에 하나의 무거운 짐으로 작용하고 있기도 하다.

* 2022년 8월 제주도 2박3일 가족여행에서 찍은 사진

* 한양대학교 법과대학 전기수 선배님(82학번)과 찍은 사진

대학 생활 4년 동안 1년 동안은 상도동 외삼촌 집에 잠시 머문 적이 있다. 외삼촌 아이들의 입주 과외 정도는 아니었지만, 외삼촌 아이들을 돌봐주는 조건으로 어머님이 이야기해서, 잠시 입주한 적이 있다. 이 시절 상도동에서 사법시험을 공부하기도 했지만, 사법시험을 접는 시기이기도 했다. 처음에는 헌법, 민법, 형법을 시작으로 사법시험 1차 합격을 대학 3학년으로 목표로 잡았다.

대학 2학년 때 처음으로 1차 시험을 맛 배기로 보았는데, 합격할 것 같아서, 목표를 대학 3학년으로 잡았다.

그런데 3학년 때 1차 시험에 아쉽게 떨어졌다. 시골 부모님의 가정형편과 죽은 남동생(소태규)이 대학을 진학해야 했다. 나로서는 3학년에 1

차 합격, 4학년에 최종 합격을 해야만 하는 절박한 사정이었다. 3학년 때 1차 시험은 떨어졌지만, 4학년 동시 합격의 기회가 있었다. 아니면 최소한 1차 합격만이라도....정말 열심히 공부했던 것 같다.

　여름, 겨울방학 때는 강원특별자치도 원주시의 치악산에서 수험생활을 했다(원주시 금대리). 대학 시절 방학 동안 놀아본 적이 거의 없는 것 같다. 대학 1년 선배인 전기수 선배님의 권유로 수험생활을 함께했다. 당시 신일수 선배님(판사/변호사)은 합격했지만, 난 2학년, 3학년 두 번 떨어졌다.

　4학년 때 선택의 시간이 왔다. 그런데 갑자기 남동생이 사망하는 사건이 벌어졌다. 오토바이 사고다. 남동생 고등학교 3학년. 온 가족이 힘든 시간이었다. 아직도 남동생의 일기장을 가지고 있다. 일기장에 녹아 있던 나에 대한 애절한 이야기 때문에 버릴 수 없어, 아직도 간직하고 있다. 남동생의 사망으로 인해 내 인생이 새로운 선택으로 바뀌는 계기가 되었다. 남동생 사망 사건은 사법시험 수험생활을 접게 되는 계기가 되기도 했다. 다만, 법학에 대한 미련을 버리지는 못했다. 대신에 사법시험 문제 출제 교수는 어떨까 하는 무지한 생각이 있었다. 법학을 놓고 싶지 않은 마음이 작용했던 것 같다. 사법시험을 계속 준비할지, 교수 생활에 대한 꿈이 함께 했던 시기 같았다. 지금 생각해보면, 무모한 생각이었다. 그러나 교수 생활에 대해서는 선배님들의 격려가 있었다. 대학 3~4학년 시절 한양대학교 법과대학 학생회 학술지 "본" 편집위원장을 맡고 있었던 영향이 큰 것 같다. 학술지 편집과 방향 등을 논의하기 위해 대학원에 재학 중인 선배님들을 자주 만날 수 있었다. 당시 대학원에 재학 중이던 남복현(호원대), 권기훈(경상대), 안택식(강릉대), 조성민(한양대), 이덕환(한양대) 교수님의 격려에 힘입은 바 크다. 이들의 격려로 대학원 진학의 길을 택하였다.

* 한양대학교 법과대학 친구(최병덕), 후배들과 찍은 사진(국정원의 김한철, 오른쪽 끝 더불어민주당 김병욱 전 국회의원)

* 한양대학교 법과대학 강원도 졸업여행 사진

* 한양대학교 대학원 재학시절 강동욱(동국대 교수), 이영규(강릉대 교수), 위계찬(한양대 교수), 정우형(명지전문대 교수), 박수곤(경희대 교수) 등과 찍은 사진

    처음 입학 때는 지금은 고인이 되신 이병태 교수님을 지도교수로 하여 상법과 노동법을 공부하고 싶었다. 그런데 1987년 대학원 합격자 발

표와 함께 김성필 선배님(호원대 교수)이 해군 장교로 입대하는 바람에 조교 자리를 대체할 사람이 필요했다. 김성필 선배님의 배려와 격려로 대학원에 입학하기도 전에 바로 전공을 민법으로 바꾸게 되었다. 김기수 선생님을 지도교수로 바꿈과 동시에 당시 법과대학 학장실 조교 생활을 하게 되었다. 김기수 선생님을 지도교수로 모신 점은 내 인생의 또 다른 전환점이 되었다. 당시 김기수 선생님 집은 홍은동이었고, 나는 대학 근처 사근동 세림 아파트에서 혼자 살았다. 김기수 선생님이 워낙 일찍 출근하시는 바람에 조교인 나는 더 일찍 출근해야만 했다.

　조교 생활과 함께 대학원 생활을 위해 일본어와 독일어를 배워야 했다. 석사과정 수업인데도, 영어, 일본어, 독일어 원서 수업을 해야 했다. 김상용 교수님은 독일 Larenz, Baur, Medicus 교수 교과서를, 김기수 선생님은 我妻永, 幾代通, 四宮和夫 교수 등 일본 민법 교과서를, 이철송 교수님은 영어 원서를 주시면서 공부를 하게 했다. 당시 교수님들의 교수법이 후일 교수 생활을 하는데 나침반 역할을 했다. 그러나 다른 한편에서는 대학원 재학시절은 마치 독일어, 일본어, 영어 번역사 같았다. 당시 석사과정은 고시 공부, 학계 진출 그룹으로 나누어져 있었다. 사법시험을 준비하기 위해 대학원을 진학하는 고시 공부 수험생은 대학원 수업은 거의 나오지 않았기 때문에 수업은 학계를 꿈꾸는 대학원생 위주였다. 그런 석사, 박사과정에서 함께 공부한 사람이 이영규(강릉대), 정우형(명지전문대), 차상육(경북대, 변호사), 노기호(군산대), 김래영(단국대, 변호사), 고준석(전주대) 교수님 등이다. 참으로 힘든 대학원 석사과정이었다.

　석사과정 마지막 즈음에 아버님이 "담낭암"으로 한양대학교 병원에서 수술을 받았다. 한양대학교 병원에서의 수술과 짧은 투병 생활은 김기수 선생님의 도움과 역할이 컸지만, 아버님은 그리 오래 살지는 못했다. 종양이 너무 늦게 발견되었기 때문이다.

　석사학위 취득 후 군대가 문제 되었다. 석사학위 취득 후에는 「병역

법」상 부선망 독자, 부모 60세 이상 독자 사유로 6개월이란 짧은 군 생활을 고향인 경상북도 의성군 단북면에서 할 수 있었다. 1일 근무하고, 1일 쉬는 근무 형태다. 짧은 시간이었지만, 나이 든 사람을 배려해 주시는 경찰관과 동생 친구들에게 미안하고, 감사한 마음이다. 특히 경찰관들에게는 경찰 승진 시험 준비를 위한 형법 특별교육(?)을 하기도 했다.

군 생활 이후 곧바로 박사학위 과정을 다니기 위해 김기수 선생님을 찾아뵙게 되었다. 독일 또는 일본 유학 상담을 위해 찾아뵙기는 했는데, 말도 꺼내지 못했다. 한양대학교 박사과정 제안을 받았기 때문이다. 곧바로 선생님의 조교 겸해서 대학원 박사과정이 시작되었다. 군 생활이 끝나고, 박사과정 입학까지 1년 동안의 공백이 있었다. 6월 12일부터 12월 11일까지 군 생활을 하고, 다음 해 박사과정을 입학할 수 있었다.

* 1989년 7월 8일. 대구 50사단 군사훈련 수료 기념 사진

* 경북 의성군 단북지서 복무 시절, 지서장, 경찰관 등과 찍은 사진

그 공백 기간에 김기수 선생님과 당시 학과장이신 강의중 교수님의 추천으로 석사학위 신분으로 한양여자대학교 여성교양과에서 "여성과 법률" 과목을 강의하게 되었다. 생애 첫 강의다. 두 분의 배려와 격려 때문

에 지금의 내가 있다고 할 정도이다. 당시 강의안을 기반으로 1996년에 첫 교과서를 출간한 것이 "법여성학 강의"다.

법여성학 강의 출간 배경에는 우리 가족사도 한몫한다. 부모님은 남성, 정확하게는 아들 중심의 생각을 가지신 것 같았다. 자식들과의 대화에서도 느낄 수 있었기 때문이다. 그러나 당사자인 나의 입장은 조금 달랐고, 부담 역시 많았다. 시간은 되돌이킬 수 없다. 다른 집도 우리 가족과 비슷한 상황에 있던 분들이 있을 것이다. 이런 점에서 대한민국 사회에 존재하는, 특히 법제도에서 양성 불평등(남녀 불평등)은 여전히 존재한다. 이런 관점에서 나의 마음을 움직이고, 흔들리게 한 책이 일본 金成淸子 교수의 법여성학 책이다(法女性學のすすめ). 金成淸子 교수의 논지가 내가 평소 생각하는 취지와 비슷했다. 이 책을 읽고 나서, 출간의 속도가 빨라졌다. 이러한 생각으로 집필한 "법여성학 강의" 교과서가 현재 제10판(2023년)까지 출간되고 있다.

박사과정에서의 생활은 한양여자대학 강의와 함께 남복현 교수님의 추천으로 당시 군산시 소룡동 소재 전북산업대학교(현재 호원대학교), 배병일(전 영남대학교 부총장), 문홍안(전 건국대학교 부총장) 교수님의 추천으로 강릉대학교 법학과 강의를 했다. 대진대학교 교수로 부임하기 전까지는 이른바 "시간강사" 생활이었다. 학생으로서의 박사과정 수업 준비, 박사학위 논문 준비, 교수자로서 강의안 준비, 두 아이의 아빠 및 남편 역할을 담당해야 했다.

이 시기, 박사학위 논문 준비를 위해 지도교수님과의 협의가 필요했다. 처음에는 저당권 유동화(유통화)를 통한 "저당권 유동화 전문회사 설립방안"이나 "부동산중개계약에 관한 연구" 등을 박사학위 논문으로 생각하고 있었다. 그러나 지도교수님 생각은 달랐다. 우선 전형적 민법 논문으로 박사학위를 취득하고, 이후 정식 교수 자리를 잡은 후 부동산법제 관련 연구를 해보라는 취지였다. 지도교수님 생각으로는 부동산법제 관련 박사학위로는 4년제 법과대학 교수 채용이 곤란하다는 취지였다.

1995년 2월 박사학위 취득 전 그동안 나의 관심사인 연구논문을 발표한 것이 바로 "독일 저당은행의 저당채권에 관한 고찰"(1991.2.28.)과 "부동산중개업자의 보수청구권"(1992. 2. 28), "부동산중개계약에 관한 고찰 - 서면화와 유형화를 중심으로"(1992. 6. 19) 등이다.

나중에 보니, 지도교수님 판단이 옳았던 것 같다. 당시에는 나도 사람인지라 지도교수님에 대한 서운한 감도 있었다. 그러나 지도교수님에 대한 존경심은 변하지 않고 가슴 깊이 간직하고 있다.

* 박사학위 졸업식 날 김기수 교수님 연구실에서 찍은 사진

* 박사학위 졸업식 날 어머님(정정하)과 장모님(박인옥)과 찍은 사진

* 박사학위 취득 가족사진

대진대학교 정규직 교수로 부임 전까지 아주 짧은 강의 경험이었다. 대진대학교 교수로 추천된 것은 지금은 고인이 되셨지만, 장모님(박인옥)의 추천이 있었다. 이런 일은 대학 후배인 지금의 아내(이현주)를 만났기 때문에 가능한 일이었다.

아내는 서울의 대일외국어고등학교를 졸업(1회)하고, 한양대학교 화학과를 졸업했다. 아내가 대학 4학년, 나는 박사과정을 처음 입학했을 때다. 세상 물정 모르는 박사과정 학생이 대학 4학년인 아내를 만난 것이다. 아내는 대학 4학년 답지 않게, 총명하고, 똑똑했다. 특히 상대방을 배려하는 심성을 가졌다. 아내의 부모님 고향은 제주특별자치도이고, 아내는 제주특별자치도 애월읍에서 출생했다. 상대방을 배려하는 마음이 시골 출신인 나의 마음을 사로잡았다.

박사과정에서는 김기수 지도교수님의 배려로 한국무역협회 지원의 박사과정 전액 장학금을 받았다. 그러나 학생 신분으로 결혼은 엄두를 내지 못했다. 그러나 두 사람이 합심해 돈을 벌면 큰 문제 없다는 생각이 있었고, 나의 청혼으로 아내와의 결혼 과정은 그리 어렵지 않았다. 양가 모두 우리 부부를 성원해 주셨다. 당시 일반 사회 통상적 기준으로도 우리 부부는 빨리 결혼한 것 같다. 그런 사위를 애처롭게 보았을지도 모를 분들이 장인(이열일), 장모님(박인옥)이었을 것 같다. 그 때문인지는 몰라도 결혼 후 장인 어르신의 전폭적인 지원이 있었다.

지금은 대진대학교 교수 채용에서 대순진리회 방면 추천서인 "도적증명서"가 임의서류지만, 내가 교수 채용 과정을 거칠 때는 필수서류였다. 1995년 3월 1일 이전에는 대진대학교 교수 채용은 공개채용이 아니었지만, 나는 신문광고를 통한 공개채용으로 대진대학교 교수가 될 수 있었다. 당시 대진대학교 교수사회에서는 1992년 3월 1일 교수 발령을 1기, 이후 2기, 3기, 4기로 부를 때다. 1995년 3월 1일 정식 교수 발령을 받은 4기 신임 교수들 간에는 우린 "육사 정규 1기"라고 자부심을 나타내기도 했다. 1995년 3월 1일 발령 교수는 나 포함 40명 내외인 것으로 기억한다. 그중에서도 나는 가장 젊기도 했다. 이런 점에서 교수사회에서도 총무 역할을 많이 했다.

박사과정 재학시절인 1993년 3월 1일부터 대진대학교 2기 교수님들과 함께 시간 강의를 하면서 대진대학교와의 인연은 시작되었고, 1995년 2월 박사학위 취득 후 곧바로 정식 교수가 될 수 있었다. 대진대학교 교수 채용 역사에서 가장 많은 교수가 채용된 해이기도 하다. 당시 함께 임용된 교수님 중에서는 고인이 되신 분도 있고, 퇴직하신 분들이 많다. 이제 나도 퇴직을 생각하면서, 대진대학교에 감사한 마음과 퇴직 후 무엇을 할지를 고민해 볼 시간이다.

대진대학교는 종단 대순진리회 우당 박한경 도전님의 교육사업의 일환으로 설립된 학교다. 대진대학교 개교 초기, 지금은 작고하신 학교법인 대진대학교 조태룡 사무국장님이 많은 역할을 하셨다. 개인적으로는 아버님 같은 분이다. 늘 학교 걱정을 하신 분이다. 학교법인 대진대학교 이사장님은 종단 대순진리회를 대표하시는 종교지도자가 맡고 계신다. 정대진, 박동기, 손경옥 이사장님에 이어 2024년 현재 윤은도 이사장님이 학교법인 대진대학교를 이끌고 있다.

대진대학교에 부임할 당시에는 잠시 머무르기 위한 직장이라고 생각했다. 잠시지만, 최선을 다해 교수 생활을 하려고 했다. 그래서 1996년 의정부로 이사까지 했다. 의정부로의 이사가 오늘에 이르기까지 대진대학교에 계속 머문 계기가 된 것 같다. 당시 쌍문동에서의 신혼생활은 6개월도 되지 않은 것 같다. 결혼 후 곧바로 임신한 아내와 함께 압구정동으로 이사 와서 아들(소준영)과 딸(소민지)을 낳았다.

* 아들(소준영) 돌잔치 기념 양가 가족사진

* 딸(소민지), 아들(소준영) 어릴 적 사진

압구정동 생활에서 잠실과 역삼동 생활을 짧게 하고, 의정부로 이사 왔다. 서울 강남에 집을 사서 전세를 주고, 그 전세금으로 경기북부 지역으로 이사를 와야 했지만 그러지 못했다. 당시 그런 생각을 했지만, 판단을 잘못한 것이다. 이제는 되돌이킬 수 없지만, 이게 인생 같다.

우리 가족이 함께 살았던 마지막 공간이 의정부다. 아들과 딸, 모두 의정부에서 초등학교(새말초등학교)만 졸업하고, 캐나다와 프랑스로 유학을 갔기 때문이다.

아들은 캐나다 온타리오주 세실 아카데미 국제학교(Académie Ste. Cécile International School)에서 중·고등학교를 다니고, 맥길대학교(McGill University)를 졸업했다. 캐나다 생활 10년이다. 이후 공군 통역장교(공군 중위 전역)를 거쳐 부산대학교 법학전문대학원을 마치고 곧바로 2024년 제13회 변호사 시험에 합격했다.

2024년 현재 "LAB파트너스" 로펌 변호사로 근무하고 있다. 아들(소준영)은 부산대학교 법학전문대학원 재학시절 검사 생활을 꿈꾸기도 했지만, 지금은 기업 관련 변호사를 선호하는 것 같다. 내가 공부했던 부동산 관련 변호사가 되었으면 좋겠다는 생각이 있지만, 아들 생각은 다른 것 같다. 난 아들 의견을 따를 것이다.

 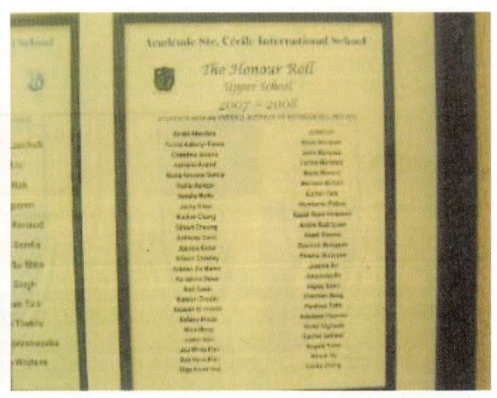

* 아들(소준영)이 캐나다 세실 아카데미 국제학교 유학 시절, 연구년을 이용 국제학교를 방문하여 아들 진로를 상담한 후 교감 선생님과 찍은 사진
* 캐나다 세실 아카데미 국제학교를 빛낸 명단에 아들(소준영)이 있어 찍은 사진

* 아들(소준영)이 거주한 국제학교 기숙사 내부 방

* 아들(소준영) 통역장교 시절 동료 장교들과 찍은 사진
* 아들(소준영) 부산대 법학전문대학원 동료들과 찍은 사진

　　딸 역시 한국에서 초등학교 졸업 후 곧바로 프랑스 유학길에 올라 현재까지 프랑스에 머물고 있다. 딸이 프랑스를 선택한 이유는 당시 처제(이현경)가 프랑스에 유학하고 있었기 때문에 가능한 일이었다. 딸은 프랑스에서 까미 슈발리에 중학교(Collège Camille chevalier), 르 까스텔 고등학교(Lycée Le Castel)를 졸업하고, 대학교는 두 곳을 다녔다. 처음에는 변호사를 꿈꾸어 브르고뉴 대학교(Université de Bourgogne) 법대를 다녔다. 이후 파스퇴르 몽 롤랑 회계경영학과(Pasteur Mont-Roland)에서 회계

를 전공했다. 2024년 현재 에프엘쥐 까듀시알(FLG-Caducial) 제약전문 회계법인 4년차 시니어 회계사로 일하고 있다.

지금의 우리 딸이 있기까지는 프랑스 사람(NAEL PASCAL)과 결혼한 처제의 헌신이 크다. 고마울 따름이다. 우리 가족은 한국, 캐나다, 프랑스 3개국에 흩어져 살았다. "글로벌 가족"이라고 말하는 사람도 있다. 아들과 딸을 뒷바라지하느라 아내가 3개국을 왔다 갔다 했다. 고생이 많았다. 아들, 딸도 결혼해 자식을 낳으면, 우리 부부처럼 자녀의 글로벌 유학을 선택할지 궁금하다. 아들, 딸이 현명한 선택을 하리라 본다. 우리 부부는 당시 국내보다는 해외에서 공부하는 것이 좋겠다고 판단했다. 후회는 없다. 그저 잘 자라 준 것이 감사할 따름이다.

* 2009년 연구년에 프랑스 까미 슈발리에 중학교(Collège Camille chevalier) 방문 때 딸(소민지) 친구들 사진
* 2009년 연구년에 딸(소민지) 초기 유학시절 많은 도움을 준 마르셀린(Marceline) 부부 초청 저녁식사 때 찍은 사진

* 딸(소민지)과 아내(이현주)가 프랑스에서 함께 하고 있는 사진

* 아들(소준영) 군 복무 시절 법학전문대학원 진학을 위해 LEET 시험을 본 고려대학교 교정에서 잠시 귀국한 딸(소민지)과 찍은 사진

* 2023년 2월 한국을 방문한 프랑스 사돈과 동서 가족과 함께 한 사진(강용범 회장, 권영택 박사)

* 프랑스 동서 가족사진

사랑과 신뢰를 통한 경기북부에서의 삶, 30년 운명, 인연 그리고 사랑으로 대진대학교에서 행복한 교수 생활을 하다

대진대학교에서 교수 생활, 특히 초기는 참으로 열정적인 삶을 산 것 같다. 이 열정적 삶 때문에 아내와 아들, 딸 등 가족들에게는 미안한 감이 들기도 한다.

학생들을 교육하고, 연구하는 교수 생활과 함께 대학에서 누군가는 보직을 맡는다. 나는 행운인지, 불행인지, 초기부터 보직을 맡았다. 대진대학교 행정적 첫 보직이 고시원장이다.

교수 생활 초기 대진대학교 초대·2대 정태수 총장님께서 나를 총장실로 불러 고시원장을 맡아 보라고 권유했다. 초대 고시원장은 당시 행정법을 강의했던 조정환 교수님이다. 조정환 초대 고시원장님이 고시원 기반을 잘 만들어 놓았으니, 활성화해 보라는 취지였다. 1999년 4월 1일 발령을 받아 2003년 6월 10일까지 5년 동안 고시원장을 수행했다. 고시원장을 수락해 제일 먼저 한 것은 처음 2년 임기를 어떻게 할 것인지에 대한 고민이었다. 고시원 설립 당시 9급, 7급 공무원 시험 준비를 위한 고시원을 5급 시험으로 변경하는 시도였다. 당시 대진대학교 학생 입학 성적으로는 가능할까 라는 시각이 많았다. 5급 시험 합격자 배출을 위한 전략으로 당시 정태수 총장님에게 제시한 전략은 서울의 유명 대학 고시 1차 합격자를 대진대학교 대학원 스카우트 전략을 제안했다. 이 전략은 은사이신 한양대학교 김기수 선생님이 일본 중앙대학교 법학과 "진법회(眞法會)"를 한양대학교만의 고시반으로 도입해 성공한 사례를 벤치마킹해 대진대학교에 도입하려고 했다. 행정고시 출신으로 교육부 차관을 역임한 정태수 총장님은 한양대학교 사례는 잘 알고 있는 좋은 사례라며, 젊은 고시원장이 잘해보라고 많은 격려와 힘을 실어 주셨다. 나중에 안 일이지만, 이런 일들로 당시 종단에서 오신 처장님 등과 총장님의 갈

등이 내게로 불똥이 튀기도 했다. 당시 학생 스카우트 전략으로 제시한 것이 대학원 석사과정 전액 장학금 지급과 매월 생활비 장학금을 지급하는 안이었다. 당시 정태수 총장님은 좋은 전략이라고 했지만, 실행부서 생각은 달랐다. 장학금은 몰라도 매월 지급하는 생활 장학금은 곤란하다는 것이다. 오랜 실랑이 끝에 나중에는 매월 생활장학금을 지급하는 형태로 확정되었다. 그러나 초기 매월 생활장학금이 지급되지 않고 대진대학교 고시원에 머무르면서 대진대학교 사법시험 최초 합격자가 된 사람도 있다. 현재 대진대학교 고문변호사인 우양태 변호사님이다. 유사한 사례로 대전에서 변호사 활동을 하는 윤기상 변호사님이 당시 스카우트된 분들이다. 이들은 졸업 후에도 "왕방회"라는 조직을 만들어 대진대학교 최초 발전기금 1천만원을 후배들을 위해 기부하고, 공무원을 지망하고자 하는 대진대학교 출신들을 지원하고 있다. 이들은 한양대학교 법과대학 후배들이다. 이들의 대진대학교 사랑은 아직도 여전하다. 이후 순수 대진대학교 출신으로 처음으로 입법고시에 합격하여 현재 대한민국 국회에 근무하는 정석배 국장님(과학기술정보방송통신위원회 입법심의관)은 대진대학교가 자랑할 만한 대진대학교 최초 5급 합격자이다. 앞으로도 많은 고위공무원이 탄생했으면 한다.

　고시원장 시절 함께 인연을 맺고 공부한 사람으로는 김병태(연천군에서 학원 운영, 초대 왕방회장), 김융해(통계청), 김현웅(교육부), 문채희(고용노동부), 박종익(변호사), 백정호(해양수산부), 오영석(국토교통부), 유재의(사기업 법무담당), 장호면(영남사이버대학교 총장), 최윤철(변호사), 함영현(신용보증기금) 등이 있다. 이들 한 사람 한 사람과의 인연과 신뢰는 글로 다 표현할 수 없는 점이 아쉽기는 하다. 이들은 모두 그들 직장에서 중요한 역할을 하고 있다. 고시원 출신 이 사람들과 대학과의 가교역할을 하는 사람은 임춘환 박사님(현재 대진대학교 총무처장)과 우양태 변호사님이다.

고시원장으로서의 생활과 교수로서의 생활이 순탄치만은 않았다. 학생들 시험 당일은 아내와 함께 아침 일찍 김밥을 만들어 수험생에게 점심 식사를 제공했다. 시험 보기까지 기도는 필수사항이었다. 그들을 수험장까지 안전하고 편하게 시험을 볼 수 있도록 직접 운전해 준 사람은 당시 고시원 조교인 임춘환 박사님이다. (공공인재)법학과 94학번으로 1회 졸업생이기도 한 임춘환 박사님과 5년 동안의 고시원장 생활 때문에 많은 합격자를 배출할 수 있었다. 그때 실무자로서의 큰 역할로 해 준 임춘환 박사님과는 지금까지도 아름다운 동행이 이어지고 있다. 이런 정성을 내 가족에게는 했으면 어떠했을까. 생각이 많다. 특히 수험생들에게는 개인적으로 별도로 한약을 제공하기도 하고, 수험생 개별 건강을 챙기는 데도 소홀하지 않았다. 당시 집이 의정부인데도, 일주일에 1~2회는 고시원에서 숙식을 함께 하기도 했다. 시간이 지나고 보니, 아내와 아들, 딸에게 조금 더 세심했으면 어떠했을까 하는 생각이 든다. 좋게 보면, 열정적이었다. 그러나 다른 시각에서, 특정 학생들을 위한 대학 예산 지출이라 형평성 문제가 제기되기도 했다. 이런 점에서 대학본부 보직자와 해당 부서 직원들과의 충돌은 불가피했다. 대학 발전을 위한 보는 시각의 차이 때문에 협조하는 교직원도 있었지만, 그렇지 않은 교직원도 있었다. 나와의 시각의 차이로 상처를 받았을 분도 있을 것 같다. 시간이 지나고 보니, 논리 주장을 위해 거친 언쟁이 있기도 한 점은 미안한 생각이 들기도 한다. 당사자들에게 상처가 있었다면, 지금이라도 사과하고 싶다. 고시원장 첫 보직부터 나는 임기 동안 내가 수행해야 할 비전과 전략을 수립했다. 이른바 공약 같은 것을 정해 놓았다. 이후 다른 보직에서도 그러한 공약은 비슷했다. 보직을 수행하는 동안 목표를 뚜렷하게 정해 놓다 보니, 그 목표를 달성하기 위해 좋게 보면 열심히 일했지만, 다른 시각에서 보면, 목표에 매몰되어 전체를 보지 못하고, 목표 달성을 위해 구성원들 사이에 갈등을 유발하는 요인이 되기도 했다.

성과주의의 부작용이기도 하다. 그 부작용을 조화롭게 행정업무를 수행했는지 정작 나는 잘 모르겠다. 공과(功過)는 있을 것이다.

두 번째 보람은 공공정책대학원장(구 법무행정대학원장) 시절이다.

대진대학교 특수대학원으로 출발한 법무행정대학원은 설립 당시부터 논란이었다. 당시 초대 정태수 총장님은 교육부에서 법무행정대학원 인가가 나겠느냐, 누가 포천에 있는 법무행정대학원에 입학하겠느냐며 충원율을 걱정했다. 기획처장의 반대도 만만치 않았다. 시기상조라는 것이다. 당시 조정환, 김성진 교수님 등 (공공인재)법학과 교수님들은 대진대학교가 앞으로 지역사회에서 역할을 다하기 위해서는 공무원, 정치인, 언론인, 기업인 등을 법무행정대학원에 입학하게 하여 지역사회와 대학이 함께 발전하도록 해야 하는 전략을 피력하였다. 실무부서(당시 기획처) 역시 회의적인 반응이었지만, 교육부에 대학원 설립 신청만이라도 해 달라고 요청했다. 당시 교육부 담당자가 다행히 대학 선배이기도 해서 간곡히 부탁도 했다. 대학원은 천신만고 끝에 설립되었다. 처음에는 행정학과와 함께 대학원을 설립하고자 했지만, 행정학과는 대학원 참여에 반대했다. 결국 (공공인재)법학과 단독으로 정원 20명의 법무대학원 설립 신청을 했고, 교육부로부터 승인을 받았다. 교육부로부터 대학원 설립을 받은 후, 모집을 어떻게 하느냐가 문제였다. 그러나 당시 (공공인재)법학과는 야간학과가 있어서, 사전에 이미 대학원생 모집 활동을 하고 있었다. 당시 의정부경찰서 정보계에 근무하고 있었던 최용섭 대진대학교 초대 (공공인재)법학과 총동문회장의 역할이 지대했다. 법무대학원 1회 입학정원은 20명이었다. 당시 20명을 모두 충원했다. 이때 첫 입학생이자 졸업생이 5선의 정성호 국회의원님(양주시 지역구)과 포천시장을 지낸바 있는 박윤국 전(前) 시장님, 박문우 변호사님 등이다. 언론인으로는 이완복 CBS 마케팅사업본부장님 등 경기북부 지역사회가 배출한 걸출한 인물들이 초대 법무대학원 1회 졸업생이다.

이후 서장원 전(前) 포천시장님, 박기춘 전(前) 국회의원님(남양주시 지역구), 현재 백영현 포천시장님 등은 우리 대학원 졸업생이다. 대진대학교가 자랑하는 인물들이다. 이후 법무행정대학원은 대학 내 학사 구조조정 과정을 거치면서 대학원 명칭을 공공정책대학원으로 개명하였다.

* 2024년 백영현 포천시장님 직무실에서 찍은 사진

대진대학교 설립 초기에는 법무행정대학원 이외 경영대학원도 있었다. 특히 경영대학원에서는 석사학위과정 이외 경기북부상공회의소와 함께 CEO 과정(최고경영자과정)을 운영하고 있었다. 당시 경기북부상공회의소 CEO 과정(최고경영자과정) 담당자는 한양대학교 법과대학 동기인 정창수 동문이 담당하고 있었다. 대학 다닐 때부터 나이가 나보다 많아 늘 형님으로 따르고 있는 터라, CEO 과정(최고경영자과정) 모집에도 관여하고, 협조하는 상태였다. 이런 인연으로 초기 대진대학교 CEO 과정

(최고경영자과정) 1기부터 개인적인 인적 네트워크를 형성하고 있었고, 간혹 직접 강의를 한 적도 있었다. 이후 경영학과, 경제학과 위주로 운영되던 경영대학원 석사학위과정은 대학원 자체를 폐지하였다. 이때 CEO 과정(최고경영자과정)을 어느 대학원으로 편제를 둘지에 대한 문제로 대학 내부에서는 논란이 있었다. 당시 법무행정대학원장이었던 나는 적극적으로 법무행정대학원에서 CEO 과정(최고경영자과정)을 운영해 보겠다고 주장했다. 대학에서는 이를 받아들여 현재까지 공공정책대학원에서 CEO 과정(최고경영자과정)을 운영하고 있다.

공식적으로 대진대학교에서 공공정책대학원장(구 법무행정대학원장)은 세 번 임명받았다. 첫 번째 임명은 홍기형 총장님의 부름을 받아 2003년 6월 1일부터 2006년 5월 31일까지 업무를 수행했고, 두 번째 임명은 이근영 총장님이 임명한 2014년 2월 1일부터 2016년 12월 31일까지이다. 세 번째 임명은 2017년 11월 1일부터 2018년 12월 31일까지 이면재 총장님이 임명했다. 이면재 총장님은 공공인재대학장과 글로벌산업통상대학장까지 겸직을 하게 하였다. 덕분에 많은 일을 했다. CEO 과정(최고경영자과정) 운영 때는 "명품 CEO 과정"이라는 비전과 목표를 수립하고, "명품 CEO 과정" 추진전략을 만들었다. 특히 CEO 상생장학회를 만들고자 분주히 노력도 했다.

대학에서의 세 번째 보람은 각종 외부 예산의 유치이다. 예산 유치 첫 번째 사례는 당시 취업 부서장으로서 종합인력개발원장 시절이다.

대학 최초로 취업 관련 예산을 고용노동부와 경기도로부터 유치한 점이다. 이 사업은 현재에도 계속해서 유치되고 있다. 후임 행정보직자의 역량이 더 크다고 볼 수 있다. 당시 예산 유치의 기본논리는 경기남부와 경기북부 지역의 취업 실태와 예산의 불균형을 강조함으로써 심사위원들의 호응을 얻었다. 고용노동부 예산과 함께 "경기청년뉴딜사업"이라는 경기도 예산을 확보하기도 했다. 지금은 퇴직했지만, 당시 박용민 팀장님과 호흡이 잘 맞아 원활한 사업 수행이 가능했다.

특히 종합인력개발원장 시절, 당시 우리 대학에서는 교육부로부터 매년 국비 15억원, 4년 동안 총 60억원의 중국 특성화 자금을 지원받던 시기다. 홍기형 총장님 시절 이루어진 대진대학교 중국 특성화 사업의 출발점이다. 당시 조대원 교수님의 역할이 지대했다. 나는 당시 학생 취업 관련 집행 부서장인 종합인력개발원장을 맡고 있었다. 이때 해외 취업(특히 중국)의 교두보 역할을 하는 한중산학협력지원센터장을 겸직하기도 했다. 업무이긴 했지만, 종합인력개발원장 보직 시절, 중국을 제일 많이 다녔다. 중국 특성화 사업 4년 중 3년을 종합인력개발원장직을 수행했다. 이 시기, 중국 첫 번째, 한중산학협력지원센터를 중국 산동성 청도 소재 중국해양대학교에 설립했고, 두 번째 센터는 소주대학 내에, 세 번째 센터는 천진에 설립하고, 네 번째 센터는 대련에 후임 백승봉 원장님이 설립했다. 중국 현지에는 센터장과 직원을 채용하여 우리 학생들을 지원했다. 중국어를 전혀 모르고 시작한 부서장이었지만, 실전 중국어, 전투 중국어로 일했던 시기이기도 했다. 당시 LG 중국법인에 근무한 경북고등학교 친구인 김익화, 박남수, 삼성물산에 근무하다 중국 산동성 청도와 위해 등에서 큰 사업을 하고 있었던 최홍성 친구의 도움을 받기도 했다. 이때 가장 많은 도움을 주신 중국학과 조대원 교수님은 중국 복단대학 출신으로 늘 헌신과 적극성으로 중국 특성화 사업에 앞장서 주셨다. 이후 통일부 국립통일교육원 국비지원 사업인 통일교육선도대학 사업에서도 이지아렌(一家人) 대학생 통일동아리를 만들어 활동해 주셨다. 늘 감사한 마음을 가지고 있다. 대학에서 늘 도움만 주신 교수님이 바로 조대원 교수님이다.

두 번째 외부사업 예산 유치는 입학사정관 사업유치다. 2011년부터 2013년 입학홍보처장 시절이다. 당시 교수 처장으로 처음으로 이천수 총장님으로부터 보직 발령을 받았다. 나중에 안 일이지만, 안병환 부총장님이 추천하신 것으로 들었다. 안병환 부총장님은 이후 중원대학교 총장님을 역임하신 분으로, 온화하시고, 다른 사람의 말을 경청하시고, 배려하시는 훌륭한 인품을 가진 분이다. 정통 교육부 차관 출신의 이천수 총장님과 안병환 부총장님과의 호흡도 잘 맞았다. 이천수 총장님은 서울대학교 법과대학 출신으로 행정고시를 합격한 정통 교육부 관료 출신 총장님이시다. 입학홍보처장인 나에게 많은 일을 하게 하신 분이다. 특유의 온화한 리더십과 카리스마를 지니신 총장님이다. 덕분에 대학 발전을 위해 많은 일을 하게 된 계기가 되기도 했다. 입학홍보처장 시절, 입학사정관 국비 예산 지원과 건강가정지원센터, 다문화가족지원센터, 지역통일교육센터 유치는 큰 보람으로 생각하고 있다. 특히 3개 센터 동시 유치에는 이규관 팀장님(정치학박사)과 김동관 선생님이 많은 실무역할과 도움을 주었다.

특히 입학홍보처장은 학생들의 입학 업무를 총괄하기 때문에 입학의 공정성과 함께 충원율이 중요했다. 대학 입시 비리로 사회적 이슈가 많았던 시기이기도 해서 입시업무에 더욱 신중해야 했다. 입학 업무와 함께 대학 언론홍보와 발전기금 유치 등 대외협력업무를 함께 하는 자리라서 더욱 중요하고 활동을 많이 해야만 했다.

입학홍보처장 시절 당시 서장원 포천시장님이 유치한 세계대학 태권도대회를 대진대학교 체육관에서 개최했다. 서장원 시장님은 대진대학교 공공인재법학과 95학번으로 학부, 석사 제자이기도 하다. 대진대학교 교수 생활이 익숙하지 않을 때 포천지역 생활에 가장 도움을 많이 주신 분이다. 건설회사 대표로 처음 만난 인연이다. 대학부터 석사학위를 받을 때까지 정치인으로서, 사업가로서 늘 열정적인 삶을 살고 있다. 이런 서장원 시장님의 열정적인 활동과 전폭적인 지지로 세계대학태권도대회는 성황리에 잘 끝났다.

* 2013년 서장원 포천시장님 재직 시설, 산행 후 석·박사 동문회에서 찍은 사진

　이때 민간인 신분으로 세계대학 태권도대회 국내외 지원 활동 위원장을 맡았던 강용범 회장님을 처음 만나게 된다. 미국에서 오랜 생활 때문인지 모르겠지만, 세계대학 태권도대회 홍보를 위해 중국과 홍콩을 함께 출장을 갔다. 유창한 영어 실력으로 포천을 열심히 홍보하고 있었다. 홍보 활동 마지막 날, 홍콩의 어느 호텔에서 개인적 이야기를 하다가 강준모 전 포천시의원님의 형님이란 사실을 처음 알게 되었다. 그전부터 강준모 전 의원님과는 친구 사이로 잘 지내고 있어, 더욱 관심이 많았다. 강용범 회장님은 부친(강수동)이 설립하신 동천장학회 이사장으로 포천 지역사회 인재 양성을 위해 매년 장학금을 지급하고 있으며, 대진대 CEO 상생장학회 이사장으로도 봉사하고 계신다. 지역발전을 위해 늘 헌신하시는 자타가 인정하는 포천의 명문 가문이다. 이런 점을 인정받아 대진대학교에서도 명예 경영학 박사학위를 받으셨다.

* 2022년 9월 21일 강용범 회장님 명예 경영학 박사학위 수여식

* 2019년 6월 9일 동천 강수동 선생 서거 10주기 동상 제막식에서 왼쪽부터 권영택 박사님(현대물류 대표이사), 이상갑 회장님(꽃샘식품 회장), 이민형 회장님(전 포천상공회의소 회장)과 찍은 사진

입학홍보처장 시절에는 발전기금 유치 업무도 중요한 업무 중의 하나였다. 그러나 보직 교수들은 발전기금 업무에는 그리 적극적이지 않다. 돈과 관련되는 것이라 발전기금 유치는 다들 적극적이지 않다. 그건 총장님이 직접 해야 한다고 생각하기 때문이다. 나 역시 그리 적극적이지는 않았다. 그러던 어느 날 당시 이천수 총장님이 식사 자리에서 대학 내 발전기금 유치를 위해 바자회 개최를 제안했다. 입학홍보처장 업무이긴 했지만, 다소 부담스러웠다. 당시 이규관 팀장님을 비롯한 부서원 등과 관련 회의를 여러 번 했던 것 같다. 처음에는 다들 부담스러워했지만, 이규관 팀장님의 적극성과 부서원들의 열정으로 최고의 행사를 해보자는 쪽으로 의견을 모았다. 이천수 총장님께서 제안하신 바자회에 음악회까지 함께 해서 행사를 확대하자는 의견이었다. 총장님 제안에서 한발 더 나간 것이었다. 부서장으로서는 부담스러웠다. 행사 대비 발전기금 유치 규모가 걱정되었기 때문이다. 더욱이 행사날짜를 11월 1일로 하기로 실무회의에서 결정한 것이다. 11월 1일은 결혼기념일이었기 때문이다. 다른 날로 잡자고 할 용기가 나질 않았다. 다들 열심히 하는 데다, 여러 측면을 종합적으로 검토해서 잡은 날짜를 개인 결혼기념일 때문에 날짜를 바꾸자고 할 수 없었다. 바자회는 당시 이천수 총장님의 지인이신 최시중 방송통신위원회 위원장님의 명품 넥타이 기증도 있었다. 나는 연구년 때 영국에서 구입한 명품 코트를 내놓았다. 교직원들의 기증도 많았다. 그 밖에 대학 CEO 과정을 운영한 경험으로 CEO 총동문회의 지원과 배려로 관내 CEO 회사에서 생산되는 각종 물품을 기부받을 수 있었다. 바자회 행사는 일주일간 체육관에서 진행되었고, 11월 1일에는 음악회를 통해 대미를 장식하는 시나리오다. 음악회는 홍종진 교수의 윈드 오케스트라의 재능기부로 성대하게 열렸다. 1,000명 이상의 사람들이 몰렸고, 입학홍보처 부서원들은 부부동반 내지 가족까지 초청되었다. 마지막 날에는 수고 겸해서 저녁식사를 함께 하기도 했다. 물론 결혼기념일까지 일하는 남편이 그리 좋게 보이지는 않았지만, 아내도 참석했다. 당시 아들, 딸은 모두 캐나다, 프랑스에서 유학하고 있는 터라 우리 부부만 참석했다. 음악회 마지막에는 이천수 총장님이 직접 오케스트라 지휘를 하는 카메오 지휘자 시나리오는 홍종진 교수님의 아이디어였다. 그런데 이천수 총장님은 갑자기 마이크를 잡으면서, 오늘 이 행사를 총괄하는 소성규 처장의 결혼기념일이라며, 우리 부부를 축하해 주자며, 1,000명이 넘는 관중들의 박수를 유도했다. 결혼기념일에 이렇게 많은 사람들의 축하를 받아보긴 처음이다. 아내의 서운함이 기쁨으로 바뀌는 모습을 나는 옆에서 지켜보고 있었다. 마치 우리 결혼기념일을 위해 축하 음악회를 만든 것처럼....... 나중에 안 일지만 실무자 한두 사람에게 개인적 넋두리를 잠시 했는데, 이 사실을 처장 몰래 홍종진 교수님이 이천수 총장님에게 귀띔을 했다고 한다. 부서원들에 대한 미안함과 고마움이 교차하는 순간이다.

사실 입학홍보처장 3년 동안, 수고하시는 부서원들 아내와 아이들을 초청해 송년회를 함께 하기도 했다. 3개국에 가족이 흩어져 있는 나로서는 가족의 소중함을 누구보다 잘 알고 있다. 부서원들 가족을 격려하고 싶었다. 특히 팀장님들과는 부부동반으로 조용필, 이승철 등 음악 콘서트를 함께 가기도 했다. 물론 티켓구입비는 사비였다. 돌이켜 보면, 팀원들까지 초청했으면 어떠했을까 하는 아쉬움이 있다.

이후에도 국비 유치는 계속된다. 2020년부터 2023년까지 통일부 국립통일교육원으로 통일교육선도대학 사업을 4년 동안 국비를 유치한 것은 대진대학교를 통일교육으로 브랜드화할 수 있는 사업이라고 생각했기 때문이다. 통일교육선도대학 사업은 3번의 도전 만에 이루어낸 쾌거다. 정병화, 박영민, 고대유 교수님과 전범수, 강기환 팀장님들의 도움이 있었다. 보고서를 함께 작성하면서 대학을 위해 고민한 흔적을 파일로 보관 중이다. 대학 내 통일 관련 교육과정을 개편하고, 통이(通異)라는 캐릭터를 만들어 대진대만의 특성화된 이미지 제고를 위해 노력했다.

【대진대 통이(通異) 캐릭터】

* "통이"란 대진대학교 통일교육을 위해 만들어진 가상의 캐릭터. 서로 다름을 인정하고, 함께 하는 것. 나누어진 것을 하나로 만드는 통일(統一)이 아니고, 서로 다른 것이 통하는 "통이(通異)"를 지향하기 위해 만들어진 캐릭터임

    대진대학교에서 통일 관련 업무는 통일부 지역통일교육센터 8년, 통일교육선도대학 4년, 현재에는 대진대와 경기북부지역의 통일교육 업무를 담당하기 위해 교책연구원으로 대진평화통일교육연구원장직을 맡고 있다. 지역통일교육센터 첫 간사는 임승환(현재 대진대학교 입학사정관)이었다. 1년 동안 지역통일교육센터 간사를 맡고 있다가, 곧바로 대진대학교 입학사정관으로 발탁되었다. 임승환 입학사정관은 공공인재법학과 제자다. 이런 인연으로 대진대학교 출신으로 화가의 길을 걷고자 한 정유정과의 결혼식 주례를 맡기도 했다. 임승환 입학사정관 추천으로 역시 제자인 홍진화 간사가 지역통일교육센터 업무를 수행하게 되었다. 2024년 현재, 홍진화 간사는 통일 관련 업무 12년을 함께 하고 있다. 이들 실무자 도움으로 행정업무를 무난하게 처리할 수 있었다. 제자들 중심으로 주례를 여러 번 했다. 홍진화 간사는 24번째 주례다. 신랑(김상구)과 함께 행복한 결혼생활을 하고 있다. 대한민국 미래인 이들 가족이 행복해서 난 더욱 행복하다.

    꼭 보람이 있었던 것만은 아니다. 김국보 총장직무대행시절 이근영 당시 ROTC 유치위원장님(이후 6대 총장 취임)과 함께 ROTC 유치를 논리개발과 활동은 보람 있었지만, 이후 군사학과 유치는 실패했다. 아울러 대진대학교 설립 초기 현재 차의과대학과의 경쟁에서 의과대학 유치에 실패했고, 특히 약학대학은 유치위원장으로서 역할을 했지만, 그 소임을 다하지 못한 점은 송구하다. 다행히 현재 간호학과가 만들어져 앞으로 대학 발전과 지역발전을 위해 후배 교수님들의 역할이 중요하다. 현재 대학 내 총장님과 학교법인 대진대학교 이사회, 종단 대순진리회에서 의과대학 신설을 위해 노력하고 있다. 경기북부 지역발전과 대진대학교 발전을 위해서도 반드시 이루어지길 기원해 본다. 기회가 주어진다면, 그동안의 노하우를 살려 다시 그 역할을 해보고자 한다.

　네 번째 보람은 "새끼손가락" 동아리 지도교수다. 대진대 부임한 초창기로 기억된다. 음악을 통해 소년소녀가장을 돕고, 불우이웃을 돕기 위해 학생들이 자발적으로 결성한 것이 "새끼손가락" 동아리다. (공공인재)법학과 학생들보다는 건축학과, 조소과, 아동학과, 전자공학과, 국문학과 등 다양한 학과 학생들이 참여한 동아리다. 1기 강유진, 홍태의, 모상필을 비롯해 장광열, 정재종, 최국일, 권필균 등이 초기 멤버다. 초기 동아리 학생들은 학생회관 동아리방에서 노래를 부르고, 여러 악기를 연습해야 하는 아주 열악한 상황이었다. 음악공연을 통한 모금액도 적었다. 초기에 가장 시급했던 것은 연습용 악기 구입이었다. 당시 교수 생활 초기라 급여가 그리 많을 때다. 새로운 악기를 구입해 주고 싶었지만, 그럴 형편이 되지 못했다. 동아리 학생들이 낙원상가에서 중고 악기라도 사고 싶어 했다. 당시 연구비를 모아 둔 돈으로 동아리 학생들 중고 악기 구입하는데 일조했다. 공연 모금을 위한 티켓구입에도 사비를 많이 들였다. 그 돈으로 공연하고, 포천 관내 소년소녀가장과 불우이웃을 돕기도 했다. 초기 동아리 학생들은 대학가요제에도 출전했다. "내 마음속 세상". 홍태의와 김선태가 출전했다. 본선 진출에는 실패했지만, 당시 대학가요제 출전 곡은 아직도 동아리 음악공연에 필수 곡이고, 뒤풀이에서 빠질 수 없는 곡이 되었다.

 2017.12.9. "새끼손가락" 창립 20주년 기념공연이 있는 날이었다. 나는 당시 공공인재대학, 글로벌산업통상대학, 공공정책대학원장을 겸직하고 있을 때다. 동아리 학생대표가 연구실로 찾아와 축사를 서면으로 남겨달라는 요청을 했다. 우리 동아리는 학내 행사는 물론 포천시 다문화가족 행사를 포함해 의정부시 등을 포함한 경기북부지역에서 다양한 공연을 통해 얻은 수익금을 기부해 온 동아리다. 그동안 동아리 학생들의 헌신적인 희생과 봉사에 존경을 표하고, 감사의 마음을 전하며, "새끼손가락"에 회고록 성격의 글을 남겼다. 대학을 졸업하고 사회에 진출해서도 이러한 조그마한 정성과 기부가 우리 사회를 따뜻하고 행복하게 만드는 원동력이 될 것이라는 기대감으로 말이다. 당시 나는 "새끼손가락" 동아리가 나아가야 할 방향에 대해 다음과 같은 내용의 글을 남겼다.

> 우리 동아리는 이제 20주년이 되었습니다. 지금부터는 졸업한 선배 동문들과의 네트워크가 필요하다고 봅니다. 현재 새끼손가락 밴드가 개설되어 있지만, 활성화되어 있지는 않은 것 같습니다. 졸업생들의 전체 주소록은 파악하고 있는지? 선후배 모두가 한마음이 되어 시스템을 갖추는 작업을 하면 어떨까? 하는 생각을 해 봅니다. 이번 20주년 공연을 통해 재학생들만의 동아리가 아니라, 선배들과 함께, 그리고 그 가족들과 함께 하는 노래하는 동아리가 되었으면 합니다.
> 새끼손가락 30주년 기념공연을 할 때면, 저도 대진대학교 교수로서 정년이 거의 될 것 같습니다. 그때는 지금보다 더 크고, 빛나는 동아리로서, 새끼손가락 초기 멤버 가족들이 다시 대진대 새끼손가락 구성원이 되어서 함께 하는 동아리가 되었으면 합니다.
> 새끼손가락 재학생 졸업생 여러분!!, 그리고 가족 여러분!! "사랑합니다"

 오랫동안 이어온 전통이 최근에는 학생참여가 저조한 실정이다. 코로나19 여파도 있지만, 요즘 대학들의 실상을 보여주는 단면일 수 있다.

* 새끼손가락 20년 주년 기념공연을 학생회관에서 한 후 찍은 사진

다섯 번째 보람은 석사, 박사 인재 양성을 통한 경기북부 지역사회와의 동행이다.

대진대학교는 명실공히 학부, 석사, 박사학위 과정을 모두 갖춘 종합대학이다. 그러나 아직 석사, 박사 인재 배출보다는 학부생 중심의 교육과정과 행정시스템을 가지고 있다. 이런 상황 속에서 다른 교수님들과 달리 석사, 박사 인재 양성을 위해 노력했다. 그 결실이 바로 박사 제자들의 배출이다. 그 첫 번째 만남과 인연은 손경식 박사님이다.

손경식 박사님은 당시 경기도청 기획 업무 전문가로 정평이 나 있는 공무원이다. 대진대학교는 박사과정 전체 정원이 그리 많지 않다. 첫 법학박사 제자를 누구로 할 것인지는 나에겐 중요했다. 이때 의정부에서 변호사로 활동하는 분 등 몇 분이 거론되었다. 그런데 변호사들은 적극적이지 않았다. 그런데 손경식 박사님은 박사학위 취득에 대한 의지와 열정이 강했다. 당시 나는 주저하지 않고 손경식 박사님을 선택했다. 이후 2호 박사가 지금은 고인이 되신 허태갑 박사님이다. 허태갑 박사님은 양주에서 산업용 보일러 사업을 하시는 기업인이다. 그런데 배움에 대한 열망이 남달랐다. 나이 50이 넘어 대학 1학년부터 대진대학교 공공인재법학과를 다녔다. 허태갑 박사님은 자기의 아들, 딸들과 같은 또래와 함께 대학을 다녔다. 그런데도 수업에는 거의 빠지지 않는 열정적 학구파다. 석사, 박사 재학 때는 학구파 못지않게 "대진대 민사법 교실"을 만들어 대진대 동문 간의 인적 네트워크 구성에 적극적이었다. 나는 당시 연구와 교육, 대학 보직 등으로 바쁘기도 했지만, 시간적 여유가 많지 않을 때다. 동문 간 네트워크 구성과 단합에는 허태갑 박사님 몫이었다. 오늘날 개성포럼을 통한 대진대학교 공공인재법학과 인적 네트워크 구성은 허태갑 박사님이 아니었다면 불가능했다. 이후 사업가로서 얻어진 경험을 바탕으로 우리 대학에 후진 양성을 위해 강의도 하셨다. 그런데 나와의 소중한 인연을 멀리하고 갑자기 하늘 여행을 혼자 가버렸다. 허태갑 박사님이 하늘나라로 간 이후 나는 한동안 의욕이 없을 지경이었다. 그의 묘소는 대학 근처에 있다. 힘들 때 나는 그의 묘소를 찾아 상의하곤 한다. 나에겐 정신적 멘토이기도 했다. 현재는 경기도청의 원진희 서기관님, 임춘환 박사님, 천영성 박사님, 권영택 박사님 등이 그 역할을 대신해 주고 있다.

    박사 제자 중에는 포천에서 변호사 활동을 하는 고병철, 이용호 변호사님이 있다. 두 분 모두 한양대학교 후배이기도 하다. 이들의 포천지역 사회를 위한 활동은 앞으로 다른 법조인들이 참고할만한 사례다. 공익변호사, 마을변호사인 두 분 변호사에게 찬사와 경의를 표한다.

    세무사이면서, 전국 농업기술센터에서 농업인 대상 인기강사로 유명세를 가지고 있는 서창원 박사님이 우리 연구실에 합류했다. 농지임대차 제도의 법제도 개선방안을 법정책적 시각에서 연구했다. 서창원 박사님은 대구 오성고등학교 출신이라 더욱 애정이 가는 제자다. 이후 대진대학교 1호 법무사 최진웅 박사님, 경기도 공무원 가운데, 특별히 통일 교육과 평화경제특구에 관심이 많았던 전철 박사님이 탄생했다.

* 2014년 2월 22일 허태갑 박사 박사학위 취득기념 출판기념회(한양사이버대 양재모 교수님, 정성호 국회의원님, 빈미선 의정부시의회 의장님, 손경식 박사님, 김도협 교수님, 연한모 박사님, 이광재 사장님 등)

여행업과 택배업으로 박사학위를 취득한 천영성 박사님과 권영택 박사님, 미래 경기북부 여성 정치를 이끌어갈 김태희 박사님에 이르기까지 10호 박사가 배출되었다.

이들 이후도 2024년 현재 김효운, 이상훈, 김현수 등이 우리 연구실에서 수학 중이다. 경기북부 지역사회와 대한민국의 미래를 위한 법제도 분야에서 기여할 예비 박사님이다. 혼신을 힘을 다해 이들을 지도하고, 함께 공부할 생각이다.

법학석사 인재 양성에서 기억에 남는 만남과 인연은 이충무 회장님으로부터 시작한다. 이충무 회장님 고향은 문경이고, 나는 의성이다. 이런

저런 인연으로 자연스럽게 포천에서 만나게 되었다. 북일종합건설회사를 운영하시는 분이다. 경기북부지역에서 건설업으로 일등을 하고 싶어 회사 이름도 경기북부지역에서 일등, 즉 "북일"이라고 작명했다고 한다. 고향 의성 가는 길에 늘 문경을 지나야만 했다. 타향에 와서 만난 고향 분이라 좋기도 했고, 형님이 없는 가족사 때문인지 모르겠지만, 유독 많이 따른다. 지금도 고향 분 중에는 가장 먼저 떠오른다. 이런 인연으로 이충무 회장님의 아들(이범준)과 딸(이유란) 주례를 모두 내가 맡기도 했다. 첫 직장 교수 생활이라 잘 모르던 시절이다. 인간적인 만남과 삶에 대한 지혜를 주시고, 기쁠 때나 슬플 때 늘 격려해 주시고, 함께 해 주셨다. 살아가면서 갚으려고 해도, 한계가 있는 듯하다. 늘 건강하시고, 행복하시라는 기도 밖에 내가 할 수 있는 게 없다. 특히 대학원을 진학하면서, 양주의 조순광, 권남안 대표님을 소개해 법무행정대학원에 같이 다니기도 했다. 이 시기 이충무 회장님과 함께 당시 서울벽지 윤태섭 이사님은 충실한 대학과 대학원 생활은 물론 작은 처남(이우철)을 서울벽지에 취직을 시켜주기도 했다. 잊지 못할 만남과 인연이다. 이런 고향에 대한 인연은 포천에서 태윤종합건설을 운영하고 계시는 최윤 회장님도 계신다. 현재 개성포럼 자문위원장으로서 후배들에게 격려뿐만 아니라 지역사회 및 대진대학교에 대한 헌신과 기여는 말로 표현할 수 없을 정도다.

    소성규 교수를 지도교수로 대진대학교에서 석사학위를 받은 경기북부지역 정치인들로는 정성호 국회의원님, 서장원 전 포천시장님, 백영현 현 포천시장님, 김규선 전 연천군수님, 강은희/빈미선/이종화 전 의정부시의원님, 임경식/이희창/이종호 전 양주시의원님, 현재 김현수 양주시의원님, 이익선 현재 파주시 의원님, 윤충식 경기도의원님 등이 있다.

    특히 2024년 국회의원 선거에서 5선 국회의원으로 당선된 정성호 의원님은 늘 한결같은 신뢰와 합리적인 사고로 경기북부 지역사회는 물론 대한민국 여야 국회의원들과의 협상과 소통 능력까지 갖춘 국회의원이다. 국회의원의 모범이라고 할 수 있다. 정확한 시기는 기억할 수 없지만, 대진대학교 부임 초창기 정성호 의원님이 변호사로 활동할 때부터 인연이 시작되었다. 경기북부 환경운동연합 공동의장, 경기북부발전시민포럼 공동대표로 활동하면서 맺은 인연으로 대진대학교 법무행정대학원 제1회 졸업, 박사과정 수료에 이르기까지 한결같은 인연이다.

여러모로 부족한 교수에게 격려와 칭찬으로 경기북부지역 연구를 하게 한 장본인이기도 하다. 서울대학교 법과대학 출신이지만, 대진대학교 동문으로서 사랑 역시 한결같은 정치인이다. 국회의원 5선의 비결일 것이다.

* 정성호 의원님과 석·박사 송년회에서 함께 찍은 사진

* 정성호 의원님 등 석·박사 제자들과 스승의 날 저녁식사 모임에서 찍은 사진

경기북부 지역사회의 공무원 출신으로 경기도의 정규창, 원진희, 이태진, 전철 박사님 등이 있고, 의정부시청 송원찬 박사님, 양주시청에는 곽홍길, 신대수, 김순길, 김연분, 홍준경, 신현숙, 신택수, 포천시청에는 이태승, 이원성, 강성모, 김주연, 이지은, 연천군에는 이현주, 이명란, 박차남, 박충렬, 원대식, 조태광 등이 있다.

* 산행 후 정성호 의원님과 석·박사 동문들과 함께 찍은 사진

* 2019년 6월 28일(금) 대진대학교에서 개최된 한국법정책학회 20주년 기념 학술대회에서 정성호 의원님이 축사를 위해 방문한 사진

특히 남양주시의회의 최정민은 늘 아들처럼 함께 한다. 추석과 구정 명절에는 내가 외로울지도 몰라 함께 대화해주기 위해 한 번도 빠지지 않고 찾아온다. 대학 다닐 때부터 유독 많이 대화한 것 같다. 이런 인연으로 졸업생 소식을 전해주기도 하고, 내 가족 이야기를 들어 주기도 한다.

이제흠[(주)씨앤이즈컴]은 구정과 추석 명절에는 어김없이 송편, 떡국, 가래떡 등 명절에 사용하는 다양한 떡을 보내준다. 부모님이 서울에서 떡집을 해서다. 떡을 좋아하는 프랑스에 있는 딸(소민지)에게 보내주기도 한다. 이제흠은 공공인재법학과 학생회장 출신이다. 이제흠의 아내(양수정)도 공공인재법학과 제자다. 어느 날 두 사람의 결혼 주례를 부탁하려고 찾아왔을 때 한편으론 놀랐다. 사실 제자인 양수정과의 상담과 대화를 더 많이 했는데, 두 사람의 연애 사실은 몰랐기 때문이다.

제자 중에는 95학번 장인권을 빼놓을 수 없다. 지금은 양주에서 디지털 hp 컴퓨터 대리점을 운영하고 있다. 아들(장도현, 장호현)이 잘 성장했고, 부인(이진숙) 역시 행복해한다. 늘 가까이에 있는 제자라 정신적으로도 든든하다. 장인권 대표님 대학 재학 시절 미국에 거주하는 누나 등 가족 이야기를 나누기도 했고, 나는 늘 친동생처럼 여겨, 다른 동료들이 시기했을지도 모르겠다.

95학번 제자 중에는 사업가로 성공한 김대중, 이관용도 있다. 김대중은 학교 다닐 때부터 김대중이란 특별한 이름값을 하는 제자라고 했는데, 정말 그러하다. 봉급쟁이 철강회사 대표이사를 지내다, 이제는 독립해 진짜 본인 철강회사(선우스틸) 대표가 되었다. 이관용 역시 당시 우리 대학에 민사소송법 강의를 나오신 우종대 변호사님 사무실에 근무하다, ㈜정선그룹에 취직해 법무팀 임원으로 근무하고 있다. 이관용의 아내(최지영)는 농협에 30년 이상 근무하고 있다. 부인이 몸이 아파 힘들어하는 제자와 나 역시 아내가 나이가 들면서 몸이 좋아지지 않는 모습을 보면서, 서로 동병상련을 느끼기도 했다. 내 아내(이현주)에게 미안함과 사랑한다는 표현을 자주 하지 못한 점은 못내 아쉽다.

95학번 제자들은 "법우회"라는 그들만의 모임을 만들어 사회 각계각층에서 활동하고 있다. 법학 전문지식을 활용한 직업에서부터 다양한 분야에서 활동하고 있다. 권순목은 법무법인 동반에서 실장으로, 김운섭은 포천 산정호수 입구에서 벚골 도토리 막국수 대표로, 김창호는 로펌 미성 사무국장, 이종구는 법무법인 현장 실장으로 근무하고 있다. 이종구 부인(윤정미) 역시 (공공인재)법학과 제자다. 결혼을 잊은 채 술 만들기에 빠져 있는 전범준 전무[(주)와인킷코리아], 첫 주례인 애제자 김민성(디자인뷰 대표)/서유리 부부, 우리집 익스프레스 대표 유영조, 비비트리(주) 대표 정찬우, 정찬우 아내(구경춘) 역시 (공공인재)법학과 제자다. 법학도이지만, 제약회사에 근무하다 진단시약 및 의료기기 제조 유통회사인 디디에스(주)를 설립한 김호연 대표, 법무법인 현창 부장인 오원근, 오원근의 부인(문정애, 의정부지방법원)도 (공공인재)법학과 제자이며, 이들 부부 아들(오정환)은 대진대학교 스마트건설 환경공학부에 재학 중이다. 오원근 부부 역시 대진 사랑이 남다르다. DB손해보험에 근무하고 있는 오상중, 채움금융(주) 곽중훈 대표, 아버님 전기회사를 이어가기 위해 노력하고 있는 대한전기건설 서용호 실장, 부모님이 몸이 좋지 않아 포천에서 부모님을 모시고 있는 효자 이용재. 이들은 한결같이 각자의 위치에서 우리 사회의 소금과 빛 역할을 하고 있다. 나는 이들과 같은 하늘 아래 숨 쉬고 있어 행복하다.

95학번 제자 중에는 여학생들도 있다. 이진영, 이윤숙, 전은화, 안성숙, 김향아, 최은영 등이다. 모두 결혼해서 잘살고 있는지 궁금하기도 하다. 특히 최은영은 95학번 제자들의 전언에 의하면, 미국에서 임상병리학 박사를 취득하여 현재 뉴욕에 있는 병원에서 임상병리 의사로 근무하고 있다고 한다. 대학 재학시절에도 스튜디어스 등 법학 이외 분야에 관심이 많았고, 당시 이런저런 상담을 하면서 최은영이 선물한 액자가 아직도 나의 연구실에 걸려있다. 95학번 첫 제자 선물이라 잊을 수 없기 때문이다. 이들 95학번 제자들은 나와는 나이 차가 그리 많지도 않다. 일반 사회에서는 형님이고, 오빠다. 그런데 이들은 나에게 늘 선생님으로 예우를 해 준다. 이런 걸 두고 운명적 인연이라고 하는 것 같다.

이들과 다르게 늘 나에게 큰 가르침(?)을 주는 제자도 있다. 경기북부 저널의 임경식 대표님, 이종호, 이희창 전 양주시의회 의장님, 대한민국 "컬링"의 산증인 최종길 회장님, 양주바이오텍의 송인만 대표님과 경인일보 최재훈 박사님 등이다. 지역사회에서 돌아가는 이야기를 해 주고, 내가 상황판단과 합리적 처신을 하도록 도움을 주고 있다. 법학 전문지식 조금밖에 알지 못하는 나에게 늘 도움을 주고 있는 제자다. 지금까지 내가 나름 올바른 처신을 하는 것은 다 이들 덕분 같다.

융복합 전문성을 기반으로 유관 학회, 중앙정부 및 지방정부(특히 경기북부지역)에서 활약하다

융복합 학회활동을 하다

교수 생활에서 중요한 요소로 꼽고 있는 것은 일반적으로 교육, 연구, 봉사, 산학협력 등이다. 이러한 여러 요소는 매년 또는 매 학기 대학 내 실적평가를 한다. 그중에서 연구를 위한 학회 활동은 아주 중요하다.

한양대학교에서는 민법으로 박사학위를 취득했지만, 이후 교수 생활은 민법 위주로 연구를 한 것은 아니다. 민법에 기반을 둔 융복합 시각으로 연구논문을 쓰고, 저술 활동을 했다. 한양대학교에서 동문수학한 수많은 선후배 교수님을 일일이 열거하고, 그들과의 인연을 강조할 수는 없다.

그래도 박수곤 교수님과의 인연은 특별하다. 80년대 서울의 봄 시절, 대학은 늘 데모가 일상생활인 시기였다. 그러한 일상적 데모와 최루탄으로 대학 캠퍼스에는 낭만을 찾아볼 수 없는 시절이었다. 박수곤 교수님은 법과대학 학생회장 자격으로 늘 시위에 앞장선 것 같다. 나는 김기수 법과대학 학장님 조교 자격으로 늘 법과대학 학생회장을 지켜보고 있었다. 낮에는 데모를 주도하는 박수곤 학생회장을 보호해야 했고, 저녁에는 소주 등으로 그들을 격려했다. 그들 중에는 성남시 분당에서 민주당 국회의원으로 재선까지 한 김병욱 국회의원님이 있기도 하다. 당시 시위에 많이 참여한 사람 중에는 현재 삼성그룹 임원이기도 한 김이훈, 박정길(판사) 등이 있다. 우리 사회의 민주화와 소금 역할을 한 이들이 있었기에 오늘날의 대한민국이 있지 않을까 싶다. 학계에는 그러한 사람이 바로 박수곤 교수님이다. 박수곤 교수님은 석사학위 이후 연세대학교 박사과정에 입학했지만, 프랑스로 유학을 떠났다. 유학 중 한국에 올 때는 늘 함께 대화했다. 프랑스에서 박사학위 이후 현재 경희대학교 법학전문대학원 교수 생활과 한국민사법학회 수석부회장(2025년 학회장)으로 선출되기까지 박수곤 교수님의 학문적 열정에 찬사를 보낸다. 그런 박수곤 교수님이 난 자랑스럽다. 그런 인연으로 현재 대진대학교 박사학위논문 심사위원장으로 참여하고 있기도 하다.

대진대학교 박사학위논문 심사위원으로는 김기수 선생님 연구실 후배 교수이고, 독일에서 공부한 한양대학교 법학전문대학원 위계찬 교수님, 한양사이버대학교 양재모 교수님, 충북대학교 법학전문대학원 김판기 교수님 역시 마찬가지다. 난 이들이 후배라서 자랑스럽고, 감사하다.

이들 후배 교수님들과 함께 다양한 학회 활동을 했다. 그동안 학회 활동으로는 한국법정책학회/한양법학회/한국부동산법학회/한국인터넷법학회/한국민사법학회/한국재산법학회/한국비교사법학회/한국집합건물법학회/한국가족법학회/한독법률학회/한국법사학회/한일법학회/한국부동산분석학회/법과이론사회연구회/한국비교법학회/한국부동산정책학회/한국토지법학회/한국스포츠엔터테인먼트법학회 등이 있었다. 일부 학회는 이름만 걸어 놓고 활동을 거의 하지 않는 학회도 있다.

그동안 열성적으로 활동했던 학회는 한국인터넷법학회(제7대 회장 / 2012.1.1. ~ 2012.12.31.), 한국부동산법학회장(제12대 회장 / 2014.7. ~ 2018.6), 한국법정책학회장(2020.1. ~ 2021.12), 군과지역사회발전연구회장(2020.1. ~ 2021.12), 개성포럼 회장(2019.11. ~ 2025.11) 등이다.

특히 기억에 남는 학회는 4년간 학회장을 맡았던 한국부동산법학회다. 그동안 우리나라 "부동산학" 분야에는 여러 학회가 있다. 학회를 창립하시는 분과 주축 전문가들의 전공에 따라 추구하는 목적 또한 다양하다. 나는 법학자이기 때문에 부동산문제를 법학 및 법제도 관점에서 연구하고 있다.

부동산 법제를 연구하게 된 계기는 한양대학교 대학원 석사과정 때 처음으로 일본의 明石三郎 선생의 부동산중개계약 논문과 연구서를 접하게 되면서부터다. 당시 김기수 선생님으로부터 논문과 연구서를 받아 번역하고 공부했던 것이 부동산 법제 연구의 첫 인연 같다.

김기수 선생님은 한양대학교 행정대학원에서 부동산 법제를 강의하셨다. 당시 강의 내용은 부동산 법제를 민법적 관점, 즉 물권법과 채권법(특히, 계약법) 중심으로 강의하신 것 같다. 당시 김기수 선생님의 행정대학원 제자들은 대부분 부동산 실무에 종사하시는 분들이었다. 나는 김기수 선생님과 이들과의 교류에 참여하기도 했다.

이런 인연이 계기가 되어 전국부동산중개업협회 실무자들을 알게 되고, 이들의 애로사항을 함께 고민했다. 이러한 고민과 연구결과를 바탕으로 "부동산중개계약론"(부동산연구사, 1998) 이란 연구서를 발간하기도 했다. 이런저런 인연과 연구와 함께 한국부동산법학회 조성민, 문흥안 고문님의 추천으로 2014년 7월부터 2018년 6월까지 4년 동안 한국부동산법학회 제12대 회장직을 맡았다.

회장직을 수행하던 첫해, 한국부동산법학회 창립 30주년 기념 학술대회를 건국대학교에서 개최하기도 했다. 한국부동산법학회는 전 건국대학교 총장님이기도 했던 김용한 교수님께서 창립하신 학회이다. 김용한 총장님 역시 경북고등학교 선배님이다. 김용한 총장님과의 인연으로 그의 사위 서울대학교 이영성 교수님과의 교류는 자연스러웠다. 특히 이영성 교수님 고향은 동두천이다. 고향 접경지역에 대한 애정은 남다르다. 모두 "부동산학" 내지 부동산 법제를 공부하면서 알게 된 인연이다.

제2대 회장은 지도교수셨던 한양대학교 김기수 선생님이다. 김기수 선생님과 함께 석사, 박사과정 때 한국부동산법학회 업무를 보면서, 공부했던 시기를 기억하고 있다. 당시는 학회 창립 초기라 그런지 "부동산학" 분야 전문가를 한국부동산법학회 회원으로 참여하는 것에 대한 논란이 있었다.

제 기억으로는 제2대 회장님이신 김기수 선생님 시기에 많은 "부동산학" 분야 교수님을 비롯한 전문가들이 학회 회원으로 참여했다. 당시 제가 대학원 조교와 학회 업무 보조를 하던 터라, 한국부동산법학회 연락처, 주소록, 우편 발송 등의 업무를 도맡아 했던 기억이 생생하다. 이후 어찌 된 영문인지 한국부동산법학회는 또다시 부동산 관련 공법과 사법의 순혈주의로 회귀했던 것 같다.

나는 한국부동산법학회 제12대 회장으로 취임하면서 "부동산학" 전문가들이 많이 참여할 수 있도록 노력했다. 이때 많은 도움을 주신 분들이 있다. 한국주거환경학회장을 역임하신 경북고등학교 후배(66회)인 신상화 한국승강기대학교 교수님의 전폭적인 도움을 받았다. 신상화 교수님은 일본 코베대학(神戶大學) 박사로 추사(완당) 김정희 "세한도"(歲寒圖, 날씨가 차가워지고 난 후에야 소나무와 잣나무의 푸르름을 안다는 뜻. 제주도 유배 중인 김정희와 역관 출신 제자 이상적과의 변함없는 우정을 추운 겨울 날씨에도 변함없는 소나무와 잣나무에 비유함)의 글귀 건배사 장무상망(長毋相忘, 오래도록 서로 잊지 말자)을 애용했던 교수님이다. 나 또한 술을 좋아해 학회가 끝나면, 신상화 교수님의 건배사를 자주 사용했다. 학회 또는 워크숍을 위해 출장을 신상화 교수님과 함께 가면, 늘 일상 사진을 잘 찍어 주는 "사진작가"이기도 하다. 아들(소준영)을 조카라고 하며, 부산대학교 법학전문대학원 시험 잘보라고, 본인 비용으로 부산의 호텔을 예약해 주기도 했다. 고맙고, 감사할 따름이다.

일본 코베대학(神戶大學) 출신인 장희순 교수님 역시 학문적 동지로서의 은혜를 잊지 않고 있다. 장희순 교수님은 한국주거환경학회장을 맡기도 했고, 최근에는 국토교통부를 주무관청으로 하는 사단법인 "한국부동산학술회의"라는 학술단체 설립하여 초대 회장으로 활약하고 있다.

* 2017년 10월 14일 학술대회에서 장희순 회장님(강원대), 최임식 박사님(LH한국토지주택공사), 조성민 고문님(전 한양대), 문흥안 고문님(전 건국대)과 찍은 사진

* 2024년 3월 9일 장희순 회장님이 설립한 사단법인 한국부동산학술회의 출범 및 현판식에 대진대학교 제자들과 함께 참여한 사진

　　나는 한국부동산법학회를 재건하고, 다시 활성화하는 기반조성을 한 점에 긍지를 가지고 있다. 학회 재건과 활성화의 중심에는 대한부동산학회장을 역임하신, 고향 친구 광운대학교 서진형 교수님도 계신다. 학회 후임 김진 회장님(LX한국국토정보공사 연구위원)을 비롯한 여러 학회

임원분들의 도움은 말로 표현할 수 없을 정도다. 김진 회장님은 「군과 지역사회 발전 연구회」 후임 회장이기도 하다. 김진 회장님이 노력하지 않았다면, 지금의 한국부동산법학회 재건은 없을지도 모른다. 혼자 할 수는 없는 일이니 말이다.

학회장 임기 마지막에는 이현석 총무이사의 노고가 지대했다. 이현석 교수님은 현재 한국승강기대학 총장이지만, 내가 한국부동산법학회장 시절에는 대진대학교 교수로서 나와 함께 동거동락한 학문적 형제이기도 하다. 한국부동산법학회 활성화를 위해 열정적으로 도움을 주었다. 신뢰와 상대방 배려를 기본정신으로 한국 승강기산업의 세계화를 실천하시는 대학 총장님이다.

이후 김진, 이춘원 회장님(광운대 교수)에 이어, 2024년 현재 오승규 회장님(한국지방세연구원 연구위원)이 학회를 잘 이끌어가고 있다. 실무적으로는 한국동산법학회 학술지 "부동산법학" 편집위원장이신 김선주 교수님(경기대학교)과 함께 길혜민 교수님(강남대학교), 이홍렬 교수님(부천대학교) 등 전문가들이 학회 발전을 위해 노력하고 있다.

아시다시피 "부동산학"은 학제 간 연구가 요구되는 분야다. "부동산학"의 본질과 독자적인 영역 구축이 우선시 되어야 한다. 독자적인 학문 영역으로서 공고히 하기 위해서는 부동산의 실체에 대한 규명과 학술적인 검증이 무엇보다 요구되고 있다. 이를 위해 "부동산학"의 관점에서 이해하고, 이러한 개념들의 화학적 결합에 의한 "부동산학" 이론 개발이 요구된다. 이런 점에서 "부동산학"의 학문적 정체성을 만드는 작업이 중요하다고 본다.

"부동산학"은 앞으로 원로학자들과 함께 "부동산학"의 학문적 위상을 높일 후학들의 노력이 필요한 시점이기도 하다. "부동산학"은 전통적인 부동산업과 프롭테크와 같은 새로운 부동산 융복합산업 및 부동산 연관 산업과의 연계성 확보를 통해 부동산산업의 선진화를 도모해야 과제를 안고 있기도 하다.

　나는 "부동산학" 분야를 법제도 관점에서 그동안 연구를 해왔다. 일반 부동산보다는 "군용지" 문제에 관심을 더 가진 것 같다. 이 역시 경기북부 지역 대진대학교에 재직한 환경적 요인이 크다고 볼 수 있다. 국방부와 함께 군사시설보호구역, 지뢰 제거 법률 제정안 등 여러 연구를 한 바 있다.

　특히 국토교통부와 함께 LH한국토지주택공사, LX한국국토정보공사, 한국부동산원 등과 연계한 다양한 주제의 연구논문을 발표한 점은 법학자로서 자긍심이 있다. 특히 우리나라 부동산법제를 최고 법규범인 헌법 합치적 해석 및 유관 법률과의 연계성과 이론적 체계를 확립하고자 노력했다. 이러한 부동산법제 공동연구에는 경북고등학교 후배이자 연세대학교 보건대학원 장욱 강의교수님과 한양대학교 후배인 윤익준 대구대학교 연구교수님의 공헌이 크다. 나의 경험을 바탕으로 이 두 분 교수님의 참신한 아이디어와 창의적 연구 덕분이다.

　앞으로도 주택공급 및 군용지 개발, 특히 기부대 양여사업의 법제도 개선방안 등에 관한 연구를 계속하고자 한다. 기부대 양여사업 연구는 ㈜포천D&I 법률 및 경영 고문(자문) 교수로서 이 회사를 이끌고 있는 연호준 회장님, 조승아 대표님, 백승현 상무님 등과 함께 실증적 연구를 하고자 한다. 부동산법제 연구의 소중한 인연이다.

　2018년 6월 한국부동산법학회장 임기가 끝나고, 2019년 한국법정책학회 수석부회장에 선출되었다. 한국교통대학교 송호신 한국법정책학회장의 적극적인 추천 덕분이다. 송호신 학회장님은 2019년 한국법정책학회 20주년 학회 행사를 수석부회장 중심으로 잘 진행해보라는 취지의 말씀도 했다. 다소 부담스럽기는 했지만, 학회 창립 때부터 학회에 논문도 게재하고, 학회 일을 열심히 해서, 애정이 가기도 했다. 학회를 활성화하고, 회원들의 사기를 높이는 방안이 중요하다는 역대 학회장님들의 당부가 있기도 했다.

　사단법인 한국법정책학회는 다양한 사회적 요구에 부응하여 현행 해석론적 법학을 넘어 다양한 학문영역 간의 학제적 연구를 통해 이를 포괄할 수 있는 법적 관점에서의 종합적인 대책과 입법론의 제시를 통해 현실적인 대안을 마련하고자 하는 실용적인 법학을 추구할 목적으로 설립된 학회다. 사회현상에 대한 법제도 개선을 위해 공법, 사법을 포함한 다양한 전공자들의 다양한 시각을 통섭하는 융합학회다.

　2020년 코로나19 창궐과 함께 한국법정책학회장 임기가 시작되었다. 원래는 학회장 임기가 1년인데, 나는 1년을 더해 2년 동안 학회를 이끌었다. 학회장 취임과 동시에 제일 먼저 그동안 학회 운영 상황을 파악해 보았다. 역대 회장님들께서 학회를 내실 있게 운영해 온 것을 느낄 수 있었다. 다만, 회원들의 사기진작과 학회 재정이 다소 열악하다는 느낌을 받았다.

　학회장으로 취임 후, 제일 먼저 한 일은 KCI등재학술지인 「법과 정책연구」 한국연구재단 평가 준비였다. 한국연구재단이 주관하는 평가를 받는 해이고, 그동안 선배 학회장님들이 이루어 놓으신 업적 평가를 잘 받아야 했기 때문이다. 이를 위해 김상태 교수님(순천향대), 박득배 박사님(2024년 현재 진실·화해를 위한 과거사정리위원회 기획운영관실 대외협력담당관, 별정직 4급) 포함 출판 이사 중심으로 TF를 구성하여, 좋은 평가를 받았다.

　그러나 「법과 정책연구」는 현재의 KCI등재학술지로 만족하지 말고, 그 위상을 더 높여야 한다. SCOPUS 등을 포함한 다양한 방법으로 국제적인 학술지로 거듭날 수 있도록 노력하는 출발점이 되긴 했긴 했지만, 짧은 회장 임기로 인해 다소 아쉬운 점이 있다. 그동안 독일, 프랑스, 일본 법제를 중심으로 연구한 것을 영문으로 국제 학술지에 게재해야 하는 고민이 있다. 법학자의 고뇌와 번민이기도 할 것이다. 나 역시 마찬가지다.

학회장으로 취임하면서 그동안 학회의 외적 성장과 함께 내적 시스템을 완비하고자 노력했던 것 같다. 학회 전담 세무사, 법무사를 지정하여 학회 사업자 등록증 변경과 학회 임원 변경 등기를 시행하고, 기획재정부 주관의 지정기부금 단체 지정을 받으면서 학회원들을 위해 노력했다. 한국부동산법학회장 경험을 바탕으로 지정기부금 단체 등록을 받았다. 학회 회원들의 회비를 연말정산에 사용할 수 있도록 하고, 기업이나 법인에서 학회를 위해 후원할 때 지정기부금 단체 등록은 아주 중요하기 때문이다. 이 지정기부금 단체 등록에는 세무사이자 제자인 서창원 박사의 도움이 지대했다. 아울러 학회의 연구용역 수주를 위해 조달청 나라장터 입찰 등록 절차를 마련하고, 학회 내부 정비를 위하여 학회 정관도 시대 흐름에 맞게 개정하였다. 이제는 다른 학회와 비교할 필요가 없을 정도의 훌륭한 내부 시스템을 완비했다고 말하고 싶다.

학술대회 역시 그동안 정기학술대회 4회와 수시 학술대회를 개최한 것에 더해 학회의 정체성과 가치를 높이고, 학회 외연을 확대하기 위해 매년 국제학술대회를 개최하기도 했다. 특히 2021년 국제학술대회의 대주제는 "코로나 시대의 규제와 법정책 (Regulation, Law and Politics in the Corona-era)"이었다. 코로나 시대의 지정학적 정책 대응, 국가적 문제와 법정책, 시민생활과 법정책 문제를 다루어 법정책학 분야의 선도적인 학회로서의 위상을 재확인하는 공론의 장이 되기도 했다. 구체적으로 환태평양 국제공동체를 이루고 있는 미국, 일본 및 중국의 코로나 대응 법정책과 해외 학자가 바라보는 남북관계 등을 고찰했다. 나아가 국가법 혹은 국가정책의 관점에서 코로나로 인해 변화한 사회상 속에서 국가가 취해야 할 법정책을 거시적으로 분석했다. 또한 코로나로 인해 실질적으로 시민들의 일상에 직접 영향을 미칠 수 있는 법정책 문제를 토의하는 국제적 공론의 장으로 준비하였다. 이러한 주제 의식에 입각하여 우리나라를 비롯해 미국, 인도, 일본, 중국, 프랑스, 독일의 석학들을 초빙하여 코로나 시대의 규제와 법정책에 대하여 시간과 공간을 초월하는 국제적 공론장으로 준비하였다.

* 2021년 9월 24일 광운대에서 화상으로 개최된 국제학술대회에서 유지상 총장님과 학회 임원들이 찍은 사진

* 2021년 3월 26일(금) 이형규 교수님(한양대 법학전문대학원) 정년기념 학술대회를 한국법정책학회 주관으로 진행한 사진

위드코로나 시대를 대비하자는 취지와 함께 세계 최고전문가들과 함께하는 국제학술대회를 통해 한국법정책학회의 위상정립을 위한 소중한 계기가 되었다고 말하고 싶다. 이 국제학술대회는 당시 광운대학교 선지원 교수님(현재 한양대학교 교수)의 역할과 도움이 많았다.

한국법정책학회는 융복합학회이기 때문에 특정 전공 중심으로 학회를 운영할 수 없다. 이런 점에서 한국상사법학회장 등 상사법 분야에서 큰 역할을 하신 이형규 교수님의 정년기념 학술대회를 성대하게 치르기도 했다. 이형규 교수님은 독일에서 귀국하신 후, 후배인 나에게 전공은 다르지만, 독일법률용어를 한국어로 적절하게 번역하는 방법까지 조언하시는 섬세함을 보여주신 분이다. 정년기념 학술대회를 준비하면서, 이형규 교수님을 따르는 동료 교수님, 선·후배들이 보여준 후원 등은 이형규 교수님이 그동안의 삶을 반영하는 것 같았다.

　한국법정책학회장 재임 동안 꼭 하고 싶었던 것 중 하나가 학술상 제도를 만드는 것이었다. 그러나 예산이 수반되는 것이라 쉽지 않았다. 그러나 학회원들의 사기를 높이고, 연구 분위기 조성을 위해서는 예산이 중요하지 않았다. 학회장의 정책판단인 것이다. 학회장이 예산을 마련하면 된다는 생각을 했다. 이런 생각으로 처음으로 "신진학술상"과 "일반학술상"을 시행했다. 학술상 규정을 만들고, 학술상 심사위원회의 엄격한 심사를 통하여 학술상 수상자를 선정하였다. 학술상 이름은 "수인 학술상"이라 명명했다. 한양대학교 출신 최초 사법고시 합격자인 손용근 변호사의 아호 "수인"을 딴 학술상이다. 수인 학술상을 만들기 위해서는 손용근 변호사님 본인 동의가 필요했다. 물론 이임성 변호사님(당시 경기북부변호사협회장)을 포함한 여러 변호사님들의 의견을 듣기도 했다. 평소 손용근 변호사님에 대한 존경심이 작용한 것 또한 부인할 수 없는 사실이다. 이형규 교수님(한양대)을 모시고, 손용근 변호사님을 만났다. 학회 취지는 이해하지만, 손용근 변호사님은 곧바로 결정해 주지는 못했다. 본인의 아호를 딴 학술상이고, 지속성 때문이다. 이후 손용근 변호사님은 학회와 후배 전문가들을 위해 우리 학회에 2천만을 쾌척해 주시고, 앞으로도 학회에 계속 기부하겠다는 의사를 밝혀 주셨다.

　나는 한국법정책학회 내부 시스템 보완과 함께 학회 재정을 튼실하게 할 필요성을 느꼈다. 학회 재정을 보강하기 위해 중앙정부 및 지방정부 등과의 협력을 통해 회원님들의 연구비 확보를 위해 최선을 다했다. 특히 공개입찰을 통한 LH한국토지주택공사의 용역 수주가 학회 재정을 더욱 튼튼하게 만들어 준 계기가 되었다. 이때 만난 사람이 2024년 현재 LH한국토지주택공사 김성연 경기북부지역본부장님, 양시전 부장님, 이화선 차장님, 김우경 차장님 등이다. 이 인연의 중심에는 경북고등학교 63회 한병홍 박사님이 있다.

한국법정책학회장 시절 통일 관련 주제를 다루기 위해 "통일법제특별위원회"를 학회에 신설하기도 했다. 이 특별위원회를 중심으로 대진대학교 "통일교육선도대학단"과 함께 공동 세미나를 개최하기도 했다.

한국법정책학회는 "법정책학"이라는 새로운 학문분야를 우리나라 연구자 사회에 전파한 점은 높이 인정받고 있다. 그러나 보다 더 특화된 연구 소모임을 통해 학회 정체성을 확립하기 위해 노력했다. 2021년 학회 창립 22주년을 맞아 "과학기술법정책연구회", "자본시장연구회", 미래도시&공간복지연구회" 등의 3개 연구 소모임을 만들어 한국법정책학회라는 큰 우산 아래 특화 시도를 했다. 아쉽지만, 후배들에게 그 소임을 맡기고자 한다.

학회까지는 아니지만, 경기북부 접경지역 문제를 연구하면서 만난 소중한 인연이 「군과 지역사회 발전 연구회」(이하 "군지연"으로 약칭함)다. "군지연"은 군과 지역사회의 상생발전에 특별한 관심을 지닌 연구자들이 결성한 순수한 연구모임이다. 군과 관련한 사항에 대한 공동조사 및 연구, 연구결과의 공유, 연구 성과의 대외 전파를 통해 군과 지역사회간 갈등해소 및 상생발전에 기여하는 것을 목적으로 만들어졌다. 초대 회장이 한국국방연구원(KIDA)에 계셨던 강한구 박사님이다. "군지연"이 추구하고자 했던 것은 첫째, 군과 지역사회 간 쟁점이 되고 있는 군사규제와 관련된 법률, 제도, 조직 등에 관한 연구 및 연구결과 전파에 관한 사업(군사규제 제도 연구 및 연구결과의 전파), 둘째, 군과 지역사회간 관계 악화 및 갈등 발생지역에 대한 대책 연구 및 관계개선에 관한 사업(갈등대책 연구 및 연구결과의 전파), 셋째, 군부대 주둔지역 및 군부대 폐쇄지역에 대한 역사적 특징 정리 및 발간 관련 사업(군부대 주둔사 정리), 넷째, 군부대 폐쇄지역의 환경복원, 도시재생 등 공동화 방지 관련 연구 및 사업(지역공동화 대책 연구), 다섯째, 군과 지역사회 간 관계개선과 관련된 해외 사례조사 및 전파 사업(해외 사례조사 사업), 여섯째, 출판, 초청 강연회 및 세미나 등을 통한 수익금 확보 활동, 일곱째, 국가·지방자치단체·대학·관련 단체 등이 발주한 용역사업 수탁활동과 연구회 기금 충당과 관련 활동, 여덟째, 기타 군과 지역사회 등에 기여할 수 있는 사업 등이다. 2020년부터 2년간 군지연 회장을 맡으면서, 회원 확충과 함께 정기 세미나를 개최했다. 코로나19와 함께 했던 시절이다. 이때 총무 역할을 했던 분이 한국국방연구원(KIDA)의 우정범 박사님과 경기연구원의 남지현 박사님이다. 두 분 모두 서울대학교, 일본 동경대학교 박사다. 두 분의 열정으로 연구모임은 활성화되었고, 지금은 현대건설 상무님이지만, 당시 육군사관학교 박영준 교수님과 열띤 토론은 지금도 잊지 못할 추억으로 남아 있다.

경기북부범죄피해자지원센터에서 범죄로부터 피해를 당한 분들을 지원하는 공익 활동을 하다

의정부지방검찰청에는 법무부 산하의 경기북부범죄피해자지원센터가 있다. 범죄로 인하여 피해를 입고도 법률적인 구제나 보호를 받지 못해 왔던 피해자들에게 체계적이고 실질적인 피해회복을 지원하는 단체다. 2004년 4월 12일 센터 설립추진위원회 구성되고 경기북부 관내 변호사, 의사, 대학교수, 사업가 등 11명으로 구성되어 있었다. 나는 당시 의정부지청 이정만 부부장 검사의 연락을 받아, 처음부터 센터 설립에 참여하게 되었다. 2005년 1월 20일 창립총회에서는 초대 박서용 이사장님을 모셨다. 박서용 이사장님은 의정부에서 태평양 약국을 운영하시는 분이다. 평소 의정부 지역사회를 위해 많은 헌신을 하신 분이다. 당시 나는 의정부에 살고 있었다. 센터 설립과정부터 고향(경북 의성군 단밀면) 선배님인 것을 알게 되어 더욱 친밀해졌다. 이런 인연으로 센터 운영에 관한 심도 있는 이야기를 많이 한 것 같다. 특히 노무현 대통령 시절 검찰총장을 역임하신 정상명 총장님과 초대 박서용 이사장님과도 인연을 자연스럽게 알게 되었다. 정상명 총장님은 경북고등학교 선배님(48회)이고, 고향(경북 의성군 다인면)이 같기도 해, 정상명 총장님과의 대화는 한결 편했다. 이런저런 인연으로 정상명 총장님은 검찰총장 퇴임 후 대진대학교 CEO과정에 특강을 오신 적도 있다. 이런 인연을 계기로 박서용 이사장님과의 신뢰는 한층 커졌다. 당시 센터 사무처장은 의정부시에서 기획실장을 역임하신 조수기 사무처장님이었다(김정영 경기도의원이 사위라는 사실은 나중에 알았다). 이사장님과 사무처장님의 깊은 신뢰로, 경기북부범죄피해자지원센터를 전국 최고의 센터를 만들어 보고 싶었다. 당시 센터의 비전과 추진전략을 만들어 달라는 의뢰와 함께 의정부 예술의 전당에서 센터 발전을 위한 세미나를 개최하기도 했다. 초대 박서용 이사장님은 나이와 전문성 부족을 이유를 이사장직은 그리 오래 수행하지 않았다. 2대 이사장님으로 모신 분은 당시 의정부에 본사를 둔 건설회사를 운영 중이었던 신도종합건설 송한근 회장님이다. 2대 이사장님은 기업 규모에 걸맞게 센터 발전을 위해 매년 기부도 많이 하셨다. 센터 발전을 위한 다양한 홍보 활동도 했던 시기다. 그때 나는 센터 홍보와 범죄피해자 지원을 위한 기금 마련을 위해 음악회를 제안했다. 이사장님과 사무처장님이 흔쾌히 승낙하시고, 적극적이었다. 물론 당시 대진대학교 음악학과에 재직 중이던 김동수 교수님(현재 성신여대 교수)이 지휘하는 "뮤즈 윈드 오케스트라"의 재능기부가 있었기 때문에 가능했다. 김동수 교수님 지휘에 따라 제1회 사랑나눔대음악회는 2009년 5월 22일. 금요일. 오후 7시. 의정부 예술의 전당 대극장에서 열렸다. 2시간 동안 "베니스의 축제, 정글환타지, 무명용사" 등의 곡들을 연주해 관객들의 귀를 사로잡았다. 또 바이올린 김복현, 소프라노 박지현, 테너 이상규, 피아노 최세리, 플루트, 김수현, 트럼펫 유병엽 등 음악가들도 자선 공연에 동참해 갈채를 받았다. 경기북부지역 시장·군수님 포함 지역 주민 1,000

명이 넘는 사람들이 참석한 아주 성대한 음악회였다. 제1회 사랑나눔대음악회는 이명박 대통령 시절, 당시 김경한 법무부장관님과 의정부지방검찰청 차장검사로 계시다가 법무부 국장으로 영전하신 조영곤 검사장님도 참석했다. 의정부검찰청이 후원한 행사이기 때문에 박기준 검사장님도 이 음악회를 꼼꼼히 챙겨주셨다. 신도종합건설 홍보모델이면서 우리 센터 홍보대사인 영화배우 김혜수, 최홍철 경기도 행정2부지사 등도 참석한 그야말로 대규모 행사였다. 김경한 장관님, 조영곤 검찰국장님, 박기준 검사장님, 최홍철 부지사님 등 네 분은 우연히도 모두 경북고등학교 선배님이었다. 5월 22일 사랑나눔대음악회 이후 김경한 장관님은 남양주 소재 봉선사에서 주무셨다. 다음날에는 박기준 검사장님, 송한근 이사장님 등과 산행도 예약되어 있었다. 그런데 음악회 다음 날 아침, 갑작스럽게 산행 일정이 취소되었다. 2009년 5월 23일. 토요일 오전. 노무현 대통령님이 서거하셨기 때문이다. 장관님은 급히 청와대로 가셨고, 산행을 진행하기 위해 여러 준비를 한 실무자들은 애통함과 함께 당황했다. 노무현 대통령 서거 하루 전 개최된 우리 센터 음악회는 오늘날까지도 그 명맥을 잘 유지해 오고 있다. 우리 센터 특화 사업이다.

박삼순 부이사장 직무대행, 제6대 노시청 이사장님을 거쳐 제7대 최근수 이사장님(주식회사 딜리 대표이사)이 2014년 2월 27일 취임했다. 송한근 이사장님이 센터 확장과 발전을 위한 기반마련을 위해 노력을 하셨다면, 최근수 이사장님은 센터의 체계화, 외연 확장을 위해 다양한 노력과 헌신을 하신 분이다. 사랑나눔대음악회를 통한 지속적 홍보와 기금마련, 범죄피해자지원 사례집 발간, 비둘기상담봉사단 발족, 의정부 스마일센터 개소와 함께 후원이사들을 위한 그린미팅, 운영이사들을 위한 여러 가지 소소한 배려를 해주셨다.

최근수 이사장님은 사회적 약자 보호를 위해 실질적 후원을 해 주시는 후원이사에 대한 관심과 배려를 많이 하신 분이다. 후원이사의 후원금이 중요하기 때문이다. 이사장님은 매년 2,000만원의 후원금 출연과 함께 많은 사비 지출을 하신다.

2024년 현재 우리센터를 위해 후원을 해 주시는 분으로는 양일종 이사장님(양주예스병원 이사장)을 비롯하여, 강준모(포천 그린자동차학원 대표), 김인갑(동경(주) 송추가마골 사장), 오진석(세화레더(주) 대표이사), 이민형(경기아스콘(주) 대표이사), 이상준((주) 삼주국민마트 대표이사), 이정석((주) 세코닉스 상무), 이충무(북일종합건설(주) 대표이사), 장영규(포천시시민축구단 대표이사), 최근수((주)딜리 대표이사), 최상곤((주)쿨맥스 대표이사), 최상준((주)씨에스 대표이사) 후원이사님 등이 있다. 2005년 센터 개소부터 계속해서 후원을 해 주고 있는 분은 이충무, 이민형 대표이사다. 그밖에도 그동안 후원해 주신 천복덕, 신홍주, 최호열, 김세원 대표님 등과도 소중한 인연이다.

최근수 이사장님은 기업을 통해 발생한 이익을 지역사회 공헌사업을 실천하시는 훌륭한 기업인이다. 이런 기업가 정신을 지역 기업인들이 본받기 위해 대진대 CEO 과정 특강자로 초청하기도 했다. 저녁 시간 졸음이 올 시간인데도, 최근수 이사장님의 특강 또한 명품이었다.

2022년 3월 23일에는 양일종 이사장님(양주 예스병원장)이 취임하시고, 이수진 사무국장님(전 포천시 국장)과 함께, 센터를 더 촘촘하게 이끌어 가고 계신다.

범죄피해자지원센터는 사회적 약자 보호를 위해 후원할 수 있는 토대 마련이 중요하다. 경기북부지역 검찰조직으로는 의정부지방검찰청, 고양지청, 남양주지청이 있다. 우리 센터는 주로 의정부시, 양주시, 동두천시, 연천군, 포천시, 강원특별자치도 철원군까지 지원한다. 큰 기업은 많지 않지만, 우리 센터를 위해 후원해 주실 개인, 기업 등 후원이사 발굴작업이 중요한 과제이다.

↖ 최근수 이사장님, 양부남 검사장님 시절
제10회 사랑나눔대음악회

↑ 최근수 이사장님, 구본선 검사장님 시절
제11회 사랑나눔대음악회

← 최근수 이사장님, 조희진 검사장님 시절
센터 후원이사 그린미팅

↖ 최근수 이사장님, 이명재 검사장님
  시절 센터 임원 위촉식

↑ 최근수 이사장님, 박순철 검사장님
  시절 운영이사 격려 오찬

← 양일종 이사장님, 김선화 검사장님
  시절 2023년 센터 후원인의 밤

경기북부범죄피해자지원센터에는 운영이사가 있다. 2024년 현재 기준 센터 설립 때부터 운영이사를 하는 분은 나를 포함해 의정부광명교회 이종득 장로님과 두 사람이다. 센터가 설립되고 얼마 지나지 않아 경민대학교 보건행정학과 김환철 교수님이 운영이사로 합류했다. 김환철 교수님은 대진대학교 동료 교수님들보다 더 자주 만나는 분이다. 온화한 성품으로 적극성과 함께 사람들을 배려해 주셔서 지역사회에서 존경을 받고 있다. 그밖에도 (사)경기모델문화산업진흥원 이경자 이사장님, 포천가족성상담센터 이정민 소장님, 의정부힐링스병원 최진태 병원장님, 검사 출신으로 경기북부 지역사회에서 다양한 사회봉사 활동을 하고 계시는 이재준 변호사님, 양성직 세무사님 등이 자원봉사활동을 하고 계신다. 이분들이 센터 운영에 실질적으로 많은 도움을 주고 계신다. 물론 자원봉사다.

↖ 2024년 박형덕 동두천시장님에게 센터 양일종 이사장님, 김환철 운영이사님, 이수진 사무차장님과 함께 후원금 지원 요청을 위해 동두천시를 방문 기념 사진

↑ 송한근 이사장님, 조수기 국장님과 함께 설명절 장애시설 방문 때 찍은 사진

← 2013년 5월 20일 강경필 검사장님 오찬 기념 간담회 기념 사진

경기북부범죄피해자지원센터는 범죄피해자보호법에 따라 법무부의 법인형태로 운영되고 있다. 장소는 의정부검찰청 내에 있다. 우리나라의 다른 센터 역시 대부분 검찰청 내부에 센터가 있다. 검찰청 내부에 있는 것이 장소로의 적합성이 있는지, 과연 범죄피해자 보호를 위한 접근성 차원에서 바람직한지를 고민해 보아야 할 것이다. 일정 부분 이해가 가는 부분이 있다. 나는 센터 설립 때부터 운영이사로 활동하고 있다. 매월 5만원의 기부와 센터 운영이사로서 자원봉사를 하는 곳이지만, 왠지 검찰청에는 가고 싶지 않다. 범죄자가 아니고, 자원봉사를 하러 가는데도 말이다. 다른 사람들도 경찰서나 검찰청은 가고 싶지 않은 곳이 아닐까 싶다. 범죄피해자들이 편하게 찾아올 수 있는 장소를 고민해 보아야 시기다.

장소 고민 이외 가장 근본적 고민이 있다. 기부금이다. 센터는 기본적으로 국비 및 지방비, 민간인들의 후원금으로 이루어지고 있다. 그런데 범죄피해자 지원을 위한 후원금이 부족하다. 센터별 상황이 다르긴 하다. 경기북부범죄피해자 지원센터의 경우, 후원금이 부족한 상황이다. 지방자치단체장들의 호응에 비해 민간 후원금이 부족한 상황이다. 고민이 있는 부분이다.

경기북부지역에서 (케이블) 방송 활동을 하다

방송사와의 첫 인연은 당시 케이블 방송인 LG헬로비전 나라방송이다. 2002년 6월 13일 제3회 전국동시지방선거 개표 생방송에 진행자로 출연했다. 후보자들의 공약 등을 분석하면서 개표방송을 진행하는 생방송 프로그램이었다. 당시 공중파 방송도 아닌 케이블 방송사에서 개표 생방송을 진행하는 것이 녹록지만은 않았지만, 방송사의 연락을 받고, 방송을 진행했다. 생방송이다 보니 경기북부 지역의 핵심이슈 등을 여자 아나운

서가 알기 힘든 내용이 많았다. 생방송 진행자로 섭외한 이유는 방송하면서 알게 되었다. 대본이 있긴 했지만, 중간중간 비어있는 시간대에는 혼자 경기북부지역에 대하여 강의하듯 진행한 것 같다. 담당 PD가 중간중간 경상도 사투리 쓰는 내용을 조심하라는 멘트 외에는 특별한 지적사항이 없었다. 이후 2004년 4월 10일 제17대 총선 포천-연천 예비후보자 초청토론회 및 2004년 4월 30일 제17대 총선 특집 개표 생방송 "경기북부의 도전"과 2006년 5.31지방선거 <동두천시장후보자토론회> 등 지방선거와 국회의원 선거에서 후보자 토론회 진행자로서 역할을 했다.

↖ 2022년 5월 22일 연천군 선관위 주관 후보자 TV토론회에서 김광철 후보(무소속), 유상호 후보(더불어민주당), 김덕현 후보(국민의힘)와 찍은 사진

↑ 2022년 5월 22일 의정부시 선관위 주관 후보자 TV토론회에서 강세창 후보(무소속), 김원기 후보(더불어민주당), 김동근 후보(국민의힘)와 찍은 사진

최근까지도 활동했다. 즉, 2022년 5월 22일 제8회 전국동시지방선거 의정부시장과 연천군수 선거 후보자 토론회에 진행을 맡았고, 2024년 3월 31일 4월 10일 제22대 국회의원 선거 의정부시 갑, 을 지역구 후보자 토론회를 진행하기도 했다.

← 2024년 3월 31일 의정부시 선관위 주관 후보자 TV 토론회에서 의정부갑 선거구 박지혜 후보(더불어민주당), 전희경 후보(국민의힘)와 찍은 사진

↙ 의정부갑 선거구 개혁신당 천강정 후보 연설회에서 찍은 사진

← 의정부을 선거구 이형섭 후보(국민의힘), 이재강 후보(더불어민주당)와 찍은 사진

　방송에서는 딜라이브 TV에서의 활동이 많았다고 할 수 있다. 2005년 2월(범죄피해자보호와 지원 대책 어떻게 이루어지나?)부터 2006년 6월(포천-양주시의 미래)까지 진행한 "오픈스튜디오 우리시대" 프로그램을 진

행했다. 2주에 한 번 50분 녹화하는 시사 토론 프로그램 사회자(MC)다. 경기북부 지역사회의 문제점을 전문가, 공무원, 시민사회 단체, 정치인 등이 모여 토론을 통해 지역사회 발전을 위한 대안을 마련하기 위한 자리다. 나의 인생에서 수많은 네트워크 형성과 프로그램을 진행하기 위한 자료 준비 등을 위해 경기북부 지역 현안 등을 공부하는 기회였다. 이때 만난 이들이 김남철·오규호·조은실 PD님, 김영, 진준호, 이한철, 이진우 카메라 감독님, 양재정, 전병천, 지혁배, 김정필 기자님 등이 있다.

시민사회 활동과 지속가능한 "대진대"를 기억하기 위해 개성포럼을 만들다

2019년 9월 6일(금) 대진대학교 대진교육관 2층에서 개성포럼 발기인대회 겸 첫 세미나 열렸다. 이후 2019년 11월 29일(금) 개성포럼 창립총회에서 초대 회장으로 추대되었다.

* 2019년 개성포럼 발기인대회 세미나

* 2019년 개성포럼 창립총회 세미나

개성포럼은 개성지역을 포함한 북한에 대한 연구, 남북교류 협력방안 및 민주시민교육과 평화통일교육 등에 대한 연구와 토론 등을 통해 평화통일에 대한 국민들의 관심을 제고하고 다양한 정책대안을 제시함으로써 우리 민족의 염원인 평화적 통일과 국가와 지역사회 발전에 기여함을 목적으로 하는 경기도 비영리 민간단체다.

개성포럼이 창립되기 전부터 경기북부 접경지역 문제와 통일교육 등을 위하여 대진대학교 공공인재법학과 출신들과 전문가들이 모여 지역 이슈를 논의하는 자리를 만들자는 제안이 여러 번 있었지만, 학회장을 세 번이나 해본 나로서는 단체 운영의 애로사항을 알고 있는 터라, 망설이지 않을 수 없었다. 그래도 전철 박사님, 임정관 박사님 등 경기도 공무원들은 민간단체 설립의 필요성을 설파하고 있었다. 이제는 대진대학교 위상을 높일 필요도 있다는 지적도 있었다. 그러나 그동안 대진대학교 공공정책대학원 공공인재법학과 석사, 박사 중심의 "대진대학교 민사법 교실" 이라는 정기모임이 있기도 했다. 대진대학교 법학박사 첫 제자 손경식 박사님과 원진희 수석총무 등 제자들이 잘 운영하는 모임이다. 나름 정기적으로 등산(트래킹)이나 골프 등의 모임도 있었다. 이런 와중에 또 다른 모임을 만든다는 것이 부담스러웠다. 그러나 더 체계적이고 오랫동안 지속할 수 있는 모임이 필요하다는 점에서는 대부분 동의하고 있었다. 소성규 교수 개인 차원의 모임을 떠나 좀 더 확대해서 동문의 참여를 확대하자는 취지이다. 몇 년간의 고민이 있었다. 그런데 우연히 경기도청에 들렀는데 김상수, 송용욱 국장님(당시는 두 분 모두 사무관) 등이 이런 형태의 경기도 비영리 민간단체의 필요성과 함께 개성포럼 작명까지 제안해 주었다. 경기도 옛 지역인 개성을 복원하고, 개성관광 등을 포함한 다양한 형태의 남북교류가 활성화되어야 한다는 취지의 독려도 있었다. 아울러 대진대학교 민사법 교실 모임의 원진희 수석총무 역시 적극적이었다. 이들 경기도 공무원들의 적극적 설파에 그만 두 손을 들고 개성포럼 창립을 결심하게 되었다.

개성포럼 창립 이후 여러 형태의 조그마한 변화가 있었다. 지속가능한 포럼이 되기 위해서는 참여와 봉사가 필요하다. 이 봉사의 중심에는

(공공인재)법학과 96학번 천영성 박사님이 있다. 부인은 97학번 김정미다. 두 사람 모두 제자다. 포럼의 살림살이와 연락 등 다른 사람들이 하기 힘든 일을 하고 있다. 김기수 선생님 제자로서 내가 했던 일과 비슷하다. 천영성 박사는 여행사를 운영하면서, 우리나라 여행 관련 입법체계의 문제점을 인식하고, 대학원에 입학했다. 여행업의 새로운 입법이 마련되길 기대하며, "여행업의 공정성 확보를 위한 입법론"이란 주제로 법학박사가 되었다. 이러한 시도는 권영택 박사님 역시 마찬가지다. 30년 이상 경기북부지역에서 택배업에 종사하고 있다. 우리 생활에서 택배 없이는 일상생활이 곤란할 정도이다. 그런데 법체계는 택배 차량 중심이다. 사람 중심의 사회, 입법체계가 필요하다. 오랜 직업 경험을 바탕으로 "택배서비스산업 활성화를 위한 법제도 개선방안"으로 법학박사가 되었다. 대진대학교 공공인재법학과는 이런 우리 사회에서 꼭 필요한 실용학문을 위한 인재 양성을 위한 학문적 전당이 되었다고 말하고 싶다.

이런 실용학문과 경기북부 접경지역의 현안문제를 토론하는 공간이 개성포럼이다. 그런데 누군가는 개성포럼을 위해 심부름 역할을 해야 한다. 그런 힘든 일을 묵묵히 하고 있는 수석총무가 바로 원진희 경기도 서기관(4급)이다. 나와는 나이 차이도 별로 없지만, 늘 편하게 내 고민을 함께 해 주는 인생의 동반자다. 이들과 함께 숨 쉬고 있는 공간이 있어, 행복하고, 감사하다.

개성포럼의 지속가능한 운영을 위하여 2023년에는 후임 수석 부회장님(95학번 김윤범 대표)까지 선출했다. 2026년부터 개성포럼을 이끌어 갈 사람이다. 김윤범 수석부회장님의 대진 사랑은 자랑하고 싶다. 아내(이연식)도 (공공인재)법학과 96학번 제자다. 이 가족은 큰딸(김미성), 둘째 딸(김나미) 모두 대진대 공공인재법학과 출신이다. 대진대학교 역사에서 이런 대진 가족이 있을까 싶다.

이들이 함께 운영할 개성포럼이 지속 가능한 대진대학교 출신들의 활동 공간이 되었으면 한다. 그 기틀을 마련해 주고 싶다.

법정책적 전문성을 기반으로 논문, 연구보고서, 컬럼 등 저술 활동을 하다

교수 생활 동안 여러 편의 논문과 연구보고서를 작성한 바 있다. 특히 세 번의 학회장을 하면서, 학회와 대진대 산학협력단을 통한 다양한 연구를 한 바 있다. 그와 함께 언론에 컬럼 등을 게재하기도 했다. 컬럼 주제 역시 다양하지만, 큰 틀에서는 국가적 이슈보다는 경기북부 지역이슈를 많이 다룬 것 같다.

이런 컬럼을 게재할 수 있었던 것은 경기북부 지역 지방자치단체(의정부시, 양주시, 동두천시, 연천군, 포천시, 남양주시 등)에서 여러 위원회 활동을 할 수 있도록 위촉해 주었기 때문에 가능한 일이다. 만약 대학에서 강의와 연구만 했다면, 지역의 주요 현안에 대한 문제의식을 가지기 어려웠을 것이다. 그 출발점에 임창열 전 경기도지사님이 계신다. 정성호 국회의원님의 소개로 만났지만, 수원 경기도지사 공관의 좁은 회의실에서 늦은 시간까지 토론했던 기억이 난다. 이후 여러 경기도지사와 경기북부지역 지방자치단체장 및 공무원들과 소통의 결과 때문에 경기북부지역에 관심은 커졌다. 그들에게 늘 감사한 마음을 가지고 있다.

교수로서의 대학생(대학원생)을 교육한 것에 그치지 않고, 학문적 이론을 실무에서 적용할 수 있도록 연구도 했다. 물론 연구하고, 조언했던 것이 모두 옳은 것은 아니겠지만, 경기북부 지역사회와 함께 호흡했다는 점에 법학자로서 자긍심을 가지고 있다. 특히 2004년 한국법정책학회지 「법과 정책연구」 제4집 제2호에 "경기북도 신설의 당위성과 방법론" 논문을 게재한 바 있다. 경기북부지역의 각종 선거에서 매번 등장하는 선거 공약임에도 불구하고 연구논문 한 편이 없을 때 연구논문을 집필한 것이다. 이후 여러 논문과 보고서가 발간되긴 했지만, 초기부터 경기북부 분도에 관심을 가지고 현실에 참여했다. 다행히 2022년 지방선거에서 김동연 경기도지사가 선거공약으로 제시하고, 경기도지사 취임 후 공식 조직을 만들고, 조례를 만들어 본격적으로 경기북부특별자치도 설치를 추진하고 있는 점은 아주 고무적이라고 평가하고 싶다. 학자로서 현실참여를 하면서 보람을 느끼는 부분이다. 이후 경기연구원 주관 연구용역에서 경기북부특별자치도특별법(안)을 만들고, 의정부, 양주 등 경기북부 9개 시군 토론회 좌장(사회)으로 참여한 점에 보람을 느끼고 있다.

* 2023년 고양시를 제외한 경기북부 9개 시·군 토론회에 참여한 사진

아울러 「미군공여구역 주변지역 등 지원 특별법」 제정 이전부터 법 제정의 필요성과 기본방향에 대한 학술 연구논문과 컬럼을 언론에 게재했다. 특별법제정을 위해 국회 진술인 발표 등을 통해 법 제정에 일조한 것 또한 보람을 느끼고 있다. 그 밖에 군사시설보호구역, 평화경제특구, 기회발전특구 등 경기북부 접경지역 발전을 위한 이론적 근거 제공을 위해 연구하고 있다.

* 2023년 10월 4일 최춘식 국회의원 주관 가평군 접경지역 지정 및 발전방안 모색을 위한 정책 토론회 발제에 참여한 사진
* 2023년 7월 4일 경기도의회 경기북부(접경)지역 발전전략 연구포럼에서 "경기북부 접경지역 지원사업 평가 및 신규사업 발굴" 착수보고회에 참여한 사진

국가와 대진대, 경기북부지역은 잊지 않고 격려하고, 표창해 주었다

대진대학교 교수 재직 동안 수상 기록을 정리해 보면 다음과 같다.

- 노동부 시행 2005년도 중소기업 직업교육 컨소시엄 사업유치, 대진대학교 총장, 2006. 6. 8.
- 오픈 스튜디오 우리시대 진행, 우리방송, 2006. 7. 7.
- 대진대학교 학군단 창단, 학교법인 대진대학교 이사장, 2007. 3. 14.
- 형사조정 및 범죄피해자 지원업무 기여 (경기북부범죄피해자지원센터 운영위원), 의정부지방검찰청 검사장, 2007. 12. 28.
- 지방행정 혁신(지방행정 혁신협의회 위원), 의정부시장, 2008. 2. 1.
- 10년 연공상, 포천시 교원단체 연합회장, 2009. 11. 18.
- 노인장기요양보험제도 정착 및 발전 기여, 국민건강보험공단 이사장, 2010. 6. 30.

- 양주시 지역발전협의회, 양주시장, 2011. 5. 6.
- 제71보병 사단장, 두루누리 아카데미 추진본부장, 2011. 6. 11.
- 경찰청장 감사장, 제66주년 경찰의 날, 2011. 10. 21.
- 검찰총장 표창패, 경기북부 범죄피해자지원센터 공로, 2011. 12. 27.
- 감사패, 양주시 인사위원회 위원 활동, 2012. 2. 8.
- 감사패, 남양주시 인사위원회 위원 활동, 2014. 2. 17.
- 의정부지방검찰청 검사장 표창패, 범죄피해자 지원업무 기여, 2016. 2. 25.
- 동두천시장 표창장, 동두천시 미래발전 연구분야 기여, 2016. 3. 2.
- 민간인 통일교육 공로, 국민훈장 석류장, 2016. 5. 23.
- 수사이의 심사위원 기여 감사장, 경기도북부지방경찰청장, 2016. 8. 31.
- 제71주년 경찰의 날 기념 감사장, 경기도북부지방경찰청장, 2016. 10. 21 .
- 학교법인 대진대학교 이사장 표창장, 2019. 5. 15.
- 국방부장관 감사장(국방부 군인복무정책심의위원), 2019. 12. 18.
- 경기북부경찰청장 감사장(손실보상심의위원회), 2021. 07. 27.
- 경기도북부자치경찰위원회 감사장, 2023. 12. 20.
- 통일부장관 표창장(통일업무 발전 기여 공로), 2023. 12. 31.

이 가운데 가장 보람을 가지는 것은 2016년 5월 23일 통일교육의 기여공로로 수상한 "국민훈장 석류장"이다. 대진대학교의 지리적 위치 때문에 연구하기 시작한 통일 내지 통일교육 관련 이론과 실무를 오랫동안 연구하고 실천한 공로를 중앙정부 차원에서 인정받은 점에서 나 스스로에게도 고마움을 느끼고 있다. 특히 대학교수 재직 중에 훈장을 받아 더욱 그러하다. 훈장 수여 당시 홍용표 통일부 장관님은 대진대학교 초청 특강 등 지속적 교류와 함께 한양대학교 교수로 복귀하여 통일교육 일선에 앞장서고 계신다. 홍용표 교수님의 제자이자, 나에겐 한양대학교 후배인 모춘흥 박사님이 2024년 지정된 통일교육선도대학사업을 잘 이끌어 나가리라 본다. 홍용표 장관님과 함께 박근혜 대통령 청와대 통일비서관, 통일부 차관을 역임하신 김형석 차관님은 퇴임 이후 대진대학교 객원교수로 후진 양성에 매진하고 있다. 나에게는 통일문제에 관한 나침반 역할과 멘토 역할을 해 주고 있는 분들이다.

* 2016년 5월 23일 국민훈장 석류장 수상 당시 이금순 통일교육원장님, 홍용표 통일부장관님(현 한양대 교수)과 찍은 사진
* 국민훈장 석류장 수상 후 아내(이현주)와 손경식 박사님, 원진희 수석총무님, 허태갑 박사님, 임춘환 박사님, 서창원 박사님과 축하 식사 자리에서 찍은 사진

법학자가 어떻게 통일교육에 참여하시죠? 라는 질문은 많이 받는다. 아마도 정치학자나 교육학자 중심으로 통일교육을 하는 것으로 이해하기 때문일 것이다. 통일교육은 다양한 분야와 전공에서 접근하고 있다. 나는 법학자의 시각에서 남북한 일상생활에 대한 법제도 비교적 측면에서 연구와 교육을 하고 있다. 대진대학교라는 지리적 환경적 요인이 영향이 크다. 6군단 바로 옆에 자리 잡은 대진대학교, 북한과 아주 근접한 접경지역에 대학이 위치하기 때문일 것이다. 이러한 특수한 요인으로 법학자라는 직업적 본능에 따라 「접경지역지원특별법」, 「군사기지 및

군사시설보호법」, 「수도권정비계획법」,「통일교육지원법」을 살펴보게 되었다. 국가를 위해서는 꼭 필요한 법률이겠지만, 경기북부지역 입장에서는 지역발전의 걸림돌이 되는 법률이다. 국가와 지역발전이 함께 해야 함에도 이들 법률은 안보와 국가이익을 우선시하고 있다. "특별한 희생에 대한 특별한 보상"이 필요한 이유다.「통일교육지원법」을 처음 접했을 때는 마치 시행령 같았다. 법학자의 시각에서 이들 법률에 대한 문제점에 대한 법제도 개정방안(개정방향) 논문을 쓰기도 했다.

통일교육은 대면교육(오프라인교육)과 비대면교육(온라인교육), 학교통일교육, 사회통일교육, 공무원통일교육 등 다양하게 분류할 수 있다. 직접 강의도 하고 싶었다. 이런 욕심을 부린 것은 통일부 국립통일교육원이 지정하는 경기도(경기북부)지역통일교육센터 사무처장 업무를 8년 수행하는 동안 초·중·고등학교와 대학 및 사회통일교육을 경험해 보았다. 통일부 국립통일교육원 공모사업인 "통일교육선도대학사업단장" 보직 4년 동안은 대학통일교육을 실천해 보았기 때문이다. 실전 경험의 중요성을 새삼 느끼게 하는 대목이다.

지역통일교육센터 전국 17개 시도 통일교육 일선 현장에서 통일교육에 대한 아이디어와 창의적 교육 방법을 연구하고, 실천하시는 분들은 사무처장이다. 센터장은 대부분 대학 총장님이 맡고 있지만, 실제 실무사항은 사무처장님들이 도맡아 하고 있다. 사무처장들은 거의 자원봉사라고 생각하고 있다. 이들 사무처장에 대한 예우를 진지하게 고민해 볼 시기다. 사명감과 봉사 정신으로 인연을 맺은 이들이 바로 고재휘(동신대 교수), 황기식(동아대 교수), 김정수(대구대 교수), 이기완(창원대 교수), 여현철(국민대 교수), 한기호(아주대 교수) 사무처장님이다. 특히 대구대학교 김정수 교수님은 통일부 국장 출신으로 고향 경북 의성군 후배다. 그동안 교류가 없다가, 지역통일교육센터 사무처장을 맡으면서 다시 만나게 되어, 소중한 인연을 이어가고 있다. 이들 사무처장 가운데는 대학 통일교육 사업인 통일교육선도대학 사업단장을 맡고 계신 분도 있다. 황기식, 여현철 교수님이다. 이들이야말로 지역통일교육센터와 통일교육선도대학이라는 통일교육의 두 개의 큰 축을 맡고 있다. 앞으로 통일교육에서 이들의 역할을 기대해 본다.

이런 경험을 바탕으로 대진대학교 공공인재법학과 전공선택 과목으로 "통일법제", 교양선택 과목으로 "남북한의 법"은 후배 교수님들과 함께 저술한 책으로 직접 강의하고 있다. 아울러 석사(북한이탈주민과 통일가족법, DMZ와 접경지역지원특별법, 통일계약법, 민주시민교육과 통일법제론), 박사(민주시민교육과 통일교육지원법 연구, 남북한 계약법 비교연구, 남북한 가족법 비교연구, 통일민법 제정론, 민주시민교육과 통일법제론) 교육과정에도 통일 및 통일교육 관련 법제를 제도화하여 연구하고, 강의하고 있다. 비교과목으로 "통일교육과 통일법제를 이해하는 5가지 시선"이란 DJ-MOOC 강좌도 매 학기 온라인 개설하고 있다. 앞으로는 "통이(通異)의 관점에서 본 통일교육과 남북한 법제도 이야기"라는 DJ-MOOC 강좌를 개설할 계획이다. 다른 대학에서는 볼 수 없는 특성화된 교과목이다.

통일교육은 이론교육 못지않게 현장체험 교육이 중요하다. 대진대학교는 현장체험 교육을 파주 DMZ나 강원도 고성, 철원, 제주 4.3 평화공원, 여순 사건 등의 장소를 활용하곤 한다. 경기북부지역에도 통일교육을 하기 위한 현장체험 장소가 많다. 그런데 현장체험 장소를 멀리 간다. 일상적 현장체험 교육, 즉 경기북부 지역사회 바로 알기 교육이 필요한 이유다. 이런 점에서 2023년 의정부문화재단의 지원을 받아 제자 2명(천영성, 홍진화)과 함께 의정부 지역사회의 통일교육 현장체험 코스개발을 한 바 있다(걸을수록 알게 되는 "소풍길" 이야기 - 의정부시 역사문화체험길 통일교육연계 코스개발 및 활용방안).

앞으로도 포천, 연천지역의 38선 마을 이야기를 통해 분단의 아픔을 연구하고 싶다. 마을 사람들의 증언, 전문가의 조언(FGI)을 통해 역사적 기록으로 남기는 연구를 하고자 한다. 경기북부 38선 마을에서는 일부 주민들의 월북으로 인한 부동산소유권 분쟁이나, 미군과의 결혼으로 인한 상속 분쟁 등이 있기도 하다. 경기북부지역에는 6.25.전쟁으로 인한 아픈 기억과 상처가 있는 곳(의정부 뺏벌 마을, 동두천 성병관리소, 연천 유엔군 화장장 시설, 포천시 가산면 우금리 육사생도 6.25. 참전기념비 등)이 있다. 특히 38선이 지나가는 강원특별자치도 양양군 현북면 잔교리 "38 평화마을"을 시작으로 포천시 창수면 주원리 "38선 평화마을" 등의 마을 연구를 통하여 이들 장소가 후세대들이 기억할 수 있는 부동산(군용지) 활용 공간 연구를 하고자 한다.

* 38선상에 있는 포천, 연천, 파주 마을

통일부는 2018년 3월 13일 「통일교육지원법」 제6조의7을 신설하여 공무원 등에 대해서는 통일교육을 의무화하는 규정을 신설하였다. 통일이라는 대명제에서 논란의 소지가 있지만, 공무원의 역할을 중시한 결과다. 실제 통일교육 일선에서 오랜 경험을 가진 나로서는 공무원 통일교육의 중요성을 이해한다. 실제 통일과정에서 공무원의 역할이 큰 점이 사실이기 때문이다. 독일통일 초기 서독 공무원들이 동독지역으로 파견되어 많은 역할을 한 점은 우리의 통일과정에서도 시사하는 바가 크다. 이런 점은 실제 독일 방문 때나 독일 논문이나 자료를 통해서도 확인할 수 있다. 이런 점에 착안하여 공무원 통일교육이 의무화되기 이전인 2017년부터 경기도 연천군과 포천시 공무원을 대상으로 기초 지방자치단체 차원에서는 전국 최초로 공무원 대상 "평화통일대비 전문행정인 양성과정"이라는 통일교육 프로그램을 개발하여 통일교육을 실시했다. 당시 김규선 연천군수님, 김종천 포천시장님의 지지와 역할이 지대했다. 그러나 이후 포천시장, 연천군수의 교체로 공무원 대상 특화된 통일교육 프로그램은 중단되었다. 1년 늦게 공무원 통일교육을 시작한 양주시는 2018년 제1기부터 2023년 제6기에 이르기까지 지속적으로 공무원 통일교육을 실시하고 있다. 특히 양주시는 지방선거에서 단체장 교체가 있었음에도 불구하고, 지속적으로 공무원 대상 통일교육을 실시하고 있는 점은 다른 지자체에서도 참고할 필요가 있다. 이를 인정받아 양주시는 2024년 통일부로부터 기관 표창을 받았다.

양주시 제1기 공무원 통일교육에 앞장서 온 양주시 공무원(강석원, 최영인, 조명희, 이창렬, 유국환 등)은 잊지 못할 인연이다. 양주시 공무원 통일교육에는 대진대학교 공공정책대학원 출신들과 경상도 출신 선배·후배 공무원(손기화, 김유연, 정미순, 이창연, 정해업/박정은 부부, 예은하 등)들의 참여도 한몫했다. 2023년에는 양주시 공무원 통일 동아리(양·통·향)까지 만들어, 통일을 대비한 공무원들의 역할을 준비하고 있다. 이들에게 찬사를 보내고 싶다. 양·통·향 결성에는 제자인 홍준경, 신현숙 팀장님 등이 많은 역할을 해주었다.

양주시 공무원 중에는 나이가 같은 최상기, 남병길, 황은근 등 친구들이 있다. 모두 기획행정실장 출신이다. 고향, 학교, 살아온 환경 등이 달라도 그들이 승진한 것이 좋았고, 시청에서 만나면 그냥 좋았다. 아마도 같은 시대 아픔을 느끼면서 살아서 그런가. 이유는 모르겠지만, 그냥 좋았다.

* 2023년 8월 31일 양주시와 함께 하는 평화통일이야기(강수현 시장님과 양주시 공무원 등)

* 2023년 8월 31일 양주시와 함께 하는 평화통일이야기(서울우유 방문, 대진대 애프터원 통일동아리)

내가 만난 경기북부지역 사람들과의 인연으로 경기북부(특히 포천)가 새로운 고향이 되었다

1993년 대진대학교와의 첫 인연을 시작으로 사람들을 만났다. 다 좋은 사람들만 만난 것은 아니다. 그러나 좋은 인연에 방점을 두자면, 그 중심에는 이민형 전 포천상공회의소 회장님과 그의 친구이자 "대진대학교 CEO 상생장학회장 겸 동천장학회" 이사장이신 강용범 회장님이다. 친동생 못지않게 배려하시고, 격려해 주시는 분들이다. 아마 전생에 친동생일지 모르겠다는 생각을 가지게 할 정도니 말이다. 나로선 늘 감사하고, 고마울 따름이다.

　제자들 이외 경기북부 지역 정치인들로는 2024년 현재 김동근 의정부시장님, 강수현 양주시장님, 박형덕 동두천시장님, 김덕현 연천군수님이 있다.

　김덕현 연천군수님은 연천군 공무원 재직시절부터 인연을 맺었다. 부부동반 모임인 "반달회"를 만들어 정기적 등산모임을 하기도 했다. "반달회"라는 명칭은 아내(이현주)가 작명했다. 가득 찬 달보다는 반쪽만 차 있는 반달을 의미한다. 서로 부족한 점을 보완해 주자는 의미로 만들어진 모임이다. 회원 역시 임종대 선배님(전 남양주시 국장), 김용화 후배님(고양지청) 포함 4명의 지인의 부부동반 모임이다. 요즘은 서로 바빠 만나지는 못한다. 특히 제주도 여행에서는 아들(소준영)에게 많은 덕담을 해 주었다.

　이성호 전 양주시장님과 한양대학교 선배님이신 오세창 전 동두천시장님은 경기북부 지역사회를 위해 미군공여지, 군사시설보호구역 등을 포함한 경기북부지역 현안 연구 기회를 주었다.

　경기북부지역에 대한 남다른 애정은 김정영 경기도의원님과 홍석우 전 경기도의원님, 윤충식 경기도의원님 역시 마찬가지다.

　2024년, 김정영 경기도의원님(의정부 지역구)은 경기도의회 차원에서 현 정부가 추진하고 있는 기회발전특구와 접경지역 균형발전에 대한 연구 기회(「지방분권균형발전법」 시행에 따른 경기지방시대계획 및 지역균형사업의 효율적 추진방안)를 주고 있다.

　홍석우 전 경기도의원님(동두천시 지역구)은 2015년 도의원에 당선되면서 곧바로 "반환받는 미군공여지 활용을 위한 연구포럼"을 만들어 연구를 함께 하자고 제안했다.

　당시 이 연구모임을 이끌어 가는 회장은 홍석우(경제과학기술위원회) 경기도의원님이다. 회원으로는 각 지역을 대표하는 의원님들이기도 했다. 즉, 김광철(여성가족교육협력위원회), 김동규(교육위원회), 김정영(문화체육관광위원회), 박순자(보건복지위원회), 박형덕(문화체육관광위원회), 원대식(농정해양위원회), 윤영창(건설교통위원회), 이정훈(도시환경위원회), 이순희(여성가족교육협력위원회), 최춘식(안전행정위원회), 한길룡(건설교통위원회) 의원님 등이다.

현재 정당 기준으로 보면, "국민의힘", 당시는 "새누리당" 중심의 경기도의원 연구모임이다. 홍석우 전 경기도의원은 재직 4년 동안, 매년 지역별 미군공여지 이슈, 즉 1년 차 동두천시, 2년 차 포천시, 3년 차 의정부시, 4년 차 양주시 반환받는 미군공여지 활용방안과 법제도 개선방안 연구 기회를 주었다. 해당 지역별 다른 특징을 가지고 있는 미군공여지 문제를 해결을 위해 법제도 개선방안과 경기도 조례 제정 등을 제안하는 등 역할을 했다고 말하고 싶다. 2024년, 22대 국회에서 김성원 국회의원님(동두천·연천·양주 지역구)은 제1호 법안으로 「동두천특별법」을 대표 발의하기도 했다.

당시 함께 연구모임에 참여한 분 중에는 이후 연천군수(김광철)와 동두천시장(박형덕)으로 당선되기도 했고, 제21대 국회의원(최춘식, 포천, 가평 지역구)으로 당선된 분도 있다.

* 2017년 7월 19일 경기도의회 도의원 연구모임 주관 세미나

* 2017년 7월 19일 의정부시 주한미군 공여지 주변지역 활성화 방안 주제 발표

윤충식 경기도의원님(포천시 지역구, 문화체육광광위원회) 역시 도의원으로 당선되면서 2023년부터 "국민의힘" 경기도의원을 중심으로 "경기북부(접경)지역 발전전략 연구포럼"을 만들어 연구모임을 주도하고 있다.

이 연구모임의 회원으로는 김성남(농정해양위원회), 김정영(건설교통위원회), 안명규(교육기획위원회), 오석규(건설교통위원회), 김완규(경제노동위원회), 이한국(문화체육관광위원회), 이영주(건설교통위원회), 임상오(농정해양위원회), 임광현(문화체육관광위원회) 등이다.

특히 김정영 의원님은 홍석우 의원님과 함께 "반환받는 미군공여지 활용을 위한 연구포럼"을 함께 하기도 한 경험이 있는 분이다. 접경지역 출신 경기도의원 연구모임이라, 경기북부특별자치도 설치와 경기북부지역 미래 먹거리와 지역발전을 위해 머리를 맞대고, 함께 고민하고 있다. 특히 오석규 의원님은 더불어민주당 소속이지만, 관광학박사이기도 하고, 경기북부지역 문화관광 연구에 관심이 많아 함께 참여하고 있다.

지역사회를 헌신하고 고민하는 이들 중 누군가는 미래에 시장, 국회의원이 되어 있지 않을까 싶다.

경기북부지역을 고향으로 생각하게끔 만들어 준 사람들의 중심에는 대진대학교 CEO 과정이 있다.

대진대학교 CEO 총동문회의 정신적 지주이자 제일 큰 형님이신 정승준(1기) 초대 총동문회장님, 늘 따뜻한 마음과 인간적인 정이 넘치는 윤종하(3기) 회장님, 고향 후배라고 늘 챙겨주시는 신현구(5기) 회장님, 친동생처럼 염려하고 배려해 주시는 김영성(9기) 강은경(11기) 회장님 부부, 법무사이지만 인문학적 소양이 넘쳐나시고, 포천시를 "인문도시 포천"을 만들기 위해 열정을 다하고 계시는 양호식(16기) 회장님, 열정이 어디서 나오는지 모를 정도의 CEO 총동문회의 작은 거인 강대기(4기) 회장님, 법무행정대학원장 시절 가족사와 인간사를 함께 이야기하고 나이 어린 원장의 열정을 고스란히 받아 주신 유재관(20기) 회장님, 생일

등 기념일을 잊지 않고 늘 선물을 챙겨주셨던 김홍교(16기) 회장님, 골프 스승 이창열(22기) 회장님, 따뜻한 인간미와 훈훈한 정을 늘 함께 주시는 경상도 의리와 정을 흠뻑 주신 인정 많은 김종국(17기) 회장님, 긍정적 마인드 소유자 허효수(21기) 회장님, CEO 총동문회 발전을 위한 열정을 느끼게 하시는 임상철(17기), 한경철(19기) 회장님, 늘 친누나의 마음을 고스란히 전해주는 자상한 대진대학교 CEO 역사에서 첫 여성 총동문회장이신 송옥귀(24기) 현 회장님에 이르기까지 이들의 격려와 도움으로 경기북부 지역사회에서 행복하게 살고 있다.

CEO 총동문회 회장님 중심으로 이야기했지만, 이밖에도 수많은 CEO의 이름을 모두 거명하여, 소중한 만남과 인연을 이야기할 수 없는 아쉬움이 있긴 하다.

대학의 관심과 지원이 부족하고, 짧은 역사의 대진대학교가 나름 경기북부 지역사회에서 뿌리를 내릴 수 있었던 것은 이 CEO 총동문회의 존재와 역할 때문이라고 말하고 싶다.

* 2017년 9월 13일 대진대학교 총장 공관에서 CEO 과정 제34기 입학식 및 개강식

* 2017년 대진대학교 CEO 총동문회 한마음 체육대회 개막 사진

CEO 총동문회의 숨은 일꾼은 회장단을 보좌하고 있는 김은혁(14기), 박수동(20기), 김성수(24기), 김승덕(34기) 국장님들의 역할은 말로 표현

할 수 없을 정도다. 개인 기업에서는 대표지만, CEO 총동문회에서는 실무 국장 역할을 하고 있다. 이들이 있어, 대진대학교 CEO 총동문회는 더 탄탄해진 것 같다.

대진대학교 CEO 총동문회는 다른 대학에서는 찾아볼 수 없는 화합과 단합된 모습이다. 이는 법무행정대학원장 시절 "명품 CEO" 과정을 만들기 위해 서울 소재 여러 대학과 삼성경제연구소 운영 "SERI CEO" 조찬모임 등 기업에서 운영하는 CEO 과정을 벤치마킹하면서 느낀 점이다. 나 역시 오늘의 대진대 CEO 과정의 눈부신 발전에 일조한 측면도 있지만, 이들의 도움으로 나 자신 역시 발전된 측면이 있다.

특히 김형원(5기) 회장님은 내가 대학 보직 시절, 명절 때가 되면 나와 함께 근무하는 직원들의 명절선물까지 챙겨주는 성의를 보이기도 했다. 소소한 배려 같지만, 상대방을 배려하는 마음을 읽을 수 있어서, 감동적이지 않을 수 없다. 개인 가족사와 그동안 살아온 인생사를 함께 이야기하는 인생 선배님이다. 이런 인연으로 그의 조카(김학배/김예지) 결혼식 주례를 하기도 했다.

대진대학교 CEO 과정을 담당하는 대학원장으로서의 경험에서 빼 내놓을 수 없는 일이 하나 있다. "갑진생", 용띠 친구들을 만났다는 점이다. 고향은 다르지만, 나이가 같고, 갑진년에 태어난 친구들이라 모임 이름 역시 "갑진회"라 했다. 살아온 환경이 다르고, 생각이 다르더라도, 우리 친구들은 늘 상대방을 배려하고, 이해하고, 고민을 같이 나누고 있다. 개인적 고민까지 말이다. 초대 임종래 회장님에 이어, 현재는 김현철 회장님이 모임을 이끌고 있다. 건강을 위해 매달 골프를 하기로 하고 만든 모임이다. 임재혁, 안순용 친구 등을 포함해 5인이 정기모임을 하고 있다. 이들로 인해 나는 이제 완전히 경기북부, 특히 포천 사람이 된 느낌이다. 정기적으로 이 친구들을 만나는 기쁨이 있다.

* 갑진회 친구들 모임에서 찍은 사진

앞으로 어떤 삶을 살아야 할까? "그냥" 좋은 삶을 살고 싶다

"관상"이란 영화가 있다. 조선 시대 계유정난에 가상의 인물인 관상가 김내경과 수양대군, 김종서, 한명회 등과의 이야기를 다룬 영화다. 제일 마지막 부분에 관상가 김내경이 바다의 파도를 보면서 하는 이런 대사가 있다. "난 사람의 얼굴을 봤을 뿐 시대의 모습을 보지 못했소." "시시각각 변하는 파도만 본 격이지, 바람을 보아야 하는데, 파도를 만드는 건 바람인데 말이오."

나 역시 짧은 시간에 내가 만나온 사람들의 단면만 보았을 것이다. 오해와 곡해가 있을지 모른다. 왜!! 나만의 시각으로 보았기 때문이다. 특히 이 회고록에 언급되지 않은 사람들도 많다. 섭섭하지 않았으면 한다. 언급되어도 잘못 표현되었을 수도 있다. 나만의 시각의 한계다. 이해와 양해가 필요하다.

현시점에서 보면 나는 대진대학교에서 화갑을 맞이하고 있다. 곧 새로운 1살이 시작된다. 그동안 나름 나의 기준에서 제자들을 배출하고 보람되게 살았다고 생각한다. 대진대학교와 경기북부지역, 특히 포천지역발전을 위해 살아왔다고 자평하고 있지만, 다른 사람들의 시각은 다를 수 있다. 다른 사람의 시각을 눈치 볼 나이는 아니다. 그렇다고 눈치를 보지 않을 수도 없다. 그동안의 인생이 많은 눈치를 보고 산 것 같기도 하다.

혹자는 소성규 교수는 민법학자입니까? 행정법학자입니까? 경상도 사람입니까? 전라도 사람입니까? 현재 정당 기준으로 보면 "국민의힘"을 지지하세요? "더불어민주당"을 지지하세요? 라는 이야기를 종종한다.

이럴 때 나는 "법학자입니다", "고향은 경상북도이지만, 현재는 경기북부 사람이고, 경상북도와 경기북부를 줄이면, 다 같이 경북이니까, 저는 경북 사람입니다(특히 포천 사람입니다)", "정치적으로 저는 대진당 소속입니다" 이렇게 너스레를 떨고 있다. 그동안 나의 삶을 생각해 보는 말이다.

대진대학교 공공인재법학과 교수 생활이 전부인 나에게는 제자들 정치적 성향이 "국민의힘" 정치인도 있고, "더불어민주당" 정치인도 있다. 우리나라 정당이 지역을 기반으로 하다 보니, 나에게 그런 질문을 할 수 있다. 경기북부 접경지역 관련 논문을 쓰다 보면 민법 지식만으로는 해결될 수 없는 부분이 많아, 원래 전공은 민법이지만, 행정법 관련 논문을 많이 쓴 것 같다. 아마 앞으로도 융복합적 시각에서 논문과 글을 쓸 것 같다.

아주 먼 옛날, 동서양을 막론하고 대학의 역할에 대해 많은 고민을 했던 선각자들이 많다. 나 역시 마찬가지이다. 어느 특정 정파나 시각에서, 힘들 때, 위기가 올 때, 위로받고 싶은 곳이 있지 않을까? 지금은 선거에 지고, 지금은 사업에 실패했을 때, 그들이 찾아오고 싶은 곳. 그곳이 대학이 아닐까 싶다. 그래서 위기를 기회로 만들면 되니까. 그 역할을 대진대학교가 했으면 한다.

나도 그동안 그렇게 살아왔다. 어느 한쪽에 편파적이지 아닌 삶, 그게 소성규 교수의 정체성이라고 말하고 싶다. 그게 "51 대 49의 삶" 인 것 같다. 이 경우, 누구도 내 편이 아닐 수 있다. 이때 내 편은 나의 아내, 아들, 딸은 내 편을 들어주지 않을까? 그런 생각이다. 내 가족 이외 나의 제자들도 그냥 내 편을 들어 주면 어떨까?

문삼석 시인의 "그냥"이란 시집에서

"엄만 내가 왜 좋아? - 그냥..., 넌 왜 엄마가 좋아? - 그냥... 처럼.

앞으로도 대진인과 경기북부지역을 "그냥" 좋아하는,

그런 삶을 살고 싶다.

고맙습니다.

감사합니다.

사랑합니다. ...

【별첨 1】 소성규 교수 논문지도 현황

□ 대학원 박사학위 졸업자 현황 (2024년 8월 현재)

번호	이름	졸업일자	논문제목
1	손경식	2011.08.19	북한 이탈주민의 정착지원과 혼인 등 가족법제 개선방향에 관한 연구
2	허태갑	2014.02.14	이혼가정 미성년자녀의 양육적정화를 위한 법정책적 연구
3	고병철	2018.02.09	소규모 노후 공동주택의 유지 및 관리를 위한 법정책적 연구
4	서창원	2019.02.15	농지임대차 제도의 법정책적 개선방안 연구
5	이용호	2019.02.15	부동산유치권제도 개선을 위한 입법론적 연구
6	최진웅	2021.02.18	남북한 부동산 공시제도의 통합방안 연구
7	전철	2022.08.11	평화경제특구 조성에 관한 법정책 연구
8	천영성	2023.02.09	여행업의 공정성 확보를 위한 입법론
9	권영택	2023.02.09	택배서비스산업 활성화를 위한 법제도 개선방안
10	김태희	2024.02.07	남북한 혼인에 관한 법제도 통합방안

□ 대학원 석사학위 졸업자 현황 (2024년 8월 현재)

번호	이름	졸업일자	논문제목
1	최승희	2005.02.18	이혼으로 인한 재산분할청구권에 관한 연구
2	윤애경	2007.02.23	연예인 전속매니지먼트계약에 관한 개선방안
3	최정민	2011.08.19	성년후견제도 시행에 관한 법정책적 과제
4	허태갑	2011.02.18	유치권제도의 개선방안에 대한 연구

공공정책대학원(구 법무행정대학원 포함) 석사학위 졸업자 현황

(2024년 8월 현재)

번호	이름	졸업일자	논문제목
1	류승훈	2000.08.25	북한의 몰수재산처리에 관한 연구
2	박문우	2000.08.25	부동산취득시효의 판례이론에 관한 연구
3	전덕재	2000.08.25	남북한 통일방안과 토지정책에 관한 연구
4	정성호	2000.08.25	통일후 북한국유기업의 사유화 방안에 관한 연구
5	서장원	2009.02.20	남북한 교류협력 법제의 개선방안에 관한 연구
6	송인만	2003.08.19	접경지역 지원법의 실효성 확보방안에 관한 연구
7	김우종	2002.02.22	통일을 대비한 군용지 관리의 개선방안에 관한 연구
8	박형도	2002.02.22	부동산실명법의 개정방향에 관한 연구
9	윤기상	2002.02.22	중복등기의 효력에 관한 연구
10	윤선미	2002.08.23	주택임대차보호법의 개정방향에 대한 연구
11	송원찬	2002.08.23	건설분쟁 해결제도의 개선방안에 관한 연구
12	장인권	2003.02.21	주한미군 토지사용 개선방안에 대한 연구
13	강은희	2003.08.19	남북한 이산가족 재결합에 따른 가족법상 문제에 관한 연구
14	권남안	2005.08.24	남북한 통일후의 토지소유권 제도에 관한 연구
15	이종규	2006.02.17	부동산 실명제하에서의 명의신탁과 형사책임에 관한 연구
16	천윤진	2003.08.19	부동산투자회사제도의 개선방안에 관한 연구
17	구성진	2014.08.14	종중재산소송에 관한 연구
18	윤태섭	2004.08.20	상가건물임대차보호법의 문제점과 개선방안에 관한 연구
19	이충무	2004.08.20	도급계약에 관한 연구
20	조순광	2004.08.20	구분소유에 관한 연구
21	이정주	2005.08.24	관습법상 법정지상권의 문제점과 해결방안에 관한 연구
22	정수병	2006.02.17	현행 근저당제도의 문제점과 개선방안
23	이익선	2005.08.24	군사시설 보호법의 개정방향에 관한 연구
24	석수길	2005.08.24	민법상 보증채무의 범위와 보증인의 보호에 관한 연구
25	백영현	2006.02.17	민간투자사업의 활성화 방안 및 개선대책에 관한 연구
26	이준호	2006.02.17	부동산중개제도의 선진화방안에 관한 연구
27	조한주	2006.02.17	부동산신탁에 관한 연구
28	최종길	2006.02.17	경기북부지역의 미군공여지 관련 문제점 및 대책

29.	김도형	2007.02.23	집합 건물의 재건축 결의와 매도청구권에 관한 연구
30	박광석	2007.02.23	수도권 규제정책의 법적 정비 방안
31	박인재	2007.02.23	온천의 사권성 보장방안에 관한 연구
32	양홍열	2007.02.23	부동산 등기제도의 문제점과 개선방안에 관한 연구
33	이한수	2007.02.23	채권자대위권에 관한 연구
34	최연욱	2007.02.23	토지거래 허가제의 문제점과 개선방안에 관한 연구
35	홍순웅	2007.02.23	부동산 임차권 보호에 관한 연구
36	이제택	2008.02.22	부동산 실거래가제도 시행에 따른 문제점 및 개선방향에 관한 연구
37	홍성재	2008.02.22	저당권의 유동화에 관한 연구
38	황상모	2009.08.21	부동산 점유취득시효에 관한 연구
39	조명애	2009.02.20	농지취득자격증명제도의 개선방안에 관한 연구
40	이종화	2009.08.21	고령사회와 고령자보호법제에 관한 연구
41	노무광	2010.02.19	통일 한국의 토지정책에 관한 연구 - 토지소유 및 이용을 중심으로 -
42	원진희	2010.02.19	이주노동자 고용정책의 문제점과 개선방안에 관한 연구
43	이태진	2010.02.19	군사기지 및 군사시설 주변지역 지원 특별법 제정 방향에 관한 연구 : 경기도를 중심으로
44	정규창	2010.02.19	산지전용제도 개선방안에 관한 연구
45	이지은	2014.08.14	다문화가족의 법정책적 과제
46	정서영	2011.02.18	입양절차의 이원화로 인한 문제점과 개선방안
47	이수성	2011.08.19	농지전용의 문제점 및 개선방안에 관한 연구
48	고병철	2012.02.17	채권자취소권의 행사와 원상회복과정에서 여러 채권자간의 문제에 관한 연구
49	이제흠	2012.02.17	제조물책임법의 개정방향
50	박찬진	2015.08.14	조합의 법률관계에 관한 연구
51	빈미선	2013.08.16	친양자제도의 개선방안에 관한 연구
52	임승환	2014.02.14	사실혼 배우자의 재산상 보호에 관한 연구
53	임경식	2014.02.14	지방자치단체의 임대형 민자사업(BTL) 사업의 문제점 분석과 개선방안에 관한 연구
54	곽홍길	2015.02.13	주택임대차보호법의 개선방안에 관한 연구
55	신대수	2015.02.13	종중재산 소송 분쟁에 관한 연구
56	이현주	2015.02.13	고령화에 따른 배우자 상속분의 개정방안에 관한 연구
57	김순길	2015.08.14	집합건물 관리의 개선방안 - 주택법상 의무관리대상 공동주택을 중심으로 -

58	조근욱	2015.02.13	일조권 침해 구제수단의 개선방안 - 행복추구권을 중심으로 -
59	이원성	2016.02.19	「발전소 주변지역 지원에 관한 법률」의 입법 쟁점 분석
60	이태승	2016.02.19	민법의 상린관계와 건축법의 접점
61	김규선	2015.08.14	통일 후 북한 토지소유권의 처리방안
62	이명란	2015.08.14	성년후견 제도 정착을 위한 법제도적 개선방안
63	최재훈	2015.08.14	미군공여지특별법의 법정책적 과제와 개정방향 - 경기북부지역을 중심으로 -
64	박차남	2016.02.19	다문화가족지원사업의 개선방안
65	김종완	2016.02.19	주위토지통행권과 공로에 관한 법제도 개선방안
66	김주연	2016.02.19	북한이탈주민의 법적 지위와 가족법상 쟁점 분석
67	최윤	2016.02.19	주거용 집합건물의 공급 및 관리제도 등에 관한 법정책적 과제
68	이희창	2016.02.19	군사기지 및 군사시설보호구역 관련 법제도 개선방안
69	정찬영	2016.08.12	전기공사업에 관한 법제도 개선방안
70	강성모	2017.02.17	기판력의 소송물과 승계인 확장에 대한 연구
71	박충렬	2017.02.17	통일경제특구법의 제정방향 - 연천군을 중심으로
72	홍진화	2017.02.17	통일교육 활성화를 위한 법제도적 개선방안
73	최진웅	2017.02.17	성년후견인의 역할과 활성화 방안에 관한 연구
74	윤충식	2018.02.09	사격장 등 군사시설 주변지역 피해보상 및 지원 방안에 관한 연구 - 포천시 로드리게스 미군사격장을 중심으로 -
75	김병태	2019.02.15	등기원인증서의 공증에 관한 연구
76	조태광	2018.08.10	북한이탈주민 정착지원 개선과 자치단체의 역할에 관한 연구
77	천영성	2018.08.10	여행업에서 당사자의 법익보호를 위한 법제도 개선방안
78	서은정	2019.02.15	통일교육지원법의 개정방향
79	원대식	2019.02.15	접경지역지원특별법의 실효성 확보를 위한 법제도 개선방안
80	이준기	2019.02.15	주택임대차보호법상 임차인 보호제도의 개선방안
81	김연분	2019.08.20	매장문화재 조사비용 부담에 관한 법제도적 개선방안
82	홍준경	2019.08.20	도시재생지원센터 운영의 법제도적 개선방안에 관한 연구
83	박용학	2020.02.21	지역주택조합제도의 개선방안에 관한 연구
84	최종설	2020.02.21	「주한미군 공여구역 주변지역 등 지원 특별법」의 입법평가와 법정책적 과제
85	김태희	2020.08.27	남북한 가족법 비교와 통합방안 연구
86	권영택	2021.02.18	택배서비스산업 육성지원을 위한 법정책적 과제
87	이종호	2021.02.18	지방의회 결산제도의 문제점과 개선방안

88	남상인	2022.02.10	「가정폭력 특별법」의 실효성 확보를 위한 법정책적 과제
89	신현숙	2022.02.10	북한이탈주민 지원정책에서 지자체 역할 확대를 위한 법제도 개선방안
90	김효운	2023.02.09	성년후견제도의 법정책적 과제
91	김윤범	2023.02.09	남북한 이혼법제도 비교와 통합방안
92	권호석	2023.08.10	스토킹범죄 사례분석을 통한 법제도 개선방안
93	김현석	2024.02.07	부동산 명의신탁의 입법배경 분석을 통한 법제도 개선방안
94	이상훈	2024.08.13	난민정책에 관한 법제도 개선방안
95	문찬범	2024.08.13	『동산·채권 등의 담보에 관한 법률』상 동산담보권 이용 활성화를 위한 법제도 개선방안
96	김현수	2024.08.13	경기북부특별자치도 설치의 법정책적 과제
97	신택수	2024.08.13	경기북부 접경지역 발전을 위한 법제도 개선방안

【별첨 2】 소성규 교수 경력 및 저술 활동 현황

□ 학력

- 1980. 3. ~ 1983. 2. / 경북고등학교 졸업
- 1983. 3. ~ 1987. 2. / 한양대학교 법과대학 졸업(법학사)
- 1987. 3. ~ 1989. 2 / 한양대학교 대학원 법학과(법학석사)
- 1991. 3. ~ 1995. 2 / 한양대학교 대학원 법학과(법학박사)

□ 학교 경력

- 1987. 3. ~ 1989. 2. / 한양대학교 법과대학 조교
- 1989. 6. 12. ~ 1989. 12. 11. / <군복무>
- 1990. 9. ~ 1994. 2. / 한양여자대학 여성교양과 강사
- 1991. 9. ~ 1993. 8. / 호원대학교 법학과 강사
- 1993. 3. ~ 1993. 8. / 강릉대학교 법학과 강사
- 1993. 3. ~ 1995. 2. / 대진대학교 법학과 강사
- 1994. 3. ~ 1994. 8. / 한양대학교 법과대학 강사
- 1995. 3. 1. ~ 1997. 3. 31. / 대진대학교 법학과 전임강사
- 1997. 4. 1. ~ 2001. 5. 31. / 대진대학교 법학과 조교수
- 2001. 6. 1. ~ 2006. 5. 31. / 대진대학교 법학과 부교수
- 2006. 6. 1. ~ 현재 / 대진대학교 공공인재법학과 정교수
- 1996. 3. 1. ~ 1998. 2. 28. / 대진대학교 법학과장
- 1999. 4. 1. ~ 2003. 6. 10. / 대진대학교 고시원장
- 2002. 10. 22. ~ 2004. 10. 21. / 대진대학교 법정책연구소장
- 2003. 6. 1. ~ 2006. 5. 31. / 대진대학교 법무행정대학원장
- 2006. 2. 15. ~ 2006. 5. 31. / 대진대학교 경영대학원장
- 2006. 3. 1. ~ 2006. 5. 31. / 대진대학교 대외협력처장
- 2006. 6. 8. ~ 2008. 8. 31. / 대진대학교 종합인력개발원장 (취업지원센터장 겸직)
- 2008. 4. 1. ~ 2008. 8. 31. / 대진대학교 한중산학협력지원센터장
- 2011. 3. 1. ~ 2014. 1. 31. / 대진대학교 입학홍보처장
- 2014. 2. 1. ~ 2016. 12. 31. / 대진대학교 법무행정대학원장
- 2017. 1. 1. ~ 2018. 12. 31. / 대진대학교 법무행정대학원장/ 사회과학대학장
  (공공인재대학장, 글로벌산업통상대학장)

- 2020. 4. 1. ~ 2024. 3. 31. / 대진대학교 통일교육선도대학사업단장

□ 사회 활동

1. 1997. 3. 24. ~ 2006. 3. 24. / 의정부시 건축분쟁조정위원회 위원
2. 1998. 10. 27. ~ 2006. 4. 6. / 포천시 건축분쟁조정위원회 위원
3. 2002. 3. 5. ~ 2004. 3. 4. / 경기도 제2청사계약심의회 위원
4. 2002. 6. 13. / 제3회 전국 동시지방선거 개표 생방송 진행(나라방송)
5. 2002. 8. 22. ~ 2004. 8. 21. / 포천시 투자심사위원회 위원
6. 2003. 5. 30. / 포천시 정책위원회 위원
7. 2003. 10. 27. / 포천시 문화상 심사위원회 심사위원
8. 2004. 4. 10. / 제17대 국회의원 선거 : 포천·연천 국회의원 후보자 토론회 사회자
9. 2004. 3. 29. / 의정부지방변호사회 분쟁조정위원회 위원
10. 2004. 4. 15. / 제17대 국회의원 선거 개표 생방송 진행(우리방송)
11. 2004. 8. 22 ~ 2006. 8. 21. / 포천시 투자심사위원회 위원
12. 2004. 10. 8. / 포천시 문화상 심사위원회 심사위원
13. 2005. 1. / 재단법인 경기대진 테크노파크 자문위원
14. 2005. 1. 25. / 경기북부범죄피해자지원센터 운영위원 (의정부지방검찰청)
15. 2005. 2. 11. ~ 2006. 6. 23. / 오픈 스튜디오 『우리시대』 사회자 (우리방송)
16. 2005. 6. 1. ~ 2007. 5. 31. / 경기도 북부지역발전위원회 기획행정분과위원
17. 2005. 6. 20. ~ 2007. 6. 19. / 경기도 제2사회단체보조금지원심의위원회 위원
18. 2005. 10. / 법제 및 사법제도 자문위원회 자문위원(대한민국 국회)
19. 2005. 10. 21. ~ 2006. 10. 20. / 2005년도 지방행정혁신 평가위원(행정자치부장관)
20. 2005. 11. 1. ~ 2007. 10. 31. / 포천시 행정정보공개심의위원회 위원
21. 2006. 3. 16. ~ 2007. 3. 15. / 2006년도 의정부시 의정비심의위원회 위원
22. 2006. 3. 16. ~ 2008. 3. 15. / 포천시 국제화추진협의회 위원
23. 2006. 4. 20. ~ 2008. 4. 19. / 양주시 지역혁신협의회 위원(지역문화분과 위원장)
24. 2006. 4. 27. / 한국 공인중개사협회 연구전문 위원
25. 2006. 5. 22. / 제4회 전국 동시지방선거 : 동두천시장 후보자 토론회 사회자
26. 2006. 5. 23. ~ 2008. 5. 22. / 경기도 계약심의위원회 위원
27. 2006. 5. 31. / 제4회 전국 동시지방선거 개표생방송 진행(우리방송)
28. 2006. 8. 7. ~ 2008. 8. 6. / 양주시 공직자윤리위원회 위원
29. 2006. 10. 10. ~ 2007. 12. 31. / 경기도 북부지역발전위원회 위원

30. 2006. 10. 20 ~ 2008. 10. 19. / 의정부시의회 자문위원
31. 2006. 10. 23. ~ 2007. 10. 22. / 2006년도 지방행정혁신 평가위원 (행정자치부 장관)
32. 2006. 11. 22. ~ 2008. 11. 21. / 파주시 분양가상한제 자문위원회 위원
33. 2006. 11. 25. / 아프리카예술박물관 자문위원
34. 2007. 1. 15. ~ 2009. 1. 14. / 의정부시의회 의원 공무국외여행 심사위원
35. 2007. 1. 26. / 성공하는 리더들의 7가지 습관(7H) CEO 과정(95기)수료, 한국리더십센터
36. 2007. 1. 29. ~ 2009. 1. 28. / 양주시 인사위원회 위원
37. 2007. 3. 14. ~ 2009. 3. 13. / 양주시 규제개혁위원회 위원장
38. 2007. 3. 14. ~ 2009. 3. 13. / 포천시 주요업무평가위원회 위원
39. 2007. 3. 27. ~ 2009. 3. 26. / 의정부지역 및 행정혁신협의회 위원
40. 2007. 5. 7. ~ 2008. 12. 31. / 관세청 자체평가위원회 위원
41. 2007. 5. 9. ~ 2008. 5. 8. / (주)우리방송 지역채널자문위원회 위원 (시청자참여프로그램운영위원회 위원 겸직)
42. 2007. 6. 13. / 양주시 지방상수도 운영효율화사업 위탁심의위원회 위원
43. 2007. 7. 6. ~ 2009. 7. 5. / 경기도 북부지역발전위원회 기획행정 분과위원
44. 2007. 7. 9. ~ 2009. 7. 8. / 양주시 청렴실천위원회 위원
45. 2007. 7. 16. ~ 2009. 7. 15. / 경기도 제2사회단체보조금지원심의위원회 위원
46. 2007. 10. 1. ~ 2009. 9. 30. / 경기도 지방소청심사위원회 위원
47. 2007. 10. 1. ~ 2009. 9. 30. / 동두천시 주요업무평가위원회 위원
48. 2007. 10. 4. / 포천시 문화상심사위원회 위원
49. 2007. 10. 23. ~ 2008. 10. 22. / 2007년도 지방행정혁신 평가위원(행정자치부 장관)
50. 2007. 11. 9. / 동두천시 2007년 『지역사랑 논문』 심사위원
51. 2007. 11. 22. ~ 2009. 11. 21. / 연천군 21세기 군정발전추진위원회 위원
52. 2007. 11. 30. ~ 2009. 11. 29. / DMZ 관광상품개발추진단 자문위원
53. 2007. 12. 28. ~ 2009. 12. 27. / 포천시 지방세심의 위원회 위원 및 포천시 지방세과세표준심의 위원회 위원
54. 2008. 2. 1. ~ 2010. 1. 31. / 포천시 정보공개심의회 위원
55. 2008. 2. 15, 2. 22. / 노동부 2008년 지역고용 인적자원 개발사업 심사평가위원회 위원(서울지방노동청)
56. 2008. 2. 18. ~ 2010. 2. 17. / 남양주시 인사위원회 위원
57. 2008. 2. 26. / 동두천시 브랜드슬로건 심사위원회 위원
58. 2008. 3. 12. ~ 2010. 3. 11. / 포천시 계약심의위원회 위원

59. 2008. 3. 26. ~ 2011. 3. 25. / 국민건강보험공단 장기요양등급판정 위원회 위원
60. 2008. 6. 27. ~ 2009. 6. 26. / (주)우리방송 지역채널자문위원회 위원장
61. 2008. 7. 30. / 포천시 법원유치위원회 부위원장
62. 2008. 8. 26. ~ 2008. 8. 30. / 성공하는 리더들의 7가지 습관(7H) FT과정(73기) 수료, 한국리더십센터
63. 2008. 10. 2. ~ 2010. 10. 1. / 동두천시 임대주 분쟁조 위원회 위원
64. 2008. 10. 13. / 동두천시 미래발전자문위원회 위원
65. 2008. 11. 7. ~ 2010. 11. 6. / 양주시 공직자윤리위원회 위원
66. 2009. 1. 1. ~ 2009. 12. 31. / 관세청 정부업무평가 자체평가위원회 위원
67. 2009. 1. 21. / 경인북도일보 논설위원
68. 2009. 1. 30. / 포천시 정책위원회 부위원장
69. 2009. 2. 9. ~ 2012. 2. 8. / 양주시 인사위원회 위원
70. 2009. 2. 26. ~ 2011. 2. 25. / 의정부시의회 자문위원
71. 2009. 7. 29. ~ 2010. 6. 30. / 남양주시 미래비전 자문단 자문위원
72. 2009. 10. 1. ~ 2011. 9. 30. / 경기도 지방소청심사위원회 위원
73. 2009. 12. 22. / 사법시험 제2차시험 출제위원
74. 2010. 1. 21. ~ 2013. 1. 20. / 남양주도시공사 비상임이사
75. 2010. 2. 18. ~ 2010.12.31. / 지역맞춤형 일자리창출 지원사업 선정 심사위원(노동부 서울지방노동청)
76. 2010. 2. 19. / 서울특별시 2010년 제1회 5급 승진 자격이수 시험 검증위원
77. 2010. 3. / 제47회 세무사 1차시험 출제위원 위촉
78. 2010. 3. 12 ~ 2012. 3. 11. / 포천시 계약심의위원회 위원
79. 2010. 3. 15. ~ 2012. 3. 14. / 의정부지방검찰청 수사공소·집행관련 위원회 심의위원
80. 2010. 3. 30. ~ 2012. 3. 29. / 양주시 발전협의회 위원 (문화관광분과위원장)
81. 2010. 3. 31. ~ 2011. 3. 30. / (주)씨앤엠우리케이블TV '내가 만든 TV' 운영위원회 위원
82. 2010. 8. 19. ~ 2011. 2. 18. / 의정부지방검찰청 검찰시민위원회
83. 2010. 8. 31. ~ 2012. 8. 30. / 경기지방경찰청 수사이의심사위원회 위원(위원장)
84. 2010. 9. 15. / 남양주도시공사 임원추천위원 위원(위원장)
85. 2010. 9. 17. / 남양주도시공사 인사위원회 위원
86. 2011. 1. 1. ~ 2012. 12.. 31. / 포천미래포럼 이사
87. 2011. 2. 1. ~ 2013. 1. 31. / 남양주시의회 입법 및 법률고문
88. 2011. 2. 18. ~ 2014. 2. 17. / 남양주시 인사위원회 위원
89. 2011. 3. 8. ~ 2011. 12. 31. / (주) 씨앤앰 우리케이블TV 시청자참여프로그램 운영위원회 위원
90. 2011. 3. 8. / 2011년 제48회 세무사 제1차시험 출제위원 위촉

91. 2011. 3. 22. ~ 2014. 3. 21. / 연천군 인사위원회 위원
92. 2011. 3. 26. ~ 2014. 3. 25. / 국민건강보험공단 장기요양등급판정 위원회 위원
93. 2011. 5. 26. / (주)C&M 우리케이블TV 자문위원회 위원
94. 2011. 6. 1. / 포천시 다문화가족지원센터 자문위원
95. 2011. 9. 27. ~ 2013. 9. 26. / 포천시 정책위원회(부위원장)
96. 2011. 10. 1. ~ 2013. 9. 30. / 경기도 지방소청심사위원회 위원
97. 2011. 11. 16. ~ 2013. 11. 15. / 포천 복합화력 발전소 주변지역지원사업심의지역위원회 위원
98. 2011. 12. 23. ~ 2013. 12. 22. / 포천시 국제화추진협의회 위원
99. 2012. 2. 1 ~ 2014. 1. 31. / 통일부 통일교육위원(통일교육위원 경기협의회)
100. 2012. 3. 12. ~ 2014. 3. 11. / 포천시 계약심의위원회 위원
101. 2012. 3. 29. ~ 2014. 3. 28. / 포천시 주요업무평가위원회 위원
102. 2012. 6. 29. / (주)C&M 우리케이블TV 제8기 자문위원회 위원
103. 2012. 10. 10. ~ 2012. 12. 31. / 포천시 청사건립 추진위원회 위원
104. 2012. 10. 10. ~ 2014. 10. 9. / 연천군 정책자문위원회 위원
105. 2012. 10. 12. ~ 2014. 10. 11. / 포천시 지적재조사사업 지적재조사위원회, 경계결정위원회 위원
106. 2012. 11. 16. ~ 2014. 11. 15. / (사)포천시종합자원봉사센터 이사
107. 2013. 2. 19. ~ 2015. 2. 18. / 사단법인 한국법학교수회 부회장
108. 2013. 3. 11. ~ 2015. 3. 10. / 경기지방경찰청 제2청 정보공개심의위원회 위원
109. 2013. 4. 10. ~ 2014. 7. 31. / 한국대학교육협의회 대학입학전형실무위원회 위원
110. 2013. 10. 1. ~ 2015. 9. 30. / 경기도 소청심사위원회 위원
111. 2013. 11. 29. ~ 2015. 11. 28. / 포천시 정책위원회 위원
112. 2014. 1. 10. / 2014년 제51회 변리사 1차 국가자격시험 사전출제 위원
113. 2014. 1. 28. ~ 2016. 1. 27. / 경기북부지방변호사회 법관평가특별위원회 위원
114. 2014. 2. 4. ~ 2016. 2. 3. / 의정부지방법원 민사조정위원
115. 2014. 4. 6. ~ 2016. 4. 5 / 경기지방경찰청 제2청 1기 손실보상심의위원회 위원
116. 2014. 4. 10. ~ 2016. 4. 9. / 남양주시 성과평가위원회 위원
117. 2014. 5. 8. ~ 2016. 5. 7. / 연천군 정책실명제심의위원회 위원
118. 2014. 7. 30. / 양주시 정책자문위원회 위원
119. 2014. 7. 31. ~ 2016. 7. 30. / 양주시 규제개혁위원회 위원장
120. 2014. 9. 24. ~ 2016. 9. 23. / 경기도 소청심사위원회 위원
121. 2014. 11. 12. ~ 2016. 11. 11. / 대우복합화력발전소 주변지역지원사업 심의지역위원회 위원
122. 2014. 11. 17. / 2014년 제25회 공인중개사 자격시험정답심사위원회 위원

123. 2014. 11. 17. ~ 2016. 11. 16 / 포천시 지적재조사위원회 위원
124. 2014. 12. 11. ~ 2016. 12. 10 / 포천시 국제화추진협의회 위원
125. 2015. 2. ~ 2016. 12. / 양주시 정책자문위원회(위원장)
126. 2015. 3. 10. ~ 2018. 3. 9. / 남양주도시공사 비상임이사
127. 2015. 3. 23. ~ 2018. 3. 22. / 남양주시 인사위원회 위원
128. 2015. 3. 31. ~ 2017. 3. 30. / 경기북부 발전전략 분과위원회 위원
129. 2015. 5. 22. ~ 2018. 5. 21. / 남양주시 청렴시민감사관
130. 2015. 7. 22. ~ 2017. 7. 21. / 경기도 통일교육활성화지원위원회 위원
131. 2015. 10. 23. ~ 2018. 10. 22. / 의정부시 인사위원회 위원
132. 2016 1. 26. ~ 2017. 1. 25. / 경기북부지방변호사회 법관평가특별위원회 위원
133. 2016. 2. 3. ~ 2018. 2. 2. / 의정부지방법원 민사조정위원
134. 2016. 2. 15. ~ 2018. 2. 14. / 포천시 정책위원회 위원
135. 2016. 4. 25. ~ 2016. 9. 1. / 경기북부지방경찰청 수사이의심사위원회 위원
136. 2016. 4. 6. ~ 2018. 4. 5. / 경기북부지방경찰청 손실보상심의위원회 위원
137. 2016. 7. 1. ~ 2017. 6. 30. / 딜라이브 서울경기케이블TV 경기북부지역 자문위원회 위원
138. 2016. 8. ~ 2018. 8. / 양주시 정책자문위원회(위원장)
139. 2016. 9. 1. ~ 2018. 8. 31. / 양주시 규제개혁위원회(위원장)
140. 2016. 11. 29. ~ 2018. 11. 28. / 사단법인 의정부시 어린이식생활 안전관리센터 인사위원회 위원
141. 2016. 12. 12. ~ 2018. 12. 11. / 포천시 국제화 추진협의회
142. 2016. 12. 23. ~ 2018. 12. 22. / 양주시 감동 365 추친협의체(고문)
143. 2017. 3. 3. ~ 2020. 3. 22. / 경기북부장애인인권센터 운영위원
144. 2017. 3. 21. ~ 2019. 3. 20. / 포천시 주요업무평가위원회 위원
145. 2017. 11. 15. ~ 2018. 11. 14. / 통일부 정책자문위원회 위원
146. 2017. 11. 24. ~ 2019. 11. 23. / 국방부 군인복무정책심의위원회 위원
147. 2018. 1. 15. / 의정부지방검찰청 형사상고심의위원회 위원
147. 2018. 3. 10. ~ 2021. 3. 9. / 남양주도시공사 비상임이사
148. 2018. 4. 01. ~ 2020. 3. 31. / 통일부 통일교육위원(통일교육위원 경기북부협의회)
149. 2018. 4. 6. ~ 2020. 4. 5. / 경기북부지방경찰청 손실보상심의위원회 위원
150. 2018. 4. 19. ~ 2021. 4. 18. / 포천시 시설관리공단 비상임이사
151. 2018. 5. 4. / 경기북부지방경찰청 경찰개혁 자문위원회 위원
152. 2018. 6. 20. / 민선7기 경기도지사 인수위원회 '새로운 경기위원회' 평화경제특별위원회 부위원장
153. 2018. 9. 7. ~ 2022. 6. 30. / 민선7기 양주시 공약 시민평가단 전문위원(평가단장)

154. 2018. 10. 21. ~ 2020. 10. 20. / 남양주시 지방보조금 심의위원회 위원
155. 2018. 10. 21. ~ 2020. 10. 20. / 남양주시 지방재정계획·통합기금·재정공시 심의위원회 위원
156. 2018. 10. 25. ~ 2020. 10. 24. / 경기도 지역혁신협의회 위원장
157. 2018. 11. 14. ~ 2019. 11. 13. / 양주시 의정비심의위원회 위원장
158. 2019. 1. 1. ~ 2020. 12. 31. / 사단법인 한국법학교수회 부회장
159. 2019. 4. 6. ~ 2021. 4. 5. / 포천시 규제개혁위원회 위원
160. 2019. 5. 9. ~ 2021. 5. 8. / 연천군 하이러브연천 정책자문위원회 위원
161. 2019. 7. 18. ~ 2021. 7. 17. / 양주시 민주시민교육자문위원회 위원(위원장)
162. 2019. 9. 1. ~ 2021. 8. 31. / 양주시의회 의원공무국외출장 심사위원회 위원
163. 2019. 10. 10. ~ 2021. 10. 9. / 포천시 시정혁신연구단 연구위원
164. 2019. 11. 15. ~ 2020. 11. 14. / 통일부 정책자문위원회 위원
165. 2019. 12. 1. ~ 2021. 11. 30. / 의정부지방검찰청 형사사건공개심의 위원회 위원
166. 2019. 12. 30. ~ 2021. 12. 29. / 남양주시 평화통일교육위원회 위원
167. 2020. 2. 3. ~ 2022. 2. 2. / 의정부지방법원 민사조정위원
168. 2020. 4. 6. ~ 2022. 4. 5. / 경기도북부지방경찰청 손실보상심의위원회 위원
169. 2020. 7. 1. ~ 2022. 6. 30. / LH경영투자위심사원회(투자심사분과) 위원
170. 2020. 8. 25. ~ 2022. 8. 24. / 양주시 재정운영위원회 위원(위원장)
171. 2020. 8. 30. ~ 2022. 8. 29. / 양주시 정책자문위원회 위원(위원장)
172. 2020. 10. 21. ~ 2022. 10. 20. / 남양주시 지방보조금 심의위원회
173. 2020. 10. 21. ~ 2022. 10. 20. / 남양주시 지방재정계획·통합기금·재정공시 심의위원회
174. 2020. 10. 25. ~ 2022. 10. 24. / 경기도 지역혁신협의회 위원(위원장)
175. 2021. 2. 13. ~ 2023. 2. 12. / 남양주시 출자출연기관운영심의위원회 위원
176. 2021. 2. 25. ~ 2023. 2. 24. / 의정부지방검찰청 범죄피해재산 환부심의위원회 위원
177. 2021. 3. 29. ~ 2023. 3. 28. / 포천시 공동주택조사 감사반 감사위원
178. 2021. 3. 29. ~ 2023. 3. 28. / 포천시 공동주택관리 분쟁조정위원회 위원
179. 2021. 4. 1. ~ 2023. 3. 31. / 포천시 계약심의위원회 위원
180. 2021. 4. 6. ~ 2023. 4. 5. / 포천시 규제개혁위원회 위원
181. 2021. 4. 30. ~ 2023. 4. 29. / 경기북부경찰청 경찰수사심의위원회 위원
182. 2021. 5. 1. ~ 2023. 4. 30. / 경기북부경찰청 민원조정위원회 위원
183. 2021. 5. 1. ~ 2023. 4. 30. / 양주시 도시계획위원회 위원
184. 2021. 5. 3. ~ 2023. 5. 2. / 포천시 재난관리기금운용심의위원회 위원
185. 2021. 10. 19. ~ 2023. 10. 18. / 양주시 학술용역심의위원회 위원

186. 2022. 1. 13. ~ 2025. 1. 12. / 경기도의회 인사위원회 위원
187. 2022. 2. 3. ~ 2024. 2. 2. / 의정부지방법원 민사조정위원
188. 2022. 4. 6. ~ 2024. 4. 5. / 경기도북부경찰청 손실보상심의위원회 위원
189. 2022. 5. 10. ~ 2024. 5. 9. / 남양주시 성과평가위원회 위원
190. 2022. 5. 20. ~ 2024. 5. 19. / 포천시 군소음대책심의위원회 위원
191. 2022. 6. 13. / 경기도지사직인수위원회 경기북부특별자치도 특별위원회 자문위원
192. 2022. 6. 15. / 민선8기 연천군수직 인수위원회 자문위원
193. 2022. 7. 1. ~ 2024. 6. 30. / LH한국토지주택공사 경영투자심사위원회 (투자심사분과) 외부위원
194. 2022. 8. 1. ~ 2024. 7. 31. / 포천시 정보공개심의회 위원
195. 2022. 8. 25. ~ 2024. 8. 24. / 양주시 재정운영위원회 위원(위원장)
196. 2022. 8. 30. ~ 2024. 8. 29. / 양주시 제안심사위원회 위원
197. 2022. 10. 25. ~ 2023. 11. 07. / 경기도 지역혁신협의회 위원(위원장)
198. 2022. 12. 6. ~ 2023. 4. 30. / 양주시 도시계획(사전협의특별분과)위원회 위원
199. 2023. 1. 1. ~ 2023. 12. 31. / 국가균형발전위원회 평가자문단 위원
200. 2023. 2. 16. / 포천시 군사격장주변지역지원사업선정 심의위원회 위원
201. 2023. 4. 30. ~ 2025. 4. 29. / 경기북부경찰청 경찰수사심의위원회 위원
202. 2023. 5. 1. ~ 2025. 4. 30. / 양주시 도시계획위원회 위원
203. 2023. 6. 15. ~ 2025. 6. 14. / 포천시 성과관리위원회 위원
204. 2023. 8. 18. ~ 2026. 8. 17. / 양주시의회 행동강령운영 자문위원회 위원
205. 2023. 9. 1. ~ 2025. 8. 31. / ㈜포천 D&I 법률 및 경영고문(자문)
206. 2023. 10. 19. ~ 2025. 10. 18. / 양주시 학술용역심의위원회 위원
207. 2023. 11. 1. ~ 2024. 10. 31. / (재) 부산광역시 글로벌도시재단 전국 평화통일 선도 네트워크 위원
208. 2024. 2. 3. ~ 2026. 2. 2. / 의정부지방법원 민사조정위원
209. 2024. 2. 6. ~ 2026. 2. 5. / 양주시 인사위원회 위원
210. 2024. 2. 27. ~ 2026. 2. 26. / 의정부지방검찰청 신상정보공개심의위원회 위원장
211. 2024. 3. 28. ~ 2026. 3. 27. / 포천경찰서 경미범죄심사위원회 위원
212. 2024. 4. 30. ~ 2024. 12. 31. / 대한민국시도지사협의회 통일미래특별위원회 위원
213. 2024. 5. 1. ~ 2026. 4. 30. / 제24기 통일교육위원
214. 2024. 7. 1. ~ 2026. 6. 30. / 포천시 정보공개심의회 위원

☐ 저술활동

◇ 단행본

1. 『부동산중개계약론』, 부동산연구사, 1998. 8. 20, 412쪽.
2. 『주석민법 채권각칙(2)』, 한국사법행정학회, 1999. 9. 20, 458쪽(공저).
3. 『주석민법 채권각칙(8)』, 한국사법행정학회, 2000. 2. 21, 652쪽(공저).
4. 『민법총칙』(초판), 법률시대, 2001. 4. 10, 481쪽.
   『민법총칙』(제2판), 동방문화사, 2009. 7. 20, 513쪽.
   『민법총칙』(제3판), 동방문화사, 2011. 9. 1, 493쪽.
   『민법총칙』(제4판), 동방문화사, 2014. 2. 20, 485쪽.
   『민법총칙』(제5판), 동방문화사, 2018. 9. 1, 491쪽.
5. 『물권법』(초판), 법률시대, 2001. 8. 30, 576쪽.
   『물권법』(제2판), 법률시대, 2004. 3. 20, 576쪽.
   『물권법』(제3판 1쇄), 법률시대, 2008. 3. 10, 631쪽.
   『물권법』(제3판 2쇄), 동방문화사, 2009. 3. 10, 631쪽.
   『물권법』(제4판), 동방문화사, 2014. 9. 1, 624쪽.
   『물권법』(제5판), 동방문화사, 2019. 3. 4, 630쪽.
6. 『채권총론』(초판), 법률시대, 2002. 3. 20, 461쪽.
   『채권총론』(제2판), 동방문화사, 2009. 8. 20, 536쪽.
   『채권총론』(제3판), 동방문화사, 2014. 9. 1, 488쪽.
7. 『채권각론』(초판), 법률시대, 2002. 8. 30, 695쪽.
   『채권각론』(제2판), 동방문화사, 2009. 3. 20, 451쪽.
   『채권각론』(제3판), 동방문화사, 2015. 3. 1, 482쪽.
   『채권각론』(제4판), 동방문화사, 2018. 3. 1, 500쪽.
8. 『채권법』(초판), 동방문화사, 2020. 9. 1, 649쪽.
9. 『법여성학』(초판), 제일법규, 1996. 9. 10, 650쪽.
   『법여성학강의』(제2판), 법률시대, 2003. 3. 5, 512쪽.
   『법여성학강의』(제3판), 법률시대, 2004. 3. 5, 424쪽.
   『법여성학강의』(제4판), 동방문화사, 2009. 3. 10, 435쪽.
   『법여성학강의』(제5판), 동방문화사, 2011. 1. 25, 472쪽.
   『법여성학강의』(제6판), 동방문화사, 2014. 3. 3, 495쪽.
   『법여성학강의』(제7판), 동방문화사, 2016. 9. 1, 546쪽.

『법여성학강의』 (제8판), 동방문화사, 2018. 9. 1, 518쪽.

『법여성학강의』 (제9판), 동방문화사, 2021. 3. 1, 516쪽.

『법여성학강의』 (제10판), 동방문화사, 2023. 3. 1, 560쪽.

10. 『가족법』 (초판), 동방문화사, 2010. 8. 30, 283쪽.

『가족법』 (제2판), 동방문화사, 2014. 3. 1, 331쪽.

11. 『가족정책법』 (초판), 동방문화사, 2016. 4. 30, 467쪽.

12. 『통일교육과 통일법제를 이해하는 열두 개의 시선』 (초판), 동방문화사, 2020. 10. 1, 478쪽(소성규/이종덕/최성환).

13. 『법학자가 바라보는 통일교육과 민주시민교육』 (초판), 동방문화사, 2021. 12. 20, 321쪽 (소성규/최용전/최성환).

14. 『남북한의 법』 (초판), 동방문화사, 2024. 3. 1, 449쪽(소성규/이종덕/장욱).

◇ 논문

1. 소성규, "권리능력없는 사단에 관한 연구 - 책임론을 중심하여-", 한양대학교 대학원 법학석사학위논문., 1989. 2.

2. 소성규, "독일 저당은행의 저당채권에 관한 고찰", 「한양법학」 제2집, 한양법학연구회, 1991. 2. 28., 355~382쪽.

3. 소성규, "부동산중개업자의 보수청구권", 「한양법학」 제3집, 한양법학연구회, 1992. 2. 28., 375~419쪽.

4. 소성규, "부동산중개계약에 관한 고찰-서면화와 유형화를 중심으로", 「부동산법학의 제문제」 (석하 김기수 교수 화갑기념 논문집), 박영사, 1992. 6. 19., 355~385쪽.

5. 소성규, "환경오염의 피해의 사법적구제에 있어서 원상회복론", 「본」 제11집, 한양대학교 법과대학, 1994. 2. 22., 91~111쪽.

6. 소성규, "책임법상 과실법리에 관한 연구", 한양대학교 대학원, 법학박사학위논문, 1995. 2.

7. 소성규, "채무불이행책임에 있어서 위법성과 과실", 「현대민법의 동향」 (범주 서영배 박사 화갑기념 논문집), 경상대학교 법학연구소, 1995. 12. 15., 387~405쪽.

8. 소성규, "불법행위책임에 있어서 손해론", 「대진논총」 제3집, 대진대학교 출판부, 1996. 3. 2., 553~576쪽.

9. 소성규, "불법행위책임에 있어서 인과관계론", 「한양법학」 제7집, 한양법학회, 1996. 9. 30., 135~170쪽.

10. 소성규, "민법 제766조의 적용상 제문제", 「현대법학의 이론」 (우제 이명구박사 화갑기념 논문집), 고시연구사, 1996. 11. 22., 240~271쪽.

11. 소성규, "불법행위의 성립요건에 있어서 고의와 과실", 「법학연구」 제6집, 경상대학교 법학연구소, 1997. 2. 22., 53~60쪽.
12. 소성규, "불법행위책임에 있어서 책임능력과 과실", 「배준상 교수 정년기념논문집」, 법원사, 1997. 2. 28., 715~724쪽.
13. 소성규, "불법행위법에 있어서 '이른바' 위법성조각사유", 「비교사법」 제4권 제1호(통권 6호), 한국비교사법학회, 1997. 6. 30., 519~544쪽.
14. 소성규, "사무관리법의 기능과 적용범위확대에 관한 연구", 「한양법학」 제8집, 한양법학회, 1997. 9. 30., 327~345쪽.
15. 소성규, "견본매매", 「21세기 한양법학에의 낙수」(석하 김기수 교수 정년기념논문집), 1997. 10. 30., 830~835쪽.
16. 소성규, "방문판매의 주요법률문제", 「민사법학의 제문제」(윤성 엄영진 교수 화갑기념 논문집), 1997. 10. 25., 555~579쪽.
17. 소성규, "부동산 중개계약에 관한 판례의 동향", 「부동산학연구」 제4집, 한국부동산분석학회, 1998. 10. 15., 203~219쪽.
18. 소성규, "이른바 '부동산실명법'에 관한 일고", 「대진논총」 제6집, 대진대학교 출판부, 1999. 2. 27., 311~321쪽.
19. 소성규, "현대계약법에 관한 외국의 동향과 시사점", 「사회정책연구」 창간호, 대진대학교 지역경제연구소, 1999, 2, 27., 105~128쪽.
20. 소성규, "저당권의 유동화와 자산유동화의 과제", 「부동산학연구」 제5집 제2호, 한국부동산분석학회, 1999. 12. 30., 83~95쪽.
21. 소성규, "명예훼손으로 인한 손해배상책임에 있어서 면책법리에 관한 연구", 「민사법학」 제18호, 한국민사법학회, 2000. 5. 25., 551~577쪽.
22. 소성규, "수도권정비계획법의 개정방향 - 경기도를 중심으로", 「법과 정책연구」 제1집, 한국법정책학회, 2001. 12. 20., 285~314쪽.
23. 소성규, "종교단체를 둘러싼 분쟁과 법적 규율방향", 「한양법학 제12집, 한양법학회, 2001. 12. 30., 89~132쪽.
24. 소성규, "부동산중개계약의 독자성과 입법정책상 과제", 「강의중 교수 정년기념논문집」, 2002. 2. 28., 600~616쪽.
25. 소성규, "접경지역지원법의 실효성 확보방안 - 경기북부지역을 중심으로", 「법과 정책연구」 제2집 제1호, 한국법정책학회, 2002. 6. 20., 165~193쪽.
26. 소성규, "군사시설보호법의 발전적 적용방향 : 경기북부지역주민의 재산권 보장방안을 중심으로", 「규제연구」 제11권 제1호, 한국경제연구원, 2002. 6. 29., 101~129쪽.

27. 소성규, "온천의 사권성 보장론", 「부동산법학」 제8집, 한국부동산법학회, 2003. 9. 30., 91~125쪽.
28. 소성규, "인터넷상 명예훼손에 대한 온라인서비스제공자의 민사책임", 「비교사법」 제11권 3호(통권 26호), 한국비교사법학회, 2004. 9. 30., 207~230쪽.
29. 소성규, "경기북도 신설의 당위성과 방법론", 「법과 정책연구」 제4집 제2호, 한국법정책학회, 2004. 12. 31., 553~570쪽.
30. 소성규, "미군주둔지역지원입법의 제정방향", 「법과 정책연구」 제5집 제1호, 한국법정책학회, 2005. 6. 30., 255~277쪽.
31. 소성규, "군사시설보호법의 개정방향", 「부동산법학」 제12집, 한국부동산법학회, 2005. 6. 30., 113~145쪽.
32. 소성규, "미군공여지특별법제정의 법정책학적 과제", 「부동산정책연구」 제6집 제2호, 한국부동산정책학회, 2005. 12. 30., 29~42쪽.
33. 소성규, "공인중개사제도의 개선방안 - 『공인중개사의 업무 및 부동산 거래신고에 관한 법률』을 중심으로 -", 「법과 정책연구」 제6집 제1호, 한국법정책학회, 2006. 6. 30., 291~309쪽.
34. 소성규, "군사시설보호구역에 대한 제도개선방안", 「법정책연구」 제2집, 대진대학교 법정책연구소, 2006. 8. 25., 113~130쪽.
35. 소성규, "『주한미군공여구역주변지역등지원특별법』의 제정의의와 법정책학적 과제", 「도시문제」, 대한지방행정공제회, 2007. 1., 19~26쪽.
36. 소성규, "독일 접경지역 지원 정책의 시사점", 「법과 정책연구」 제7집 제2호, 한국법정책학회, 2007. 12. 31., 409~431쪽.
37. 소성규, "(가칭) 『군사시설 주변지역 지원에 관한 특별법』의 제정방향", 「법정책연구」 제3집, 대진대학교 법정책연구소, 2008. 8. 29., 67~83쪽.
38. 소성규, "군사기지 및 군사시설보호법의 평가와 과제", 「법과 정책연구」 제8집 제2호, 한국법정책학회, 2008. 12, 31., 671~704쪽.
39. 소성규, "결혼이민자 인식조사를 통한 다문화가족 법제도의 개선방향-포천시 사례를 중심으로-, 「법과 정책연구」 제10집 제2호, 한국법정책학회, 2010. 8. 31., 477~513쪽.
40. 蘇星圭, "京畿道投資環境分析与扶持政策", 「戰略決策硏究」 2010 年 第1卷 第4期(中國廣東國際戰略硏究院), 2010. 9., 22~31面.
41. 소성규/손경식, "북한이탈주민의 가족관계등록과 중혼문제해소를 위한 법제도 개선방향 - 경기도 북한이탈주민 인식조사를 중심으로 -", 「법과 정책연구」 제11집 제2호, 한국법정책학회, 2011. 6. 30., 489~530쪽.

42. 소성규, "종교단체의 법적 규율을 위한 입법적 시론 - 이른바 종교법인법의 제정을 중심으로-", 「법과 정책연구」 제12집 제2호, 한국법정책학회, 2012. 6. 30., 453~482쪽.
43. 소성규/허태갑, "이혼가정 미성년자녀의 양육적정화를 위한 법정책적 연구", 「법과 정책연구」 제13집 제3호, 한국법정책학회, 2013. 9. 30., 1155~1186쪽.
44. 소성규, "집합건물 관리에 관한 특별법 제정방향", 「한양법학」 제25권 3집(통권 제47집), 한양법학회, 2014. 8. 31., 27~48쪽.
45. 소성규, "발전소 주변지역 지원사업의 발전과제와 법제도 개선방안", 「법정책논총」 제5집, 대진대학교 법정책연구소, 2015. 8., 31~65쪽.
46. 소성규/김종수, "발전소 주변지역 지원사업에 관한 인식조사 연구- 포천복합화력발전소 주변지역 주민과 전문가교사를 중심으로-", 「법과 정책연구」 제15집 제3호, 한국법정책학회, 2015. 9. 30., 1097~1141쪽.
47. 소성규/고병철, "소규모 노후 공동주택의 지원 및 관리를 위한 법제도 개선방안", 「집합건물법학」 제22집, 한국집합건물법학회, 2017. 5. 31., 1~35쪽.
48. 소성규, "통일교육 활성화를 위한 법제도 개선방안", 「법과 정책연구」 제17집 제2호, 한국법정책학회, 2017. 6. 30., 81~117쪽.
49. 신동훈/조성배/소성규, "주한미군 공여구역 주변지역 활성화를 위한 법제도 개선방안 - 의정부시 사례를 중심으로" -, 「부동산법학」 제21집 제2호, 한국부동산법학회,2017. 9. 30., 49~89쪽.
50. 소성규/이용호, "유치권에 관한 민법 및 관련법의 개정방안 – 민법 및 관련법의 개정시안을 중심으로 -", 「한양법학」 제29권 제2집 (통권 제62집), 한양법학회, 2018. 5. 31., 183~222쪽.
51. 소성규/서창원, "농업생산성의 제고와 농지의 합리적 이용을 위한 농지임대차법제의 개선방안", 「법과 정책연구」 제18집 제2호, 한국법정책학회, 2018. 6. 30., 357~379쪽.
52. 소성규/최진웅, "성년후견제도에서 신탁제도를 활용한 피후견인의 재산관리방안", 「한양법학」 제30권 제3집 (통권 67집), 한양법학회, 2019. 8. 31., 203~234쪽.
53. 소성규, "통일교육지원법의 개정방향", 「법과 정책연구」 제19집 제3호, 한국법정책학회, 2019. 9. 30., 287~328쪽.
54. 소성규, "주한미군 공여지 개발지원을 위한 「주한미군 공여구역 주변지역등 지원특별법」의 개정방안", 「법정책논총」 제7집, 대진대학교 법정책연구소, 2019. 9. 30., 1~31쪽.
55. 소성규, "남북한 혼인제도의 비교와 통합방안", 「법정책논총」 제8집, 대진대학교 법정책연구소, 2020. 9., 65~106쪽.

56. 천영성/소성규, "국외여행인솔자 자격제도의 개선방안", 「법과 정책연구」 제20집 제3호, 한국법정책학회, 2020. 9. 30., 1~30쪽.
57. 윤익준/전철/소성규, "위험건축물의 긴급정비사업에 따른 원주민의 조기이주 및 보상의 법정책적 과제", 「부동산법학」 제25집 제1호, 2021. 3. 31., 59~85쪽.
58. 소성규/고대유, "대학 통일교육사업의 효과성 분석 – 대진대학교 통일교육선도대학사업을 중심으로-", 「지역과 통일」 제1권 제1호(창간호), 대진평화통일교육연구원, 2021. 6. 30., 1~20쪽.
59. 소성규/권영택, "택배서비스 산업 관련 법률관계 및 법제도 개선방안", 「법과 정책연구」 제22집 제2호, 한국법정책학회, 2022. 6. 30., 33~63쪽.
60. 소성규/고대유, "대학 통일교육의 성과와 방향 - 대진대학교 통일교육선도대학 1-2차년도 사업을 중심으로-", 「지역과 통일」 제2권 제1호, 대진평화통일교육연구원, 2022. 6. 30., 1~24쪽.
61. 소성규/김태희, "(가칭) 「청소년 통일체험교육기관의 설립 및 지원에 관한 법률」의 제정 방향-민주시민교육에 바탕을 둔 통일교육을 중심으로", 「한양법학」 제33권 제3집(통권 제79집), 한양법학회, 2022. 8. 31., 21~40쪽.
62. 소성규/윤익준, "공공택지 조성 및 공급에 관한 법체계 개선방안", 「부동산법학」 제27집 제1호, 한국부동산법학회, 2023. 3. 31., 165~202쪽.
63. 소성규, "경기북부특별자치도 설치의 법정책적 과제", 「법과 정책연구」 제23집 제2호, 한국법정책학회, 2023. 6. 30., 67~99쪽.
64. 소성규/고대유, "통일부 국립통일교육 지원 사업의 효과성 분석 - 대진대학교 통일교육선도대학사업의 3년간 활동을 중심으로, 「지역과 통일」 제3권 제1호, 대진평화통일 교육연구원, 2023. 6. 30., 1~20쪽.
65. 천영성/김효운/소성규, "여행알선업자 법적 지위 명확화 방안", 「한양법학」 제34권 제3집(통권 제83집), 한양법학회, 2023. 8. 31., 189~215쪽.
66. 소성규, "평화경제특구조성의 실효성 확보를 위한 입법체계 정합성 확립과 상호보완 방안", 「법과 정책연구」 제23집 제3호, 한국법정책학회, 2023. 9. 30., 229~265쪽.

◇ 연구보고서

1. 대진대학교 발전방안 연구, 대진대학교 대학발전위원회, 1996. 7. (공동연구원).
2. 대진대학교 장단기발전계획수립연구보고서, 대진대학교 단기발전계획수립연구위원회, 1999. 10. (공동연구원).
3. 경기도민의 여성정책 요구조사, 한국여성개발원, 2002. 6. 15. (공동연구원).

4. 토지이용규제·국공유지가 북부지역경제에 미친 영향과 대책, 경기도 제2청, 2002. 6. 19. (책임연구원).
5. 경기북부지역에 대한 정부정책과 대응방향, 경기도 제2청, 2002. 6. 19. (공동연구원).
6. 대진대학교 앞 광암 - 마산간 도로건설에 따른 소송 및 검토의견서, (사) 시민환경연구소 도시환경센터, 2005. 1. (책임연구원).
7. 대진대학교 박물관 설립추진에 관한 연구보고서, 박물관설립추진위원회, 2005. 2. 28. (공동연구원).
8. 대진대학교 학군단 유치 타당성 검토, 대진대학교 학군단 유치추진위원회, 2005. 6. (공동연구원).
9. 2005년도 하반기 중소기업직업훈련컨소시엄 신규운영기관모집 대진대학교 컨소시엄 사업계획서, 2005. 10. 21. (공동연구원).
10. 포천지역주민 욕구 및 행정수요분석, 한국행정학회(포천시), 2005. 12. (공동연구원).
11. 대진전문대학부지를 통과하는 도로노선 선정에 대한 검토의견서, (사) 시민환경연구소 도시환경센터, 2006. 1. (책임연구원).
12. 경기북부 발전을 위한 정책제언, 대한민국 국회, 2006. 11. (책임연구원).
13. 경기대진테크노파크의 지역특화산업 육성방안, 경기대진테크노파크, 2006. 12. (공동연구원).
14. 2007년도 『대학취업지원기능 확충사업』(노동부), 대진대학교, 2007. 2.
15. 테크노파크와 대학특성화 분야를 연계한 지역특화산업 활성화 방안, 경기대진테크노파크, 2007. 6. 29. (책임연구원).
16. (가칭) 경기북부 지방법원 설립에 관한 검토의견서, 포천시, 2008. 10. (책임연구원).
17. 주한미군기지 이전 동두천 지역 지원 방안 연구, 경기개발연구원, 2008. 11. (공동연구원).
18. 군사기지 및 군사시설보호구역의 피해보상 및 법제도 개선방안, 국방 규제개혁 자문단, 2009. 12. 10. (공동연구원).
19. 통일경제특구법의 제정방향 - 접경지역 지원정책을 중심으로 -, 국회 법제사법위원회 정책연구, 2009. 12. 11. (책임연구원).
20. 포천시 다문화정책을 위한 기초조사 및 정책방안 연구, 포천시, 2010. 4. (책임연구원).
21. 중국 불산시와의 협력방안 및 가구산업 중심의 지역산업 협력모델 구축을 위한 방안 연구에 관한 보고서, 지식경제부, 2012. 1. 31. (공동연구원).
22. 포천파워(주)와 주변지역 주민간의 지속가능한 상생협력 방안 연구, 포천파워(주), 2015. 4. 30. (책임연구원)
23. 대우 포천 천연가스발전소와 주변지역 주민간의 지속가능한 상생협력방안, (주)대우에너지, 2015. 8. (책임연구원)
24. 포천시 갈등관리 방안 연구, 포천시, 2015. 8. (책임연구원)

25. 반환받는 주한미군 공여지 주변지역의 활성화 방안, 경기도의회, 2015. 9. (책임연구원)
26. 주택임대관리업 개선 및 발전방안 수립, 국토교통부, 2015. 10. (책임연구원)
27. 발전소 주변지역 갈등관리 사례와 주변지역 지원사업의 입법동향, 포천민자발전, 2015. 11 (책임연구원).
28. 연천군내 장사시설 설치제한 대책수립, 연천군, 2015. 12. (책임연구원)
29. 포천시 행복주택 표준임대보증금 및 표준임대료 산정을 위한 주변지역 주택임대차 거래사례 조사 등에 관한 용역, 포천시, 2016. 4. (책임연구원)
30. 부동산 가격공시 제도 연관분야의 법제분석 연구, 한국감정원, 2016. 6. (책임연구원)
31. 포천 힐마루 관광단지 개발과 지역상생 협력방안, ㈜동훈, 2016. 9. (책임연구원)
32. 포천시 영평사격장 공여지 주변지역의 활성화 방안, 경기도의회, 2016. 11. (책임연구원)
33. 통일 대비 전문행정인 양성과정 위탁운영 용역, 연천군, 2017. 7. (책임연구원)
34. 통일의 보건·복지 통합 쟁점과 과제에 대한 전문가 의견조사, 한국보건사회연구원, 2017. 7. (공동연구원)
35. 통일 이후 북한 공적연금 전달체계 구축방안 연구, 국민연금연구원, 2017. 8. (책임연구원)
36. 의정부시 주한미군 공여지 주변지역 활성화 방안, 경기도의회, 2017. 8. (책임연구원)
37. 주택 및 상가건물임대차 관련 선진국의 주요 법적 규율과 그 사회·문화적 배경 등에 대한 연구, 법무부, 2017. 9. (책임연구원).
38. 통일 대비 전문행정인 양성과정 위탁운영 용역, 포천시, 2017. 9. (책임연구원)
39. 통일 대비 복지욕구 조사, 한국보건사회연구원, 2017. 10. (책임연구원)
40. 가납시장 활성화 방안 연구용역, 양주시, 2017. 10. (책임연구원)
41. 한반도 통일에 대비한 남북연금 통합 기본계획 연구, 국민연금연구원, 2017. 12. (공동연구원)
42. 통일 대비 전문행정인 양성과정 위탁운영 용역, 연천군, 2018. 5. (책임연구원)
43. 통일 대비 전문행정인 양성과정 위탁운영 용역, 양주시, 2018. 6. (책임연구원)
44. 양주시 반환공여지 활용방안 및 주변지역 활성화 방안 연구, 경기도의회, 2018. 6. (책임연구원)
45. 북한이탈주민과 함께 하는 민주시민교육, 경기평생교육진흥원, 2018.11. (책임연구원)
46. 공공체육시설 이용료 및 감면률 산정 연구 용역, 양주시, 2018. 11. (책임연구원)
47. 개발제한구역 훼손지 정비사업 발전방안 연구, LH한국토지주택공사, 2019. 2. (공동연구원)
48. 영평사격장 주민이주 방안 연구, 국방부, 2019. 5. 20. (책임연구원)
49. 북한이탈주민과 함께 하는 민주시민교육, 경기평생교육진흥원, 2019. (책임연구원)
50. 양주시 민주시민교육, 양주시, 2019. (책임연구원)
51. 평화통일 대비 전문행정인 양성과정 위탁운영 용역, 양주시, 2019. 11. (책임연구원)
52. 경기도 평화통일교육 중장기 계획 수립 연구용역, 경기도, 2020. 5. (책임연구원)

53. 2020 ~ 2024 군사기지 및 군사시설 보호구역 등 관리기본계획 수립연구, 국방부, 2019. 9. ~ 2020. 6. (공동연구원)
54. 지방 중소도시 노후주거지 정비사업 공공참여 확대방안 연구용역, LH한국토지주택공사, 2020. 3. ~ 2020. 12. (분야책임자)
55. 지뢰제거에 관한 법안 연구 용역, 국방부, 2020. 4. ~ 2021. 12. (책임연구원)
56. 양주시 남북교류협력 추진전략 및 발전방안 학술용역, 양주시, 2020. 4. ~ 2021. 7. (책임연구원).
57. 기업인권경영제도화 연구, 법무부, 2020. 5. ~ 2021. 10.(책임연구원).
58. 도심 내 공공주도 긴급정비사업 추진을 위한 제도개선 연구용역, LH서울지역본부, 2020. 9. ~ 2021. 3. (책임연구원)
59. 양주시 대기오염 배출시설 현황조사 및 정책제안-소각시설을 중심으로, 양주시의회, 2020. 8. ~ 2020. 11. (공동연구원).
60. 대규모 공공택지의 효율적 추진을 위한 법제도 개선방안 연구용역, LH한국토지주택공사, 2020. 12. ~ 2022. 5. (책임연구원)
61. 한반도통일미래센터 일반성인 대상 통일체험 프로그램 강화 방안 연구, 통일부 한반도통일미래센터, 2020. 6. ~ 2021. 9. (책임연구원)
62. 2021년 평화통일대비 전문행정인 양성과정 교육영상 제작, 양주시, 2021. 10. (책임연구원)
63. 강원도 765kv 송전선로 주변지역 주민피해 조사연구, 강원도청, 2021.10.18. ~ 2022. 10. 17. (분야책임자)
64. 상수원관리지역 규제피해에 대한 보상사업 추진을 위한 정책연구, 특별대책 지역 수질보전정책협의회, 2022. 3. 25. ~ 2022. 12. 24. (분야책임자)
65. 지역특색에 맞는 양주시 주민자치회 모델수립을 위한 연구용역, 양주시, 2022. 4. 21. ~ 2022. 8. 18. (책임연구원)
66. 38선 평화공원 컨텐츠 개발 및 활용 연구용역, 포천시, 2022. 6. 13. ~ 2022. 11. 9. (책임연구원)
67. 2022년 평화통일대비 전문행정인 양성과정 교육영상 제작, 양주시, 2022. 11. (책임연구원)
68. 경기북부 접경지역 지원사업 평가 및 신규사업 발굴, 경기도의회, 2023.6.23. ~ 2023.9.23. (책임연구원)
69. 2023년 평화통일대비 전문행정인 양성과정 교육영상 제작, 양주시, 2023. 10. (책임연구원)
70. 걸을수록 알게 되는 "소풍"길 이야기-의정부시 역사문화체험길 통일교육 코스개발 및 활용방안, 의정부문화재단, 2023. 12. (책임연구원)
71. 드론산업과 연계한 기회발전특구 추진 전략 연구용역, 포천시, 2023. 8. 24. ~ 12. 21. (공동연구원)

72. 상하수도 원인자부담금 제도 합리적 개선을 위한 연구, LH한국토지주택공사, 2023. 6. 28. ~ 2024. 2. 27. (책임연구원)

◇ 단편모음(컬럼)

1. 부동산실명제와 세계화, 한양법대신문, 1995. 3. 9.
2. 사법개혁과 로스쿨, 대진대학교 학보, 제18호, 1995. 5. 17.
3. 양성의 평등과 법여성학, 대진대학교 학보, 제37호, 제38호, 1996. 11. 13, 1996. 12. 9.
4. 가정폭력과 이른바 가정폭력특별법, 대진법학, 1998. 12. 8 - 14쪽.
5. 통일법 연구 동향과 경기북부지역의 통일철학, 의정부시민신문(경기북부신문사), 2000. 1. 17.
6. 용주골의 교훈과 경기도 제2청사 여성국의 역할, 의정부시민신문(경기북부신문사), 2000. 2. 28.
7. 경기북부지역의 규제법령의 철학, 한겨레신문, 2001. 3. 28.
8. 광릉숲 보전을 위한 정책 과제, 대진대학교 학보, 2001. 4. 17.
9. 군사시설보호법에 대한 발상의 전환, 대진대학교 학보, 2001. 12. 4.
10. 수도권정책 발상전환 필요하다, 내일신문, 2002. 2. 22.
11. 접경지역지원법의 실효성 확보방안, 경기북부시사신문, 2002. 3. 30.
12. 독일의 지역균형 발전법제가 주는 시사점, 경기북부시사신문, 2002. 4. 20.
13. 미군 공여지역 지원 및 주민 권익보호 등에 관한 법률의 제정 필요성, 경기북부시사신문, 2002. 7. 20.
14. 신문사의 표현의 자유와 명예보호와의 충돌, 경기북부시사신문, 2002. 8. 31.
15. 온천의 법정책적 과제와 해결방안, 경기북부시사신문, 2003. 5. 24.
16. 경기 分道 이렇게 합시다, 경향신문, 2004. 5. 4.
17. 경기북부 위한 독립 정책 필요하다<포커스 경기북도 신설>, 주간조선, 2004. 5. 27.
18. 토사구팽 느낌의 입법, 경인일보, 2005. 9. 29<목요시론>.
19. 주한미군과 한국군의 동일성, 경인일보, 2005. 11. 3<목요시론>.
20. 토지거래허가제도의 모순, 경인일보, 2005. 12. 8<목요시론>.
21. 공인중개사의 업무 및 부동산 거래신고에 관한 법률의 개정 유감, 경인일보, 2006. 1. 12 <목요시론>.
22. 건강가정기본법의 실효성 확보방안, 경인일보, 2006. 2. 9<목요시론>.
23. 범죄피해자지원센터의 효율적 운영방안, 경인일보, 2006. 3. 22.
24. 국정원의 바람직한 기능, 경기일보, 2008. 12. 17.
25. '군사시설 주변 지원법' 제정을, 경향신문, 2009. 3. 6.
25. 통일경제 특구법의 전략적 접근, 경인북도일보, 2009. 4. 1.

26. 이주 외국인 사회통합 시스템 구축의 방향, 경인일보, 2009. 8. 3.
27. 입양에 대한 법제도 정비, 경인일보, 2009. 8. 31.
28. 경기북부지역 법원관할의 개편논의, 경인일보, 2009. 9. 28.
29. 군사기지 및 군사시설 보호구역 설정은 합헌인가?, 경인일보, 10. 26.
30. 독일 브란덴부르크주 군용기지 전용사례, 경인일보, 2009. 11. 23.
31. 경기남북 약학대학 불균형 시정, 경인일보, 2009. 12. 21.
32. 안보세의 도입논의, 경인일보, 2010. 1. 18.
33. 군 소음법의 제정방향, 경인일보, 2010. 3. 8.
34. 가상세계의 산업발전을 위한 법정책의 방향, 경인일보, 2010. 4. 5.
35. 거주외국인과 다문화가족에 관한 법정책의 방향, 경인일보, 2010. 5. 3.
36. 경기도지사 후보 공약의 촌평, 경인일보, 2010. 5. 31.
37. 6.2. 지방선거가 남긴 과제, 경인일보, 2010. 6. 28.
38. 경기도립 통일대학 설립을 희망한다, 경인일보, 2010. 7. 26.
39. 공공기관간 담배소송과 정부의 역할, 경인일보, 2014. 5. 14.
40. DMZ 세계평화공원 조성은 가능할까?, 경인일보, 2014. 9. 23.
41. 9.1. 부동산대책의 함정들, 경인일보, 2014. 10. 21.
42. "통일대박"의 출발지 한반도통일미래센터, 경인일보, 2014. 11. 18.
43. 집합건물관리에 관한 특별법제정을 생각하며, 경인일보, 2014. 12. 16.
44. 미2사단 잔류와 국가안보, 그리고 동두천, 경인일보, 2015. 1. 13.
45. 아파트 선분양 제도 계속 유지해야 할까?, 경인일보, 2015. 2. 10.
46. 지역사회 갈등해결 법·제도적 대안은?, 경인일보, 2015. 3. 10.
47. 구제역 해법, 살처분 위주 방역방법 적절한가?, 경인일보, 2015. 4. 7.
48. 발전소-주변지역 주민 지속가능한 상생방안, 경인일보, 2015. 5. 4.
49. 한반도 경제공동체 실현을 위한 통일경제특구 설치, 경인일보, 2015. 5. 25.
50. 성년후견제도 시행은 잘되고 있는가?, 경인일보, 2015. 6. 16.
51. 양육비이행관리원이 잘 운영되려면?, 경인일보, 2015. 7. 7.
52. 보편적 주거복지가 만능인가?, 경인일보, 2015. 7. 28.
53. 통일교육 발전방향에 관한 정책제언, 통일신문, 2015. 8. 17.
54. 광복 70주년에 생각해보는 통일의 의미는?, 경인일보, 2015. 8. 25.
55. 스마트폰 이산가족 상봉은 어떨까?, 경인일보, 2015. 9. 15.
56. 주택임대관리업, 기다림이 필요하다!, 경인일보, 2015. 10. 20.
57. K-디자인빌리지가 성공적으로 조성되려면?, 경인일보, 2015. 11. 17.

58. 평화시대 열 '균형발전' 해법은 공공기관 추가 이전, 중앙일보, 2020. 10. 07.
59. 경기북도 설치, 경기일보(경기시론), 2022. 9. 6.
60. 여행 관련법 정비와 새로운 '여행기본법' 제정, 경기일보(경기시론), 2022. 10. 4.
61. 팔당 주변지역 수질보전을 위한 규제 피해와 갈등, 대안은 없는가?, 경기일보(경기시론), 2022. 11. 01.
62. "사람" 중심의 택배서비스 특별법 제정방안, 경기일보(경기시론), 2022. 11. 28.
63. 지뢰로부터 안전한 사회인가, 경기일보(경기시론), 2022. 12. 26.
64. 새로운 가족 형태, 언제 법과 정책으로 도입될까?, 경기일보(경기시론), 2023. 1. 31.
65. "경기북부특별자치도", 기울어진 운동장을 바로잡는 것부터 시작해야, 경기일보(경기시론), 2023. 2. 28.
66. 동물의 법적 지위, 경기일보(경기시론), 2023. 3. 28.
67. 고위험 정신질환자 실시간 위험성 판단시스템 구축방안, 경기일보(경기시론), 2023. 4. 25.
68. 경기도 균형발전의 해법 – 경기도는 "균형발전 상생기금" 논의해야, 경기신문(사설), 2023.5.15.
69. 통일교육의 고민, 경기일보(경기시론), 2023.6.13.
70. 상하수도 원인자 부담금의 합리적 부담방안은?, 경기일보(경기시론), 2023.7.18.
71. 평화경제특구가 실효성을 가진 특구가 되기 위한 조건들, 경기신문(사설), 2023.7.18.
72. "드론작전사령부" 창설을 두고 둘로 나뉘어진 포천 민심 수습방안은? 경기일보(경기시론), 2023. 8. 29.
73. 드론산업과 기회발전특구: "성공적 특구" 위한 과제는?, 경인일보, 2023. 9. 7.
74. 경기도 가평군 접경지역 지원대상에 포함되어야, 공정하지 않을까?, 경기신문(사설), 2023. 9. 12.

소성규 교수의 주례

김민섭(법학95) 동문

* 2004년 3월 27일 소성규 교수의 첫 주례

* 2023년 아들 목포해양대 항해과 입학기념 여행 가족사진

21년전 교수님께 주례를 부탁드리고 교수님이 초대해 주셔서 좋은 집에서 좋은 음식에 좋은 술을 내어 주시며 좋은 말씀을 해 주셔서 그 말씀처럼 이렇게 서로서로 좋아하는 가족이 되었습니다.

감사드리고, 화갑축하드립니다.

김현식(법학08) 동문

* 2011년 12월 31일 소성규 교수 주례

  교수님을 가끔씩 뵈면 예나 지금이나 똑같으셔서 저희 부부만 나이를 먹는 것 같아 세상 참 불공평하다 생각했는데,
  교수님께서 화갑을 맞게 되셨다니 믿어지지 않습니다.
  우리 교수님 앞으로도 지금처럼 젊게 생각하고, 행동하셨으면 좋겠습니다. 진심으로 축하드립니다.

최정민(법학05) 동문

* 2014년 4월 19일 소성규 교수 주례

* 2017년 4월 교수님과 우리딸의 첫 만남

최진승(법학01) 동문

* 2015년 3월 15일 소성규 교수 주례

* 설연휴 교수님과 함께

임승환(법학06) 동문

* 2018년 6월 24일 소성규 교수 주례

홍진화(법학06) 동문

* 2023년 2월 4일 소성규 교수 주례

소성규 교수의
제자들 이야기

소성규 교수님과의 인연

강석원

양주시 기후에너지과장

(대진대 석사)

저의 어린 시절 기억나는 것은 초등학교 4학년부터 3년간 육상선수를 했다는 것이다.

그때는 배고프고 다들 어려운 시절이라 육상선수를 하게 되면 간식거리를 제공받을 수 있어서 라면, 과일 등 일명 특식을 주어 배고픔을 달래주었다. 하지만 매 대회마다 좋은 성적을 내지 못한 것이 아쉬움으로 남는다.

이와 같은 인연으로 마라톤이 한창 유행되었던 2003년부터 양주시청 마라톤 동호회 총무역할을 수행하면서 마라톤 풀코스 3회, 하프코스는 50회 정도 시청 동호회원들과 전국 각지를 참여하는 동안 동료들과 직장내 애로사항과 식사를 함께 하면서 동료애와 훈훈한 정을 나누었다.

운동에 대한 남다른 소질은 없었지만, 나름 여러 가지 하고자 하는 욕심이 많아서, 스쿠버·복싱·격투기·수영·개인PT 등 다양한 스포츠를 즐기면서 여러 방면에 좋은 추억 거리를 간직하면서 살고 있다.

이중 스쿠버를 배우면서 출렁이는 파도 속에 들어가기까지 무섭고 힘들었지만, TV에서 볼 수 있었던 수중 속 에메랄드 빛 아름다운 형형색

색의 물고기 떼와 신비로운 해양생태계를 볼 때면 마치, 신세계를 경험할 수 있는 그야말로 생동감 넘치는 별천지 세상을 보는 즐거움은 말로 표현할 수 없는 벅찬 감동과 신비로움 그 자체였다.

지금도 수영은 자신없지만, 해병대를 지원 입대하고 전역한 자부심이랄까. 평범하고 온순한 성격인 거 같지만, 과제와 질의응답 등 누가 먼저 발표할 것인가, 누가 먼저 해볼 것인가 지목하면, 할 수 있는 역량도 체크하지 않고 일단은 손들고 제가 먼저 하겠습니다! 이런 외향적 자신감은 내성적 성향이지만 지금도 정해진 목표를 향한 열정과 도전정신은 남다른 것 같다.

시청 내 종합 행정업무를 수행하면서 끊임없는 공부와 학업에 대한 욕심도 있어 2014년에 대학원을 임경식 대표님의 소개로 대진대학교에 입학하여 소성규 교수님을 만나게 되었다.

대진대학교를 이야기하기 전에 공부, 특히 초중고 시절의 나의 성적은 아무리 공부해도 성적이 향상되지 않는 스타일로 머리가 안 좋은 학생, 그나마 공부에 대한 노력만큼은 남들보다 두 배 세 배 책상 앞에 앉아 노력한 유형이었다.

이와 같은 노력은 어머니의 자식들을 위해 고달프고 힘겨운 직장생활을 하면서, 헌신하시는 모습을 볼 때 다른 험한 길로 가지 않고, 오로지 공부만 열심히 한 계기였던 것 같다.

어머니는 지금의 내가 있게끔 해준 고맙고, 감사하고 이 세상에서 제일 소중하고 훌륭한 분이다.

30년 한평생 자식들을 위해 쉬어본 적 없고, 낮에는 초등학교 급식실에서 밤에는 대학병원에 알바로 급식 배식을 위해 두 곳에서 일하면서, 의정부에서 서울 초등학교와 대학로 학교 병원 급식실을 출퇴근하면서 급식 후 남은 찬거리를 머리에 이고 내리면 버스정류장에서 내가 짐 자전거를 기다리고 있다가 밤늦은 시간 귀가 후에 몸을 잠시 녹이고, 새벽

같이 일어나셔서 삼형제 도시락을 점심, 저녁용으로 몇 개씩 정성스럽게 싸주시는 모습이 역력하다. 그때 생각만 하면 지금도 눈시울이 앞을 가린다.

어머니 사랑하고 건강하고 행복하게 사시도록 잘 돌보고 맛있는 음식 사드리고, 자주 찾아뵙고자 한다.

다시 대진대학교 이야기로 돌아오면, 소성규 교수님의 화갑 축하 메시지를 드리면서 소성규 교수님을 존경하는 이유는 첫 번째로 명강의 덕분이다. 연예인은 연기를 우선 잘해야 하고, 공직자는 일을 잘해야 한다고 소문이 돌아야 참다운 공직자상이다.

교수님 강의를 들어본 학생들은 잘 알겠지만, 그 다음 강의 시간이 기다려지는 시간, 매 순간 열정적이고 모든 원생을 포용하면서 진취적인 기상과 즐거운 강의 내용은 지금도 여운이 남고, 감회가 새롭다

또한, 회식과 단합대회를 할 때면 편하고 화기애애한 분위기를 늘 이끌어주시어 잊지 못할 추억의 힐링 시간이었다. 아울러, 석사논문을 위해 여러 논문집을 발췌해 공부하면서 다시 한번 종합행정을 연찬할 기회와 각고의 노력 끝에 완성본을 보면서 석사학위증을 소성규 교수님으로부터 수여받을 때의 뿌듯함과 내 인생의 큰 보람과 자신감, 성취감을 느낄 수 있었다.

끝으로 교수님 더운 날씨 몸 건강하시고 많은 제자들과 함께 진심으로 화갑 축하드리며, 진심으로 존경합니다.

나의 인생에서 꽃핀 노겸과의 인연

권영택

현대물류(주) 대표이사, 법학박사
(대진대 CEO과정,법학15,석사,박사)

들어가며

나는 1963년 4월 17일(음력) 경북 예천군 지보면 도화리 1301번지 삼송 서편 마을에서 태어났다. 태어나던 해 아버지가 돌아가셔서, 6살까지 어머니와 서울시 종로구 신문로에서 살았던 기억이 있다. 초등학교, 중학교, 고등학교, 대학 학창시절은 서울시 도봉구 미아 2동 791-1551번지 삼양동에서 조부모님과 삼촌 고모님들과 함께 살았다.

삼양동에서 7~80년대 대한민국의 경제 성장과 정치적으로 요동을 치던 격동의 세월을 보냈고 삼양동이라는 동네가 고향 같은 곳이기도 하고 친구들 또한 일명 '불알친구들'이라 할 수 있는 동무들이다. 시골 삼송에는 증조부모님께서 계셔서 방학 다음 날이면 청량리역에서 7시 완행기차를 타고 안동역에 내려 막차 버스를 타고 삼송에 도착하면 저녁이 되었던 두렵고 설레는 여행을 초등학교 때부터 군 입대하기 전까지 계속 반복하였다.

초등학교 3학년 때부터는 혼자 다녔으니 돌이켜 보면 제법 모험심과 도전정신이 있지 않았나 생각된다. 시골로 가서 증조부님의 무한한 사랑과 자유를 만끽하며 시골 동무들과 신나게 뛰어놀고, 여름에는 소 풀 먹이기 겨울에는 산에서 땔감 나무하기를, 시키지 않아도 가족 구성원으로서의 역할을 시골 친구들을 통해 자연스레 의무와 책임감이 몸에 베인 듯 하고 시골에도 일명 '불알친구들'이 있다. 어린 친구들이 여름에는 부모님의 담배농사를 거들었는데 큰 담뱃잎의 채취는 끈끈이와 땀의 범벅으로 시작되고 저녁 식사 후부터 밤늦게까지 모든 가족이 새끼줄에 담뱃잎을 엮는다. 다음날 건조실이라는 높은 건물에 걸어놓고 석탄불로 열을 가해서 말리는 작업을 반복하였다. 이는 시골 농촌에서의 생계와 2학기 등록금으로 학업을 할 수 있는데 도움이 된다. 아마도 내가 담배를 끊지 못하는 것도 무의식적으로 어렵던 시절에 대한 기억이라 생각된다.

지금도 삼송 동무들은 1년에 두 번 정도 김춘식 총무와 20여 명이 모이고, 삼양동 동무들은 서울에서는 보기 드물게 가을 소풍 때와 한해 마무리 송년회 때 허광희, 사회 송영웅, 총무 김영미 등 40~50여 명이 모이며 연을 이어가고 있다. 오세호, 김병선, 문희철, 이종구, 김중한과는 가끔 식사도 하며 즐거운 시간을 만들고 있다. 특히 지난 5월에는 나주에 위치한 한전공대 교수인 이세준의 초대로 오세호, 김병선과 지난해 인창중학교 교장으로 정년 퇴임한 김영배, 조지연이 함께 했다. 지난해였지만 지각 환갑 만찬과 함께 1박 2일 동안 이야기꽃을 피우며 앞으로의 건강한 인생 마무리를 조금씩 덜어내고 조금씩 베풀며 천천히 살아야겠다는 생각을 해보는 기회가 되었던 것 같다.

* 삼양초등학교 18회 동무들

　군 입대는 대구시 용산동 50사단 훈련소에 입소해서 6주 훈련 후, 시위가 많던 시절이다 보니 전투경찰 282기로 차출되어 경북 울진군 울진경찰서로 "명" 받고 죽변면 죽변항의 어선들 입출항 업무를 담당했던 죽변임검소, 죽변면의 전체 대원들의 식사와 교육을 담당하던 주 초소인 151 해안초소 근무를 거쳐 서울 구의동 동부경찰서 기동대에서 낮엔 시위진압과 밤엔 방범 순찰을 끝으로 1.5개월 교련 혜택을 받고 28.5개월 만에 전역하였다.

　전역 후 이틀 뒤 부산시 사하구 괴정동 큰 고모부님이 운영하시던 공장에서 원단을 커팅해서 리본을 만드는 단순한 일을 1년 정도 하고, 울산시 남구 신정동 아파트 공사 현장에서 고등학교 동창인 장대수와 함께 1년 정도 설비와 간단한 용접 등의 막노동을 하며 미래에 대한 꿈과 목표를 그렸다.

그러나 다시 서울로 오게 되었고, 삼양동에서 도봉구 도봉동 도봉전철역 건너편으로 조부모님과 함께 이사하여 삼양동을 떠났다. 이후 시골에 계시던 연로하신 증조부모님을 도봉동으로 모시고 함께 살며, 포천에서 가구공장을 운영하시던 셋째 고모부 가구공장에서 서울, 경기, 수도권 영업을 1톤 차량으로 시작하여, 1년 정도 영업만에 나까마(지입) 하시는 분들과 대등한 정도의 매출, 2년쯤에는 2.5톤 차량으로 상당한 매출 성장을 이뤄냈다. 공장도 눈코 뜰 사이 없이 바쁘게 살던 시기에 인생의 큰 전환점을 맞게 되었다.

내 인생의 동반자이고 가정을 회사에 비유하면 지분 50:50인 창업동업자이며 고마운 아내 보석 윤경숙을 만나 결혼하게 되었다. 1992년 결혼하고, 우리의 첫째 보물인 큰아이 욱현이가 다음 해에 태어났는데 그 시기쯤, 대진대학교가 설립되어 신입생을 받고, 포천군에 4년제 종합대학교가 생김으로 지역주민과 학생들의 큰 기대를 받았던 것 같다

* 안동권씨 별장공파 39대손 좌측부터 욱환, 욱현, 욱진 삼남매 보물

첫째 욱현이가 태어나고, 의정부시 금오동에서 현대익스프레스라는 주선업 사업자로 포장 이사사업을 시작하여 일하던 어느 날, 실험 기자재와 도구 등 운반 이사 문의가 들어와서, 노원구 공릉동 서울산업대학교(현재 서울과학기술대학교) 화학과 기자재를 대진대학교로 운반했던 것이 대진대학교와의 인연이 시작되지 않았나 싶다. 이때 이미 소성규 교수님과 보이지 않는 미래의 연이 꿈틀거렸던 것 같다.

* 욱진이 대학교 입학식 좌측으로부터 나, 욱진, 욱현, 욱환, 아내 윤경숙

둘째 보물이자 장손인 욱진이가 태어났던 1996년 택배 서비스산업 초창기에 한진택배, 대한통운에 뒤이어 시작한 현대물류 택배 사업자의 의정부, 양주, 동두천, 연천, 포천을 집화 배송지역으로 의정부시 의정부2동에서 "현대물류 의정부취급소" 대리점사업을 시작하게 되었다. 당시

경기북부의 엄청난 폭우로 의정부시청 뒤 우회도로 공사 중 사패산에서 쓸려 내려온 토사와 벌목된 나무 등으로 큰 피해를 보았고 IMF로 어렵던 시기 민락동으로 사업장을 이전하였다.

셋째 보물 막둥이 욱환이가 태어났던 2000년 밀레니엄 시대에, 2002년 7월부터 2014년 6월까지 현대택배 운송협의회(현송회) 회장직에 (중간에 2년을 제외하고) 재직하면서 본사 택배 서비스사업자와 함께 자동차운송사업법상 택배운반 차량의 증차, 보험, 세무, 택배 집배송 분류장의 건축법상 용도, 외국인고용, 노동법 등의 법적인 문제와 택배 서비스산업의 폭발적인 물동량 증가와 소비자 서비스 욕구, 종사자들의 노동강도, 저단가 운송료와 본사의 수수료 조정 등 복합적인 문제들로 인해 고민이 많던 중, 2014년 대진대학교 대학원 CEO 28기 과정에서 대학원 원장으로 계시던 소성규 교수님과의 인연이 시작되었다.

"불교에서의 인은 결과를 만드는 직접적인 힘이고, 연은 그를 돕는 외적이고 간접적인 힘이라 한다" "택배 서비스산업 활성화를 위한 법제도 개선방안"의 논문으로 박사학위취득 과정까지의 어렵고 긴 시간에서 살펴보면 내가 "인"이고 소성규 교수님은 "연" 인듯하다.

사업을 하면서 어렵고 힘든 일들이 많이 있었지만, 첫 번째의 어려움은 결혼 다음 해에 사업자금 충당을 위해 살고 있던 금오동의 평화아파트를 전세 놓고, 연탄보일러 월세방 한 칸에서, 겨울을 보내게 되었을 때다. 연탄이 떨어져서 큰애와 셋이 냉방에서 이불 뒤집어쓰고 보냈던 그 날 밤이 잊혀지지 않는다. 아내와 아이에게 미안함과 처량함으로 각오를 다지고 또 다지며 도둑질 빼고는 다해서 반드시 성공하겠다는 각오를 했던 것이 기억난다.

택배대리점 사업을 시작하며 금오동에서 의정부2동 신시가지 내 고향 주유소 옆으로 이전한 후 1998년 엄청난 폭우로 사패산에서 내려온 흙

더미에 차량 등 큰 피해를 보고 2000년 민락동으로 이전하게 되면서, 건물주이시고 은인이신 이병원 사장님과의 인연이 시작되어, 2003년 포천시 소흘읍 무봉리 171-2에 1200평 부지 지분을 50%로 사업장을 확장하여 들어오게 되었으며 지금까지도 감사한 관계를 유지하고 있다.

소흘읍에 와서 인연은 소흘읍 이동교리 용상골의 해병 179기 안병수 어르신, 무봉1리 이윤주 전 이장님, 소흘농협과 농협거래의 주역이신 소흘농협 연봉우지점의 연제호 상무님 등이 있다. 또한 경기도 도체전이 포천시로 확정되며, 소흘읍의 손님맞이 경기도 도체전준비위원장을 하셨던, 나눔과 배려 지역발전에 대한 책임감을 실천하시는 강직 강용범 회장님, 화합과 봉사 정신의 꽃샘식품 이상갑 회장님, 열정과 온정이 넘치시는 한일펌프 유승환 회장님 김경애 사모님이 계시고, 어려움을 극복하시고 자수성가한 코단 콘크리트 박용수 회장님, 사무국장을 맡아서 솔선수범과 사업에 열정적인 삼창파이프 이정승 대표님, 당시 시장님이셨던 서장원 전 시장님, 당시 읍장님이셨고 내가 생각하고 있었던 대한민국 공무원상에 대한 인식을 바꿔주신 김진태 국장님, 늘 고향 지역발전에 고민을 많이 하시던 후임 읍장으로 소흘읍 꽃길 조성 손님맞이를 성공적으로 마무리하신 백영현 시장님도 계신다.

도 체전준비의 일환으로 소흘읍의 각 마을별 꽃길 조성사업 진행시 양주, 연천 등 인근의 지자체에서 주말마다 코스모스 씨앗, 칸나 뿌리 등 채취를 위해 읍 직원분들과 함께 공무원의 대국민 노력 봉사 정신이 무엇인지를 보여주셨고 지난해 선단 동장님을 마지막으로 공직을 마감한 윤종애 동장님, 묵묵히 옆에서 함께한 책임감 강하고 명랑한 정영옥, 김차자, 김영란, 최선희, 신봉진 팀장, 윤구순 아우 등 잊지 못할 고마운 추억을 함께 한 분들이 있다.

* 인연이 이어지는 경기도 도체전준비위 소흘읍 꽃길조성에 헌신하신 분들
(좌측부터 이정승 대표님, 김진태 국장님, 강용범 회장님, 유승환 회장님, 김경애 사모님, 윤종애 동장님, 이상갑 회장님, 신봉진 팀장, 권영택)

    포천의 대표적인 흙수저로 "하면 된다"의 성공 신화를 보여주신 2022년 포천상공회의소 이민형 회장님, 소흘농협 김재원 조합장님 등 다 열거할 수 없을 정도로 정말 좋으신 여러분들 덕분에 포천에서 사업을 열심히 할 수 있었음에 감사한 마음을 간직하고 있다. 무엇보다 2021년 4월 5일 무봉리 사업장 화재로 인하여 무척 어려울 때 임직원분들과 함께 오셔서 격려해 주시고 "은행은 사업자에게서 비 올 때 우산을 접어서는 안된다" 하셨던 김재원 조합장님 덕분에 하나하나 복구하고 일상으로 돌아올 수 있었음에 깊은 감사를 드리고 감사에 대하여 함께 할 수 있는 부분이 무언인가 고민하다가 소흘농협협동조합에 조금이라도 기여하고자 조합원으로 가입하게 되었다.

    나의 "우산 김재원" 조합장님 다시 한번 감사드립니다.

    우산은 내가 소흘 농협은행의 고마움을 잊지 않기 위해 김재원 조합장님께 드리는 호칭이다.

* 좌측부터 김재원 조합장님, 이민형 회장님, 강용범 회장님, 권영택

* 좌측부터 석갈비 사장님, 백영현 시장님, 안병수 해병179기 어르신, 강효진 읍장님, 권영택

좋은 인연과 추억을 함께한 여러분들이 포천발전이라는 같은 생각을 하는 분들이다 보니 오랫동안 인연을 이어가고 있다. 그리고 늘 서로가 다름을 존중으로 인정하고 소통하며 이해할 수 있는 "통이"가 먼저 되어야 통일이 될 수 있다는 소성규 교수님의 말씀에 동의하며 나와 인연이 있으신 분들은 서로가 다름을 인정하고 이해하는 "통이"가 되었기에 통일된 좋은 관계를 이어가고 있는 듯하다.

* 대진대학교 CEO 과정 일본 워크숍

1964년생이신 교수님이 용띠, 내가 1963년생 토끼띠다 보니 친구와 같은 느낌과 비슷한 생각의 공유가 많지 않았을까 싶다. 특히 어떠한 일의 계획제시나 사람 관계, 설정 등의 방향이 상당히 창의적이고 적극적이시라 본능적인 비즈니스 사업가의 자질을 갖추고 있다는 느낌을 강하게 받았고 상당한 호감이 갔었던 것 같다.

　CEO 과정 1년 법학과 4년 "택배서비스산업 육성지원을 위한 법정책적 과제" 석사 2년, "택배서비스산업 활성화를 위한 법제도 개선방안" 박사 2년 동안 택배 서비스산업에 대한 법정책과 법제도 개선에 대해 함께 고민해주시고 체계적으로 지도해 주셨다. 또한 한국법정책학회, 한국부동산법학회, 개성포럼, 노겸법연구회 등 많은 학술회와 세미나를 함께한, 10여 년의 시간이 나의 변화와 발전에 큰 도움이 되지 않았나 생각된다. 오는 8월에 소 교수님의 화갑기념회를 위한 자리가 마련된다고 하여 소 교수님과의 함께 한 시간 동안의 인연을 떠올리게 되었고, 또한 이번 기회를 계기로 소성규 교수님과의 관계와 나와의 인연을 함께한 여러분들에 대한 감사함을 다시 한번 생각해 볼 수 있는 소중한 기회가 되었다.

* 지역사회와 함께하는 통이포럼 현장체험학습으로 제주 4.3체험

경기도에서 지원받아서 연구 수행한 개성포럼의 통일을 주제로 한 세미나와 학술연구가 진행되었는데 당시 생생한 연구를 위하여 여수를 찾아 여순 사건과 제주 4.3사건의 역사적인 현장을 직접보고 다시 한번 돌아보는 과정에서 남과 북이 다른 생각, 대한민국 국민도 다른 생각, 즉 다른 방식의 생각을 한다는 것을 재차 느끼게 되었다. 그 동안의 통일포럼 등에서 토의되고 제시되었던 내용과는 좀 차별화된 "통일"이 되기 위해서는 남북이 서로 다름과 다른 생각을 이해하고 인정하는 "통이"가 되어야 통일의 시발점이 된다고 말씀하신 소 교수님의 말씀이 어느샌가 나의 마음속에 자리 잡았다. 나 또한 아내와의 관계 가족, 친구, 사업장 내에서의 구성원들과의 관계 등 사회생활에서 "통이" 정신 즉 서로 다름을 인정하고 이해하려고 노력한 결과 매우 놀라운 변화를 느끼게 되었다. 아직도 부족함이 많지만 내 성격도 주도와 제시형에서 한번 더 생각하고 남의 얘기를 경청하는 자세와 인정해 주는 균형과 합리성을 중시하는 태도로 바뀌어 가고 있음을 느낄 수 있었다.

현재 민주평화통일 자문기구 포천시 협의회에서도 서로 다름을 이해하고 인정하며, 존중과 균형 잡힌 생각을 표현하려는 이러한 사고가 내 철학으로 자리 잡은 부분에 소성규 교수님과의 인연이 정말 소중했음을 느끼게 된다.

더불어 개성포럼을 함께하며 인연이 된 최윤 자문위원장님, 수석총무 원진희 서기관님, 사무국장에 천영성 박사님, 총무에 신현숙 팀장님, 대진대학교 소성규 교수님의 지도를 받은 대진대 법학박사회 모임의 손경식 고문님, 수석부회장 서창원 세무사님, 부회장 임춘환 처장님, 고병철 변호사님, 이용호 변호사님, 전철 서기관님, 감사의 최진웅 법무사님, 총무의 김태희 박사님 등 일일이 다 열거하지 못해 대단히 죄송하지만 많으신 분들이 "통이" 정신으로 함께 인연을 이어 가고 있다

* 개성포럼 여순사건 현장학습

여기서 노겸 소성규 교수님의 약력에 대해 다들 잘 아시겠지만, 간략히 말씀드리면, 호는 항상 노력하고 겸손한 태도로 살아야 한다는 "노겸"이시고 경북 의성에서 태어나고 대구 경북고 졸업, 한양대학교 법학과에서 학사, 석사, 박사학위를 받으셨고 6개월 방위병으로 병역을 마치고, 20대 후반에 대진대학교 법학과 교수직을 시작하시어, 훌륭하고 반듯한 많은 제자분 들을 배출하셨다.

공공정책대학원장, 글로벌산업통산대학장과 입학홍보처장을 역임하셨으며, 현재 대진대 공공인재법학과 교수로 재직하시면서 대진평화통일교육연구원장, 경기북부발전정책연구소장을 맡고 계신다. 한국인터넷법학회장, 한국부동산법학회장, 한국법정책학회장도 역임하셨다. 주요저서로는 민법총칙, 물권법 등 다수이며, 2016년 통일교육 기여 공로로 국민훈장 석류장을 수상하셨다.

소성규 교수님은 통일 교육 분야에 대한 고민이 많으신데 정권이 바뀔때마다 내용이 달라지는 통일 교육이 아니라 1976년 독일식 통일 교육을 지향하시는데 "보이텔스바흐 합의" 즉 강압적인 교육 금지, 균형성 또는 대립적 논점의 확보, 학생을 먼저 생각하는 교육 등의 원칙을 견지하는 통일 교육의 필요성을 강조하고 있으며 "한국형 보이텔스바흐 합의" 교육의 모델을 도출해 내기 위해 노력하고 있다.

소성규 교수님은 경기북부특별자치도 설치 문제, 부패방지, 청탁금지 등 각종 사회문제를 해결하기 위해 활발히 활동 중에도 있다. 앞으로도 많은 활동을 해 주시길 바란다. 저와의 인연 또한 지난 10년을 넘어, 향후 30년을 포천시 발전과 국가에 도움이 될 수 있도록, 평화통일에 대한 포천시의 "한국형 보이텔스바흐 합의" 모델의 교육장과 대한민국 택배 서비스산업 발전에 기여할 수 있도록 조력과 연구 노력을 함께 해 주시고, 현재 개성포럼 회장님으로 재직하시면서 회원의 건강과 친목을 위한 트레킹, 민주 평화통일과 경기북부지역의 발전을 위한 연구 학술회의 세미나 등 항상 건강하고 즐겁게 행복한 연구 여행을 함께 했으면 하는 바람이다.

소성규 교수님의 환갑을 맞이하여 그동안 나와 함께 했던 분들과의 감사하고 소중한 나의 기억을 되새겨 볼 수 있도록 행복한 기회를 주심에 다시 한번 깊은 감사를 드리고 축하! 축하! 드리며 평온하고 넉넉한 100세까지의 만수무강을 기원합니다.

인터넷에서 화제가 됐던 연령별 성공한 인생기준표

10대 성공한 아버지를 뒀으면 성공
20대 학벌이 좋으면 성공
30대 좋은 직장 다니면 성공
40대 2차 쏠 수 있으면 성공
50대 공부 잘하는 자녀 있으면 성공

60대 아직 돈 벌고 있으면 성공
70대 불러주는 사람이 있으면 성공
80대 건강하면 성공
90대 전화오는 사람 있으면 성공
100세 아침에 눈 뜨면 성공

3대 바보가 되지 말고 남은 인생 행복하게 살기
첫째, 자식이 놀러 가기 위해 손자를 맡아 달라고 해서 기존에 했던 약속을 파기하며 손자를 봐주는 바보
둘째, 늙으면 자식들이 용돈을 매달 챙겨 줄 거라고 믿고 전 재산을 넘겨주고 나이 들어 자식 눈치 보는 바보
셋째, 자식들이 어쩌다 놀러 왔다가 자고 갈때 불편할까봐 큰 집에 사는 바보

글을 마치며 조금 보태보면 나름 각계각층 여러 산업 분야에서 많으신 분들이 열심히 노력한 결과가 오늘날 대한민국 경제의 현주소이지 않을까 싶다. 나의 택배서비스 산업 대리점사업자로서 연구 노력은 현대택배 운송협의회 회장으로 재임 시 어렵던 시기에 차별화된 고객서비스와 영업경쟁력 확보, 배송직원의 심각한 구인난 개선의 대안으로 택배차량의 "내장실에 냉장실과 냉동실이 마련된 소화물 택배용 차량의 적재함" 실용신안 출원번호 제2005-0022646호로 2005년 10월 18일 실용신안 등록과 "네비게이션 단말기를 이용한 택배화물 배송방법" 출원번호 제2010-0049961호로 출원 4년만에 어렵게 2014년 06월 17일 당당히 특허증을 받았던 것은 하는 일에 대한 열정으로 택배서비스 산업발전에 조금은 기여를 하지 않았나 자부해 본다.

위 실용신안 택배용 차량의 적재함 고안은 택배 물량이 폭발적으로 늘어나던 시기에 냉장 냉동식품도 함께 늘어나, 오후 늦게 배송되는 물품의 고객 불만과 화물사고의 증가로 어려운데, 신선식품 업체들의 원가

문제로 스치로풀박스 의 내구성이 약한 저렴한 박스사용으로 화물사고로 변상하는 비용 증가 등을 해결하기 위해 적재함 일부 공간에 냉장, 냉동 공간을 마련하여 따로 적재 보관하여 장시간 신선도를 유지하여 배송하는 제안이었고, 특허출원은 신규직원 충원의 어려움과 배송사원 인수인계 없이 퇴사 시의 배송인력 대체 문제로 고민이 많던 중, 본사 택배사업자의 고객서비스 차원으로 예상 도착시간을 문자로 알려주는 발송서비스 확대로 인한, 7시 출근하여 도착 물품을 지역별로 분류하고 운송장 정리, 방문 순서대로 전화 통화 후 배송 출발하는 시간이 약 4시간 정도 소요되는데, 문자 발송서비스로 인한 스캐너 구입비용과 업무시간 추가로 불만이 폭증하던 시기, 내비게이션은 있지만, 주소를 하나하나 일일이 입력하고 출발하면 시간이 오래 걸려 불편한 것을, 방문 예정 순서에 맞게 운송장을 정리하여 스캔한 후 본사 서버로 발송하고, 다시 자동으로 내비게이션에 내려받아서 따로 주소 입력 없이 바로 출발하고, 담당 배송지역의 지도에 순서가 맞게 표시됨으로 출력해서 바로 가지고 나갈 수 있는 방법의 고안으로 특허 취득의 노력이 그러하지 않았을까 싶다.

　이상으로 환갑을 맞으신 노겸 소성규 교수님과 함께 바보가 되지 말고 "통이" 정신으로 성공한 60대 이후의 즐겁고 행복한 연구 여행을 함께하며 포천 38선 역사 평화공원에 독일의 "보이텔스바흐 합의"를 한국형 " K-포천 합의 "즉 강요하지 말고 다양성을 존중하며 자신의 견해를 말하고 토의하여 인공지능 Chat GPT에 질문하고 학습할 수 있는 장을 만들어, 민주시민 교육의 기본원칙, 정치교육의 기본원칙, 통일 교육의 기본원칙을 포천 38선 역사 평화공원에서 이루어진 원칙이 대한민국에서 합의할 수 있도록 앞장서서 함께 도전을 시작해 보시길 기대하며 다시 한 번 축하 드리고 노겸 소성규 교수님, 화이팅입니다.

영원한 스승, 소성규 교수님의 화갑에 즈음하여

권호석

강원특별자치도경찰청 범죄예방계장(총경)

(대진대 석사)

1.

제 소개를 좀 해야겠습니다. 소성규 교수님과의 인연을 풀어놓자면 도대체 제가 누구인지는 밝히는 것이 어쩌면 당연한 도리이니까요. 저는 지금 호반의 도시, 춘천에 위치한 강원특별자치도경찰청에서 근무하고 있는 50대 초반의 가장입니다. 가족밖에 모르는 아내와 중학교에 입학한 아들을 두고 있습니다. 그렇습니다. 저는 대한민국의 치안을 담당하는 경찰관 중 한 명입니다. 올해, 그러니까 2024년에 갓 승진한 새내기 총경이기도 합니다.

저는 소성규 교수님을 지도교수님으로 모시고 2023년 6월에 '스토킹 범죄 사례분석을 통한 시사점과 법제도 개선방안'이라는 제목으로 석사 과정을 마치고 학위를 취득하였습니다. 제가 위와 같은 주제를 선택한 것은 교수님을 처음 뵈었을 때 스토킹 범죄를 다루는 여성청소년과장으로 근무하고 있었고, 막 「스토킹처벌법」이 시행되어 여러 가지로 살펴볼 것이 많은 분야였기 때문입니다. 업무와 직접적인 관련이 있는 분야를 연구 주제로 다루어야 이론과 실무를 겸비한 이른바 한 분야의 전문성을 더욱 공고히 할 수 있을 것으로 생각한 것입니다.

2.

정확한 기억인지는 모르겠습니다. 당시는 코로나-19 팬데믹 시국이라 여러 가지로 어려운 때였음은 틀림없습니다. 2021년 저는 서울 노원경찰서 여성청소년과장으로 근무하고 있었습니다. 그때 과거에 가볍게 인연이 있었던 남상인 경감님을 다시 만났습니다. 직장에서는 과장과 팀장으로 만났지만, 남상인 팀장님은 연배도 저보다 큰 형님뻘 정도로 높았고 인품 역시 저와는 비교할 수 없을 만큼 훌륭한 분임을 단박에 알아봤습니다. 그래서일까요? 자연스럽게 50여 명의 부서원을 이끄는 부서장으로서 아무에게나 말하지 못할 고민이 있거나 조언이 필요할 때면 저는 남 팀장님을 찾게 되었습니다.

사실 그때 저는 경정 8년 차에 접어들었던 시점이라 총경 승진을 위해 매진해야 할 때였습니다. 성과도 중요했고 근무평정도 잘 받아야 했을 뿐만 아니라 직원 관리 역시 세심하게 신경 써야 했습니다. 잘해 왔고 잘하고 있다고 생각하고 싶었지만, 하루하루가 버거웠다고 말하는 것이 훨씬 진실에 가깝습니다. 마셔도 마셔도 목이 마르는 느낌처럼 무엇인가 자꾸 부족함을 느끼고 있을 초여름 무렵, 남상인 팀장과 점심을 먹고 경찰서 방향으로 걸으면서 이런 마음을 남 팀장님에게 들키고 말았습니다. 그때 남상인 팀장님을 통해 포천에 있는 대진대학교를 처음 알게 되었습니다. 어떤 훌륭한 교수님을 스승 삼아 대학원 공부를 하고 있는데, 저에게도 도움이 되실 분이라며 추천하시는 것이 아닙니까? 평소 말씀을 가볍게 하시는 분이 아니라서 흘려들을 일이 아니란 생각에 이것저것 물어보았던 기억이 납니다. 당시 남 팀장님은 대진대학교 공공정책대학원 공공인재법학과 소속으로 해당 학과의 원우회장 직을 맡고 있었습니다. 저는 목마른 갈증을 해소할 탄산음료처럼 무언가 새로운 자극이 필요했던 차였습니다.

3.

결국, 남 팀장님의 소개로 저는 대진대학교로 그 교수님을 찾아뵈러 가기에 이르렀습니다. 대학원에 진학하기로 마음먹었기에 기왕이면 남 팀장님이 소개해 주신 그 교수님을 지도교수로 모시고 싶은 마음에서 그분의 이름 석 자만 인지한 채 포천의 연구실을 찾은 것입니다.

소. 성. 규. 교수님. 입학 면접 자리에서 처음 뵈었던 교수님과 연구실의 인상은 '영락없는 학자시구나'하는 것이었습니다. 둘러친 벽도 모자라 바닥부터 쌓여 있던 수많은 책, 그 책 숲에서 풍기는 오래된 갈색 지식의 냄새, 다소 어두우면서도 은은한 조명(저녁이 가까워질 오후 무렵이었거든요), 드문드문 시간의 흔적이 엿보이는 낡은 액자, 덩치 크고 깊숙한 느낌의 천 의자 등등. 그리고 그 장소와 딱 어울리는 그곳의 주인장. 한 장의 그림엽서 같은 느낌이었다고나 할까요.

교수님과의 첫 만남은 길지 않게 마무리되었고, 그렇게 2021년 7월부터 저는 주경야독하는 대학원생이 되어 있었습니다. 한편으로, 여성청소년 기능으로 치자면 서울 시내 최상위권인 노원경찰서 과장 보직을 수행하면서 수업에 충실할 수 있을까 라는 걱정도 있었습니다. 매일은 아니더라도 서울에서 포천까지 왕복으로 다니는 것이 현실적으로 쉬운 문제는 아니었고, 하는 둥 마는 둥 대충할 거라면 차라리 하지 않는 편이 낫다는 것이 나름의 신념이었으니까요. 그나마 다행이었던 것은 기승이 던 코로나 감염위험으로 인해 비대면 온라인 수업이 많은 비중을 차지하고 있어서 포천까지 가야 할 날은 많지 않았다는 점입니다.

4.

첫 번째 대면 수업을 받던 날이 떠오릅니다. 통일 관련 수업이었는데 교수님께서는 오리엔테이션을 진행하시면서 화면에 교수님의 캐릭터를 띄우셨습니다. 티테이블을 앞에 두고 (아마도 의자에 다리를 꼬고 앉으셔서) 김이 모락모락 나는 따뜻한 차를 드시는 모습이었던 것으로 기억합니다. 친근한 미소가 실제 모습과 너무나 비슷해서 마음속으로 깜짝 놀랐습니다.

이어지는 강의에서 돋보기와 일반 안경을 번갈아 쓰시면서 열정적으로 강의하시는 모습도 생생합니다. 교수님은 남북한의 법과 제도, 문화 등을 비교하는 방식으로 수업을 진행하셨는데 수업 준비를 꼼꼼하게 하셔서인지 저에게는 다소 낯선 분야였음에도 이해가 빨랐습니다. 특히 좋았던 것은 적재적소에 미디어를 잘 활용하셔서 저녁 시간 두 시간의 강의가 지루할 틈이 없이 후딱 지나간다는 점입니다. 그런 수업 방식은 수료할 때까지 계속되었는데 바쁘고 지친 일상 속에서도 기어이 수업에 참여하게끔 하는 교수님의 노하우가 아니었나 싶습니다.

그러나 교수님의 진짜 모습은 강의실 밖에 계실 때 보다 더 환하게 빛이 나는 것 같습니다. 역사탐방 길에서, 제자들과의 술자리에서 쏟아 놓으시는 여러 말씀은 강의실에서 전달하기 어려운 무언가가 되어서 저에게 큰 자극이 되었습니다. 탄산음료가 우리 몸에 그렇게 하는 것처럼 말입니다. 아, 그러나 탄산음료는 적절한 비유가 아닌 것 같군요. 왜냐하면, 교수님의 자극은 거품처럼 사라지는 일시적인 시원함이 아니었기 때문입니다.

5.

 2021년 하순 무렵, 대학원에서 소성규 교수님, 남상인 원우회장님을 비롯한 여러 원우들과 함께 제주로 4.3 역사탐방을 갔을 때 일입니다. 석사과정이나 박사과정을 마치신 선배님들도 같이 떠난 여행이었습니다. 저는 사실 경찰 살이의 시작을 제주에서 시작해 그곳에서 2년이나 지냈기 때문에 제주도민 정도는 아니어도 어지간한 육지 사람만큼은 제주를 잘 안다고 착각하고 살고 있었습니다. 그런데 2박 3일의 짧은 일정 동안 저는 제가 전혀 몰랐던 제주도의 아픈 역사를 보았습니다. 역사의 아픔이 대물림되어 곳곳에 남아 있더군요. 2003년 20대의 저는 보았어도 그게 무엇인지 몰랐고, 들었어도 관심 밖으로 밀어냈던 모양입니다.

 교수님께서는 현지에 있는 다양한 인적 네트워크를 총동원해 스스로 알찬 일정을 짜셨을 뿐 아니라, 어느 때는 직접 가이드가 되셔서 숨은 역사와 남겨진 아픔에 대하여 가끔은 침묵으로, 또 대개는 친절한 설명을 곁들여 의미있는 시간을 만들어 주셨습니다. 그러나 제가 더 감사하게 생각하는 것은 자칫 불필요한 이념 논쟁을 유발할 수도 있는 주제였음에도 어느 한쪽의 생각에 치우치지 않으시려고 애쓰시며 중립적인 자세를 견지하셨다는 점입니다. 각자가 느끼고 생각하는 것을 방해하지 않는 것이 역사탐방의 바른 방향이라고 생각하시는 것 같았습니다.

 그날의 저녁 식사 자리와 이어지는 친교의 자리도 깊은 인상이 남습니다. 상호가 기억나지 않는 어느 (숙소에서 멀리 떨어지지 않은) 횟집에서 여러 교수님, 선배님과 화기애애한 만찬을 즐겼습니다. 선배님 면면이 모두 훌륭하셔서 배울 점이 많았고, 교수님을 존경하는 마음이 모두 한결같음을 느꼈습니다. 자연스럽게 자리는 2차로 이어졌습니다. 사회적 거리 두기로 인해 규정에 벗어나지 않도록 소수정예만으로 모인 자리였습니다. 만찬 자리의 여흥이 아직 남아 있던 차라 모두 볼은 발그레했고 말씀하시는 소리마다 격려와 응원이 뒤엉켜 분위기가 꽤 그럴싸했습니다. 저는 여름에 홀로 입학했던 터라 사실상 막내였으므로 교수님과 선배님을 자리가 파할 때까지 챙겨야겠다는 마음으로 정신을 가다듬었습니다. 그런데, 누가 누굴 챙긴단 생각이 우스워져 버렸습니다. 단언컨대 소 교수님은 제가 입에 술을 댄 이후로 함께 한 분 중에서 약주를 가장 흥겹게 많이 드시는 한 분이십니다. 자그마한 체구이시지만 끝없는 말의 성찬과 함께 흐트러짐 하나 없으십니다. 품의 깊이와 너비만큼 넉넉한 애주가십니다. 통일문제, 저출산으로 인한 지역소멸과 부동산 문제, 대학의 현실, 성공을 위한 처세술, 학문의 위기 등등 분야마다 소신 있는 말씀과 조언은 맛있는 술안주입니다. 그날의 많은 말씀 중에서 지금까지 기억에 선명하게 남는 말씀이 있습니다. 가끔 '비굴'할 필요도 있다는 말씀입니다.

6.

국어사전은 말합니다. '겁이 많고 마음의 중심이 없어 행동이나 태도가 바르지 못하고 떳떳하지 못함'이 '비굴'이랍니다. 듣기도 읽기도 거북한 단어이긴 합니다. 그런데 비굴할 필요가 있다니 저는 처음엔 의아할 수밖에 없었습니다. 사실 이 단어는 그날 교수님의 건배사에서 나왔습니다. '비행기' 삼행시로 건배사를 갈음하시겠다며 운을 떼게 하시더니 다음과 같이 내용을 풀어 놓으시는 게 아닙니까.

비, 비굴하게
행, 행동하면
기, 기회가 다시 온다.

거의 반우스갯소리처럼 들리지만 제가 나름대로 해석하자면 여기서

'비굴'은 의도된 '비굴'입니다. 천성이 그래서 어디를 가서 누구를 보든 어쩔 수 없이 드러나는 그런 비굴함이나, 타고난 품성은 그렇지 않더라도 위기나 당황의 순간에 자기도 모르게 나오게 되는 그런 비굴함은 아닐 것입니다. 삼행시의 틀을 깨고 '비굴'의 자리에 '겸손'을 넣고 싶습니다. 아시는 것처럼 '남을 존중하고 자기를 낮추는 태도'를 우리는 겸손이라 이릅니다. 자신감은 큰 자산이지만 그것이 자칫 오만이나 거만으로 오염되어 버리면 나중엔 타인에 대한 배려 따위는 없는 욕심 많은 골목대장이나 개구쟁이가 될 공산이 큽니다. 상대방은 우선 경계태세를 취할 테고 자신을 드러내고 뜻을 공유하려는 마음, 나아가 서로 의지하여 함께 무엇을 도모하고자 하는 생각을 접을 것입니다. 결국, 겸손하지 않고 거만한 사람은 노력의 성과를 오로지 자기만의 공으로 하고 동료와 나누려 들지 않을 테니까요.

영업 종료가 임박할 즈음, 교수님께서 분연히 일어나셔서 읊으셨던 삼행시는 각각 각박한 경쟁 조직에서 나름 고군분투하고 계셨을 여러분들에게 생각거리로 다가왔을 것입니다. 적어도 저는 그랬습니다. 그날 밤은 평소 주량을 한참 초과하였음에도 숙소에 들어가 잠이 들기까지 20년 경찰 살이를 돌아보고 남은 공직 생활을 어떤 자세로 임할지 고민하는 소중한 시간을 갖게 되었습니다. 여행을 마치고 회사로 돌아간 후 저는 저의 업무노트와 개인 PC 모니터 바탕화면에 '겸손'이라는 두 글자를 크게 적어 놓았고, 그 두 글자는 업무를 할 때와 사람을 만날 때 되뇌는 나침반 같은 경구가 되었습니다.

7.

코로나 19도 점차 힘을 잃어 엄격했던 사회적 거리 두기가 해제되고 사람들의 일상도 점차 정상의 모습으로 회복될 무렵인 2023년 2월, 저는 우리나라에서 제일 큰 경찰서인 서울 송파경찰서 여성청소년과장으로 자리를 옮겼습니다. 그해 1월에 있었던 총경 승진 심사에서 고배를 마셨던 겁니다. 많이 힘들었지만 그나마 다행인 것은 고마우신 여러분의 도움으로 송파경찰서에서 마지막 불꽃은 살릴 기회를 얻었다는 점입니다. 좌절과 아픔의 시간은 짧으면 짧을수록 좋습니다. 소성규 교수님을 비롯하여 그때 따뜻한 위로를 건네주신 모든 분께 감사할 따름입니다.

저는 발령과 동시에 새로운 동료들과 서로 합을 맞추기 위한 예열의 시간을 가졌습니다. 하루빨리 지역의 치안 특징과 동료들의 성향을 파악해야 성폭력, 가정폭력, 아동학대, 학교폭력 그리고 스토킹과 교제폭력 같은 민감한 사건 사고에 빈틈없이 대비할 수 있으니 그곳이 어디든 새로운 부임지에서 반드시 거쳐야 할 필수 과정입니다. 그리고 대학원 석사과정은 마지막인 4학기에 접어들었습니다. 교수님과 상의 끝에 평소 제가 원했던 '스토킹 범죄 사례분석을 통한 시사점과 법제도 개선방안'을 연구주제로 삼았습니다. 2021년 10월 21일 「스토킹 범죄의 처벌법 등에 관한 법률」 시행 후 26개월간 실무에서 다루었던 풍부한 사례를 차곡차곡 정리해 두었던 것이 큰 도움이 될 것으로 믿었습니다. 그야말로 주경야독이었습니다. 우선 빨리 초안을 잡는 것이 중요했습니다. 10월 이후 성과와 평가 시즌이 다가오는 하반기에는 연구할 시간이 없을 테니까요. 게다가 객관적인 평가에서 가점 0.3점을 얻기 위해서는 기왕이면 상반기에, 늦어도 10월 안에는 석사학위를 취득해야 하기도 했습니다.

비록 일과 후 짬을 내 하는 연구이기는 했지만, 그동안 축적해온 자료 덕분에 비교적 이른 시간인 집필 3개월 만에 거칠게나마 초안이 나왔습니다. 크게는 첫째, 스토킹 범죄의 기본 법리와 법 시행 이후 우리나라의 스토킹 범죄의 신고 및 사법처리 현황을 분석하였습니다. 이때 법 시행 전에 「경범죄처벌법」 등에 의해 다루어졌던 연혁 및 관련 판례와 「스토킹처벌법」의 제정과정을 아울러 살펴보았습니다. 둘째, 스토킹 범죄의 특성 및 유형을 살펴보고 구성요건 관계를 면밀하게 분석한 다음 직접 근무했던 서울 노원경찰서, 서울 송파경찰서 사례뿐만 아니라 전국의 주요 사건사례를 바탕으로 시행법과 실무에서의 괴리를 살펴보고 개선책을 도출하는 것으로 내용을 구성하였습니다.

8.

각종 사건은 날마다 쉴 틈 없이 일어납니다. 그러나 여성청소년과에서 다루는 사건은 대개 어느 날 갑자기 일어나는 경우는 오히려 드문 경우라고 볼 수 있습니다. 관계성과 지속성, 점증성으로 요약됩니다. 그래서 발생하는 사건을 처리하는 것과 더불어 추가 피해가 발생하지 않도록 피해자나 가해자를 상담하고 관리하는 것 역시 중요한 업무이고, 이 점이 여성청소년 분야 경찰관들이 가장 세심하고 민감하게 신경 쓰는 부분입니다. 그래서 서울의 웬만한 경찰서 여성청소년과 사무실은 거의 날마다 전쟁터와 같습니다. 퇴근해도 온전히 사생활의 여유를 가질 수 없는 이유입니다. 그날 주간에 다루었던 사건이 저녁 시간의 연구 방향에 영향을 주는 것이 흔한 경우였습니다.

이렇듯 이제는 코로나 19 때문이 아니라, 때를 가리지 않고 일어나는 민감 사건으로 인해 마지막 4학기 출석이 어려웠습니다. 때문에, 연구보고서 초안도 교수님의 양해 아래서 실례를 무릅쓰고 휴대폰으로 전송하였습니다. 어려운 사정을 이해해 주시고 격려해 주신 교수님께 다시 한번 감사의 말씀을 드립니다. 비록 모바일로 지도를 받았어도 교수님의 지도는 구체적이고 체계적이었습니다. 때로는 직접 수정해 주시기도 하셨습니다. 제자의 사정과 어려움을 깊이 이해하지 않으셨다면 어려운 일일 것입니다. 그렇게 서너 차례 수정안이 오고 가면서 드디어 2023년 6월 제본을 뜨게 되었고, 같은 해 8월 석사 학위를 취득하게 되었습니다.

9.

　결국, 저는 올해 2월에 영광스럽게도 승진하였습니다. 여러분의 한결같은 지지와 응원이 아니었으면 어려웠을 것입니다. 열심히 달려왔던 시간이었습니다. 야트막한 산이라도 어느 산이나 깔딱고개는 있기 마련이고, 100미터 단거리이건, 마라톤 같은 장거리이건 어느 것이든지 고비는 있을 겁니다. 저는 제 앞에 버티고 선 깔딱고개 또는 고비의 중턱에서 스승을 만났습니다. '겸손'이라는 나침반을 스스로 일깨우게 해 주시고, 어려울 때마다 진심이 깃든 조언과 도움을 주신 소성규 교수님은 참 스승이십니다.

　저의 승진 소식에 누구보다 빨리 앞장서서 축하의 말씀을 해 주신 것도 모자랄 새라 직접 서울까지 오셔서 축하연을 베풀어 주셨습니다. 첫 부임지인 춘천에 홀로 와있는 제자를 위해 이곳 춘천까지 왕림하시어 좋은 인연을 소개해 주시기도 하셨습니다. 한번 스승은 영원한 스승이라는 말이 새삼 와닿습니다.

　그런데 소성규 교수님께서 벌써 화갑을 맞으셨다고 합니다. 처음 가칭 준비위원회로부터 화갑기념 수필집의 필진으로 원고를 권유받았을 때 1초도 망설임 없이 수락했습니다만 제 글이 미흡하여 혹여나 누가 되지는 않을까 걱정입니다. 한 가지 바람이 있다면 소성규 교수님의 '삶과 제자'를 향한 열정과 긍정적 에너지가 더 많은 사람에게 미칠 수 있도록 건강하시기를 두 손 모아 기원합니다. 감사합니다, 교수님.

2024. 3. 춘천 집무실에서

대진과의 수러 가족 30년

김윤범

㈜이산 대표이사

(대진대 법학95, 석사)

이글을 제출하는데 도움을 주신 여러 선, 후배분들께 진심으로 감사드립니다.

20대

대성 고등학교(서울 은평구 소재)를 졸업 후에 무위도식하며 1년간을 인생의 목적 없이 생활하다가 1988년도 01월경 안성시 소재의 한경국립대학교 입학시험에 도전하였습니다. 본의 아니게 입학시험에서 낙농학과 차석으로 입학하였고, 이 합격은 본인에게는 "세상은 넓고 공부 못하는 아이들도 많구나"라는 생각을 갖게 하였습니다.

이 뜻하지 않은 차석 입학의 경험은 공부 못한다고 실망하지 말고 경쟁이 가능한 종목을 찾으면 나도 그 그룹에서는 경쟁력 있는 사람이 될 수 있겠다는 자신감을 심어주었고, 이 자신감은 이후 30년, 제 커리어의 원천으로 이어져 늘 그때의 마음을 되새기며, 비대칭 경쟁 속 블루오션을 찾고 제 능력을 펼치기 위해 노력하지 않았나 생각해 봅니다.

고등학교 시절 "개척"이라는 청소년 서클에서 민주주의와 마르크스. 프로이트 사상 등, 농촌활동을 주제로 토론하는 이념 서클을 다니며 공부와는 담을 쌓았던 본인에게 한경 국립대학교 낙농학과 차석 합격은 충분히 나도 공부하면 할 수 있다는 자신감을 심어 주었습니다.

20대의 대학 입학의 경험은 아직까지도 경제적인 현실의 벽과 싸움에서 나의 능력에 간혹 실망하지만 좌절하지 않고 이 사회의 불특정 다수의 경쟁에서 제 나름대로 그들을 리드할 수 있는 밑바탕의 원천이 되고 있습니다.

당시 법학에 관심 있던 저는 '법대 편입'을 목표로 공부했습니다. 고등학생 시절 성적과 비교했을 때 조금 힘든 목표였지만, 저는 '해낼 것이다.'라는 의지를 갖고 공부에 매진했습니다. 대학교 2년간 학과 전공 공부, 및 편입 영어 및 법학 공부에 하루 10시간 이상 쏟아부었습니다.. 이런 노력을 바탕으로 1990년도 광주대학교 3학년 법학과 편입시험에 최선을 다해 임했고, 당당히 합격하는 결과로 이어졌습니다.

이후, 대한민국 육군에 입대하여 강원도 인재 소재 12사단 51연대 하사로서 30개월을 전방 철책에서 대한민국의 안전을 위해 제 인생에서 가장 소중한 젊음의 시간을 국가의 안녕을 위하여 국가에 헌납한 기간이었습니다. 선임하사로서 후임 병사들과의 추억, 평생 잊지 못할 기억이 되어, 아직까지도 1년에 한 번 정도는 재 입대하라는 악몽을 꾸는 아주 자랑스러운-질거운 시간이 아니었나 싶습니다.

1992년도 9월 제대 후 광주대학교 법학과 3학년 2학기 복학을 하였고 대학교 근처 고시원 총무로 입사하여 주중 오전, 오후에는 법학과 수업에 열심히 수강하였으며, 주중 18시 이후와 토요일. 일요일 24시간 고시원에서 총무 역할을 잘 수행하면서 검찰 공무원에 뜻이 생겨 시험을 준비했지만, 4학년 1학기 등록금을 마련하지 못하여 학업을 이어나갈 수 없었습니다. 주경야독이 쉽지 않다는 것을 뼈저리게 느꼈습니다.

공부를 하고 싶었던 시절 대학교 1학년 재학 중 별세하신 부모님의 부재는 정신 및 경제적으로 저에게는 큰 시련이었습니다. 당시 매우 힘들었지만, '할 수 있다.'라는 자신감이 유일한 자산이었고 다시 한번 정신을 바로잡고, 서울로 상경했습니다.

1993년도 자취생활을 하며 ㈜웅진의 영업팀에서 비정규직으로 10개월간에 걸쳐 근무하였습니다. 한 달 4주 근무 중 15일은 술 먹고, 7일 정도만 영업하여 영업수당으로 130만원 정도 수령했습니다(참고로 1993년도 공무원 9급 행정직 급여가 40만원 정도였습니다). 하지만 너무나도 불규칙한 삶과 비정규직이라는 불안정한 현실로 인해 1994년도에 ㈜웅진 영업직을 퇴사하였습니다.

1994년도 퇴직 이후 병원 수술실 간호조무사를 하면 안정된 직장이 되지 않을까라는 생각으로 병원 입사를 준비하던 중 종로 의료부(직업소개소)를 통해, 간호조무사 학원 등록 조건으로 병원 아르바이트 소개 및 병원 기숙사 무료 입소 조건으로, 서울간호조무사 학원에 등록과 동시에 '서울시 강북구 소재 고려 새한 병원(이하 새한병원)'응급실 내 간호사 및 간호조무사 보조 및 환자 병원 내 환자이송 업무(6층 건물/엘리베이트 미설치)로 4개월간 아르바이트 근무하였습니다.

아르바이트를 하던 중 새한병원 원무과 남자 직원 모집공고에 따라 원서를 제출하였고 11 대 1의 경쟁률을 뚫고 당당히 입사하여 2년간 근무하였습니다. 이때 합격의 포인트는 법학과 물을 조금 먹었기에 가능하였다고 생각됩니다. 1990년 초반에는 법학도를 바라보는 우월한 시각(사법고시)이 사회의 공통된 시각이 있지 않았나 생각됩니다. 그리고 입사 전부터 준비한 간호조무사 자격증 역시 원무과 입사 후 합격하였습니다.

군 제대 후 이 시기는 인생에서 가장 암울하였던 시기였지만 젊음이라는 무기로 좌절하지 않고, 자신감 하나로 '위기를 기회로 만드는 능력'이 생기는 시기였던 것 같습니다. 또한, 지금 생각해 보면 어린 나이에 사회생활의 냉혹함을 일찍 겪었던 시기였던 것 같습니다. 같은 회사에서도 직급, 직종에 따라 대우가 달라질 수 있다는 것을 깨달았습니다.

한낱 간호조무사를 준비하는 아르바이트생이었던 제가 갑자기 120명이나 되는 직원이 근무하는 병원의 원무과 주임이 되자, 타 부서의 직원들은 당혹스러움, 시기심을 내비쳤습니다. 특히, 이전까지 알바로 근무한 간호과의 간호사, 간호조무사들과의 불편함이 많았던 것 같습니다. 하지만, 이때 역시 '이것도 내가 감내해야 할 의무이다.'라고 생각하며 제가 맡은 업무를 좀 더 명확히하고 병원 내 타부서 직원들에게 좀 더 배려하며 잘 지내려고 노력했습니다. 그 이후 타부서 직원들과도 원만히 생활하게 되었고, 직장 생활을 무리 없이 해나갈 수 있었습니다. 이 경험을 통해 직장 내 대인관계의 어려움을 경험하고 노력하며 직장인으로서 한계를 넓힐 수 있었습니다.

이후 새한병원 원무과 근무 중에도 대학교 법학과 졸업을 못했다는, 끝맺음을 못했다는 생각은 계속되어 나를 일깨웠습니다. "법학과" 졸업에 대한 열정이 계속 제 머릿속을 맴돌고 있었고 1996년도 9월 대진대(95학번) 2학년 2학기 법학과에 편입과 동시에 새한병원을 사직하였습니다.

대진대학교 95학번으로서 늦은 나이에(28세) 주경야독을 할 수 있다는 마음으로 편입학하여 낮에는 회사에서 밤에는 학교에서 20대 후반을 불타오르게 하였던 시기였던 것 같습니다. 처음 주경야독을 할 수 있다는 마음으로 대진대학 법학과에 입학하였으나, 현실은 이상과는 너무 먼 상상이었다는 것을 깨우쳐주는 기간이었습니다.

1996년도 3월경 서울 변호사협회 사무직원 양성 교육을 2개월에 걸쳐 수료하였습니다. 수료자-법률이해도 평가시험에서 수료자 200명 중 5등을 하였습니다. 1997년도에 김장&리 로펌에 입사하였습니다. 로펌 취업은 이전 병원과 원무과 경력 또한 많은 보탬이 되었다고 생각됩니다. 약 3년간 회사 생활 중 입사 초반에는 '법률 시장 속 대체 불가능한 사람이 되자.'라는 꿈을 키웠습니다. 하지만 시간이 갈수록 현실의 무게는 무거웠고, 가장으로서 생계를 책임져야 하는 입장에서 어느 것이든지 섣불리

도전할 수 없었습니다.

한 번 더 '미래의 나에게 필요한 블루오션(blue ocean)은 무엇인가?', '나의 최선의 능력 (best ability)은 무엇인가?'에 대해 깊이 고민했습니다. 막연하지만, '자본가가 되자는 마인드를 계획하였고 내가 현재 지휘 받고 있는 변호사들의 클라이언트가 되자.'라는 목표를 세웠습니다. 이 시기 지도교수인 소성규 교수님을 뵈었고, 이때 약관의 나이임에도 불구하고 산림의 호랑이 같은 포스의 소 교수님의 첫 인상은 아직까지도 뇌리에 각인되어 있습니다.

강의내용중

1) "계약이 민법의 반"이다,

2) "법률행위"란 무엇인가? 라는 주제로 강의하시던 모습을 기억하고 있습니다.

각인된 강의에 대한 해답을 찾고자 하는 저의 의구심과 노력이 법률회사 근무 10년, 이를 바탕으로 한 부동산 투자회사 운영 등을 통해 소성규 교수님의 강의에 대한 답을 찾고자 인생의 방향 등을 세팅하지 않았나 생각합니다.

1) 법률회사 10년간의 경력(김장&리 로펌, 법무법인 동명, 법무법인 YBL)

2) 부동산투자회사 ㈜홈앤홈 등기이사/ ㈜이산대표이사/ 공인중개사 인본대표)

대학교 2학년 법학과 편입 후 동학과 96학번 여자 후배를 만나 캠퍼스 커플로 짧은 기간 연애를 한 후 97년 2월 결혼을 하여, 포천 송우리 상운 아파트에 신혼 생활을 하며 야간에는 학부과정 법학과 수업, 낮에는 김장&리 로펌을 다니며 바쁜 생활을 하였습니다.

이후,

1998년 06월 첫째 딸을 낳았습니다.

2000년 05월 둘째 딸을 낳았습니다.

2002년 08월 셋째 딸을 낳았습니다.

정말 아쉬운 부분은 20대, 30대에 교수님과 가까이하지 못한 점입니다. 법적 마인드를 쌓아야 할 중요한 시점에 먹고사는 문제에 치중함으로 인해 학문적 자산을 쌓는데 소홀하게 되었고, 이로 인해 나 자신을 성장시키는데 소중한 기회를 놓쳐 아쉬움이 큽니다.

1999년 2월 대진대학교 법학과를 졸업 후 이듬해인 2000년도 9월에 김장&리 로펌에서 퇴직하였습니다.

30대

2001년 서울의원 원무과장으로 입사하였습니다. 서울 의원 조직은 개인투자자(자본가), 페이닥터 2명, 원무과 3명, 간호사 3명, 청소 및 식당 2명으로 30병상 규모의 작은 의원급 병원이었지만 자본가인 사장님의 상시 부재로 근무기간 3년간에 걸쳐 원무과장의 직무를 수행하며 병원 행정의 책임자로서 서울 의원을 운영하게 되었으며, 운 좋게도 개인적으로 급여를 받아 가면서 병원 행정 및 경영/인사 등에 대한 실습과 지식을 습득하며, 회사 운영 체계를 몸소 체험하였던 시기였습니다.

이후 2004년 강남 베드로 병원으로 터를 옮겨 비상근 상담 실장을 하며, 변호사 홍현필 사무실에서 법원 경매 등에 권리분석사로서 근무하였습니다. 강남베드로병원의 상담 실장으로서, '영업 및 관리 능력'을 갈고 닦는 한편, 부동산 고객들의 요구에 대한 입찰 물건 권리 분석 및 입찰 보조, 영업 등 부동산에 관한 업무 능력을 키웠습니다. 개인적으로 부동산에 대한 직접투자자(자본가)로서 걸음마를 하는 단계였습니다.

이후, 업무의 영역은 분리되었습니다. 이전까지는 주 업무가 병원 및 법률사무소 관련해서 산업재해(관리기관:근로복지관리공단)보상 관련 업무 및 민사소송이었는데, 이 시점부터는 주 업무가 부동산 법원 경매로 바뀌는 시기였습니다. 시기적으로 2004년도 일반 부동산 시장(공인중개사을 통한 거래)은 거래가 실종된 악하기 시장이었고, 반대로 법원 경매 시장은 성장기로, 2011년까지 개인투자자로서 큰 성과를 이루는 시기였습니다.

40대

2011년도 부동산 전문 투자 회사인 (주)홈앤홈을 후배와 공동 설립하였고, 등기이사로 취임했습니다. 2019년도 6월 ㈜홈앤홈의 자-회사인 부동산 전문 투자 회사인 (주)이산을 설립한 후 (주)이산 대표이사로 취임하였습니다. 2개의 투자 법인회사 설립 후 진정한 부동산 투자자로서 20대에 목표하였던 변호사들의 고객이 되었고, 현재까지도 진행형입니다.

회사 생활 외, 부동산과 법에 대한 끊임없는 관심 아래 2013년, 공인중개사 자격증을 취득했으며, 강서구 소재 "중개사무소 인본"의 대표를 겸임하고 있습니다.

50대

항시 현재의 삶에 대해 충실하게 임했지만, 마음속에선 아직까지 끝내지 못한 법학석사과정에 대한 졸업 및 학문적 열망은 놓을 수 없었습니다.

현실의 삶, 가장으로서의 무게, 학문적 열망 등 갖가지 의무와 열망이 충돌해 혼란스러웠던 시기, 소성규 교수님과의 소중한 인연이 다시 시작되었습니다.

첫째 딸이 대진대학교 공공인재법학과(2017 학번)에 입학했습니다. 제자의 사랑이 깊어 소성규 교수님께서 첫째 딸의 지도교수를 맡아주셨습니다. 소성규 교수님 지도하에 첫째 딸은 대진대학교 공공인재법학과를 수업하며 학군사관후보생(ROTC)에 합격했고, 졸업 후 육군 ROTC 장교로 임관하였습니다.

저 역시, 이때 인연이 새로 닿아 소성규 교수님을 찾아뵙게 되었습니다. 소성규 교수님께서는 석사 논문의 주제를 가지고 고민하는 저를 매우 잘 이끌어주시었고 이후 20년간 미루었던 석사 논문을 다시 시작했고, 마침내 법학석사 학위를 2022년 취득했습니다.

현재 첫째 딸은 대학 졸업 후 육군 ROTC 장교로 2년 6개월을 군 복무 후 중위로 제대했습니다. 현재는 본인이 정한 진로 방향에 따라 서초동 소재 법무법인에서 재직 중입니다.

둘째 딸은 동두천외고 중국어과 졸업 후 경기도 교육청 교육행정직(지방 교육청) 9급에 합격했습니다. 빠른 시일에 공무원에 취업하였고 이듬해 대진대학교 공공인재법학과에 입학하였습니다. 현재 대진대학교 공공인재법학과 4학년으로 소성규 교수님 지도하에 공무원 생활 및 학업에 정진하고 있습니다.

셋째 딸 역시 자신이 설정한 진로 방향에 따라 안동 가톨릭대학 간호학과에 입학해 학업에 정진하고 있습니다.

배우자(대진대학교 법학과 96학번)는 경기도 교육청 교육행정직(6급) 공무원으로 남양주시 별내 인근 중학교 행정실장으로 교육지원의 중추적인 역할을 수행하고 있으며, 튼튼한 기둥 역할을 하며 우리 가족을 지탱하여 주고 있습니다.

2022년도 석사 졸업 이후 소성규 교수님께서 설립하신 비영리민간단체 개성포럼의 회원이 되었습니다. 전국의 여러 격전 지역 방문을 통해 잘못된 이념, 전쟁 중 미군에 의한 민간인 오인 무차별 학살 현장을 방문하였고(노근리 양민 학살 현장. 제주4.3. 여수-순천 사건 현장), 여러 지역을 순회하며 억울한 선배들의 죽음에 대한 고찰을 함께 하였습니다.

이러한 사회활동들은 여러 회원분들과 미래의 한반도 통일에 대해 마음가짐을 다시 세우며 과거의 시간을 되돌아보는 알찬 시간들이었고, 현장 방문학습을 통해 한반도 통일에 대한 시각을 바로 세우는 기회가 되지 않았나 싶습니다.

이렇게 30년간, 저와 가족들이 학업적으로 힘들 땐, 뒤에서 밀어주고, 고민하고 방황할 때 앞에서 이끌어 주신 소성규 교수님의 화갑을 진심으로 축하드립니다. 앞으로 건강하게 오래 사시며 저와 가족들, 잘 지켜봐 주시기 바라며 소중한 인연이 계속되길 소망합니다.

* 95학번 동기들과 함께

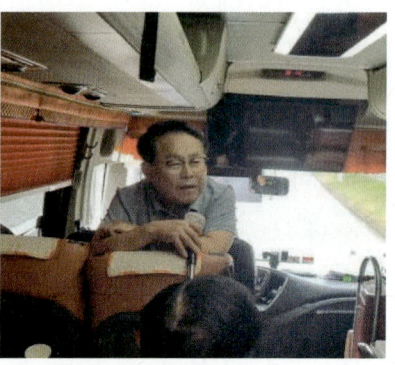
* 여수·순천 가는 길

* 개성포럼 학술세미나

* 제5회 개성포럼 정기총회

대진대 인연으로 시작된 나의 변화

김태희

대진대학교 객원교수, 법학박사

(대진대 석사, 박사)

1. 우연한 만남으로 시작되는 인연

인연(因緣)이란? "사람들 사이에 맺어지는 관계 또는 어떤 사물과 관계되는 연줄을 뜻한다."라고, 정의된다. 우리는 태어나면서부터 우연한 만남으로 다양한 사람들을 만나게 된다. 어떠한 만남은 그냥 지나치기도 하지만, 가끔은 선물처럼 평생의 남는 인연을 맞이하기도 한다. 우연한 만남을 통하여 인연이 시작되는 것처럼 나의 대진대 인연 또한 우연한 만남을 비롯하여 시작되었다.

항상 내 마음 한구석이 허전하였다. 무엇인가 채워지지 않는지 느낌, 갈망 등 남들과 비교도 많이 하고 무엇인가 도전하고 싶은 마음이 강했다. 여건이 되지 않는 데도 남들이 하면 다하고 싶었다. 그중 학벌에 대한 욕구가 강했다.

지금 돌이켜 생각해보면 나는 욕심이 많은 사람이었던 것 같다. 그래서 기회가 된다면 놓지 않으려고 갖은 노력을 다하면서 열심히 살아왔다. 이러한 나는 어린 시절부터 법에 대해서 공부하고 싶은 마음을 늘 가지고 있었다. 고등학교 때 대학 입학원서를 내고 전북대학교 법학과 입학통지서를 받았는데도 불구하고 난 서울 현대자동차에 취업하게 되었다. 그 후로 결혼하게 되어 예쁜 딸 둘을 낳고 넉넉한 삶은 아니지만 행복하다고 자부하면서 살아왔다. 하지만 마음 한구석에서는 늘 허전했다. 하고 싶은 것도 배우고 싶은 것도 많았기 때문이다. 나는 내가 원하는 삶을 살아가고 싶었다. 느리지만 천천히 내가 원하는 목표를 향해 걸어 나가고 싶었다. 그러나 세상은 뜻하는 대로 되지는 않았다. 처음부터 내가 원하는 걸 다 이루기는 힘들었기에 현실에 맞는 학과를 찾아 대학교에 지원하였다. 그렇게 나는 미용학을 배우게 되었다. 내가 미용학을 선택한 이유는 미용학을 전공하여 뷰티샵을 차리고 싶었기 때문이다. 졸업 후 나는 소소하나마 뷰티샵을 운영하게 되었다. 하지만, 마음먹은 것처럼 사업은 잘되지는 않았다. 그러나 잃은 것도 있지만 많은 것 또한 얻을 수가 있었다. 얻은 것 중 하나는 넓은 시야를 가질 수 있게 되었다는 것이다. 내가 실패하면서 얻은 이 경험은 나중에 내가 다른 길을 가더라도 더 많은 것을 살필 수 있는 밑거름이 될 것이다. 또 하나는 나의 첫 도전이자 꿈을 이룰 수가 있었다. 그러나 그것은 잠시나마 나에게 위안이 되었지만, 나의 마음 한구석의 허전함을 채울 수는 없었다. 나는 학사학위에서 그치지 않고 더 많은 걸 공부하고 배우고 싶어 했다.

　　그러나 현실적으로 내가 원한다고 해서 모든 것이 이루어지지는 않았다. 사람들은 하고 싶으면 석사를 도전하라고 말하였지만, 시간적인 여유, 경제적인 여유가 되어야지 가능했던 일이었기에 그 당시에 나로서는 힘든 일이었다. 그래서 잠시 나의 꿈을 내려놓고 살아갔다.

　　어느덧 나의 사랑하는 딸, 푸른·누리는 자라서 고등학생과 대학생이 되었다. 우연한 기회로는 나는 사랑하는 딸들이 다니는 모교(포천일고등학교)의 학부모회장직을 맡게 되었다. 학부모회장 일을 하면서 많은 경험과 뜻하지 않는 만남, 우연한 만남이 시작되었다. 그중 소중한 만남으로 인하여 나의 인생관이 바뀌게 되었다. 자식을 가진 인연으로 "서창원" 학부모를 만나게 되었다. 서창원 학부모를 통하여 공부에 대한 신념 등, 다양한 이야기를 나누게 되면서 여러 가지 의견과 공통점이 많았다. 서로 대화할수록 공부해야겠다는 마음이 더 확고해졌지만, 또한 많이 망설여졌다. 여러모로 자신감도 없고 경제적이나 시간적 여유도 없다고 핑계거리만 찾기 시작하였다. 그렇게 허무하게 3년의 세월을 그냥 흘러버렸다. 고심 끝에 서창원 박사의 도움으로 대진대학교 대학원을 선택하고 법학과 석사학위에 도전하게 되었다.

* 포천일고등학교 학부모회장시절 서창원 박사와 학부모들과의 추억1

* 포천일고등학교 학부모회장시절 서창원 박사와 학부모들과의 추억2

2. 소성규 교수님과 인연의 시작

공부하고 싶다는 마음만 가지고 살아오다가 막상 법학과 석사학위에 도전하려니 내가 잘 해낼 수 있을까 걱정이 되었다. 그렇게 근심과 걱정으로 준비했던 대진대학교 공공인재법학과 석사학위는 순조롭게 합격하게 되었다. 일단 무작정 내재하여 있던 내 꿈을 이루기 위해서 도전했던 석사였지만 막상 합격하게 되니 어디서부터 시작해야 하는지 내가 잘할 수 있을지에 대한 고민과 걱정이 계속되었다. 그렇게 시작한 대학원 생활은 내가 생각한 것과는 조금 달랐다. 대학원에 합격만 하면 그냥 주어진 대로 공부만 하면 될 거라는 생각과는 다르게 처음부터 자신의 의지대로 선택과 결정을 해야만 했다.

첫 번째로 민법과 형법 중 세부 전공을 선택하여야만 했고 학부와는 달리 지도교수도 내가 선택해야만 했다. 대학원에 막 입학했기 때문에 섣불리 결정하는 것이 걱정되었다. 그래서 대진의 인연을 만들어 준 나의 멘토이자 선배인 서창원 박사의 조언을 듣기로 했다. 그렇게 나는 서창원 박사의 도움으로, 전공을 결정했고, 그렇게 해서 나의 지도교수인 소성규 교수님과의 인연이 시작되었다.

나의 대학원 입학은 조금 외롭게 시작되었다. 왜냐하면 그해 석사 입학생이 나 혼자였기 때문이다. 모든 것이 낯설기 때문에 의지할 동기가 있었으면 했다.

그러나 미리 걱정할 필요가 없었다. 나보다 먼저 입학한 선배들이 많은 도움을 주셔서 덕분에 순탄히 석사과정을 잘 보내게 되었다. 그러다 보니 어느덧 졸업의 시기가 얼마 남지 않았다. 학위 수여를 받기 위해서는 보고서 및 논문을 제출해야만 했다. 보고서와 논문의 차이는 수료와 졸업의 차이였다. 처음에는 논문을 작성하여 졸업하고 싶었지만, 논문 대한 부담감과 자신감이 없어서 보고서를 선택하였다. 그렇게 나는 두 번째 선택하게 되었다. 하지만 보고서를 선택하고 나서 제일 중요한 선택이 남아 있었다. 그것은 보고서를 쓰기 위해서는 연구 주제를 정해야만 했기 때문이다. 연구 주제를 무엇으로 정해야 할지 고민하던 중 지도교수님과 많은 대화를 나누었고 그 중 "남북한과 관련된 주제로 작성해 보는 것이 어때요?"라고 말씀하셨다. 교수님의 조언으로 남북한 가족법에 대한 주제로 보고서를 작성하였다.

보고서를 작성하면서 남한과 북한의 가족법에 대한 자료를 찾아보고 교수님의 피드백을 통해 여러 번의 작성과 실패를 반복하다 보니 보람과 함께 욕심이 생겼다. 보고서 아닌 논문으로 제출하고 싶었다. 솔직히 수료가 아닌 졸업하고 싶었던 마음도 있었다. 그 순간 교수님께서 논문으로 작성해도 충분히 될 것 같다고 큰 용기를 주신 덕분에 나는 석사학위를 남북한 가족법 비교와 통합방안의 보고서가 아닌 논문으로 마무리를 잘할 수 있었다.

* 석사학위 수여식

3. 무모한 도전과 계명으로 다시 태어나다

석사학위를 남북한 가족법으로 연구하다 보니 남북한의 통합방안에 대해 계속해서 관심을 두게 되었다. 석사를 공부할 때도 통합방안을 연구하고 새롭게 알아가는 것이 흥미로웠다. 나는 이 분야를 조금 더 전문적으로 공부해 보고 싶다는 욕심이 생겼다. 그래서는 나는 또 무모한 도전을 해보기로 했다. 나는 그렇게 법학박사 입문에 도전했다. 법학박사 입문은 어려웠다. 지원한다고 해서 다 되는 것은 아니었다. 박사과정은 학교 전체정원이 22명 모집이었다. 전체적으로 합격 확률은 과별로 1명이라고 보면 된다. 그만큼 경쟁은 치열했다. 1배수의 인원의 심사 과정부터 까다롭기는 했지만, 여러 대학원 동기님 덕분에 순조롭게 박사과정에 합격할 수 있었다.

나의 박사과정은 생각한 만큼 쉽지는 않았다. 지도 교수님과 발을 맞춰서 한 걸음 한 걸음 디뎌야 하는데 교수님이 나에 대한 시선이 탐탁지 않아 보였다.

석사과정 때는 무척 잘해주셨는데 막상 박사과정에 입문하니 거리를 두시는 것 같고 한없이 냉정하기만 했다. 그렇게 서운한 마음과 함께 시간은 흘러 어려운 과정을 거쳐 박사과정을 할 수 있게 되었다.

나중에 알게 된 사실이지만 교수님께서는 박사학위를 가르친 제자 중 여성은 내가 처음이어서 나를 배려해 주시느라 다가오지 못했다는 것을 깨달음과 함께 기뻤던 것 같다. 하지만 그 당시 그걸 몰랐던 나로서는 교수님께 조언 및 의논을 드리는 것을 두려워하기도 했다. 또한 석사과정처럼만 하면 되는 줄 알았는데 박사과정은 조금 달랐다. 지도교수님께서는 제자들에게 다양한 지식과 경험을 쌓게 해주기 위해서 학술세미나 등 여러 가지 체험을 할 수 있게 이끌어주셨다. 교내에서 공부만 하기보다도 서울과 지방의 대학에 다니면서 다양한 학술 세미나를 통해 많은 각 계층의 전문가들과 교류하고 소통할 수 있게 자리를 만들어 주셨다. 여러모로 다니는 과정이 힘들기도 하였지만, 다양한 전문가들과의 소통으로 내가 볼 수 있는 견문이 더 넓어졌다. 내가 지금까지는 한 방향성만을 바라보았다면 다양한 사람들과의 소통을 통해 다양한 방향성을 볼 수 있게 되었다. 그렇게 나는 학술세미나 및 포럼을 통해서 새롭게 폭넓은 지식과 견문을 습득할 수 있었으며, 이러한 경험은 나의 자신에게 큰 도움이 되었다. 그렇게 나의 변화도 시작되었다. 나의 큰 변화라고 할 수 있는 것 중 하나는 박사학위를 준비하면서 개명하게 된 것이다.

사람들은 흔히 요즘은 100세 인생이라고 한다. 나는 절반 이상은 살아왔다. 이러한 내가 부모님이 지워주신 '김옥남' 이름을 두고 '김태희'로 뒤늦게 개명하게 되었다. 과거에도 평상시 개명을 하고 싶은 마음도 있었지만, 큰 문제는 아니기에 개명하지 않고 살아왔다. 그러나 대학원에 들어오면서 새로운 사람들과의 교류가 잦아지다 보니 이름을 소개할 때가 많았다. 그러나 나의 이름을 잘 알아듣지 못하는 경우가 종종 생기기 시작했다. 그래서 박사과정을 준비하면서 계명해야겠다는 마음도 커지게 되었다. 그렇게 나는 '김옥남'에서 '김태희'로 개명하게 되었다. 계명과 동시에 내 삶의 질도 한층 더 높아지는 것을 느꼈다. 이름에서 나오는 자신감 및 당당함 등, 그렇게 계명과 함께 박사논문을 열심히 준비해 왔다.

이번 3년 동안 준비한 나의 박사 논문 주제로 남북한 혼인에 관한 법제도 통합방안을 정하게 되었다. 이번 논문에는 남한과 북한 두 개의 국가를 비교하기보단 주변국인 중국과 일본의 혼인법을 함께 비교하면서 통일이 된다면 법안을 어떻게 통합해야 하는가에 대해서 연구하게 되었다. 박사논문은 석사논문과는 다르게 다른 국가의 법안을 함께 확인하고 비교해야 했기 때문에 쉽지는 않았다. 하지만 각 국가의 법을 보면서 그 나라의 문화와 삶을 엿볼 수가 있었다. 나는 이 과정을 통해 법이란 그 나라의 환경, 문화, 질서 등 많은 것이 담겨있다는 걸 다시 한 번 느꼈다. 그렇게 난 박사로 거듭날 수가 있었다. 박사과정은 석사보다 더 험난한 길이였다. 그러나 힘이 되었던 것 선배 박사님들의 도움과 격려가 있었기 때문이었다.

4. 박사학위 수여식

나에게는 인생에 있어서 둘도 없는 기쁨의 날이다.

시작이 있으면 끝이 있듯이 3년 동안 열심히 한 덕분에 명예로운 박사학위 수여식을 할 수 있게 되었다. 석사학위 수여식 때는 코로나 팬데믹으로 인하여 소소하게 수여식을 할 수밖에 없었다. 그러나 박사학위수여식은 누구 못지않게 화려하게 장식할 수 있었다.

　박사과정을 마무리할 수 있게끔 항상 응원하고 도와준 우리 사랑스럽고 고마운 가족 그리고 교수님, 박사 선배님들과 대학원 동기님들!! 바쁘신 와중에도 불구하고 소중한 분들이 곁에서 축하해주니 너무 감사하고 행복했다. 영원히 잊지 못할 내 인생 추억의 한 페이지라고 말할 수 있다.

* 사랑하는 우리가족과 박사학위수여식에서

* 학위수여식에 축하해주러 오신 임춘환 박사, 권영택 박사와 박사과정을 함께한 김효운 원우와 소교수님과 함께

5. 꿈과 도전은 ~ing

그렇게 석·박사를 하는 6년 동안 남북한의 관심을 두고 연구를 하다 보니 소성규 교수님께서 통일교육위원에 지원해 보는 것이 어떠냐고 물어왔다.

처음 통일교육 위원이라는 말만 듣고도 해보고 싶다는 생각이 들었다. 난 교수님이 알려주신 이 기회를 바로 붙잡아 24기 통일부 통일위원이 되었다. 또한, 대진평화통일교육연구원 객원교수로 자리 잡을 수 있게 되었다. 나의 지도교수님께서는 박사에서 인연을 끝내지 않고 나에게 다양한 길을 알려주시고 지름길을 터주셨다. 그렇게 계속 나를 이끌어주셨다. 그래서 내가 어릴 적 소망만 했던 법학자의 길을 걸을 수 있게 도와주셨다.

지도교수님께서는 내가 선택한 이 길을 끝까지 믿어주셨고 그러한 믿음이 내게 용기를 심어주어서 무모했던 내 도전의 한 부분을 잘 마무리 할 수 있었다. 우연한 만남이 작은 인연이 되어 내 삶을 변하게 해주었다. 하고 싶은 것 들은 무수히 많았지만, 용기가 없어 실현하지 못해 마음에 품고 살았던 과거의 내 삶은 이제 보내주려고 한다. 나는 앞으로도 새로운 꿈을 계속해서 도전해 나가고자 한다. 항상 나의 도전이 성공할 수는 없지만 넘어지더라도 나는 내 꿈을 위해서 앞으로 걸어가고자 한다. 앞으로 나의 계획은 정치가를 도전해 보고자 한다.

내가 어린 시절 법학자를 동경했던 이유는 법은 사람들을 보호해 줄 수 있는 보호막이라고 생각했기 때문이다. 나는 정치가도 다르지 않다고 생각한다.

국민들이 조금 더 나은 사회를 누릴 수 있도록 좋은 사회적 변화를 가져오는 정치가를 꿈꾼다. 어떤 이는 또다시 다른 길을 가는 것이 힘들지 않겠냐고 말할 수도 있다. 하지만 나는 법학박사를 도전하면서 주변 사람들이 주었던 용기와 믿음이 이제는 내가 나를 믿는 용기가 되었기에 도전하고 싶은 정치가를 도전해 보고자 한다.

마지막으로, 대진의 인연은 나에게 소중한 선물이었던 것 같다. 이 인연으로 인해 많은 것들이 달라졌고 나의 가치관도 변하게 되었다. 나의 이러한 변화를 만들게 해 준 대진의 인연의 모든 분에게 감사를 전한다.

소성규 교수님과의 인연

김현석

안경코어 대표

(대진대 석사)

대진대학교 대학원에서 만난 나의 지도교수님이자 고마운 은사(恩師), 노겸(勞謙) 소성규 교수님과의 인연을 여기에 남긴다.

1. 휴머니스트

책(冊)으로 남기는 것, 사실과 다르지 않은 글은 새기는 것이 아니라 배웠다. 그리고 노겸 선생의 면면을 다양한 관점에서 객관적으로 접근하려 노력하고자 한다. 그리고 감히 노겸 선생에 대한 개인적 생각도 여기에 남긴다. 노겸 선생은 휴머니스트라고 말하고 싶다. 노겸 선생에 대한 평은 많이 갈릴 수 있다. 그러나 내가 본 노겸 선생은 사람다운 사람이라고 말하고 싶다. 인간이 가질 수 있는 희로애락(喜怒哀樂)을 누구보다 잘 간직한 사람이다. 많은 욕심도 있다. 인간으로 성공하고 싶고, 더 나은 삶을 살려고 노력한 모진 생의 자취를 엿볼 수 있었다. 물론 뜻대로 되지 않는 것이 인생사이기에 그가 가진 욕심으로 많은 좌절이 있었음도 느껴지는 것은 비단 나 뿐이 아니리라 생각한다. 양주보다 소주가 어울리는 사람, 비싼 술집보다 가벼운 선 술집이 어울리는 그런 구수한 느낌의 사람이라고 말하고 싶다. 많은 감정을 숨길 수 없는 솔직한 성품을 지닌 사람이며 솔직해도 선을 넘지 않는 중도(中道)의 사고와 중용(中庸)을 아는 사람으로 기억한다. 노겸 선생의 말과 행동이 때론 다르게 해석될 여지도 많다고 본다. 하지만 완벽한 사람은 없지 않은가? 그대는 완벽한가? 우리는 모두 과정이지 결과가 아니라 본다. 사람 냄새나는 사람 노겸 선생의 다른 이름이라고 생각한다.

2. 대진대학교와 노겸 선생

대진대학교의 발전에 누구보다 노력하는 사람이 노겸 선생이다. "통이"라는 대진대학교의 마스코트에 대한 홍보도 그 누구보다 적극적으로 하고 있다. 그 중심에 노겸 선생이 있다. 대진대학교에서 매우 훌륭한 인재를 영입한 것이라 본다. 대진대학교가 품은 어떤 교수 못지않게 중요한 대진대학교의 인적 자원이다. 지금과 같은 대학으로 성장하는데, 그 공이 작지 않다고 본다. 노겸 선생 등의 노력이 없었다면, 대진대학교에 지금과 같은 영광은 없었다고 본다.

3. 그와의 인연(因緣)

노겸 선생과의 인연은 대진대학교 공공정책대학원 법학과에 진학하면서 시작되었다. 당시 직장을 다니며 늦은 나이에 대학원 출석을 하였기에, 쉽지 않은 여정의 시작이라 느꼈었다. 하지만 노겸 선생이 따스하게 반겨주셨다는 것은 정확히 기억하고 있다. 그런 배려들이 차츰 대학원에 적응하는데, 큰 도움이 되었다. 노겸 선생님 그리고 교수님들과 학우분들에게 감사한 마음을 남긴다. 일단, 노겸 선생의 강의를 들으며 가장 인상 깊었던 것은, 강의 준비를 철저히 한다는 느낌이었다. 많은 정성이 녹아있는 수업과 열정적인 강의라고 말하고 싶다. PPT에 익숙하지 않은 세대인데 판서가 아닌, 잘 준비된 PPT자료로 강의하셨다. 젊은 내가 준비해도 많은 시간과 정성이 들어가야 하는 자료들이었다. 물론 판서가 정성이 없다는 뜻은 아니다. 다만 시대의 흐름에 발을 맞추는 노력은 인정해야 한다고 생각한다. 새로운 것은 누구나 두려우며 쉽게 갈 수 있는 길은 아니라고 본다. 그리고 특유의 활달함과 사람에 대한 붙임성이 좋다는 인상을 받았으며 제자들과 격을 따지지 않는 점 등은 매우 신선하게 다가왔다. 그렇게 시간이 흘러 졸업 연구보고서를 작성하며 노겸 선생의 진면목을 보았다. 개인적으로는 능력이 부족하여 논문은 꿈꾸지 못했고 연구보고서로 간신히 졸업할 수 있었다. 하지만 그 과정은 그리 쉽지 않았다. 많은 노력을 기울여 연구보고서를 작성하여도 쉬이 성과를 내기 어려웠다. 하지만 성심을 다하여 지도해 주시고 피드백을 주는 모습에, 더욱 정진하지 않을 수 없었다. 그런 소중한 시간을 같이 했기에, 노겸 선생은 좋은 은사님이자 인생의 도반 같다. 때론 혼나고 때론 격려를 받으며 연구보고서를 간신히 마감할 수 있었다. 지금도 그때를 생각하면 정신이 혼미할 정도로 쉽지 않은 시간이었던 느낌은 지울 수 없다. 많은 자료를 정리하고 생각을 정리하여 보고서를 제출하면 지도받고 하는 과정을 거치며 노겸 선생에 대해 느낀 것은, 논문에 대한 접근과 이해가 매우 탁월하다는 점이다. 제자의 연구보고서를 공들여 보고 전할 수 있는 지도가 계속되면서 죄송함을 느낄 정도의 노력을 하셨다. 평일, 주말 없이 공사다망(公私多忙)하시기에 시간을 낼 수 없는 환경에서, 시간을 내어 연구보고서 지도를 꼼꼼히 해 주셨다. 노겸 선생은 진짜였다. 이렇게 추상적이고 함축적인 말이 가장 그를 표현하기 쉽다고 본다. 나는 노겸 선생이 나의 지도교수라는 것이, 자랑스럽다. 교수로서 부족함이 없다고 감히 단언한다. 교수로서 갖추어야 할 지식의 깊이가 부족하지 않다는 것을 몸이 기억한다. 또한 교수라는 위치가 수 없는 노력으로 지켜지고 있다는 것도 볼 수 있었다.

4. 경상도 사나이

노겸 선생은 때론 물 같고 때론 불같다. 흐르는 물처럼 순리를 따르나, 매우 중요한 순간, 불(火)이 필요하다면 불과 같이 걷는다. 이는 경상도 사나이의 기개를 보여준다고 본다. 지금까지 살면서 경상도는 부산이 진짜라 생각했는데, 아니라는 것이 지금 나의 결론이다. 노겸 선생은 싸울 수밖에 없다면 싸울 것이다. 그것이 내가 본 노겸 선생의 추진력의 기원(起源)이라 본다. 수도권이 아무리 용광로 혹은 모자이크라고 하여도 타지(他地)는 타지이다. 타지에서 지금은 이 지역 누구보다 경기북부를 위한 일을 하며, 이곳에서 많은 벗을 얻었다. 노겸 선생을 보며 느꼈다. '경북도 경상도가 맞구나!', 경상도 사나이라는 말이 괜히 있는 것이 아닌 것 같다.

5. 헌정시(獻呈詩)

나의 은사(恩師)께 태수(台樹) 별호("태수"는 땅에서 별에 닿은 나무. 별을 그리다 별이 된 나무라는 중의적 의미)를 드리고 싶다. 태수 선생의 좋은 날에 시(詩) 한 수를 올리며 글을 마친다.

별 그리고 나무

김현석

별을 따려 한 나무
하늘보다 땅과 인연이 깊어
깊은 뿌리를 내렸네

땅도 깊고 깊건만
별 생각에 깊어지는 어둠

땅에서 별을 딴
나무 중에 나무

채워지지 않는 마음
아쉬움은 놓지 못하네

이제 가지가 별에 닿았으니
무엇이든 놓고 쉬어라

대진의 인연, 기억, 그리고 사랑

김현수

양주시의회 의원

(대진대 CEO과정, 석사, 박사과정)

나에게 대진대학교란 어떤 의미일까?

원고 집필의 의뢰를 받고 많은 고민을 했다.

어떤 글을 써야 할까? 어떤 내용을 쓸까? 내가 쓰는 것이 맞을까? 등 여러 가지 생각들로 머릿속이 복잡하기만 했다.

나와 대진대학교의 인연은 2019년이 처음이다.

대진대학교 공공정책대학원 최고경영자(CEO)과정으로 대진대와의 인연은 시작되었다.

최고경영자과정 38기로 전 과정을 이수하여 수료를 하였다.

과정 중 코로나-19라는 바이러스 감염증으로 활동에 많은 제약이 있어 동기들과의 친교의 시간은 많이 하질 못했다.

양주시에서 사회단체 활동을 많이 하고 있어서 대진대학교 소성규 교수님의 이야기는 많이 들어서 소성규 교수님의 이름은 잘 알고 있었다.

그렇게 활동하며 지내던 중 나의 아들이 대진대학교에 입학하게 되었다.

21학번으로 대진대학교에서 공부하게 된 아들은 현재 대진대학교 학군단에서 군사교육을 받고 있다.

2025년 3월에 임관을 하게 되는 아들과 지금 현재 대학원에 다니는 나는 부자 학생이다.

소성규 교수님과의 직접적인 인연은 2022년 5월에 시작된다.

2022년에는 지방선거가 있는 해였다.

오래전부터 알고 지내던 박용학 대표가 타이거오토몰이란 대단지 중고차 매장을 오픈하는 날, 그곳에서 소성규 교수님을 뵙게 되었다.

인사를 드리면서 '제 아들이 대진대학교 학생입니다.'라고 말씀을 드리니 소 교수님께서 너무나도 반가워하셨다.

박용학 대표가 대진대학교 동문임을 그때 알게 되었고, 소 교수님 제자라는 사실도 그때 알게 되었다.

개업식이 있던 그 날은 내가 지방선거 후보자로 선거운동을 하고 있던 때이다.

그날의 인연이 되어 지금까지 이어지고 있고, 대학원에 관심이 있던 나는 지방선거 당선 후 대진대학교 공공정책대학원 공공인재법학과에 입학을 하게된다.

당연히 지도교수님은 소성규 교수님이시다.

대학교 시절에는 사회체육학을 전공하였다.

사회생활을 하면서 법에 관심이 많았던 나는 대학원에서 법 공부를 해보고 싶은 열망이 계속 있었다.

사회생활을 하다 보니 생계가 우선이었고, 공부는 계속 미뤄지기만 했다.

양주시의원이 된 나는 결심을 하게 되었다.

지금하지 못하면 평생 도전을 못할 것 같다는 생각에 2022년 8월 대진대학교 대학원에 문을 두드리고 들어가게 되었다.

* 2022년 겨울 어느날

이제 마지막 학기가 남아있는 나는 요즘 논문 준비에 정신이 없다.

의정활동, 가정생활, 대학원 생활을 병행하기가 너무나 힘들었지만 원우들과 교수님들의 도움으로 지금까지 도달할 수 있었다.

특히, 소성규 교수님께서는 저에게 많은 조언으로 나아갈 방향을 잡아주시고 고민거리가 있을때는 인생의 선배로서 상담도 잘해주셔서 의정활동 및 학교생활도 잘해 나가고 있다.

나 뿐만이 아니라 나의 아들도 고민거리가 있거나 학교 생활에서의 선택의 갈림길에 있을 때 소 교수님을 찾아 상담 드린다고 한다.

이렇듯 소성규 교수님과의 인연은 짧다고 하면 짧겠지만 결코 짧다고 생각되지 않는다.

많은 일들이 있었고 앞으로의 인연은 더 길게 이어질 것이기 때문이다.

대학원 수업을 하게 되며 알게 된 개성포럼에 회원으로 가입하게 된다.

이 학술모임 또한 소성규 교수님께서 이뤄내신 모임이다.

개성지역을 포함한 북한에 대한 연구, 남북 교류 협력 방안 및 민주시민교육과 평화통일교육 등에 대한 연구와 토론 등을 통해 평화통일에 대한 국민들의 관심을 재고하고 다양한 정책 대안을 제시함으로써 우리 민족의 염원인 평화적 통일과 국가와 지역사회 발전에 기여함을 목적으로 하는 포럼이다.

이 포럼을 통해 평화적 통일에 대한 연구에 더 많은 관심을 가지게 되었다. 북한의 실정, 관련법 등을 공부하고 우리나라와의 차이점 등을 비교 분석하며 앞으로 다가올 평화적 통일에 대한 대비를 어떻게 해야 하는지를 연구하게 되었다.

2023년 한미동맹 70주년을 맞는 해에는 '통이와 함께하는 평화통일 이야기'라는 유트브 채널을 통해 한반도를 둘러싼 국제 정세 및 한반도에서의 통일은 어떻게 이루어져야 하는지를 말씀 드린적이 있다.

또한, 통일을 위해 선행되어야만 하는 통일 교육과 북한과 남한의 상속법에 대한 사례를 들어 작은 것 하나에도 차이가 있음을 말씀드리고 통일 교육에 대한 중요성을 강조한 바 있다.

이러한 내용들을 제가 유트브채널을 통해 말씀 드릴 수 있었던 것도 소성규 교수님의 가르침에서 비롯되었다.

* 2023년 개성포럼 학술세미나

* 2023년 개성포럼 정기총회 & 장학금 수여식

2022년 5월의 인연이 나에게는 소중하고 52년의 인생의 길을 걸어온 중에서 제일 소중한 길이다.

길을 걷다 보면 여러 가지의 길을 걷게 된다.

아무도 가지 않은 길,

누구나 걸어가는 길,

동반자와 함께 걸어가는 길,

넘어지고 힘든 길,

길의 끝이 무엇인지 알고 가는 길 등 수많은 길 들을 접하게 된다.

누구와의 인연이 되는 길은 설레고 긴장되고 즐겁다.

지금의 내가 걸어가는 길이 즐겁고 행복하다.

이 길 위에 나의 길잡이가 되어 주시는 분이 함께 있기 때문이다.

대학원 졸업을 앞두고 논문 준비에 정신이 없다.

의정활동을 하며 논문 준비하는 것이 정말 어렵다. 하지만, 나의 길잡이가 방향과 방법을 조언해 주셔서 최선의 노력을 다하고 있다.

대학 졸업 후 26년 만에 대학원 졸업을 앞두고 있다.

이 또한, 2022년 5월의 인연이 없었다면 불가능 했으리라...

감사하고 감사한 일이다.

때론 나의 스승

어느 때는 인생 선배

즐거울 때는 술 친구

모든 것이 인연이 아니었다면 이루어지지 않았을 것이다.

인연은 계속 진행중이다.

대순진리회, 대진대학교 그리고 나의 신념

김효운
(주)미래푸드시스템 법무이사
(대진대 석사, 박사과정)

대순진리회

나는 1972년 부산시 양정동에서 태어났다.

유년 시절부터 저 별은 왜 반짝거리고 거기에는 누가 살까? 해와 달은 왜 뜨고 질까? 이런 생각을 많이 했다.

초등학교 때는 우연히 TV에서 80일간의 세계일주를 보았다. 시대 배경은 1872년 런던이며 무척 규칙적이고 조용한 성격의 영국 신사인 주인공은 80일 안에 세계를 일주할 것을 내기를 하고, 일본, 인도, 미국, 남아메리카와 같은 다양한 곳을 여행하며 여러 어려움을 겪지만, 그의 냉철한 성격과 결단력으로 도전을 이겨낸다. 마지막에 파리로 되돌아가기 위해 거대한 기구를 타고 가게 되고, 시간은 이미 지나간 것처럼 보였지만, 여행의 시작 기간과 도착 시간을 계산하는 방식에 따라, 실제로는 80일 이내에 도착했다는 사실이 밝혀지며 배팅에 승리하는 것으로 마무리된다. 모험의 향수와 세계 여행의 매혹적인 느낌에 끝까지 포기하지 않고 세계 여행하는 모습에 감동하여 전 세계를 자유롭게 해외여행을 다니는 희망의 꿈을 꾸게 되었다.

그리고 우리나라에서 제일 큰 섬 제주도는 다양한 아름다운 자연 경관으로 유명하다. 제주도는 다채로운 색상으로 빛나는 화산암 지형과 푸른 바다, 그리고 아름다운 해변을 갖고 있다. 특히 성산일출봉은 제주도에서 가장 유명한 명소 중 하나로, 일출을 보러오는 여행객들로 붐빈다. 또한 우도와 함덕해수욕장은 제주도에서 가장 아름다운 해변으로 손꼽히며, 푸른 바다와 흰 모래사장이 눈을 사로잡는다.

나는 아름다운 성산일출봉 근처나 우도 또는 함덕해수욕장 인근에 베이커리 카페를 하면서 40대 중반까지 10억 원을 모아서 4층 건물을 짓고 1층에는 나의 베이커리 카페, 2~3층은 임대, 4층에 나의 삶터를 마련해서 해외여행을 하는 꿈을 꾸었다.

자연스레 각종 알바를 하여 많은 경험을 쌓았다. 그렇게 차근차근 준비하던 중 1년에 1억을 모을 수 있다는 중장비 직업을 소개받아 굴삭기 면허 시험을 준비하였다. 그런데 시험을 3일 앞두고 평소에 종교를 싫어하고 거부하던 나는 대순진리회의 도인들을 만나 그 사람들의 순수함과 진정성이 너무 좋았으며 대순진리회의 교리는 나에게 특별하게 다가와 나의 꿈은 자연스럽게 멀어졌고 현재는 32년째 수도중이다.

2018년 7월 말에 양주대진요양원에 부원장으로 입사하게 되었다. 대진복지재단에서는 전국에 요양원을 건립할 계획이었고 수습 기간을 거친 후 신설 요양원의 원장으로 발령한다는 뜻이 있었다.

그 수습 기간에 업무를 익히기만 해도 되지만 많은 도움을 주기 위해서 앞장서서 많을 일을 했던 것 같다.

주요 업무로는 복지시설 경영지원 및 관리, 노무, 인사, 급여, 행정,

교육 등 전반적인 업무를 담당했다.

다양한 업무 중 특히 조직관리와 위기관리능력을 말할 수 있다.

조직관리능력은 입소자가 92인이 되어 적자였을 때 적극적으로 모집하여 단시일 내에 120명까지 입소가 되었다. 2018년에는 3년마다 실시하는 요양원 시설정기평가 결과가 C등급이었다. 그 당시 수기로 기록하다 보니 실수가 잦았고 이러한 부분을 보안하기 위해 급하게 전산시스템을 도입하였지만 직원들은 어려워만 했다. 나는 평가매뉴얼과 전산시스템 매뉴얼을 분석 파악하여 사회복지사 1인과 함께 6개월 동안 평가 준비한 결과 A등급을 받을 수 있었다. 특히 타 기관 요양보호사는 전산 기입하는 것을 어려워하여 생활사회복지사가 전담하고 있지만 나는 요양보호사가 직접 전산으로 기록을 기입할 수 있도록 업무분장과 직원 교육을 수시로 실시했다. 그 결과 양주대진요양원은 너무 잘한다는 말을 여러 신규직원을 통해서 듣기도 하였다.

위기관리능력은 수십번의 낙상사고로 복지시설배상책임보험 가입이 거절되었다. 그 원인인 사고 발생 CCTV와 사고경위서 등의 자료를 분석하여 사고예방교육을 실시하였고 그 결과 사건 건수가 1년 동안 0건이었다.

추가로 신규 요양보호사가 입사를 했는데 직원의 수상하다는 제보로 면담을 하였다. 그는 요양원에 노조를 결성하기 위해서 위장 입사를 한 것이었고 이에 신속히 자진퇴사 하도록 조치하였다.

이렇듯 조직의 위기관리 능력을 강화하며 조직의 발전과 업무 처리에 최선을 다한 후 효율적으로 일을 추진하여 조직의 목표를 달성하고자 끊임없는 열정과 책임감으로 더 나은 결과물을 창출하였으나 나의 이런 노력과 진정성은 오히려 시기와 질투의 대상이 되어 나를 모함하는 사람과 이에 가담하는 사람들로 인해 일을 그만두었고 지금은 나의 진정성과 분석력, 판단력, 업무능력을 보고 모 서울의 한 업체에서 스카웃

제의가 와서 새로운 일을 하고 있다.

대진대학교

　소성규 교수님과의 첫 만남은 양주대진요양원과 중원대학교 건립과정에 많은 도움을 주신 분으로 명성이 자자하여, 2019년에 요양원과 관련된 일로 도움을 받고자 재단 국장을 통해서 소 교수님을 만나 뵈었다.
　그 인연으로 서울 소재 행정학과 대학원에 대해 문의를 하였다. 비가 내려 냇물이 되고 그 물이 바다로 흘러가듯이 따뜻한 관심과 배려로 자연스레 소성규 교수님의 제자가 되었다.
　석사과정에서 만난 공공인재법학과 학우들과 석박사 선배님들과 개성포럼의 여러 회원들을 두루 알게 되었고 세미나, 현장학습 등을 통해서 소성규 교수님에 대한 존경심과 대진대학교의 대한 애학심이 대단하여 너무 놀라웠다.
　대진대학교는 우리 대순진리회 도인들의 정성으로 건립한 학교로 학생이 되고 보니 대진대학교의 위상과 교수님들과 학우들의 애학심에 자주 감동을 받았고 나 또한 대진대학교의 위상에 어긋나지 않는 학생이 되고자 공부를 열심히 하여 현재는 박사과정 중이다.
　특히 소성규 교수님의 제자에 대한 애정은 각별하시어 제자들의 진급과 우환 그리고 개개인의 대소사 등을 같이 걱정해주시고 신진화전(薪盡火傳)하신 모습에 석간함장(席間函丈)하겠다고 다짐한다.
　석사논문 준비 중에는 형식도 방법도 몰라 우선 서울대, 고려대, 연세대, 기타 여러 대학의 논문 100여편을 다운로드하여 읽기만 하고 쓰지도 못하던 어느 날 교수님께서 석사 동기인 다른 학우와 나를 연구실로 부르시고는 15일 안에 작성하라고 하시면서 다른 학우는 걱정이 안되는데 김효운은 직업도 어느 것도 법적으로 관련이 없기에 심히 걱정된다고 하셨다.

그 말씀에 내가 걱정끼치고 있구나, 어떻게든 보름 안으로 작성해서 초안을 제출해야겠다는 결심을 하고 하루에 잠을 2~3시간만 자고 오로지 논문에만 집중을 한 결과 빠듯하게 초안을 완성할 수 있었다.

석사학위논문 제목은 성년후견제도의 법정책적 과제였다.

내용은 사회와 국가는 한 가족이 탄생하고 그 가족들 중심으로 친족사회가 되고 그 집단들이 사회와 국가를 형성하며 가족이나 사회 내 구성원이 스스로 자신을 돌보지 못할 때 국가는 그들을 돌봐야 할 책임을 지게 된다. 미성년자는 부모의 돌봄이 필요하고 사회적 취약계층은 국가의 돌봄이 필요하다. 이 돌봄은 부모와 국가의 존재가치가 된다. 후견제도는 역사적으로 가족제도 중의 하나였고, 그 가족 내 돌봄을 필요로 하는 사람이 있을 경우에 신체나 재산을 관리하기 위함이었다. 우리나라의 후견제도는 친권자가 없거나 기타의 여러 사유 등으로 친권으로부터 보호를 받지 못하는 미성년이나 판단능력 저하 등의 이유로 가정법원으로부터 금치산 및 한정치산 선고를 받은 자를 위한 후견제도가 있었다.

이 기존의 후견제도는 본인의 재산관리에 중점을 둔 금치산자와 한정치산자제도이다 보니 획일성과 경직성, 일상생활의 한계점, 비용과 시간의 과다, 절차상의 문제 등으로 2013년 7월 1일부터는 새로운 성년후견제도가 시행되고 있다. 이 새로운 성년후견제도는 장애, 질병, 노령 등으로 인해서 도움이 필요한 성인에게 본인의 의사와 일상생활에 관한 폭넓은 보호와 지원과 기존의 재산관리까지 제공하기 위해 만든 제도이다. 기존의 재산뿐만 아니라 치료, 요양 기타 등 신상에 관해 지원이 가능하다. 더불어 의사결정능력에 장애가 있어 행복추구권, 인격권, 선거권, 피선거권, 직업의 자유 등을 침해당할 수 있는 장애인의 인권을 보호하고 권리를 신장시키는데 기여할 수 있었다. 그러나 결격조항이나 취소권, 후견인 심판청구취하 등의 여러 문제점이 나타났고 그로 인한 성년후견인 법 개정 의견까지 나오고 있는 상황이다. 현재 성년후견제도의 문제점인 피후견인 결격조항, 취소권, 후견 이용실태 등을 분석하고 그에 대한 대책을 마련하여야 하며, 지원을 필요로 하는 고령자나 장애인 등 필요한 모든 이들이 쉽고 편안하게 다가갈 수 있도록 접근성 강화가 제도적으로 마련되어야 할 것이다. 주 내용은 이러한 제도가 지속 가능하도록 정부의 관심과 노력이 한층 더 필요하다는 것이었다.

논문을 급하게 준비하면서 여러 병이 생겼다. 딱딱한 바닥에 너무 오래 앉아 있어 생긴 좌골점액낭염과 거북목 그리고 시력이 1.0이었는데 지금은 0.5이하이다. 정말 글을 쓰시는 분들은 대단하고 존경스럽다. 부족하나마 열심히 논문 준비한 결과 석사학위 때 총장상을 수여받았다. 그리고 현재 박사논문은 농지법을 연구하고 있다.

주요 내용은 현재 농지는 수도권과 지방의 농지 거래는 수도권과 같이 제한되어 차별이 심한 상태이다.

「지역개발지원법」 제1조(목적) 이 법은 지역의 성장 잠재력을 개발하고 공공과 민간의 투자를 촉진하여 지역개발사업이 효율적으로 시행될 수 있도록 종합적·체계적으로 지원함으로써 지역경제를 활성화하고 국토의 균형 있는 발전에 이바지함을 목적으로 한다.

상기법에 초점을 맞추어 논문을 쓰고 있으며 박사학위 수여 후 교수님들의 훌륭한 가르침에 맞는 사회의 구성원으로 빛나는 대진인이 되고자 한다.

나의 신념과 가치관, 좌우명

나의 신념, 가치관, 좌우명은 진심견수복선래(眞心堅守福先來), 천생아재필유용(天生我材必有用), 보은상생(報恩相生)이다.

진심견수복선래(眞心堅守福先來)란 진심을 간직하고 지키면 복이 먼저 온다는 뜻이다.

  사람은 거짓이 없는 참된 마음인 진심(眞心)을 가진 사람과 가심(假心)을 가진 사람으로 나뉜다고 본다. 가심을 가진 사람은 기본적으로 상대방에 대해 헛된 말이 아부를 하고 아첨을 하여 상대방에게 혼란을 준다. 요즘 사회는 가심을 가진 사람을 더 좋아하며 진심을 가진 사람을 싫어하고 사회생활과 조직생활에는 가심을 가진 사람이 더 인기가 많다. 그러나 그 가심을 가진 사람에게는 진정한 사람이 없으며 아부와 아첨을 남발하는 사람만 남을 뿐이다.

  진심을 가진 사람에게는 지금 당장 인기가 없더라도 그 진심의 본 모습을 보고 알아주는 사람이 나타나면 그 인연을 계속 그리고 함께 할 것이라 본다. 그리고 우연이 인연이 되고 인연이 필연이 되어 곁에서 도움을 주고 도움을 받는다고 나는 본다.

  천생아재필유용(天生我材必有用)이란 하늘에서 나에게 재능을 주었으니 반드시 쓰일 일이 있다는 뜻이다. 사람마다 재능이 있고 그 재능으로 자신의 능력을 발휘한다고 생각한다. 그렇기에 항상 단점을 수정하고 줄이고 장점을 극대화하고 노력하여 어제의 나와 오늘의 나는 달라야 하며 오늘의 나와 내일의 나는 달라야 한다. 그러면 아무리 부족한 나라도 분명 조직과 국가에 큰 쓰임이 되리라고 본다.

  대순진리회 근본정신으로 해원상생(解冤相生)과 보은상생(報恩相生)이 있다. 그 중 보은상생(報恩相生)은 은혜를 저버리지 않고 남을 잘 되게 한다는 뜻이다. 인간은 세상에 태어나면서 부모, 형제, 친척, 이웃, 사회, 국가 등 수많은 관계 속에서 은의(恩誼) 어린 보살핌을 받으며 살아가게 된다. 하지만 오늘날 많은 사람은 이러한 은혜를 망각한 채 살아가고 있다. 상제님께서는 은혜를 저버리지 말 것을 강조하시며 배은망덕(背恩忘德)은 신도(神道)에서 허락지 않는다고 하시고, 아울러 배은망덕에는 만사신(萬死神)이 따른다고 하셨다. 따라서 사람은 일상생활에서 은혜를 잊지 않고 반드시 갚는 마음[知恩必報]을 가져야 할 것이다.

특히, 초한지의 한신 같은 보은(報恩)하는 삶을 살리라고 항상 다짐하여 대순회보 166호의 한신에 대한 부분을 소개하며 마무리한다.

한신은 진말(秦末) 유방(劉邦)을 도와 한나라를 건설한 한초삼걸(漢初三杰: 소하, 장량, 한신)의 한 사람으로 상제님께서는 병선(兵仙)이라고도 칭했던 인물이다. 그는 무명시절 가난하고 처량한 역경 속에서 백정의 가랑이 사이로 들어가는 과하지욕(跨下之辱)까지 당하면서도 뜻을 잃지 않더니 종내 파초대원수(破楚大元帥)가 되어서는 당대에 누구도 당할 수 없다던 초패왕 항우를 멸하여 초(楚)·한(漢) 간의 전쟁을 종식시킴으로써 중국을 통일하는 데 누구보다 큰 공을 세웠다. 특히 관심을 한쪽으로 쏠리게 하고 상대가 전혀 생각하지 못한 곳을 이용해 허를 찌르거나, 물을 등 뒤에 두고 싸우게 하여 훈련되지 않은 병사를 죽을 고비에 둠으로써 전세를 역전시키는 등 신출귀몰한 전술을 운용하여 전장에서 단 한 번의 패배도 없었으므로 가히 병법의 신으로 불렸다.

전술에서의 뛰어난 능력 못지않게 그는 보은(報恩)이라는 측면에서도 여러 일화를 남겼다. 어려웠던 시절의 조그마한 은혜를 잊지 않고 후하게 갚아 '일반천금(一飯千金)'했다거나 초패왕 항우와 한고조 유방보다도 유리한 지경에 처하여 천하를 손에 넣을 수 있는 기회마저 퇴사식지(堆食食之)와 탈의의지(脫衣衣之)의 은혜 때문에 취하지 않았던 사례가 그것이다. 그러나 이처럼 뛰어난 능력때문에 그는 오히려 천하를 통일한 한고조의 시기와 의심을 받게 되었고 결국 여태후의 계략에 걸려 장락궁에서 체포되어 참수되는 비참한 최후를 맞았다. 이처럼 파란만장했던 한신에 대한 이야기는 고금을 통하여 찾아보기 힘든 경우로 권력에 매몰되지 않고 인간적인 면모를 끝까지 보여준 인물이란 인상을 준다. 그에 대한 이야기는 사마천의 『사기』 「회음후열전(淮陰候列傳)」에 나오는데 『사기』 130편 중에서도 문학적으로 백미에 꼽히고 있다.

사마천이 한신의 이야기를 「회음후열전」이라고 한 이유는 한고조 유방이 그를 초나라 왕에서 강등시켜 회음후(회음땅의 제후)로 삼았기 때문이다. 「회음후열전」에 의하면 그는 회음(淮陰: 지금의 강소성) 사람이다. 태어난 해는 알 수 없고 기원전 196년에 죽었다. 무위무관(無位無官) 평민일 때는 가난한데다가 선행이 없었으므로 추천을 받아 관리로 뽑히지도 못하였고, 또 장사하여 생계를 꾸릴 능력도 없었다. 이로써 언제나 남에게 붙어서 먹으니 사람들 가운데 그를 싫어하는 자가 많았다. 일찍이 회음의 속현(屬縣)인 하향(下鄕)의 남창(南昌)에 정장(亭長)으로 있던 자에게 의탁하여 두어 달 밥을 얻어먹은 적이 있었는데, 그 아내가 한신을 귀찮게 여겨 새벽에 밥을 지어 이불 속에서 먹어치우고는 한신이 가도 밥을 주지 않았다 한다.

굶주린 한신이 회음성 아래에서 낚시를 하고 있었는데 빨래 일을 하던 아낙이 그가 굶주린 것을 알고 그 일이 끝날 때까지 수십일 동안 밥을 주었다 한다. 이때 한신이 아낙에게 "내 언젠가 이 은혜를 반드시 갚겠소이다." 하자 부인은 화를 내면서 "사내대장부가 제 힘으로 살아가지도 못하기에 내가 가엾게 여겨 밥을 주었을 뿐인데 어찌 보답을 바라겠느냐?"라 했다. 회음의 백정촌(白丁村) 젊은이들도 그를 업신여겨 "네놈이 죽기를 두려워하지 않으면 그 칼로 나를 찌르고 죽음이 두려우면 내 가랑이 사이로 기어 나가라." 모욕했다. 한신은 그를 한참 동안 물끄러미 바라보다가 몸을 구부려 가랑이 밑으로 기어나갔다. 온 저자의 사람들이 한신을 겁쟁이라고 조소(嘲笑)하였다.

기원전 209년 한신이 항우의 초군에 가담했으나 항우는 그를 낭중(郎中)으로 삼았을 뿐 중용하지 않았다. 그는 여러 번 항우에게 계책을 올렸으나 채용되지 않자 항우가 진(秦)을 멸하고 유방을 한왕(漢王)으로 봉하여 남쪽의 촉(蜀)땅으로 보낼 때 초왕 항우에게서 도망하여 한으로 귀속했다. 그러나 여기서도 이름이 알려지지 아니하였으므로 창고지기에 해당하는 연오(連敖)라는 보잘 것 없는 벼슬을 받았을 뿐이다. 오히려 어느 땐 법에 걸려 참형(斬刑)을 당할 위기에 처하기도 하였다. 겨우 위기를 모면한 그가 하후영(夏侯嬰)의 천거로 한왕으로부터 받은 벼슬은 군량미를 관리하는 치속도위(治粟都尉)였을 뿐이다. 아무도 그를 뛰어난 인물로 여기지는 않았다. 그러나 그는 이일로 인해서 소하(蕭何)와 자주 만나게 되었는데, 이때 소하는 그의 인물됨을 간파하고 유방에게 한신을 다음과 같이 천거했다.

"한신과 같은 인물은 국가에서 없어서는 안 될 둘도 없는 인사입니다. 왕께서 한중(漢中)의 왕으로 만족한다면 몰라도 천하를 쟁취하려면 한신이 아니고는 함께 대사를 도모할 자는 없습니다."

소하의 말을 받아들인 한왕이 대장군을 맞을 준비를 하자 한의 진영에는 대장을 임명한다는 소식에 제장들은 모두 기뻐하며 각기 자신이 대장이 될 것이라고 생각했다. 그러나 막상 대장에 임명된 자가 한신이었으므로 전군(全軍)이 모두 크게 놀랐다. 파초 대원수(破礎大元帥) 한신은 이렇게 등장하였다. 한신은 대원수가 되자 한왕에게 초왕은 필부(匹夫)의 용(勇)과 아녀자의 인(仁)을 지녔을 뿐이라고 말하여 그를 위무(慰撫)했다. 특히 초왕이 통과하는 곳은 어디나 학살과 파괴가 일어나 천하에 많은 사람들이 원망하나 한왕은 관중으로 들어가자 진(秦)의 가혹한 법률을 제거하고 삼장(三章)의 법을 약속했을 뿐, 백성들에게 위해(危害)를 주지 않아 진의 백성이 자신들의 왕이 되어주기를 원하지 않는 사람이 없다 하였다. 그러므로 동진(東進)하면 격문 한 장으로도 승산이 있을 것이라고 도도히 주장하였다. 이에 한왕은 크게 기뻐하며 한신을 너무 늦게 얻었다고 생각했다.

한신은 대장군으로서 먼저 17가지의 군율을 정하고 그 엄정함을 보였다. 한신을 만나기 전까지 한의 진영은 유방(劉邦) 자신부터 무인이나 귀족 출신이 아니라 군율을 몰랐고, 병사들 역시 여기저기서 끌어 모아진

터라 수는 많았지만 오합지졸(烏合之卒)이라 불릴 만큼 군율이 흐트러져 있었다. 이러한 군사를 한신은 불과 몇 달 만에 단순히 찌르고 베는 개인의 능력에 의존하는 형태가 아닌 전법(戰法)을 운용하는 군대로 재탄생시켰다. 그리하여 한(漢) 원년(元年, 기원전 206) 8월에 유방은 한신이 키운 군대를 거느리고 항우와 싸우기 위해 한중을 나올 수 있었다. 이는 항우가 진을 멸하고 여러 장수를 봉건(封建)함으로써 유방이 한중에 들어온 4월로부터 불과 넉 달만의 일이었다.

한신은 번쾌를 불러 한중(漢中)으로 들어 올 때 불살라 버렸던 잔도(棧道)를 한 달 안에 복구하라 명했다. 물론 군령을 어기면 참수형이 가해진다는 말도 잊지 않았다. 잔도는 험한 벼랑에 나무를 박아 만든 길인데 삼백리나 되었다. 유방이 지금의 쓰촨(四川)성 지역인 한중으로 들어 올 때 관중으로 통하는 이 길을 스스로 태워버림으로써 항우에게 자신은 관중을 넘볼 마음이 없다는 뜻을 보였던 길이다. 그러나 이는 자국의 병사들마저 속이는 한신의 전략으로 적군의 시선을 그쪽으로 쏠리게 만들고, 자신은 남정(南鄭)의 옛길을 통해 진창(陳倉)으로 나가기 위함이었다. 그는 이 한 번의 진격으로 초나라 군대를 대파하고 일거에 관중을 점령했다. 이로써 기원전 202년에 끝나는 초·한 전쟁 4년의 서막을 열게 된다.

한(漢) 2년 (기원전 205) 한신은 함곡관에서 나아가 위(魏)의 황하 이남의 땅을 점령했다. 한왕(韓王: 鄭昌)·은왕(殷王: 司馬卬)이 모두 행복했으며 제(齊)·조(趙)의 군대와 연합하여 초(楚)를 공격하였다. 유방의 한군은 4월에 팽성에 도착했다. 이때 유방은 한신의 진언을 듣지 않고 60만 대군이라는 숫자만 믿고 항우가 거느린 3만 5천과의 싸움에 직접 나섰다가 50만이 괴멸되는 타격을 입었다. 한신이 나서 다시 군대를 수습하고 한왕과 형양(滎陽)에서 합류하여 경수·삭수(모두 지금의 하남성) 사이에서 초를 격파하였다. 이로써 초군(楚軍)의 서진(西進)만은 막을 수 있게 되었다.

그러나 팽성에서 한나라가 패하자 색왕(塞王) 사마흔과 적왕(翟王) 동예가 한에서 도망하여 초에게 항복했다. 제와 조가 한을 배반하고 초와 동맹했다. 위왕(魏王) 표(豹)는 초와 화친하는 조약을 체결했다. 한군이 어이없이 패퇴하자 여러 왕들이 초에 가담함으로써 국면은 순식간에 초나라의 압도적 우위로 변하였다. 이에 한고조는 한신을 대장군 겸 좌승상으로 삼았다. 이후 한신은 위를 공격하였다. 위왕 표는 포관의 군비를 강화하고 임진을 방어하였다. 한신은 대군이 있는 것처럼 위장하고 배를 이어 임진을 건너가는 것처럼 가장하고는 군사를 숨겨서 하양(夏陽)으로부터 군사를 도하시켜 위도(魏都) 안읍(安邑)을 습격했다. 위왕 표가 놀라 병사를 이끌고 한신을 맞아 교전했으나 사로잡혔다. 한신은 위나라를 한(漢)의 하동군(河東郡)으로 개편하였다.

이후 한신은 북으로 조와 연을 치고 동으로는 제를 치며 남으로는 초의 양곡 수송로를 끊기 위해 병사 3만을 유방에게 요구하였다. 이에 유방은 한신이 든든하면서도 한편 두렵기도 하였다. 하지만 하북 지역을 공략하지 않으면 안 되었으므로 장량과 상의한 후 한신의 배반을 감시할 인물로 장이(張耳)를 붙여 병사 3만을 내 주었다. 장이는 한신의 배신을 감시하는 역할로 파견된 만큼 그의 미움을 사지 않을까 내심 걱정이 되었다. 그러나 그를 만나보고 쓸데없는 걱정인 것을 알았다한다. 한신이 다만 투박스럽고 우직하고 순진한 표정으로 장이를 맞았기 때문이다.

한신은 장이와 같이 조나라를 치기 전에 먼저 대(代)나라를 공격하여 9월에 대국군을 격파하고 알여(閼與)에서 대나라 재상 하열(夏說)을 사로잡았다. 단 한 번의 출전으로 대를 굴복시키자 한신의 군사는 크게 불어났다. 한왕은 곧 사람을 시켜 그의 정병(精兵)을 보내 형양으로 가서 초군을 방위하게 했다. 한신은 여세를 몰아 조(趙)에 대한 공격을 개시했다. 이때 조나라 군대는 정형구(井陘口)로 집결했는데 그 수가 20만으로 한신의 군대에 비하여 3~4배는 되었다. 한신은 경기병(輕騎兵) 2천을 선발하여 붉은 기치 하나씩을 가지고 다른 길로 해서 조군을 바라보게 하고 1만 군사를 정형구로 나가 배수진을 치게 하였다.

한신이 대장기를 앞세우고 싸우다 거짓 패하여 하수가의 군진으로 달아나니 조군이 누벽(壘壁)을 비우고 이들을 다투어 추격하였다. 이때를 틈타 한신이 앞서 출동시켰던 기습병 2천이 비어있는 누벽으로 달려가 조의 기치를 모두 뽑고 한의 붉은 기치 2천개를 꽂으니 때마침 솟아오른 태양빛을 받아 깃발이 불꽃 피어오르는 듯하였다. 누벽을 나왔던 조군은 등 뒤에 시퍼런 강물을 두고 필사의 결의로 싸우는 한군을 이기지도 못하고 있던 터에 자신들의 누벽이 한에 함락된 것을 알자 어지러이 도망했다. 이 전투를 정형(井陘)의 전투이라 하여 제나라에서 벌인 유수(濰水)의 전투과 더불어 그의 가장 유명한 전사(戰史)가 된다. 전투가 끝난 뒤 휘하 장수가 한신에게 물을 배후에 두고 싸우게 한 이유를 묻자 한신은 다음과 같이 대답했다.

사지에 빠뜨린 뒤에야 살게 할 수 있으며 망하는 땅에 둔 뒤에야 존재하게 할 수 있다. 나는 본래 사대부를 길들여 전투하는 것이 아니고 저자의 사람들을 몰아다가 싸우게 하는 것이니 그 사세(事勢)는 그들을 사지(死地)에 두어서 스스로 싸우도록 만들지 않고 생지(生地)를 준다면 다 달아날 것이니 어찌 그들을 쓸 수 있겠는가?

이후 한신은 연(燕)과 제(齊)나라를 차례로 평정했다. 기원전 202년에는 해하(垓下)에서 항우를 패퇴시키는 대업적을 남겼다. 단 한차례의 패배도 없었던 한신으로 인해 한나라는 4년간에 걸친 초·한전을 마감하고 천하를 통일할 수 있었다.

한신은 천하명장으로서의 재능 이외에도 은혜를 저버리지 않고 보답한 인물이다. 대장군으로 있던 어느 날, 한신은 자신이 굶주리고 있을 때 먹을 것을 베풀어주던 노파를 가까스로 찾아내었다. 그는 "할머니!

할머니는 제가 굶주리고 있을 때, 당신이 드셔야 할 점심을 매일 저에게 주셨습니다. 그 덕에 저는 생명을 부지하여 오늘이 있었습니다. 그때 할머니께서 베풀어주신 은혜에 대한 답례치곤 하찮은 것이나 이 돈을 받아주시기 바랍니다."며 노파의 손을 잡고 천금을 건넸다. 이 소식을 들은 남창의 정장이 "나도 예전에 수개월 동안 한신을 우리 집에서 밥을 먹이고 재워준 적이 있다. 설마 그 일을 잊지 않았을 것이다."라며 한신을 찾아왔다. 한신은 그들에게 일백금을 주었다.

한신은 또 자신을 조롱하던 회음의 백정을 불러냈다. "이제는 죽었구나!"하면서 장수들이 도열해 있는 곳으로 나온 그를 장수들 앞에 서게 하고 "그때의 인내가 오늘의 업적을 이룰 수 있도록 해준 셈이었소."라며 칭찬한 다음 즉석에서 그를 경호원으로 임명하였다. 한신의 보은은 여기에 그치지 않는다. 제나라를 돕기 위해 항우가 초군 중에서도 가장 용맹하다고 여겨 보냈던 용저가 한신에게 패하여 초군의 형세가 약해지고 유방 역시 광무산에서 항우와 대치하느라 힘이 빠져 한신은 천하의 대세를 결정지을 수 있는 때에 있었다. 이를 당하여 괴철이 한신을 설득하기 시작하였다.

> "지금 초왕도 한왕과 함께 어려움을 겪고 있습니다. 그들 두 왕의 운명은 대왕께 달려 있습니다. 대왕께서 한의 편을 들면 한이 이기고, 초를 편들면 초가 이깁니다. 대왕께서는 초와 한 어느 쪽에도 가세하지 마시고 그대로 양립시킨 체 천하를 셋으로 나누어 솥발처럼 세 방면에서 할거하는 것이 최상의 방책입니다. 그러면 아무도 먼저 움직이려 하지 않을 것입니다. 대왕께서 초와 한이 미치지 않는 후방을 제압하고 제후들을 복속시키면서 차츰 세력을 넓히시면 천하를 손에 넣을 수 있습니다. 하늘이 주는 기회를 받지 않으면 반드시 화를 받는다는 말이 있으니 모쪼록 깊이 생각해 주십시오."

이에 대하여 한신은 다음과 같이 말하였다.

"한왕의 나에 대한 신뢰가 극히 두텁소. 나를 자신의 수레에 타도록 하시고 자신의 옷을 입도록 하시고 자신의 식사를 내가 먹도록 하시었소. 남의 수레를 타는 자는 그의 근심을 대신 품고, 남의 식사를 먹는 자는 그를 위해 죽으라는 말도 있지 않소? 내 이익을 위해 어찌 의를 배반할 것이오?"

한신이 차마 한을 배반하지 못하자 괴철은 미친 척하고 무당이 되어 버렸다. 한신은 자신의 영달을 위해 유방이 베푼 퇴사식지와 탈의의지의 은혜를 저버리지 않았다.

그러나 기원전 202년 유방이 황제의 자리에 올라 고조가 되자 한신을 제왕에서 초왕으로 옮겨 앉혔다. 한신이 초의 풍속에 익숙하므로 초나라 오랑캐들을 다스리는 데 적임자라는 이유였다. 한신이 초나라를 다스리던 기원전 201년 어떤 사람이 유방에게 한신이 반란을 도모한다고 밀고하였다. 황제의 의심을 풀기 위해 종리매의 목을 가지고 유방을 알현했으나 그 자리에서 체포되어 감금당했다. 낙양으로 돌아온 후 모반 사건에 대한 진상을 조사했으나 아무런 혐의가 없자 유방은 그를 석방하고 회음후로 강등하여 장안에 거주하게 하였다.

한신은 기원전 196년 조나라 승상으로 있던 진희(陳稀)의 반란에 연루되어 죽었다. 사마천은 「회음후 열전」에서 진희와 함께 모반을 하려다 들켜 처형당했다고 기록하고 있다. 그러나 진희가 거록군 태수로 임명되어 회음 땅의 제후로 있던 한신에게 온 지 10년이 지나서 단독으로 반란을 일으킨 것을 한신과 직접 연관 지은 것이나, 한신이 진희를 만나고도 10년 동안 반란을 위해 아무런 준비를 하지 않고 있다가 고작 감옥의 죄수나 이용하여 반란을 획책했다는 기록은 석연치 않은 점이 있다. 또 반란을 도모하고 있었다면 여태후가 꾸민 가짜 소환에 아무런 무장과 대책도 없이 혼자 입궐한 것 자체가 이상하다.

한신이 죽은 나이는 확실치 않으나 50세를 약간 넘었으리라 생각된다. 부모·형제·처자 3족이 모두 몰살당했다. 추운 겨울의 일이었다. 사마천은 만약 한신이 도리를 배워 겸양한 태도로 자기 공로를 뽐내지 않고 자기 능력을 자랑하지 않았다면 한나라에 대한 공훈은 주나라를 창업한 주공, 소공, 태공망 등에 비해 비할 수 있고 후세에 사당에서 제사를 받을 수 있었을 것이라 했다. 그러나 이렇게 반란을 꾀했다고 폄하했던 사마천은 『사기』의 마지막 부분으로 자신의 생각과 소감을 말한 「태사공 자서」에서는 「열전」을 지은 이유를 "정의를 부지하고 재능이 뛰어나서 몸으로 하여금 때를 잃지 않게 하고 공명을 천하에 세워서 70열전을 지었다"라고 말하고 있다. 이는 앞서 말한 내용과 다소 다른 느낌을 준다.

어쩌면 한신이 주살당한 지 100여 년이 지난 시점에서 사마천 자신이 이릉(李陵: ? ~ 기원전 74)을 변호하다가 한무제에 의해 궁형을 받은 몸으로 다시 한신을 변호하기 어려웠던 것을 『사기』의 총평이라 할 자서(自序)에서 이렇게 대범하게 말했는지 모를 일이다. 한신의 죽음에 대해서는 일반적으로는 모반을 기도하다 발각되어 처형당했다는 설이 지배적이지만, 이와는 반대로 한신은 모반할 이유가 전혀 없었다는 설이 있다. 지금도 이에 대한 논란은 학계에서도 끊이지 않고 있다. 다만 그가 포박당하여 장락궁 종실에서 참수당할 때 "내 괴통의 계책을 채용하지 않은 것을 후회한다. 이에 아녀자의 속임수에 떨어졌으니 어찌 하늘이 시키는 일이 아니겠느냐?" 했던 말이 그의 의중을 짐작케 할뿐이다. 상제님께서는 그의 죽음에 대해 다음과 같이 말씀하셨다.

한 신(韓信)은 한 고조(漢高祖)의 퇴사 식지(推食食之)와 탈의 의지(脫衣衣之)의 은혜에 감격하여 괴철(蒯徹)의 말을 듣지 아니하였으니 이것은 한 신이 한 고조를 저버린 것이 아니요 한 고조가 한 신을 저버린 것이니라.(교법 2장 49절)

인생의 멘토를 만나다

남상인
서울강북경찰서 감사실장
(대진대 석사)

먼저 지금까지 살아오면서 단 한 번도 생각지도 못했던 내가 살아온 길을 되돌아 볼 수 있는 계기를 만들어 주시고, 일깨워주신 노겸 소성규 교수님께 진심으로 감사드린다.

음력 1967년 12월 추운겨울날, 경북 상주시 이안면 소재 '도장골'이라는 하늘 아래 첫 동네 두메산골에서 가난한 5남매 중 넷째로 태어났다.

내가 태어날 당시는 할아버지 집안 형편이 몹시도 어려웠다. 할아버지는 1919년생이시다. 할아버지께서 태어날 당시는 '도장골'이라는 동네의 거의 모든 땅이 증조할아버지 소유였다고 한다. 할아버지께서는 당시 막내여서 증조할아버지의 귀염을 독차지했고, 어렸을 시기 신발을 거의 신으시지 않고 업혀 자랐다고 한다. 그만큼 귀염받고 자랐셨다. 그러던 중 일제강점기 당시 그 많을 땅을 할아버지 3형제 중 큰집 할아버지께서 몽땅 처분한 후, 사업자금인지 독립자금인지는 정확히 모르겠으나 아무튼 그 많은 돈을 가지고 중국 만주로 아무것도 모르는 할아버지와 함께 떠나셨다고 한다. 그리곤 그리 오래가지 않아 할아버지들께서는 빈털터리로 시골로 돌아오셨고, 둘째 할아버지 집 옆으로 작은 오두막집을 짓고 삼형제가 살아가셨다.

당시 둘째 할아버지 집은 과거에 서당을 했던 터라 땅이 꽤 넓었고, 그래서 첫째 할아버지와 막내 할아버지가 살아갈 수 있는 터를 내어 주셨다고 한다. 그렇게 할아버지께선 빈털터리로 인생을 시작하신 것이다.

할아버지께서 스무살 즈음에 할머니께서 시집을 오셨는데 당시 꽃가마를 타시고 당나귀에 온갖 살림살이를 지고 오셨다고 한다. 당시 할머니는 안동 권씨 집안에서 태어나 귀하게 자라셨고, 언문도 깨치셨으며 한방 침도 잘 놓으셨다.

당시 할아버지 집안은 상주군 내 은자골 의령남씨 집안이라 하면 알아주는 양반네 집안이라 할머니 집안에서는 묻지도 따지지도 않고 혼사를 시켰다고 할 정도로 알아주는 집안이었으나 할머니께서 시집 올 당시는 쫄딱 망한 집안이나 다름 없었다. 나는 초등학교 4학년까지는 학교가 할머니집에서 가까워 할머니집에서 다녀던 때가 많았다. 그러다보니 할머니 사랑을 많이 받으며 자랐던 것 같다. 그래서인지 할머니와 함께 자주 들에 나가 고구마밭도 메고, 옥수수도 함께 꺽어 가마솥에 푹 삶아 먹었던 기억이 오래남는다. 내가 어렸을 당시 할머니는 산등성이에 있는 조그만 고구마 밭을 일궈시며 자주 신세한탄을 하셨다. 일을 하시다 잠시 담배 한 입을 무시고는 시집와서 고생한 사연과 도망치려고 수 없이 시도했다는 사연 등등... 할머니께서 얘기하신 것 중에 재미난 일화가 하나 있다. 처음에 시집오셔서 너무 초라한 자신의 처지를 비관하며 매일매일 울며 도망갈 생각만 하고 있을 때, 큰집 할아버지께서 문풍지에다가 재미난 소설을 직접 쓰셔서 그 종이를 돌돌 말아 할머니께 건네 주셨다고 한다. 당시 큰집 할아버지께서는 진사급제를 하신 분이라 동네에서도 칭송받는 분이셨다. 어찌되었건 할머니께서는 큰집 할아버지께서 지어준 소설을 거의 외우다시피 읽고 또 읽으셨다고 한다. 그러시다 보면 큰할아버지께서 또다시 문풍지에 2편 소설을 적어 건네주셨고, 할머니께서는 그러면서 처음 힘든 시기를 넘겼다고 하셨다. 지금도 나는 그 돌돌말이 소설 종이를 할머니 유품으로 소장하고 있다. 그렇게 할머니께서는 참 힘든 삶을 살아오셨다. 할머니는 시집오셔서 슬하에 8남매를 두셨다. 그 중 맏이가 나의 아버지시다.

아버지는 1940년생으로 8남매의 맏이로 태어나 초등학교를 중퇴하고 시골 정미소에서 일하시며 매월 보리쌀 한 말을 급여로 받아 할아버지와 할머니를 봉양하였다. 그리고 그 아래 7명의 동생들까지 챙기셨다. 그러니 그 당시가 얼마나 힘던 삶이었겠는가. 그러던 중 이웃동네에 계셨던 어머니와 중매 결혼을 하셨고, 슬하에 5남매를 두셨다. 그 중 넷째가 본인(나)이다.

이제 나의 얘기를 해보려고 한다.

내가 태어날 당시 아버지께서 태몽을 꾸셨는데 당시 시골 마당 한 켠에 큰 추자(호두)나무가 한 그루 있었는데 그 나무를 오르시던 아버지의 등을 향해 어떤 아이가 화살을 쏘았는데 그 화살이 아버지 등에 꽂히면서 임금 왕(王)자를 새겼다고 한다. 나는 그렇게 세상에 태어났다.

내가 초등학교에 들어가기 전까지는 집안 형편이 말이 아니었던 것으로 기억한다. 대부분의 기억은 잊혀졌지만, 당시 먹을 것이 없어 어머니가 밀가루와 막걸리를 넣은 반죽을 하였고, 그것을 양은으로 된 쟁반위에 담아 가마솥 위에 걸쳐 놓고 다시 삼배로 위를 덮은 뒤에 푹 찌면 부풀어 오른 술떡이 완성된다. 그 술떡을 형제들과 나눠 먹던 기억, 그리고 누나들이 초등학교에서 급식으로 받아 온 우유가루를 아침에 양은 도시락 뚜껑 위에 담아서 가마솥밥 뜸을 들일 때 살짝 올려놓아 쪄먹었던 기억, 그리고 메뚜기를 잡아서 구워 먹던 기억, 초봄엔 찔레꽃 나무 순을 꺾어 껍질을 까서 속살을 먹었던 기억, 봄에 모내기 하려고 물댄 논에서 올미(풀뿌리의 일종) 뽑아 먹던 기억 등등 참 어렵게 성장하였다.

또한 아버지께서 정미소 일을 하시다 보니 이사를 자주 다녔다. 그 덕분에 나 역시 초등학교를 세 군데나 옮겨 다닐 수밖에 없었다.

내가 초등학교 때는 체격이 반에서 보통 정도 밖에 되질 않았다. 그러던 중 6학년 올라가면서 순식간에 키가 크기 시작했던 것 같다. 어머니께서는 지금도 기억하신다. 당시 나는 밥을 먹을 때면 무우국에 보리밥을 말아 두그릇씩 해치웠다고 하신다. 나는 체격이 커지면서 시골초등학교에서 읍내 대항 체육대회에 단골손님으로 출전을 하였다. 당시 주종목은 높이뛰기와 씨름이었다. 당시 초등학교 체육선생님이 운동에 관심이 많으신 분이 오셔서 높이뛰기와 씨름을 배울 수 있었다. 6학년 때 군민대항에서 체육대회에서 씨름 동메달을 목에 건 적도 있다. 그리고 5학년 때부터 악기부에 들어가 피리부터 시작하여 여러 가지 악기를 다루다가 6학년 마지막에 큰북을 담당하였다.

지금도 당시에 배우고 익힌 '올림피아마취'(도도도도시라 솔미솔미 레레미 파미레 미라솔, 라시도도도시라 솔미 솔미 레미파솔라시도레 도도도...) 지금도 계명이 입에서 줄줄 나온다.

그렇게 초등학교를 졸업하고 중학교에 입학하였다.

초등학교도 분교였지만 중학교 역시 분교를 다니게 되었다. 그도 그럴 듯이 동네가 당시 경북 상주군 은척면 소재였으나 내가 살던 고향은 면소재지에서 큰 산을 넘어 한참 떨어져 있는 분소 지역이었다. 그래서 초등학교도 분교였고, 중학교도 은척중학교 아산분교였다.

중학교 들어가면서 키는 훌쩍 더 커졌다. 한참 클 당시는 1년에 약 12센티미터 자란 적도 있다. 그래서 중학교 시절에도 나는 계속해서 씨름을 배웠다. 참고로 지금 나의 체격은 키 180센티미터, 몸무게 88킬로그램의 건장한 체격이다. 시골출신 치곤 아주 큰 키에 속 하였다.

중학교 때 씨름을 배우던 시절 재미난 일화가 있다. 1980년 당시에는 주변에 먹을 것이 마땅치 않았다. 그래서 체중을 늘리기 위해서 동네 야산에 고라니나 토끼 등 산짐승이 다니던 길에 큰 구덩이를 파고 그 위를 나뭇가지 등으로 덮어 덫을 만들고, 그 구덩이에 빠진 산짐승을 잡아먹었다. 실제로 고라니와 토끼, 꿩 등을 많이 잡았다. 또 한겨울 방학기간에는 학교에 나와 씨름을 배웠다. 그럴 때면 보통 체육선생님께서 읍내에 나가셔서 돼지고기 비계 500원어치를 사 오시는데 우리는 그 돼지비계를 교실 내에 비치된 갈탄난로 위에 찜통을 올려놓고 끓는 물에 돼지비계를 푸욱 삶아 겨울 김장김치로 돌돌 말아 맛있게 먹었던 재미난 기억도 난다.

그리고 중학교를 다니면서 한 가지 아쉬운 기억도 있다. 당시 운동을 하다보니 공부는 꽝이었다. 그렇다 보니 체격은 학년에서 제일 컸지만 선도부에 들어가지 못한 아쉬움이 있다. 선도부는 공부 잘하는 애들이 활동하였는데 당시 남녀공학이었던 중학교에서 여학생들에게 인기가 많았다. 나는 3년동안 한번도 선도부에 들어가지 못했다. 사춘기 시절이었던 나는 못내 아쉬웠다. 그리고 중학시절 씨름선수로서도 별 다른 성과를 내지 못하고 그렇게 중학교 3년을 마치었다. 그래도 후회는 없다. 나는 중학교 때 참좋은 친구 5명을 사귀었다. 5명 모두 톡특한 개성을 갖고 있다. 싸움 젤 잘하는 놈, 젤 잘 생긴 놈, 테니스 젤 잘 치는 놈, 쿵푸·복싱 젤 잘하는 놈, 여자한테 젤 인기많은 놈, 그리고 나, 나는 지금도 그 친구들과는 모임을 갖고 있고, 모두 성공해서 전국에 흩어져서 잘 살고 있다. 일년에 두어번씩 모이는데 그때마다 우리들의 소꿉시절을 안주삼아 소주 한 잔 하다보면 금방 날이 샐 정도이다.

그리고 고등학교 진학을 하게 되었다. 1983년 당시에는 자기가 가고 싶은 고등학교에 원서를 쓰고 시험을 치뤄 합격을 해야만 다닐 수 있었다. 나는 고민에 빠졌다. 그냥 동네에서 버스로 30분 거리의 읍내 고등학교로 가야 할지 아니면 버스로 1시간 이상 걸리는 상주 시내에 있는 상주고등학교로 가야 할지를 고민하였다. 당시 상주고등학교를 가려면 상주시내에서 자취를 하여야 했기 때문이다. 그렇게 고민 고민하다가 결국 상주고등학교에 진학하기로 마음먹고 부모님께 말씀드리고 원서를 썼다. 지금와서 고백하지만 사실 상주고등학교를 지원한 동기가 또 하나 있다. 당시 나는 뒤늦게 눈을 뜬 사춘기 소년으로 부모님으로부터 떨어져 지내고픈 생각이 많이 지배하였다.

아무튼 나름 시험준비를 열심히 하여 대 상주고등학교에 당당히 합격을 하였다. 당시 600명 모집에 150등 정도 한 것으로 기억한다. 어떻게 기억하냐하면 당시 초중고교를 통틀어 처음으로 시험공부를 해 보고 나서 시험 본 결과물이어서 오래 기억에 남았다.

고등학교 입학과 동시에 상주시 신봉동에 삭월세방을 얻었다. 1년에 30만원이었다. 당시 주인아저씨는 철도원으로 근무하셨고, 아이들이 넷이 있는 다복한 가정이었는데 안타까운 사연이 있다. 막내아들이 네 살 때인 것으로 기억하는데 어느날부터 아이의 왼쪽 눈위 이마부분이 붓기 시작하였고, 그리고 오래가지 않아 아이는 하늘나라로 먼저 가버렸다. 참 안타까운 일이었다. 내가 학교 갔다 자취방으로 돌아오면 누구보다 먼저 달려와 "아제" 하고 부르던 참 똑똑한 아이였다. 그러나 당시에는 내 나이가 어려서 그렇게 심하게 슬픔을 느끼지는 않았던 것 같다. 그래서인지 그 아이에게 평생 미안함을 느낀다. 이 글을 쓰면서도 지금 막 눈시울이 붉어져 한참을 멍하니 컴퓨터 모니터만 바라본다.

고등학교 시절은 그리 좋은 기억이 없다. 그저 입학 첫날 길거리에서 시내 놈들을 만나 여럿에서 패싸움했던 기억, 시내 깡패놈과 일대일 매치하던 기억, 자취방 주변 동네 선배가 나오라 해서 나갔다가 공설운동장에서 흠씬 두들겨 맞았던 일, 학교에서 공부는 하지 않고 첫 시간부터 친구가 싸온 도시락 까먹기 시작하여 둘째시간, 셋째시간, 점심시간까지 밥 먹던 기억 등이 전부이고 은사와의 인연도 기억나는 분이 없다.

그러고 보니 도시락 얘기가 나와서 기억나는 것이 있다. 아버지께서 정미소를 운영하시다 보니 2주마다 쌀 한말씩을 먹고 살라고 보내 주셨다. 나는 그 쌀 한 말을 어깨에 메고 나와 또다시 버스를 타고 상주시내 버스 정류장에 내리면 어느 순간 주변에 있던 아주머니께서 달려오셔서 쌀 한말을 건네 받으며 값을 쳐 주셨다. 당시 쌀 한말 값이 8,000원에서 9,000원 가량 했던 것으로 기억한다. 그러면 나는 묻지도 따지지도 않고 그 돈을 받아 자취방으로 돌아 오면서 수퍼에 들려 일단 삼양라면 한박스를 구입하고 나머지는 막걸리 서너병과 사이다 한병을 사들고 자취방으로 돌아왔다. 그리곤 얼마 지나지 않아 시내 친구들 서너명이 자취방으로 들어온다. 그러면 나는 라면을 삶아 친구들과 막걸리와 사이다를 섞어 나누어 마셨다. 참으로 배은망덕한 놈이 따로 없었다. 그래도 당시 내가 사귄 시내친구들은 하나같이 덩치는 컸으나 모두 순한 아이들이었다. 도시락 얘기를 하다 보니 여기까지 왔는데 당시 시내에서 잘 사는 친구가 한 명 있었다. 그 친구는 상주 시내에만 집이 두 채가 있었고, 아버지는 건설업을 하셨다. 당시 그 친구 어머니께서 나를 순진하고 착한 시골 촌놈으로 잘 보셔서 인지 매일 매일 그 친구 도시락을 싸면서 내 도시락까지 두 개를 싸 주셨다. 그것도 보통 도시락이 아닌 찬합통으로 싸 주셨다. 그러면 나는 학교 등교하자마자 도시락 하나를 해치웠다. 그리고 둘째 시간이 끝나면 보통 반 친구들이 하나둘씩 도시락을 꺼내 먹기 시작한다. 그러면 나는 찬합통을 들고 이리저리 다니면서 밥 동냥을 하기 시작했다. 그렇게 셋째시간이 끝나고, 점심시간까지 이어진다. 그래도 반에서는 내가 말썽도 부리고 않고 학우들과 잘 지낸터라 아무 거리낌 없이 밥과 반찬을 내어 주었다.

지금도 그때 시내 친구들과 만남이 이어지고 있고, 그럴 때마다 친구 어머니께 인사를 드린다.

고등학교 3년이 공부도 제대로 한번 해 보지 못하고 인생에서 가정 소중한 시기였던 시간이 그냥 그렇게 흘러갔다.

사실 나는 꿈이 있었다. 고등학교 들어가면 열심히 공부해서 육군사관학교를 가고 싶었다. 왜냐하면 내가 초등학교 다닐 때 동네 사는 사람이 육군사관학교를 나와 장군이 되었는데 당시 헬리콥터를 타고 우리동네 학교 운동장에 내리는 것을 보았다. 당시에는 너무 겁도 났지만 한편으론 흥분되고 멋있어 보였다.

그러나 육군사관학교는 나에겐 꿈에 불과했다. 체력은 받쳐 주었으나 공부가 따라주지 못하였다. 그래서 결국 포기할 수 밖에 없었다.

당시 담임선생님은 상주대학을 가라고 권하셨으나 당시 나에겐 육군사관학교 외엔 눈에 들어오지도 않았다. 솔직히 좋은 대학에 들어갈 실력도 되지 않았다. 그래서 결국 대학을 포기하고 무작정 대구로 상경했다. 부모님께는 자격증 취득을 위해 학원을 다니겠다고 하였다. 이것이 사회인으로의 내 인생의 첫 번째 출발이었다.

대구에서의 생활 역시 그리 녹녹하지는 않았다. 서문시장 안쪽에 허름한 여인숙에서 당시 학원에 다니는 또래의 친구 세 명이 함께 생활하였으니 학원공부가 제대로 될 리가 없었다. 거의 매일 술을 마시고 놀았다. 그러다가 그곳에서 인생처음 여자를 만났고 사귀게 되었다. 나에게 첫 여자였다. 대구 아가씨였는데 인물은 별로였으나 싹싹하고 착했다. 지나고 보니 괜히 내 옆에서 고생만 한 사람이었다.

당시 나는 해보지 않은 일이 없었다. 학원을 그만두고나서 삼립빵 공장, 한국농약, 오토바이 부품 생산공장, 자동차 공업사, 심지어 고령지방에서 나오는 도자기 판매까지 별일을 다 해 보았다. 그러다가 어떻게 시골 부모님께서 내가 학원은 다니지 않고 매일 술만 먹고 여자만 꼬시고 다니는 것을 아셨는지 어느날 막내삼촌과 형님이 여인숙으로 들이 닥쳤고, 나는 꼼짝없이 짐을 싸서 삼촌을 따라 대구 산격동 삼촌집으로 갈 수 밖에 없었다. 그러면서 친구들과 사귀던 여자와 이별이 되었다. 당시에는 휴대폰이나 삐삐가 없던 시절이어서 아무런 연락도 취할 수 없었다. 그렇게 대구에서 약 2년 정도 생활한 것 같다.

그렇다가 어느 날 군입대 영장이 나왔고, 나는 의정부에 있는 306보충대로 1988년 5월 3일 입대를 하였다.

이것이 내 인생의 두 번째 시기의 시작이었다.

누구나 군대 생활은 그리 호락호락하지 않았을 것이다. 나 역시 마찬가지였다. 자유가 없는 삶이란 것이 이런거구나를 생각하며 매일매일 훈련하고 실수나 잘못을 하면 얼차려에 얻어터지기 일쑤였다.

당시 나는 수도방위사 33경비단에 차출이 되었는데 기본교육을 경기도 가평에 있는 수기사(수도기계화보병사단) 맹호부대 교육대에서 받았다.

사실 군입대(수방사 근무)가 내 인생에 커다란 변혁을 가져다 주었다. 처음 내가 수방사로 차출될 때부터 기막힌 일화가 있다. 당시에는 나를 차출하러 온 사람이 군인인 것 밖에 몰랐으나 나중에 알고보니 당시 주임원사와 중사 한 명이었고, 그들은 훈련병 모두를 키 순서대로 일렬횡대로 세웠다. 그러면서 키가 큰 순으로 한명 한명 훑어보면서 얼굴에 상처 등 특이사항이 없으면 한 발짝 앞으로 불러 세웠다. 그런데 내 앞에 온 원사가 나를 물끄러미 바라보더니 잠시 생각에 빠진 듯 하였고, 곧바로 옆에 있던 하사관이 원사에게 "이 친구는 몸이 너무 뚱뚱해서 않되겠습니다"라고 하였다. 당시 내 몸무게는 92kg정도 되었다. 그래서 원사가 그냥 나를 지나쳐서 다른 훈련병들을 점검하였다. 나는 수방사가 어디에 있는 부대인줄도 모르고 해서 그냥 아무 생각없이 서 있었는데 잠시 후 이 원사가 다시 내 앞으로 와서 나를 쳐다보고 있었다. 잠시 쳐다보더니 "이놈 앞으로 나오라고 해"라며 하사관에게 지시하였고, 이에 하사관이 "이 친구는 아까 몸이 뚱뚱해서 안된다고 말씀드렸던 친구입니다"라고 하였더니 원사 왈 "이놈 4주 훈련 받으면 20kg은 그냥 빠져. 그러니 그냥 뽑아"라고 하였다. 헐~ 나는 그렇게 서울에서 근무하는 수도방위사에 차출이 되었다.

그런데 정말 놀랍게도 나를 차출한 원사가 말한대로 4주 후 나의 몸무게는 75kg으로 20kg 가까이 빠져 있었다. 훈련소에서 훈련을 마치던 날 컵라면과 치킨, 고추와 고추장을 포장해서 면회오신 아버지와 서울에 계신 작은 아버지께서 나를 몰라 보실 지경이었다.

그렇게 군생활이 시작되었다. 내가 배치받은 부대는 수도방위사 부대 중에서도 다들 가기 싫어하는 33경비단이었다. 나중에 알고 보니 제일 빽 없는 놈이 끌려가는 소위 말하는 뺑이치는 부대였다. 당시 빽있는 놈들은 수도방위사 부대 중에서도 본부나 방포단으로 갔다. 방포단은 서울 도심의 큰 빌딩 옥상에서 근무를 하며 당시 호텔 뷔페 같은 곳에서 식사를 하였다고 한다. 한마디로 잘 풀린 놈들이었다.

내가 배치받은 부대의 주 근무지는 서울에 있는 인왕산이었다. 우리 부대는 블루하우스(청와대) 주변에서 불순분자 침투를 제거하는 경비근무가 주 임무였다. 그곳에서 수개월씩 근무를 하였고, 경비근무를 마치면 서대문에 있던 주둔지로 내려와 매일 폭동진압훈련을 하는 게 거의 대부분의 일과였다. 폭동진압훈련은 부대원을 반으로 나누어 반은 폭도들로 분장을 하고 나머지는 진압봉을 들고 가상의 폭도들을 진압하는 훈련이다. 아무튼 이등병 때는 고참들에게 많이 두들겨 맡기도 하였지만 비교적 군생활에 잘 적응했다. 그러게 20개월을 근무하던 중 나에게 분대장(하사계급)이 될 수 있는 기회가 찾아왔고 나는 이전부터 꼭 분대장이 되어야겠다고 생각하였기에 당연히 지원을 하였다. 당시 고참들이 다들 만류하였으나 나는 다 뿌리치고 분대장 교육대에 입소하였다. 그곳에선 다시 이등병으로 돌아간 듯 모진 훈련과 구타를 당해 치아도 부러졌지만 꿋꿋이 분대장이 되어야겠다는 각오로 버티고 버텼다. 사실 수도방위사는 분대장이 주축이 되어 이끌어 가는 부대였다. 그 만큼 분대장의 역할과 역량은 매우 컸다. 그렇게 분대장 훈련입소전 4주, 입소 후 4주 분대장 교육을 무사히(치아는 부러졌지만) 마치고 부대로 복귀하여 분대장으로의 복무가 시작되었다.

　나는 개인적으로 분대장 생활 10개월이 지금의 나를 있게 해 준 고마운 시기였다고 항상 생각한다.

　분대장은 끈기와 인내, 그리고 리더쉽이 필요했다. 야외전술 훈련을 받으면서 산악행군 할 때는 내가 분대원 대신 M60기관총을 어깨에 메고 산등성이를 넘어야 했고, 맛있는 것이 생기면 항상 막내 분대원부터 먼저 먹였다. 또한 분대원 8명이 무사히 군복무를 할 수 있도록 부대생활과 개인사생활 등을 모두 챙겨주고 관리해야만 했다. 그것이 분대장의 역할이었다. 그때 나는 리더쉽과 책임감 등을 배우고, 몸소 실천하며 당당한 군인으로서 참으로 소중한 시기였다고 생각한다.

　그렇게 30개월이란 군대 생활을 무사히 마치고 전역을 하였다. 당시 월급을 꼬박꼬박 저축한 금액이 30만원이 넘었다. 당시 하사 월급이 3만 2천원이었다. 10개월 동안 저축한 금액치곤 꽤 많았다. 그래서 전역하던 날 그 돈으로 함께 전역했던 동기들에게 종로3가 레스토랑에서 크게 한턱 쏘았다. 그리고,

　나는 이 술자리가 내 인생의 또 다른 터닝포인터가 될 줄은 꿈에도 몰랐다.

　그때 내 인생의 숙명과도 같았던 경찰이란 직업에 대해 알게 되었다. 당시 함께 전역한 분대장 동기가 하는 말이 BH(블루하우스, 청와대)에서 경호원을 선발하는데 응시해 보자고 하였다. 마땅히 시골로 내려가도 할 일이 없었던 나는 그냥 시험이나 한번 보자는 식이었고, 사실 그때는 경호원인줄 알았지 경찰이라곤 생각지도 못했다.

　그렇게 일단 전역 동기들과 헤어진 후 나는 부모님이 계신 시골로 내려왔다. 어머니께서는 내 장래가 심히 걱정되셨는지 나도 모르게 아버지와 상의하신 후 운전면허를 취득하라시며 30만원을 건네 주셨다. 괜히 죄송하고 죄송했다. 엄마는 못난 나 때문에 항상 고생만 하시는 분이었

다. 나는 상주시내에 있는 운전면허 학원에 등록한 후 일주일만에 1종 보통 면허를 취득하였다. 사실 돈이 조금 아깝다는 생각이 들 정도로 너무 빨리 취득해 버렸다. 그리곤 부모님께 서울 고척동에 살고 있는 형 집에서 경호원 시험준비를 하겠다며 용돈 5만원을 받아 무작정 상경하였다. 시골에서는 좀이 쑤셔 하루하루가 힘들었던 시기였던 것 같다.

그렇게 형님집에 도착하여 교보문고에서 시험 관련 책자를 구입해서 무작정 책을 암기하기 시작했다. 작은 방에서 형수님이 차려주시는 밥을 먹고 엎드려 책을 보기를 한 달 넘게 하였다. 그렇게 1차 체력검사 후 2차 필기시험 날이 다가왔다. 나는 필기시험을 치룬 후 함께 시험 본 군대동기와 함께 동대문에 있던 어느 문구사에 영업직으로 취업을 했다. 당시 2주 동안 실습기간을 거쳐 영업활동을 하는 일이었다. 그렇게 실습기간이 끝나갈 때 쯤 2차 필기시험을 합격하였음을 통보받았다. 억수로 기분이 좋았다. 그러나 겉으로 표현할 수는 없었다. 왜냐하면 함께 필기시험을 본 군대동기는 떨어졌기 때문이다. 많이 아쉬웠다. 그 동기가 권해서 함께 시험 본 것이었는데... 아무튼 나는 어쩔 수 없이 동기와 함께 근무했던 문구사에서 나와 3차 적성검사 및 4차 면접시험 준비를 해야 했다. 적성검사는 별다른 어려움 없이 통과를 하였고, 마지막 4차 면접이 최종합격의 관문이었다. 당시 군생활을 마치고 곧바로 시험 본 것이니 일반 상식이 많이 부족하였다. 그래서 또다시 종로에 있는 교보문고에 들러 '상식은 몰상식이다'라는 책자를 구입하였고, 그렇게 형님집에서 상식책을 독파하기 시작했다. 그렇게 하여 마지막 면접시험을 치루게 되었다. 당시 면접관은 내가 군대를 바로 제대한 나이가 젊고 아직 군기가 남아있었던 것을 잘 보았는지 내게 난이도 높은 문제를 제시하지는 않았던 것 같았다. 그도 그럴 것이 최종합격하면 근무지가 VIP를 경호하는 특정지역이어서 아마도 개인의 인성과 사상·이념 등에 초점을 둔 것이 아닌가 싶다. 그냥 시험장 앞에 놓인 영어 영작 한 두 문제와 고사성어

한 두 문제를 물어보고 나머지는 내 근무자세와 현 시국 상황 등에 대해서 물어 보았고, 나는 막힘없이 답을 하였다. 왠지 합격할 것 같은 느낌을 받았다. 그렇게 마지막 면접시험을 보고 나는 시골로 내려왔다. 몹시도 추운 한겨울이었다. 눈이 많이 내려 온 세상이 하얀 눈 밖에 없었다. 주위에 친구도 한명 없었다. 부모님은 시험을 걱정하시는 듯 했고, 나는 그런 부모님께 시험보다는 서울에서 다른 일자리를 찾아보겠다고 얘기한 상황이었다.

합격자 발표 당일 아침에 나는 서울로 올라가서 합격여부를 확인하겠다고 하였고, 어머니께서는 여비 하라시며 5만원을 주셨다. 사실은 전화로 합격여부를 알 수 있었으나 왠지 떨어지면 어떡하지 하는 죄송한 마음도 있고 해서 부모님께 직접 가서 봐야 한다고 거짓말하였다. 떨어지면 그 길로 서울 가서 취직을 할 생각이었다. 잠시 후 읍내로 나가는 버스가 마을 위쪽 산등성이에 모습을 보였다. 순간, 나는 얼른 방으로 들어가서 전화기를 들고 ARS로 합격여부를 확인해 보았다.

"축하합니다. 합격하셨습니다"란 멘트가 흘러나왔다. 나는 기뻤다. 구름을 올라탄 듯하였다. 가슴이 벅차 오르고 너무 너무 좋았다. 얼른 밖으로 나와 마실 정류장에서 버스를 기다리고 계시던 어머니께 나는 버스에 올라타면서 "엄마 나 합격했어, 방금 전화로 확인 했어"라고 말씀드렸더니 어머니께서는 약간 어안이 벙벙하신 듯하시더니 이내 먼 발치에 떨어져 계셨던 아버지를 손짓으로 부르고 계셨다. 나는 그런 어머니의 모습을 보며 서울로 상경을 하였다. 서울에 도착하여 곧바로 종묘로 향했다. 그곳 담벼락에 합격자 명단이 붙어 있었기 때문이다. 그곳에서 합격자 명단에서 '남상인'이란 내 이름 석자를 당당히 보았.

또다시 벅찬 감동이 몰려왔다. 세상을 다 가진 기분이었다.

그렇게 1991년 3월 충주에 있는 중앙경찰학교에 입소를 하였고, 무사히 교육을 받고, 그해 8월 졸업을 하고 순경으로 임관을 하였다. 드디어

경찰생활의 첫발을 내딛는 순간이었다.

청와대 101경비단 근무와 생활은 힘들었다. 한마디로 군대생활을 다시 하는 것과 똑 같았다. 엄청난 규율 속에서 한치의 흐트러짐도 용서가 되지 않는 곳이 바로 그곳이었다. 그도 그럴것이 대한민국 최고 통수권자를 최측근에서 허리에 권총을 차고 경호경비를 하는 업무였으니 당연히 기본 원칙과 보안이 철저히 요구되는 엄격한 곳이었다. 그래도 난 군대를 바로 제대한 상태라 그곳에서 잘 적응할 수 있었다. 제대로 적응하지 못한 몇몇 동기들은 일선경찰서로 전출을 하는 경우도 있었다. 나는 청와대에서 근무하면서 지금의 아내를 만나 결혼을 하였다. 그렇게 그곳에서 4년을 근무하고 나는 1계급 승진한 상태로 서울 노원경찰서로 근무지를 옮겼다. 그리고 1996년에 사랑하는 아들이 태어났고, 2002년엔 경사로 승진을 하였고, 또한 그해 예쁜 공주가 태어났다. 이렇게 우린 네 식구가 살아간다.

2008년엔 경위로 승진을 하였다.

그러던 어느날, 내 생활에 권태기가 찾아왔다. 삶이 별 재미가 없다는 생각이 들었다. 그래서 한참을 방황한 것 같았다. 나의 과거를 되새기며 내가 지금껏 잘 살아 온 건지에 대한 의문이 들었고, 그러다가 우연히 젊은시절 대학을 가지 못한 것이 가장 아쉬운 기억으로 남아있는 것을 발견할 수 있었다. "그래, 지금이라도 공부를 하자. 대학을 들어가자" 나는 이렇게 마음먹고 2011년 3월에 경희대학교 행정학과에 합격하여 대학생활을 시작하였다. 그곳에는 나처럼 젊은 시절 공부를 하지 못했던 학우들이 모여 공부하는 곳이었다. 일주일에 두 번 수업을 하였는데 수요일과 토요일이었다. 그러다가 나중엔 토요일에 몰아치기로 수업을 진행하였다. 나름 재미있는 대학생활이었다. MT도 가고 회식도 자주 하였다. 그렇게 5학기를 공부하고 나는 당당히 대학졸업장을 손에 거머쥐었다. 학사모를 쓰고 졸업사진을 찍어 카톡방에 올려놓고 시골친구 등 내가 아는 많은 사람들과 공유하였다. 모두들 축하해 주었다. 나는 꿈을 이룬 순간이었다.

그렇게 또다시 시간을 흘러갔고, 나는 지난 2017년 7월에 경감으로 승진을 하였다. 비록 경찰동기 중에 가장 빠르지는 않았으나 그래도 상위권에 속하는 빠른 승진이었다. 그리고 보면 나름 참 생활을 열심히 한 것 같다. '국민의 생명과 재산을 지키는 경찰!' 오로지 이 사명 하나로 나는 버티고, 참고, 순응하며 생활해 왔다고 감히 자부한다.

그렇게 또 시간은 흘러갔다.

2018년 추운 겨울날이었다. 나보다 거의 10년 먼저 경찰생활하다 퇴직한 선배님 한 분이 노원경찰서로 찾아오셨다. 그분에게 따뜻한 차 한 잔 대접해 드리면서 많은 얘기를 나누었다. 그 중에 그분이 내게 하는 말이 "동생은 퇴직이 아직 많이 남아있다고 생각하는가?" 하고 물으셨다. 나는 별 생각없이 "예. 선배님 한 10년 남았습니다."라고 답하였다. 내 말을 들은 선배는 "내가 살아보니 그 10년은 금방 지나간다네"라고 하시면서 내가 퇴직 후에 무얼할 것인가 고민한 적이 있는지 물어 보셨다. 나는 아무런 답을 하지 못했다. 왜냐하면 퇴직 후의 내 모습을 생각해 본 적이 없었기 때문이다. 순간 나는 머리를 "땅"하고 한 대 얻어 맞는 느낌을 받았다.

살아오다보니 어느듯 선배님들이 가신 길! 퇴직이 코앞으로 다가온 듯 했다. 그 선배님은 내게 석·박사 학위를 받을 것을 추천하였다. 자신은 현재 경비지도사 협회에서 일하고 있다시며 경비지도사를 상대로 교육을 시켜야 하는데 경찰출신 석·박사가 턱없이 부족하다는 것이었다. 그리고 꼭 이 일이 아니더라도 자신이 퇴직해서 여러군데 취업을 하려고 했더니 학사학위로는 취업에 어려움이 많다는 얘기를 해 주었다. 그리고 선배는 마지막으로 내게 조심스럽게 건네준 한마디를 남기고 걸음을 돌리셨다. 그 말은 "자네는 조직 생활만 하여서 조직 밖 사람들은 거의 만나지 못했지 않은가. 대학원에 들어가서 많은 사람들을 사귀시게, 나이들면 사람이 곧 재산이란 것을 알 것일세"라고 하였다.

맞는 말이었다. 나는 30여년을 경찰이라는 울타리 안에서만 생활하였다. 당연히 경찰은 일반인과는 어울려서 좋을 게 없다는 선배들의 교육을 수없이 받아 왔기에 내 주변에는 경찰 밖 사람들은 거의 없었다.

그렇게 고민을 하던 중 마침 대학을 함께 공부하셨던 분으로부터 연락이 왔다. 그분은 평소 내가 가장 존경하는 분 중에 한 분이셨고, 시의회 의장 등 내리 3선을 하신 분이시다. 그분과 이런저런 얘기를 하던 도중 내가 공부를 계속해보고 싶다는 말을 들으시곤, 당신께서도 현재 대학원을 다니고 있는 중이라시며 내게 적극적으로 대진대학고 공공정책대학원을 추천해 주셨다.

그때가 2020년 1월이었다. 그렇게 해서 대진대학교 공공정책대학원 공공인재법학과 공부를 시작하는 계기가 되었다. 당시 우리 과 대학원생은 10여명에 불과했지만 야간수업을 하면서 나름 재미난 시간을 보내었다. 3학기때 부터는 원우회장직도 맡았다.

나는 그 대학에서 내 인생의 소중한 또 한 분의 은사를 만나게 되었다. 바로 노겸 소성규 교수님이시다.

나는 처음 만난 사람과는 금방 친해지기 참 힘든 성격이다. 그때도 그랬다. 처음 그분을 보았을 때는 그저 평범한 대학교수라고만 생각했다. 사실 평범해 보이셨다. 그러나 그런 나의 생각이 오래가지 않아 바뀌었다.

강의를 듣다 보면 왠지 모르게 교수님의 생각과 철학에 빠져든다. 처음엔 익숙치 않았다. 남북통일을 위해서는 "통이(通異)"를 이해해야 한다. 즉 서로 다름을 인정하고 접근함으로서 관계를 더욱 발전시켜 나가야 우리가 바라는 통일을 이룩할 수 있다는 것이다.

'서로 다름을 이해하고 존중해 주어야 한다.' 그렇다 나는 지금까지

나만을 생각하고 살아온 것 같았다. 한마디로 이기적인 삶을 살았다. 아내를 배려할 줄 모르고, 자식을 배려할 줄 모르고, 내 생각과 다른 사람을 배려할지 모르는 이기적 삶을 살아왔던 것이었다. 그렇게 교수님의 "통이(通異)" 강의는 내게 충격 그 자체였다. 그분에게 존중과 배려가 무엇인지를 배웠고, 그것은 나이를 먹어가면서 반드시 갖춰야 할 기본적 소양임을 알게 되었다.

그 외에도 교수님께서 준비하고 계획한 남북 접경지역 개발방안, 북한의 민법과 우리나라 민법의 차이 등 새로운 학문을 많이 접할 수 있었다. 그리고 학문에만 그치지 않고 제주 4.3 현장체험, 3.8선 접경지역 등 현장체험을 통해 나는 더더욱 현재의 내 위치나 내 존재가 참으로 소중하다는 것을 새삼 알게 되었다.

그래서 나는 단연코 소성규 교수님께 삼고초려의 심정으로 석사논문 지도교수를 맡아 주실 것을 부탁드렸고, 바쁘신 교수님께서는 흔쾌히 승낙해 주셨다. 그러나 석사졸업은 결코 만만치 않았다. 경찰이라는 직업을 가진 사람이 학업을 병행한다는 것은 참으로 힘든 일이었다. 그럼에도 불구하고 석사논문 준비와 관련 몇 번의 수정을 거치고서야 교수님께서 합격인정을 해 주셨다.

석사학위 수료 후 내 생활엔 많은 변화를 가져왔다. 교수님과 함께 한 100여 명의 정말 훌륭한 석·박사분들과 '개성포럼 학술 세미나', '제주도 현장체험학습', '강원도 38선 현장체험', '청와대 트래킹' 등 다양한 포럼활동에 참여하며 그분들과 새로운 교분을 쌓았고, 현재도 많은 의견을 교환한다. 한마디로 내 생활에 새로운 삶의 활력소가 되고 있다.

소성규 교수님께서는 내 고향 경북 상주와는 차로 불과 30여분 거리로 가깝다. 그래서인지 교수님은 나를 더더욱 특별히 아껴주시는 듯하다. 많이 부족하지만 부족한 나를 따뜻하게 대해 주시는 그분께 항상 감사드린다. 졸업 이후 지금도 나는 가끔씩 교수님과 함께 골프라운딩도

하고, 교수님이 주관하는 포럼이나 행사 등에 참석하며 교수님과의 인연을 이어가고 있다. 그분을 만날 때마다 나는 새로운 인생 공부를 한다. 배울게 참 많으신 분이다. 앞으로도 계속해서 교수님과의 인연을 이어갈 것이다.

다시 한번, 이렇게 나의 삶을 되돌아 볼 수 있는 기회를 만들어 주신 교수님께 감사드린다.

교수님! 화갑년 진심으로 축하드리며 사랑합니다♡^^.

2024년 5월에~

평생을 볼 것 같다

모상필
하임건축사무소 대표 (새끼손가락 1기, 건축학과 졸업)
강유진
방송스타일리스트 (새끼손가락 1기, 조소학과 졸업)
정재종
라이트너스 대표 (새끼손가락 3기, 전자공학과 졸업)
최국일
새경희의료기 재직 (새끼손가락 4기, 아동학과 졸업)

검은 아우라의 무리들

나는 타 대학을 졸업 후 사회생활을 하던 중 건축사에 꿈이 있어 늦은 나이 다시 대학생활을 시작하게 되었다. 늦은 나이 다시 새내기가 된 난 학과 사무실을 갔던 첫 날을 지금도 잊을 수 없다. "공대 가동". 건축학도는 다리가 튼튼해야 하나? 아래층은 토목과, 윗층은 도시과 남자들만 바글바글한 이 건물을 굳이 이렇게 배치한 것은 누구의 아이디어 인지? 그때 나는 한줄기의 빛을 보게 되었다. 그것은 수강신청서 속 "법과 여성"이라는 이름 속 두 글자…여성을 위한 학문…여학생이 많은 강의… 건축과 동기 동생들은 나의 촉을 믿고 여학생이 많을 것이라는 믿음으로 모두 해당 강의를 수강했다. 그리고 우리의 믿음 속 강의의 담당교수님이 소성규 교수님이었다. 우리는 부푼 기대감으로 강의실 문을 열었다. 하지만 강의실엔 남학생들만 가득했고 그나마 몇명 없던 여학생 중

6명이 건축과 동기 동생들이었다. 지금도 당시 나에 대한 동기 동생들의 원망에 찬 눈빛이 잊혀지지 않는다. 우리가 상상했던 '여성'학과는 달랐지만 강의는 상당히 흥미로웠다. 당시는 지금 보다 여성이 법 앞에 불리하던 시대였는데, 민법을 일상과 연결시켜 여성의 권리를 지킬 수 있는 방법을 제시하는 수업이었다. 특히 당시 남성 위주의 공대속에서 소외될 수 밖에 없었던 여학생들을 일깨우셨던 수업이었다.

나는 학생1이었다.

당시에 우리 학과 뿐만 아니라 공대 내에선 이 풍요로운 땅 위에도 우리의 마음의 안식처를 만들자는 운동이 일고 있었다.

우리 과에서는 94학번 홍태의(새끼손가락1기)가 소년소녀가장을 돕는 동아리를 만들자는 제안을 하였고 의견이 맞았던 건축과, 음대학생들로 겨우 동아리 최소 인원을 맞춰서 새끼손가락 동아리를 창단하게 되었다. 그리고 우리는 새끼손가락 1기를 모집하기 위해 통기타 한 대만 들고 학생회관 앞에 서서 무작정 노래를 불렀다. 그리고 지금의 새끼손가락 1기가 완성되었다.

중학교 때 엄마아빠가 보내주신 캠프에서(어떤 캠프인지 잘 기억도 나지 않을) 장기 자랑 시간 때 가곡 '선구자'를 불렀다가 사람들의 따가운 눈총을 받은 후로 음악, 또는 노래와는 거리를 두며 지내왔던 나는 그저 이 차가운 곳에서 벗어나 저 아래 포근하게 햇살이 내리쬐는 광명의 땅을 찾아가는 것만으로 기뻐하며 친구들과 함께 동아리의 창단 멤버가 되었지만 말이 창단 멤버이지 아무런 소질도 없었던 나는 그저 공강 시간에 동아리 방에 틀어박혀 캠퍼스의 낭만을 상상하며 통기타를 만지작 거리는 학생1에 불과했다. 그 때 초대 담당 교수님께 개인적인 사정이 생기며 지도교수 자리가 공석이 되었기에 나는 학생1에서 스카우터로 전직을 하게 되었다.

지도교수를 부탁해

평소 소성규교수님께서 우리를 지원해 주셨고 동아리의 사정도 잘 알고 계셨기에 부탁드려 보기로 했다. 갑작스럽게 부탁드렸음에도 불구하고 꽤나 흔쾌히 지도 교수직을 맡아 주셨고 좋은 일에 함께 할 수 있어서 너무 좋다고 하셨다. 나중에 이야기를 들어보니 교수님도 봉사활동에 관심이 많으셨지만 바쁘게 살다 보니 잊혀가고 있던 것들이 우리를 보며 다시 상기되었다고, 오히려 우리와 함께 하는 것에 먼저 생각을 하셨다고 말씀하셨다. 한 예로 지도 교수직을 맡자마자 곧바로 포천의 한 보육원과 자매결연을 맺고 우리 동아리는 매 월 후원금 전달과 봉사활동을 나가게 되었다. 이름만 '소년소녀 가장 돕기 음악동아리'에서 진정성을 가지게 된 계기가 바로 소성규 교수님이었다.

대학가요제에 참가하다

그래도 명색이 음악동아리 아닌가? 우리는 제2의 "무한궤도"를 꿈꾸며 대학가요제에 참가하기로 마음먹었다. 하지만 우리에겐 마음만 있었지 실력이 없었다. 밴드를 구성하여 참가하고 싶었지만 우리 동방에는 기타 한 대가 다였다. 악기도 실력도 없던 우리는 노래로 승부하자며 이번엔 제2의 "높은 음자리"를 노리며 준비를 시작했다. 가장 노래 실력이 뛰어난 3인을 중심으로 혼성그룹을 준비했지만 음반 제작이라는 벽에 부딪히게 되었다. 소년 소녀 가장의 이야기와 마음을 담은 '내 마음속 세상'이라는 자작곡을 만들었지만 가요제에 참가하기 위해서는 MR제작과 음반 녹음 등 전문가의 손길이 필요한 상황에 놓이게 된 것이다.

그 때 소성규 교수님이 또 한 번 손을 내밀어 주셨다. 당시 어느 MBC PD를 통해 편곡 및 음반 제작을 할 수 있게 다리를 놓아주셨다. 동아리 방에 마땅한 악기도 없이 기타 하나만 메고 있는 우리가 안쓰러우셨는지 교수님은 사비를 털어 키보드, 드럼, 앰프를 마련해 주셨다.

이 당시의 소성규 교수님은 단순한 지도 교수가 아니라 우리 동아리의 멤버였다. 같이 발로 뛰고 함께 고민하며 우리는 한 팀으로써 대학가요제를 준비하였다.

이렇게 완성된, '내 마음속 세상'이라는 곡은 우리 동아리의 대표 곡으로 지금까지도 동아리에 입부하면 가장 먼저 배우는 노래로 자리를 잡았다.

아쉽게도 대학가요제 본선 진출에는 실패했지만(예선은 통과했지만 TV에 나오는 본 무대에는 참가하지 못했다) 당시에 교수님을 포함한 우리 모두의 노력이 담긴 이 노래는 우리 동아리의 정체성을 가장 잘 보여준다.

* 새끼손가락 1기 홍태의 군이 만든 자작곡 '내 마음속 세상' 악보

28년의 역사

졸업 후에도 1년에 한두 번씩은 교수님을 만난다. 장소는 우이동, 대성리 등이다. 대학을 졸업하고 학교와 관련하여 주변인들에게 가장 많이 듣는 말이 있다.

"엠티를 아직도 간다고?", "민폐야 그거"..

우리 동아리가 이상한 건가? 우리는 당연하단 듯 동아리의 행사에 재학생, 졸업생 구분 없이 모두가 모여 함께한다.

5월 5일 어린이 날에는 자매결연이 맺어진 보육원 아이들과 함께 해왔다. 물론 나에게도 아이들이 있기 때문에 참가하지 못했던 기간이 꽤 길기 때문에 지금은 어떤지 모르겠다. 하지만 그 날을 제외하고 다른 행사에는 항상 참가하려 노력한다. 아니, 노력이라기보단 나도 즐기는 것 같다. 이러한 전통이 자리매김 한데에는 교수님의 역할도 있다고 생각된다. 소성규 교수님은 동아리의 거의 모든 행사에 참여하고 여전히 28년 전의 한 팀처럼 움직이시는 듯하다. 그런 모습을 보고 있으면 졸업생들도 동조하는 마음이 들기 마련이다.

　　2018년에는 동아리 창단20주년 기념(실제로는 22주년이지만) 공연을 열었다. 교수님의 제안으로 재학생과 졸업생을 모두 모아서 크게 공연을 하고 연락이 끊겼던 동아리 멤버들과 그 가족까지 관객으로 참여시키며 하나의 큰 소통의 장을 마련하기 위함이었다.

이후 2년간 이 행사는 성공적으로 치뤄지며 하나의 큰 연중 행사로 자리잡아 갔지만 갑자기 닥친 코로나19로 인해 아쉽게도 공연은 멈춰지게 되었다. 공연은 더 이상 이어갈 수 없었지만 이런 것들이 바로 우리 동아리의 모습을 아주 잘 보여주는 것 같다.

　새끼손가락이라는 동아리는 참으로 신기하다. 우리는 음악으로, 봉사로, 그리고 누군가에게는 단순한 술자리로 함께 했겠지만 결국 우리는 사람과 사람으로 연결되어 소성규 교수님부터 시작하여 1기에서 28기라는 하나의 선으로 이루어져 있다. 물론 후배님들의 속마음까지는 잘 모르겠지만, 1기와 28기도 우리는 허울 없이 만나면 기타 치고 노래하며, 때로는 술과 함께 친숙하게 만남을 이어가고 있다. 어쩌면 나는 소성규 교수님을 앞으로도 평생 만날지도 모르겠다.

감사한 소중한 인연

박용학

㈜타이거오토몰 대표이사

(대진대 CEO과정, 법학12, 석사)

경남 밀양 골짜기에서 유년기를 보내고 고등학교 진학을 하면서 자취생활을 시작하고 군장학생 지원으로 졸업과 동시에 하사관으로 1992년도 입대를 하면서 경기도 포천에서 군생활을 시작으로 사회생활을 하게 되었다.

내세울 만큼의 장점이 없던 나 자신에 군생활의 직책에서 많은 유익함을 겪으면서 자신감을 만나고 자부심을 싹틔우기 시작했다. 주경야독의 계기가 되어준 것이다.

1995년 야간전문대학을 시작으로 방송대 경영학 편입, 카네기 CEO, 대진대 CEO, 라이온스 클럽 봉사활동이 사업과 늘 함께 해왔던 것 같다.

그 중에 사회생활의 판단과 관점을 공정하게 가져보기 위해 법학을 공부해 볼 생각 즈음에 대진대학교 공공인재법학과 학부 편입의 인연에 소성규 교수님과의 고마운 인연이 시작되었다.

사회 각계의 많은 분들을 소통하신 경륜으로 나의 생각을 편하게 읽어 주셨다.

학부 생활에 여러 가지 중요한 부분을 짚어주시고 방향을 잡아 주신 틀에서 형법, 민법, 상법을 접하면서 사회의 시선과 감정과 판단이 각양각색임을 바라보면서 화와 따스함의 공존을 배운 것 같다.

석사과정 논문도 사회생활의 실수와 문제를 짚어보는 과정으로 악의적 행위가 법으로 보호되고 선의의 피해자가 지속적으로 피해보는 과정에 공작관여로 형평성을 유지하는 판단에도 소성규 교수님의 평정심에 중심되어 학위를 마무리 하게 되었다.

앞으로의 사업과 생활에도 많은 영향력이 겸비되어 발전적인 길로 갈 수 있는 길이 열릴 것 같다.

CEO, 학부, 대학원까지 약 5년만의 소중한 인연은 한마디로 "감사"로 표현되는 것 같다.

소성규 교수님의 고회즈음 하여 짧은 글이지만 나의 개인적 추억과 그간을 회고 할 수 있는 시간이 주어지면서 교수님의 축하 마음이 더욱 크게 전해지는 계기가 되는 것 같다.

찾아온길은 다르고 살아갈 길에 덕분에 이어진 감사하고 좋은 분들과의 부분에도 소중히 함께 잘 보듬어 가는 기회에도 큰 의미가 있다.

기회가 되면 어린 추억부터 성장기의 생각들을 모아서 소확행의 유익함을 글로 남겨 봐야겠다는 확신을 가져보면서 노겸 소성규 교수님의 60을 축하드리고 감사하다는 말씀을 드립니다.

다시 찾아온 인연

박지훈

개그늘 에이플러스 대표

(대진대 법학03)

이야기를 시작하며

2023년 어느 봄날 "지훈아, 내 화갑기념으로 수필집을 준비하고 있는데 지훈이 너의 이야기도 수필집에 넣었으면 좋겠다" 라는 소성규 교수님의 말씀에 선뜻 "하겠습니다!" 라는 말씀을 드리지 못했다. 그러기도 한 것이 글솜씨도 없을뿐더러 내 삶에 대해 돌아보고 성찰하는 시간이 없었던 거 같아 용기가 나지 않았다.

그동안의 내 삶의 시간, 내가 하는 일, 나의 생각 등을 다른 사람에게 보여 드리는 부분에 익숙하지 않는 삶을 살았다. 그러나 용기를 내어보려 한다.

소성규 교수님과의 길다면 길고 짧다면 짧은 인연과 추억에 감사하며 소성규 교수님의 화갑을 축하드리는 화갑기념 수필문에 나의 이야기를 넣을 수 있어 영광으로 생각한다.

그리고 수필문에 나의 이야기를 넣을 수 있게 추천해 주신 소성규 교수님께 다시 한번 진심으로 감사드린다.

기억속의 교수님

지금으로부터 20여년 전 소성규 교수님과의 첫 만남은 2003년 대진대학교 대학원 건물 민법 수업시간이다.

교수님에 대한 내 첫인상은 "어린왕자" 같았다. 어린왕자는 1943년 발간된 안투안드 생텍쥐페리의 소설 속의 주인공이다. 어린왕자의 대표적인 미소년 이미지가 소성규 교수님의 이미지와 같다고 생각했었다.

소성규 교수님의 외적 세련된 이미지와 내적으로 뭔가 모르는 자신감의 아우라가 풋풋한 신입생 마음에 동경의 대상이 되곤 하였다.

그리고 소성규 교수님께서 직접 집필하신 민법총칙으로 강의를 하시는 모습이 그때나 지금이나 동경의 모습이다.

그러나 아쉽게 소성규 교수님과의 대진대학교에서의 추억과 기억은 1학년 민법총칙 강의를 끝으로 잘 생각이 나지 않는다.

되돌아보는 나의 대학교 생활은 기숙사 생활을 하는 조용한 학부 학생으로 기억하고 있다.

나중에 교수님께 여쭈어 보았는데 학부 학생 시절에 나를 교수님께서도 전혀 기억하시지 못하신다고 하셨다.

나도 대진대학교 학교생활에서 소성규 교수님과는 기억에 남는 추억이 별로 없는 거 같다.

교수님께서 기억에 잘나시지 않는다는 건 학교생활을 열심히 하지 않았다는 증표가 아닐까 생각이 든다.

대진대학교 공공인재법학과 학부 생활 1학년을 마치고 바로 군 입대를 하였고, 2년 뒤 군 제대 후 복학을 하여 경영학과 복수 전공을 하느라 법학과 수업을 많이 듣지 못하였다.

결정적으로 대학교 졸업 전 2~3학년 때 조그만 사업을 시작하여 더욱 더 학교생활은 뒷전이 되어서 복학 후 소성규 교수님과의 인연을 더 이을 수가 없었다.

법학과 졸업생의 이색직업

지금 나는 경상북도 문경에서 작은 사업을 하고 있다.

개인 인터넷 홈페이지나, 네이버 스토어팜, 쿠팡 등에서 문경사과와 같은 농산물을 판매하는 사업이다.

법학과를 졸업한 학생으로 농산물을 인터넷 쇼핑몰 판매는 일은 법학을 전공한 법학과 졸업생으로는 이색적인 직업으로 보일 수 있다.

대학교 때 법학과 학부에서 배운 여러 가지 지식들이 내가 하는 일에 상관이 없어 보이지만 그때의 지식이 기반이 되어 지금 성공적인 사업체를 운영하고 있는 밑바탕이 되었다고 생각한다.

군 복무를 마치고 복학을 하여 열심히 공무원 공부를 할 때였다.

그때는 검찰직 공무원이 되고 싶었고 부모님도 당연히 공무원을 직업으로 하는 인생을 살 줄 아셨다. 그리고 그런 아들이 되고 싶기도 하였었다.

그런데 우연히 그 당시 유명한 개그맨과 같이하는 사업을 제안받아 하던 공부를 그만두고 사업이란 걸 하게 되었다.

첫 사업을 하면서 막연하게 부자가 되고 싶었고 일을 하면 할수록 내가 돈을 좋아한다는 사람이란 걸 인지하게 되었다.

그러나 당연히 많은 준비 없이 연예인만을 앞세워 하는 사업은 잘 될 수가 없었다. 처절한 실패였다.

그러나 돈을 벌어 부자가 되겠다는 목표가 생긴 이상 포기를 하거나 다시 공무원을 직업으로 하기는 싫었다.

그래서 내 현실에서 할 수 있는 일을 찾아보고 고민하였고 그래서 찾은 일이 지금 하고 있는 인터넷 농산물 쇼핑몰이었다.

2007년 그 당시에는 인터넷 쇼핑몰이나 지금처럼 네이버 스토어팜처럼 인터넷 오픈마켓 등 이용한 농산물 판매가 잘 없을 때였다.

특히 사과와 같은 과일을 택배 배송으로 판매하는 건 잘 없었다.

경쟁 업체가 없어서 그런지 홈페이지를 개설하여 네이버 광고에 마케팅을 하자 주문 반응이 바로 오기 시작하였다.

신기하고 재미있었다.

대학교 학생 신분으로 용돈과 학비 정도를 벌 수 있을 거 같아 행복했었다.

쇼핑몰 사업은 더도 말고 덜도 말고 용돈벌이만 하고 조금 더 돈을 벌면 다른 사업을 해보자 마음먹었었다.

그러나 대학생 때 용돈벌이로 생각한 일이 지금은 더 큰 사업이 되어 내 인생의 한 페이지를 써 내려가고 있다.

농산물 판매 쇼핑몰로 결혼하여 가정을 꾸리게 해 주었고 지금은 더 번창하여 생각보다는 큰 금액의 매출을 이루는 사업체가 될 수 있음에 감사하고 이제는 더 높은 꿈을 위해 차근차근 준비하며 열심히 하루를 살고 있다.

* 교수님과 20년만의 첫 재회

문경, 그리고 소성규 교수님

소성규 교수님과의 재회는 2023년 어느 봄, 20년만에 교수님을 뵙게 되었다. 생각하지도 못한 소성규 교수님과의 재회는 이렇게 시작이 되었다.

어느 날 막역하게 지내는 대진대학교 법학과 학부와 대학원 졸업생인 최정민 형님이 연락이 왔다.

소성규 교수님께서 문경시 농업기술센터에서 강의가 있으셔서 문경에 오시는 일정이 있다고 하였다.

소성규 교수님의 연락처를 받아 전화 연락을 드렸다. 20년 전 민법 강의 때와 전혀 변함이 없으신 교수님의 목소리가 너무 반가웠다.

교수님께서는 대진대학교 연구실에서 박사학위를 취득한 제자 서창원 박사의 소개로 문경시 농업기술센터에서 특강을 하게 되었다고 말씀해 주셨다.

내가 20년 전 학교에서 듣던 교수님의 강의를 문경농업기술센터에서 다시 들을 수 있다는 것이 비현실적이었다. 또한 문경에 오셔서 만나 뵐 생각을 하니 그동안 지나온 시간이 길어 신기하기도 하였다.

교수님과의 반가운 통화를 하고 한 달이 더 지나서 교수님을 문경에서 드디어 만났다.

더 반가웠던건 내가 좋아하는 최정민 형님도 같이 함께 만났었다.

교수님은 20년이 지나도 "어린왕자" 이미지 그대로 시간이 멈춰버린 거 같았다.

문경에서 1박 2일 교수님과 함께 했던 시간 동안 모든 면에 소탈하시고 구태의연한 사고방식을 타인에게 강요하는 이른바 '꼰대'라는 단어가 전혀 생각나지 않는 교수님의 모습에 너무 놀라웠고 존경스러웠다.

짧은 시간이지만 문경에서 교수님과의 만남은 나의 삶에 또 다른 이정표를 제시하는 느낌이 들었다.

* 소성규 교수님께 고향의 향수를 느끼게 해드리고 싶었었던 안동국시 2그릇

    2023년 첫 재회를 하고 소성규 교수님과 문경에서의 다양한 식사 자리와 다양한 경상도 음식을 함께 하였다.
    문경 약돌돼지, 약돌 한우, 문경 자연산 송이 능이버섯, 매운탕, 순대국 등 이었다.
    그중에 내가 가장 인상 깊고 기억에 남는 음식이 있다.
    그건 바로 안동국시다. 안동국시는 밀가루와 콩가루를 혼합하여 만든

면에 별다른 맛이 안나는 육수로 조선간장으로 만든 맛 간장을 첨가해서 먹는 경상도 북부지방에서 주로 먹는 음식이다.

교수님께서 문경에 오실 때에는 교수님 고향인 경북 의성에 가는 마음으로 문경에 오신다는 말씀을 하신 적이 있으시다.

그래서인지 교수님과의 2차 회포 자리에서 별다른 생각 없이 들린 안동국시 식당에서 국수를 드시며 만족하시는 모습을 잊을 수가 없다.

* 문경시 농업기술센터 "농지법, 농지은행의 이해" 특강

문경시 농업기술센터에서는 농업인 후계자 및 전업농 육성, 지도를 하고 농촌 생활 개선과 농업경영 개선에 관한 상담 및 컨설팅과 농민교육 및 지도 사업을 하고 있다.

특히 귀농인, 청년, 여성 농업인, 농업을 시작하시는 기초농업인 분들에게 유익하고 다양한 정보를 주어 문경시 거주에 안정적으로 정착을 하게 하며 소득증대를 할수 있게 큰 도움을 주고 있다.

그 일환으로 소성규 교수님께서도 특강을 문경으로 오신다.

소성규 교수님이 하시는 강의는 대략 농지법, 농지은행의 이해라는 강의를 하신다.

예전 대학교 학생 때 듣던 교수님의 강의가 생각나 교수님의 강의를 듣고는 싶었지만 2023년은 시간이 맞지 않아 듣지는 못하였다.

대신해 교수님의 강의를 수강한 황진환이라는 친한 친구가 교수님을 문경시 농업기술센터 농업인 실용교육 강의를 듣고 내게 교수님을 묘사한 말이 있다.

"중간 중간 양쪽 손목을 몸 뒤로 꺾어 허리춤에 다소곳하게 대시고 말씀하시는 모습이 너무 인상 깊었다"

우연히 문경에 살고 있는 친한 친구가 소성규 교수님의 강의를 듣고 교수님의 강의 모습을 나에게 이야기할 때 교수님과 나의 인연이 깊다는 걸 느꼈었다.

나 또한 다시 교수님께서 문경으로 강의를 오시는 기회가 있다면 그때는 꼭 강의를 들어 볼 것이다.

이야기를 마무리하며

나는 인연을 중요하게 생각하며 살아왔다.

내가 노력해서 만드는 인연도 있고 나도 모르게 찾아오는 인연도 있다.

소성규 교수님과의 만남은 나도 모르게 찾아온 인연이지만 내 삶에 어떤 방향 추가 생긴 중요한 인연이라고 생각한다.

법정스님의 <함부로 인연을 맺지마라>에서

'옷깃을 한번 스친 사람들까지 인연을 맺으려하는 것은 불필요한 소모적인 일이다. 수많은 사람들과 접촉하며 살아가는 우리지만 인간적으로 필요해서 접촉하면서 살아가는 사람들은 주위에 몇몇 사람들에 불구하고 그들만이라도 진실한 인연을 맺어놓으면 좋은 삶을 마련하는데는 부족함이 없다.'

라는 글을 생각해보며 나의 수많은 인연 중에 소성규 교수님과 나이 인연은 내 인생에서 진실한 인연을 맺어 내 삶에 과분하고 과한 인연이라고 생각한다.

화갑기념 수필문을 쓰면서 나 박지훈은 소성규 교수님의 어떤 제자일까 되돌아보게 된다.

소성규 교수님의 제자에 걸맞는 사람이 되기 위해 더 멋진 사람이 되어야 한다는 다짐을 해 본다.

다시 한번 교수님의 화갑을 축하드리고 앞으로 교수님과 함께 쌓아갈 추억과 시간을 기대하며 이 글을 마무리하려 한다.

거기엔 사람이 있다

박차남

연천군 보건의료원

(대진대 석사)

불가(佛家)에서는 옷깃만 스쳐도 전생에 인연(因緣)에서 비롯된다고 한다. 사람은 태어나서부터 생을 마감할 때까지 얼마나 많은 사람들을 만나게 되는 걸까?

옷깃만 스치는 사람을 제외하고 말이라도 한마디 나눠 본 사람만 세어 본다고 해도 천문학적인 숫자가 될 것이다. 아니 아예 셀 수도 없다. 그렇게 우리는 날마다 수없이 많은 사람들과 만나고 헤어지기를 반복한다. 그런 사람 중에 은사와 제자로 만나는 사람 또한 열 손가락 열 발가락을 합쳐도 셀 수 없이 많은 스승이요 은사를 만나게 된다.

반듯이 학문을 가르치는 사람만이 스승이 아니라고 생각하는 내겐 모두가 스승이 될 수 있다고 생각한다. 우리는 일상생활 중에도 많은 스승을 만난다.

길을 함께 가는 세 사람 있다면 그중에 한 사람은 스승이라는 말이 있을 정도로 스승은 많다. 아이에게도 배울 것이 있다는 말도 어디에서든 언제든 스승은 도처에서 만날 수 있다는 말일 것이다. 물론 나 역시도 누군가의 스승이 될 수 있다고 생각한다.

많은 인연과 사연으로 사람들은 만나고 헤어지고 또 사랑하고 행복을 나누며 각자의 나름대로 삶을 살아간다(인생은 살아지는 것이 아니다. 살아가는 것이지 둘의 차이는 분명하고 극명하다). 그런 삶 중에 영향력을 끼치는 만남은 특별하다.

내게도 특별한 만남이 있었다.

한때는 운동에 빠져 미친 듯이 살았다. 운동이란 운동은 거의 다 섭렵했을 정도로 치열하게 운동을 했다.

두돌쟁이 아이를 업고 마라톤을 뛰기 시작한 게 풀코스(42.195Km)를 30회 정도, 65km 3회, 마흔에 꼭 이루고자한 꿈이 있었으나 꿈으로 끝나고 말아서 그 보상으로 혼자 부산 을숙도 100km 울트라 마라톤에 도전하여 완주했다. 육지만 뛰다가 하늘을 날고 싶어서 페러글라이딩을 하다가 기류에 휘말려 죽을 고비도 넘겼고, 사이판에서는 너무도 아름다운 바닷속을 풍경을 스킨스쿠버 하면서 봤었다.

모든 세상의 것들이 바다 속에서는 아름다워 보일 것이다. 바다 속에서 나오는 순간 그것들은 실망스럽고 초라해지지만……

그러나 그런 것들이 나를 특별한 존재로 만들어주지 않았다. 늘 허기진 무언가? 다른 무엇이 필요했다. 뭐가 부족한지를 모를 뭔가가 내 안에서 아우성쳤지만 나는 알지 못했다.

그러던 중에 "친구 따라 거름지고 장에 간다"는 속담처럼, 친구 따라 대학원을 가게 된다. 꿈만 꾸었지 아무런 계획도 희망도 없이 망상에 젖어 있었다. 생활은 단순하고 무미건조하며 의욕 상실의 삶에 대한 동기유발이라고는 없었다. 그렇게 대진대학교에 가게 되었다. 거기엔 낮 동안은 삶의 치열한 현장에서 분투하고 저녁에 나름의 이상을 향하여 보다 나은 자신이 되기 위해 배움이라는 신선하고 아름다운 내일을 위해 모여 서로를 의지하고 북돋우며 뭔가를 만들고자 하는 이들이 있었다.

그들과 함께라면, 그들 같이는 아니더라도 그들 가까이는 갈 수 있을 듯했다.

　잠이 많은 나는 내려앉는 눈꺼풀을 주체할 수 없어 졸다가 교수님으로부터 혼(?)나기도 했다.

　그렇게 배우고 익히고 깨닫고 뭔가를 꿈꾸는 사람이 되었다. 배움에 열정이 생겼고, 지금까지 모르던 세상이 또 있었다.

　생각없이 살던 내게 세상을 바라보는 눈을 열어주었다. '나'라는 사람이, '대한민국'이라는 나라의 미래를 생각하고 고민하고 바램이란게 생겼다.

　그것을 가능하게 했던 것은 바로 사람이었다.

　아! 이것이 사람이구나 하는 사람들이다.

　감히 돈으로 살 수 없는 사람! 사람들. 위로하고 웃어주고 함께 해 주고 술잔을 기울이며 고민을 들어주고 공감해 주는 사람들······

　그 사람들은 각자가 개별적인 의식을 가지고 살아가고 있었고 조금이라도 나은 존재가 되기 위해 분투하고 있었다.

　그것만으로도 보통 사람들과의 다른 점이 있었고 그것 하나만으로도 엄청난 행운이고 찰나의 짧은 생에 분투하고 자기 자신을 확장시키고 있는 사람들이었다.

　그 모든 인연(因緣)이 소성규 교수님으로 인함이니 어찌 감사하고 소중한 사람들이 아닐 수 있겠는가?

　사람이 살아가는데 사람으로 안정받고 살수 있는 사회가 얼마나 소중한 사회인지를 생각하게 하는 작금의 현실에서 내주위에 사람으로써 사람의 향기를 품고 사는 사람들과 함께하는 장(場)이 바로 여기 "대진"이었다. 그래서 나는 행복했다.

　나의 행복의 정의는 웃음! 즉 기분 좋음이다. 일이던 사람이던 가슴이 벌렁거리고 웃음을 주는 것이 행복이다.

　바로 대진의 사람들이 내게 웃음을 주고 기분 좋아지게 하는 사람들이 있어 행복하고 건조한 내 삶에 윤활유가 되어 주었다.

행복은 거창한 그 무엇이 아니다. 추상적인 이데아의 세상도 아니다. 행복은 내 안에 우리가 만나는 사람들과 함께 있다. 대진에 그런 사람이 있다. 자세히 천천히 자주 보면 보일 것이다. 사람이. . . .

책(글)을 읽는다는 것은 무엇을 얻거나 깨달음을 위한 것이거나 경험해보지 못한 걸 간접 경험하기 위함이 다소 있지만 가장 중요하게 생각하는 독서 태도는 마음의 고요다(학문적인 책은 제외). 분주하고 잡스러운 마음을 진정시키는 진정제 같은 효과라고 생각하는 나의 책 읽기 지론이, 나의 이글은 다소 거리가 있지만 이런 글을 처음 써보는 내겐 쉽지 않은 도전임을 헤아려 주기 바란다.

마지막으로 내가 좋아하는 류시화 시인의 시로 마무리 한다.

날이 밝았으니, 불면의 베개를 머리맡에서 빼내야 하리.
오, 아침이여, 거짓에 잠든 세상 등 뒤로 하고
깃발 펄럭이는 영원의 땅으로 홀로 길 떠나는 아침이여.
아무것도 소유하지 않은자
혹은 충분히 사랑하기 위해 길 떠나는 자는 행복하여라.
그대의 영혼은 아직 투명하고
사랑함으로써 그것 때문에 상처입기를 두려워하지 않으리.
그대가 살아온 삶은 그대가 살지 않은 삶이니
이제는 자기의 문에 이르기 위해 그대는
수많은 열리지 않는 문들을 두드려야 하리.
자기 자신과 만나기 위해 모든 이정표에게 길을 물어야 하리.
길은 또다른 길을 가르키고
세상의 나무 밑이 그대의 여인숙이 되리라.
별들이 구멍 뚫린 담요 속으로 그대를 들여다보리라.
그대는 잠들고 낯선 나라에서 모국어로 꿈을 꾸리라.

민법 교수님이 제일 좋아요

서우진

육군본부 사무관, 북한학박사

(대진대 법학96)

    존경하는 소성규 교수님의 화갑을 맞이하여 교수님과의 선한 인연을 되새기는 글을 올리게 되어 크나큰 영광으로 생각합니다. 이 글을 통해 제 자신의 지난 발자취를 솔직하게 돌아보고, 제 기억 속에 남아있는 교수님의 모습을 떠올려 보고자 합니다. 저는 2000년도 2월, 대진대학교 법학과를 졸업한 후, 육군 학사장교로 임관하여 20여 년 간의 군생활을 무사히 마치고, 2020년 고려대학교에서 북한학 박사학위를 취득하여 현재 정부 산하의 연구소에서 연구원(사무관)으로 일하고 있습니다. 돌이켜 보면 이 모든 것이 대진대학교 법학과의 일원이 되어 훌륭하신 교수님들의 지도를 받은 덕분이라고 할 수 있습니다. 지금 이 글을 쓰는 순간에도 으뜸 법학과 96학번으로 입학하여 2000년도에 졸업할 때까지 대진대학교 법학과의 구성원이자, 교수님의 못난 제자로서 학문을 배우고, 청운의 꿈을 키우며, 마음가짐을 가다듬던 행복했던 시간들이 머리를 스쳐 지나갑니다.

    당시 대진대학교는 1992년도에 개교한 신설 학교였고, 법학과 역시 1994년도에 학과를 개설하여 학생을 모집하여 가는, 막 걸음마를 시작하는 단계의 신생 학과였습니다. 그럼에도 불구하고 조정환 교수님, 김성진 교수님, 김영균 교수님, 소성규 교수님 등 여러 훌륭하신 교수님들의 실력과 열정, 학자로서의 고매한 인품으로 말미암아 수십 년 전통을 가진 명문대학교의 법학과가 전혀 부럽지 않을 만큼 단단하게 자리잡은, 대진대 법학과의 일원인 것이 참으로 자랑스러웠습니다. 그 뿐 아니라 학과 내에 순후한 성품과 좋은 자질을 가진 학생들이 많아 선후배 간의 상호존중 전통과 면학 분위기도 상당히 좋았던 것으로 기억합니다.

저는 고교시절 개인적인 사정, 질풍노도의 시기를 슬기롭게 극복하지 못 하고 공부를 게을리하여 대학에 바로 진학하지 못했습니다. 때문에 고교 졸업 후에는 노량진 고시학원에서 공무원 시험공부를 하다가 입학 동기인 96학번(1977년생) 학우들보다 3살 많은 만 22세의 나이로 대학에 입학하였습니다. 지금 생각해 보면 그렇게 큰 일도 아닌데, 그 당시의 저 자신은 제 때에 대학에 진학한 93학번 동갑내기 친구들과 비교하여 그들보다 출발이 많이 늦었다는 조급함과, 고교생활을 열심히 하지 않았던 스스로에 대한 자책감으로 인해 자존감이 많이 떨어진 상태였습니다. 이러한 상황에서 3년을 앞서 나간 친구들을 추월하여 반드시 성공해야 한다는 강박관념이 생겼고, 이것은 끝없이 저를 쉬지 못하게 괴롭히는 동시에 앞으로 나아가도록 채찍질하는 역할을 하였던 것 같습니다.

1996년 늦게나마 부모님께 안겨드린 법학과 합격의 영광은 당시 움츠러든 저의 자존감을 높여주었고, 대학에 진학하지 못하여 늘 부모님께 죄송했던 마음을 어느 정도 치유해 주었습니다. 당시 부모님께서도 노량진에서의 기약 없는 3년 수험생활로 지쳐있는 장남의 대학 합격 소식에 진심으로 기뻐해 주시고 축하를 해주셨습니다. 대학 생활 내내 저희 어머니께서는 다시 시작된 저의 수험공부를 돕고자 날마다 도시락을 두 개씩 싸주셨고, 아버지 역시 아침 6시에 열리는 고시원 영어수업에 참석할 수 있도록 새벽 잠을 줄이시고 학교 고시원까지 매일 차로 출근시켜

주셨습니다. 또 도서관에서 공부를 하다가 밥먹을 장소가 마땅치 않아 학생식당에 가서 도시락을 먹었는데, 도시락을 싸오는 제 사정을 알게 되신 학생식당 사장님께서 식사때마다 국을 무료로 제공하여 주셨습니다. 또 막차 시간까지 도서관에서 공부하고 밤늦게 귀가할 때에는 스쿨버스 사장님께서 종종 제가 사는 동네 앞까지 차를 태워주셨습니다. 지금 생각해 보면 정말 쉽지 않은 일인데, 지금 이 자리를 빌어 도와주신 학생식당 사장님, 스쿨버스 사장님께 정말 깊은 감사와 고마운 마음을 전해드리고 싶습니다. 자식이 잘되기를 바라는 부모님의 간절한 기대와 여러 어른분들의 지원을 한 몸에 받았던 덕분에 저는 나름대로 대학 생활의 첫걸음을 무사히 내딛을 수 있었습니다.

* 1996년 대진대학교 입학식-법학과 96학번

26년 가까이 지난 지금 생각해 보면, 교수님들께서도 이러한 저의 조급함을 헤아리시어 대학 생활 동안 마음 편히 공부에 전념하도록 장학금을 비롯하여 고시원 선발 등 많은 배려와 사랑을 베풀어 주셨습니다. 그럼에도 불구하고, 저는 어느 순간 일말의 자만심에 빠져 초심을 잃어

버리고 방황에 빠진 끝에 아무 성과도 내지 못하였고, 졸업과 동시에 군대에 가게 되었습니다. 당시 저를 믿어주셨던 교수님들의 기대에 부응하지 못하고, 학업을 게을리한 부끄러움과 죄송함이 지금도 마음 속에 회한으로 남아있습니다. 여러 사람에게 돌아갈 수 있었던 공공의 자원을 수 년 간 지원받고도 학교에 보답을 드리지 못한 점, 정말 죄송합니다.

비록 대학 졸업 시에는 공무원시험 합격이라는 성과를 거두지 못하였지만, 재학기간 동안 교수님들부터 보고, 듣고, 배운 학자의 길에 감화되어, 언젠가는 저도 같은 길을 걷고자 굳게 다짐하였습니다. 군생활에 매진하던 중, 초급장교에서 막 벗어난 2005년도에 당시 여건으로서는 큰 결심을 하고 국방대학원 안보정책학 석사과정에 도전하여 합격하게 되었습니다. 당시 자가용이 없었기 때문에 근무를 마치고 저녁식사도 거른 채, 서울시 은평구 수색동까지 3번의 교통수단(마을버스, 전철, 시내버스)을 갈아타고 통학하면서 어렵게 공부를 시작한 끝에 2013년도에 드디어 석사학위를 받을 수 있었습니다. 비록 중간에 경기도 의정부시에서 강원도 춘천시로, 다시 서울로 근무지가 바뀌는 등 여러 번의 보직 변경과 우여곡절이 있어 오래 걸리기는 하였지만, 교수님들처럼 탁월한 식견을 갖춘 전문가가 되고자 하는 마음이 저를 끝까지 포기하지 않고 학업을 마칠 수 있게 이끌어 주었습니다.

석사학위를 마치고 군에서 북한학을 가르치는 교관업무를 수행하는 와중에는 북한 관련 전문가가 되어야겠다는 필요성을 느끼고, 최고의 전문가가 계시는 고려대학교 북한학과 박사과정에 진학하여, 몸과 마음을 다하여 매달린 끝에 기적처럼 2020년도에 박사학위를 취득할 수 있었습니다. 나만의 전문분야를 깊이 있게 연구하고, 어제보다 그리고 오늘보다 더 나은 사람이 되고자 하는 끝없는 도전정신을 심어주신 대진대학교 법학과 교수님들께 이 자리를 빌어 감사의 인사를 표합니다.

특히 소성규 교수님과의 인연은 민법 교수와 제자로 만나 민법총칙,

물권법, 채권법, 친족상속법, 법여성학 등의 강의를 4년에 걸쳐 수강하였습니다. 당시 30대 중반의 젊으신 연세에도 불구하고, 가장 뛰어난 명강의와 세련된 매너와 고매한 인품으로 저희 법학도들뿐만 아니라, 강의를 수강한 타 과 학생들까지도 매료시키셨던 모습이 떠오릅니다. 왕성한 연구활동과 더불어 학교와 지역사회를 위한 대외활동을 병행하시는 능력 있는 교수님의 존재는 저희 법학도들의 자랑이자 레전드 자체였습니다. 제자들에게 학자로서의 모범을 보여주시고, 롤 모델이 되어주시는 한편, 재학기간 동안 공부에 매진할 수 있도록 배려해 주시고 격려를 해주신 교수님의 은혜에 다시 한번 머리 숙여 깊이 감사드립니다.

또한 개인적으로도 군생활을 하는 동안 졸업생 모임을 통해 만나 뵌 자리에서도 따로 자리를 마련하여 소주 한잔 따라주시며, 힘든 제 이야기를 들어주시고, 인생의 고비를 무사히 헤쳐나갈 수 있도록 따뜻하게 격려해 주신 데 대하여도 깊이 감사드립니다. 당시 군생활을 하는 동안 육체적·심적으로 지치고 고립되어 의지할 곳조차 없었던 상태였는데, 교수님의 격려가 큰 희망이 되어 마음을 다잡고 어려움을 이겨내는 데 큰 도움이 되었습니다.

또 기억에 남는 일은 교수님께서 법학과 학생들이 지역사회에 단단히 뿌리를 내릴 수 있도록 산업체 학생들에게도 깊은 관심과 지원, 배려를 아끼지 않으셨던 일입니다. 낮에 일하는 지역의 산업일꾼들이 만학의 꿈을 포기하지 않도록 끝까지 손을 잡아주시고, 이들에게 수준 높은 교육과 현장에서 필요한 실무지식, 인적 네트워크를 형성하여 지역사회와 직장에서 더 나은 대우와 인정을 받고, 공헌할 수 있도록 길을 열어주신 것은 제자들에게 크나큰 은혜인 동시에, 지역사회의 일원으로서 대학이 나아갈 방향과 사명을 몸소 실천하신 일이라 생각됩니다.

이상으로 부족한 제가 대진대학교 법학과를 통해 무엇을 배우고, 어떻게 살아갈 수 있는 지혜와 힘을 얻었는지를 생각해보고, 위험과 고비에 처했을 때 도와주신 소성규 교수님과의 인연을 돌아보았습니다. 수많은 제자들과 후학들에게 크나큰 은혜를 베풀어 주시고, 지역사회에 선한 영향력을 펼치신 우리 시대의 선각자 소성규 교수님께 무한한 감사와 존경의 박수를 보내드립니다.

교수님 감사합니다. 오래오래 건강하십시오.

2024년 6월 17일, 계룡대에서

96학번 서우진 배상

* 사랑하는 아버지와 함께

세상을 아름답게 빛내는 참스승 소성규

손경식

신한대학교 석좌교수, 법학박사

(대진대 법학박사 1호)

들어가며

일찍이 다산 정약용선생은 "겸손은 사람을 머물게 하고, 칭찬은 사람을 가깝게 하며, 넓음은 사람을 따르게 하고, 깊음은 사람을 감동케 하니, 마음이 아름다움이여 그대 향기에 세상이 아름다워라! "라고 설파한 것처럼 세상을 아름답게 하는 아름다움과 향기품은 참스승이 있으니 그 분이 바로 노겸(勞謙) 소성규 교수이다.

인간은 부모와 첫 만남을 시작으로 일생동안 수많은 만남과 헤어짐 속에 살아간다. 가족과 친인척을 비롯해 배우자와 자녀, 친구와 동료, 스승과 제자, 선배와 후배, 이웃과 동료 등 다양한 만남과 헤어짐의 연속이 인생이라고 할 수 있다. 그런데, 평생동안 이어지는 누군가와의 만남과 헤어짐이 때로는 성장의 원동력이 되기도 하지만, 그렇지 않은 경우도 있기 때문에 만남과 헤어짐은 매우 중요한 일이라 할 수 있다.

한국사회에서 만남의 대부분은 출신지역이나 학연, 직장 등을 고리로 이루어지고 있음에 비추어 볼 때, 소교수님과 나의 만남은 상당히 이색적이라고 할 수 있다. 왜냐하면 교수님과 나는 고향이 다르고 학교 동문도 아닐 뿐만 아니라, 활동하는 분야까지 겹치는 부분이 별로 없는 상황에서 만남이 이루어진 이래 수십년 동안 보통 이상의 끈끈한 관계가 지속되고 있기 때문에 특별하다고 할 수 있다.

한마디로 교수님과 나는 기적적으로 만나 남다른 교류를 지속해오는 것에 그치지 않고, 교수님이 배출한 '첫 번째 박사학위 수여자'로써 교수님 화갑을 기념하여 열리는 '**통이(通異)의 관점에서 소통(蘇通)하는 북콘서트**' 추진위원장이라는 중책도 수행하고 있으니 대단한 인연이 아닐 수 없다.

젊은 시절부터 법과 규정을 준수하는 것이 첫 번째 덕목인 공직자의 길을 걷고 있던 나는 교수님과 만남을 계기로 다른 영역으로 안목을 넓히는 변화의 길을 걷게 된다. 지금까지 몸담아 왔던 공직사회라는 공간 이외에 지역사회와 다양한 전문가들과 소통하고 교류하면서 경기도와 대한민국의 미래를 생각하는 사람으로 거듭나게 되었다는 것이다.

교수님 배려로 늦은 나이에 시작한 박사과정 공부을 통해 '대진대학교 1호 법학박사'라는 영예를 얻은데 더하여 석박사 동문들을 비롯해 여러분야 전문가들과 교류하고 소통을 할 수 있게 되었을 뿐만 아니라, 통일교육 선도대학 사업과 연계한 평화통일 교육, 접경지역과 군사시설보호구역, 주한미군공여지 등과 관련한 경기북부지역 현안과제에 대한 다양한 연구와 세미나 참여 등을 통해 합리적인 대안 마련 등 새로운 분야에서 다양한 활동을 할 수 있게 되었다.

이처럼 법과 규정준수를 가장 중요한 덕목으로 실천하던 나에게 주민의 관점에서 지역사회발전과 대한민국 미래를 생각하는 「주민중심 미래

지향 행정가」로 거듭날 수 있도록 길을 열어주신 참 스승 소성규 교수님께 한없는 존경과 감사의 마음을 담아 교수님과의 추억 몇 가지를 함께 나누어 보고자 한다.

운명적인 만남과 경기북부 현안에 대해 공감대를 넓히다.

역사적으로 경기북부지역은 한반도 핵심지역으로 1930년대 서울 종로에 위치했던 우리나라 최초 백화점인 화신백화점이 임진강변 고랑포구에 연쇄점을 두고 상당한 판매실적을 거양하였는가 하면, 일제강점기에는 경기북부 인구가 경기남부보다 많았다는 통계(북부 807,000명, 남부 782,000명/1925년 조선총독부 통계)가 말해주듯 경기북부는 한반도 번영과 경제활동 중심지로서 역할을 담당해오고 있었다.

그런데, 남북분단과 6.25전쟁을 거치면서 임진강유역을 비롯한 경기북부지역이 남북대치현장으로 바뀌면서 주한미군을 비롯한 수많은 군부대와 사격장 등 군사시설이 자리 잡게 되었고, 각종 규제가 중첩적으로 가해짐에 따라 한반도 경제중심지라는 옛 명성은 온데간데 없고 지역경제는 날이 갈수록 어려지고 있었다.

2000년대 초반, 경기도청에서 기획업무를 총괄하고 있던 나에게 경기북부지역 주민들이 겪고 있는 군부대와 군사시설 등으로 인한 피해와 불편을 최소화할 수 있는 방안을 마련하는 것이 중요한 업무 중 하나였다.

그러나, 국가안보가 최고의 가치였던 시절이라 국가안보 핵심인 군부대 등으로 인한 주민피해나 불편에 대해 거론하는 것조차 쉬운 일이 아니었기 때문에 군사시설 등으로 인한 주민피해 보상이나 출입통제 완화 등을 주민 입장에서 고찰하고 접근한 연구보고서나 논문들은 찾아보기는 힘든 상황이었다.

'간절하면 통한다'라고 했던가....절박한 심정으로 대학과 연구기관 등에 다양한 방법으로 여러 날 수소문하고 부탁한 끝에 구세주를 만나게 되었으니 그분이 바로 소성규 교수이다.

지역사회와 함께 평화통일에 관심을 표방하는 대진대학교에 재직중인 교수님께서는 꽤 오래 전부터 경기북부에 산재한 사격장과 군부대 등 군사시설로 인한 주민 피해에 관심을 갖고 완화방안을 모색하면서 접경지역에 대한 중앙정부 지원확대 방안 등에 대해 연구를 해오고 있었음을 알게 되었기 때문이다.

이때부터 나는 경기북부 최대 현안인 접경지역 문제, 사격장 등 군사시설 피해 완화방안, 주한미군 반환 공여지 문제 등에 대해 교수님과 많은 교감을 나눌 수 있게 되었고, 교수님 배려로 관련 학회나 세미나, 공청회 등에 참여하면서 합리적인 개선방안을 함께 고민하고 생각해 보는 기회도 자주 갖게 되었다.

시간이 흐르면서 교수님을 비롯한 전문가들, 지역 국회의원 등 정치권, 경기도 등 행정기관의 노력에 힘입어 경기북부지역에 드리워졌던 군사시설보호구역 중 여러 곳이 해제될 수 있었고, 군부대가 갖고 있던 건축협의 등 각종 인허가관련 협의권한 등을 시장군수에게 위탁하였는가 하면, 민간인 출입통제선 북상과 출입절차 완화, 『접경지역 지원 특별법』과 『주한미군 공여구역 등 주변 지역 지원 특별법』 등을 보완하고, 경기북부지역에 4년제 대학이 들어올 수 있는 길을 여는 등의 성과를 이루어 낼 수 있었다.

돌이켜보면, 경기북부지역 최대 현안인 군사시설보호구역 조정, 사격장을 비롯한 각종 군사시설 인근지역 주민들의 불편해소, 주한미군 공여구역 반환과 개발, 접경지역 지원확대 등과 관련하여 어느 정도 가시적인 성과를 얻어낼 수 있었던 것은 소 교수님을 비롯한 많은 분들의 연구와 조언이 큰 힘이 되었음은 주지의 사실이다.

대진대학교에서 법학박사학위를 취득하다

경기도 공직자이면서 경기도에 소재한 학교와 연이 없음은 지방자치시대에 어울리지 않는다는 관점에서 만약 내가 박사학위공부를 한다면 경기도에 소재한 대학에서 해야겠다는 생각을 마음속에 갖고 있었다.

그런데, '경기도 남북협력담당관'으로 재직하고 있던 2007년에 예기치 않은 일이 발생하였다. 경기도와 통일부가 '남북교류 등과 관련한 과장급 공무원 교류협약'을 체결하면서 내가 통일부 파견자로 선발되어 2007년부터 2009년까지 2년여 동안 통일부에 파견근무를 하게 되었다.

예상하지 못한 중앙부처 교류 근무를 새로운 도전 기회로 삼겠다고 생각하면서 무엇을 할 것인지 고민하고 있던 중에 교수님과 나의 운명적인 만남이 다시 이루어진다. 당시 통일부에서는 전국에 있는 대학 중 통일교육에 역량을 갖고 있는 대학을 선발해 '통일교육선도대학'으로 지정하는 사업을 하고 있었는데, 대진대학교가 '경기북부 통일교육선도대학'으로 선정되었고, 소 교수님이 대진대학교 통일선도대학업무를 총괄하게 된 것이다. 그러다보니 교수님께서는 통일부를 자주 찾게 되었고, 통일부에 근무하고 있던 나는 교수님과 자연스럽게 자주 만나 여러가지 대화를 하면서 교감의 폭을 넓혀갈 수 있었다.

당시 나는 통일교육원 교육진행실장 소임을 맡고 있었는데, 교육진행실장은 교육이 진행될 때만 정신없이 바쁘고, 교육이 없을 때는 다소 여유로울 수 있었기에 교육이 없는 시간에 책도 읽고 글도 쓰곤 했었다.

그러던 어느 날, 교수님을 만나 큰 용기를 내 "부족하지만 교수님 제자로 박사학위에 도전해 보고 싶다"라고 말씀드렸더니 흔쾌히 허락해 주셔서 대학원 입학원서를 접수하였고 전형절차를 거쳐 입학이 허가되어 대진대학교 박사과정 공부를 시작하게 되었다.

그런데, 지역사회 대학과 연을 맺겠다는 가벼운 마음으로 도전했는데,

막상 공부를 시작하고 보니 '내가 과연 어려운 과정을 해낼 수 있을 것인가'에 대한 고민과 걱정으로 잠을 이룰 수가 없을 정도였다.

박사과정 공부는 생각했던 것보다 힘들고 아주 어려웠다. '왜 이렇게 힘든 공부를 한다고 했을까?'하고 후회도 했고, 포기하겠다는 생각도 수없이 했지만, 그때마다 아내를 비롯한 가족들의 응원이 붙잡아주곤 했다. 외국어와 전공과목 이수, 논문 세미나와 졸업시험, 예비 논문 발표, 여러 차례 진행된 논문 예비 심사와 보완을 거친 최종심사 등등....

이 과정에서 나를 더 힘들게 한 것은 나보다 한 학기 먼저 박사과정을 시작한 분이 어느 날 포기하는 바람에 졸지에 내가 첫 주자가 되어 과정 하나하나를 개척해가면서 하다 보니 일련의 절차들이 낯설기만 하였고, 처음 가는 길이라 몇 배는 더 힘들게 느껴졌던 것이 사실이었다.

가슴저릴만큼 어렵고 힘든 상황에서도 교수님을 비롯한 많은 분들의 정성어린 가르침과 배려 덕분에 학위논문 최종 심사를 통과해 2011년 8월 31일 마침내 대진대학교 제1호 법학 박사학위를 취득하게 되었다.

* 이천수 총장님으로부터 박사학위를 수여받다. 2011년 8월 31일.

부족함 많은 내가 대진대학교 제1호 법학박사라는 영예를 얻을 수 있었던 것은 제자의 약점을 지적하기보다 조그만 장점도 크게 응원해 주신 소성규 교수님의 인간미 넘치는 아름다운 향기와 가르침 덕분임을 밝히면서 아낌없이 베풀어주신 소성규 교수님!, 감사합니다.

그리고, 아내를 비롯한 가족들, 바쁜 업무에 시달리면서도 나에게 학업과 논문작성에 임할 수 있도록 배려해 준 경기도청 직장 동료들을 비롯한 모든 분들께 다시 한번 감사의 마음을 전합니다.

석박사 동문과 우의를 다지다

대진대학교에서 박사학위를 취득하면서 동문과 함께하는 새로운 즐거움이 시작되었다. 교수님을 지도교수로 모시고 공부한 석사와 박사과정 졸업생들을 중심으로 '민사법 연구실'이라는 동문 모임을 결성하여 분기별로 산행을 하면서 체력도 단련하고 하산 뒤풀이를 통해 세상 사는 재미를 함께 나누는 모임이 주기적으로 이루어졌기 때문이다.

이와 함께 교수님을 지도교수로 하는 2호 박사도 탄생했는데, 허태갑(許泰甲) 박사가 그 주인공으로 2014년 2월 22일 교수님을 비롯한 많은 동문과 지인들이 참석한 가운데 박사학위 취득 기념잔치가 성대하게 거행되었고, 연이어 3호 고병철 박사와 4호 서창원 박사 등이 탄생하는 기쁨도 있었다.

2호 박사 탄생을 계기로 공무에 바빴던 나는 민사법 연구실 대표역할을 허 박사께 넘겨주었고, 허 박사 취임을 계기로 민사법 연구실 모임은 더욱 활성화되어, 도봉산, 불곡산, 사패산, 소요산, 고대산, 왕방산 등 인근 지역 산들을 번갈아 등산하였는가 하면, 2016년 10월 30일에는 멀리 충청남도 안면도 탐방도 함께하는 즐거움을 누리기도 했다.

* 故 허태갑(許泰甲)교수 박사학위 취득기념

* 2013년 6월 22일 사패산 정상

* 2014년 겨울 도봉산

* 2015년 여름 고대산

* 2016년 10월 어느날 안면도

그런데 '호사다마(好事多魔)'라고 했던가?

늘 즐거움만 가득할 것 같던 민사법 연구실에 안타까운 일이 찾아오고 말았다. 민사법 연구실 활동을 주도하던 허 박사께서 어느 날 갑자기 회복할 수 없는 중병을 얻어 입원하더니 가족과 의료진의 정성 어린 보살핌과 치료에도 불구하고 돌아올 수 없는 길을 떠나고 말았다. 청천벽력같은 이 소식에 교수님을 비롯한 우리는 모두 할 말을 잃고 어찌할 바를 몰라 했다. 지금도 그때를 생각하면 가슴이 먹먹하고 눈물이 자꾸만 앞을 가린다. 다정한 목소리로 전화주실 것만 같은 허 박사님! 영면하시옵소서...

소중한 분을 떠나보낸 안타까움으로 인해 민사법 연구실 모임은 침체기를 가질 수밖에 없었다. 분기별로 진행하던 정기산행도 뜸해지고, 가끔씩 함께 하던 단합의 시간도 한동안 마련되지 않았다.

꽤 많은 시간이 지나면서 5호 이용호, 6호 최진웅, 7호 전철, 8호 천영성, 9호 권영택, 10호 김태희까지 모두 10명의 박사가 배출되었고, 교수님 가르침을 오래 간직하고 발전시키기 위한 '개성포럼'이라는 새로운 매개체가 출범하면서 동문들 모임은 다시 활성화되기에 이른다.

의욕넘치는 트레킹리더이자 석사인 신현숙 팀장님(양주시)을 중심으로 석·박사동문들이 지역 명소를 찾는 트레킹을 분기별로 실시하면서 동문간 우의도 다지면서 삶의 지혜도 함께 나누게 된다.

최근에만 북한산 우이령길과 한탄강 주상절리 걷기, 도봉산 둘레길 탐방에 이어 2024년 4월에는 쉽게 갈 수 없었던 청와대 견학과 경복궁 문화 체험 등이 이루어지는 등 새로운 즐거움과 삶의 의욕을 북돋아 주는 행사로 거듭나고 있다.

* 2023년 가을 연천 주상절리

* 2024년 봄 도봉산 둘레길

교수님과 대한민국 통일시대를 준비하다

대진대학교는 '지역사회와 함께 발전한다'는 교육목표에 걸맞게 평화통일과 관련된 활동을 많이 수행하고 있는데, 그중 하나가 통일교육선도대학 사업이다. 대진대학교는 통일부에서 선정하는 통일교육선도대학으로써 전국 최고의 사업 성과를 거양해오고 있을 뿐만 아니라, 전국 광역자치단체 중 남북교류와 통일교육 분야에서 혁혁한 성과를 자랑하고 있는 경기도로부터도 다양한 사업들을 위탁받아 수행하고 있다.

대진대학교에 추진하는 다양한 통일 관련 사업들은 교수께서 책임자로 주도하고 있기 때문에, 나 역시 교수님 배려로 통일교육 관련 사업에 참여하게 된다.

우선 통일부장관이 위촉하는 통일교육 위원으로 2016년부터 4년을 활동했는데, 2016년 4월 1일 자로 2년 임기의 제20기 통일교육위원에 위촉되어 활동한 데 이어, 2018년 4월 1일에는 제21기 통일교육위원에 재위촉되어 2020년 3월 31일까지 4년 동안 통일교육 경기북부협의회 위원으로 활발한 활동을 펼친 바 있다.

  2016년 5월 2일 개최한 '제2회 통일문화 대축제'를 비롯해 평화통일 관련 전문가 포럼, 통일교육위원 워크숍, 각종 교육과 세미나, 포럼 등에 참여하면서 지역사회 주민들과 미래 통일의 주역인 대학생들에게 평화통일 필요성 등에 대한 인식을 새롭게 하고, 빈틈없는 국가안보가 평화통일의 근본임을 인식하도록 하는데 미력하나마 힘을 보태왔다.

  또한, 통일부에서 선정한 통일교육선도대학 사업에 대한 평가위원회 위원장 직책을 수행하면서 세계 유일의 분단국가인 대한민국의 평화통일을 준비하는 일에 교수님과 함께 노력을 다해왔다.

* 제21기 통일교육위원 경기북부협의회&경기북부 통일교육센터 출범식

* 대진대 통일교육 선도대학 사업성과 평가 및 발전방안 합동 워크숍

지역사회발전과 평화통일의 초석 개성포럼!

2018년 하반기부터 교수님이 그동안 수많은 연구를 통해 제시해온 경기 북부지역 발전과 평화통일에 대한 철학과 열정을 오래도록 유지하고 발전시키기 위한 학술연구단체를 구성하여야 한다는데 공감대가 모여지기 시작한다.

이에 따라 북한에 대한 연구 등 남북 교류협력 방안 및 민주시민교육과 평화통일 교육 등에 대한 여러 연구와 토론 등을 통해 평화통일에 대한 국민들의 관심을 제고하고 다양한 정책대안을 제시함으로써 우리 민족의 염원인 평화적 통일과 지역사회 발전에 기여하는 것 등을 목적으로 가칭 '개성포럼' 설립을 위한 발기인 대회를 2019년 9월8일 가진 후, 세심한 준비를 거쳐 2019년 12월 개성포럼 창립총회를 통해 교수님을 초대 회장으로 추대하면서 개성포럼이 정식으로 출범하게 된다.

* 2019년 12월 개성 포럼 창립총회

개성포럼은 개성지역을 포함한 북한에 대한 연구, 남북 교류 협력 사업실행과 연구를 통한 정책대안 도출, 민주시민교육과 평화통일 교육의 실행 및 연구, 평화통일 전문가 초청 강연회 및 세미나 등과 함께 국가·지방자치단체·대학·관련 단체 등으로부터 위탁받은 사업, 그리고 포럼 발전과 국가와 지역사회 등에 기여할 수 있는 사업 등을 주요 사업으로 제시하고 있으며, 분과위원회와 자문위원회 등을 두도록 정관에 정하고 있다.

나도 자문위원으로 참여하고 있는 개성포럼은 2023년 비영리민간단체로 등록을 마친 바 있으며, 매년 분기별 학술 세미나와 안보 현장 방문, 대학생 장학금 수여 등 다양한 사업을 펼치고 있어 우리의 염원인 평화통일과 지역사회 발전을 선도하는 단체로 오래토록 많은 역할을 할 것으로 기대되고 있어 교수님의 지역발전과 통일에 대한 선각자적 식견과 철학에 대해 다시 한번 존경심을 표하는 바이다.

* 2023년 제2차 개성포럼 학술세미나

마치며

　최고의 선각자 다산 정약용 선생은 유배지 강진에서 공부하는 방법을 모르던 우직한 시골 소년 황상을 만나 인생의 등대가 되어 준다.
　다산은 양반이 아니라서 과거를 볼 수 없는 황상에게 과거 공부 대신 시를 짓도록 가르쳐 주었고, 다산의 가르침대로 공부를 시작한 황산은 1년 반쯤 지나 《설부(雪賦)》라는 시를 지었는데, 그 시는 스승인 다산을 놀라게 했고, 추사 김정희도 인정할 만큼 멋진 시였다고 한다.
　《치원유고》, 《임술기(壬戌記)》 등의 유명한 저서가 전해지고 있는 황상의 인생을 바꾼 것은 바로 다산 정약용과의 만남이었다. 이처럼 위대한 스승은 제자의 인생을 송두리째 변화시키고 성장시키는 마력을 갖고 있다.

  부족함이 많은 내가 평생 공직자의 길을 걸으면서 경기도청 주요직책과 연천부군수, 의정부부시장 등을 역임하고, 공무원 퇴직 후에도 신한대학교 특임교수와 의정부문화재단 대표이사를 거쳐 신한대학교 석좌교수로 활동하면서 경기북부특별자치도 출범을 위해 역할을 하고 있는 것은 소성규 교수님과 만남이 큰 역할을 하였다고 생각할 수 있다.

  깊은 강물이 조용히 흐르듯 교수님의 심오한 연구와 아낌없이 베푸는 가르침, 지역발전과 평화통일에 대한 남다른 혜안과 열정은 교수님과 함께했던 수많은 사람들의 등불이자 귀감이 되고 있다.

  그동안 배출한 10명의 박사와 101명의 석사, 학부 졸업생들과 앞으로 탄생할 새로운 제자들, 개성포럼에 공감하는 수많은 동참자들이 교수님의 아름다운 향기와 빛나는 업적을 계승하고 발전시키는데 앞장설 것이기에

  "세상을 아름답게 빛내는 참 스승 소성규는 영원할 것이다!"

인생의 전환점에서 나를 이끌어 준 진정한 지도자

신택수

양주시 수도과 수도행정팀장

(대진대 법학00, 대진대 석사)

대학생이 되었다. 전공은 법학을 선택할 생각이었다. 그냥 왠지 멋있었다.

삼수 끝에 들어와 수험생활에 지쳐있던 나는 1학년 때에는 공부는 뒷전으로 하고 열심히 놀았다. 그러나, 겨울방학이 끝날 무렵 남들보다 늦게 시작한 대학 생활 탓에 놀기만은 할 수 없다는 생각을 했고 군대와 미래에 대한 두려움이 다가오기 시작했다. 막상 법학을 전공으로 선택했지만, 민법총칙과 법전을 보고 과연 내가 이렇게 어려운 공부를 할 수 있을까하는 생각이 들었다.

드디어, 2학년 1학기 개강! 민법총칙 시간이었다. 교수님이 강의실에 들어오셨다. 첫인상! 젊고 강인해 보이셨다. 카리스마에 눌려 무서웠다! 정신이 바짝 차려 졌다. 마치 졸면 혼날 수도 있고, 학점도 제대로 받지 못할 거 같았다. 강의가 시작되었다. 내 걱정과 달리 강의는 집중이 잘

되면서, 재밌었다. 교과서는 교수님이 직접 집필하신 책이었다. 교수님의 민법총칙 교과서를 보고 강의를 듣자 두려움은 사라졌다. 이 어려운 민법을 어떻게 이렇게 쉽게 만들어 놓으셨을까?! 존경심이 생기기 시작했다.

학생의 입장에서 알기 쉽게 집필하신 교과서와 명쾌한 강의는 머릿속에 속속 와 닿았다. 그때부터 법학에 대한 재미가 붙기 시작했다. 민법 외에 다른 법도 쉽고 편하게 다가오기 시작했다. 매일 학교 도서관에 앉아 공부를 하며, 자신감과 지식을 얻어 갔다. 물론, 공부를 처음 시작할 때에는 사법고시가 목표였다. 처음에는 계획대로 되는 듯 했으나, 점점 한계에 달아 올랐다. 법학을 공부하면 사법고시 말고도 공무원 등 다양한 길이 있다는 걸 알게 되었다. 진로를 공무원으로 선택했다. 비록, 처음 목표했던 사법고시가 아닌 공무원이 되었지만, 내가 지금 공무원이 될 수 있고, 아직까지 법학에 대해 공부를 하고 있는 건 바로 교수님과의 만남이 있었기 때문이다.

대학을 졸업하고 군대를 제대하기 전에 공무원 시험에 합격한 나는 군대 제대 후 바로 공무원으로 입사하였다. 그때까지 대진대학교와 교수님과의 인연이 계속 이어질 줄 전혀 몰랐다. 나는 그때 문화 관련 부서에 있었다. 흥미롭고 재밌는 일이었다. 관광 활성화와 축제와 관련된 일이다 보니 여기저기 벤치마킹도 많이 다니는 일이었다. 물론, 주말에 출근하는 일이 많기는 했어도 시민들에게 즐거움을 줄 수 있다는 생각에 힘들지 않았다. 그러던 어느 날 기획 관련 부서와 협의 볼 일이 있어 그 부서에 갔다. 거기에 교수님이 계셨다. 교수님은 지역 발전을 위한 다양한 연구를 하시기 때문에 지방자치단체와의 교류가 많으셨다. 6년 만에 본 교수님은 나를 알아보셨다. 그리고는 너무나도 반갑게 대해 주시고, 본인의 제자라고 팀장, 과장님들께 소개시켜 주셨다. 너무나도 감사한 마음이 들었다. 강의도 하시면서 지역 발전을 위한 연구까지 하시다니 존경스러웠다.

그때 나는 한달 뒤 결혼할 예정이었다. 이 얘기 저 얘기 끝에 교수님께 결혼 얘기를 하게 되었다. 결혼식에 오신다고 하셨다. 나는 너무 기뻤지만 설마 바쁘신 교수님이 오시기는 어렵다고 생각했다. 그러나, 내 생각은 틀렸다. 결혼식 당일 그것도 제일 일찍 교수님께서 와주셨다. 그리고, 결혼식이 끝날 때까지 예식장을 지켜주셨다. 정말 진심으로 축하해 주셨다. 교수님의 제자에 대한 사랑이 너무도 크게 느껴졌다. 지금 생각해 보면, 내가 먼저 교수님을 찾아뵙고 교수님께 주례를 부탁하고 교수님의 축복을 받았으면 더 좋았을것을… 이라는 생각이 든다. 살면서 참 아쉬운 점 중에 하나다.

결혼식이 끝나고 나서, 앞으로는 교수님께 자주 연락드리고, 찾아 뵙겠다는 생각을 했다. 그러나, 나름 바쁘다는 핑계로 그렇게 하질 못했다.

교수님께서는 항상 내 얘기를 하고 다니신다고 팀장급 이상 되는 분들께서 나를 마주칠 때마다 얘기했다. 양주시 1호 제자라고 나를 칭하신다는 것이다. 너무 감사한 마음이 들었다. 제자가 못나도 스승은 제자를 자랑스러워 하신다는 말이 이런 거구나 라는 생각이 들었다. 교수님 덕에 직장 내에서 나의 이미지가 좋아진 거 같다. 학교와 교수님께 누가 되지 않도록 기쁜 마음으로 더 열심히 일했다. 대진대학교를 졸업한 게 너무나도 자랑스럽게 느껴졌으며, 자랑스럽게 얘기하고 다녔다.

그 이후에도 교수님과의 인연은 계속되었다. 내가 규제개혁이라는 업무를 하고 있을 때였다. 규제개혁! 말은 쉬우나, 수많은 규제 관련 법령에서 현실성이 떨어지고 법령 개정으로 국민과 기업에게 효과가 큰 그런 규제를 찾아야 되는 것이다. 방향을 잡을 수가 없었다.

규제 관련 법령을 찾고 해석하고 또 그 법령을 어떻게 개정해 달라고 정부에 요청할 것인지! 등등 법적으로 쉬운 일이 아니었다. 타 부서에서 업무를 하면서 느꼈던 부분과 사례에 대해서만 취합하는 것은 업무성과를 내기에는 한계가 있었다. 그래서 항상 고민이 많았던 거 같다. 내가 전공이 법학이라서 그런지 남들보다는 법령 해석이 쉽긴 했지만 규제개혁의 관점에서 보는 것은 쉽지 않았다. 지금까지, 있는 법령이 어떻게 적용되는지만 생각해봤지 이를 어떻게 개정할 것인지에 대해서는 생각해 본 적이 없었다. 매년 평가를 하는 업무라 당장의 성과가 나와야 했다. 너무 어려웠다. 길이 보이지 않았다.

그러던 어느 날, 빛이 밝게 비치고 길이 보이기 시작했다. 그 당시 팀장님께서 규제개혁위원회를 구성하면서 교수님을 위원장님으로 모셨던 것이다. 위원회 회의가 개최되던 날 교수님이 오셨다. 교수님께서는 팀장님, 과장님께 내 1호 제자라고 말씀해주셨다. 어깨가 으쓱했다. 교수님의 제자라는게 정말 좋았다. 이제는 걱정할 필요가 없겠다고 생각했다.

그 후 교수님께서 다양한 규제의 사례와 규제개혁이 필요한 법령, 규제개혁 방향 등에 대해서 코칭해 주셨다. 그 결과, 우수한 업무성과가 나왔으며, 중앙의 평가에서도 좋은 평가를 받을 수 있게 되었다. 업무적인 고민도 교수님 덕에 해결할 수 있었고 개인적으로도 좋은 평가를 받을 수 있게 되었다.

규제개혁 업무를 통해 좋은 성과를 받은 나는 계속해서 열심히 일하고 야근이나 주말 근무도 마다하지 않고 일했다. 그 누구보다도 잘할 수 있다는 자신감이 넘치는 시기가 계속되었다. 그러나, 누구나 삐걱되는 시기가 있듯이 나에게도 삐걱되는 시기가 다가왔다. 그 시기는 진짜 뭘해도 되지 않고, 사람도 너무 힘들었다. 그냥 지쳐갔다. 개인적으로는 사람들과의 교류도 거의 하지 않았다. 출근하기 너무 싫고 죽고만 싶었다. 우울증이었다. 나는 공무상 질병이라는 판정을 받고 5개월간 휴직하기도 하였다.

일할 힘도 없고, 의지도 없어 인사부서에 면사무소로 발령을 내달라고 했다. 공무상 질병으로 휴직한 이후 복직이라 인사부서에서 나의 의견을 존중해주고 면사무소로 발령을 내주었다. 그곳에서도 한동안 적응하지 못했으나, 점점 정신적으로 회복이 되기 시작했다. 다시 일에 대한 의욕이 생기기 시작했다. 그러나, 나의 의욕과는 달리 나의 이미지가 좋지 않았던 것 같다. 자격지심이었을지 모르나 나는 그렇게 느껴졌다.

3년간 면사무소에서 근무 후 다시 본청으로 발령을 받았다. 내가 가고 싶은 부서가 아니었다. 그래도 열심히 일하려고 노력했다. 그러나, 평가와 평판은 좋아지지 않았다. 시간이 지나 어느덧 승진이라는 관문이 나에게 다가왔다. 팀장이라는 자리로 승진하는 것이기 때문에 이미지도 중요했다. 현재의 이미지로는 쉽지 않은 상황이었다. 그때 또다시 교수님께서 나에게 다가오셨다. 나에게는 큰 광명과도 같았다.

교수님은 팀장이 되기 위해서 내가 어떻게 처신을 해야 하는지에 대해 지도해 주셨고, 노력하는 모습을 대외적으로 확실하게 보이기 위해 대학원 진학을 권해주셨다. 이와 더불어 내가 얼마나 열심히 일하고 성실하게 지내는지, 교수님의 자랑스러운 제자이며 1호 제자라고 교수님이 아는 모든 분에게 항상 말씀해주셨다. 나는 비로소 내가 어떤 길로 가야 될지 깨닫게 되었다. 교수님이 또 한번 나를 바른길로 이끌어 주셨다.

대학원에 입학하였다. 당연히 지도교수님은 소성규 교수님이다. 대학원 첫 수업을 참여하기 위해 오랜만에 대진대학교, 나의 모교로 향했다. 20대로 돌아간 기분이었다. 설레는 마음이 들었다. 20년 전 학교 다닐 때 기억이 떠올랐다. 교수님을 제외하고 다른 교수님들은 학부 시절에 교수님들이 아니었다. 그 때 교수님들이 아니여서 조금 아쉽기는 했지만, 그래도 우리 교수님이 계시니 괜찮았다. 오랜만에 학교에 앉아 수업을 들으니 나의 두뇌가 돌아가는 기분이 들었다. 열정이 피어올랐다. 석사과정이라는 생각에 으쓱한 마음도 들었다. 학부 때 대학원 누나, 형들을 봤을 때 대단하다라는 생각을 했는데, 내가 그 자리에 있다는 게 신기하기도 했다.

교수님은 북한의 민법과 우리나라의 민법을 비교하고 통일 후에 민법의 제정방향에 대한 연구를 많이 하셨던 것 같았다. 또한, 경기북부 지역, 접경지역에 대한 발전 방안을 위해 연구하시고 힘쓰고 계셨던 것 같다. 몰랐었다. 북한에도 민법이 있는지. 우리와 비슷한 부분도 많다는 것을 알게 되었다. 새로운 지식 습득에 기쁘고 벅찼다. 나의 직장이 있는 지역이 접경지역이기 때문에 교수님의 연구는 나에게 매우 필요한 부분이었다. 나의 지식은 점점 커져가는 기분이 들었다. 내가 우리 지역을 위해 무엇을 해야겠다 라는 개념도 잡혀갔다. 더 좋은 건 대학원을 다니며 교수님과의 인연의 깊이도 깊어져 가고 있었다는 것이었다. 교수님과의 인연이 깊어 질 무렵, 나의 직장 내 이미지는 좋아지고, 업무성과를 인정받아, 드디어 승진을 하기에 이르렀다. 이 모든 영광을 교수님께 바치리라.

어느덧, 졸업을 위한 연구보고서에 대해 방향을 정해야 했다. 논문은 자신이 없어서 연구보고서를 선택했다. 그래도 방향을 정하기는 어렵지 않았다. 우리 지역의 발전을 위한 접경지역 발전방안에 대해 연구하기로 했다. 교수님께서도 흔쾌히 허락해 주셨다. 연구보고서 작성을 위한 자료를 수집하고, 교수님의 지도를 받으면서 접경지역을 살고 있는 나도 모르는 사실이 많다는 것을 알게 되었다. 접경지역에 대한 연구는 연구보고서를 위한 작성으로 그치지 않을 것 같았다. 내가 업무를 하면서 많이 적용해야 될 부분이 많을 거 같다. 교수님의 지도 방향은 앞으로의 나에게 많은 발전을 가져다줄 것이라는 생각이 확실하게 다가왔다. 교수님의 가르침과 지도를 잊지 않을 것이다. 나의 후배들에게도 알려주고 싶다.

내가 법학석사가 되다니! 참으로 놀랍다! 삼수생으로 어렵게 대진대학교에 들어온 나인데! 대진대학교에서 만난 교수님과의 인연으로 여기까지 오다니 참으로 신기하다! 교수님의 제자에 대한 사랑 때문임이 확실하다.

앞으로도 죽을 때까지 교수님의 사랑과 은혜를 잊지 않으리라.

나는 이 글을 쓰면서 다시 한 번 더 교수님의 사랑을 느끼게 되었으며, 교수님의 은혜에 보답하기 위해 더욱더 열심히 살아야겠다는 생각이 들었다.

존경하는 노겸 소성규 교수님과의 소중한 인연

우양태

법무법인 선우 변호사

(대진대 석사)

    저는 현재 서초동 소재 법무법인 선우에서 구성원변호사로 활동중이며 대진대학교 대학원 출신으로 대진대학교 자문변호사로도 활동하고 있습니다.

    존경하는 노겸 소성규 교수님과의 인연은 1999년도에 시작되었습니다. 당시 모교인 한양대학교 고시반에서 제41회 사법고시 2차 시험을 마친 후 고시반 지도교수님이자 은사님이시던 김상규 교수님께서 대진대학교 대학원에의 진학을 권유하시어 동기인 윤기상 친구(윤기상 친구도 현재 고향인 대전에서 변호사로 활동 중임)와 같이 대진대학교 대학원에 입학하면서 대진대학교 고시반에 입소하게 되었고 당시 대진대학교 고시반 지도 교수님이 소성규 교수님이었습니다. 동기인 윤기상 친구는 민법을 선택하여 지도 교수님이 소성규 교수님이고, 저는 상법 전공을 선택하여 지금은 퇴직하신 김영균 교수님이 지도교수님이었습니다. 당시는 사법고시 2차 시험을 치룬 후 11월 2차 시험결과 발표를 기다리던 기간으로 대진대학교 고시반에서 후배 및 선배들과 숙식하면서 학교 앞 "몽중몽"이라는 호프집에 자주 가고 늦은 시간에 고시반 안에서 라면을 먹던 기억이 생생합니다. 고시반에 입소 후 저와 같이 시험을 치루었던 최윤철 선배님이 계셨는데 1999년에 같이 사법고시에 합격한 후 사업연수원에도 같은 반으로 편성되어 대진대학교에서의 인연이 사법연수원으로까지 이어진 셈이었고, 최윤철 변호사는 청주에서 지금도 왕성히 활동하고 있습니다. 아무튼 당시 고시생으로서 경제적으로 상당히 힘든 상황이었기에 소성규 교수님과의 식사시 매번 교수님이 비용을 부담하셨는데 지금 생각해보니 저 뿐만아니라, 다른 많은 백수 고시생들이 소성규 교수님 지갑을 힘들게 했던 것 같아 감사하면서도 죄송한 마음입니다. 참고로 이때의 인연으로 같이 공부하던 선·후배들과 대진대학교 뒤편에 있는 왕방산을 모티브로 하여 왕방회를 결성하여 십 수년간 친목을 도모하고 있으며 국토교통부, 해양수산부, 교육부, 통계청, 신용보증기금 등 여러 정부기관 등에서 재직중인 선·후배들과 왕방회 모임 중이며 코로나 이전에는 대진대학교 총장님을 모시고 식사했던 기억이 납니다.

그리고 1999. 11.경에 사법고시 2차 시험 발표가 있었고 다행히 저는 합격을 하게 되었으며 대진대학교 대학원 출신이지만 최초 합격자라고 하여 당시 대진대학교에서 진심으로 많은 축하를 해 주었으며, 특히 소성규 교수님이 누구보다도 보람을 느낀다며 좋아해 주셨던 기억이 생생합니다. 지금도 저 이력서에는 대진대학교 대학원이 기재되어 있으며 당시 대진대학교에 박사과정에 없었기에 부득이 한양대학교에서 박사과정을 마무리하였으나 제가 대진대학교에 입학하여 그 좋은 기운으로 사법고시에 합격하였기에 늘 감사한 마음입니다. 이후 사법연수원 재직 중에 대진대학교 홈커밍데이에 참여하게 되었는데, 행사 후 뒷풀이를 겸한 식당에서 정석배라는 후배를 만났으며 나중에 정석배는 대진대학교 출신으로 최초로 입법고시에 합격하여 현재 대한민국 국회에서 국제과장으로 활동 중이며 당시 정석배라는 후배가 고시반에서 공부할 때 저가 사법고시 합격 후 고시반에 기증했던 에어컨에서 기증자 이름을 보고 저를 알았다는 대화가 생생합니다. 이제는 각자 결혼도 하고 변호사로서, 국회에서의 과장으로 활동중인 바 이런 인연 역시 노겸 소성규 교수님이 만들어주신 인연으로 여기며 소중히 이어가고자 합니다.

사법연수원을 수료한 이후 저는 같은 집안 형님이 대표로 있는 서초동 소재 법무법인에 입사하였으며, 이후 당시 대표변호사님은 고향인 전남 광양에서 국회의원에 당선되었고 내리 3선을 하던 중에 국회 법사위원장, 원내대표, 사무총장 등을 역임하면서 저 역시 국회 공직자윤리위원회 위원으로 활동하면서 정석배 과장과 자주 만남을 가지고 있는데 대진대학교 홈커밍데이때 만났던 후배와 20년 이상 인연이 이어질 것이라고는 당시엔 상상하지도 못했습니다. 서초동에서 변호사로서 활동하는 와중에도 초대 왕방회 회장인 김병태 형님이 수년간 회장으로서 고생을 하셨고, 이후 제가 2대 회장으로 활동하게 되었으며 당시 연말 모임 때 서울시 노원구 등에서 대진대학교 이근영 총장님을 비롯하여 여러 학교 처장님들과도 식사를 하면서 친목 도모와 더불어 대진대학교에 미력하나마 도움이 되도록 하자고 회원들 간에 늦은 시간까지 소주를 마시며 많은 대화를 했던 기억이 납니다. 서초동에서의 변호사로서 경력을 쌓으면서 제가 1999년 대진대학교 고시반에 입소할 당시 가장 처음 인연을 맺었던 소성규 교수님, 임춘환 처장님과는 꾸준히 인연을 이어오던 중에 대진대학교 법학과에서 회사법, 어음·수표법 등을 학부생들에게 강의하기도 하였고 이후 이런 인연으로 현재는 대진대학교 고문변호사로 활동 중입니다. 저의 부모님이 1999년에 시골에서 서울로 올라오셔서 노원구에 거주하시는데, 주말에 포천 등으로 식사를 가던중에 부모님을 모시고 자동차로 대진대학교 내부를 보여주기도 하였는데 부모님께서 대진대학

교내의 많은 건물과 넓은 운동장 등에 놀라워하시던 기억이 납니다.

소성규 교수님의 어머님이 2022.1.2. 소천하시어 저 역시 문상을 가게 되었는데 당시 많은 분들이 오셔서 교수님에게 위로의 말씀을 드리는 것을 보고 평상시에도 교수님이 주위의 선, 후배들에게 성심을 다해 챙기시는 것을 보아온 저로서는 교수님의 따뜻한 마음과 배려에 대하여 다시 한번 생각하는 계기가 되었습니다. 특히 올해 교수님의 아들이 변호사 시험에 합격하여 법조인으로서의 길로 들어섰는데 아버지인 교수님을 이어서 우리 사회에 많은 기여를 하는 훌륭한 법조인이 되기를 기원합니다.

노겸 소성규 교수님은 제가 변호사로 활동할 때부터 지금까지 저에게 늘 격려를 해 주신 분으로 감사한 마음을 표할 때마다 오히려 본인은 한 것이 없고 우 변호사 역량이라며 겸양해 하시며, 법학자로서 엄격함과 자애로운 선배님으로서의 모습을 보여주시는 바, 벌써 교수님이 화갑이라는 점이 믿어지지 않습니다.

더불어 대진대학교에도 앞으로 더 많은 기여를 하실 분이기에 늘 건강 잘 챙기시며 개성포럼의 발전과 함께 교수님의 학문적인 업적이 우리 사회에 많은 디딤돌이 되기를 기원합니다.

부족한 제 글을 읽어주셔서 감사드리며 존경하는 노겸 선생님께 제 마음을 담아 이 글을 올립니다.

포장마차에서의 인연

원진희

경기도 감사담당관

(대진대 석사)

1. 인연(因緣)

정확히 연도와 날짜는 기억이 나질 않지만 2007년도 어느 여름밤 쯤으로 기억한다. 직장 선배이자 고등학교 4회 선배이신 이영종 형님과 직원들과 같이 경기도청 북부청사 인근 포장마차에서 술을 한 잔 하고 있는데 소성규 교수님이 지나가시다가 이영종 형님을 보고 우연히 자리를 같이 하게 되었다. 이런저런 얘기를 하다가 내가 대진대 법학과 야간을 다니다가 사무실 여건상 야간에 도저히 시간을 낼 수 없는 업무를 맡는 관계로 대진대 야간을 포기하고 사이버대학으로 다시 들어가서 졸업을 했다고 말씀드렸더니 교수님께서 내가 수업 받으러 온걸 얼핏 기억하는 것 같다고 그 당시 시간적으로 힘든 상황을 미리 얘기했더라면 도와줄 수 있었다고 아쉬워하시면서 대진대학교에 직장인을 위한 야간 대학원 과정이 있으니 대학원은 꼭 대진대학교로 오라고 말씀하셨다. 그때는 여러 가지 여건상 대학원은 생각도 안 하던 차였고 얼떨결에 꼭 가겠다고 약속을 했다. 그 포장마차 술자리의 약속이 대학원 은사님이신 소성규 교수님과의 인연이 시작된 것 같다.

　나는 경기도 최북단 연천이 고향이다. 군인과 탱크를 보며, 대북방송을 들으면서 자랐다. 연천서 태어나 국민(초등)학교와 중학교를 다녔다. 초등학교 취학 전에는 동네 말썽은 다 내가 피운 거 같다. 시골 중에 시골이라 당시 우리 동네에는 10여 채의 집밖에 없었다. 몇몇 친구들과 불장난을 하다가 친구 집을 태워 먹고 신작로에 지나가는 버스에 돌을 던져 버스 운전 기사분께 혼쭐이 나고 자전거도 귀한 시절 동네 아저씨가 일하러 타고 오신 자전거를 몰래 타다가 논으로 넘어져 고장도 자주 내는 등 한마디로 말썽꾸러기 그 자체였다. 좀 더 자라 초등학교를 가게 되었는데, 내 기억으로는 입학 당시에는 왼쪽 가슴에다 손수건을 달고 등교한 기억이 난다. 흰 고무신발은 여름에 땀이 나면 미끌거렸던 추억도 있다. 초등학교는 집에서 3km 정도 떨어져 어린 발걸음으로는 좀 멀었다. 추운 겨울에는 추위를 이기기 위해 가방을 메고 뛰어다녔다. 여름에 소나기라도 오면 흠뻑 젖어서 집에 오곤 했는데 빗줄기가 세어 몸이 따가웠던 기억도 난다. 시골 초등학교라 한 학년에 1개반 인원은 25명 내외였다. 내가 또래들보다 키가 좀 크고 공부를 좀 해서 그런지 줄 곳 반장과 6학년 때에는 전교 회장도 했었다. 사고는 초등학교 들어가서도 계속되었다. 덩치가 좀 있어서 그런지 초등학교 1년 선배들과 자주 싸우고 동네 배밭 과수원에서 배를 몰래 따먹다가 주인에게 걸려 혼나고 이 사실이 담임선생님 귀에 들어가 다음날 회초리로 종아리를 피멍이 들 정도로 맞은 아픈 기억이 생생하다. 5학년 가을쯤. 월남전에 참전했던 김명규 선생님. 왜 그렇게 세게 때리셨는지 아직도 섭섭한 마음이 들 정도다. 중학교는 읍내에 있었다. 촌놈이 읍내에 가니 좀 어리버리 했지만 좀 지내보니 다 똑같은 촌놈들이 모인 곳이었다. 그럭저럭 사고 없이 중학교를 마칠 즈음 고등학교 진학상담이 있었다. 네 살 많은 형이 의정부에 있는 공업고를 가서 의정부라는 지명이 낯설지 않았지만 공업고는 싫었고 인문계를 갈 실력이 되었던 참에 가까운 학교를 갈까 하다가 막연한 마음으로 의정부고등학교를 선택했다. 당시 비평준화고등학교였던 의정부고등학교는 서울을 제외한 한수 이북에서 제일 명문고라고 자칭하였고 수원에 있는 유신고등학교, 수성고등학교 등과 비교할 정도였다. 중학교에서 성적이 우수한 학생들이 모여서인지 도저히 등수가 오르지 않았다. 연천서 새벽에 통학하는 것도 힘들고, 그래서 1학년 하반기에 연천에 있는 전곡고등학교로 전학을 하려 했지만 의정부고등학교에서 허락을 해주지 않았다. 결국 계속 다니게 되었고 3학년때는 두 명의 친구들과 자취를 하는 등 그럭저럭 학력고사를 치렀다. 역시나 성적이 좋지 않았다.

2. 미련(未練)

재수를 선택했다. 나름 삭발도 해보고 전곡읍 내 독서실도 다니고 서울 단과학원도 잠깐 다녀봤지만 친구들과의 어울림 유혹에 완전히 벗어날 수는 없었다. 성적표를 받아봤다. 좀 올랐다. 1지망 건국대학교 경영학과는 떨어지고 2지망인 축산경영학과에 합격했다. 고민하다가 한번 더 하면 될 듯 싶었다. 과감히 삼수를 선택했다. 한양대학교 경영학과에 응시했다가 또 떨어졌다. 다음 선택은 군대밖에 없었다. 1988. 4. 1일 논산훈련소에 입소 후 6주간의 훈련을 마치고 성남에 있는 육군종합행정학교에서 또 8주간 후반기 헌병교육을 받고 용산에 위치한 국방부 헌병대대로 자대 배치를 받았다. 전국 각지에서 온 낯선 젊은이가 모인 곳, 시끄러운 사투리를 쓰는 게 신기하면서도 약간의 불편을 주었지만 군대도 사람 사는 세상이었다. 낯선 환경, 새로운 경험, 계급사회. 나는 군생활을 통해 성격이 많이 바뀌었다. 군대 가기 전에는 성격이 매우 내성적이었다. 외모 컴플렉스도 있었고 특히 여성들 앞에서는 쑥스러워 말을 잘

못할 정도였다. 군 생활을 통해 어려움을 헤쳐나가고 나름의 사회생활을 배웠기 수줍음 따위는 문제가 되질 않는다고 생각했다. 부대가 서울에 위치해서 그런지 매일 아침은 햄버거랑 우유를 배식 받았다. 군 입대할 때 몸무게가 67kg였는데 제대할 때는 72kg로 군 생활이 어느 정도 체질에 맞았던 것 같기도 했다. 국방부 헌병대 씨름대회에서 준우승을 차지해 특박을 나와 같이 특박 나왔던 부대원들과 용산 삼각지에서 순대와 쫄면을 먹으면서 낮술에 취해 용산역까지 비틀거리며 활보했던 기억이 새롭다. 지금도 군 생활하면서 먹던 쫄면 맛이 그리워 가끔 혼자서도 분식집에서 쫄면을 먹곤 한다. 군 생활을 하는데 큰 고생은 하지 않았다고 생각하지만 대학에 대한 미련을 버리진 못했다. 고참이 되어서는 짬짬이 학력고사 준비를 했다. 1990. 9월 제대 후 그해 농협대학 시험에 응시했다. 나이도 있고 해서 취업 걱정 없는 농협대학에 가려 했으나 역시 능력 부족이었다. 1991년 어느덧 25살이 되었다. 당시 한국통신(KT)에 입사하기 위해 시험준비를 하던 차에 고향 친구 몇몇이 공무원에 합격해서 직장을 다니고 있었다. 처음엔 공무원에 대해서 전혀 관심이 없었으나 나이 먹고 부모님께 용돈을 타는 것도 죄송스러웠고, 한국통신 시험이 계속 연기되어 언제 채용공고가 날지 모르던 차에 일단 한번 공무원 시험을 보자고 생각하고 응시를 했는데 합격을 했다. 그 당시에는 경쟁률이 낮고 공무원에 대한 인기도 그리 높지 않던 터라 합격에는 어렵지 않았다. 1991. 11. 18 연천군청에서 첫 공직생활을 시작했다. 동기들 중 내가 수석으로 합격해서 임용 시 대표로 선서를 했다. 임용 후 한 1년여 기간은 방황을 많이 했다. 지금 생각해 보면 내 주제도 파악하지 못하고 헛된 꿈만 꾸지 않았나 생각이 든다. 한 1년이 지나니까 차츰 적응도 되고 공무원 생활이 재미있었다. 대부분 중고등학교 선후배였고 팀장, 과장님들께서도 나한테 잘 대해 주셨고 직장 내에서 어느 정도 인정을 받아서인지 감사부서와 인사부서에 근무하게 되어 나름 자부심을 가지고 일했던 것 같다. 군청에 같이 근무했던 직원과 1997년 결혼도 했다. 공무원 친구의 소개로 처음 만났다. 결혼도 하고 연천군에서 자리를 잡아가던 중. 그런데 한 가지 아쉬운 게 있었다. 편하고 나름 자리를 잡아서 안정되게 공직생활을 할 수 있는 좋은 점도 있는데 미래에 대한 비전이 없는 듯 했다. 퇴직할 때까지 5급 사무관을 달 수 있을지 의문이 들 정도였다. 그래서 도청으로 전입하기로 하고 와이프랑 상의한 후 1999. 6. 12일 도청으로 전입했다. 당시 연천에는 부모님 두 분만 계셨는데 도청 전입으로 부모님과 더 떨어지는 것이 마음에 걸렸었지만 후회하더라도 한번 가보고 후회하자라는 생각으로 마음의 결정을 내렸다. 그때 아버지께서 '꼭 가야 되는 거니?' 이 짧은 말씀 한마디를 하시면서 군 생활 빼고 늘 가까이에 있던 자식과 떨어져야 하는 아쉬움을 보이셨던 모습이 생생하다. 도에 전입하고 두 달 후 딸 지영이를 낳았는데 와이프도 연천군청에 근무를 하고 있었고 내 출퇴근 거리도 감안하고 딸을 처가에서 돌봐주기로 해서 겸사겸사 그해 동두천으로 이사를 하고 아직까지 동두천에서 살고 있다. 도에 전입을 하고 거의 주말마다 연천 부모님을 찾아뵈었는데 아무래도 내가 연천에 살면서 찾아뵙는 거랑은 많이 달랐을 것 같아 늘 죄송한 마음을 갖고 있었다. 지금은 두 분 모두 돌아가셨고 부모님이 사셨던 근처에 모셨다. 여러 가지 복잡한 마음을 안고 도청으로 갔지만 그래도 늘 내 머릿속에는 대학이라는 것이 떠나지 않고 있었다. 그렇다고 고등학교 때나 재수 시절 절박한 심정으로 열심히 공부를 한 것도 아니었다. 그러면서도 아쉬움은 늘 있었다. 어느 정도 도청에서 자리를 잡고 야간대학을 알아보던 중 사무실과 집에서 가까운 대진대학교를 알게 되어 법학과 야간을 선택하여 다니게 되었는데 1학년을 마칠 즈음 내 담당업무가 바뀌어 지역 동향 관리를 담당하게 되었다. 동향관리 업무는 도청 및 시.군 동향을 확인하고 취합하여 다음 날 아침에 과장님 이상 간부님께 매일 보고를 해야 하는 업무인데 주로 저녁 이후에 처리해야 하는 업무였다. 고민 끝에 대진대학교 야간을 포기하고 당시 사이버대학이 한참 생겨 날 때였는데 사이버대학은 24시간 아무 때나 시간 날 때 강의를 들을 수 있는 시스템이라 시간적으로도 문제가 되지 않아 사이버대학 법학과를 들어가서 졸업을 하였다. 나의 미련이 완전히 해소된 것은 아니지만 일단 대학을 졸업한 상태로 있다가 우연히 포장마차에서 지금의 소성규 교수님을 다시 만나 뵙게 되고 포장마차에서 술기운에 한 약속으로 2018년도 대진대학교 법무행정대학원에 입학하고 소성규 교수님의 지도하에 2010년 석사과정을 무사히 마치게 되었고 그 인연이 지금도 이어지고 있다.

대학원 입학 시기 결정도 약간의 고민이 있었다. 도청은 6급이 중심적으로 실무를 담당하는 상황이어서 당시 6급이었던 나는 좀 더 있다가 5급 팀장을 달고 가는 게 어떨까 하는 생각하고 있었는데 동두천시청에 근무하고 계셨던 고등학교 3회 선배이셨던 이선재 형님께서 여럿이 다닐 때 같이 다니자고 조언을 주셨고 도청 친구 지금은 국장이 된 김상수가 강력히 얘기를 해서 결국 2018년도에 대학원을 입학하게 되었는데 지나고 보니 선배님이랑 친구의 말을 잘 들었다고 생각하고 지금도 고맙게 생각한다. 그때 같이 다니지 않았으면 나중에 혼자 다니지 못할 수도 있었겠구나 하는 생각도 많이 했던 것 같다. 당시 조언을 해 주셨던 이선재 선배님은 나중에 박사학위까지 받고 퇴직 후 대학 강단에까지 서시는 등 매사 열정 있게 제2의 인생을 사셨는데 안타깝게도 불의의 사고로 지금은 하늘나라에 계신다. 평소 애정 있는 인생 상담과 조언을 아끼지 않으셨던 선배님께 이 글을 빌어 감사를 드리며 다시 한 번 명복을 빌어 본다.

* 1988~90년 국방부 헌병대 초병으로 근무 시 정문에서   * 2010년 대진대 법무행정대학원 석사과정 시 학교 본관 앞에서

3. 관계(關係)

교수님과의 인연은 대학원 졸업 후부터 더 깊어진 것 같다. 교수님이 지도하신 석박사 제자들을 중심으로 친목 도모는 물론 보다 더 의미있는 일을 해보자는 중지를 모아 2012년도에 '민사법 연구실'을 만들고 처음에는 매달 등산을 위주로 모임을 가졌다. 그 이후 2019. 1월에는 연구개발 및 교육사업을 위해 교수님의 호를 딴 '노겸법교육연구원'을 설립하여 민사법연구실과 병행하여 운영하다가 원우님들이 두 모임에 대해 혼선이 있어 2020년 '노겸법교육연구원'으로 통합하여 운영하였다. 또한 별도로 북한연구와 남북교류협력 모색, 통일교육 등 지역사회 발전 기여를 위해 2019. 11. 29 '개성포럼'을 창립하고 비영리민간단체로 등록하여 활발한 활동을 하고 있던 중 '노겸법교육연구원'과 개성포럼 회원과의

중복과 보다 더 효율적인 학술활동을 위해 2023년부터 '개성포럼'으로 통합하였다. '개성포럼'은 연 3~4회 학술대회를 비롯 회원님들의 친목도모를 위해 트레킹(연 3회), 골프모임(연 4회), 5월에는 스승의 날 사은회, 11월은 송년의 밤 등 연간 다양한 활동을 하고 있다. 개성포럼의 모태인 '민사법 연구실' 초대 회장님은 안타깝게도 작고하신 허태갑 회장이셨는데 지금의 개성포럼까지 발전하게 된 것도 허태갑 회장님의 헌신과 노력의 결과라 해도 과언이 아닐 것이다. 호탕한 성격에 막걸리를 좋아하시고 주위를 늘 챙겨봐 주시는 마음 따뜻한 분이셨는데 지금도 하늘나라에서 우리의 개성포럼을 늘 응원해 주시고 계실 거라 생각이 든다. 초창기 민사법연구실부터 현재 개성포럼까지 13여년 간 총무를 맡고 있는 나는 앞으로도 계속해서 개성포럼을 중심으로 회원님의 학문적 소양도 높이고 친목도모를 위해 조금이나마 도움이 되고자 한다. 지금은 개성포럼 세미나와 현장체험을 맡고 있는 천영성 개성포럼 사무국장님과 트레킹과 개성포럼 살림을 책임지고 있는 신현숙 총무님이 큰 도움을 주셔서 어려움은 없고 늘 두 분께 감사하다는 마음을 갖고 있다. 교수님과 개인적으로는 가끔 술 한잔 하면서 개성포럼 운영 관련 논의를 하고 있는데 내가 총무로서 좀 더 적극적으로 활동하지 못하는 게 늘 죄송스럽다. 다만 교수님과의 만남의 자리가 점점 늘어나고 있는 것으로 죄송한 마음의 빚을 조금이나마 갚고 있지 않나 싶다.

* 2016년 민사법연구실 송년회 밤 행사   * 고향 연천에서 제자들과 같이 찍은 사진

4. 회고(回顧)

교수님의 화갑기념집에 미천하나마 내가 살아온 길을 싣게 되어 영광이다. 이런 소중한 기회를 주신 교수님께 감사를 드린다. 교수님과의 포장마차에서 인연을 시작으로 그전 야간대학까지 포함하면 20여년의 인연이 이어지고 있다. 본격적으로는 내가 대학원에서 교수님을 지도교수로 모시고 졸업 후 '민사법연구실' 총무를 하면서부터다. 2012년 당시 기억으로는 고인이 되신 허태갑 회장님과 손경식 부시장님 등 몇몇 분과 매월 등산을 하면서 친목 뿐만 아니라 뭔가 뜻깊은 일을 하자는 의견을 모아서 '민사법연구실' 모임을 만들고 본격적인 모임을 시작했다. 교수님 제자분 중에 참여의사를 다시 확인하고 허태갑 회장님의 열정으로 회칙도 만들고 학위기념패 전달을 통해 정식 회원으로 뜻을 같이 해 왔다.

교수님 석박사 제자는 많지만 거주 여건 및 개인 사정 등으로 부득이 참여를 못하시는 분을 제외하더라도 지금은 140여 분이 회원이신데 경기도에 비영리민간단체로 등록한 개성포럼과 합쳐져서 앞으로는 모임이 더욱 더 발전할 것을 의심치 않는다. 나 또한 총무로서 개성포럼에 도움이 되고 좋은 분들과의 인연을 계속 이어가고 싶다. 이렇게 교수님과의 인연으로 여러 훌륭한 원우님을 만나게 되었고 도움도 많이 받고 있어 늘 감사하게 생각한다. 나 또한 공직생활을 잘하지는 못했지만 나름 성실하게 했다는 자부심은 갖고 있다. 내 공직생활의 모토까지는 아니지만 나는 민원인 뿐만 아니라 직장 내부에서도 친절하고 배려하는 마음을 늘 갖고 생활했던 것 같다. 내가 좀 더 감내하고 도와주면 상대방도 나에게 같은 마음으로 보답해 준다. 그래서 그런지 33여 년의 공직생활을 하면서 대인관계에서도 별다른 어려움이 없었던 것 같다. 나를 만나주고 같이 즐겁게 일해주신 동료, 선후배 공직자에게도 감사하다. 이제 3년 정도 남은 공직생활. 한편으로는 자세하게 소개하지는 않았지만 반성할 일도 많았다. 우연하게 시작한 공직생활, 시작 초반기 그만두고 싶은 생각에 몇 개월을 술로 지내던 시절, 고등학교 때 연천으로 다시 가려 했던 것처럼 도청에 전입해서 낯선 환경과 어려운 직장 분위기로 도청 전입을 후회했던 마음, 시골에 계신 부모님 걱정으로 괜히 연천을 떠났나 하는 아쉬움, 대학입시에 좀더 매진했더라면 나의 현재가 어땠을까 하는 공직생활을 하면서까지 길고 막연했던 미련, 사무관 교육 중 고향 친구들에게 한턱 낸다고 기분 냈다가 다음날 숙취로 음주운전 단속을 피하지 못해 가족들에게 실망감을 주고 나 또한 승진이 늦어지고 여러 가지 복잡한 상황으로 고통스러운 시기를 보냈던 기억 등 내 인생도 우여곡절이 참 많았다. 이제는 나도 공직생활을 천천히 정리할 때가 왔고, 교수님 회고록을 통해 짧게나마 내 인생의 여정을 되돌아 볼 수 기회를 갖게 되어 다시 한번 교수님께 감사드린다. 후회, 아쉬움, 미련, 실망. 이런 부정적인 용어로 표현되는 부분도 있었지만 지금에서 돌이켜 보면 전반적으로 나는 행복하게 살았다고 자부하고 싶고 후회도 없다. 나는 가수 이문세의 '나는 행복한 사람'이라는 노래를 좋아한다. 이 노래는 내가 1997.11.9 결혼식 전 처갓집에 함 팔러 온 친구들 앞에서, 2016.5.23. 소성규 교수님께서 국가통일교육 유공 국민훈장 석류장 수상 축하 모임 자리에서, 공직생활을 하면서 내가 존경했던 분 중에 한 분이셨던 이길재 DMZ정책담당관 퇴임식 때 내가 주무팀장으로 용기 내어 이 노래를 불렀었다. 여러 사람 앞에서는 세 번인 듯하다. 이 노래는 반주 없이도 부를 수 있도록 템포가 느리고 음정 또한 내가 감당할 수 있을 정도다. 무엇보다 가사가 맘에 들어 이 노래를 좋아한다. 이 노래 가사에서 볼 수 있듯이 누구를 사랑은 하는 것도 좋고 누구한테 사랑받는 것 또한 좋다. 그게 연인 간의 사랑이든, 가족이든, 직장 선후배이든, 사회에서 만난 지인이든……,

나는 얼마 남지 않은 공직에서 퇴직하면 고향인 연천에서 살 예정이다. 연천에 가면 부모님이 잠들어 계시고 반갑게 맞아주는 친구들도 있고...

퇴직 후에도 교수님과 원우님들과 가끔 막걸리 한 잔 할 수 있고. 이러면 충분하지 않나 생각해 본다. 이 모든 것들에 감사하고 사랑하는 마음으로 살고 싶다. 앞으로 3년 후 공직에서 퇴직할 때 즈음 교수님과 막걸리 한 잔 하면서 이 노래를 다시 한 번 부를 기회를 갖고 싶다.

대진과의 인연

윤기상

법무법인 저스티스 변호사

(대진대 석사)

1. 글 들어가며

대학원 지도교수님 겸 대학 선배님이신 소성규 교수님께서 벌써 화갑이라니 새삼 세월의 빠름을 느낀다. 대진대학교에서의 생활이 인생에 있어서 중요한 전환점이 된 시기이기도 하며, 추억이 가득한 곳이다. 교수님의 화갑을 진심으로 축하드리며, 바쁘게 살았던 삶을 뒤로 미루고 잠시 교수님과의 인연을 돌이켜보고자 한다.

2. 교수님과의 첫 만남

대학생활(1989. 입학 - 1997.졸업)중 교수님이 학교 조교로 계시면서 마주치며 인사하는 정도 수준이었다.

1998. 7.경 당시 사법시험 2차 시험을 치르고 나서 쉬고 있을 때 대학 동기인 양재모(한양사이버대 교수)로부터 연락이 왔다. 당시 민법을 전공하고 있던 양재모가 교수님으로부터 부탁을 받아 본인과 이송호(현 변호

사), 구정회(현 변호사)에게 민사특별법이란 책을 검수(?)해달란다.

교수님께서는 민사특별법(아마도 민법총칙과 물권법, 채권법)이란 책을 내시면서 혹시나 잘못 기술된 부분이 있는지 살펴봐달라는 것이었고, 당시 사법시험 2차 시험을 치른 본인과 이송호, 구정회가 적격이었던 모양이다. 아무래도 사법시험 2차 시험을 치른 직후라서 최신 판례와 민법 지식이 가장 좋을 때이다.

한 달 정도 시간을 주었고, 이후 양재모가 본인과 이송호, 구정회와 만나 교수님이 사시는 의정부로 향했다.

저녁 시간 즈음에 의정부에 도착하고 책과 관련된 이야기를 1시간 정도 한 후 저녁을 사주시겠단다. 저녁 겸 술 한잔 정도씩 하고 다시 장소를 옮겨 양주를 파는 집으로 옮겼다. 거기서 교수님께서 여러 명칭의 폭탄주를 제조해주셨고, 우리는 홀짝홀짝 다 받아먹었다. 이후 그날 밤 블랙아웃당했다.

3. 대진대학교에서의 첫 생활

(1) 입학 경위

1999. 7.경 사법시험 2차 시험을 치르고 대학고시반에서 있을 때이다. 작년에 이송호와 구정회는 사법시험에 최종합격하고 본인만 떨어졌다. 다시 1999년에 사법시험 1차 시험에 합격하고, 2차 동시 합격을 기다리는 중이었다.

어느 날 갑자기 고시반 조교(선배)님께서 본인과 우양태(현 변호사)를 불렀다. 조교님께서 '너희들은 대진대학교 대학원에 선발되었으니 거기 들어가라, 장학금을 주겠단다'는 취지로 말씀하셨다.

당시 교수님께서는 대진대학교 법학과 교수이시면서 생긴지 얼마 되지 않은 고시반을 담당하셨고, 대진대학교에서 대학교 및 법학과 등을 성장시키기 위해서 타대학 출신이면서 사법시험 1차 합격생들을 입학시키고, 이를 위해서 개인당 장학금 30만원을 지급하는 조건으로 선발하였다.

본인과 우양태가 작년도 사법시험 2차에서 아까운 성적으로 불합격하여 합격가능성이 상당히 높았다고 생각하여 한양대 고시반의 담당교수님과 조교님의 협조를 얻어 선발하였다고 한다.

당시 포천에 있는 대진대학교에 대하여 잘 알지 못하였고, 대순진리회와 관련되어 있는 학교라서 일부 선입견이 있어서인지 선뜻 내키지는 않았지만 마땅히 할 것도 없고 장학금을 준다는 말에 응하게 되었다.

(2) 입학 후 생활(1999. 2학기)과 고시원에서의 생활

우양태와 함께 낯선 대진대학교 고시반에 왔다. 특히 고시반 조교님이신 임춘환 선생님께서 무척 환대해주셨고, 고시반에 있는 어린 대진대학교 학생들이 잘 따랐다.

고시반에 있으면서 사법시험, 행정고시, 공무원 시험을 준비하는 학생들과 어울리며 공부도 가르치고, 밥도 같이 먹고, 술도 마시고, 놀기도 많이 놀았다.

특히 탁구를 잘치는 신용호로부터 꼭대기 층에 탁구대가 있어 탁구 기초부터 레슨을 받아가며 배우기도 하였고, 고시반 뒤편에 족구장을 만들어 늦은 저녁시간에 족구하면서 하루하루 생활을 하면서 적응해갔다.

가. 대학원 생활

대학원(부동산법)에 입학하고 보니 포천 및 의정부 지역의 유지분들이 많았다. 특히 류승훈 대령(당시 중령)분이 나중에 큰 인연이 되었고, 정성호 변호사님, 대학 선배님이신 박문우 변호사님 등이 계셨으며, 가끔 포천 및 의정부 지역에서 대학원 모임으로 식사와 술을 하기도 하였다.

법학을 전공하지 않은 원생들이 더 많았고, 본인은 사법시험 2차 경력자이다 보니 대체적으로 수업을 따라가는 것에 대하여 부담이 없었다.

중간고사 내지 기말고사 때가 되면 법학을 전공하지 않은 원생들에게 모범답안 같은 것을 만들어주기도 하였으며, 대학 선배님이신 박문우 변호사님으로부터 일부 아르바이트를 하기도 하였다.

나. 장학금 부결

최초에 장학금 30만원을 받는 조건으로 대진대학교 법무대학원에 왔다. 그런데 어느 날 교수님께서 본인과 우양태를 부르더니 장학금 지급이 부결되었단다. 대학교 내에서 일부 학생들에게 특혜를 줄 수 없다고 했다고 한다.

청천벽력 같은 소식이다. 교수님께서는 실망한 우리들에게 하신 말씀이 '장학금 대신 내 개인 돈으로 장학금 만큼의 술을 사줄게'라고 하셨다. 어찌되었건 대학원에 입학하였고, 고시원에 짐을 푼 이상 어디 갈 데도 없었으며, 교수님과 인연이 된 이상 술을 선택하게 되었다.

이후 포천 및 의정부 지역에서 술을 많이 마셨던 기억이 난다.

다. 야유회

1999. 11.경 대학 선배님이신 박문우 변호사님께서 변호사 사무실 직원분들과 고시원에 있는 학생들을 초빙하여 축구 및 식사를 대접하였다. 당시 학교 선배님이신 윤기수 변호사님 등이 오셨던 것으로 기억된다.

축구하는 도중 상대방 직원분하고 다리를 부딪히는 사고가 발생하였다. 왼무릎의 십자인대가 일부 파열되었다.

그로 인하여 왼발에 깁스를 하였고, 당시 고시원에 있었던 김병태 형님과 임춘환 선생님의 많은 도움을 받았다. 깊이 감사드린다.

라. 사법시험 불합격

당시 우양태와 함께 대진대학교 대학원에 갔지만, 우양태는 합격하고 본인은 떨어졌다. 발표 하루 전에 왼발에 하고 있던 깁스를 풀고 서울대학교 근처 신림동으로 향했다. 이후 다시 내년도 2차 시험을 준비하였다.

4. 2000년도 생활

(1) 장학금 지급

2000. 2.경 작년 불합격 후 신림동에서 공부하고 있을 때 교수님과 고시원 과장님 등 몇 분이 격려차 신림동에 방문하였고, 식사를 하면서 장학금 지급이 통과되었다고 하였다. 한편으로 장학금을 받는 것이 좋기는 하였지만 작년에 합격해서 안 받는 편이 더 나았을텐데...

아쉬운 생각이 들었다.

(2) 대학원 및 고시원 생활

그 해에도 사법시험에 불합격하였고, 대학원 및 고시원 생활을 무료하게 지나갔다. 그래도 장학금이 있었고, 가끔씩 교수님께서 밥과 술을 사주시는 것으로 만족하며 생활하였다.

(3) 결혼

2001. 8. 대전 갈마동 소재 예식장에서 결혼식을 하였다. 그 이전에 이미 교수님께 말씀드렸더니 누구냐고 하였고, 교수님 후배 겸 대학 선배인 현ㅇㅇ이라고 하였더니 한참을 웃으셨다. 너무나 잘 알고 있었고, 의정부에 같이 오라고 하여 저녁을 사주셨다.

결혼식 전날 교수님과 일부 원우님은 계룡대에 근무하는 류승훈 대령과 술 한 잔 하시고, 다음날 결혼식에 오셔서 축하해주셨다.

5. 군법무관 생활

(1) 대학원 졸업 논문

2001. 12. 군법무관임용시험에 합격하였고, 벌써 대학원을 졸업하는 시기가 되었다. 내년 1월이면 군법무관 기초훈련 들어가야 하는 상황인데 졸업 논문을 쓰지 않고 있었고, 게을러서 대학원 수료 후에 쓰겠다고 하였다. 교수님께서는 대학원 수료 후에는 더 논문 쓰기가 더 어려우니 지금 시간 날 때 쓰라고 하셨고, 결국 '중복등기의 효력에 관한 연구'라는 논문을 작성하여 통과되었다.

(2) 고시원 방문

2002. 5.경 군법무관 기초훈련 수료 후 사법연수원에 들어간 1년차 때 교수님께는 연락하지 않고 고시반 임춘환 선생님께 연락하여 고시원에 있는 학생들 점심을 사주겠다고 하였다.

시험 합격 후 첫 방문이라 포천 송우리에 있는 한우집에서 10여명의 고시원생들에게 한우를 사주었다.

나중에 이를 알고 난 교수님께서 '그래도 합격 후 방문하여 고시원생들 점심 사주어서 고맙다'라는 취지로 말씀하셨던 기억이 난다.

(3) 6군단 검찰시보 생활

가. 2003. 초 사법연수원 2년차 때 군검찰 실무수습 6개월을 해야 되는데 마땅히 갈만한 데도 없고 해서 대진대학교 바로 옆에 있는 6군단 법무참모부에 지원하였다.

당시 군 숙소도 있었지만 교수님 및 대진대고시원과 인연이 깊은 곳이고, 또한 깊은 배려로 대진대학교 고시원에 있는 방 하나를 내주어서 생활하였다.

특히 6군단 조한주 법무참모님(현 변호사)과 인연이 되었고, 교수님께서는 대진대학교 측과 6군단 법무참모부 구성원, 즉 참모님, 군판사, 검찰관들과 식사도 주선하였고, 또한 교수님은 6군단 법무참모부의 낡은 책상과 의자를 모두 교체하도록 책상과 의자를 기증해주셨다.

당시 6군단 수사과장님이 군검찰시보로 들어온 본인이 사무실 책상과 의자를 모두 교체해주었다고 육군 전체에 소문 아닌 소문을 내어, 육군 법무병과에서 도대체 윤기상이 누구냐고 물어보았다고 하였다. 교수님 덕분에 갑자기 스타가 된 기분이었다.

나. 또한 대진대 고시원에 기거하면서 밤에 술마시는 것 이외에는 할 일이 별로 없어서 포천의료원 쪽에 있는 골프연습장에 등록하여 골프연습을 하는 등 나름 대진대학교 고시원에 있으면서 의미있게 보냈으며, 이 때 고시원에 있던 곽경남(부관병과, 현 소령)을 만났고, 후에 곽경남이 군에 들어와서 군 생활하는데 도움을 주었다. 당시 곽경남은 군에 아는 사람이 없었다고 한다.

(4) 군법무관 생활

가. 연수원 수료 후 육군본부(계룡), 30사단(서울 수색), 3군단(강원 현리), 육군훈련소(충남 논산), 육군 군수사령부(대전), 육군 교육사령부(대전)에 근무하면서 근무지가 멀리 떨어져 있어 대진대학교 방문을 하지 못하게 되었다.

나. 2004년경 육군본부에 근무할 당시에 원우님이신 류승훈 대령을 만났고, 일정 부분 도움을 주어서 나중에 1보급창장을 역임하셨다. 1보급창장 취임식때 교수님도 다녀오셨고, 나중에 류승훈 대령이 하신 말씀이 '대진대학교와 인연이 되어 보급창장까지 왔고, 특히 윤기상을 알게 되어 도움이 많이 되었다'라는 취지로 말씀하셨다고 교수님께 전해 들었다. 아마도 교수님께서 원우님들끼리 서로 도움이 되어서 기분이 좋았을

듯하다. 후에 류승훈 대령께서는 육군군수사령부 법무실장 시절에 보급처 과장님으로 같이 근무하게 되었다.

다. 또한 류승훈 대령님께서 교수님과 대진대학교 고시원에 같이 있었던 최윤철 변호사님, 본인과 함께 계룡대 체력단련장에서 골프를 같이 하고, 유성에서 저녁까지 하고 대리로 귀가하셨다.

5. 변호사 시절

(1) 법률자문

2012. 3.말 육군 교육사령부 법무실장을 마지막으로 근무하고 전역하였고, 대전에 있는 법무법인 저스티스에서 변호사 생활을 시작하였다. 교수님께서는 접경지역과 관련된 연구를 많이 맡아서 하시는지 군과 관련된 자문을 종종 구하셨다. 물론 자문료는 얼마 안되지만 그래도 나름 성실하게 자문하였다.

(2) 대전 방문

가. 3-4년 전으로 기억한다. 늦은 오후에 갑자기 전화 와서 지금 대구에서 KTX를 탔는데 대전에서 내려서 저를 보고 가겠다는 것이었다. 무슨 일인가 싶기도 하였지만 일단 오시라고 하여 대전지방법원 앞에서 만나게 되었다. 당시 대구에서 강의 후 직원에게 KTX표를 '(저녁)7시표'로 끊어놓으라고 하였더니 '(내일)7시표'로 끊어놓았단다. 아마도 직원은 내일 아침에 출발하는 것으로 알았고, 교수님은 당연히 당일 저녁표로 아시고 KTX를 탔는데 좌석에 다른 사람이 앉아 있어서 서서 오시다가 대전 부근 쯤에서 본인에게 연락을 하신 것이다. 그날 술 한잔 하고 다시 KTX 타고 가셨다.

나. 교수님께서는 대전에 종종 방문하신다. 2년 전에는 LH한국토지공

사 관련된 업무로 오셔서 LH한국토지공사에 근무하는 대학 후배들과 저녁식사를 하였다.

또한 국책 평가와 관련하여 작년과 올해 대전을 방문하셨다. 그래도 대전에 방문하시면서 잊지 않고 연락을 주신다. 작년에는 오셔서 대진대 고시원 커플부부 김융회(통계청 근무), 김진아와 함께 술 한잔 하였고, 올해는 같이 평가하시는 교수님들과 함께 대전 유성에서 저녁식사와 함께 술 한잔 하였다.

6. 글 마치며

인생에 있어서 교수님과의 인연은 빼놓을 수 없고, 교수님 덕으로 본인도 여기까지 왔다. 훌륭하신 교수님으로 영원히 남기를 바라며, 건강하시고 다시 한 번 화갑을 진심으로 축하드립니다.

2024. 6. 30. 일. 오전 사무실에서

대진대학교와의 인연
소성규교수님과의 인연

윤충식

경기도의회 의원

(대진대 CEO과정, 국제통상학과97학번, 대진대 법학석사)

　대진대학교 국제통상학과를 다니던 친한 형님의 권유로 같은 학과에 편입해 학부생활을 하며 대진대학교와의 첫 인연이 시작되었습니다.

　넓은 캠퍼스에 아름다운 경치를 만끽하다 무사히 졸업하고 평범한 직장생활을 하던 중 한창 사회적 네트워크 구축의 중요성과 필요성을 느낄 때 대진대학교 최고경영자(CEO) 과정에 대한 정보를 듣고 26기로 입학해 25기 원우분들과 함께 활동을 시작하게 되었습니다. 영광스럽게도 26기 원우님들의 배려로 회장직을 맡아 봉사하였을뿐만 아니라 내 인생의 큰 전환점이 되고 인생의 멘토가 되어 주신 그 당시 CEO과정의 총책임자로서 법무행정대학원장을 맡고 계시던 소성규 교수님과의 인연이 시작되었습니다.

* CEO 입학식　　　　　　　　　　　　* CEO과정 수료식

　　CEO 25기와 2013년 하반기를 CEO 27기와 2014년 상반기를 동문수학하는 과정에 소 교수님과 함께 떠났던 CEO 26, 27기 싱가포르 해외워크숍이 추억에 많이 납니다. 사진을 보니 엄청 젊으셨었네요. 지금도 CEO 26기는 만남을 잘 유지하고 있습니다.

* 싱가포르 국제워크숍

여기까지인가 했던 것이 좀 더 깊은 학구열의 발휘로 대학원 진학시 법학과냐 행정학과냐 고민하는 저를 거침없이 당겨주셔서 석사학위 지도교수와 제자로서의 긴밀한 인연을 다시 한 번 만들어가게 되었고 선출직 의원의 시간적 한계점과 졸업이라는 높은 벽 앞에서 고군분투할 때 무사히 위기를 넘기고 목적지까지 안착시켜주신 은인으로서의 더 큰 인연을 만들어 주셨습니다.

* 석사학위 수여식

석사학위를 수여 받은 후부터는 박사학위까지 받으신 분들과 함께 친목을 도모하며 의미있는 역할을 할 수 있도록 배려해주신 소성규 교수님께 다시 한번 감사드립니다.

* 개성포럼 회원들과 함께한 등산

　기초의원 재선 도전에서 고배를 마신 뒤에 와신상담 끝에 좀 더 큰 정치를 해보라고 조언을 주신 것을 바탕으로 광역의원인 경기도의원에 도전해서 당선되어 활발하게 의정활동 중 또다시 소 교수님의 도움이 필요한 지점에 도달했는데 그게 바로 의원연구단체인 '경기북부 접경지역 발전전략 연구포럼'이었는데 연구를 맡아 진행해주셔서 초선의원의 의정사에 멋진 획을 그어주셨습니다.
　또한, 개성포럼 부회장으로서 활동할 기회를 주셔서 전국 최고의 전문포럼에서 현실감각과 전문성을 습득할 수 있도록 배려해주심에 좋은 경험을 쌓아 지역발전을 위한 의정활동에 큰 도움을 얻고 있습니다.

* 경기북부(접경)지역 발전전략 연구포럼

 이밖에도 나열할 수 없을 만큼 많은 영감과 나아갈 길을 지도해주신 교수님의 은혜에 거듭 감사드리며 보답해드릴 수 있는 길을 찾아 조금씩이라도 갚아 나가는 사람이 되겠습니다. (실은 앞으로도 교수님의 코칭을 더 많이 받을 듯 하지만요... ㅎ)

 앞으로도 오랫동안 막걸리 한 잔 나누면서 이야기 나눌 수 있기를 기원합니다.

 화갑을 진심으로 축하드리며 앞날의 건승과 건강을 기원드립니다.

애제자 경기도의원 윤충식 올림

C+의 사람

이관용

㈜ 정선그룹 법무이사

(대진대 법학95)

　준비위원회 원고청탁을 거절하지 못해서 아니 부족한 글솜씨지만 교수님의 화갑기념집에 동참하고자 결심했다.

　그래서 2024년 2월 늦겨울 의욕만을 가지고 두서없이 이 글을 쓰고 있다.

　나는 노겸 소성규 교수님이 대진대학교의 교수가 되었을 당시 대진대학교 법학과 95학번으로 소성규 교수님의 대진대학교 법학과의 첫 번째 제자 중 한 명이다.

　지금의 나는 고3과 초6 두 아들의 아빠이자 남편으로 한 가정의 가장이자 조그마한 중소기업의 임원으로서 아슬아슬하게 하루하루를 잘 견디고 있는 평범한 직장인이다.

　이제는 아로나민 골드 C+(씨플러스) 한 알이 일상의 필수품인 것처럼 일상의 피로를 달고 살아가고 있으며 소위 너무 나대면 꼰대질을 하고 있는 직장상사이다. 하지만 법인카드를 내어주어야 할 타이밍을 잘 알고 있는 직장상사로 낄끼빠빠(낄 때 끼고 빠질 땐 빠진다)를 구현해야 미움받지 않는 것을 인지하고 있는 직장상사이기도 하다.

현재 나의 삶은 언뜻 보기에는 화려한 듯 보인다. 하지만 구슬프지만 행복한 중년의 삶을 살아가고 있고 그런 시간들을 보내고 있다.

* 막내아들이 그린 우리 가족 캐리커쳐.

이렇게 나는 살아가고 있다. 이러한 시간들의 대부분은 마치 질주마처럼 앞만 보고 내달리고 있는 삶이다.

어느 날 노겸 소성규 교수님 화갑기념 준비위원회에서 "대진의 인연, 기억 그리고 사랑"이라는 이름으로 나의 삶을 회상할 수 있는 기회를 주셨다. 이러한 글을 처음 써보게 되는 나로서는 무척이나 부끄럽고 부족함을 느꼈다. 그래도 우리 대진대학교 법학의 영원한 호프이신 교수님에 대한 애정과 대진대학교 법학과 그리고 95학번 학우들과의 아련한 기억과 사랑을 용기 내어서 적어 보기로 하였다.

지면을 빌어 이러한 영광을 주신 노겸 소성규 교수님과 준비위원회 분들에게 다시 한 번 감사한 마음을 전한다. 어찌보면 이렇게 많은 사람들이 참여하는 화갑기념 북콘서트를 개최하는 교수님께 존경을 표하고 이에 동참할 수 있어서 영광이라는 말씀도 함께 드립니다.

어떤 종교에서는 짧은 인연이라 할지라도 500겁의 인연이 있어야만 옷깃을 스칠 수 있는 정도의 짧은 인연이라고 한다. 그렇다면 나와 인연을 맺고 있는 모든 사람들은 최소한 1천겁 이상을 뛰어 넘어서 다시 만남 귀한 인연인 것이다. 그 어마어마한 인연에 대해 회상해 본다.

나는 1996년도 군생활을 하던 중 아버님과의 갑작스러운 이별을 맞이하게 되었다. 아버님과의 이별은 무엇보다 슬픔이 컸지만 경제적 문제로 인한 가난이라는 굴레속으로 빠져 들어가는 것을 의미했다. 그 가난의 굴레 속에서 당시 법학과 편입만이 학문을 유지할 수 있는 유일한 방법이었다.

나의 간절함이 있는 시기에 앞서 말했듯이 수많은 겁의 인연으로 노겸 소성규 교수님과의 첫 번째 학부 제자로서 연을 맺게 되었고 교수님과의 만남과 그 이후로 함께 했었던 시간은 시작되었다.

2024년 현재,

50대에 다다른 나는 한 중소기업의 상무(법무)이사로 재직하면서 동료 직원들을 가르치고(강의하고), 인사고과(학점)의 평가 권한도 가지고 있다. 이만하면 법학을 공부한 법학도로서 나름 소박하게 잘나가는 직장생활을 하고 있는 것이라고 自評(자평)한다.

50대에 이르러 나의 모습을 통해 1990년도 후반의 소성규 교수님을 회상해 보았다. 당시 30대의 노겸 소성규 교수님은 정말 잘 나가셨다는 생각이 든다.

1990년도 후반에 내가 바라본 노겸 소성규 교수님을 처음 조우했을 당시를 나의 뇌피셜로 나의 붓 가는 대로 마음대로 적어보고자 한다.

이래서 사람마다의 기억이 왜곡되고 기록이 있더라도 역사가 굴절되는 듯하다.^^ (이하 닭살주의)

그 시절 내가 생각하고 기억하는 노겸 소성규 교수님은

당시 최연소 법학박사

30대, 자칭 잘 생긴 법학과 교수

대진대학교 내에서 총애를 받았던 최고의 인재 교수

TV에도 나와 부동산 관련 방송까지 하시는 방송인

우리를 소공동 롯데호텔 봉정식에 이끌고 간 열정과 정열의 경상도 사나이

기타 등등으로 기억된다. 이는 나의 뇌피셜이니 노겸 소성규 교수님의 공식적인 프로필을 살펴보시면 얼추 나의 이야기가 틀린 얘기는 아니라는 것을 알게 되실 것이라 생각됩니다.

아무튼 한마디로 엄청 잘 나가는 분으로 그땐 BEST OF BEST였다.

물론 지금도 BEST임에는 이론이 없습니다만 제자가 50줄에 들어서는 시간의 흘렀음에 시간 앞에 그리고 나이 앞에 장사가 있냐고 말씀드리고 싶다. 그리고 공손히 건강 잘 챙기시길 당부 드립니다.

이 글의 주제가 대진의 인연, 기억 그리고 사랑이다. 하지만 난 아직도 속 좁은 이야기지만 노겸 소성규 교수님에 대한 오래된 첫 번째 기억은 C+이다.

좀 더 정확히 말하자면 나의 법학과 4학년 2학기 시절 "법과 여성" 과목이다.

교수님은 나에게 C+의 학점을 주셨다.

아~~~ 아~~ 취업은 어떻게 하라고 마지막 학기에 청천벽력 같았다.

♪♬ ~~"그땐 그랬지"~~♪

천방지축 20대 미생 시절이었던 나는 교수님의 학점이 얼마나 서운했는지 모른다.

앞서 말했듯이 중년의 꼰대 상사로서 직원들을 가르치고 인사고과로 평점을 주는 사람이 되었다. 그러면서 조금은 알게 되었다. 그리고 알아가고 있는 중이다.

나 또한 나를 잘 따르고 믿고 좋아하는 직원들에게 좋은 평점을 주고

싶다. 하지만 나는 50대 꼰대요. 기성세대이다.

사랑하는 그 직원은 소위 MZ세대로 때로는 견해가 맞지 않을 때도 있고 아직은 모든 면에서 방향성도 다르고 이질적인 면이 많다.

그 당시 노겸 선생님의 마음으로

조금이라도 더 살아본 지금의 나의 해석으로

그 시절 나를 바라보셨던 노겸 선생님의 해석으로.......

지금의 내가 직원을 위하고 보다 잘되라는 마음으로 대하고 있듯이 그 시절 노겸 선생님이 그때의 나에게 더 깊이 좋아하는 마음을 녹여서 만들어진 결정체가 바로 아로나민 골드 옆에 붙어있는 C+가 아닐까 싶다.

두 번째로 이야기하고 싶은 기억은 "열정의 경상도 사나이"이다.

근래 뵈면 다소 남성미 넘치는 박력의 사나이라고 하기에는 좀 여성호르몬이 과다분출되신 듯 하지만 당시 노겸은 뜨거운 용광로 같은 열정가득한 사람으로 기억하고 있다.

난 지금도 그 날을 기억하고 있다.

교수님을 뒤따라 갔었던 그 날. 바로 노겸을 가르치신 노겸의 선생님(한양대학교 김기수 교수님)의 봉정식이 있던 날이다.

내 표현대로 정화 없이 표현하자면 나는 그 날을 소공동 롯데호텔 디너 파티라고 기억하고 있다.

나를 포함한 대진대학교 법학과 동문 몇몇은 노겸의 제자라는 특권을 가졌다. 한양대학교 법과대학에서도 내놓으라 하는 석·박사님들도 감히 입장이 쉽지 않았던 그 자리에 우리는 노겸 선생님의 뒤를 따라 매우 씩씩하게 입장할 수 있었다. 어느 누구의 눈치도 보지 않고 당당했었지만 뒤통수에서 누군가 수군 수군거리는 소리가 들려왔다.

"쟤들은 뭐야", "소 교수님 제자라는데"

그 시절 20대였던 내가 뭘 알고 그 자리에 참석했을까..

화려한 호텔 디너 파티에 그것도 여러 석학들이 모여 있는 자리에 어리둥절한 촌놈들이 자리를 차지하고 있었던 것이었다.

하여튼 무엇인지 표현하기 힘들지만 느꼈던 자리였다.

연록색(옥색)에 보자기에 꽁꽁 예쁘게 싸맨 그 두껍고 무거운 수백 페이지의 "한양~~~~'"라는 제목의 봉정식 책자(논문집)를 받아 들고, 봉정식을 마치고 돌아오는 길은 기억에 남는다.

종로 한복판을 보자기를 들고 있는 몇몇 학생들이 일렬로 폼나게 걸었다. 마음껏 다른 사람들의 시선을 느낄 수 있을 만큼

두꺼운 책을 싸맨 옥색 보자기를 들고 일렬 종대로 뚜벅뚜벅 걸으며 나도 여길 다녀왔으니 "언젠가 노겸 선생님 봉정식을 해야" 한다고 생각했다. 그렇지만 "그때가 오겠어"라는 생각이 들었다. 당시 노겸 선생님은 30대였다.

하지만 반신반의하였던 그 날의 기억이 시간이 흘러 흘러 그것도 이렇게나 빨리 흘러서 그 두꺼운 책의 일부를 내가 집필하고 있다.

2024년 8월은 곧 오게 된다. 누군가가 말했듯이 세월이 유수와 같다. 우리가 함께했던 시간이 그저 얼마 전 같은 일인데 말이다.

세 번째 기억은 제자들을 향한 무조건 사랑의 노겸 선생님이다.

자주 찾아 뵙지도 못했지만 난 어느 날 노겸 선생님에게 불쑥 부탁을 드린 적이 있었다.

노겸 선생님의 한양대학교 후배 변호사님과 관련된 일이었는데 1초의 주저함도 없이 000 후배에게 전화하여 그것도 당당한 명령조로 말씀하셨다.

"야는 내 첫 제자야. 부탁하는 거 다 들어줘~~ 안그러면 죽는데이"라는 교수님의 전화 덕분에 단박에 모든 일이 법률적인 범위 내에서 순조롭게 해결되었다.

키~~~ 야~~~ 한마디로 끝내주는 능력자 어벤져스 그 자체였다.

이 글을 쓰면서 문득 "대진법학"이라는 이름으로 함께 한 아련한 분들의 이름을 그냥 열거해 보고 싶다.

나와 당시 함께 편입한 5인조. 태욱, 웅진, 향아, 향숙.

함께 도서관에서 벼락치기 공부와 내가 몸소 결혼식 사회를 했었고 지금은 미국에서 잘 살고 있을 성숙이.

미국에서 전문적인 일을 한다고 전해 들은 은영이.

민사소송법 수업에 강의 오셨던 우종대 변호사님.

그리고 윤범, 인권, 대중, 찬진, 창호 등등 이름을 다 기억하지 못해 죄송합니다. 하지만 모두 모두 뵙고 싶습니다.

이렇게 매일매일 대진의 기억은 점점 흐려지고 흐릿해져만 간다.

난 오늘도 출근 준비를 한다.

출근 전 집사람이 매일매일 챙겨주는 물컵 옆에 놓여진 아로나민골드. 그 옆에 쓰여 있는 C+를 보며 난 가끔 웃는다.

이제 육체적으로 어느덧 아로나민골드에서도 상큼한 C+가 필요하게 되었다. 그리고 C+라는 관심을 주는 그 누군가의 사랑이 절실히 필요하기도 하다. 만일 다시 그때로 돌아갈 수만 있다면 F인들 어떨까 싶다.

이 모두가 우리들을 향한 노겸 선생님의 진심 어린 사랑과 관심인 것을 우린 이미 알았고, 매일매일 알아가고 있으니깐.

교수님!!!

곧 아로나민골드 C+ 사들고 찾아 뵙도록 하겠습니다.

사랑합니다.

우연을 가장한 필연적 만남, 그냥 좋은 사람

이상훈
㈜인터니즈 대표이사
(대진대 석사, 박사과정)

1. 제2의 보금자리 양주로 가다

　대학 졸업 후 공채로 입사했던 금융회사를 3년 만에 호기롭게 사직하고 나름 더 나은 직장을 구하던 중 IMF가 터졌다. 처음 겪어보는 국가적 위기는 가진 돈 없는 사회초년생에게 매우 혹독했다. 신혼 초였다.
　고향인 부산 근교 김해에 마련한 신혼집 근처에서 깡통 컨테이너를 사무실로 개조 판매하는 업체의 일용직으로 일하며 재취업시험을 준비했다. 그런데 어느 날 새벽에 출근하니 사업장이 통째로 사라지고 빈 공터만 남아 있었다. 야반도주였다. "아, 컨테이너 회사는 이렇게 밤새 사라질 수도 있구나. 급여는 한 푼도 못 받았는데"
　이번에는 근처 오래된 대형문구사에서 아르바이트로 일했다.
　당시 큰 문구점들은 거래처가 물품을 수시로 가져가며 수첩 장부에 기록하면, 월말에 현금이나 어음으로 결제를 받는 것이 관례였다. 김해 등 경남 일대와 부산 외곽 공단 기업체들이 주고객이었는데 IMF 직후 수개월째 결제나 주문이 없어 회사를 찾아가 보면 입구에서 직원들이 시위하는 모습을 보기 일쑤였다. 회사부도로 밀린 급여를 달라고 소리치는 직원들과 협력업체 자재대금, 심지어 직원식당 운영비까지 밀려 있는 판국에 수십, 수백만원 문구류 대금은 늘 뒷전이었고 이미 받은 어음의 부도와 수첩 장부의 미수금과 함께 문구점 사장의 한숨은 늘어만 갔다.

경영이 힘들어진 문구점 사장은 자신이 부산·경남 총판권을 가지고 막 판매를 시작하던 문구 브랜드를 내가 인수할 의향이 없는지 물었고, 돈이 없다고 하자 우선 일부만 주고 쌓인 재고와 미수금은 천천히 갚아 달라고 했다. 당시 상황에 과감한 결심을 하고 어머니께 마이너스 통장을 빌려 브랜드를 인수했다. 시대에 떠밀리듯 졸지에 취준생이 사장이 되고 말았다.

엄청난 위기는 누군가에겐 기회라고 했다.

나름 사업이 번창했고 수년 후인 2000년도에는 상경하여 양주시 은현면에 제조업체 '엘립스 사무용품'이라는 회사를 창업하며 양주와 인연을 맺게 되었다. 회사를 운영했던 11년 동안 10여 명의 직원이 많은 추억을 쌓으며 재미있게 일했던 것 같다.

2. 소성규 교수님의 첫인상

2012년 국회의원 선거를 앞두고 양주시 국회의원 후보의 캠프 정책국장을 맡아 기획 전반을 총괄하고 있었다. 의정부에 소재한 모 방송국에서 후보자 TV선거방송 토론회 녹화가 있었는데 각 후보별 1명씩 동반이 가능하여 토론회장 앞자리에서 직관을 할 수 있었다.

당시 토론회를 주관했던 사회자가 바로 소성규 교수님이었다.

크게 높낮음이 없이 차분하고 매끄럽게 진행하는 소 교수님과 높은 톤으로 자신을 어필하는 후보들의 목소리가 교차되며 토론회장이 점점 뜨거워졌다.

경상도를 비롯한 지방 출신이라면 대부분 아시겠지만, 아무리 사투리를 안 쓰고 표준말을 구사해도 말투를 들으면 그분의 고향을 얼추 알 수 있다. 나는 심지어 부산억양, 창원·마산 쪽의 서부경남 억양까지 미세하게 다른 점을 구분한다고 자부하는데 교수님의 말투를 듣고 "아, 경북 출신이시겠구나!"바로 느낌이 왔다.

선거방송토론은 관계자 입장에서 긴박하지 않을 수 없다. 주어진 시간을 엄수해야 하며, 후보 간 치열한 공방이 있고 자유질의 답변은 갑자기 무슨 말이 나올지 알 수 없으며 혹여 잘못 발언을 해도 규정상 편집을 하지 않고 그대로 방송하도록 되어 있어 예고된 대참사로 이어지기도 한다. 소 교수님은 전혀 흥분하는 기색 없이 초지일관 아주 능수능란하게 토론회를 주도했다.

그날 교수님과는 인사도 없었지만, 토론회의 전반적인 내용과 함께 교수님의 경청하는 모습과 표정, 말투, 눈빛 등이 이상하게 그냥 나의 뇌리에 자리 잡고 있었던 것 같다. '대진대학교 소성규 교수'님을 처음 뵌 날이다.

3. 우연이 인연으로

이후 수년이 흘러 양주시청 정무실장(대외협력관)으로 '어쩌다 공무원' 생활을 하고 있었다. 어느 날 시청 복도를 지나다 고개를 드는 순간 소성규 교수님이 휙 스쳐 지나가 도시주택국장실로 들어가시는 것을 보았다.

며칠 후 저녁 자리에서 당시 도시주택국장이었던 김성덕 국장님에게 소성규 교수님과 잘 아는 사이인지 여쭙고 대진대학교 대학원을 다니고 싶으니 소개를 해달라 먼저 부탁을 드렸다. 교수님을 알고 싶은 마음과 법을 더 공부하고 싶은 학구욕이 더해져 그런 부탁을 드렸던 것 같다.

정말 감사하게도 얼마 후 교수님이 직접 나를 찾아오셨다.

일종의 자기소개 겸 사전면담을 하고 대학원 석사과정을 다녔는데 코로나 시국이라 거의 비대면 수업으로 이뤄졌다. 결과적으로 학업을 열심히 하지 못했다. 지금 돌이켜 생각해보면, 당시 업무적으로 하루하루 급박한 상황과 일정들이 많았는데 조금 더 여유있게 준비를 하고 시작하는 것이 좋지 않았을지 후회도 남는다.

그래도 소성규 교수님과는 첫 만남 이후 '매우 자주 만나는 사이'가 되었다.

나의 지인들도 같이 만나고, 때로는 교수님의 지인들도 같이 만나는 저녁자리는 코로나 사회적 거리두기 단계가 오르락내리락하며 허용하는 모임 인원에 맞춤형으로 이뤄졌다. 내 나이 50이 넘어도 알지 못했던 교수님의 세상 돌아가는 이야기는 부족한 나를 매료시키기 충분했다. 대학원 이상의 학업은 교실에서만 이뤄지는 것이 아니라는 교수님의 말씀은 채워지는 술잔과 비워지는 술병의 양에 정비례하며 점점 공감이 갔고 나의 지혜의 샘이 채워지는 기분이 들었다.

이외에도 소 교수님이 주도하시는 개성포럼의 학술세미나에도 가능하면 참석을 했고 지역사회와 함께하는 통이포럼에서 제주도와 여수·순천을 다니며 우리 아픈 역사를 되돌아보고 기억하는 현장체험학습도 함께 했다. 그렇게 많은 석박사와 교수님들을 한꺼번에 뵙는 것은 난생처음이었다.

4. 사람이 꽃보다 아름다울까

사람이 나이를 먹으면서 점점 세상의 때가 묻고 얼굴의 주름처럼 마음에도 구김이 쌓여간다는 느낌을 스스로 받는 경우가 많다. 그래서 어떻게 살고 싶은지, 누구를 닮고 싶은지 반문하며 살게 되고 만약 그런 롤 모델을 직접 만나고 교감한다면 매우 행복일 것이다.

학문적인 지식을 전파하는 교육자의 책무를 넘어 삶 자체가 타인의 교훈이 된다면 성공한 인생이 아닐까? 그래서 종종 사석에서 웃으며 "교수님, 존경합니다!"라고 하면 "시끄러, 진정성이 안 느껴져"라고 투박하게 답변하시는 분을 유심히 보게 된다.

늘 사람을 존중하는 마음이 느껴진다.

전화를 걸어오시면 항상 먼저 높임말을 쓰신다. 교수님은 평소 성격이 느긋한 편이 아님에도 "통화 가능해요?" 내가 편하게 통화를 할 수 있는 상황인지 확인하고 구체적인 용건을 말씀하시며 이는 비교적 나이 어린 제자를 비롯한 다른 사람과 대화할 때도 역시 다름없다. 소통에 있어 나보다 타인의 기분과 상황을 살피고 배려하는 자세가 기본적으로 탑재되어 있음은 부러울 따름이다.

제자를 각별하게 챙기신다.

인간관계를 누구보다 소중하게 여기지만, 제자들이 학교뿐 아니라 지역사회에서 제대로 자리를 잡고 성장하도록 늘 신경을 쓰고 경조사까지 꼼꼼하게 챙기는 점이 가히 놀라웠다. 갚을 수 없을 만큼 기울어진 사제의 정, 나 또한 집사람이 뇌수막종으로 대수술을 했을 때와 아들이 독일 유학 중 경사가 있을 때마다 큰 위로와 축하를 해주시고 멘탈 관리까지 해주셨다. 특히 학부 95학번을 비롯하여 첫정을 줬던 제자들에 대한 애정은 각별하시다.

야단을 맞아도 기분이 안 나쁘다.

내가 게을러지거나 혹은 무심할 때 종종 교수님께 야단을 맞을 때도 있었다. 그런데 기분이 별로 나쁘지가 않다. 절묘하게 야단치는 기술이 있는 것이 분명하다. 평소 자기주장이 강하며 형도 없고 장손으로 자라 쓴소리를 듣는 것에 익숙하지 않은 나 같은 사람도 야단을 맞으면 수긍하고 고치려고 노력하게 되니 말이다.

5. 살아간다는 것

삶이란 우연과 인연이 반복되는 여정이다. 찰나의 순간이 쌓이고 쌓여 세월이 되면 어떤 이는 내 인생의 소중한 필연으로 추억되기도 하고 또 누군가는 생각만 해도 후회스러운 악연으로 기억되기도 한다.

비록 수년의 짧은 기간이지만 소성규 교수님과 맺은 인연은 배움의 폭을 넓히는 지적 성장을 넘어 '한 사람의 인간으로 잘 살아왔고, 지금도 잘 살고 있는 것인가'를 스스로 돌아보는 자기성찰의 모범 교과서를 만나고 있는 느낌이다. 사람을 대하는 자세와 도리에 있어 내가 많이 부족함을 스스로 느끼게 해주었고 인간관계의 소중함과 존중을 그의 말이 아닌 행동으로 배우고 있다.

더구나 소성규 교수님의 화갑기념집에 부족한 나의 이야기를 담을 지면을 얻는 영광에 감사하며 '모든 인연은 다시 우연이 된다'는 저서의 제목처럼 삶과 죽음을 초월한 영원에 가까운 시공간에서 비록 소 교수님과 맺은 인연이 짧은 우연으로 남더라도 행복한 추억으로 늘 간직하고 싶다.

내 인생의 중간점검

이승형

양주시 하천팀 주무관

(대진대 법학05)

고향 노원구에서 시작된 학창시절

1986년 10월 13일 나는 "서울특별시 광진구 중곡동"에서 태어났다. 아버지 이행우 어머니 김현향 2남매 중 둘째 막내다. 태어난 곳은 중곡동이지만 유년기부터 노원구에서 자라왔다.

한천초등학교 그리고 녹천중학교를 다녔는데 지금도 학교를 지나다닐 때는 어린 시절이 많이 생각난다. 나는 어려서부터 내성적인 성격이었는데 초등학교 6학년 담임선생님(김희정)과 여러 서클 활동들을 하면서 조금은 활동적인 지금의 성격으로 변했던 것 같다. 노원구에서만 30년넘게 살아 동네 친구들이 다 학교 친구들이고 그래서 추억을 같이 쌓아 생각이 많이 나는 친구들이 있다.

* 한천초등학교 시절 친구들과 함께 찍은 사진

* 녹천중학교 졸업사진

* 아버지(이행우), 어머니(김현향), 누나(이은정)과 함께 찍은 사진

    고등학교는 대진고등학교(18회)를 배정받았는데 한 학년에 반만 18개 반으로 수많은 학생들이 있었다. 윤달성, 김민석, 임택선, 황헌, 한동엽 등의 친구들과 한 반이 되었다. 지금도 가장 친한 친구들이라 제일 생각이 많이 나는 친구들이다. 항상 평일, 주말내내 축구와 농구를 했던 기억이 난다.

2002년 고등학교를 입학하여 대진고등학교를 다닐 때에는 선도부를 계속 해 왔는데 덕분에 규율과 규칙의 중요성을 배우는 데 도움이 된 것 같다. 정시에는 자신이 없어 내신 관리에 힘을 써와 고등학교 2~3학년 당시 담임선생님과 상담하여 여러 학교에 수시를 지원했지만 글 재주가 없는 터라 번번이 논술시험에서 탈락하여 수학능력시험을 볼 수밖에 없었고 고등학교와 연계된 대진대학교에 진학하게 되었다. 고등학교 담임선생님께서 "법과 사회"라는 과목을 담당하셨는데 나는 그 과목이 잘 맞고 재미있었다. 점수도 잘 나오다 보니 그 영향으로 대입 당시 자연스럽게 법학과를 지원하게 되었다. 지금 생각해보면 고등학교 때까지 내가 무엇을 하고 싶은지 꿈이 없었던 것 같다. 다만 그 당시에 장래희망에 대해 많은 학생들이 공무원을 적어 냈던 기억이 난다. 그래서 나도 깊은 고민이 없이 공무원을 목표로 적었다.

공공인재법학과 학생으로서 대학 생활 1학년 1학기 때는 전공수업이 없었고, 2학기 들어서 처음 전공수업을 듣게 되었다. 그때 처음 소성규 교수님을 만나게 되었다. 매년 수십명의 신입생들이 처음 듣게 되는 교수님의 수업이 대학생활에서 가장 기억이 강렬할 것 같다.

* 대진고등학교 친구들과 수학여행 찍은 사진

꿈을 갖게 된 스물세 살, 노력의 시간

1학년을 끝마치고 2006년 1월에 친구(손인찬)의 권유로 동반으로 해군에 입대하게 되었다. 해군 생활을 하면서 내가 하고 싶은 일이 무엇인지 많이 생각해봤고 그때 처음 해양경찰의 꿈을 갖게 되었다.

2008년 복학을 하고 해기사 자격증부터 준비를 시작했고 4학년 2학기 때부터 본격적으로 시험 준비를 시작했다. 해양경찰 간부후보생 시험에도 형법, 행정법 등 많은 법학 과목이 필수적으로 포함되어 있는데 전공을 법학으로 한 것이 많은 도움이 된 것 같다. 막상 졸업하고 준비를 시작하니 마음이 조급했던 것도 있지만 그만큼 절박했기에 누구보다도 열심히 했다. 준비한 지 1년 차에 해양경찰 간부후보생 필기시험에 붙어 면접까지 갔다. 하지만 최종 탈락했다. 나는 아쉬운 마음에 계속 도전을 하게 되었다. 어쩌면 계속 준비했던 것을 놔두고 새로운 걸 도전하기도 두려웠고 거의 다왔다고 생각했는데 포기할 용기도 없었던 것 같다. 시험 준비를 하면서 부모님과 하나뿐인 누나(이은정)가 많은 도움을 주었다. 특히 신림동에서 시험 준비를 해왔는데 누나가 서울대에서 직장생활을 해서 심적으로 지칠 때 의지할 수 있었다. 지금 생각해보면 가족들에게 너무 미안하고 고마운 마음이 크다. 2년 차에는 마음을 다잡지 못해 탈락하였고 그 후로 면접에 두 번 더 갔지만 결과적으로 계속 탈락하여 시험에 합격하지 못했고, 나 자신뿐만 아니라 부모님께 미안한 마음이 점점 커져갔다. 시험 준비 중 아버지께서 산업재해로 크게 다치셔서 그때부터 내 목표와 꿈에 대해 다시 생각하는 계기가 되었다. 다만 해양 관련 일에 대한 미련이 남아 다른 쪽으로 방향을 틀었던 것 같다.

아쉬움이 너무 큰 나머지 2016년부터 산업잠수사 준비를 해왔다. 물속에 직접 들어가서 일을 한다는 것이 생각보다 쉽지는 않았다. 자격증 취득부터 다시 목표를 잡고 준비를 해야 한다는 생각에 막막하기도 했다. 산업잠수사로서 일을 배우며 학원강사였던 박세일 잠수사의 도움을 많이 받았다. 처음 잠수사 텐더로서 보조역할을 하며 일을 시작하였고 그 후 팔당댐, 목포, 강릉 등 많은 곳을 돌아다니며 수중용접, 수중절단, 생태 촬영 등 우리나라 해안의 많은 곳을 돌아다니며 힘들기도 했지만 처음하는 일에 설렘도 컸던 것 같다. 우리나라 해안 특성상 바다 속의 시야는 극히 제한되어있어 처음에 물에 들어갔을 때 당황했던 기억이 난다. 정말 한 치 앞이 안 보인다는 말이 사실이었으니까. 동해안은 깊이가 깊고 시야가 넓지만 서해안의 깊이는 얕고 갯벌이 많기 때문에 동해에서의 일이 환경상으론 더 좋았다. 하지만 일의 특성상 한곳에 정착하지 못하는 생활을 계속해야 한다는 것과 나의 체력이 언제까지 버텨줄 수 있을지에 대한 의문도 생겨 일을 하면서도 고민이 많아졌고 주위의 걱정도 많았다. 잠수사들 대부분이 나와 같은 걱정들을 많이 해왔고 토목 쪽으로 이직을 하는 경우도 많았다. 그때 아버지께서 토목 일을 하고 계셔서 주위 동료들과 부모님의 권유로 토목 일을 생각하게 되었다. 30대 초반의 나이에 아들이 계속 정착하지 못하는 생활을 해나가다 보니 더 걱정을 많이 하셨던 것 같다. 특히 잠수사 생활은 일이 힘든 만큼 오랫동안 지속할 수는 없는 직업이라 나 또한 진로에 대해 다시 한번 고민하는 계기가 되었다.

우현토건에서 운반업, 영도건설에서 현장관리자로 일을 해오며 안 해본 일이 없던 것 같다. 처음 대형 덤프트럭 배차업무를 했을 때는 25톤 덤프트럭을 직접 몰아보며 일에 빨리 적응하기 위해 많은 노력을 했고, 측량 등을 배우며 토목 일에 적응하기 위해 많이 노력했다. 하지만 잠수사 생활과 비슷한, 정착하지 못하는 생활을 계속 하게 되다 보니 20대 때 목표로 했던 해양경찰이 아닌 안정적인 토목직 공무원에 관심이 가기 시작하였다. 일을 하며 저녁에는 시험 준비를 병행하여 지금의 양주시청에 2022년에 합격하여 근무를 시작하게 되었다.

* 잠수사 시절 사진

양주시청 공무원으로서의 삶

 2022년 양주시청 공무원으로서의 일을 시작함과 동시에 같은 시청에 있던 선배님(최정민)은 남양주시 의회로 전출을 가게 되었다. 공무원으로서의 일은 내가 해왔던 일과 많이 달랐다. 잠수사, 토목 현장직에서의 일과 달랐기 때문에 적응에 대한 걱정이 생길 수밖에 없었다. 내가 새로운 것을 다시 시작한다는 부담감을 많이 가지고 있었지만 그래도 선배님(최정민)은 그 부담감을 덜어주었고 내가 친형처럼 의지할 수 있도록 나를 생각해주는 많은 조언을 해줘서 항상 감사한 마음을 갖고 있다. 삶을 살아가면서 만나는 그 수많은 인연들 중 가장 감사한 분 중 한명이다.
 처음 발령받은 곳은 안전건설과 자연재난팀이었는데 태풍·홍수·호우·가뭄·지진·대설 등 자연현상의 변화로 인한 인명이나 재산의 피해를 예방하는 업무는 하는 팀이었다. 나는 자연 재난 중 태풍·호우를 담당하였고, 그곳에서 박주형 팀장님, 강진영 주무관 등 좋은 사람들을 만나 적응하기 수월했었다. 일을 배워나가고 있을 때 양주시청 통일 동호회(양통향)이 만들어졌고, 홍준경, 신현숙, 신택수 선배님 등 대진대 공공인재법학과 출신의 수많은 선배들을 만나는 계기가 되었다. 잦은 이직을 했던 나로서는 공무원이라는 일을 오래 할 수 있을까란 걱정이 많았는데 그 걱정을 덜어준 스승님(소성규 교수님)과 선배님(최정민)에게 너무 많은 감사를 드리고 싶다. 양주시청에서 지금의 아내(박유미)를 만나게 되었다. 아내는 겁이 많고 마음이 많이 여린 사람이다. 나는 아내 옆에서 평생 함께 하고 싶은 마음에 결혼을 결심하게 되었다. 늦은 나이에 결혼도 못하고 혼자 지내는 나를 그때 스승님(소성규 교수님)께서 항상 걱정해주시고 조언을 많이 해주셨던 게 생각이 난다. 어쩌면 부모님보다 더 많이 걱정해주셨던 것 같다. 이제 나는 그 걱정을 덜어 드렸다. 제자를 위해 학업뿐이 아닌 인생의 가르침을 주시는 스승님께 감사드리고 싶다.

* 스승님(소성규교수님), 선배님(최정민,박지훈)과 문경새재에서 찍은 사진

* 아내(박유미)와 신혼여행때 사진

* 어머니(김현향)과 함께 찍은 사진

내 인생의 중간점검

　자서전이라고 하면 흔히 많은 것을 이루고 은퇴한 뒤에 인생을 돌아보면서 쓰는 글이라고 생각했는데 나 자신의 중간 점검의 의미로 내가 어떤 인생을 살아왔고, 어떠한 인연들을 만났으며, 그런 것들이 내 삶에 어떤 영향을 미쳤는지 생각하는 좋은 계기가 되었다. 앞으로도 인생을 더 가치 있게 만들어가며, 자서전의 한 페이지, 한 페이지를 늘려가고 싶다.

　돌이켜 보면 어릴 때 부모님, 학교 다닐 때는 선생님, 친구들 등 여러 사람 눈치를 보며 평생 다른 사람의 기준에 맞는 삶을 살려고 애를 써 온 것 같다. 남들에게 인정받는 것이 내가 원하는 것인 줄 알았고, 내가 진정으로 원하는 것이 무엇인지 잘 몰랐다. 하지만 나 스스로 그게 뭔지 알아야 한다는 생각이 든다. 해양경찰이라는 꿈은 이루지 못했다. 삶의 중간중간 실패도 겪고 좌절도 있었지만 내가 추구하는 인생은 무엇인가에 대해 끊임없이 고민해왔기 때문에 나는 내가 실패했다고 생각하지 않는다. 누군가는 나를 잦은 목표 변화와 이직으로 인해 끈기가 없는 사람이라고 생각할지 모른다. 하지만 이 자서전을 쓰면서 나 자신의 인생에 대해 중간점검을 해봤다. 나는 내 삶의 행복을 찾기 위해 꾸준히 노력했다. 내게 어떠한 어려움이 닥치더라도 좌절하지 않고 내 삶을 완성하기 위해 노력해야겠다는 생각이 든다. 잘 안되더라도 해보는 게 중요하지 않은가. 앞으로도 작은 행복에 만족하며 모든 것에 감사하는 사람이 되도록, 좋은 사람이 되도록 도전해보고 싶다.

군형법상 군인등 강제추행죄에 대한 소고

이용호

법무법인 담정 변호사, 법학박사

(대진대 법학박사)

1. 2017헌바195 결정의 요지

[1] 심판대상조항은 엄격한 기강과 상명하복의 위계질서가 요구되는 군에서 구성원들 사이에 발생하는 강제추행·준강제추행을 엄히 규율함으로써 군 조직 구성원에 의한 강제추행·준강제추행 범죄로부터 구성원 개개인의 성적 자기결정권을 보호하고, 나아가 군 기강의 확립을 통해 전투력을 유지하고자 마련되었다.

심판대상조항이 규율하는 범죄는 전우애를 다지고 신뢰관계를 형성해야 할 구성원을 오히려 그 범행 대상으로 삼았다는 점에서 죄질이 매우 나쁘고 군 전투력의 약화로 이어질 수도 있으므로, 심판대상조항이 법정형으로 징역형만을 둔 것은 죄질에 상응하는 형벌을 규정한 것으로 볼 수 있다.

심판대상조항이 규율하는 범죄는 철저히 계급으로 이루어진 군 조직 내에서 위계질서를 이용하여 발생할 가능성이 높다는 점과 그 결과가 피해자 개인의 성적 자기결정권의 침해를 넘어 군의 전투력 보존에 심각한 위해를 초래할 수 있다는 점 때문에 일반적으로 비난가능성이 크다.

　심판대상조항이 법정형으로 징역형만을 규정함으로써 발생할 수 있는 불법과 책임의 불일치는 구체적인 사건에서 법관의 양형을 통하여 상당 부분 시정될 수 있다. 따라서 심판대상조항은 그 법정형이 입법재량의 범위를 벗어났다거나 과잉형벌이라고 보기 어려우므로, 책임과 형벌 간의 비례원칙에 위배되지 아니한다.

　[2] 심판대상조항이 규율하는 범죄는 범행장소가 군영 내로 한정되어 있지는 않으나, 행위주체와 객체가 모두 '군인 및 이에 준하는 사람'이라는 특수한 지위를 보유해야 하고, 이들은 상명하복의 계급구조 안에서 군 조직 구성원으로서 본연의 임무를 수행하여 군의 전투력 유지에 기여한다는 점이 특징이다.

　심판대상조항은 형법 상 강제추행·준강제추행죄, 아동·청소년의성보호에관한법률위반(강제추행·준강제추행)죄, 성폭력범죄의처벌등에관한특례법위반(13세미만미성년자강제추행·준강제추행)죄와 비교할 때, 행위주체와 객체의 법적 지위 등 구체적 구성요건이 다르고, 그 성립범위와 행위 태양도 제한적이며, 군의 존립목적과 군 조직의 특수성 등에 비추어 보호법익과 범죄의 죄질도 유사하다고 볼 수 없다. 따라서 심판대상조항은 형벌체계의 균형성을 상실하여 평등원칙에 위배된다고 볼 수 없다.

2. 사건의 개요

　군 숙소에서 동성의 남군이 술에 취하여 잠들어 있는 상태를 이용하여 준강제추행한 사건으로, 1심에서는 징역 1년에 집행유예 2년형을 선고받고, 피고인이 양형부당을 이유로 항소하였고,

　고등군사법원 항소심 재판 중 변호인은 "군형법(2013. 4. 5. 법률 제11734호) 제92조의 4 및 같은 법 제92조의 3"에 대하여 "헌법 제10조의 행복추구권, 헌법 제11조의 평등원칙, 헌법 제15조의 직업선택의 자유, 헌법 제37조의 비례의 원칙에 위반되어 위헌"이라는 취지로 위헌법률심판을 제청, 고등군사법원 위헌법률심판제청신청 기각 후 헌법재판소법 제68조 제2항에 따른 위헌심판형 헌법소원을 제기하였다.

3. 이 사건 법률조항의 연혁 및 입법취지

가. 연혁

① 1962. 1. 20. 법률 제1003호[제정법률]

제92조(추행)
계간 기타 추행을 한 자는 1년 이하의 징역에 처한다.

② 2009. 11. 2. 법률 제9820호[개정법률]

제92조의2(강제추행)
폭행이나 협박으로 제1조 제1항부터 제3항까지에 규정된 사람에 대하여 추행을 한 사람은 1년 이상의 유기징역에 처한다.

제92조의3(준강간, 준강제추행)
제1조 제1항부터 제3항까지에 규정된 사람의 심신상실 또는 항거불능 상태를 이용하여 간음 또는 추행을 한 사람은 제92조, 제92조의2 및 제92조의3의 예에 따른다.

제92조의 5(추행)
계간이나 그 밖의 추행을 한 사람은 2년 이하의 징역에 처한다.

제92조의 8(고소)
제92조 및 제92조의 2부터 제92조의 4까지의 죄는 고소가 있어야 공소를 제기할 수 있다.

③ 2013. 4. 5. 법률제11734호[개정법률]

2013. 4. 5. 개정에서 군형법 제92조의 2는 제92조의 3으로, 제92조의 3은 제92조의 4로 내용변경 없이 각 이동하고, 고소관련 규정인 기존 제92조의8은 삭제되었다.

나. 입법의 취지

군형법 개정이유에서는 위 조항의 신설이유에 대하여 "여군 등을 강간하거나 강제추행한 자 등을 처벌하는 규정 신설(제92조, 법 제92조의2부터 제92조의8까지 신설), 여군 등을 강간하거나 강제추행한 자 등을 처벌하는 규정을 신설하고, 강간 등 상해·치상, 강간 등 살인·치사죄에 대하여 고소 없이도 공소를 제기할 수 있도록 함"이라고만 규정하고 있어 제92조의 3 내지 제92조의 4의 양형에 대하여는 구체적으로 밝히고 있지 않다.

헌법재판소는 군형법의 입법목적에 대하여 「군은 국가의 안전보장과 국토방위의 신성한 의무를 수행함을 사명으로 하고, 군이 이러한 사명을 완수하는 수단은 최종적으로는 무력의 행사, 곧 전투이며, 전투는 승리만을 유일한 목적으로 한다. 군이 전투에서의 승리라는 본래의 사명을 수행하기 위하여는 그에 상응하는 특별한 조직과 규율이 요구될 수밖에 없고, 군형법은 군의 이러한 특수성을 전제로 형벌이라는 제재를 수단으로 하여 군의 조직과 규율을 유지·보전함과 동시에 군이 가지는 전투력을 최대한으로 보존·발휘하게 하는 데 그 궁극적인 목적이 있는 것이다. 결국 전승을 위한 전투력의 확보는 군형법의 핵심적인 목적이며, 그것은 바로 군형법에 있어서의 보호법익이라고도 할 수 있을 것이므로, 이와 같은 특별한 목적이야말로 군형법의 해석·적용에 있어서 가장 중요한 지도이념이라고 하지 아니할 수 없다. 위와 같이 군형법은 군의 유일한 존재의의인 전승을 위한 전투력의 유지·강화에 그 궁극적인 목적을 두고 있다」라고 판시한 바 있다(헌법재판소 1995. 10. 26.자 92헌바

45결정 참조).

4. 이 사건 법률조항의 위헌성

가. 형벌법규에 대한 입법권에 대한 한계

헌법재판소는 형벌법규에 대한 입법권의 범위와 한계에 관하여 「어떤 행위를 범죄로 규정하고, 이에 대하여 어떠한 형벌을 과할 것인가 하는 문제는 원칙적으로 입법자가 우리의 역사와 문화, 입법당시의 시대적 상황과 국민일반의 가치관 내지 법감정, 범죄의 실태와 죄질 및 보호법익 그리고 범죄예방효과 등을 종합적으로 고려하여 결정하여야 할 국가의 입법정책에 관한 사항으로서 광범위한 입법재량 내지 형성의 자유가 인정되어야 할 분야이다. 따라서 어느 범죄에 대한 법정형이 그 죄질과 이에 대한 행위자의 책임에 비하여 지나치게 가혹한 것이어서 전체 형벌체계상 현저히 균형을 잃게 되고 이로 인하여 다른 범죄자와의 관계에 있어서 헌법상 평등의 원리에 반하게 된다거나, 그러한 유형의 범죄에 대한 형벌 본래의 기능과 목적을 달성함에 있어 필요한 정도를 일탈함으로써 헌법 제37조 제2항으로부터 파생되는 비례의 원칙 혹은 과잉금지의 원칙에 반하는 것으로 평가되는 등 입법재량권이 헌법규정이나 헌법상의 제원리에 반하여 자의적으로 행사된 경우가 아닌 한, 법정형의 높고 낮음은 입법정책의 당부의 문제이지 헌법위반의 문제는 아니다"(헌재 1992. 4. 28. 90헌바24 결정 등 참조)고 판시하여, "형벌법규가 헌법 제37조 제2항으로부터 파생된 비례의 원칙 또는 과잉금지의 원칙"에 반하는 경우 위헌이 될 수 있다는 점을 명확히 하였다.

또한 「우리 헌법은 국가권력의 남용으로부터 국민의 기본권을 보호하려는 법치국가의 실현을 기본이념으로 하고 있고, 법치국가의 개념은 범죄에 대한 법정형을 정함에 있어 죄질과 그에 따른 행위자의 책임 사이에 적절한 비례관계가 지켜질 것을 요구하는 실질적 법치국가의 이념을 포함하고 있다(헌재 1992. 4. 8. 90헌바24 결정 참조). 입법자가 형벌이라는 수단을 선택함에 있어서는 그 형벌이 불법과 책임의 경중에 일치하도록 하여야 하고, 만약 선택한 형벌이 구성요건에 기술된 불법의 내용과 행위자의 책임에 일치되지 않는 과도한 것이라면 이는 비례의 원칙을 일탈한 것으로 헌법상 용인될 수 없다. 법정형의 종류와 범위를 정하는 것은 기본적으로 입법자의 권한에 속하는 것이지만, 법정형의 종류와 범위를 정할 때에는 형벌 위협으로부터 인간의 존엄과 가치를 존중하고 보호하여야 한다는 헌법 제10조의 요구에 따라야 하고, 형벌개별화의 원칙이 적용될 수 있는 범위의 법정형을 설정하여 실질적 법치국가의 원리를 구현하도록 하여야 하며, 형벌이 죄질과 책임에 상응하도록 적절한 비례성을 지켜야 한다. 이러한 요구는 형벌을 가중하는 경우에도 마찬가지여서(헌재 1992. 4. 28. 90헌바24 결정 참조) 입법취지에서 보아 중벌주의로 대처할 필요성이 인정되는 경우라 하더라도 그 가중의 정도가 통상의 형벌과 비교하여 현저히 형벌체계상의 정당성과 균형성을 잃은 것이 명백하다면, 그러한 입법의 정당성은 부인되고, 인간의 존엄성과 가치를 보장하는 헌법의 기본원리에 반하여 위헌적인 법률이 될 것(헌재 2001. 11. 29. 2001헌가16 결정 참조)」이라고 판시하였다.

나. 이 사건 법률조항의 헌법위반의 점

(1) 타 법률과의 형평성

① 형법

> 제298조 (강제추행)폭행 또는 협박으로 사람에 대하여 추행을 한 자는 10년 이하의 징역 또는 1천500만원 이하의 벌금에 처한다.

> 제299조 (준강간, 준강제추행)사람의 심신상실 또는 항거불능의 상태를 이용하여 간음 또는 추행을 한 자는 제297조, 제297조의2 및 제298조의 예에 의한다.

(준)강제추행의 처벌에 관한 기본법이라고 할 수 있는 형법 제298조 및 제299조는 "10년 이하의 징역 또는 1천 500만원 이하의 벌금"을 규정하고 있습니다. 이에 따라서 법관은 징역형이 아닌 벌금형을 선택하는 것이 가능하며, 실제 초범인 경우 특히 합의가 되었다면 벌금형이 선고되는 경우가 대부분이다.

② 아동·청소년의성보호에관한 법률

> 제7조 (아동·청소년에 대한 강간·강제추행 등)①, ② 생략③ 아동·청소년에 대하여 「형법」 제298조의 죄를 범한 자는 2년 이상의 유기징역 또는 1천만원 이상 3천만원 이하의 벌금에 처한다.④ 아동·청소년에 대하여 「형법」 제299조의 죄를 범한 자는 제1항부터 제3항까지의 예에 따른다.⑤ 위계(僞計) 또는 위력으로써 아동·청소년을 간음하거나 아동·청소년을 추행한 자는 제1항부터 제3항까지의 예에 따른다.⑥ 생략
>
> 제8조 (장애인인 아동·청소년에 대한 간음 등)① 생략② 19세 이상의 사람이 장애 아동·청소년을 추행한 경우 또는 장애 아동·청소년으로 하여금 다른 사람을 추행하게 하는 경우에는 10년 이하의 징역 또는 1천500만원 이하의 벌금에 처한다.

아동·청소년의성보호에관한법률에 의할 경우 아동·청소년에 대한 단순 강제추행 및 준강제추행의 경우 및 위계 또는 위력에 의한 추행의 경우 "2년 이상의 유기징역 또는 1천만원 이상 3천만원 이하의 벌금"을 규정하고 있어, 벌금형 선택이 가능하며, 역시 초범인 경우 벌금형이 선고되는 경우가 많다고 할 것입니다. 동법은 특히 장애가 있는 아동·청소년을 추행한 경우에도 "10년 이하의 징역 또는 1천 500만원 이하의 벌금"을 규정하고 있습니다. 이에 따라서 법관은 벌금형을 선택형으로 선택할 수 있고, 이에 따라서 초범이고 합의가 된 경우 피고인에 대한 제반 양형참작사유를 고려하여 벌금형을 선고하는 것이 가능하다.

③ 성폭력범죄의처벌에관한특례법

> 제5조 (친족관계에 의한 강간 등)① 생략② 친족관계인 사람이 폭행 또는 협박으로 사람을 강제추행한 경우에는 5년 이상의 유기징역에 처한다.③ 친족관계인 사람이 사람에 대하여 「형법」 제299조(준강간, 준강제추행)의 죄를 범한 경우에는 제1항 또는 제2항의 예에 따라 처벌한다.(이하 생략)
> 제6조 (장애인에 대한 강간·강제추행 등)①, ② 생략③ 신체적인 또는 정신적인 장애가 있는 사람에 대하여 「형법」 제298조(강제추행)의 죄를 범한 사람은 3년 이상의 유기징역 또는 2천만원 이상 5천만원 이하의 벌금에 처한다.④ 신체적인 또는 정신적인 장애로 항거불능 또는 항거곤란 상태에 있음을 이용하여 사람을 간음하거나 추행한 사람은 제1항부터 제3항까지의 예에 따라 처벌한다.⑤ 생략⑥ 위계 또는 위력으로써 신체적인 또는 정신적인 장애가 있는 사람을 추행한 사람은 1년 이상의 유기징역 또는 1천만원 이상 3천만원 이하의 벌금에 처한다.⑦ 생략
> 제7조 (13세 미만의 미성년자에 대한 강간, 강제추행 등)①, ② 생략③ 13세 미만의 사람에 대하여 「형법」 제298조(강제추행)의 죄를 범한 사람은 5년 이상의 유기징역 또는 3천만원 이상 5천만원 이하의

> 벌금에 처한다.④ 13세 미만의 사람에 대하여 「형법」 제299조(준강간, 준강제추행)의 죄를 범한 사람은 제1항부터 제3항까지의 예에 따라 처벌한다.⑤ 위계 또는 위력으로써 13세 미만의 사람을 간음하거나 추행한 사람은 제1항부터 제3항까지의 예에 따라 처벌한다.

④ 소결

위와 같이 성범죄 중 강제추행 및 준강제추행에 대한 처벌규정을 가지고 있는 법률 중 성폭력범죄의처벌등에관한특례법상 친족관계에 의한 (준)강제추행을 제외하고는 모두 법정형에 벌금형을 규정하고 있다. 친족관계에 의한 (준)강제추행의 경우 범죄의 성격상 친족관계에서 은밀하게 이루어지고, 이로 인하여 피해자보호의 필요성이 특별히 강하다는 점을 감안한다면, 실제 강제추행 및 준강제추행은 거의 모든 경우에 법정형에 벌금형이 존재한다고 보아야 할 것이다.

(2) 헌법상 비례의 원칙에 관한 헌법재판소 결정례

이 사건 법률조항은 군인 등에 대하여 강제추행 및 준강제추행을 한 경우에 법정형으로 징역형만을 규정하고 있는바, 군형법의 입법목적을 고려하더라도 다양한 동기와 행위태양의 범죄를 동일하게 평가하여 벌금형에 대한 규정없이 법정형으로 징역형만을 규정하고 있는 것이 과연 정당화될 수 있는가 하는 점이 문제가 된다고 할 것이다.

군형법상 상관살해죄에 대한 헌법재판소 결정에 의할 경우, 「(가) 법정형의 종류와 범위를 정함에 있어서 고려해야 할 사항 중 가장 중요한 것은 당해 범죄의 보호법익과 죄질로서 보호법익이 다르면 법정형의 내용이 다를 수 있고, 보호법익이 같다고 하더라도 죄질이 다르면 또 그에 따라 법정형의 내용이 달라질 수밖에 없다(헌재 1997. 3. 27. 95헌바50 결정 참조). 우리 형법은 사람의 생명을 박탈한 고의적인 살인범을 고살과 모살의 구분없이 사형, 무기 또는 5년 이상의 징역형으로 규정하여 구체적 사건을 재판하는 법관에게 범행의 정상과 범죄인의 죄질을 참작한 후 탄력적으로 형을 선택하여 선고하고 작량감경할 사유가 있는 경우에는 집행유예의 선고가 가능하도록 폭넓은 법정형을 정하고 있고, 존속살인의 경우에도 사형, 무기 또는 7년 이상의 징역형에 처하도록 하고 있으며, 군형법상 초병살해의 경우에도 사형 또는 무기징역에 처하도록 하고 있는 점을 비교 교량해 보면 평시에 일어난 군대 내 상관살해를 그 동기와 행위태양을 묻지 아니하고 무조건 사형으로 다스리는 것은 형벌체계상의 정당성을 잃은 것으로서 범죄의 중대성 정도에 비하여 심각하게 불균형적인 과중한 형벌이고, 형사정책적인 관점에서 보거나 작금의 세계적인 입법추세에 비추어 보더라도 적정한 형벌의 제정이라고 보기 어렵다.

(나) 이 사건 법률조항은 일반예방적 차원에만 치중한 전근대적인 중형위주의 가혹한 응보형주의에 따른 입법규정은 될 수 있지만 범죄인의 교육개선과 사회복귀를 기본으로 하는 우리 헌법의 기본취지에 일치한다고 보기 어렵고, 군대 내 명령체계유지 및 국가방위라는 이유만으로 전시인지 평시인지를 구분하지 않고, 가해자와 상관사이에 명령복종관계가 있는지 여부를 불문하고, 상관을 살해하기만 하면 사형에 처하도록 규정하고 있는 것은 형벌이 죄질과 책임에 상응하는 적절한 비례성을 갖추고 있다고 보기 어렵다. 비록 법관이 작량감경을 할 수 있다고는 하지만, 법정형 자체가 죄질과 책임에 상응하는 적절한 비례성을 갖추지 못하고 있다면, 작량감경제도의 존재만으로 그러한 흠결이 치유되는 것이라 보기 곤란하다.

(다) 상관폭행, 상관상해 등 다른 군형법 조항이 적전인 경우와 기타의 경우로 구분하여 법정형을 따로 규정하고 있는 것을 보면 상관살해 역시 적전인 경우와 기타의 경우, 또는 전시와 평시로 구분할 수 있을 것이고, 적어도 적전이 아니거나 평시의 경우 그 동기와 살해에 이르게

된 정황, 살해방식 등을 고려하여 합리적 양형이 가능하도록 규정되어야 할 것이다. 다른 나라의 입법례를 살펴보더라도 이 사건 법률조항과 같이 상관살해에 대하여 사형만을 유일한 법정형으로 규정하고 있는 법제가 없을 뿐만 아니라 군형법상 상관살해에 대하여 일반 살해죄에 비하여 가중하여 처벌하는 규정을 둔 국가조차 찾기 어려운바, 비록 남북한 대치상태가 존재하는 특수상황이 있다 하더라도 군의 기강과 전력은 법정형의 위하적인 효과만으로 기대하기는 어렵다는 점을 고려할 때 그러한 법제를 더 이상 유지시킬 실익이 적다고 할 것이다. 또한, 법정형을 사형으로 한정한 것이 지니는 강력한 심리적 위하효과를 부정할 수는 없겠으나, 그것이 구체적인 정황에서 상관살해행위를 어느 정도 배제시키는 일반예방 효과를 지니는지 여부가 불분명하며, 범행동기와 죄질에 무관하게 사형만을 유일한 법정형으로 규정하고 있는 것은 형벌이 죄질과 책임에 상응하는 적절한 비례성을 갖추고 있다고 보기 어렵고, 인간의 존엄과 가치를 존중하고 형벌이 죄질과 책임에 상응하도록 정하여야 한다는 실질적 법치국가의 이념에 반한다(헌법재판소 2007. 11. 29.자 2006헌가13 결정 참조)」 고 판시한 바 있다.

5. 결론

이 사건 법률조항의 경우 강제추행 및 준강제추행을 규정하고 있는 다른 법률과 비교하여 특별히 징역형만을 규정할 이유가 명확하지 않다. 이 사건 법률조항의 입법목적(보호법익)이 타당하다고 하여도, 재판부는 그 죄질(적전인가 여부, 동기, 범행의 정도, 범죄행위 태양이나 방식, 합의 및 처벌불원 여부 등)이 큰 차이가 있는 경우에도 일률적으로 징역형 또는 징역형의 집행유예형만을 선고할 수 밖에 없다고 할 것이다(양형분석을 해보면, 실제 고등군사법원 및 각군 보통군사법원에서 군인등(준)강제추행의 경우 피해자와 합의가 되고 탄원서가 제출되는 경우에도 기소유예가 되는 경우가 거의 없고, 정식재판에 회부되어도 선고유예형이 선고된 경우 역시 거의 없다).

군간부의 경우 집행유예 이상의 형을 선고받는 경우 군인사법 제40조 제1항 및 같은 법 10조 제2항 제5호 등에 의하여 당연제적사유가 되고, 군인연금법 제33조 제1항 및 같은 법 시행령 제70조 등에 의하여 퇴직급여액의 100분의 50에 해당하는 금액이 감액되게 된다. 군인연금법 시행령 제71조 제1항에 의하여 선고유예형을 선고받는 경우에만 예외적으로 유예기간 경과 후 잔여금을 지급받을 수 있을 것이나, 최근 군사법원은 군내 성범죄의 경우 그 경중을 따지지 않고 피해자와 합의가 되고 탄원서까지 제출된 경우까지도 집행유예형을 선고하는 경우가 대부분이며, 실제 선고유예형이 선고되는 경우가 거의 없다. 결국 군내 경미한 성범죄의 경우 집행유예 이상의 형벌이 선고되고, 이로 인하여 연금만을 기대하고 살아 온 가족들의 경제적인 곤궁까지도 초래하는 이중, 삼중의 고통을 겪게 된다고 할 것이다(이는 사실상 피고인의 가족들까지 고통을 받게 되어 연좌제에 가깝다고 보여진다). 현재 재판을 받고 있는 피고인의 경우 연금수령권자가 아니지만, 넓게 본다면 이는 군 간부 전체에 해당할 수 있는 사항이어서 반드시 이에 대한 법률의 양형이 타당한가에 대한 고려가 필요하다고 할 것이다.

형벌의 준엄함은 당연한 것이나, 위와 같은 점까지 모두 고려하였을 때 벌금형의 선고 가능성을 아예 열어두지 않은 이 사건 법률조항은 국민의 행복추구권을 규정한 헌법 제10조, 합리적 이유없이 군인을 차별하는 것으로 평등권을 규정한 헌법 제11조와 직업선택의 자유를 규정한 헌법 제15조, 비례의 원칙을 규정한 헌법 제37조 등에 위배된다고 할 것이고, 아울러 법관의 양형재량도 침해한다고 할 것이다.

이러한 사정을 고려한다면 2017헌바195 결정은 지나치게 군의 특수성만을 강조한 결정으로 비례의 원칙을 고려하여 변경되어야 할 것이다.

학과장님과의 첫만남

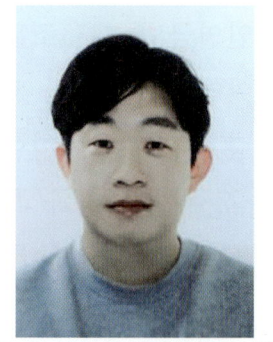

이제흠

㈜씨앤이즈컴 기획팀 차장
(대진대 법학04, 대진대 석사)

　소성규 교수님의 화갑기념으로 교수님과의 소중한 인연을 되돌아보는 시간을 가졌습니다.
　처음 대진대학교 법학과를 입학하고, 교수님과의 특별한 인연은 없었습니다.
　교수님 연구년 및 저의 군 생활로 인한 휴학 등으로 서로 시기도 겹치지 않아, 학부생으로 졸업할 때까지 교수님이 강의하시는 수업을 한번도 듣지 못하였습니다.
　저는 군 생활을 마치고 복학하여 법학과 15대 학생회장을 맡게 되었고, 교수님은 그때 법학과 학과장 보직을 맡고 계셔서 교수님과 처음 인연을 맺게 되었습니다.
　그때 교수님은 학과장 보직 외 다양한 학교 관련 사업 및 업무 등을 맡고 계셔서 일정이 많고 매우 바쁘셨지만, 신입생 OT, MT 등 다양한 법학과 행사에 자주 참석하셔서 법학과 학생들을 위해 많은 응원과 격려를 해주셨습니다.

또한, 학생회 운영 및 학과 행사 운영 등 어려움이 있으면 상담도 해주시고, 많은 도움을 주셨습니다.

그렇게 저는 제 임기를 마치고 졸업을 하였고, 사회과학대학 야간 조교로 근무를 하게 되었습니다.

대학원 학업도 같이 병행을 하였으며, 석사 논문 주제를 정하는데 있어서도 많은 도움을 주셨고, 교수님 덕분에 석사과정을 잘 마치고 학위를 취득할 수 있었습니다.

석사과정을 마친 후 지금은 일반회사에 취직하여 잘 다니고 있으며, 7년전 제 결혼식 때 주례도 흔쾌히 맡아 주셨습니다.

바쁘다는 핑계로 자주 찾아뵙지는 못하지만, 항상 건강하시고 행복하시길 기원하겠습니다.

다시 한번 교수님의 화갑을 진심으로 축하드립니다.

감사합니다.

귀인(貴人)

이종호
前 양주시의회 의장
(대진대 석사)

    사람은 누구나 태어나서 인연을 맺고 배우면서 사랑하며 살아가는 것이 인생사가 아닌가 합니다. 교수님과의 만남으로서 대진학원의 인연이 맺어졌으며 이로 인하여 있었던 일들과 어울렸던 것들의 추억에 대한 이야기를 하려고 합니다.

    나의 이야기를 해 나아가야 이 글을 마무리 할 수 있을 것 같습니다. 나이 60을 넘긴 나이에 배움에 부족한 부분을 채워보려는 아니 못다 배운 것에 대한 가슴 속 깊숙하게 나도 모르는 응어리가 있었다. 지금 생각해보면은 배움에 있어서 나는 그 어느 누구보다 행복한 사람이었던 것 같습니다.

    시골에서 가난한 농부의 자식으로 태어났지만 부모님께서는 어려운 살림에도 배워야 한다시며 고등학교까지 가르쳐 주셨습니다. 대학에 갈 수 있는 형편이 되지 못해서 취직을 하여 직장생활을 시작하였고 뒤늦게 배움의 욕구가 생겨 야간 전문대학(1995년도)을 다녀 졸업을 하였습니다. 그리고 많은 세월이 지난 후 지방의회 의원으로 활동을 하면서 대학교를 학점은행제로 주말에 다녀 행정학사로 경희대학교를 졸업(2012년)을 하게 되었습니다.

야간 전문대학을 다닐 때 아버님께서 못가르쳐 주신 것에 대해 조금은 미안해 하시면서 아니 한편으로는 대견한 듯한 감정으로 피곤할텐데 건강을 잘 챙기거라 하시면서 배움의 끝은 없다라고 하셨습니다. 너무도 감사했고 지금도 그때 가졌던 감정의 여운이 남아있습니다.

나에게는 제도권 안에 있는 배움은 끝난 줄 알았으나 어느 정도 세월이 흐르면서 내 자신 스스로가 어딘가 조금 부족하고 아쉬움이 지속적으로 표출되는 것을 감내하기가 어려웠습니다.

석사, 박사학위를 취득해서 어떤 정치를 하기 위한 목적이나 취업 등을 하기 위함도 아님에도 불구하고 가지지 못한 것 아니 꼭 가지고 싶은 것이라 생각이 들었기 때문입니다. 누구에게 상의도 하지 못하고 혼자 많은 생각과 고민을 하던 중 어느 행사장에서 상의를 드릴 수 있는 귀인을 만났습니다.

"저~~ 교수님" 하며 다가가 "대학원에 다니고 싶은데요" 하면서 이런저런 어려움에 대하여 나의 고민을 어렵게 말씀드렸더니 교수님께서 흔쾌히 응해주시면서 "걱정하지 마세요. 제가 도와 드릴께요"라고 하셨습니다. 혼자 고민하던 나로서는 감격이었습니다. 고맙고 감사한 분이셨습니다. 그분이 바로 소성규 교수님이십니다.

귀인이십니다. 대진대학교와의 인연을 맺어주시고 많은 사람들과 어우러지며 살아갈 수 있도록 기회를 만들어 주시어서 감사합니다.

입학서류를 준비하면서 진정으로 감사한 생각을 하였으며 가슴 벅찬 마음을 가지면서 나에게 또 한 번의 배움의 기회가 생기는구나하며 정말 열심히 최선을 다해서 학교를 다니면서 공부를 해보기로 마음을 다짐하였습니다.

가족과 주변의 가까운 지인들의 축하와 격려속에 입학을 하였다. 기대 반 두려움 반의 감정으로 첫 등교를 하였고 새로운 학우들도 만났습니다. 내가 나이가 제일 많았습니다. 정말 잘해야 되겠다라는 생각을 갖고 결강하지 않고 열심히 다녔습니다. 지천명을 지나 이순이 되어도 배워야 하는 것이고 배울 수 있다는 것이 삶의 행복이 아닌가 합니다.

더욱이 나에게는 이런 배움의 길을 열어주고 인연의 연결 고리를 만들어 주신 분이 귀인이 아니라 할 수 있겠습니까?

4학기를 다니면서 그 동안 접해보지 못하였던 법에 대하여 많은 것을 알게 되었습니다. 레포트를 작성하면서 이것 저것 뒤지며 자료를 찾고 이 사람 저 사람한테 물어보고 인터넷을 찾아보아서 해결하면서 성취감을 가지게 되었습니다. 이런 과정에서 학식보다는 지식을 더 많이 얻지 않았나 생각됩니다.

한편으로는 학창시절에 이렇게 열심히 했으면 하는 후회도 조금 하였습니다. 지금 이 순간이 너무도 감사함으로 머릿속을 정리되었습니다.

교수님과의 인연, 다양한 삶을 살아가는 학우들의 인연이 너무도 소중함을 알게 되었고 학업도 중요하지만 서로의 인생담을 나누며 맺는 인연이 더더욱 소중하지 않았나 합니다.

중소기업 대표, 자영업, 회사원, 경찰, 군인, 정치인, 공무원, 주부, 학생 등 다양한 직업을 가지신 분들과 대화를 나누며 정보도 공유하고 필요할 때 서로가 도움을 줄 수 있는 행복한 만남이라 생각하며 인생 살아가는 먼 훗날까지 이여질 것이라 믿습니다.

학위수여식을 앞두고 코로나-19라는 희귀한 전염병이 전 세계를 뒤흔드는 시기를 맞았고 우리의 모든 삶의 형태를 바뀌었습니다. 4명 이상은 한자리에 만나지도 못하고 마스크를 써야 되었으며 행사를 할 수 없는 상황이 되어 학위수여식도 행사 없이 개별적으로 진행되었습니다.

사랑하는 큰 딸과 같이 학위수여식장으로 가서 석사학위를 받았습니다. 소성규 교수님께서 직접 수여해 주시면서 "수고하셨습니다"라고 말

쏨하실 때 가슴이 뭉클해지면서 "고맙습니다"라고 답변 드리면서 깊이 고개를 숙여 감사의 말씀을 드렸습니다. "그리고요" 하시면서 또 하나의 상장을 주셨는데 바로 총장님의 표창장이었습니다. 잘한 것도 없이 그냥 열심히 다닌 것이 전부인데 너무나 감동적이었습니다.

이것이 또 하나의 대진과의 기억이 되는 것이고 사랑할 수 있는 기회가 되었으며 나에게는 큰 영광이었습니다.

가슴속 깊이 있던 응어리가 튀쳐나와 훨훨 날아가는듯한 기분이 들었으며 내 스스로가 또 하나의 산을 넘고 보이지 않는 무엇인가를 손에 쥐여진 것 같은 성취감으로 말할 수 없을 만큼 기뻐했으며 도움과 격려를 하여준 가족이나 주변 지인들에게 감사함을 갖게 되었습니다.

2020년 졸업을 앞두고 개성포럼이 주관하는 제주4·3 현장학습을 졸업여행 겸하여 다녀오게 되었습니다.

출발할 때만 해도 즐거운 여행길인줄만 알았는데 일정표를 보니 제주 4·3사건에 대하여 진실을 알고 과거의 역사가 담기고 흔적을 남긴 현장의 방문이 주목적인 다크투어였습니다. 4·3 평화공원에 있는 기념관에서 관장님과 유족회장님의 인사말씀과 아울러 간략한 설명을 들으면서 2박 3일 동안 일정이 시작되었습니다. 일정이 진행되는 과정에서 제주 4·3의 흔적이 남아있는 곳과 당시의 마을 그리고 이후에 조성된 공원과 비석들이 세워진 현장을 다니면서 고개가 숙여질 수밖에 없을 만큼 알아가고 느끼게 되었습니다.

이번 체험에서 알게 된 모든 것이 사실이 아니다 할지라도 지금까지 내가 알고 있던 것과는 너무 많이 상이했습니다. 그것은 대진대학의 일원이 되었기에 새로운 지식을 얻게 되었고 함께 동행한 교수님과 학우들간의 토론을 한 경험은 나의 새로운 삶의 장르가 되었던 것 같습니다. 함께 해주셨던 모든 분들에게 다시 한 번 감사를 전합니다.

학위수여식을 하면 대진대학과의 인연도 끝나는 줄 알았습니다. 그런데 아니었습니다. 미래에 통일의 꿈을 가지고 출범한 개성포럼이라는 조직이 인연의 끈을 이어주었습니다. 감사한 마음으로 포럼활동에 참여하고 있으며 이를 통하여 더 많은 인적 네트워크를 갖게 되었으며 대진인으로서 또 한 번의 행복함을 갖게 되었습니다.

 지난 2023년 늦여름에 개성포럼이 주관한 현장체험학습으로 강원, 경기의 38선 통일 평화 기행 1박 2일 행사에 참여하게 되어 38선이 남·북한의 경계가 된 실체를 배우고 통일을 염원한 기회가 있었습니다.

 38선이라는 이름으로 휴게소를 운영하고 있는 것이 의아하기도 하였으며 신기하였습니다. 이를 무심코 지나버리는 것보다 한 번쯤 관심을 가진다면 통일의 그날이 하루라도 빠르게 올 수 있겠구나 느끼는 현장학습이었습니다. 양양군 7번 국도변에 있는 38휴게소에 도착하여 설명을 듣고 도보로 10여분 이동하여 도착한 곳은 하나의 마을이 38선으로 나뉘여져 이웃집과 서로가 이념이 다른 적이었던 잔교리 마을입니다.

 지금은 과거의 아픔을 치유하고 정부의 지원으로 기념관도 세우고 평화로운 마을로 조성이 잘 되어있는 것을 보면서 한순간의 선택과 판단 그리고 작은 냇가 하나사이로 이념이 상이했다는 것이 당시에 어쩔 수 없었던 현실이었구나라는 생각을 하면서 다음의 장소로 이동하였습니다.

 행선지는 인제대교 건너로 이전하여 조성된 인제 38공원이였습니다.

 과거와 현재에 대하여 설명을 듣고 이번에는 현장방문이 아닌 강원대학교로 발길을 옮겨 장희순 교수님으로부터 강원도의 현재의 문제와 미래설계에 대하여 기조강연을 들었습니다. 지역에서 기초의원을 한사람으로서 한가지 더 배운 것이 나의 삶과는 관계없이 지역을 걱정하고 나라를 생각하는 것이 옳은 것이라는 것입니다. 이후 만찬의 시간은 강원대 학생들이 자주 찾는다는 먹자거리로 가서 춘천의 명물 닭갈비요리를 먹으며 젊은이들의 생활모습을 느끼며 같이 어우러져 보면서 내 스스로가 젊어지는 느낌을 받았습니다.

2일차 일정으로 숙소에서 첫 번째 행선지로 춘천댐 상류 지점에 있는 38선 표석이 있는 곳에 도착하였습니다. 설명을 듣고 이곳은 사람의 발길이 뜸한 곳이고 관리가 안되어서 잡풀 속에 방치된 모습을 보고 씁쓸한 마음으로 돌아서서 버스에 올라 포천으로 향하였습니다.

　　버스안에서 나의 선배님이시며 고등학교 교장 선생님으로 퇴직하신 원대식 선생님으로부터 6·25 전쟁과 특히 38선이 그어진 역사에 대하여 소중한 자료를 준비하여 주시고 학생들에게 교육을 하시듯이 자세하게 설명을 하여주시는 아주 특별한 강의를 들으면서 새로운 지식을 얻었습니다.

　　이어 도착한 곳은 포천시 영중면에 위치한 38휴게소 공원이었습니다. 10여년전까지만 하더라도 휴게소라서 가끔 이용하였던 곳이었는데 남·북의 아픔을 지닌 곳이라는 것은 전혀 상상도 하지 못하였습니다. 지금은 표석과 기념비만 덩그러니 있고 교수님의 안내로 조그만한 사무실에 들렀다. 또 하나의 아픔을 가지고 계신 분들의 만남을 가지는 장소였습니다. 남·북이 나뉘여져 있고 대치하는 상황이기에 꼭 필요로 하는 군부대 및 훈련시설과 사격장으로 인한 문제였습니다.

　　경기도, 강원도에 일부 시·군의 주민이 겪고 있는 아픔 즉 접경지역에서 재산권을 행사를 할 수 없으며 소음 등의 피해는 겪어보지 않은 사람은 상상도 할 수 없을 것입니다.

　　사격장에서 날아오는 유탄과 소음에 직접적인 피해를 하소연하는 것은 물론 주민들의 권익을 보호하려는 대책위원회 사무실이였으며 대책위원장으로부터 현재의 상황을 설명을 들었으며 포천시에서 38휴게소 주변에 계획적인 공원조성을 한다는 설명도 듣고 오찬장소로 이동을 하여 식사를 하는 것으로 일정을 마무리하는 시간을 가졌습니다.

　　이번 38투어 일정으로 정말 많은 것들에 대해 배울 수 있었으며 향후 우리가 어떤 생각으로 남·북한의 관계 유지와 통일에 대하여 깊게 생각하여야겠다는 다짐을 하였습니다.

　지금까지 내 자신이 경험하고 느낀 바를 두서없이 나열하였습니다.

　이러한 것들은 소성규 교수님과의 인연으로 시작해서 대진과의 인연이 되었고 학우들 그리고 개성포럼 회원들의 인연은 지금까지 살아오면서 맺었던 그 어느 인연보다도 더 소중한 인연이 되었던 것 같습니다.

　대학원 석사과정을 마치고 나니 내 스스로의 만족함은 물론 자신감이 생겼으며 괜스레 당당한 느낌마저 갖게 하는 이 감정은 누가 알겠습니까?

　이 생을 다하고 저승에 간다면 아버님을 뵙고 자랑을 할 것입니다. 소성규 교수님과 대진대학교를~~

　교수님의 화갑을 맞이해 자서전을 준비하시면서 제자들의 소감 등을 담은 원고를 함께 수록하게 되었는데 제가 동참할 수 있다는 것 또한 큰 영광이라고 생각합니다. 감사를 드립니다.

　저에게 너무도 귀하신 교수님!!

　배움의 길을 열어주시고 소중한 인연을 맺어주심에 감사드리며 대진대학교를 다니며 얻은 지식과 학우, 개성포럼 회원들과의 포럼, 현장체험학습, 학술세미나, 트레킹, 골프모임 등에서 일어났던 일들과 추억을 잊지않고 기억하겠습니다.

　2년의 배움의 시간과 이후의 3년의 개성포럼 활동시간은 너무도 행복하였습니다. 앞으로도 개성포럼 회원으로서 열심히 참여하여야겠다는 각오를 가져봅니다.

　교수님 감사합니다.

　고맙습니다.

　그리고 사랑합니다.

스승님과 멘토의 인연

이태진

경기도 기획예산담당관

(대진대 석사)

시간은 어느덧 교수님의 환갑을 알리는 봄꽃 향기와 함께 찾아왔습니다. 육십년 이라는 세월은 결코 짧지 않은 시간이지만, 교수님의 열정과 헌신은 조금도 약해지지 않고 오히려 더욱 깊어진 듯 합니다.

존경하는 교수님 환갑을 진심으로 축하드리며 지난날들을 되돌아보며 교수님께 깊은 감사의 마음을 전하고자 합니다.

지금으로부터 약 25년전 청년교수이시던 소성규 교수님을 알게 되었습니다. 지금이나 그때나 소성규 교수님은 활동이 참 많으셨지요.

경기도를 비롯한 인근 자치단체에서도 소성규 교수님을 모르는 이가 거의 없었을 것입니다.

저 또한 지역사회 출신으로 경기도청에 근무하면서 행사, 위원회 등을 하면서 소성규 교수님을 뵐 기회가 아주 많아졌고 당연히 그 만남은 자연스러워졌고 어느새 학교에서 그렇게 알게 되면서 스승과 제자의 인연이 되었습니다.

당시 경기북부지역의 대학은 대진대학교가 유일한 4년제 대학이었고, 공무원 생활을 하던 저는 그때 소성규 교수님의 소개로 대진대학교 법무행정대학원을 알게 되고 입학하게 되었습니다.

　교수님 혹시 기억하시는지 모르겠네요. 제가 석사논문 주제를 정하지 못해 고민하고 있던 때입니다. 머릿속 정리는 안 되고 제출해야 하는 날짜는 다가오는데 뭘 해야 할지 도무지 감을 못 잡고 있던 시절이었지요. 그때 많은 조언과 상담을 해주신 덕분에 무사히 논문을 마칠 수 있었습니다.

　논문 주제는 우리 지역에서 많은 규제로 인해 주민생활에 피해를 보고 있는 군사기지 및 군사시설 주변지역 지원 특별법 제정 방향 이었는데 지금은 정부와 경기도 차원의 제도가 마련되고 지원이 많이 추진되고 있어 개인적으로는 영광스럽게 생각하고 있습니다.

　예컨대 수원군공항 주변지역 소음피해지원, 군부대 주변지역 주민지원사업, 민군상생협력사업, 군사보호구역 규제개선 합리화 사업, 군비행장 주변 규제합리화 사업, 군 유휴지 활용 등 각 분야에서 활발히 진행되고 있습니다.

석사학위논문

군사기지 및 군사시설 주변지역 지원 특별법 제정 방향에 관한 연구

- 경기도를 중심으로 -

Making special law on military bases and surrounding military facility reservation areas
- centering on Gyeonggi Province -

지도교수　소　성　규

* 석사학위논문

교수님께서도 군사시설보호구역, 주한미군공여구역, 최근에는 경기북부특별자치도, 평화경제특구, 기회발전특구 등 경기도에서 가장 큰 지역 현안에 대하여 많은 자문과 토론, 지역주민에 대한 정보제공의 활동 들을 끊임없이 해오고 계시지요. 경기도 직원으로서 지도교수님께서 매우 중요한 도정에 대한 활동에 깊은 감사와 자부심을 느끼게 됩니다.

이제 우리는 소성규 교수님을 모시고 개성포럼이라는 모임을 통해 각계 각층의 회원 상호 간 친목과 우의를 다지며, 지역사회의 일원으로 각종 현안에 대한 참여와 자문, 의견을 모아 건전한 발전을 도모하는 노력도 하고 있습니다.

또한 교수님께서는 제게 단순히 지식을 전달하는 스승을 넘어, 인생의 멘토이자 삶의 지혜를 나누는 친구 같은 분입니다. 교수님께서 해 주신 저의 공직생활에 대한 많은 조언과 도움에 대해 지면을 통해 진심으로 감사의 말씀을 드립니다.

이제는 같은 지역에서 생활하면서 스승과 제자의 관계를 넘어 인생2막에 대한 이야기도 서로 마주보며 얘기할 수 있을 정도의 관계가 되었네요.

교수님께서 환갑을 맞이 하신다는 것이 믿어지지 않습니다. 늘 열정적이고 에너지 넘치는 교수님의 모습을 보며 저는 교수님께서 영원히 청춘일 거라고 생각했습니다. 하지만 시간은 누구에게나 공평하게 흐르고 어느덧 교수님의 인생에도 새로운 계절이 찾아 왔네요.

지난 30여년 동안 교수님께서는 학문에 대한 뜨거운 열정과 헌신으로 후학 양성에 힘쓰셨습니다. 수많은 제자들을 올바른 길로 이끌어 주셨고, 우리 사회에도 긍정적인 영향을 미치는 훌륭한 인재들을 배출하셨습니다. 교수님의 노고에 깊이 감사드리며 교수님께서 이루어내신 업적에 진심으로 존경을 표합니다.

교수님 지금까지 쉼 없이 달려오시느라 정말 수고 많으셨습니다. 이제는 조금 쉬어가셔도 좋을 듯 합니다. 지금까지 이루신 업적은 이미 충분히 빛나고 있으며, 앞으로도 많은 사람들에게 귀감이 될 것입니다.

　교수님 다시 한번 환갑을 진심으로 축하드립니다. 오랫동안 우리 곁에서 삶의 지혜와 따뜻한 사랑을 나누어 주시길 바랍니다.

　앞으로 교수님께서는 새로운 인생의 페이지를 펼쳐나가실 것입니다. 지금까지 쌓아온 경험과 지혜를 바탕으로 더욱 의미있는 삶을 살아가실 수 있으리라 믿습니다. 교수님께서 앞으로 가시는 길에 행복과 건강이 가득하시길 진심으로 기원합니다.

소중한 인연(因緣)

임경식

경기북부저널 대표

(대진대 석사)

"시의원 시절 수많은 양주시청 공직자와의 인연은 제 인생의 큰 자산이었습니다."

64년을 살아온 지난 세월을 회고해 보니 수없이 겪은 일 중에서 사람과의 인연이 보물같은 시간이었음을 새삼 깨닫게 된다. 숱한 인연 가운데 첫손에 꼽을 분은 바로 나를 세상에 존재하게 해주신 부모님이다.

아무리 생각해도 부모님은 한 맺힌 그리움으로 몹시도 외로운 삶을 사신 분들이셨다. 두 분의 외로운 생은 6·25전쟁을 피해 고향인 이북 황해도를 도망치듯 떠나면서부터였다.

아버님은 임종하시는 날까지 고향에 두고 온 부모와 형제들을 그리워하시다 눈을 감으셨다. 생전에 고향이 사무치게 그리울 때면 담배 한 개비를 입에 무시고 술잔을 기울이시곤 하셨다.

돌아가시기 7~8년 전 나의 결혼으로 얻게 된 두 손자 덕분에 잠시나마 위로받으시다 아직 정정하실 예순일곱의 연세에 세상을 등지셔야 했다. 내겐 평생 잊지 못할 아버지와의 추억이 있다. 그날은 방금 일어난 일처럼 생생하다.

초등학교 4~5학년이었을 무렵 어느 추운 겨울날, 아버지는 거나하게 취해 집에 돌아오셔서는 냉기 가득한 방에서 나를 꼭 껴안으시고 밤새 뜨거운 눈물을 흘리셨다.

1남 4녀 중 유일한 아들인 날 끌어안으시고는 그리도 구슬프게 우셨다. 참으로 정이 많으시고 의리도 있으신 분으로 기억한다.

"아버님 사랑합니다!"

이 글을 빌어 생전 처음 이런 말을 남겨본다.

어머님 또한 홀로 지아비를 따라 거칠고 험한 피난길을 떠나야 하셨기에 그분의 삶도 외롭기는 매한가지였으리라.

내 기억 속 어머님은 아버님 못지않게 강인하셨다.

아무리 금쪽같은 아들이라도 잘못하면 매질도 마다하지 않으셨다.

집에는 창고가 하나 있었는데 예전엔 '광'이라고 불렀다. 그곳에는 쌀을 비롯한 식품, 농사짓는 삽과 괭이 기타 등등의 물품이 가득했고 바닥에는 쥐들이 제집처럼 드나들었다. 큰 말썽이라도 피운 날이면 반성할 때까지 나를 그곳에 가두어 두시곤 했다. 귀하디귀한 독자라도 봐주는 법이 없으셨다.

그런 어머님인들 하나뿐인 아들이 왜 사랑스럽지 않으셨겠는가?

하늘아래 형은 커녕 친척조차 하나 없이 거친 세상에 홀로 살아가야 할 외아들을 강하게 키우고 싶으셨던 속내였던 것 같다.

초등학교 축구부에서 운동하던 때 선수 20명 중 나는 막내였다. 5학년생은 내가 유일했다. 어머니는 형들 틈바구니에서 운동하는 아들이 눈에 밟히셨던지 새벽 훈련이 끝나는 시간에 맞춰 따뜻한 조반 도시락을 챙겨 오셨다. 운동장 한편 느티나무 아래로 찾아오셔서는 도시락을 슬그머니 건네주시던 어머니의 모습이 지금도 아련하다.

부모님의 강골 체질을 물려받아서인지 어릴 적부터 운동신경 하나는 타고난 듯했다. 중학교 시절에는 축구, 탁구, 배구, 육상, 씨름 등 안 해본 운동이 없을 정도였다. 어떤 운동부이든 부르면 달려가 선수로 뛰었다. 그렇다 보니 한 종목에서 전문적인 기량을 쌓을 수 없었던 게 못내 아쉽긴 하지만 대신 많은 친구를 사귈 수 있었다. 우리나라 배구사의 한 획을 그은 장윤창 선수와 맞붙었던 경기는 비록 대패하긴 했지만, 어린 나이에도 기량 차이를 절감하게 했던 경기라 무척 인상에 남는다.

이후 의정부의 경민상고에 진학해서는 운동을 접고 공부에 전념해야겠다는 생각이 들어 상고 학생들에게 중요한 주산과 부기 자격증을 따기 시작했다. 그런데 운명이었는지 운동소질을 알아본 체육 선생님의 권유로 다시 운동선수의 길을 걷게 됐다. 그 후의 시간은 생략하겠다. 이유는 남들처럼 성공의 길을 가지 못해서다. 그렇다고 그 시절 그 선택을 후회해 본 적은 단 한 번도 없다.

성인이 돼서는 운 좋게도 첫사랑과 결혼해 첫아들을 얻게 됐다. 그런데 운동만 하다 보니 할 수 있는 일이 많지 않았다.

첫 직장은 유리 모자이크 공장이었다. 손작업이 얼마나 많았던지 입사 한 달 만에 지문이 달을 정도였다. 그래도 처자식과 부모님 생각에 고된 줄 몰랐다.

그러던 어느 날 공단에서 식당 겸 가게를 운영하시는 친구 아버지께서 날 기특하게 보셨는지 본인이 다니셨던 회사에 취직시켜주셨다. 그곳에서는 남들보다 빠른 승진까지 하며 인정을 받는 듯했다. 그런데 간부 간의 소통 부재로 인해 그만 사직하게 됐다. 다 나의 부덕함 탓이었다고 여긴다.

회사를 그만두고는 공사 현장에서 막노동으로 버텼다. 두어 달이 지난 어느 날 평소 형제처럼 가까이 지내던 선배에게서 회천농협에서 기능직 직원을 뽑는다는 소식을 듣게 됐다. 마침 고등학교 시절 따놓은 자격증 덕에 농협에 입사하는 기적 같은 일이 일어났다.

그 무렵부터 소중한 사람들과의 인연이 봇물 터지듯 시작됐던 것 같다. 그 당시 농협 내에는 모교인 경민상고 출신이 많았다. 덕분에 내 안에 꿈틀대고 있던 리더십을 발견할 수 있었다. 그 시절 양주군지부는 의

정부에 있었는데 의정부, 동두천, 양주가 그 지부 소속이었다. 그런 이유로 나는 경민학교농협 모임을 발족했고 양주군지부 축구회도 결성했다.

그렇게 직장생활에 익숙해지고 있던 1988년 11월 의정부농협에서 정직원을 뽑는다는 반가운 소식을 접하게 됐다. 소식을 전한 이는 다름 아니라 당시 직장 선배였던 이진회 형님이었다. 그분은 나중에 은현농협조합장에 4차례나 당선되면서 지역 농협에서 존경받는 인물로 남게 된다. 당시 형님은 동두천부장으로 승진하며 전출을 가게 됐는데 직접 찾아와 시험에 응시하라며 지원서류까지 직접 접수해주셨다. 다행히 입사 시험에서 나는 수석으로 합격하며 정직원이 될 수 있었다. 하지만 그런 직장도 그리 오래 가지 못하고 어떠한 이유에서 1991년에 사직하게 됐다. 그 후 사회에 나와 새마을지도자, 청년회, 체육회, 검준공단 소장, 주민자치위원장, 병원 행정원장, 기타 여러 분야에서 사람과 소중한 인연을 맺는 시간을 보냈다.

그중의 한 인연이 이번에 나의 인생 얘기를 귀한 지면을 할애해 이렇게 전할 수 있게 해주신 소성규 교수님이시다.

양주시의회 부의장으로 재임하던 시절, 소 교수님의 제자이셨던 조순광 선배님의 제의로 소 교수님을 비롯해 평소 존경하던 경민대 김환철 교수님과 함께 골프 라운딩을 하는 시간을 가지게 됐다. 참고로 김환철 교수님은 경민대 은사이시다.

전반전 라운딩을 마치고 후반전 시작 전 잠시 그늘집에 머무는 틈이 있었는데 소 교수님께서 갑자기 김 교수님께 임경식 부의장님을 제게 양보해주시면 고맙겠다는 말씀을 꺼내셨다.

그제야 이 자리가 어떤 자리인지 눈치챘을 수 있었다. 그 무렵 나는 학업의 연장선 위에 있었다. 김 교수님께서는 앞서 내게 고려대 대학원을 주선해주시겠다고 하셨다.

그때 김 교수님께서 편하게 선택권을 주셨다. 나는 한 분의 교수님을 더 가까이하고 싶은 마음에 주저하지 않고 "김 교수님 고맙습니다"라고 했다. 그리고는 "교수님께서 그동안 저에게 베풀어 주신 은혜는 평생 잊지 않고 살겠습니다"라고 한 뒤 소 교수님을 선택했다.

소 교수님과의 인연은 그렇게 시작돼 지금까지 이어지고 있다.

교수님께서는 그 이후 많은 배움의 시간을 주셨다. 그렇게 보낸 시간이 벌써 12년이 넘었다. 교수님 덕분에 주변 분들과 맺은 소중한 인연은 내게 이루 말로 표현할 수 없을 정도로 큰 성장의 기회였다.

교수님과의 추억을 되새기면 손으로 다 셀 수 없을 정도다.

동문 20여 분과 함께 제주도로 떠난 2박 3일간의 졸업여행도 잊지 못할 추억이다. 그곳에서 기억에 남는 장면은 교수님의 취한 모습이다. 제자들 앞에서 처음 보여주신 모습이었는데 아마 교수님께서 제자들을 진정으로 사랑하신다는 의미가 아니었을까? 하는 생각이 든다.

그 모습은 교수님께 마음의 문을 더 활짝 열게 된 계기가 됐다.

* 제주도 졸업여행 중 저녁만찬시 모든 제자들의 한잔한잔을 냉면대접에 담아서 원샷의미의 술대접

교수님과의 인연은 좀 더 특별한 이유가 있다. 그건 교수님께서 내 두 아들의 결혼식 주례를 맡으셨다는 것이다.

사실 고민이 많았다.

주례를 부탁드릴 만큼 가깝게 생각하고 계실까?

너무 바빠 여유가 없으신데 오히려 부담을 드리는 건 아닌지.

그래도 용기 내어 부탁을 드리자고 결심했다.

부탁의 말을 꺼내는 순간 이 모든 게 괜한 기우였다는 걸 알게 됐다.

교수님은 흔쾌히 승낙하셨고 교수님과의 인연을 더 깊게 깨닫는 계기가 됐다.

교수님 고맙습니다. 사랑합니다.

앞으로 사는 동안 교수님에게 조금이나마 필요한 사람이 될 수 있도록 노력하겠습니다.

다시 한번 이번 화갑을 진심으로 축하드립니다.

저와 인연을 맺은 모든 분은 제 인생을 지탱해온 소중한 자산입니다.

감히 값으로 매길 수 없는 가치를 지녔습니다.

그 가치를 생이 끝나는 순간까지 소중하게 여기겠습니다.

지금까지 저와 함께해주신 모든 소중한 지인들께 진심으로 감사드리면서 저의 글을 끝맺겠습니다.

끝으로 개성포럼의 무궁한 발전과 회원 모든 분의 건승을 기원합니다.

개성포럼 회원님 감사하고 고맙습니다.

소성규 교수님과의 만남, 그리고 새로운 시작

임승환

대진대학교 입학팀 팀원

(대진대 법학06, 대진대 석사)

    소성규 교수님의 화갑연을 기념하며 교수님과의 인연을 생각해 보는 시간을 가져보았다. 교수님과의 인연이 10년이 넘은 현재 그 시간을 돌아보면 소성규 교수님과 나의 인연은 많은 것들이 내 인생의 새로운 시작과 함께였다.

    처음 대진대학교에 입학해서 졸업할 때까지는 그냥 법학과의 많은 교수님들 중에 한 분으로 큰 인연이 없었다. 그렇게 졸업을 앞두고 취업을 준비하고 있을 즈음 그때 당시 법학과 조교를 하던 04학번 선배로부터 전화가 왔다.

    교수님께서 통일부에서 운영하는 지역통일교육센터라는 사업을 유치를 해오셨는데, 해당 지역통일교육센터를 운영할 간사가 필요하시다는 말에 법학과 조교 선배가 나를 추천해주셨던 것이다. 처음 전화를 받고서는 그때 당시에는 무슨 일인지도 잘 모르는 상황이었고, 다른 회사와 연결되고 있는 곳이 있었기 때문에 고민을 해보겠다 하고 전화를 끊었는데 얼마 지나지 않아 교수님께 전화가 왔다. 교수님과 통화 후 그렇게 지역통일교육센터의 일을 시작하게 되었고, 교수님의 추천으로 대학원까지 들어가며 본격적인 교수님과의 인연이 시작되었다.

그렇게 대학을 졸업하고 첫 직장생활의 새로운 시작을 교수님 덕에 시작했다. 대학에서는 다양한 활동을 해보았다고 해도, 본격적인 사회생활을 해본적이 없어 많은 것이 부족했던 나에게 교수님과 함께 했던 지역통일교육센터에서의 1년은 정말 여러모로 많은 것을 배울 수 있는 시간이었다는 생각이 든다. 지역통일교육센터의 업무의 특성상, 교수님과 전국 각지의 다양한 곳에 출장을 다닐 일이 있었다. 그렇게 교수님과 둘의 시간에서 교수님께서 해주셨던 조언, 그리고 교수님이 다른 분들과 만날 때 하셨던 언행들과 같은 많은 것들이 "아 정말 교수님께서 저렇게 하심으로써 많은 사람들과 좋은 관계를 꾸준히 유지하시는구나"라는 생각이 들었다. 그 모습을 보며 나는 저만큼은 못하더라도 저런 방식으로 한다면 앞으로 사회생활을 하는데 많은 도움이 될 것이라고 생각했고, 10년이 더 지난 지금 그렇게 배워서 해왔던 활동들이 분명 나에게 많은 도움이 되었다는 생각이 든다. 그리 길지 않은 1년 남짓한 교수님과의 첫 인연이 사회생활을 처음 시작한 나에겐 분명 많은 것을 보고 배우며 앞으로 살아가는데 도움이 되는 시기였다는 생각이 든다.

그렇게 지역통일교육센터 업무를 하던 중에 모교인 대진대학교에서 근무를 시작하게 되었다. 처음에는 지역통일교육센터와 같이 아는 사람도, 무슨 일인지도 잘 모르고 시작했던 업무지만 교수님 덕분에 잘 적응하며 일할 수 있었고, 그렇게 2013년 7월에 시작한 대진대학교 입학업무는 지금 이 글을 쓰는 현재까지도 하고 있을 만큼 나에게는 인생 전반적으로 큰 전환점이었다는 생각이 든다. 이렇게 나의 모든 일의 시작에는 교수님이 계셨다. 교수님과 함께 시작했던 첫 사회생활이었던 지역통일교육센터, 그리고 또 새로운 시작인 대진대학교 입학팀 근무까지 교수님이 계시지 않았더라면 지금까지 할 수 없었던 일들이라고 생각한다.

그리고 인생의 새로운 전환점에도 함께 해주셨다. 2018년 6월 교수님께서 흔쾌히 결혼식의 주례를 맡아주셨다. 지금의 와이프와 만나 결혼을 함에 있어 그 시작을 교수님께서 함께 해주셨다. 더운 여름날 교수님께서 주례를 서주시면서 해주신 좋은 말씀들을 기억하며, 싸울 때나 좋을 때나 항상 행복하게 살려고 노력하며 결혼생활을 시작하였다. 어느새 6년이 지난 지금 둘이서 시작했던 결혼생활은 두 아이가 늘어 4명의 가족이 되었다.

제 인생의 많은 시작을 함께 해주신 교수님께 이번 기회를 빌어 다시 감사의 인사를 전합니다.

교수님의 화갑을 다시 한 번 축하드리며, 앞으로도 항상 건강하시고, 대진대 법학과의 기둥으로 남아주세요. 감사합니다 교수님!

* 결혼식 주례를 봐주신 후 사진

30년의 추억 그리고 다짐

장인권

제이에이치앤씨 대표이사

(대진대 법학95, 대진대 석사)

    1995년 3월 대진대학교 법학과에 입학을 하였다. 1학년을 지내면서, 학우들과 많은 시간을 보냈다.

    순목이 동생이 이쁘다고 서대문집까지 술 사들고 몇 달을 갔는데 동생은 눈길 한번 안주고, 대중이와는 글로 표현할 수 없을 많큼 수많은 시간을 보냈고, 용호가 종구를 보고 형님하길레 종구가 한참 형으로 보여 처음에는 종구에게 형으로 인사도 하고, 울학번의 중심이였던 74년생 동생들, 멋쟁이여서 항상 여학우에 인기 많은 민성이, 아무리 술 마시고, 새벽까지 놀아도, 새벽에 운동하던 영조, 기숙사에 있다 병원으로 달려간 찬우, 군대 면제인 나에게 아들 군번, 손자 군번 놀이하던 호정이와 용재, 여동생이 있다고 찾아간 집에 남동생만 있던 호연이, 항상 조용하고 얌전한 줄 알았는데 과 후배와 컴퍼스 커플이 된 원근이, 파주의 짱인 중훈이, 우리 동기 중 제일 잘생긴 상중이, 이쁜 우리 여학우들 은영이, 윤숙이, 진영이, 은화, 즐거운 만남과 생활이었다.

    학기 초에는 직장생활을 주한미군 2사단 CAMP RED CLOUD에 근무하면서 주말과 휴일은 근무하고 평일 수업을 4일로 일정을 조정하고, 모자라는 시간은 저녁에 수업을 들었다(당시에는 법학과가 야간으로, 주야간 수업이 가능 하여 강의시간을 하루나 이틀은 아침부터 저녁까지 수업일정을 조정할 수 있었다).

직장생활을 하면서 입학한 대학교 1학년 초에는 낭만과 추억보다는 직장 출근과 학교 수업시간이라는 버거운 시간의 연속이었다. 우리 학번 담당 교수는 소성규 교수님, 1학기 때는 교양과목 위주의 수업이었고, 전공은 법학개론뿐이어서 소성규 교수님과의 교류가 많지는 않았다. 2학기 민법총칙 수업이 있어서 이때부터 교수님과의 교류가 시작되었다.

30대 초반의 초임 교수의 열정은 대단했다. 강의에 대한 열정뿐 아니라, 연구와 출판에 대한 열정이 대단했다. 2학기 중간쯤 교수님의 연락을 받고 연구실을 방문하였는데 연구하신 논문 일부를, 초벌 전산화(단순 타이핑)를 부탁하였다. 손으로 쓴 논문과 연구자료를 읽고, 내용과 용어의 정리가 안 되는 법학 초년생에게는 힘든 일이었다. 처음 한 페이지 정도의 속도는 하루에 한 페이지 정도였다가, 시간이 지나면서는 익숙해지기 시작하였다.

주신 분량을 마무리하고 원고와 타이핑한 자료를 연구실에 다시 가져다 드리기를 반복했다. 몇 일 뒤에 다시 찾으셔서 혹시 무언가 잘못을 하였나 하고 연구실에 방문하니, 또 다를 연구자료를 주시면서 다른 자료들도 정리(단순 타이핑)하라고 부탁하셨다. 조교나 다른 이도 많은데 왜 나에게 이런 것을 부탁(시킬)하실까 라는 생각을 했지만, 일단은 마무리를 하고, 다시 가져다드리기를 몇 개월간 반복했던 것 같다.

2학기 말쯤 열정 있게 강의는 하지만 잘 알아듣지 못했던 소성규 교수님의 수업이 귀에 들리고 이해가 가기 시작했다. 소설에서 몇 년 동안 일만 시키는 스승님과 제자, 수년이 지나고 나니 근육이 붙고 무림고수가 된 이야기 같다.

소 교수님 강의를 들으면서 미래에 대한 생각이 조금씩 바뀌게 되었고, 1학년 1학기가 끝날 무렵 학업에 전념하고자 직장을 그만두었다.

2학년이 되어서 1학년 때 느끼지 못한 캠퍼스의 봄이 시작했다. 어느 날 여학우들 포함해서 여럿이 모여 있는데 윤범이 형이 갑자기 나이가 있는 친구들을 모아, 연식이는 내가 찍었으니 아무도 접근하지 말라고 했다. 난 관심도 없었다. 그러니 운섭이가 타 대학교 여학우들과 미팅을 주선하지.....대진학사, 교정, 몰래 들어간 기숙사, 수많은 학교에 술집에서 동기들과 있으면 즐겁게 떠들고 놀았던 기억이 있다.

2학년 2학기에 대진대학교 고시원이 설립된다고 하였다. 고시원 비용과 식대 등을 제공하다고 하여 준비하고 시험에 통과하여 고시원에 입소했다.

3, 4학년 국가시험이나 공무원 시험 등 학교에서 원하는 자격증은 성취하지 못했지만, 고시원에 있으면서 열심히 학업에 충실했다.

3학년 때 집이 동두천이어서 주말 고시원에서 집으로 가던 중 동두천 시내에서 물건을 사고 집으로 돌아가는데 카세트 판매를 하고 있던 관용이. 그동안 학교에 오토바이를 타고 다니어 좀 노는 친구인 줄 알았는데, 버스를 타면 시간이 오래 걸리고 자가용은 소유할 경제적 여건은 안되니 오토바이로 통학을 한 거였다. 열심히 사는 친구라는 것을 알게 되었다.

한 번은 범준이네 집에 놀러갔는데 자기집 담장을 넘어갔다. 아버지에게 걸리면 혼줄난다고...

창호랑 술을 먹으면 항상 여자들은 창호에게만 몰리고 나에게는 아무도 말을 안 건넨다. 그래서 창호를 멀리했다. 살아보니 잘생긴 것은 별 것 아닌데. 남자는 뱃심이야.

3학년 2기 말, 법정대학 늦은 저녁 교수님의 채권법각론 마지막 수업이 끝나고(집에서 20여년전의 기억을 되집고 성적표를 펴보고, 하하하)

"이번 시험 끝나고 교수님의 지도교수님이신 김기수 교수님 정년기념 논문 봉정식이 서울에서 있다. 나(소성규 교수님)는 행사를 진행해야 하지만, 너희들에게 좋은 기회가 될 것이다. 근데, 일부만 참석할 수 있다"는 말씀이었다. 교수님은 교육적 의미 등을 포함해서 말씀하셨지만 나는 일단 호텔에 가서 배부르게 먹고 오자는 의미에서 그날 행사에 참여했다.

 서울 중구에 있는 소공동 롯데 호텔에서 석하 김기수 교수님을 뵈었다. 내가 기억하기론 김기수 교수님께 우리들을 보고는 "하하 막내 제자들이 왔구나" 하시면서 반갑게 맞이하여 주셨다. 이번 소성규 교수님 화갑기념집 발간의 단초가 된 사건이기도 하다.

 4학년 고시원에서 생활하고 있을 때 오후 10시부터 오전 6시까지는 사감님이 문을 닫으신다. 몇몇과 술이 마시고 싶어 2층 계단을 통해서 뛰어내렸고, 학교 앞까지 걸어가서 술을 마시고 놀다 다시 고시원으로 갔는데 2층에서는 뛰어내릴 때는 쉽게 내려왔는데 다시 2층으로 못 올라가서 고시원 숙소에 못 들어가고 앞에서 추위에 떨던 일들이 기억이 있다.

* 99년도 졸업여행 제주도 해안가

* 4학년 종강파티 선단통닭

* 99년 졸업여행 종구, 현영, 영민, 대중, 운섭

* 99년 졸업여행 우도에서 운섭, 기석, 웅희, 대중

4학년 2학기 공무원시험이나 원하는 자격증을 취득하지 못한 나는 1998년도 IMF여파로 꽁꽁 얼은 취업시장을 맞이했다. 교수님들이 여기저기 끌고 다니면서 취업시키려고 고생하셨는데 아무 곳도 취업이 되지 않고 졸업하나 싶더니 다행히 국민연금관리공단에 인턴으로 입사를 했다. 인턴기간을 마치고, 정규직 전환, 아 이것도 IMF여파로 당해는 전년도 대비 10% 충원했다. 물론 정규직 전환이 안 되었고 인턴을 마쳤다.

다행히 전 직장인 미2사단에 다시 입사지원서를 넣고, 합격하여 CAMP CASEY에서 근무하게 되었다.

직장생활을 하면서 대진대학교 법무대학원 민사법<부동산법>전공)에 입학하였고, 다시 직장생활과 대학원의 생활을 병행하였다.

2002년은 대학원 졸업논문 준비와 특히 연말에 만난 지금의 아내와 연애를 하느라 정신이 없던 해다. 월드컵의 열기가 전국을 휩쓸고 지난, 2002년 10월. 지금의 아내를 만났다.

미사단 헌병단에 근무하던 나는 모든 직원들의 신원조사를 하는 것이 업무 중 하나였다. 미군들이 한국에 입출국 시 항공권을 담당하는 외국계 항공사에 근무하는 직원 중, 나와 같은 대학교 영어영문학과를 나와 가볍게 인사 정도를 하는 여직원이 있었다. 어느 날, 이 항공사의 신원을 파악하고 있는데, 그 학교 동문이 여자친구가 없으면 소개시켜 주겠다는 것이다. 그때 소개받은 이가, 바로 지금의 아내다. 나중에 아내에게 물어보니 그 친구는 중학교 동창인데, 중학교를 졸업하고 연락 없이 지내다 동두천 시내에서 지나가다 우연히 만났고, 그 친구는 내게 했듯이 남자친구가 있냐고 아내에게 물어보았고, 없다고 하니 그 다음 주에 나와 아내의 소개 약속을 잡았다고 했다. 몇 개월이 지나고 우리를 소개해 준 친구는 미국 사람과 결혼해서, 미국으로 가서 살고 있다.

아내는 직장생활을 하기 위하여 동두천으로 이사를 왔고, 동두천이 고향도 아닌 타향인데, 그때 그곳을 연락이 끊어진 친구를 보러 왔다는 것도 그렇고, 오랜만에 봐서 처음 소리가 남자친구가 있냐고 한 것도 그렇다. 아내와 나는 참 인연인 것 같다.

졸업논문은 미2사단에 근무를 하고 있고 평상시 관심이 많았던 부분인 한·미 행정협정에 나타난 재산권의 문제를 토대로 주한미군 토지사용의 개선방안에 대한 연구(A Study on Improvement Method of the Land Use of U.S Armed Forces in Korea)로 작성했다.

주한미군에게 공여된 토지는 현실적으로 군부대라는 문제와 기지 결정상의 문제, 토지사용료(기지임대료), 원상회복 문제, 한국정부의 관리권한과 반환상의 문제를 통하여 시설 및 기지관련 한·미 행정협정조항의 개정방향을 기지 및 시설에 대한 전면적 재검토와 공여된 토지의 기지 임대료 원상회복 및 손해배상권에 중점을 두었고, 통일과 통일 이후를 생각하여 반환용지의 활용방안과 새로이 공여되어야 할 토지에 관하여 논문을 작성했다.

2003년 봄에 대학원을 졸업하고, 그해에 6월 1일, 결혼을 했다. 서른다섯이라는 늦은(지금은 결혼적령기가 늦어졌지만) 나이에 결혼했지만, 결혼하고, 곧바로 큰아들 도현을 낳았고, 2005년 7월에 둘째 아들 호현을 낳았다.

직장생활을 하던 2000년대 초반은 사무실에 전산화가 시작되는 시기였다. 사무실에 컴퓨터가 늘어나며, 프린터들이 보급되기 시작하였고, 네트워크와 전산화가 활발히 진행되었다.

직장생활을 하고 있던 나는, 각 사무실에서 사용하는 전산 소모품의 양이 적지 않음을 알고 있었다. 사무실의 전산화와 개인 PC 보급의 확대, 잉크젯 복합기 출시로 PC, 전산 소모품, 네트워크 시장이 커질 것을 예측했다. 전산소모품과 PC를 판매하는 사무실을 2004년도 3월 경기도 양주시 덕계동에 창업을 하였다(당시 나는 공무원이 아니라 이중취업규정이 없어 창업이 가능했다).

사무실 퇴근 후에는 창업한 양주 덕계동 사무실에서 컴퓨터 조립과 전산 소모품 등을 발주, 납품하는 스케줄을 정리하고서야 밤늦게 집으로 돌아갈 수 있었다. 다음날 내가 회사에 출근하면, 아내가 사무실을 운영했다. 시간이 지나면서 창업한 사업장의 거래처가 늘어나기 시작하고, 매출이 늘고, 순이익이 많아지게 되었다. 직장에서 받는 급여보다, 부업으로 창업한 전산 소모품 판매 수익이 많아졌다.

2005년 들어서면서 선택을 해야만 했다. 선택의 이유는 사무실 퇴근 후에 다시 창업한 곳으로 가서 늦은 시간에 귀가하는 게 몸에 무리가 가기 시작했기 때문이다. 새로 오픈한 곳에는 새로운 직원을 충원할 정도로 일은 많아졌다. 거래처들이 늘어나면서 일반적인 전산업이 아닌 브랜드와 공인서비스로 확충하면 사업의 영속성과 수익성이 증가할 수 있다는 생각을 하게 되었다. 고민 끝에 사직서를 제출하고, 창업한 곳에 전념하기로 했다. 내 인생의 전환점이다.

본격적으로 내가 직장을 그만두고 일에 전념하면서 직원도 충원했다. 2006년도에는 상호를 변경하여, HP공인양주·동두천 대리점으로 승인을 받고, 2007년도에는 HP공인서비스센터로 지정을 받았다.

2010년에는 PC119서비스지정, SK브로드밴드 PC서비스지정 등 PC판매와 서비스 부분에 영역을 확장하고 2012년에 렌탈 사업을 사업 종목에 추가하여 사업을 넓혔다.

2021년에는 관공서 렌탈로 확대하였고, 2023년부터는 관공서 유지보수계약을 맺고 사업영역을 확장하고 있다.

2024년에는 창업한지 20년 만에 사업장을 이전할 사옥과 토지 매입하였고, 2025년에 사옥을 이전하게 되었다.

대학을 졸업하고 결혼을 하고 아이를 낳고 창업을 하고 참으로 빠르게 지나가는 세월이었다.

지난 30년을 글로 담으려니 후회스럽고 부끄러운 행동 가슴 벅찬 시간 많은 것이 교차하지만 부족하고 거칠며 외부 일한다고 같이 못한 시간도 많은 나에게 항상 옆에서 끝없이 사랑해주고 내가 하는 일 전부를 지지해주는 아내에게 미안하고 감사하다.

앞으로 같이 한날보다 같이 살아가야 할 시간이 있다는 게 얼마나 다행인 줄 모른다. 이제 나와 같이 동행하며 즐겁게 살아갈 것을 다짐한다.

어느 순간 어린 아이들이 항상 웃고 예의 바른 첫째아들과 속이 깊고 신중하게 행동하는 둘째 아들로 성장해 있었다. 곧 사회로 나가 자신의 삶을 살기 전 부모로서 함께 할 수 있을 때 두 아들에게 경제적 유산(有産)보다는 가족과 같이 하는 기억, 추억, 유산(流産)을 만들어 주어야겠다고 다짐한다.

1995년 대진대학교 법학과의 열정적인 젊은 소성규 교수님. 30년이 지난 완숙한 소성규 교수님과의 인연이 현재까지 이어져 오고 있다. 가족이라는 인연을 제외하고는 30년을 동행할 수 인연은 결코 쉽지 않다. 첫 제자의 인연으로 대학교, 대학원의 지도와 결혼할 때, 직장생활을 할 때, 두 아들이 성장할 때, 아들 군대 보내기 하루 전 까지도 부모님처럼 형제처럼 가족같이 조언을 해주시고 보살펴주신 교수님께 감사하다.

옛 기억을 하나하나 떠올리며 철없는 행동을 후회도 하고 함께 동행하면 소중한 시간을 같이한 분들에게 감사하며, 새로운 것을 다짐할 수 있는 시간이 되어서 원고를 쓰는 동안 행복했다.

스승과 제자사이,
교수님 사랑합니다.

전 철

경기도 평화기반조성과장, 법학박사

(대진대 법학박사)

□ 소중한 인연

교수님의 화갑(華甲)을 진심으로 축하드립니다.

소성규 교수님과의 인연은 한참(20년 이상)을 거슬러 올라갑니다.

2000년 초반 경기도청에는 수원에 있는 1청사와 의정부에 있는 2청사로 구분되어 있었습니다.

그 당시에는 각종 위원회가 있었는데 여러 분야에서 교수님께서는 왕성한 활동을 하셨기 때문에 많은 공무원들이 교수님의 존재를 인지하고 소통하고 있었습니다.

그러다가 저하고의 인연은 본격적으로 2016년 1월 통일기반조성팀장으로 재직당시 평화통일교육 사업추진을 기점으로 해서 교수님과의 소중한 인연은 시작되었습니다. 누구보다 교수님께서는 열정적이고 뜨거운 마음으로 업무를 추진했던 것으로 기억합니다. 그 성과로 2016년 평화통일교육 유공 훈장(국민훈장 석류장)도 수여받을 정도였으니까요. 저 또한 일이라 생각하지 않고, 몸과 마음, 소명의식과 소신을 갖고, 업무를 추진하려고 노력하였습니다. 통일정책, 즉 민족사업을 하는 사람들의 공통적인 사항이 있는데, 차가운 머리와 뜨거운 가슴으로 행동하라 입니다. 그 마음이 언제까지 갈지는 저도 장담할 수 없습니다.

□ 박사학위의 도전, 성과(법학박사 취득)

아마도 2017년 겨울로 기억됩니다. 지인들과 저녁식사중에 교수님께서 박사과정 공부를 제안하여 깊이 있게 별다른 생각없이 흔쾌히 받아들여 어려운 길(?)에 접어들었습니다. 아마도 지나고 나서 보니, 술한잔 얼큰하게 취해서 이루어진 행동들이 아닌가 싶습니다. 학업과 직장생활을 병행하는 것은 생각보다 많이 힘들었습니다. 하지만, 지도교수님의 책임감과 유연한 지도하에 영광스럽게도 2022년 8월, 3년 6개월만에 법학박사 학위(7호)를 취득할 수 있었습니다. 다시 한 번 감사의 말씀을 전합니다. 어디를 가서든지 마중물 역할을 할 수 있는 기회를 만들 수 있도록 노력하겠습니다.

* 법학박사학위 취득 신문기사(경기일보)   * 서기관 승진 축하(경기도청 노조)

□ 그리고 행복한 나날들

　1993년 4월 그 당시 양주군청(의정부시 소재) 처음 공직에 발을들여 놓은지 어언 31년 4월. 경기도청에 전입하여 근무한지도 28년이 넘은거 같습니다. 몇 년전(2017년) 작고하신 아버님의 생전의 꿈이자 소원이 아들 공무원되는 것이라고 항상 말씀 하시던 순간들이 기억에 남습니다. 보란 듯이 잘 해드린 것도 많이 없었던 것 같은데, 죄송스럽고, 미안한 마음뿐입니다. 다만, 2013년 지방행정사무관으로 승진한 것은 한참이나 보시고 가셨으니, 그것으로 위안을 삼아봅니다. 조금 늦은 감은 있지만, 2024년 1월 지방행정사무관(5급) 10년 3개월만에 영광스러운 서기관(4급) 승진을 하게 되었습니다. 예전부터 관심분야이고, 오랜 경험에서 나오는 나름 전문성있다고 생각하는 평화기반조성과장으로 보직을 받아서 현재 경기도정에 충실하고, 열심을 다해 하루하루 행복한 나날을 보내고 있습니다.

    주어진 역할에 최선의 노력을 다하고, 교수님과의 인연을 소중히 여기며, 우보천리(牛步千里)라는 의미로 소처럼 우직하게 천천히 최선을 다해서 미래를 준비하겠습니다. 항상, 건강하시고, 행복한 나날을 보내셨으면 하는 바램입니다. 마지막으로 소성규 교수님과의 아름답고 행복했던 추억의 사진들을 정리해서 첨부합니다. 그리고, 감사합니다. 고맙습니다.^^*

* 개성포럼 창립총회 참석

* 개성포럼 세미나 참석 기념촬영

* 서기관 승진 축하 오찬(직원)

* 평화경제특구 토론회(법제연구원,발제)

* 소성규 교수님과의 행복한 순간들

* 지도교수님과의 박사학위 취득 축하연 (가족 포함)

* 행복한 순간들 1 　　　　* 행복한 순간들 2

셈 좀 하고 살겠습니다.

정서영
법률사무소 사무국장
(대진대 석사)

고객과 늦은 점심 자리를 하게 되면서 얼른 업무를 마치고 싶은 생각에 가까운 분식집으로 갔다. 동년배였던 그녀는 그녀의 아버지의 업무를 맡겼고 난 오지랖 넓게 내 업무 범위를 넘어선 많은 조언과 서면을 작성하여 주게 되었는데 그녀는 연신 말로 '고마워'를 표현했지만 그 고마워해야 하는 무게와 가치는 생각없이 입에 밴 '고마워'를 연발하는 듯 했다.

잦은 '고마워' 보다 한 번의 묵직한 '고마워' 하는 말의 울림은 다른 데도 말이다.

그때 내 오지라퍼가 또 작동을 한다. 때론 이런 성격을 '못됐다', '까칠하다.'라는 표현으로 돌아오긴 하지만 어쩌랴 그게 나인걸 . . 그래서 말했다.

"공치사 듣자는 맘으로 하는 생색이니 들어줘" 라면서 "나는 사람과의 관계에서도 일에서도 쌍방 댓가의 등가성이 잘 맞아야 한다고 생각해 특히나 사람과 사람과의 관계에서는 한쪽으로 기울거나 다른 무게의 잣대를 가지고 저울질하면 영원히 그 저울은 한쪽으로만 기울자나? 그럼 한쪽은 반드시 그 무게를 견디기 힘들어 그 관계를 청산하게 될 것 같아 감정 없는 잦은 '고마워'는 '계속 이렇게 해줘', '난 이런 배려를 받을 자격있는 사람이야' 라는 방식으로 나에게 배려를 강요하는 것 같아 그래서 입버릇 같은 그 말이 듣기가 거북해' 라고 했다.

한참을 생각해 내 뾰죽한 말뜻을 이해한 듯 비슷한 의견을 드라마에서 봤다며 쿠폰이란 것이 생색을 내는 도구와 같다고 난 이 가게를 이렇게 열심히 왔든 단골임을 소명하는 쿠폰처럼 생각을 내고 말로 해서 상대가 알게 하여야 그 고마운 일에 대한 과정과 내용이 저장되어 쿠폰처럼 마일리지 쌓이듯 인식이 되는거라고, 내 말의 의미를 이해했다면서 '진심으로 동의해'라고 했다.

서로의 말과 뜻을 이해하고 공감하게 되면 동질감을 갖게 된다. 그때부터 친구가 되기도 하고 동지가 되는 것 같기도 하다.

그렇게 소중한 관계의 시작에서 나는 상대가 내가 좋아하고 기뻐하는 일만 해주는 것보다 내가 싫어하는 행동과 말로 상처를 주지않는 것이 더 많이 나를 배려하고 이해하고 아껴주는 것이라고 생각하기에 반대로 난 늘 상대에 대해 존중과 배려의 모습을 나만의 방법으로 정해둔 관계의 적정선에 맞추어 지나치게 모자라지도 과하게 넘치지도 않도록 살피는 것이다.

또 내 시간과 노력에 대해 스스로 셈의 잣대를 들이대었던 만큼 되짚어 내 삶의 산법에 내 하루는 어떤 가치와 무엇과 등가교환을 하면서 살아 왔을까를 생각하다 지난 겨울 어느 하루의 일기가 생각났다.

몇 일 제법 따사롭더니 어제부터 혹한의 추위가 찾아왔다. 그래도 쨍한 추위속에 햇살은 따사로워 의뢰인은 만나기로 한 경찰서 인근 카페의 창가는 포근하고 아늑하였다.

바쁘게 하루 하루의 일상을 살아온 나는 오랜만 오전시간의 카페안 모인 사람들의

소소한 풍경은 평온하고 따사롭다 못해 경이롭기까지 하였다.

4~5세 또래의 어린 손자와 손녀의 손을 잡고 들어온 할머니의 애듯한 보살핌으로 빵과 음료를 먹고 있는 아이들의 모습과 나이가 지긋한 어르신 두 분이 햇살 가득 머금은 창가에 나란히 앉아 낮은 목소리로 대화를 나누는 모습

그리고 젊은 한 무리의 왁자지껄 웃음 섞인 대화들...

각자의 목소리와 나름의 풍경이 통 창을 통해 들어온 햇살과 버물려져 나른 나른한 일요일 오후 낮잠에 들 때 멀리서 들려오는 아득한 소리처럼... 마음이 한껏 풍요롭고 여유로워졌다.

너무 바쁘게 살아온듯한 내 지난 시간들이 아주 짧은 순간 문득 아~ 하는 한숨같은 탄성이 함께 나도 모르게 입 밖을 새어 나왔고, 느긋하고 평화로운 이 작은 공간속의 풍경이 더 없이 따스하고 사랑스러운 순간이 되었다.

이 순간이 너무 행복하다.

2024. 02. 07

몇일전 주연이와 대진대 석·박사 모임겸 스승의 날 행사를 함께 가면서 이런 저런 마주친 현실의 저런 생활의 이야기를 하다가 '행복하다고 항상 즐거운 것은 아니지만 즐거우면 항상 행복하다.'는 말로 위로하려고 했는데 주연이는 '언니 행복은 내가 선택을 해야 하는 것 같아.'라고 했다. 주연이가 마주쳤던 그때의 한 순간의 고민이 스스로를 옭매지않고 그 상대적 박탈감을 벗어나게 해준 생각이란 것이다. 듣고보니 정말 그랬다 행복이란 누가 선물처럼 주는 것도 아니고 받으려 한다고 주어지는 것이 아닌 내가 그 행복이란 시간과 순간을 그 가치를 선택해야만 그 것이 나의 행복이 되는 것 같다.

그래서 그 모든 순간이 감사했고 행복했다. 함께라서...

나는 평소 '생각은 카이사르처럼 그리고 행동은 징기즈칸처럼 하라.'는 말을 좋아하고 성향상 담백하게 보이도록 단락을 지어 마침표를 찍는 것을 선호한다.

뒷말을 남겨두고 머뭇거리거나 얼버무리는 것을 되도록 피하고 조금은 건방지고 조금은 매몰차 보이더라도 대화거나 사건의 문제이거나 뭉뚱거리기 보다 선명하게 노선잡아 되도록 정확하게 말하는 것을 즐긴다. 그래야만 뒤가 안 남고 갈무리가 되는 것 같기 때문이다.

때로는 이런 성격으로 꽤나 많은 오해도 받았다. 그래도 어쩔 수가 없다 모든 사람이 다 나를 이해하고 나를 좋아 해 줄 수는 없는 거니까. 나를 좋아 하지 않는 사람에게 굳이 나를 이해시키고, 내가 또 그니를 좋아 할 필요가 없으니 그닥 불공평한 것도 아니라고 생각한다.

이 또한 내가 삶을 살아가는 나만의 계산법이다. 그래도 간혹 나는 주렁 주렁 주위에 미필적 고의를 유발시키기도 한다. 앞 뒤 안맞는말 같아도 결국 나의 보호색이고 적정선의 거리 유지를 위한 방법이기도 하며 내 삶의 무게를 저울질 하고, 나만의 셈법을 맞추고 내 감정과 내 삶과 나의 찰라와 나의 순간을 보호하기 위한 수단이다.

이렇게 셈을 하고 살아도 때로 손해보는 듯한 순간의 느낌적 느낌을 지울 수가 없는데 내 삶의 산법이 틀렸다고 지적질하면 난들 어쩌겠나 그것은 그들의 계산법에 맞겨야지 산법의 정답지가 따로 있는 것도 아닌데... 나의 시간과 삶이 '무엇을 위해?' 라는 젊은 시절 어설픈 질문과 어설픈 답변을 다시 떠올리게도 하지만 그래도 이런 삶의 방향설정으로 살아온 내 삶에 대해 아쉬움은 있을지언정 후회는 없다.

그래서 나의 영악한 삶의 산법에도 지지해지고 아울러주고 도닥여주는 좋은 사람들과 작금의 낭만을 술잔속에 꾸욱꾹 눌러 담아가며 공유한 추억과 함께한 시간들속의 소중한 개성포럼 동지들과는 영원히 친구로 남고 싶다.

존경하는 스승님과 쌈밥고시원의 추억

정석배

국회 과학기술정보방송통신위원회 입법심의관

(대진대 영어영문학94, 디지털경제학과)

안녕하십니까? 저는 대진대학교 학부 출신으로 1994년 영어영문학과에 입학하여 2003년 디지털경제학과로 졸업한 정석배입니다. 존경하고 사랑하는 소성규 스승님의 관심과 격려 덕분에 2005년 입법고시에 합격하여 2024년 7월 22일부로 대한민국 국회 과학기술정보방송통신위원회 입법심의관으로 근무하고 있습니다. 국장으로 승진하기 전까지는 국회사무처 국제회의과에 근무(부이사관)했습니다. 국제회의과는 의회 외교의 한 축인 국제회의의 개최 및 참석을 총괄하는 부서로서 국회의장 및 국회의원의 국제회의 관련 업무를 수행하고 있었습니다.

저는 스승님의 화갑을 기념하기 위한 원고를 준비하면서 국회 입사 후 치열했던 20년의 회사 생활 속에서 잠시 잊고 있었던 스승님과 나눴던 소중한 추억을 떠올리게 되었습니다. 차분하게 책상에 앉아서 원고를 작성하면서 고민 많았던 학창 시절과 고시생 시절의 추억이 마치 어제의 일처럼 뚜렷하게 생각났고, 이를 계기로 제가 걸어온 삶의 과정을 되돌아볼 수 있었습니다. 돌이켜 보면 지금의 제가 있기까지 제 인생에 난관이 있을 때마다 주변의 좋은 분들의 관심과 격려 덕분에 이를 잘 극복해 왔는데, 그중에서도 제 인생에 있어 가장 커다란 가르침과 은혜를 베풀어 주신 분이 바로 소성규 스승님이십니다. 제가 공직에 대한 꿈을 이룰 수 있도록 물심양면으로 도와주시고 제가 흔들릴 때마다 저의 손을 꼭 잡아주신 스승님께 이 자리를 통해 다시 한번 감사의 말씀을 올립니다.

제가 입학할 당시 대진대학교는 개교한 지 3년밖에 안 된 신설 대학이었지만 "통일을 준비하는 대학"이란 이름에 걸맞게 우수한 학생들이 많이 입학하였고 학교생활도 열심히 하였습니다. 학교의 역사와 전통을 새롭게 만들어 가자는 학생들의 열의와 열정이 캠퍼스에 꽃피고 있던 시절이었습니다. 저는 1학년 때 학과와 기숙사에서 만난 친구들과 캠퍼스의 낭만을 느끼며 즐거운 학창 시절을 보냈습니다. 제 인생에 있어 아무 고민 없던 가장 행복한 시기였습니다.

그러나, 본격적인 전공 수업이 시작된 2학년이 되면서 행복한 시간이 고민의 시간으로 변화되었습니다. 제가 선택한 영어영문학 전공이 제 적성에 맞지 않는다는 것을 깨닫기까지 오랜 시간이 걸리지 않았습니다. 전공 수업에 대한 부적응으로부터 시작된 저의 고민은 나는 언제 군대에 가야 하지? 졸업 후 나는 무엇을 할 수 있을까? 나에게 미래 비전은 뭔가? 등등 온갖 비관적인 생각으로 확대되었습니다. 학교 수업에 관심이 멀어지며 학점은 곤두박질치고, 공부 대신 남자기숙사 학생 대표로 뽑혀 학교 축제를 기획하는 등 대외활동에만 관심을 기울이며 의미 없이 놀기만 하였습니다. 지금 돌이켜보면 아주 무의미한 2학년 생활이었습니다. 그나마 다행스럽게도 법학과와 경제학과 전공 수업을 들으며 제

적성이 사회과학 분야에 있다는 점을 확인할 수 있었고, 그 과정에서 스승님께서 개설하신 민법총칙 수업을 들으며 스승님과 소중한 인연이 시작되었습니다. 특히 제가 학교 전공에 부적응하며 방황하고 있을 때 스승님의 민법총칙을 듣고 제 전공과는 달리 즐겁게 수업을 듣고 있는 자신을 발견하게 되었고, 미래의 저의 진로를 변호사나 공무원으로 생각해 보는 큰 계기가 되었습니다.

결국 저는 전공 부적응으로부터 시작된 저의 비관적인 사고를 극복하지 못하여 2학년 2학기 학사경고를 받게 되었고, 학교를 그만둘 생각과 함께 1996년 봄에 군대로 갔습니다. 강원도 산골에서 포병으로 근무하며 인생 진로에 대한 저의 고민은 계속되었고 그에 대한 저의 해답은 미련하게도 수능 공부를 다시 해서 새롭게 다른 대학에 입학하는 것이었습니다.

군대 선임병으로 수능 공부를 열심히 하고 있던 1997년 말에 제 인생의 변곡점이 된 IMF 외환위기가 발생하였습니다. IMF로 인하여 아버지의 사업이 부도가 났고, 평온했던 저의 가정은 붕괴되었습니다. 철없던 저는 아버님의 사업 실패로 인해 다시 대학에 갈 수 없다고 생각하며 아버지를 많이 원망하였습니다. 보통 군대 가면 철든다고 하는데 그때까지도 저는 저의 불행이 제가 아닌 아버님 책임이고 나를 둘러싼 불우한 환경 때문이란 잘못된 인식 속에 있었습니다. 그러던 중 우연히 아버지께서 부대장에게 보낸 편지를 보게 되었습니다. 사업 부도로 가장 괴로워하셨을 아버지께서 군대에서 한창 수능 공부하던 아들의 좌절을 더욱 걱정하시며 부대장에게 아들이 군대에서 잘못되지 않게 관심을 가져달라 부탁하는 내용이었습니다. 그 편지를 읽고 너무나 많이 울었던 기억이 납니다. 아버지의 슬픈 편지는 저의 삶의 태도를 180도 변화시켰고, 저는 제 인생의 성공과 실패는 누구의 책임도 아닌 저 스스로의 책임이라는 것에 각성하게 되었습니다. 저는 대학을 다시 진학하겠다는 꿈도 접고 전역 후 하루빨리 사회에 진출하여 돈을 벌겠다는 생각만 하게 되었습니다. 아버지는 도시 생활을 접고 농사를 짓기 위해 고향으로 귀농하셨고, 저는 1998년 6월 군대를 전역한 후 돈을 벌기 위해 울산으로 내려갔습니다.

울산 석유화학단지에서 2년 동안 대기업의 협력업체 직원으로 일하며 남들이 기피 하는 화학 탱크 청소 등 힘든 일을 하며 돈을 모았습니다. 매우 육체적으로 힘든 시기였으나 정신적으로는 매우 건강했던 때였습니다. 울산에서 2년을 일하며 돈도 벌고 집안에 기여도 할 수 있었지만 일을 하면 할수록 공부를 제대로 한번 해보고 싶다는 욕심도 커졌습니다. 그러나 어려운 집안 형편으로 다시 대학 가는 것을 생각할 수 없는 상황이었고, 군대 가기 직전의 학사경고로 인해 복학해도 학교 장학금을 기대할 수 없었습니다.

저는 모아둔 돈을 크게 쓰지 않으면서도 돈 걱정 없이 공부하는 방법을 고민하게 되었고, 다행히 우리 학교에 고시 1차 합격생에게 지원되는 고시 장학금이 존재한다는 것을 알게 되었습니다. 저는 고시 장학금을 받을 수 있다면 경제적으로 큰 부담 없이 학업을 이어 나갈 수 있다고 생각하고 고심 끝에 행정고시 재경직 도전을 결심하였습니다.

결심 후 2000년 6월 울산에서 상경하여 동네 시립도서관에 다니며 본격적인 고시 공부를 시작하였습니다. 지금 생각해 보면 행정고시에 대한 아무런 정보와 노하우가 없는 상태에서 출발한 무모한 도전이었습니다. 그 당시 제가 유일하게 할 수 있었던 것은 고시 잡지에 있는 합격자들의 수기를 읽고 그들의 공부 방법론, 공부 교재 등을 벤치마킹하는 것이었습니다. 합격기에 나온 교재를 구입한 후 학원 수업의 도움도 없이 헌법, 경제학, 재정학, 국사, 영어 등을 독학으로 공부하였습니다. 매일 새벽에 일어나 5,000원을 들고 무료로 운영되는 시립도서관 열람실로 출근하여 도서관이 문을 닫는 저녁 9시까지 점심과 저녁을 도서관에서 해결하며 지독하게 공부만 하였습니다. 힘들었지만 제 인생에 있어 공부가 제일 재미있던 시절이었습니다.

그리고 2001년 3월에 행정고시 1차를 보고 영어영문학과에서 경제학과로 전공을 변경하면서 3학년으로 복학하게 되었습니다. 가채점 결과 저는 행정고시 1차 시험을 무난하게 합격할 것으로 예상하고 본격적인 2차 시험 준비를 하고자 하였지만, 복학 후 들어간 기숙사는 조용히 공부하기에는 너무 어려운 환경이었습니다. 그때 우리 학교에 왕방고시원이 있다는 것을 전해 듣고 고시원을 들어가기 위해 상담을 받았는데, 상담 과정에서 제 인생에서 가장 중요한 두 분인 왕방고시원장으로 재직하시던 소성규 스승님과 임춘환 사감 선생님(현 대진대 총무처장)을 다시 뵙게 되었습니다.

그 당시 왕방고시원은 시험을 쳐야 들어갈 수만 있었지만, 스승님께서는 제 말을 들으시고는 조용히 고시원 입사를 허락해 주셨습니다. 이후 2001년 행정고시 1차 합격을 시작으로 2005년 입법고시 재경직을 최종 합격할 때까지 5년간의 고시 생활을 왕방고시원에서 하였습니다.

스승님께서 학교를 설득하여 만드신 왕방고시원은 재학생이 변호사, 회계사, 세무사 등 전문자격증이나 공무원 시험을 준비할 수 있는 소중한 장소였습니다. 그리고 스승님께서는 관련 공부 노하우가 없는 학생들을 위해 법무행정대학원에 가정형편이 어려운 타교 출신 선배들을 입학시켜 재학생과 같이 공부할 수 있도록 배려해 주었습니다. 저는 스승님께서 만들어 주신 이러한 제도 덕분에 시험에 합격할 수 있었습니다. 대학원 선배들과 같이 공부하면서 공부 방법 및 노하우 등을 배울 수 있었고, 합격해서 나간 선배들을 보면서 저도 할 수 있다는 자신감을 가지게 되었습니다. 또한, 공부 스트레스로 힘들고 지칠 때마다 같이 공부하는 선후배들로부터 많은 위안과 격려를 받아 이를 극복할 수 있었습니다.

저는 지금도 왕방고시원에서 받았던 사랑을 뚜렷이 기억하고 있습니다. 스승님께서 공부로 인해 체력이 떨어진 제자들에게 사비로 보약과 고기를 사주신 일, 사모님께서 시험일 새벽에 김밥을 만들어 주시며 시험을 잘 보라고 격려해 주신일, 사감 선생님께서 이른 새벽 포천에서 시험장인 서울까지 데려다 주신 일 등등 제가 받은 사랑은 정말 많습니다. 제가 신림동에서 공부할 때 학교에서 학원비와 고시원비를 전액 지원해 주었고, 고시원에서 인터넷강의를 편하게 들을 수 있도록 강의비와 최신의 컴퓨터를 지원해 주셨습니다. 스승님과 학교의 관심과 격려가 없었다면 시험을 합격하고 사회에 자리 잡기 힘들었을 겁니다. 다시 한번 진심으로 감사의 말씀을 올립니다.

또한 지금은 왕방고시원이 없어졌지만, 그 당시 같이 공부하던 선후배들은 변호사, 회계사, 세무사, 공무원, 회사원 등 다양한 직업으로 진출하여 사회에 자리 잡았고, 왕방회란 모임을 만들어 지금까지도 왕방고시원을 추억하며 소중한 인연을 이어오고 있습니다. 모든 왕방회 회원들은 스승님과 임춘환 사감 선생님의 사랑과 격려, 학교의 재정적 지원 덕분에 공부를 무사히 마쳤다는 것에 진심으로 감사하고 있습니다.

제 인생에 있어 가장 중요한 은인이자 스승님이신 소성규 교수님의 화갑을 진심으로 축하드리며, 앞으로도 스승님께 자랑스러운 제자가 되도록 최선을 다하겠습니다.

스승님 사랑하고 감사합니다.

대진과의 인연 그리고 사람

천영성
대진대학교 객원교수, 법학박사
(대진대 법학96, 석사, 박사)

대진과 인연의 시작

나는 국어와 글쓰기는 좋아하지만 영어와 수학은 몹시도 싫어했던 고등학생이었다. 그래서 대학은 영어, 수학과는 아예 거리가 먼 국문과, 사학과, 법학과를 가야겠다고 생각했다. 이왕이면 부모님께서는 법학과로의 진학을 희망하셔서 별다른 고민없이 법학과로 진학하기로 결정했다.

1996년, 대입수험생이 되었음에도 입시공부보다는 여전히 나는 그저 문학과 작문을 좋아해서인지 당시의 나는 학교 교지편집부의 편집장과 외부 입시잡지사의 학생기자로 활동이 좋았다. 글쓰기는 나의 일상이 되어 버렸고 덕분에 교내외 크고 작은 사생대회에서 여러 차례 수상할 수 있었다.

당시의 입시는 본고사를 치루는 몇몇 대학을 제외하면 수능점수을 기초로 하여 가, 나, 다군 3곳의 원서를 접수하고 면접전형을 거치는 형태였다. 변수라고 한다면 대학별로 가점을 부여되는 인센티브제도가 있었다. 당시 몇몇 대학의 문과계열 입시에서 사생대회등 각종 교내외 수상

자에게 부여되는 가점제도가 있었는데 나에게 가장 유리한 인센티브제도로 나의 입시전략이었다.

수험생으로 찾은 대진대는 스쿨버스도 없었고, 뭔가 아쉽고 미흡한 모습의 신생대학의 모습이었다. 정문부터 운행하였던 셔틀버스를 타고 원서접수장까지 이동하면서 '학교는 참 크다'라고 느꼈던 것이 나의 대진의 첫인상이었다. 그래서 인센티브제도를 활용할 수 있었던 명지대 법학과와 성적과 통학의 이점등을 고려해 대진대 법학과를 지원했다.

당시 대학의 면접전형은 아주 형식적이면서도 간단하게 진행되었다. 앞서 2군데의 면접전형을 마친 상태여서 대진대의 면접은 조금은 홀가분하고 긴장하지 않은채 임할 수 있었다. 대진대는 소신지원한 대학이었기에 나의 수험번호는 6번이었다. 수험번호가 앞번호여서 당시 공대가동에서 이른 아침에 진행된 면접전형에 늦지 않기 위해서 이른 시간부터 분주히 서둘러야 했었는데 그때 마주한 대진의 겨울은 가혹할리만큼 추웠다.

대진의 입시가 추위로만 기억될 수 있었지만 또 다른 기억은 일찍 도착한 면접장에서 다른 대학에서는 볼 수 없었던 교수님들의 모습을 볼 수 있었다. 면접관이신 교수님들이 일찍 면접장에 나오셔서 학교직원들에게 수험생들이 추우니 난방에 신경 써달라고 하셨다. 왠지 저런 성품을 지닌 교수님이시라면 나에게도 마음이 따뜻해질 말씀과 함께 '너는 합격이다'라고 말씀해주실 것 같은 착각이 들만큼 따스함을 느꼈다.

나는 명지대 법학과의 제법 앞 순위의 예비합격과 대진대를 합격하였다. 진학하는 대학을 선택해야 했을 때 솔직히 고백하자면 마음이 많이 흔들렸다. 대진대는 이름조차 낯선 수도권의 신생대학이었던 반면 명지대는 서울소재 대학이라는 점과 나름 네임밸류가 있다는 이유로 학교 선생님부터 대부분의 지인들은 명지대로의 입학을 권하였다. 하지만 나는 대진을 선택하기까지 길게 고민하지 않았다. 내가 대진을 선택한 가장 큰 이유는 2가지였다.

무엇보다 대진대는 집에서 가까운 이점이 있었다. 그리고 면접전형시 만나뵈었던 교수님의 모습 등으로 좋은 학교라는 첫인상을 받았기 때문이다.

반면에 명지대학을 포기한 결정적 이유는 첨부한 사생대회의 수상이력이 많아서였는지 아니면 그냥 별뜻없이 하신 말씀이신지 지금도 알 수 없으나 면접관이셨던 교수님이 "**학생은 국문과를 가지. 왜 법대에 지원했나?**"라고 질의하셨다. 당시 자존감이 높지 못했던 나여서일까 왠지 "**넌 법대에 왜 올려고하냐 국문과나 가지**"라는 뜻으로 해석되어서 마음의 상처를 입었기 때문이다. 그리고 예비합격자로 입학하는 것도 그리 달갑지는 않았다. 그 국문과 가야할 녀석이 뒷문닫고 들어왔다라는 말을 꼬리처럼 달고 다닐 것 같은 나만의 망상이 들었기 때문이다.

반면 대진법학의 교수님들은 "**법학도가 글을 잘 쓰면 좋지. 다른 학생들에 비해 좋은 장점을 가졌네**"라고 동일한 나의 재능을 좋게 평가해 주셨다. 그리고 무엇보다도 법학도라는 호칭으로 불러주셨던 점이 좋았다. 그래서 나는 단순하게도 그렇게 나만의 이유로 대진대학교 으뜸법학 전설96학번 새내기가 되었다.

부모님은 명지대로의 입학을 원하셨는지도 모르겠지만 내색하지 않으셨고 나의 선택을 존중해 주셨으며 법학도가 된 나를 몹시도 자랑스러워 하셨다. 경북 안동출신이신 아버지와 전남 나주출신이신 어머니는 경제적인 이유로 공부를 하고 싶어도 상급학교를 제대로 진학하지 못하셨다고 하셨는데 나의 대학진학은 부모님의 오래전 꿈에 대한 대리만족이 되었는지 모르겠다.

부모님은 무엇이든 스스로 결정할 수 있도록 배려해주시고 기다려주셨다. 서툴고 부족하였음에도 나의 결정을 믿어주시고 응원해주셨는데 지금의 내가 있는 가장 큰 이유이기도 하다.

* 1996년 대진대학교 입학식

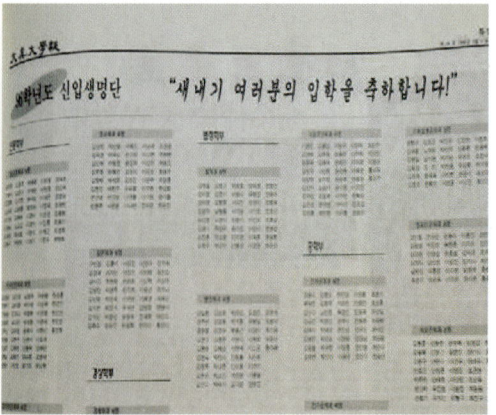
* 대진대학보 제28호 특집 7면
  96학년도 법정학부 법학과 40명의 명단

* 군대를 가야할 나이였다. 동기 정위수가 의경으로 군복무를 시작해서 당시 기준 미필이었던 우리들은 함께 면회를 갔었다. 좌로부터 정명진, 천영성, 정위수(가운데), 이재훈, 김창기

으뜸법학 전설 96학번 사고뭉치 학부생

당시 대부분이 가정이 그러했듯이 우리집도 1달의 지출을 충족하기

위해 1달의 수입의 전부를 소진하고 있는 넉넉하지 못한 경제력을 지닌 가정이었다. 부모님이 어렵게 어렵게 등록금과 전공서적을 구매해주시는 것을 알고 있었기에 부모님의 기대에는 충족하지 못할지라도 학부졸업장이 부모님께 받을 유산의 전부라는 생각으로 학교생활은 열심히 하겠다는 최소한의 양심을 가지고 보낸 시기이다.

이런 마음으로 학업에만 몰두하는 모습이었으면 좋았을텐데 개구쟁이 학부생에게는 하고 싶은 일들이 너무나 많았다. 이 글을 쓰기 시작하면서 하나하나 회상하면서 참 많이도 사고를 쳤구나하는 생각이 들었다.

당시 매스미디어의 캠퍼스물의 영향이었을지 몰라도 학교잔디밭에서 낮잠을 자는 것으로 밤을 세우면서 술을 마시는 것으로 캠퍼스의 낭만을 찾아다니는 학우들이 제법 있었다. 그 낭만이라는 것이 대단한 것은 아니지만 그 시간을 함께한 사람들에게는 회상만으로 피식 웃음이 나오는 그런 것이 낭만이 아니었을까 싶다. TV에서 보여졌던 모습이 실제 대학의 모습인줄 알았던 나는 나의 학부시절에서 그 낭만을 직접 체험해보고 싶었다. 그 시절의 나는 나만을 위한 원없이 하고싶은 것을 하였던 후회없는 대학생활을 하였다. 지금 회상해 보면 그 시절을 함께 추억하는 모든 선·후배와 동기 그리고 많은 분들에 대한 배려는 커녕 양해조차 받을 생각조차 못했던 너무나 부끄럽고 철없었던 20대의 나였다. 지금 당시의 많은 분들을 다시 만날때마다 부끄럽다. "그 때는 제가 무지해서 그리고 철이 없어서 그랬으니 미안했습니다. 사과드립니다"라고 끊임없이 사과해야할 개구쟁이 학부생의 모습이었다.

고교때 기자생활을 하였기에 동아리활동보다는 학보사 기자에 관심이 있어서 대학 1~2학년동안 사회부 기자로 후회가 남지 않을만큼 열심히 활동하고 잊지못할 추억을 만들었다. 밤새 술을 먹다 술잔을 놓고 떠난 전국소주기행 등 당시 기자동기들을 만나면 그때 추억으로 시간가는줄 모르고 철부지 20대 대학생으로 돌아간다.

* 96년 4월 4일, 당시 학보사 수습기자였지만 정기자가 부족해서 당시 한겨례신문 만평을 담당하고 계셨던 박재동 화백을 인터뷰할 기회를 얻었다. 당시 박화백님은 제주4·3을 주제로 한 작품을 준비하고 계셨는데 고등학교때 제주4·3을 접했던 것이 인터뷰에 큰 도움이 되었고 인터뷰후 사진촬영과 초상화를 그려서 선물해주셨다.

 선·후배들 그리고 동기들의 배려와 도움으로 1학년 1학기 과대표와 법학과 학생회장이란 과분한 직책도 맡게 되면서 해보고자 했던 일들을 할 수 있었다. 당시 대진은 신생학교여서 학교로서도 학과로서도 부족한 부분이 많았다. 그래서인지 몰라도 제대로는 아니었지만 하나하나 우리들의 손으로 힘으로 만들어가는 것이 좋았다. 대학의 역사와 전통은 무시할 수 없는 중요한 것이지만 신설대학의 장점은 우리가 하는 것이 역사가 되고 전통이 되어 간다는 것이다.

 우리 제4대 학생회는 무단으로 빈방점거후 과방으로 사용, 공중전화설치, 사물함설치 등의 학우들의 복지사업을 진행하였다. 문제는 사전에 학교 및 학과 교수님들과 상의하지 않았다는 점이다. 당시에는 이게 문제가 될 것이라는 문제의식이 없었기에 거침없이 진행한 사업들이었다. 지금 생각해보면 사전논의도 없이 행정절차를 무시하고 무모하게 사고를 치고 있는 학생회의 뒷수습하신 교수님들이 얼마나 난처하시고 힘드셨을까하는 생각에 죄송한 마음이 든다.

아무 것도 모르면서 형사모의재판을 해보겠다고 당시 전북 익산에 거주하셨던 김성진 교수님(형법)의 주말을 반납하게 하였다. 다른 대학 형모팀에 잡입해서 자료와 원고 등을 수집해서 우리만의 형사모의재판을 어렵게 개최하게 되었다. 술을 못하셨던 학과장 조정환 교수님(헌법, 행정법)에게 장난꾸러기 학생회는 술을 드시게 해서 댁으로 퇴근못하시고 기숙사에서 주무시게했던 일들은 철이 든 지금은 반성하고 있다. 은퇴하신 교수님들은 당시 개구쟁이들을 어떻게 기억하고 계실지 궁금하기도 하다.

공·사법도 제대로 몰랐던 학부생들이 학회를 만들고 학회지를 발간했던 추억도 학부생활의 큰 추억이다. 단지 학생회장을 안다는 이유로 스폰에 참여해주신 선배님들, 교수님들 그리고 강사님들에게 다시 한 번 감사드린다. 이 때 만들었던 학회지가 꽤 상당시간 후배들에 의해 발간이 유지되었다는 점이 당시 함께했던 학우들에겐 또 다른 추억거리다. 교수님들에게는 골치아픈 녀석들이었지만 우리끼리는 신나고 재미있던 추억으로 가득하다.

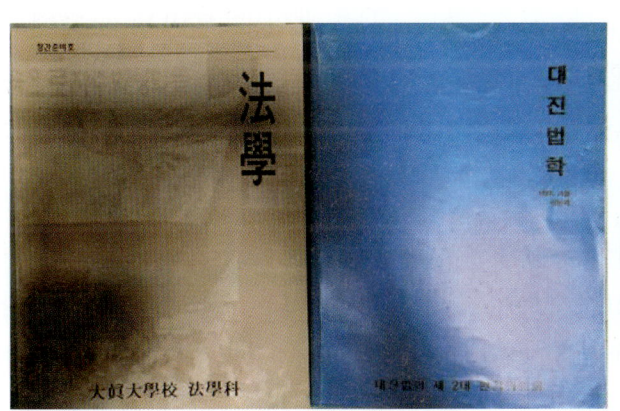
* 1996년 발간한 학회지 창간준비호 "법학"
  1997년 발간한 학회지 창간호 "대진법학"

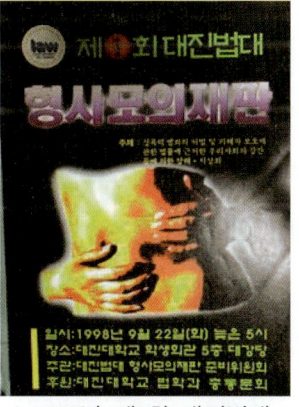
* 1998년 제1회 대진법대 형사모의재판 자료집

대학생활의 낭만의 유효기간은 적어도 IMF금융사태이전까지였다. 나의 대학생활에도 IMF로 인한 침체기가 시작되었다. IMF시대의 대학생들은 군대를 가거나 휴학을 하거나 취업을 해야하는 상황으로 내몰렸기 때문이다. 당시의 나는 3학년 재학중이었기 때문에 군을 선택할 수밖에 없었다. 3학년을 마침으로 나의 학부생활의 1막이 막을 내렸다.

옆지기를 만나다

배우자는 결혼할 시기에 만나는 이성중에 결정된다고 하는 말이 있다. 하지만 나는 이에 동의하지 않는다. 나의 학부생활중 무엇보다 찬란하게 빛이 난 것은 나의 연예이기 때문이다.

대학에 가기만 하면 누구나 쉽게 이성친구를 만나고 평생 잊지못할 불같은 사랑을 한다는 믿음이 있었던 시기이다. 그래서 새벽부터 자정까지 살인적인 수험생활을 버틸 수 있었던 것은 대학입학 후 그 주인공이 된다는 믿음이 있었기 때문이다. 하지만 대학입학과 동시에 그것은 잘못된 정보이고 허상이었음을 알게 되는데 그리 오래 걸리지 않았다. 이성친구를 사귀고 싶었던 나는 나에게 조금만 관심이 있어 보이는 이성은 다 나를 좋아한다고 믿었다. 호감 아니 그냥 관심만 보여도 사랑이라 우겨보고 싶은 상황이지 않았을까 싶다. 너무나 부끄러워서 기억에 지워버리고 싶은 아니 지워버려서 기억조차 나지 않은 이성교제(?)도 있었지만 이번 계기를 통하여 사랑을 알지 못하고 어설픈 흉내만 낸 풋내기의 감정이었던 것으로 정리하였다.

마치 대일저항기에 고문하는 일제순사에게 "내 조국만을 사랑한다"고 힘주어 말하는 독립투사의 일관성 있는 자세와 단호한 목소리로 "한 때 좋아했던 오빠"였다고 단호하고 힘주어 말하는 내 아이의 엄마인 옆지기를 대진에서 만나고 사랑했다. 확실한 건 옆지기의 "한 때"는 바로 나의 학부때 우리가 사랑을 시작했을 때인 것은 확실하다. 지금은 확신할 수 없어도 그 때는 나를 좋아했고 함께 사랑을 키워왔다는 점에는 동의하고 있다는 점에서 나의 사랑은 그 때부터인 것은 확실하고 일방적인 사랑이 아니라 함께 한 사랑이라는 점은 입증된 셈이다. 한편으로는 경제적 뒷받침없이 사랑만으로 시작한 결혼생활이 부족한 나와 함께 해준 옆지기에게는 버거운 삶의 무게였음을 상징하는 말이기도 하다.

그저 서툴고 무지해서 나의 사랑은 그러했나보다. 20년이라는 시간이 지났음에도 나는 여전히 사랑을 받고만 있고 주지 못하고 있다. 그리고 여전히 시간이 지난 후에야 '그랬어야 했구나'하는 후회를 반복하고 있다. '그래서 그랬구나'라고 알게되는 것이 나에 대한 내 옆지기의 사랑이다. 여전히 문제는 나에게만 있다. 그래서 지금도 '그랬어야 했구나'와 '그래서 그랬구나'를 반복하고 있다.

이제 대학입시를 준비하는 수험생인 된 아들녀석이 물었다.

"아빠, 엄마한테 해물철판요리 사준다고 하고 붕어빵 사줬어? 어떻게 그런 발상을 하~ 좀 그러네"

사실이었기 때문에 아니라고는 대답하지 못했다. 마음은 당시 유행했었던 해물철판요리를 사주고 싶었지만 주머니 사정은 붕어빵이었기 때문이다. 나는 여전히 붕어빵을 벗어나지 못하고 있다. 그 때 사주어야 했던 해물철판요리는 수시로 여러 모습으로 변화하고 있고 나는 여전히 해물철판요리를 상상속에서만 사줄 수 있을 뿐 현실적으로는 붕어빵을 사주는 것조차 허덕이고 있다. 이제 삶의 목표가 된 해물철판요리를 근사하게 사주는 내 모습이 더 이상 상상속의 모습이 아닌 현실속의 나의 모습이기를 바라며 오늘도 하루를 버티며 살아가고 있다.

대진이 나에게 준 선물이 여러 가지이지만 가장 큰 선물은 내 삶의 버팀목이 되어준 옆지기를 만난 것이다. 가끔 바보가 아닐까 싶을만큼 순수하고 천재가 아닐까 싶을만큼 지혜롭고 저걸 해내네하는 꾸준한 노력과 성실함으로 표현해보았는데 나의 부족한 어휘력으로는 표현할 수 없는 매력을 가지고 있고 결정적으로 나를 나보다 더 잘 알고 있다.

IMF로 인해 졸업여행은 가지 못했다. 심지어 군대를 시험을 봐서 가야하는 상황이었다. 군생활은 맘대로 안되었다. 98년 당시 육군훈련소 26연대가 훈련도 FM이고 막사도 가장 구식이라 거기만 아니면 된다고 했는데 나는 논산 26연대출신이고 육군 중 훈련 많고 고생한다는 27사단(이기자)출신이다. 군대는 자기 있는 곳이 가장 힘들다고 하는데 나는 군생활 내내 옆지기가 매일 보내주는 편지로 즐겁게 보낼 수 있었다.

* 강원도 화천 이기자 부대에서 군복무할 때 옆지기가 면회를 왔었다.
  내가 사랑하는 '김정미(법학97)'와 김정미가 한때 좋아했던 오빠인 '나'

제대후 나의 학부생활은 학생과 사회인의 모습으로 살았다. 학생이기도 하고 사회인이기도 한 삶이었다. 수업을 최대한 하루로 몰고 나머지 요일은 일을 했다. 당시 시대상이 그랬다고 그래야만 했다고 하는 위안으로 삼고 있다. 나의 학부생활은 그렇게 마무리되었고 대진인이 되었다.

다시 되돌아온 대진

학부때 시작한 알바가 나의 첫 번째 직업이 되었다. 그저 앞만 보고 열심히 달려왔다. 열심히 하면 그냥 잘 될 것이라고 생각했다. 하지만 세상은 열정만 넘치는 20대의 생각과 달리 만만한 곳은 아니었다. 20대의 시간을 모두 가져가 버렸다. 내가 사회를 배워가는 과정에서 지불한 수업료는 나의 20대의 시간이었다. 시간밖에 가진 것이 없었다. 소위 '벽타기'라는 방법으로 거리의 모든 사무실과 상점을 방문해서 영업하는 방식으로 영업을 하며 정신없이 살아왔다. 시간이 지나서 국내에서는 순위권에 드는 거래처를 가진 해당 업계에서는 제법 유명한 영업인이 되어 있었지만 물질적인 보상이 너무나 적었다. 허망하기도 하고 아쉽기도 하고 후회도 몰려왔다.

어느날 문득 현실 속의 나는 이제 열심히만 해서는 안되고 그에 걸맞는 결과를 내야하는 한 가정의 가장이었고 한 아이의 아빠가 되어 있었다. 하지만 나는 내가 하고 싶은 일을 하고 싶었다. 첫 번째 직업을 선택할 때 옆지기의 충고를 무시하고 내 뜻대로 했기 때문에 아쉬운 결과에 도달했다. 그로 인해서 많은 고생을 시켰던지라 형식적이면서도 의미 없는 동의를 구했다. 물론 반대하였어도 당시의 나는 그냥 내가 하고 싶은 일을 했을 것이다. 하지만 옆지기는 한마디로 나의 결정을 지지해주었고 큰 힘을 주었다. "투자비용이 중형 세단차 값이네. 실패하면 차가 언덕에서 굴렀고 사람 목숨은 건졌다 생각하자"란 말은 지금도 나에게는 큰 위로와 힘이 되고 있다.

그렇게 옆지기의 동의하에 나는 내 인생의 2번째 직업을 가지게 되었고 새로운 삶을 시작하게 되었다. 내 의지에 의해서 내 판단으로 처음으로 하고싶은 일을 시작한 것이다. 하지만 그로 인하여 치루어야했던 수업료도 만만치 않았다. 조금은 늦은 출발이었고 흔히 흙수저였기에 자리잡는 것이 쉬운 일이 아니었다. 하나하나 묵묵히 그리고 다른 경쟁자보다 하나라도 뭔가 더 공부하고 자격을 갖추어야 경쟁성이 있었다. 대가 없이 주어지는 것은 아무것도 없었다. 배워야 할 것도 해야할 것도 너무나 많았다.

　고객들의 사진을 찍으면서 느낀 사진에 대한 나의 부족함과 함께 생긴 욕심으로 경민대학에서 사진과정을 수료했다. 영업을 목적으로 시작하였지만 각종 사회단체 활동에서 필요한 자격증과 교육과정을 하나하나 이수하고 자격을 갖추었다. 그리고 직업적으로 필요한 자격증을 하나하나 갖추게 되었다. 나의 30대는 그렇게 지나가고 있었다. 나의 30대는 하루하루를 버티며 하루하루 치열하게 살아가는 하루의 반복이었다.

* 국외여행인솔자의 자격으로 많은 팀과 다양한 나라를 여행하면서 열심히 일했다.

　결혼후 2번의 이사를 거치면서 많은 변화가 있었다. 하지만 끝까지 버리지 못하고 간직한 물건이 2가지가 있었다. 하나는 군생활 옆지기가 보내준 900여 통의 편지와 법서 몇 권이었다. 편지는 나의 전체의 삶에서 중요한 추억이다. 군생활동안 하루하루 매일 5장씩 편지지를 가득 채워주었던 옆지기의 사랑이 나의 가장 힘든 시기를 견디고 이겨낼 수 있는 원동력이었기 때문이다. 제대하는 그날까지 부러워하는 많은 부대원들로 인하여 나는 행복한 사람이며 누군가에게 필요한 사람이라는 것을 입증받은 것으로 나의 자존감은 그 어느 때보다 높았다. 그 소중함에 난

단 한통의 편지도 쉽게 버릴 수가 없었다. 그리고 몇 권의 법서는 나의 꿈에 대한 미련이었다. 각종 법서로 가득했던 책장은 아이의 동화책으로 탈바꿈되었고 몇 권남은 법서는 내 삶에서 법학이 차지한 모습과 같이 애처롭게 손이 쉽게 닿지 않는 책장 맨위 모퉁이에 자리잡고 있었다.

오랜 시간동안 펼쳐보지도 않았고 또 시간이 지난다하더라도 펼쳐보지 않을 것을 알았지만 그냥 그 자리에 있어주길 바랬는지 모른다. 심지어 이미 법률은 개정을 거쳤기 때문에 이미 개정판이 대체되었겠지만 그저 그 자리에서 20대 법학도의 손에 들리였던 그 모습으로 자리잡고 있기를 바랬는지 모른다.

2016년 늦은 봄 다시 접었던 꿈을 꾸게 되었다. 오랜만에 만난 대학 선후배들의 자리에서 나는 내가 잊고 살았던 대학생활을 느끼게 되었다. 그리고 잠시 잊고 살았던 꿈을 회상했다. 현실에 순응하면서 포기하였던 학위에 대해 생각하게 되었다. 할 수 있지 않을까하는 막연한 자신감은 왠지 더 늦으면 못할 꺼 라는 확신으로 변했고 소성규 교수님을 다시 만나게 되었다. 밑져야 본전인데 하는 마음으로 석사도 하고 싶고 박사도 하고 싶다고 교수님께 말씀드렸다. 이 한마디를 뻔뻔스럽게 할려고 평소엔 가지도 않는 참치집과 바에 가서 어울리지 않은 양주를 대접했다. 왠지 사회생활을 하고 있는 제자가 이 정도 대접을 해야 성의 있지 않을까 생각했다. 하지만 잘못된 생각이었다. 나의 어색함을 교수님은 이미 알고 계셨다. 교수님께서는 어울리지도 않는다고 하시면서 결국 3차로 콩나물해장국에 소주를 마셨다. 뭐 어찌되었던 학부시절 민법총칙을 강의하셨던 소성규 교수님은 대학원 입학을 위해서는 권리능력, 행위능력 등을 줄줄 외어야 한다고 하셨는데 그런 말씀 없이 니가 하고 싶으면 해보라고 선뜻 허락해주셨다. 술자리에서의 약속이었지만 혹시나 교수님 마음이 변하실까봐 2학기에 바로 입학을 하게 되었다.

학부과정과 다르게 만학의 꿈을 가진 원우님들과 함께 석사과정으로 다시 공부하게 되었다. 나는 20대 학부생의 모습일꺼란 착각으로 학교생활을 시작했지만 현실은 나도 만학의 꿈을 가진 아저씨가 되어 있었다. 석사과정에서 다시 만나뵙게 된 교수님들은 학부때 모습 그대로일줄 알았는데 정년을 눈앞에 두신 모습으로 변해버리셨고 이미 퇴임하셔서 새로운 교수님들이 그 빈자리를 채우고 계셨다. 시간이 많이 흘렀음을 다시 한 번 느끼게 되었다.

석사과정에서 가장 잊지 못할 기억은 김밥과 논문을 이용한 수업이다. 하루 일을 마치고 수업을 듣기 위해 부지런히 학교로 오게되면 저녁식사를 할 수가 없어서 회비를 걷어 수업때마다 김밥을 사서 먹었다. 김밥은 석사과정의 학생임을 입증하는 수단이었다. 사회적 지위나 경제력과는 상관없이 수업을 함께 듣는 학생이라는 동등한 신분으로 함께 나누는 저녁이며 친교의 시간이었다. 그리고 법학과 교수님들의 훌륭하신 지도로 다양한 논문을 접할 수 있는 강의였다. 학부에서 법학을 전공한 게 맞을까 싶은 생각이 들 정도로 무지한 나였지만 학기가 거듭될수록 논문을 접하는 눈높이도 높아지고 공부하는 것이 즐거웠다.

석사과정은 나에게 있어 큰 보상과 같은 선물이었다. 나에게는 석사라는 것이 유리 천장 같았던 존재였다. 항상 밑바닥에서 맨손으로 일어나야 했던 나의 2~30대의 나에게 나와 어울리지 않을 것만 같은 다른 세상의 이야기였었기 때문이다. 석사과정을 함께 수학한 분들과의 소중한 시간들이 나에게 특별했다. 대진의 석사과정을 함께 하지 않았다면 함께한 원우님들은 내가 함께 밥이나 한 번 먹을 수 있었을까하는 생각이 들었던 분들이셨다. 그런 분들과 김밥을 나누며 수업을 포함한 많은 이야기를 나눌 수 있는 대화의 상대가 되었다는 것만으로도 충분히 의미 있고 귀한 시간이었다. 비현실적인 이야기 같지만 나는 학교에 가는 시간부터 나의 신분이 한 단계 업그레이드된 기분이었다. 그 분들과의 인연은 나의 자존감을 높여주는 계기가 되었기 때문이라는 생각이 들었다.

 당시 원우회장이셨던 윤충식 경기도 의원님과 한결같은 애정을 보내주시는 박충렬 소장님, 김병태 원장님, 조태광 과장님 등과 보낸 2년의 시간은 빨리 지나가버렸다. 지금도 나의 삶 속에서 너무나 많은 도움을 주고 계시는 소중한 인연이 이때부터 맺어진 것 같다. 나라는 사람의 존재는 무의미했을지 모르겠지만 대진대 민사법 연구실의 성원으로서의 나는 의미있는 존재가 된 것이다. 이 분들과의 인연이 너무나 감사하다.

* 2016년 11월 6일 법무행정대학원 워크샵

* 2017년 7월 29일 법무행정대학원 워크샵

* 2018년 8월 석사학위 수여식　　　　* 2023년 2월 박사학위 수여식

　석사과정을 마치면서 박사과정이라는 새로운 도전을 시작했다. 박사학위는 어느새 내 삶의 버킷리스트의 한줄이었다. 박사학위가 꼭 필요한 직업은 아니었지만 내가 시작한 일에 마침표를 찍고 싶기도 했다.

　박사과정은 상상했던 것 이상 힘에 겨운 시간이었다. 학부와 석사과정을 합한 것보다 많은 공부량과 에너지를 요구했다. 이 역시도 함께 수학한 동문들이 없었다면 불가능한 일이었다고 생각한다. 정말 날로 먹었다는 것이 가장 정확한 표현이듯 선배 박사님들 특히 서창원 박사님, 최진웅 박사님, 전철 박사님, 권영택 박사님, 김태희 박사님의 도움이 없었다면 박사과정을 마칠 수 없었을 것 같다. 정말 하나부터 열까지 큰 도움을 받았는데 죽을 때까지 열심히 갚아도 못갚을 만큼 너무나 많은 것을 베풀어주시고 도움을 주셨다. 코로나-19로 내 삶이 완전히 무너져 내려 포기하려 했을 때에도 기꺼이 손내밀어주셔서 이겨낼 수 있었다.

　박사과정 중 많은 세미나를 참여했었다. 처음에는 내가 왜 여기에 있지란 생각으로부터 자유롭지 못했다. 어쩌면 공부라는 것을 교수님의 수업을 듣는 것으로 마치 교수님이 떠먹여주면 받아 먹는 것으로 생각했었던 것 같다. 한학기가 지나면서 공부는 내 스스로 하는 것이고 내 스스로 알아가는 것이구나라는 것을 조금씩 알게 되었다. 많은 교수님들 그리고 박사님들의 발제와 토론을 지켜보면서 많은 공부가 되었다.

    표현이 좀 우습지만 아무 것도 알지 못했을 때는 알 수 없었던 것이었지만 조금이라도 알게 되었을 때에는 발제와 토론이 엄청난 것임을 알게 되었다. 그런 분들을 만나게 되었고 그런 분들이 나의 이름을 기억해주셨고 그런 분들과 식사를 하였다. 순간순간이 영광의 시간이었다.

 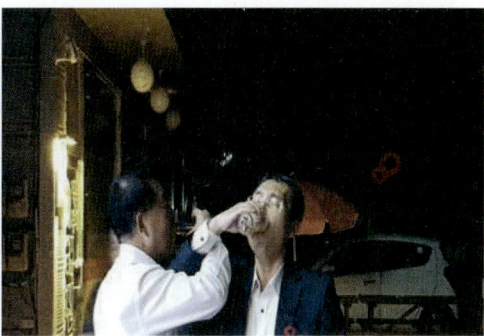

* 2019년 7월 6일 학회후 뒷풀이 김재광(선문대) 교수님, 오동호(중국 연변대) 교수님과

* 2018년 1월 제주 현장학습

* 2019년 노겸 법교육 연구원 개소식

* 2019년 8월 7일 교수님 생신을 축하하는 자리에서

* 2022년 4월 29일 여수 진남관 앞에서

* 2022년 6월 12일 연천 트래킹후 뒷풀이

* 2022년 12월 21일 박사학위논문 종심후 뒷풀이

* 2023년 5월 8일 창원여행중

* 2023년 10월 11일 대박회 모임

　이런 행복한 시간과 함께 사회인으로서 나는 두 번째 힘겨운 시련을 맞이 하게 되었다.
　첫 번째 시련은 나의 2번째 직업이었던 여행사가 자리잡아 가고있을 때였던 2014년의 '세월호 참사'이다. 내 의지와 상관없이 그 동안의 영업의 결실이 사라져버렸다. 말 그대로 불가항력이었다. 이 때 앞만 보고 달렸던 나의 모습을 강제적으로나마 되돌아보게 되었다. 이 시기에 잠시 멈추어서 나를 되돌아보는 계기가 되었다. 미친 듯이 영업만 하던 시기였는데 사회생활에서도 전환점이 되었고 가족과의 관계도 전환점이 되었다. 그리고 무엇보다 새로운 미래를 꿈꾸면서 석사과정에 입학하였으니 전화위복의 계기였다고 생각된다.

두 번째 찾아온 시련은 바로 2019년 코로나-19 팬더믹이다. 코로나팬더믹은 너무나 가혹하고 참담했다. 많은 분들이 코로나로 인해 힘겨운 시간을 보냈지만 여행업 종사자였던 나에게는 말 그대로 재앙이었다. 쓰나미가 덮치고 지나간 해안처럼 아무 것도 남지 않은 상태로 여행업은 존재자체를 위협받았다. 차라리 휴업을 하였다면 아니 솔직히 부도처리를 하였다면 경제적으로는 좀 홀가분한 상태였을텐데 그렇게 하지 않았다. 신용하나만으로 살아온 영업인으로서의 약속을 지켜야 한다고 판단했다. 기존 예약된 고객들의 예약금과 취소하는 고객들의 손해를 줄이기 위해 감당해야할 나의 책임으로 막대한 채무가 발생했지만 나의 책임을 다했다. 사스와 메르스처럼 금방 회복되어질 것이라 판단해서 임대료를 비롯한 월유지비용을 감당하면서 무모하게 버티었다.

코로나팬더믹의 가장 큰 무서움은 기약없는 영업정지와 같은 상황에 놓여지게 한 것이다. 여행업을 포기하지 않는다면 다른 일을 찾을 수도 없고 기약없이 코로나 이전의 상황으로 돌아가길 기다려야 한다는 점이다. 대부분의 여행업종사자들이 아르바이트로 하루하루를 버티고 있다. 이러한 현상은 여행업 인프라를 철저하게 파괴하였다. 나만 일을 시작한다고 일을 할 수 있는 상황이 아니었다. 그리고 고환율로 어찌할 수 없는 상황이 되어 버렸다. 이러한 환경속에서 어려움을 극복하지 못하고 폐업을 한 업계분들이 허다하였고 심지어는 극단적인 선택을 하신 분들의 소식도 들려왔다. 고민하는 시간이 많아지고 마음이 무거웠다.

코로나 이전에는 버스를 포함해 3대의 차량과 3대의 핸드폰으로 정신없이 영업하고 고객을 관리하였던 나의 삶이었고 2호점을 준비하고 있었는데 하루종일 아무도 찾아오는 사람도 없고 전화 한 통 걸려오지 않는 사무실에서 3개월의 시간을 보내면서 아르바이트를 하기로 했다.

* 양주시 도로공사 현장에서 일당제 아르바이트를 하였다.
* 평택 미군험프리스출입증, 부대공사장으로 식사배달을 수개월간 하였다.
* 배달아르바이트는 여행사 업무를 병행하면서 할 수 있는 유일한 아르바이트이다.

열심히 노력한 결과 지역내에서 평도 좋았고 단골고객도 꽤 확보하여서 모두투어로부터 최우수대리점으로 선정되기도 하였다. 하지만 코로나 팬더믹은 그동안 열심히 살아온 내 삶의 유·무형의 자산들을 모두 빼앗았다. 코로나이전처럼 다시 여행을 떠나기에는 나의 고객들이 나의 힘겨움만큼 여전히 코로나를 극복하는데 집중하느라 여력이 없기 때문이다. 특히나 경기북부지역은 다른 지역에 비해 경제적으로나 여러모로 열약한 환경이어서 지금까지도 코로나의 충격에서 헤어나오지 못하고 있고 코로나 이전으로 되돌아가지 못하고 있다. 2019년이후 내 삶은 한순간에 폐허가 되어버렸다. 하지만 다시 폐허에서 삶의 터전을 다시 일구어야 한다고 생각한다. 어떻게 새로운 삶을 살아가야 할지 걱정이지만 한편으로는 미래의 내가 지금의 이 시기를 어떻게 회상하게 될까 궁금하기도 하다.

코로나팬더믹 기간에도 나와 인연을 맺은 많은 분들의 응원이 있었다. 힘겨운 시기를 보내면서 소중한 분들에게서 세상을 살아가는 방법을 배우고 있다. 배고프냐고 물어보기 전에 그냥 맛있는 밥을 한 번 사주시고 지나는 길에 쌀한포 내려주고 가시는 것이 얼마나 큰 배려인지. 포기하지 않도록 진정을 담아 걱정해주시는 따뜻한 말한마디의 격려가 새로운 힘을 내는 원동력이 되는지 글로는 다 표현할 수 없지만 위로와 더불어 살아가는 방법을 배우게 되었다.

도로공사 현장을 나가게 되었을 때 우연히 교수님으로부터 용돈을 받았다. 용돈이라고 주신 것은 아니었는데 어찌되었던 몇만원을 받게 되었는데 그 돈으로 파스를 샀다. 나에게 파스가 있다는 것만으로 그날부터 업무가 두렵지 않았다. 이따 저녁에 아프면 파스 붙히면 되지 라는 생각이 들면서 그 하루의 피로가 사라졌고 행복하게 느껴졌다. 지금도 그 파스를 다 사용하지 못했다. 여전히 근육이 아픈 것보다는 마음을 치유하는 용도이기 때문이다.

* 2024년 4월 20일 경복궁에서   * 2024년 5월 17일 의정부 지동관에서

대진과의 인연과 함께 시작하는 새로운 미래

이 글을 쓰게 되면서 되돌아본 내 삶은 왠지 너무 간도 맞지 않으면서 쓰기만 한 맛이 없는 음식같다는 생각을 하게 되었다. 그 동안의 힘겨움에 울컥하기도 했고 그런 내 모습에 측은한 마음도 들었다. 스스로 잘 버티고 있다고 칭찬도 해주고 다독여주었다. 하지만 왜 그렇게 했는지 왜 그렇게밖에 못했는지라는 책망도 더 많이 하게 되었다.

대진과 함께 한 짧지않은 기간 동안 좋은 배우자, 좋은 선생님, 좋은 선·후배 그리고 동기들을 만날 수 있었음에 감사한다. 이 좋은 사람들이 있었기에 부족한 나였음에도 버킷리스트를 채워나가며 새로운 미래를 준비할 수 있는 기회를 얻게 되었다. 이 귀한 분들은 내 삶의 디딤돌이다. 앞으로 나아가기 어려운 삶속에서 한층 수월하게 조금은 좋은 사람이 될 수 있도록 인도해주고 도움을 주고 계시기 때문이다. 다른 사람들에 비해 늦었을지도 모르고 어찌하면 아무도 걸어본 적없을 그 길을 나는 용기내어 과감히 나아갈 수 있게 되었다.

어느덧 나를 수식하는 대명사가 많아지게 되었다. 나의 가치가 객관적으로도 한층 업그레이드되었다. 무엇보다 자랑스런 대명사는 코로나팬더믹시기마저도 책임영업을 하였던 자격있는 여행전문가이다. 여행업에 종사하면서 국외여행인솔자, 국내여행안내사, 청소년지도사(2급), 안전지도사, Aussie Specialist, Canada Specialist 등의 자격을 갖추었고 특화된 체험여행 상품개발 등으로 다른 여행업자와 차별성을 지니게 되었다.

소성규 교수님의 적극적인 도움이 있었기에 가능했지만 나는 대진대학교 대진평화통일교육연구원 객원교수와 통일부 통일교육위원이 되었다. 그리고 교수님과 함께 2019년도 이후 지금껏 개성포럼의 사무국장의 역할을 하고 있으면서 개인적으로는 다크투어와 통일교육 현장체험 전문가로서 경험도 쌓게 되었다.

여행업자로서도 경쟁성을 충분히 갖추었지만 통일교육을 비롯한 체험여행에 대해 전문성을 갖추게 되었다. 그리고 여행과 관련 입법체계의 문제점을 연구하는 법학자가 되었다.

새로운 미래에는 오랜 시간 힘들게 지켜온 것들과 나에게 주어진 것들을 가지고 사회에 선한 영향력을 미치면서 살아가고자 한다. 언젠가 또 한 번 이렇게 나를 되돌아볼 기회가 생기게 된다면 책망하는 삶보다는 그때는 잘했다, 고생했다 칭찬만 할 수 있는 삶을 살아가고 싶다.

대진과의 인연을 맺은동안 나는 일방적인 수혜자였다. 손조차 내밀지 못했던 힘들고 어려운 시기에 교수님과 선배님들의 따뜻한 배려를 받았다. 한 분 한 분의 배려를 열거하기엔 지면이 부족할 정도로 과분한 사랑을 코로나 기간동안 일방적으로 받기만 했다. 너무나 감사하고 큰 선물이다. 하지만 반드시 어떠한 형태로든 다시 되갚아드려야할 큰 빚으로 남아 있는 것도 사실이다.

아직은 코로나팬더믹 후유증을 겪고 있어서 물질적인 공헌은 쉽지 않은 상태이다. 하지만 이 귀한 대진과의 인연에서 내가 할 일은 '조금더'라는 것임을 잘 알고 있다. 내가 조금더 시간을 내고 조금더 양보하고 조금더 노력하는 것이 나에게 주어진 의무라고 생각한다.

소성규 교수님을 비롯한 많은 분들의 도움이 있어서 나는 힘겨움 속에서도 박사과정을 마칠 수 있었다. 몸에 맞지 않은 옷처럼 어쩌면 나에게는 어울리지 않을듯 과분한 박사학위를 받게 되었다. 학위과정에서 정말 중요한 것을 배우고 가슴속에 새기게 되었는데 최고의 학위과정은 박사과정이 아니라는 것이다. 박사보다 더 중요한 것은 '인사'와 '감사'이며 '밥사'와 '술사'이다. 인사할 줄 알고 감사할 줄 알고 밥도 살 줄 알고 술도 살 줄 아는 사람으로 살아야 한다는 소성규 교수님의 가르침이 큰 울림으로 다가왔기 때문이다.

언제나 30대의 모습일 것만 같은 교수님이 벌써 화갑을 맞이하셨다. 항상 열정적으로 왕성하게 활동하셔서 언제나 기댈 벽이 되어 주시고 길잡이이가 되어주셨는데 교수님의 은퇴가 눈앞으로 다가온 것이 실감나지 않는다.

교수님의 제자로 가르쳐 주신대로 노력하면서 나의 삶을 살아가며 이제 새로운 나의 이야기를 시작하고자 한다.

멀지 않은 미래에는 지금의 내가 있었기에 더 단단하고 조금더 좋은 사람이 되어있을 것이다. 그리고 조금더 노력하면서 인사하고 감사하고 술도 사고 밥도 사는 그런 사람이 되어 그 동안의 채무를 조금씩 조금씩 상환해가는 삶을 살아가기를 바래본다.

그리고 우리 대진의 공동체에서 필요한 사람으로 자리매김할 수 있는 사람으로 우리 공동체에서 여전히 실천하는 사람이기를 희망한다.

* 2024년 5월 민주평화통일자문회의 포천시협의회에서 개최한 시민들과 함께하는 열린평화통일포럼에서 소성규 교수님이 발제하시고 권영택 박사님과 함께 토론자로 하나의 세션을 구성하게 되었다. 나에게는 그저 이러한 사진을 남길 수 있는 것만으로 영광이고 감격적인 자리였다. 나의 미래에는 이러한 자리가 더 많아지기를 소망한다.

상아탑의 휴머니스트

최재훈

경인일보 경기북부 취재본부장, 상담심리학박사

(대진대 법학석사)

"참 좋은 인연, 좋은 만남, 교수님의 은혜에 감사합니다."

인생의 고비마다 누군가 마치 운명처럼 구원의 손길을 내밀어 준다면 그건 필시 인연이라고 생각한다.

은사이신 소성규 교수님은 그런 인연을 몸소 깨우쳐주신 분이시다.

젊은 날 희망과 목표 없이 좌충우돌 방황하던 시절, 운 좋게도 소 교수님을 만날 수 있었다.

하루하루가 전쟁 같던 기자 초년 시절, 무엇인가 하곤 있었지만, 무엇을 위해 어떻게 해야 할지 그야말로 백지 상태였다.

소 교수님은 망망대해에 좌표를 잃고 표류하던 나에게 길을 안내해 주셨다. 당시는 길이 아니라 광명에 더 가까웠던 것으로 기억한다.

한일 월드컵이 온 세상을 달궜던 2002년 6월 13일, 햇병아리 기자에게 감당하지 못할 특종의 기회가 찾아와줬다.

그때는 알지 못했다.

그 특종이 얼마나 비극적인 사건이며, 우리 역사에 어떠한 의미를 담고 있는지 가늠조차 하지 못했다.

양주시 어느 한적한 시골 길에서 꽃다운 여중생 두 명이 날벼락처럼 주한미군 장갑차에 목숨을 잃었다. 너무나 큰 충격이었지만, 사건 당일, 이 비극은 짤막한 단신으로 지면의 한 귀퉁이를 채웠다.

다음 날 충격을 받은 건 나만이 아니었다는 사실을 깨닫게 됐다. 우리나라가 사상 처음으로 월드컵 16강에 진출한 충격을 뚫을 정도로 파급력은 대단했다.

데스크에서는 시시각각 전화를 울려댔다. 마치 무엇인가에 홀린 듯 내려오는 지시에 따라 취재했다. 무척이나 습하고 더웠던 그해 여름, 취재가 끝나면 소나기라도 맞은 듯 온몸은 땀으로 흥건했다.

그런 생활이 반복되던 어느 날 불현듯 의문이 들었다.

대체 이 사건은 우리에게 무엇이기에 이토록 한 나라를 뒤흔들고 있으며, 누군가는 축소하려 하고 또 누군가는 목숨을 걸고 진실을 밝히려 하는 것인가?

가슴 한구석 답답함은 취재를 하면 할수록 커져만 갔고 나중엔 회의감이 들기까지 했다. 도저히 이 궁금증을 풀지 않고서는 더는 버틸 수 없을 것 같았다.

그래서 무작정 찾은 분이 소 교수님이었다.

역사적인 특종의 한복판에 서서 중압감으로 헤매고 있던 나에게 깨우침을 주는 안내서 같은 말씀을 해주셨다. 그제야 막막했던 길이 조금씩 열리기 시작했다.

당시 소 교수님의 헌신적이고 명쾌한 지도가 없었다면 나의 인생을 바꿔놓은 '한국기자 대상'은 아마 다른 사람의 손에 쥐어졌을지 모른다.

사실, 상 자체보다 역사적인 현장에서 진실을 들춰내 밝히고 한미 간의 불평등한 행정협정(SOFA) 개정의 불씨를 지폈다는 점이 그간 흘린

땀방울에 대한 보상을 받은 기분이었다.

소 교수님의 식견은 이후에도 중요한 순간마다 등불이 돼 언론인으로서 사명감과 보람을 깨닫게 해줬다.

미군 공여지에 관심을 두게 된 것도 소 교수님의 식견 덕분이었다. 미군 부대 곁에서 자랐지만 친근함 속에 가려진 그 실체에 처음으로 눈을 뜨게 해주셨다.

미군 공여지의 어둠을 파헤칠수록 좌절과 분노로 자괴감마저 든 나에게 소 교수님은 냉철한 이성의 힘을 불어 넣어 주셨다.

무엇이 문제이며, 왜 이런 현상이 빚어지고, 우리는 어떻게 해야 할지를 법리적 맥락에서 하나하나 짚어 주셨다.

당시 모았던 자료는 후에 석사학위 논문의 윤택한 거름이 돼 줬.

또 모두가 외면하던 미군 공여지 문제에 최초로 메스를 댄 심층기사로 개인적으로 또 한 번의 한국기자 대상을 받는 영광도 덤으로 누리게 됐다.

취재를 하다 벽에 가로막혀 답답해 할 때면 소 교수님의 연구실을 찾곤 했다. 그럴 때마다 소 교수님은 따뜻한 차 한 잔과 명쾌한 해답을 내어 주셨다. 귀찮을 법도 하지만 무뚝뚝한 표정 속에 따뜻함을 감추시고는 두서 없는 이야기에도 진심을 다해 귀를 기울여 주셨다. 돌아서는 길은 한결 가벼워진 발걸음을 느낄 수 있었다.

지금까지 한국기자 협회에서 받은 이달의기자상, 언론편집상 12개.

이중 8할은 소 교수님의 지분이라고 할 만큼 아낌없는 도움을 주시고 정도의 길로 이끌어 주셨다고 거리낌 없이 말할 수 있다.

이것이 인생에 있어 소중한 인연이 아니면 무엇이겠는가?

그래서 소 교수님은 인연을 귀하게 보시며 특히 제자와 인연은 진심으로 여김을 알 수 있다. 그렇지 않고서는 이토록 긴 사제간의 인연은 존재하지 않았을 것이다.

소 교수님은 나의 언론경력뿐만 아니라 감히 생각지 못한 학자로서의 길을 밝혀 주셨다.

법의 무지렁이를 법학 석사학위까지 받을 수 있도록 지도해 주시며 학문 연구의 길을 터주신 점 또한 잊지 못할 은혜로 여기고 있다.

학문연구와 동떨어진 삶을 살고 있던 이에게 그런 권유를 하는 것도 쉽지 않으셨으리라 짐작은 된다.

사실 교수님이 처음으로 석사과정을 권했을 때 망설임보다 설렘이 앞섰다. 오래 전부터 품고 있던 소망을 이룰 기회가 찾아왔다는 데 들뜬 기분을 억누르기 어려웠다. 그런 현실 자체가 믿기지 않았다.

기쁨도 잠시, 직장에 몸담은 채 수업을 들어야 했기에 고난의 여정이었지만, 역시나 교수님의 배려와 도움으로 예상했던 것보다 힘들지 않게 무사히 석사과정을 마칠 수 있었다.

석사논문을 쓸 때도 하나부터 열까지 교수님의 세심한 지도로 방대한 자료를 요약, 정리하고 기존 법률의 미비점을 보완해 개선 방향을 제시할 수 있었다. 당시엔 하루하루가 도전이었고 배움의 연속이었다.

돌이켜 보면 교수님의 지도는 논문을 너머 한 인간의 학문에 대한 지평을 열어 학자의 길을 걸을 수 있도록 매우 유용한 힌트를 준 것 같다. 그 힌트 속에는 진지하고 겸허한 자세를 가져야 한다는 가르침이 숨겨져 있었다.

석사학위를 받은 뒤 진정으로 원하는 학문을 선택하게 됐고 험난하리란 걸 알지만, 꿋꿋이 전진할 수 있는 용기를 얻었다.

불혹을 넘어서 박사학위를 받고 가장 먼저 든 생각은 나도 교수님과 같은 학자이자 스승의 길을 갈 수 있을까? 하는 의문이었다. 해답은 자명했다.

부딪쳐 보자.

지금 나 스스로 제자를 양성하는 길에 들어서 돌아보면 제자를 진정으로 아끼는 마음이 없다면 아무나 할 수 없는 일이란 걸 새삼 깨닫는다.

내가 아는 한, 소 교수님은 제자 양성에 누구보다 진심인 순정파 학자라는 것이다. 아직 대학 강단에 이런 분이 남아 있다는 것 자체가 실감하기 어려운 일이 아닐 수 없다.

항상 제자의 편에 서서 이해하려 하시고 진심 어린 충고를 아끼지 않으시는 교수님.

그간의 취재현장에서 수많은 교수를 만나고 깊은 대화를 나눠봤지만, 안타깝게도 이 시대 상아탑에서는 진정한 휴머니스트를 찾기란 여간 어려운 일이 아니었다.

이런 의미에서 소 교수님께서 길고 긴 시간과 노력을 투자해 탈고하신 자서전이 오늘날 대학이 취업 전쟁터로 변한 현실 속에서 점점 제 색깔을 잃어가는 교수상을 되돌아보고 참다운 교수의 길이 무엇인지를 되새겨 보는 계기가 될 수 있기를 간절히 바라본다.

너는 나에게 참 잘한 친구임을 잊지 않으마

최정민

남양주시의회 주무관

(대진대 법학05, 대진대 석사)

어찌 내 속마음을 글로 다 표현할 수 있을까? 너는 나에게 참 잘한 친구라는 점은 꼭 잊지 않으마. 이렇게 마음이 걸린 적은 처음이구나... (생략)

오늘따라 비가 많이 와. 마음이 울적했는데, 정민 편지를 보고 많은 생각을 했다. 그동안 내가 정민에게 어떻게 비춰졌을까? 고민하다가 이렇게 메일을 보낸다. (생략)

오늘은 이 정도선에서 내 마음을 정리하고자 한다.

오늘은 술 한잔하고 자야겠구나...

또 연락하자구나. 2011년 7월 12일 22시 26분

무슨 말을 먼저 꺼낼까 고민하다가 감사하고 죄송했던 그 날이 가장 먼저 떠올라 교수님의 답장으로 시작했습니다.

이 메일을 받은지 벌써 10년이 훌쩍 지났습니다.

저에게 많은 일들과 변화가 일어났고 지금도 여전히 진행 중이지만 '교수님 그리고 스승님'으로서 항상 저와 함께 해주셔서, 지금 저는 토끼

같은 아내와 딸과 함께 오손도손 행복하게 지내고 있습니다. (참고로 교수님도 잘 알듯이 저희 집엔 여우는 없습니다~~)

따뜻한 마음과 잔정 그리고 순박한 우리 교수님

교수님과 동행하여 대구 여정에 올랐을 때입니다. 처음으로 교수님 생가도 방문해 보고 교수님의 초등, 고교 동창분들을 뵈었던 날입니다. 첫날은 고교 동창분들의 저녁 식사 자리에 초대받아 교수님과 함께하였습니다. 순대국과 돼지 부속 고기를 파는 대구의 어느 한 음식점에서 서로가 반가운 인사를 나누고 옛이야기 속에 소주가 한 병, 두 병 늘어나며 분위기가 무르익었을 때쯤 동창 중 한 분이 "소 교수의 수제자인가?"라며 약간은 톤이 높은, 궁금증이 가득한 목소리로 저와 교수님을 지긋이 바라보며 질문을 던지셨습니다. 보통은 '제자이세요?'라고 묻는데 '수'라는 단어 하나가 예상치 못한 질문이 되었고, 뭐라고 답을 해야 하나 당황하던 중 교수님께선, 질문이 끝나기도 무섭게 "아니. 실력이 수제자가 아니야"라고 답을 하셨습니다. '그래. 실력은 수제자는 아니지. 여러 출중하신 분들이 교수님과 함께하지'라고 인정한 채 조금은 의기소침해져 있는데 연이어 "수제자는 아니고 애제자겠지"라고 답을 해 주셨습니다. 교수님 혹시 이 대화 기억하시나요?

그때 이후로 가끔 '수제자'의 대한 질문을 곱씹을 때가 있는데 저는 '확실히 수제자는 아니다'라고 생각합니다.

하지만 여전히 '애제자'이고 싶은 마음은 변함없이 한결같습니다.

저의 결혼식이 있었던 해, 교수님께 청첩장을 드리며 저의 아내 될 사람을 정식으로 소개하고 정중하게 주례도 부탁드렸습니다. 주례로 많은 결혼식 자리를 빛내주신 화려한 경력이 있으셔 부담을 가지실 것이라곤 전혀 생각지 못했습니다. 하지만 결혼식이 끝나고 교수님의 주례

트레이드마크인 삼행시를 제조하기 위해 고심했다는 이야기를 시간이 지나 전해 듣게 되었습니다.

'제자를 위해 뭐 이 정도는 별거 아니잖아'라고 생각하시는 분들도 계시겠지만 제가 전하고 싶은 에피소드는 지금부터입니다.

결혼식 당일, 예식을 마친 후 교수님께 인사를 드리고자 식당 안을 둘러보았습니다. 하지만 아무리 둘러봐도 계시지 않아 원 수석님께 연락을 드려보니, 허 박사님과 함께 동대문 광장시장 인근에서 전과 막걸리를 드시고 계신다는 것이었습니다. 사전에 계획한 그곳으로 결혼식이 끝나자마자 망설임 없이 곧장 가셨던 것입니다. 그 이유는 식비마저도 아껴주기 위해서... '아~ 이런 분이셨지. 사소한 것 하나, 하나 늘 챙기는 분이셨지'라고 되새기며 저를 축하하고자 오신 손님으로 북적이는 식당 중앙에 멍하니 서 있었던 기억이 아직도 생생합니다. '사랑도 받아야 주는 법을 안다'라는 말이 있습니다. 요즘 저도 아끼는 후배나 친구 결혼식에 가면 식사를 하지 않습니다. 교수님이 전해준 감동을 소소하게 전하고 싶은 맘 때문인 것 같습니다.

2017년 10월 22일 미국에서의 모든 일정을 마치고 입국한 날, 지금의 '개성포럼'의 전신인 '민사법 교실' 정기산행 모임을 소요산에서 한다는 일정을 알고 잠이 많이 부족한 채 달려갔습니다. 입국 일정을 전혀 알리지 않은 터라 교수님 그리고 제가 그리워했던 선배님들에게 '저 왔습니다'라고 깜짝 알려드리고 싶어 신이 나서 갔던, 하늘색이 너무나도 파랬던 그날이 기억이 납니다. 제가 미국길에 오를 때까지 여러 번 만류를 하셨지만 이후 저를 항상 응원해주셨던 교수님께선 저의 귀국을 전혀 예상치 못했던 터라 저를 보시곤 눈이 휘둥그레지셔서, 여러 번 위아래로 훑어보며 "너 정민이 아이가? 니가 어쩐 일로 여기에 왔어? 어떻게 여기 있는 거지? 다 마치고 온 거야? 아니면 못 마치고 온 거야? 어떻게 된 거야?~"라며 쉴 새 없이 질문을 하셨던 교수님 그날의 교수님 표정이 생각나 방금도 미소를 짓게 됩니다. 최근에도 "교수님께 드릴 말씀이 있습니다"라고 하면 "왜! 또 직장을 그만두고 어디 다른 곳으로 가는 거야?"라며 놀라시는 저의 교수님...

지금의 교수님의 모습을 보면 유년 시절 십리 안팎의 길을 고무신을 신고 걸어서 소풍을 다니시고 대학 강의를 듣기 위해 지금보다 몇 배의 불편한 시간을 온전히 버스에 기대어 상경하셨던 시골 청년이 교수님이셨다는 것을 누구도 상상하기가 쉽지 않을 것입니다. '법학자'이시고 쓰신 저서와 논문들을 보면 개념이 명확하고 확실한 근거를 바탕으로 논리를 펼치셔서 약간은 고리타분한 것들의 미학을 즐기는 분으로 오해를 할 수 있고, 저 또한 가끔 교수님의 따뜻한 말 한마디가 부족하게 느껴질 때가 있지만 잔정이 많으시고 감수성 또한 풍부하신 교수님. 내 제자면 마냥 좋고, 무슨 부탁이든 이유를 불문하고 어떻게든 해결해주시고자 노력하시는 분.

요즘 졸업한 제자들에게서 '교수님이 어려웠다, 까칠하셨다'란 말을 들으시면 '내가? 정말?'이라고 하시며 매우 당황하시는 교수님.

이렇게 당황하시는 모습이 맘씨 좋은 교수님이 생생하게 드러나는 자연스러운 모습이 아닌가 생각됩니다.

법학박사 故 허태갑 박사님

자수성가하셨지만 늘 소박하신 모습을 보이신, 의정부역 구석에 허름하지만 운치가 나름 제법인 전집에서 교수님과 마주 앉아 담소를 나누며 트레이드 마크인 인자하신 미소와 주름 그리고 가끔 농담이 짙은 짓궂은 질문을 받으시면 이마를 긁적이며 수줍은 듯 말없이 막걸리를 드시던 모습이 그립습니다.

허 박사님과 학교 안·밖에서 많은 시간을 보내며 투박한 경상도 사투리 속에 인자하신 표정으로 제게 소중한 인생 경험을 서슴없이 나눠주시고 현명하게 사는 방법을 알려 주시며 민사법 교실을 위하여 늘 솔선수범 앞장서 주신 것들... 감사드립니다.

합리적인 분이시지만 이유를 불문하고 무조건 제 편을 들어 주셨던 분... 조종사 자격 취득 후 한국에 돌아왔을 때 저를 보고자 모든 일정을 미루시고, 도봉산 초입 물회 집에서 제 손을 꼭 잡아 주셨던 분, 아직도 그 온기가 저에게 남아있습니다.

가끔 휴대폰에 저장된 사진을 보면 눈이 오든, 비가 오든, 날씨가 춥고 덥고를 떠나 교수님과 함께 모임에 빠짐이 없으셨고, 교수님보다는 나이는 손위이셨지만 제자로서 늘 교수님을 진심으로 존중하시던 모습을 옆에서 지켜보며 '신의와 성실 그리고 진실성'을 배웠습니다. 이러한 배움은 지금의 저를 이끌어주는 동력이 되고 있습니다. '신의와 진실'을 고수하며 성실하게 살아가기가 정말로 만만치 않습니다. 그래도 허 박사님을 생각하며 지킬 것은 꼭 지키며 살겠습니다.

교수님의 화갑을 준비하며 허 회장님의 빈자리가 지금도 크게 느껴집니다.

'생전에... 이 책에 담을 기회를 맞이하셨더라면...'이라며 상상을 하며 잠시 눈을 감아봅니다.

교수님을 정말 많이 사랑한 허 박사님.

시간이 지나며 제게서 조금씩 잊혀지고 계시지만, 그리워하며 허 회장님, 허 박사님의 흔적을 남겨봅니다. 정말 감사했습니다.

* 2014년 어느 무더운 여름날 교수님과 故 허태갑 박사님 도봉산에서

* 2024년 교수님과 故 허태갑 박사님 산소 (동두천 예래원)

* 2014년 교수님과 故 허태갑 박사님 그리고 최정민
* 2024년 故 허태갑 박사님과 함께 자주 갔던 추억의 도봉산 1번지 포장마차 앞

아호 노겸

교수님을 위하여, 준비하여 드린 아호가 맘에 드셨는지 아호를 받으신 이후 수년간 카카오톡 프로필 사진을 변경하지 않고 계신 교수님. '프로필에 관심이 없으셔서 장기간 방치 아닌 방치인가?'라는 생각을 할 수도 있지만 긴 시간 교수님을 옆에서 뵈어온 바 맘에 쏙 들어하시는 것 같은데... 혹시 바뀌었을까, 글 쓰길 멈추고 재차 확인해보니 역시나 그대로입니다.

'노겸'은 한자어로 '일하고 겸손하다'라는 뜻으로 자신을 내세우지 않고 타인을 존중하여 마침내 만인이 우러러 절로 따르는 태산북두(泰山北斗)와 같은 존재인 교수님을 잘 표현한 별명과 같은 아호입니다.

'학위취득, 각자가 생각한 입신양명'이란 목표를 달성한 후 태도가 180도 바뀌는 제자, 예를 지키지 않고 이를 벗어나 거침없이 행동한 제자, 손해를 끼칠 개연성은 밖으로 표출되지 않지만, 본인들의 이익만을 위해선 언제나 가능성이 있었던 제자를 교수님 옆에서 종종 보아왔습니다.

언젠가 단둘이 차 안에서 답답하고 먹먹한 맘에 "왜 저런 사람들까지 챙겨주시나요?"라고 교수님께 물으니 "저들도 내 제자이고 나를 찾는 사람들인데 어찌 모른 채 지나갈 수 있느냐?"라고 말씀하신 교수님. 늘 편향 없이, 치우침 없이, 그들을 대하시려고 노력하는 모습을 옆에서 보았습니다. 저는 아직 편향과 치우침 없이 판단하지도 표현하지도 못합니다. 특히나 신의가 없고 거짓으로 둘러 쌓인 그런 자들에게는요. 하지만 더 넓은 아량이 꼭 필요할 때 교수님과 교수님의 아호를 생각하며 이해하도록 노력하겠습니다.

설날과 추석

1년에 교수님을 찾아뵐 수 있는 유일한 저만의 루트가 있습니다. 바로 설날과 추석입니다. 이 두 명절만큼은 교수님과 제자 사이보다 조금 더 가까운, 가족 같은 분위기 속에 저의 속마음도 털어놓는 소중한 시간입니다. 해마다 같이 찾아뵙던 멤버는 바뀌었지만 업그레이드된 분위기 속에 어려운 교수님께 용기 내어 장난도 한번씩 치고 농담도 한·두 마디 할 수가 있게 되어 저에겐 너무나 소중한 시간이 되었습니다. 교수님을 뵙는 것으로 한해를 시작할 때마다 '우리 교수님도 나이가 드시는구나' 라고 요즘 따라 부쩍 느끼게 됩니다. 그리고 이글을 쓰게 된 계기도 교수님께서 나이를 예전보다 많이 드셨다는 증거이고요. 교수님 오래오래 건강하셔야 합니다.

저만의 소중한 시간을 알리기 싫지만^^ 교수님과 건강하게 오래오래 함께하고 싶은 맘을 전달하고자 설날과 추석을 담았습니다. 지금 문득 생각이 났는데 설날에 교수님께 세배를 한 번도 안 했네요. 돌아오는 2025년에는 꼭 하도록 하겠습니다.

새끼손가락과 엄지손가락 사이

2011년 교수님 곁을 잠시 떠나 안산에 다녀온 이후 결혼하고 잘 지내는가 했더니 2016년에 갑자기 조종사를 하겠다며 미국으로 홀연히 떠났습니다. 이후 정말 죽기 아니면 살기로 노력하여 자격을 취득하고 조종사가 되는가 싶었는데 코로나 등의 이유로 돌고 돌아 다시 제자리, 원점으로 돌아와 교수님을 뵈었을 때, 그때는 정말 칠흑 같은 밤을 혼자 매일 걷는 마음이었습니다. 아침 8시부터 13시까진 독서실, 오후 4시부터 자정까지 편의점 아르바이트를 하며, 가장의 책무와 입사를 위한 준비 사이를 오가며 외롭게 지냈기 때문인 것 같습니다. 미국에서 자격증을 취득하고 이후에도 혼신의 힘을 다했지만, 전혀 나아지지 않는 상황을 인정하는 것이 그때는 벅찼던 것 같았습니다. 그러다 스스로 이상하다 느껴 가족이 걱정할까 모르게 약을 먹으며 하루하루를 지냈던 그때, 그때를 회상해보니… '아 ~ 내가 드디어 미친놈이 되었구나'를 인정하기 싫어 병원 문 앞에서 20~30분을 서 있었던, 독서실 오픈을 위해 아무도 없는 이른 시간 이곳저곳을 청소하며 참 많이도 울었던 기억… 이를 다시 마주하니 눈시울이 또 붉어집니다.

'천강대임(天降大任)론' 하늘이 어떤 사람을 선택하여 그에게 큰 임무를 맡길 때 반드시 역경과 시련을 먼저 주어 시험한다는 공자의 말이 있습니다.

지금 생각해 보면 이런 시기가 있었기에 지금의 강한 정신력과 의지를 가지게 되었고 근면·성실이 습관이 되었으며, '긍정'과 '가족'이란 소중한 뜻 또한 몸소 알게 되었습니다.

우스갯소리로 '집 나간 아들이 돌아왔다'라고 제가 교수님께 말하였지만 늘 같은 자리에 교수님이 계셨기에 돌아올 수가 있었습니다.

교수님과 희로애락을 함께하는 제자로서, 인생의 동반자로서 역할을 톡톡히 해내겠습니다.

아픈 새끼손가락에서 믿고 의지할 수 있는 든든한 엄지손가락으로 거듭날 때까지! 지켜봐 주세요!

교수님께 이런저런 이야기를 남기려고 생각하다 보니

교수님께서 마련하신 좋은 기회를 통해 너무나 소중한 가족에게 고마움을 표현하고자 몇 글자 남겨봅니다.

언젠간 꼭 우리 엄마 이야기를 글로 남기고 싶었는데 이런 기회가 왔네요.

결혼하고 딸아이도 있다 보니 엄마가 날 얼마나 사랑하고 애지중지했다는 것을 알게 되었지만 엄마의 감정과 사정은 전혀 신경 쓰지 않은 채 여전히 투덜거리고, 애써 잘 키웠더니 지가 다 맞다고 우기는 그런 아들이 되어서 미안해요.

이렇게 엄마에게 전할 말을 쓰려하니 우리 가족을 위해서 늘 애써온 엄마의 모습이 영화 장면처럼 떠오르네요. 참 힘든 시기도 있었지만, 엄마가 소리 내어 환하게 웃는 모습도 생각나고 그러네요. 지금 우리 딸 나이 때 엄마랑 무거운 솜이불 안에 들어가 장난을 쳤던 기억, 종종 나를 꼭 안아줬던 기억, 어릴 때 손잡고 걸어서 같이 장을 보러 간 기억 그리고 그 어두운 새벽 부족한 나를 위해 한결같이 간절히 기도해주던 엄마의 목소리가 갑자기 왜 이렇게 떠오르는지... 글을 쓰면서도 눈시울이 붉어지네요.

저는 엄마랑 좋았던 기억이 나에게 많이 있어요. 엄마도 아들인 나랑 함께 살아오면서 좋은 기억이 많았으면 좋겠는데, 조금 더 잘하지 못한 것이 늘 그랬듯 또다시 아쉽습니다.

지금도 여전히 가족을 위하여 눈물로 기도하는 모습에 감사하지만 아직까지 걱정만 끼쳐드려 더 죄송하네요. 늘 감사하고 사랑하는 맘은 있지만 표현도 못하고...

저도 한 가정의 가장이지만 우리 엄마 앞에선 늘 엄마 아들이여서 늘 투정만 부리게 되네요.

그래도 언제나 내 편 들어주고, 내 이야기 들어줘서 고마워요. 이제는 엄마만을 위해서 시간을 쓰시고 엄마가 좋아하는 것만 하시길 바래요. 누구보다 소중한 건 엄마 자신인데 평생 그랬듯 우리만 챙기지 마시고요.

그리고 무엇보다 이 말을 꼭 하고 싶었어요.

이번 생에 엄마가 나의 엄마로 만나서 그리고 엄마와 함께라서 너무 행복하고 고마워요.

엄마~~ 아들 최정민이 정말 많이 사랑해요.

우리 오래오래 건강하게 행복하게 같이 살아요.

사랑하는 아내와 세상의 빛과 같이 늘 눈부신 나의 따님에게

우선 나를 믿고 이 험한 세상 함께 해줘서 너무나 고마워. 나의 고속 충전제인 너희 두 사람 때문에 더욱 힘내어 하루하루를 행복하게 보내고 있다우.

순식간에 사라지는 삶의 작은 기쁨을 즐기려면 느슨하게 쥐어야 하며, 삶의 많은 것들이 통제밖에 있지만 어쩌면 우리는 가장 중요한 것은 지배할 수 있는 것처럼, 빠르게 지나가는 하루하루를 너희와 함께 행복하게 지내고자 늘 노력하는데 너희를 위한다는, 나도 힘들다는 핑계로 너무 앞만 보고 달려온 것 같아 늘 미안하네.

남들처럼 평범하게 우리 가족과 함께 지내려면 많은 노력이 뒷받침되야 하는 것을 알기에 또 쉴 수가 없는 나를… 조금은 이해해 주길 바래.

'우리 딸 세상에 태어날 때 함께 못 할 정도로 그렇게까지 했어야 했나'라는 생각이 들 때가 있지만, 지나간 아쉬움보다 앞으로의 행복을 위하여 함께하며 채워갈게.

'진정한 기쁨'이란 반드시 알맞아야 한다고 하네. 사람, 분위기, 계절 등 본질에 하나 빠짐없이 딱 들어맞게. 하지만 너희와 함께라면 이런 것은 필요가 없는 거 알지.

그냥 너희 자체가 나에게 진정한 기쁨이기에…

조금은 창피하지만 취중일기를 공유하며 마무리 해.

(술이 취해 집으로 오는 길에도 항상 너희를 생각하고 있다.)

2022년 06월 12일 늦은 저녁 10시 30분

갑자기 우리 딸의 해맑은 웃음이 떠오르는데 그냥 너무 좋다. 이놈이 또 나를 미소 짓게 하는구만.

교수님과 진희 형님 등 대학원 모임에서 기분이 좋아 소요산 인근에서 진하게 술을 마시고 녹천역으로 가는 이 시간, 전철 안에서 갑자기 문득 이런 생각을 해 본다. 나도 하지 못한 일, 이루지 못한 것들을 우

리 딸에게 바란다면, 만약에 바라게 된다면...

우리 딸이 그것을 이루고자 얼마나 많은 노력을 감수해야 할지 솔직히 짐작되질 않는다. 왜냐면 나는 아직도 이루지 못했으니까...

그리고 아직도 노력중이니까...

그래서 이 힘든 여정을 묵묵히 가라고 우리 딸에게 바라지 않고자 노력할 것이다. 만약 우리 딸이 이루고 싶은 걸 이루지 못한다면 아빠인 내가 그것을 채워줄 것이다. 반듯이 그렇게 할 것이다.

사랑하는 아내와 딸을 위하여 '잘 할 수 있을까'라는 질문을 나 스스로에게 종종 던져본다. 전혀 두렵지 않다. 미래를 전혀 알 수 없지만 그냥... 모든 것이 그냥 자신이 있다. 사랑하는 아내와 딸이 함께 한다면 무엇이든 두렵지 않다. 그리고 내가 얼마나 우리 딸과 아내를 사랑하는지 그들이 몰라도 된다. 내가 알고 있으니까...

얼마나 내가 너희를 사랑하는지를...

교수님의 교수님

과음을 즐겨하시지 않던 날 중, 그날은 유난히 기분이 좋으셨는지 평소와 다르게 연천 시장 구석에 있는 순댓국집까지 자리를 옮겨 늦은 오후 시간을 보내던 중 화장실을 다녀오시는 교수님과 마주쳤습니다. 연천 전통시장의 분위기를 살피며 통유리로 된 반찬가게 맞은편에 놓인 간이의자에 기대앉아 조금은 취하신 모습으로 나지막한 한숨과 함께 *"세상을 좌지우지하고 호령하시던 분이셨는데"*라며 고인이 되신 지도교수님에 대한 심경을 그리워하시며 짤막하게 말씀하신 적이 있습니다.

지도교수님과 교수님의 추억, 교수님의 어머님 장례 때문에 지도교수님 장지에 가지 못하셨던 이야기, 그리고 대학 선·후배님들에 대하여 이런저런 이야기를 하시곤 *"나는 어떨까? 나라고 뭐 별수 있겠느냐~~뭐~ 그러*

면~~ 그렇게 지내면 되지. 사람들 기다리니까 들어가자"라는 말씀 후 일어나 머리 위에 삐딱하게 놓인 모자를 고쳐 쓰며 가게 안으로 한발 한발 향하시는 그 뒷모습, 지금도 아른거립니다.

* 2024년 故 김기수 교수님(소성규 교수님의 지도교수님)이 계신 파주 메모리얼 파크에서

언제나 강인한 모습으로 지내실 것 같았던 교수님께서 과거를 회상하며 넋두리하시는 모습, 점점 횟수가 늘어나는 정년 이후의 계획이나 미래에 관한 이야기 그리고 요즘 따라 허리통증 등 몸이 조금씩 불편하시다는 이야기, 계절이 지나고 세월이 흐르긴 했나보다 느껴지지만, 그때 그 순대국집 앞에서 말씀하신 내용이 너무 먼 미래의 이야기인 것 같아 아무말 못한 채 듣기만 했습니다. 그 후 앞으로도 이런 비슷한 대화가 오가면 무슨 말을 드려야 할까 고민했습니다. 비슷한 기회가 온다면 '앞

으로 교수님만을 위한, 행복한 삶을 위해 모든 시간을 쓰시길 바랍니다' 라고 답하고 싶습니다. 이 바램은 제가 정말 사랑하는 우리 엄마에게도 간절히 바라는 것이기도 합니다.

요즘의 시대를 '정보의 시대'로 불리지만, '지식 혹은 지혜의 시대'라고 불리진 않는 것처럼 많은 정보들이 소음과 같아 본질을 무엇인지 놓치는 경우가 많습니다.

교수님과 저, 즉 '스승과 제자'란 관계에 대하여 본질이 무엇인지 그 담고 있는 뜻이 무엇인지 생각하는 계기였습니다.

저에게 교수님은 '스승님'이자 '제 인생의 동반자' 그리고 '저의 또 다른 아버지'라 감히 말씀드리고 싶습니다. 제 인생의 소중한 시간들을 함께 해 주셔서 정말 감사합니다.

그리고 저는 어떤 제자로 교수님 곁에 남았고 앞으로 제자로서 어떤 사람으로 남아 있을지에 대해서도 생각해 보았습니다.

나무우듬지처럼 대한민국의 탑으로 입신양명한 제자,

능력이 출중하여 이름만 들어도 알 수 있는 제자,

무엇을 맡겨도 해결 방법을 찾는 제자,

저는 심오한 제자가 되지 못하거나 진지한 교양인이 되지 못한 채 교수님 곁에 머물까 두려웠던 때가 있었습니다. 물론 지금도 그렇고요.

무엇을 알고 있느냐는 중요하지 않습니다. 알고 있는 것으로 무엇을 하느냐가 중요한 것처럼 출중한 능력은 딱히 없지만 '제자'의 본질과 '신의'를 반드시 지키는 제자가 되겠습니다.

이 글의 시작과 끝이 될 문장.

'**너는 나에게 참 잘한 친구임을 잊지 않으마**' 교수님과 헤어지는 날까지 이 말을 듣는 제자이자 사람이 되고자 늘 노력하겠습니다.

제게 있어 참 소중한 교수님.

사랑합니다.

대진의 인연으로 육포(六抱)의 완성

최진웅

최진웅 법무사사무소 대표법무사, 법학박사

(대진대 법학01, 석사, 박사)

1. 들어가며

나는 포천(抱川) 신북면 가채리에서 경주최씨(慶州崔氏)의 집성촌(集姓村)에서 태어났다. 포천에서 태어나 포천초등학교(일포-一抱), 포천중학교(이포-二抱), 포천고등학교(삼포-三抱)를 나온 포천 토박이이다.

나는 대학교까지는 포천에서 다닐 생각은 없었지만 고등학교 시절 수능시험에 원하는 점수를 받지 못하여 원했던 대학 진학을 못하였다. 나는 재수를 하며 다시 수능 준비를 하고자 하였으나, 후순위 였던 대진대에서 장학금을 받을 수 있어 재수를 포기하고 대진대하교 법학과에 2021년에 입학하게 되었다. 그러면서 나는 대진대와 인연으로 사포(四抱)

가 되었다.

2. 대진대에서 소성규 교수님과 인연

가. 대진대학교 학부시절

나는 대진대학교 법학과에 01학번으로 입학하여 소성규 교수님은 민법강의 시간에 강의실에서 처음 뵙게 되었다. 지금 기억이 정확하지 않지만, 학부생의 소성규 교수님의 첫 이미지는 '젊은 교수님', '깐깐한 교수님', '강의 잘하시는 교수님'의 이미지였던거 같다.

학부시절의 교수님과는 특별한 추억을 가지진 못했으며, 일반적인 대학교 학과 교수님과 졸업생 정도의 관계이었다.

나. 대진대학교 석사과정

① 나는 경찰시험을 응시하려고 하였으나, 대학교를 졸업하면서 경찰이 아닌 법무사 시험 응시로 계획을 변경하였다. 대학교 졸업 후 신림동에서 법무사 시험을 준비하였고, 2013년 18회 법무사 시험에 합격하게 되었다.

대진대학교 1호 법무사가 되는 영광을 함께하였다.

② 나는 법무사 시험에 합격한 후 대진대학교를 방문하여 법학과 교수님들께 시험 합격 소식을 전달하였다. 그 후 법무사 개업을 하고 2015년 결혼식을 앞두고 다시 소성규 교수님을 찾아 뵙고 결혼식 주례를 부탁드렸고, 소성규 교수님은 흔쾌히 결혼식 주례를 해 주셨다.

* 결혼식 사진

* 결혼식 사진

③ 나는 법무사 시험을 합격한 후 소성규 교수님을 찾아뵙고 그 합격 소식을 전달하며, 결혼식 주례를 부탁드리며 대학교 학부 시절 끊어졌던 인연이 계속이어지게 되었다. 나는 법무사 합격 후 새내기 법무사로 학업을 다시 할 생각이 없었으나, 소성규 교수님을 다시 만나게 되면서 대진대학교 법무행정대학원에서 석사과정을 할 것을 권유하여 주셨다. 그에 2015년 대진대학교 공공정책대학원 석사과정에 입학하면서 오포(五抱)가 되었다.

* 2016년 11월 6일 법무행정대학원 워크샵

* 2017년 7월 29일 법무행정대학원 하계 워크샵

다. 대진대학교 박사과정

① 나는 대진대에서 2017.02.17.에 석사학위를 취득하였으며, 소성규 교수님은 대진대 박사과정을 해볼 것을 다시 권유하여 주셨다. 나는 의정부시로 법무사 개업을 하고 3년차가 되는 시점이라 업무가 바빴고, 박사과정을 할 수 있을지 많은 고민을 하였다. 그럼에도 소성규 교수님의 권유이었고, 이번에 박사과정을 하지 않을 경우 나중에는 박사과정을 도전하기 쉽지 않을 거란 생각에 2018.03.01.에 박사과정에 입학하여 박사과정을 시작하게 되었다.

② 나는 박사과정을 하면서 소성규 교수님이 (사)한국부동산법학회와 (사)한국법정책학회의 학회장을 역임하시면서 소성규 교수님을 모시고 많은 학술대회의 참여와 여러 박사님들을 만나면서 나의 학문적인 부분과 다른 세상의 시야를 넓힐 수 있는 좋은 기회를 갖게 되었다. 그러면서 나는 (사)한국법정책학회에서 감사역할을 하였고, (사) 한국부동산법학회에서는 재무이사 역할을 담당하기도 하였다.

* 2018년 6월 30일 (사)한국부동산법학회 하계학술대회

* 2019년 4월 5일 통일교육위원 경기북부협의회 워크숍

* 2019년 12월 17일 통일교육위원 부산 워크숍

* 2020년 7월 17일 (사)한국법정책학회 하계공동학술대회

* 2020년 7월24일 (사)한국법정책학회 임원 워크숍

* 2021년 3월 14일 (사)한국부동산법학회와 (사)한국법정책학회 공동 학술대회

* 2021년 3월 26일 (사)한국법정책학회 춘계학술대회

③ 나는 소성규 교수님의 가르침을 통하여 2021.02.18.에 박사학위를 취득할 수 있었으며, 박사학위 과정에서 일과 학업을 같이 하면서 시간이 많이 부족했다. 또한, 결혼 후 아들과 딸을 키우는 두 아이의 아빠이기도 하여, 중간에 포기하고 싶은 생각도 들었다. 그러한 과정에서 소성교 교수님과 서창원 박사, 임춘환 박사님 등 여러분의 격려와 도움으로 학위를 받을 수 있었다. 그러면서 나는 **육포(六抱)**가 되었다.

* 2021년 2월 19일 박사학위 수여식에서 교수님과 함께

라. 박사학위 취득 후 현재

① 나는 대진대학교에서 학부, 석사, 박사과정을 거치면서 대진대학교에서 10년이 넘는 기간동안 학업을 진행하였고, 그러한 과정에서 2019년 3월부터 2022년 2월 2월까지 대진대학교 공공인재법학과에서 겸임교수로 민사소송법을 강의하였다. 나에게는 모교인 대진대학교에서 겸임교수로 강의를 할 수 있었다는 것이 영광스러웠으며, 후배들 앞에서 강의를 하게 되어 더욱 기쁜 마음으로 강의하였다. 나는 실무를 하고 있는 법무사로서 후배들이 졸업 후에도 사회생활을 하면서 활용할 수 있는 실무적인 부분을 많이 알려주려고 노력하였다. 다행이도 후배들의 평이 좋았었고, 선배의 모습을 보고 법무사 시험을 응시하는 학생도 생겼다.

② 또한, 현재 나는 의정부청년회의소 회장, 의정부지방법원 전문후견감독위원, 경기도 법률상담위원, 의정부시 출자·출연 운영심의위원회위원, 경기도북부자치경찰위원회 위원추천위원 등 다양한 사회활동을 하고 있다.

* 의정부청년회의소 제56대 회장으로 취임한 2023년 12월 16일에 가족과 함께

③ 나는 대진대학교를 졸업 후 대진대와 인연이 없을 거라 생각하였으나, 법무사 시험을 합격한 후 소성규 교수님과 그 인연이 다시 이어져 석사과정, 박사과정을 통하여 대진대와 소성규 교수님과의 인연은 이제 평생이어갈 관계되면서 육포(六抱)가 완성되었다.

나는 법무사 시험을 합격한 후 성장이 멈출 수 있었으나, 소성규 교수님을 만나 조금 더 성장하는 사람이 될 수 있었다. 앞으로 소성규 교수님의 제자로서 성장하고 자랑스러운 제자가 되도록 노력하고자 한다.

* 결혼을 한 후 두 아이가 태어났고, 설날이 되면 교수님을 찾아뵙고 교수님의 주례로 잘 살고 있음을 보여드리고자 가족과 함께 새해 인사를 드린다.

대진의 인연, 기억 그리고 사랑 <賀書>

허균
경희법학연구소연구원, 법학박사수료
(대진대 법학99)

인연

제가 대진대학교에 입학하였을 때는 학부제 시절이어서, 1학년에 사회과학부 분반 소속으로 있다가 2학년 진학 후 법학과를 선택하였습니다. 법학과를 선택한 후 곧바로 휴학하고 군대에 입대하였고, 복학생 신분으로 법학과 생활을 시작하였습니다. 대진대학교에서 전공으로 선택한 '법학'을 통해 법 분야에서 사회생활을 시작하였으며, 그 선택은 현재에까지 이르고 있기에 '대진대학교 법학과'는 제 인생에서 큰 의미를 가집니다.

대학 재학 시절에는 소성규 교수님께서 연구년과 학교 직책을 수행하시는 등 학과 수업이 없으실 때여서 소성규 교수님의 수업을 수강할 기회가 닿지 않았습니다. 대학 졸업 후 경희대학교 대학원에 입학하여 조교로서 보좌하던 교수님께서 소성규 교수님과 친분이 있으셨고, 이를 계기로 소 교수님께 연락을 드리는 기회가 닿았고, 이렇게 소 교수님과의 인연은 시작되었습니다. 처음 교수님과 몇 번의 통화는 할 수 있었지만, 교내외 일로 바쁘셨기에 교수님과 만남을 갖는 것은 어려웠습니다. 그러던 중 교수님과 만날 기회를 가질 수 있었고, 교수님께서는 저를 반갑게 맞아주셨고 대진대학교 민사법연구회에도 참석할 수 있도록 배려하여 주셨습니다. 무척 영광이었고 베풀어 주신 호의에 감사했습니다.

 사실 소성규 교수님께서 기억하실지 모르지만, 대학교 4학년 MT를 갔을 때 소 교수님을 뵌 적이 있습니다. 학생들과 식사만 하고 돌아가시는 잠깐의 시간이었지만 즐거운 시간을 함께 보냈습니다. 바쁘신 와중에도 참석하시어 자리를 빛내주신 것에 대하여 교수님께서 학생들을 얼마나 생각하고 계신지 알 수 있었습니다.

* 소요산 정상에서 소성규 교수님과 함께

기억

대진대학교 민사법연구회에서는 정기적 등산 모임을 병행하였습니다. 이 등산이 교수님과 함께한 가장 큰 추억이라 할 수 있습니다. 등산을 할때면 등산 중 자리를 마련하여 막걸리를 마셨는데, 그 시간이 가장 즐거운 시간이지 않았나 생각합니다. 교수님께서는 사실 소주파인데, 막걸리파에게 양보한다는 농담을 하셨는데, 교수님의 양보로 막걸리를 즐길 수 있었습니다.

산행을 할 때면 교수님께서는 뒤따라오는 사람들을 배려하여 발걸음을 천천히 하시던 것이 인상적이었습니다. 보통의 경우 산행을 하게 되면, 앞사람의 보통 걸음도 뒷사람이 따라가기에는 빠른 걸음이 될 수 있는데, 교수님께서는 발걸음을 천천히 하시어 뒷사람이 지치지 않게끔 배려하였습니다. 저는 그런 교수님의 발자욱을 그대로 따라 밟으려 노력하며 뒤따라갔습니다. 이처럼 교수님께서는 남을 배려하는 인품을 통하여 따뜻한 리더쉽을 발휘하셨고, 그래서인지 많은 학생들이 교수님과 함께 하고 싶어해서 인기가 높습니다.

교수님께서는 대진대학교와 대진인들을 무척 사랑하셨습니다. '대진'을 위해서라면 갖은 노력을 다하셨습니다. 교수님의 조언은 항상 많은 도움이 되었고, 그 조언은 명쾌했으며, 응원과 격려의 말씀 또한 아끼지 않으셨습니다.

그렇기에 교수님은 항상 믿음직스러웠고, 그런 면에서 의지가 되는 분이셨습니다. 대진대학교 졸업생이라는 것에 자부심을 느끼게 해 주시는 든든한 버팀목 같은 분이셨습니다.

교수님 덕분에 민사법연구회에서 대진대 학우들과 교우할 수 있어 행복했습니다. 민사법연구회 활동을 통해 교수님 및 학우들과 돈독해질 수 있었습니다. 민사법연구회와 동행하면서 대진인에 대한 애정은 높아만 갔으며, 많은 시간들을 함께 하면서 희노애락을 함께 하였습니다.

* 불곡산 정상에서 민사법연구회 회원들과 함께

사랑

　교수님께서는 민법의 기본서 외에도 '통일교육과 민주시민교육', '남북한의 법', '통일교육과 통일법제를 이해하는 열두 개의 시선', '법여성학 강의', '가족정책법', '부동산중개계약론'등을 저술하였고, 한국부동산법학회, 한국법정책학회 등 학회장을 역임하면서 학문의 발전에도 힘쓰셨고, 지역 발전을 위해서도 많은 역할을 하시어 대통령 표창까지 수여 받으셨습니다.

　이렇게 열정적으로 왕성한 활동을 하시는 교수님께서 어느덧 '화갑'을 맞이하셨다니, 빠르게 지나가는 시간에 놀라게 됩니다. '화갑'이라는 뜻깊은 날을 맞이하여 이 글을 쓸 수 있는 기회를 주셔서 감사합니다. 글을 쓰면서 교수님과 함께한 지난 추억들을 회상하는 소중한 시간을 가질 수 있었습니다. 돌이켜 보면 교수님과 같은 귀인을 만난 것이 저에게는 큰 행운이었다는 생각을 합니다. 교수님께서 베풀어주신 은혜에 보답을 해야겠다는 생각만 가득할 뿐 실천에 옮기지 못해 송구하기만 합니다. 이 글을 빌려 교수님께 죄송함과 감사의 마음을 전합니다.

　교수님께서는 삼행시를 좋아하셨습니다. 교수님 존함으로 삼행시를 쓰면서 글을 마칩니다.

소　소나무처럼 우직하게 서서

성　성은(盛恩)을 베푸시고

규　규준(規準)이 되시는 교수님!

2024. 2. 24.

대진대학교 법학과 제자 허균

막막함과 상처, 치유, 대진과의 인연

홍준경
양주시 개발민원1팀장
(대진대 석사)

막막함과 상처

2016년 그때는 정말 막막했었습니다. 그때는 정말이지 다시 생각조차 하기 싫었습니다.

공직생활 16년차에 그때까지는 전혀 생각할 수도 없는 일들이 저를 덮쳤습니다. 지금도 그 때를 회상해보면 지금은 아물었다고 생각되었던 상처가 다시 아파오는 듯 합니다. 그도 그럴것이 그 상처가 당시 저를 깊이를 알 수 없는 좁디 좁은 갱도를 내려가는 것보다도 더 암울하게 만들었습니다.

2016년 8월 8일 당시 7급 주무관에서 6급 주사 진급을 앞두고 있었던 저에게 갑자기 감사담당관 일상감사팀에서 안전건설과 하천팀으로 전보 발령이 있었습니다. 당시 나 이외의 일상감사팀 소속 팀장을 포함하여 팀원들이 전부 전보 대상이여서 나는 감사담당관에 남아 있는 것으로 결정되어 있었는데 무슨 이유인지 인사발령 전날 전보대상이라는 연락을 받고 하천팀으로 가게 되었습니다.

그렇게 인사발령은 끝나고 안전건설과 하천팀에서 업무를 약 일주일 정도 추진중에 하천팀 내에서 전보된 직원들을 위한 환송회를 개최하는데 참석해서는 안될 시공회사의 현장대리인을 대동하고 나온 당시 안전건설과 과장 때문에 의도치도 않은 회식비를 시공회사측에서 내는 바람에 우리팀은 대략 6개월에 걸쳐 국무총리실 산하 국무조정실에서 조사를 받고 이어서 행정자치부에서 감사를 받게 되었습니다. 당시 조사와 감사를 받을 때 조사관, 감사관에게 저의 억울함을 주장해도 단 1퍼센트도 반영되지 않았습니다. 당시 공직자들의 부패에 대하여 사회적 분위기도 그렇게 녹녹치 않았기 때문입니다. 그때의 막막함이란 이루 말할 수 없습니다. 몇날 몇일 잠을 잘 수도 없었습니다. 그저 뒤척이다가 아침이 되면 출근하고 이게 제가 할 수 있는 전부였습니다.

치유

그때였습니다. 마치 끝도 알수 없는 터널 저쪽 끝에서 비춰지는 한줄기 희망의 빛이 보였습니다.

당시 나를 안타깝게 여기던 김민섭 팀장님(현재는 도로과장으로 퇴임)께서 소성규 교수님을 소개시켜 주셨습니다. 교수님 함자만 들어봤지 뵙는건 처음인데 첫 만남부터 별로 좋지 않은 상황에 처해있었고, 매우 어려운 부탁을 드려야 하니 죄송할 따름이었습니다.

첫 만남에 교수님은 친절한 미소와 열린 마음으로 다가오셔서 나의 사정과 이야기를 처음부터 끝까지 경청해 하시고 저에 대한 지지와 조언을 해주시는 교수님이 너무나도 고맙고 감사했습니다. 특히 저의 억울함을 나누어 주셨습니다. 힘들지만 같이 열심히 진행해 보자는 교수님의 따뜻한 말 한마디가 제게는 큰 힘이 되었고 아직까지도 나의 마음 깊이 남아있습니다. 이 순간부터 교수님과의 관계가 제 삶에 긍정적인 전환을 가져오기 시작했습니다.

교수님을 만나 나의 상황을 설명할때는 이미 경기도 인사위원회에서 중징계가 통보되어 있었고 이제 남아있는 건 소청심사위원회밖에 없었습니다. 소청심사가 나의 억울함을 어필할 수 있는 마지막 기회였습니다.

마침내 어느 때보다도 떨리는 장소인 소청심사위원회가 개최되어 출석하게 되었습니다. 분위기는 경기도 인사위원회 만큼 무거웠습니다.

그 무거운 분위기에 나의 말소리도 떨렸습니다. 무척 긴장했었습니다. 저의 사건을 차근차근 보고하는 주심의 말을 끊고 갑자기 위원장이 말하기 시작했습니다. 그리고 당시 안전건설과장에 대하여 위원장 본인이 너무 잘 안다고 말하면서 나를 두둔하기 시작했습니다. 마치 나의 마음을 잘 알고 있는 듯한 변호인을 만난 느낌으로 아주 상세하게 나의 상황을 적극적으로 변호하기 시작했습니다.

지금도 생각해 봅니다. 얼마나 교수님이 저를 위해 노력을 하셨는지요.

오로지 교수님의 노력 덕분에 저는 경기도 소청심사위원회에서 좋은 결과를 얻어 경기도 인사위원회에서 유래없이 중징계에서 불문경고로 변경 결정되었습니다.

교수님 감사합니다.

교수님 저의 빛이었습니다.

교수님께서 저의 깊은 상처를 치유해 주셨습니다.

대진과의 인연

　대진과의 인연은 저의 삶에서 큰 변화를 가져온 인연입니다. 경기도 인사위원회에서 중징계가 통보되고 하천팀에서 전보된지 9개월만에 은현면사무소로 전보되었습니다. 아무래도 하천팀에서 발생한 일인 만큼 그대로 같은 업무를 시킬 수는 없었던 사항이였던 거 같습니다.

　은현면에서 하루 하루 어두운 나날을 지내고 있는 중에 경기도 인사위원회 및 경기도 소청심사위원회에서 교수님 노력으로 좋은 결과가 있고 나서야 조금 여유가 생겨 앞의 일을 다시 복기할 수 있었습니다. 그리고 결론은 역시 아는 것이 힘이다 라는 것을 다시 한번 되새기면서 공부를 하고자 하는 욕구가 있다는 것을 알았습니다.

　그러나 직장생활과 아직 아이들이 어려 가정생활과, 대학원의 병행에 대하여 부담을 느끼고 있는 나에게 소성규 교수님의 많은 조언으로 대진대 공공정책대학원 법학과에 2017년 하반기에 입학을 결정하고 다니기 시작했습니다.

　소성규 교수님과의 첫 만남이 나의 삶에 큰 전환점이었던 것처럼, 대학원 생활에서도 교수님의 지원이 큰 힘이 되었습니다. 대학원에 입학하게 된 이후, 법학 공부에 대한 열정이 점점 더 불타오르게 되었습니다. 교수님과의 야외 수업이나 세미나 등 행사에 참여하면서 많은 것을 배우고 성장할 수 있었습니다. 하지만 그 동안의 경험과 학업의 부담으로 어려움을 겪을 때마다 교수님의 조언과 지도가 큰 도움이 되었습니다.

　그리고 2년 후 소성규 교수님과의 마지막 학기가 끝나고 나는 법학석사 학위를 받게 되었습니다. 이 또한 교수님의 사랑과 지원 덕분이었습니다. 교수님은 나의 학업적 성취에 대한 큰 일등공신이었고, 항상 나의 뒤에서 응원해 주셨습니다.

교수님과의 만남은 단순히 학문적인 지도를 넘어서, 인생의 다양한 측면에서 저를 성장시키고 변화시킨 데 큰 영향을 미쳤습니다. 이 경험은 나에게 영원한 사랑과 감사의 마음을 남기며, 항상 교수님의 옆에서 건강하고 행복한 모습으로 계셨으면 좋겠다는 바람을 가지고 있습니다.

소성규 교수님과의 만남은 나에게 끊임없는 성장과 변화를 안겨 주었습니다. 교수님의 지혜와 지도는 단순한 학문적인 지식을 넘어서, 내 삶의 가치관과 방향성을 재조명하게 만들었습니다. 처음 만났을 때의 불안과 혼란 속에서도 교수님은 항상 내 곁에 계셨습니다. 교수님은 나에게 자신감을 주고, 어려움 속에서도 포기하지 않고 나아가도록 격려해 주셨습니다.

대학원에서의 학업은 교수님이 저에게 주신 또 하나의 선물이었습니다. 법학 석사 학위를 받게 되었을 때, 그 순간은 교수님과의 여정을 되새기는 소중한 시간이었습니다. 교수님의 사랑과 지원이 없었다면 이 모든 것을 이룰 수 없었을 것입니다. 그는 항상 나의 편이 되어 주셨고, 제 인생의 멘토로서 깊이 존경하고 감사하게 생각합니다.

소성규 교수님의 화갑을 진심으로 축하드리며, 그의 인간미 넘치는 지도와 도움에 대해 영원히 기억하겠습니다.

또한, 항상 건강하시고 행복하시기를 기원합니다.

교수님의 가르침을 마음에 새기며, 더 나은 세상을 위해 노력하고 나아가겠습니다.

사랑합니다. 교수님.

대진대학교는 언제나 '통일ING'

홍진화

대진대학교 학생생활상담센터 팀원

(대진대 법학08, 대진대 석사)

    소성규 교수님의 화갑을 맞아 교수님과의 인연을 천천히 되돌아보니 저의 20대와 30대를 더불어 생각해볼 수 있는 시간이었습니다.

    교수님과의 인연은 제가 대진대학교 법학과에 입학을 하며 시작되었다고 보기는 어려울 것 같습니다. 스무 살의 저는 패기 넘쳤고 놀기 좋아하는 그저 어리기만 했던 금방 고등학교를 졸업한 학생이었습니다. 그렇기 때문에 대학에 입학 했을 때에도 미래를 준비해야하는 원대한 목표보다는 당장 새로 알게 된 친구들과 노는 것이 더 좋았습니다. 내가 들어야 할 수업을 처음 스스로 결정할 수 있는 때가 되어, 시간표라는 것을 짜게 되면서 필수로 들어야하는 몇몇 교과목을 제외하면 주로 흥미롭거나 양이 적다고 생각했던 것만 골라 들었습니다. 헌법은 당시 1학년이면 꼭 들어야하는 필수 과목이었기에 피하지 못했지만, 이상하게 스스로 판단했던 결과 양이 많다고 느껴지는 행정법과 민법은 요리조리

피하거나 성의 있게 듣지 않았던 것 같습니다. 지금 생각해보면 일상생활에서 가장 많이 쓰이는 중요한 교과목이었지만, 어리기만 했던 스무살의 저는 양이 많던 법 조항에 기가 눌렸던 것 같습니다. 그렇기에 저의 학부생 시절에는 때마침 수사물을 좋아했던 터라, 형사법을 듣고 형법을 주제로 졸업논문을 쓰느라 학부생이었던 저는 소성규 교수님과의 큰 접점은 없었습니다. 나서기를 좋아하는 성격이었지만, 학생회를 하면서도 학생회장이나 부회장이 아니었기에 소성규 교수님을 뵐 일이 크게 없었습니다.

그리고 지금 생각해보면 그때의 제가 바라본 소성규 교수님은 대단히 높고 큰 분이었습니다. 늘 정장 차림을 하시고 본관에서 업무를 보시는 큰 분이라고 생각이 되어 저의 학부 4년은 그렇게 교수님과의 인연이 없다 여기며 흘러갔습니다. 그리고 시간이 흘러 졸업할 때가 되었던 저는 여름학기인 8월에 학부 수료를 하였기 때문에 동기들과 함께 졸업식을 치루고 싶었던 저는 2학기 졸업 유예를 신청하고 한 학기동안 천천히 취업 준비를 해볼까 하는 안일한 마음을 가지고 있었습니다.

반 백수 생활을 시작해야겠다 싶던 차에 대학 선배였던 임승환 선배에게 연락을 받았고, 지금 졸업하고 시간 많은 사람 너 뿐이라던데 맞느냐 하며 "그냥 학교 조교 같은 일이고, 어렵지 않아~ 취업준비하면서 놀지말고 가볍게 일하며 용돈벌이 한다는 생각으로 시작해볼래?" 하는 말에 소성규 교수님과의 인연은 시작되었습니다.

당시에 경기북부 통일교육센터 간사를 하던 임승환 선배는 학교 교직원이 되며 후임자를 찾고 있었고, 또 저는 마침 졸업유예로 시간이 많았으며, 학교 조교 정도의 업무에 공부할 시간이 많다는 선배의 꼬임에 넘어가 아주 가벼운 마음으로 그 제안을 받아들였습니다. 지금도 잊을 수 없는 소성규 교수님과의 첫 대면은 저의 면접이었습니다. 저는 취업도 처음이고 사실 취업이라고 거창하게 생각하지도 않았던 것 같습니다. 교수님께서 계신 자리에 가서 가볍게 인사만 드리면 된다는 말에 그야말로 정말 가벼운 차림으로 갔습니다. 하얀 블라우스에 검정색 살짝 찢어진 청바지를 입고 가는 말도 안돼는 일을 저질렀습니다. 소성규 교수님께서는 첫 만남에 이것저것 따져묻지 않으셨고, 많은 대화가 오가지 않은 채로 저의 면접은 끝이 났습니다. 그리고 그 후 2013년 7월부터 경기북부 통일교육센터 업무는 제가 맡게 되었습니다.

제가 교수님과 인연이 되어 2013년 7월부터 2020년 2월까지 경기북부 통일교육센터를 운영하고 2020년 3월부터 현재까지 통일교육 선도대학 사업단을 운영하면서 교수님과의 인연이 본격적으로 시작되었다고 할 수 있습니다. 첫 업무를 시작할 당시 저는 스물다섯 살이었고 30대가 훌쩍 넘는 지금의 시간까지 저의 가장 어리고 젊은 시절을 교수님 밑에서 일을 배우며 보냈습니다. 지금도 저는 이야기 합니다. 일이 가장 재미있고, 가슴이 뛰었고, 흥미로웠던 때는 경기북부통일교육센터에 재직 중이었던 때인 것 같다는 말을 합니다.

저와는 1도 상관없을 것 같은, 어쩌면 당시 대부분의 사람이 전혀 관심이 없을 '통일'이라는 문제로 업무를 시작하였습니다. 너무 기초지식도 업무 자체도 처음이었던 저는 아마 실수투성이였을 것입니다. 경기북부 통일교육센터의 업무는 생각보다 무거웠고 책임감이 따랐습니다. 통일부 산하의 기관이다보니 국민의 세금으로 운영이 된다는 점, 사업을 하는 사업성 부서로 운영해야 할 사업이 많고 성과를 내야 다음도 있다는 점이 저에게는 무거운 책임감으로 다가온 동시에 흥미로웠습니다. 왜 그 무거운 책임감이 저에게 흥미로웠나 지금에서야 생각을 해보니 저는 사실 검찰직 공무원을 꿈꾸던 학생이었습니다. 그래서 경기북부 통일교육센터 업무를 하면서 만나는 통일부 업무들 지자체 사업들이 저와 잘 맞았던 동시에 한 해 한 해 사업을 하며 더 성장해가고 있는 저를 발견하게 되며 일이 흥미롭게 다가왔던 것 같습니다.

'통일부' 산하 기관이었지만 '통일부(국립통일교육원)'라는 소속감을 주는 상황이 가슴 벅차게 어깨를 으쓱하게 만드는 것도 있었습니다. 교수님과 2013년부터 2024년 현재까지 함께 업무를 하고 있지만, 기억에 크게 남는 몇몇 일들이 있습니다. 교수님과의 크고 작은 모든 일들을 풀어쓰고자 하면, 저에게 정해진 분량을 훨씬 넘어서며, 하나하나 말해도 시간이 부족합니다. 제 기억에 남는 일화들을 몇몇 풀어쓰며, 교수님과의 인연을 다시 생각해보고자 합니다.

1. 온점(.)

업무를 시작하면서는 초기에는 소성규 교수님께 혼도 많이 났습니다. 교수님은 말로 하나하나 따지듯이 혼을 내지 않습니다. 그래서 더 교수님이 한없이 무섭게만 느껴졌습니다. 잘못한 부분을 정확하게 꼬집으시고 뒷말이 없으십니다. 그래서 제가 굉장히 부족한 사람처럼 느껴집니다. 하나하나 혼내시고 알려주시지 않기에 결국엔 제가 교수님의 말을 해석하고 스스로 고쳐야 했습니다. 교수님과의 업무 중 가장 처음 놀랐던 점은, 공문이나 보고서를 쓸 때에 교수님이 직접 하나하나 검토하신다는 것을 알게 되었을 때입니다. 지금 생각이 난 사건(?)은 처음 공문을 써서 교수님께 결재를 올렸는데 '온점(.)' 하나에 교수님께 꾸지람을 들었습니다. 문장을 마무리하고 찍지 않은 온점에 교수님은 결재를 반려하시며 *"법학과 나온 사람한테 문장표가 얼마나 중요한데 그걸 빼먹느냐"* 하는 질책을 받았습니다. 지금 되돌이켜 생각해보니 교수님이 무섭다고 느낀 첫 느낌이자 교수님과 저의 업무상 첫 강력한 기억인 것 같습니다. 그리고 그 말 속에 교수님은 저에게 책임감을 얹어 주셨던 것으로 받아들이게 되었습니다. '법학과 출신 그리고 공문의 무거움'

2. 수첩

    교수님은 늘 크고 높은 자리에 계셨어서 그런지 이제 막 첫 업무를 시작한 저에게 자세하게 하나하나 알려주지 않으셨습니다. 무언가를 지시하면 그 속에 포함된 모든 일들을 풀이하여 진행하여야 했습니다. 처음 일을 시작했을 때는 정말 지시하신 일만 하거나 그마저도 하지 못했습니다. 교수님의 말의 뜻을 못 알아들었기 때문입니다. 그래서 당시에는 원망 아닌 원망도 하며 뭘 하라고 시킨 건지 전혀 모르겠다며 한탄도 했지만, 10여 년이 훌쩍 지난 지금 생각해보면 제가 많이 성장할 수 있었던 계기였습니다. 그 뒤로 저는 교수님께서 부르실 땐 꼭 수첩을 가지고 갑니다. 무조건 적었습니다. 그리고 자리에 돌아와 생각하며 모르는 부분은 팀장님이나 다른 분께 물어가며 교수님의 의중을 파악했습니다. 10여 년 전의 저는 무조건 적었습니다. 교수님이 하시는 말씀 중 모르는 말이 있어도 일단은 적었습니다. 적고 나서 나중에 해석했습니다. 그리고 교수님과 동행할 때에 교수님께서 항상 작은 수첩을 지니고 다니신 것을 알게 되었습니다. 그 영향이 제게도 있었습니다. 교수님은 그 당시의 중요한 부분을 적는데 그치지 않고 돌아와 저와의 회의시간을 가질 때 다시 그 수첩을 꺼내어 하나하나 보시며 회의를 하십니다. 그냥 지나치지 않으시는 것도 배웁니다. 꼭 적은 것은 다시 보며 회의하시는 것, 그것에 앞서 '수첩'에 적는 것.

    사실 지금의 저는 교수님이 하시는 말씀은 적지 않고 알아듣습니다. 뭘 원하시는지 무엇을 말씀하시는지 알고 있습니다. 제가 생각해도 많이 큰 것 같습니다. 교수님은 저를 성장하게 하셨습니다. 하지만 잊지않으려고 적습니다. 지금은 꼭 수첩을 들고다니며 적지 않지만, 핸드폰이든 손바닥이든 잊지 않기 위해 적습니다.

3. 배움

　세 번째 일화로 무엇을 하면 좋을지를 생각해보니 또 저의 지난 10년이 파노라마처럼 흘러갑니다. 그 중 '배움'이라는 단어가 갑자기 머리를 스치고 지나갑니다. 몇 년 전 쯤 교수님께서 저에게 ppt를 만들어 달라는 부탁을 하셨습니다. 사실 고백하자면 저는 컴퓨터를 전혀 다룰 줄 모릅니다. 지금도 종종 교수님께서 컴퓨터가 고장 났거나, 프린터기가 말썽이거나 핸드폰에 무언가를 다시 설정해야 하는 부탁을 하실 때 등줄기에서 땀부터 납니다. 각설하고 돌아와서 교수님께서 수업을 전면 ppt화 하실 때였습니다. 법학과의 특성인지 법학과 교수님은 대부분 칠판에 판서를 하시며 수업을 하십니다. 그런데 교수님께서 처음으로 학과에 ppt 수업을 진행하고자 하셨습니다. 저는 교수님께서 주시는 자료를 ppt로 만들어 드렸습니다. 그렇게 1년~2년 정도 정확하게 기억은 안 나지만 꽤 오랜 시간 교수님의 수업 자료를 만들어드렸습니다. 생각해보면, 교수님은 늘 교수법 수업도 다녀오시고, 다른 특강도 들으시며 제자리에 머무르지 않은 분이셨기에 ppt도 시작되지 않았나 싶습니다. 한참을 그렇게 제가 ppt를 만들어 드리고 있을 무렵, ppt의 특성상 시각자료도 함께 있어야 수업이 재미있다는 것을 느끼셨는지, 뉴스의 짧은 토막이나 영상들을 편집하여 ppt에 넣어줄 것을 요청하셨습니다. 그것도 해드렸습니다. 그러던 중, 제 업무가 많아지는 것을 아시고선 교수님께서 ppt만드는 법과 영상 편집하는 법, 편집한 영상을 ppt에 넣는 법 등을 알려달라고 하셨습니다. 어차피 제가 해드려야 한다는 마음을 가지고 대수롭지 않게 알려드렸습니다. 그런데 그 후부턴 교수님께서 직접 만들기 시작하셨습니다. 이 때 속으로 많이 놀랐습니다. 그냥 조교를 시켜도 되고 저를 시켜도 될 텐데 교수님이 직접 편집하고 자료를 만드셨습니다. 필요한 게 있으면 직접 배우고 그것을 실천하는 교수님을 뵈면서, 저에게도 그런 영향이 있었습니다.

제자리에서 머무르고 싶지 않았습니다. 더 먼 미래를 준비하고 싶었던 저는 대학원에 진학해야겠다 마음을 먹었습니다. 그렇게 경기북부 통일교육센터 업무를 하며 야간엔 대학원을 다녔습니다. 그게 제가 뒤돌아본 교수님의 영향으로 배움의 길에 가게 된 첫 걸음입니다.

그리고 '운전'입니다. 업무 초창기에 저는 면허가 없었습니다. 그러던 중 연천에서 매주 해야 하는 사업을 진행하게 되었습니다. 매주 제가 연천에 가서 수강생들을 위한 다과와 수업을 준비하고 진행해야 하는 사업을 앞두고 있던 때에, 첫 연천을 방문할 때 교수님과 동행하였습니다. 교수님의 차 옆자리에 타고 학교에서부터 연천까지 가는 사이에 저는 면허를 따야겠다는 마음뿐이었습니다. 앞으로 수업을 준비해야하는 사람은 '나'이고 교수님이 언제까지 데려다 주지 않는다는 것을 알고 있어서, 그렇게 면허를 따게 되었습니다. 정말 아주 급하게 면허를 따서 연천 사업을 진행하고 나서부터는 제 차를 끌고 다니며 사업 진행을 할 수 있었습니다. 그 덕에 저는 작고 소중했던 첫 차도 얻게 되었습니다. 그리고 제가 면허를 따고 운전을 하고 다니는 것을 알게 되신 소성규 교수님은 예상과 달리 제게 운전을 시키거나 제 차를 타는 일은 없으셨습니다. 그런데, 이 또한 시간이 흘러 교수님께서 제 차를 타고 가게 되는 일도 생겼습니다. 제가 운전하는 차로 서울도 가고 울진도 가고 꽤 많은 곳을 동행하게 되었습니다. '대학원 진학과 면허' 아직은 제 경험 중 겉으로 드러나는 가장 큰 배움의 시간이었습니다.

4. 호칭(인간관계)

교수님을 알게 되고 또 한 번 놀랐던 부분 중 하나가 '호칭'이었습니다. 교수님은 상대의 호칭을 그때그때 바꾸어 부르십니다. 예를 들어 어제까지 직위가 팀장이었으면 이 팀장, 김 팀장 등 그 직위로 호칭을 부르시지만 만약 바로 다음날 박사학위를 따면 이 박사, 김 박사로 누구보다 기뻐하시며 바로 변경하여 부르십니다. 단순히 호칭만 변경하는 것이 아니라 교수님 핸드폰에 저장되어 있는 이름도 변경합니다. 그걸 보며 저는 그것이 상대를 존중하는 법임을 배웠습니다. 호칭이 뭐가 중요하지 그냥 나와의 관계가 중요한 거지 라고 생각하며 살았던 저는 참 어렸습니다. 모든 인간관계가 호칭에서부터 시작되는 것을 교수님을 통해 알게 되었습니다.

그리고 그 호칭에 걸맞은 마음가짐, 상대에게 진심을 다하는 존중의 마음가짐이 중요한 것도 알았습니다. 교수님과 함께 일하며 정말 많은 분들은 만났습니다. 그리고 사람을 상대하는 법을 배웁니다. 업무적인 동행 뿐 아니라 교수님의 개인적인 일들로 인한 인연들도 만났습니다. 또, 한번 맺은 인연은 오래간다는 것도 알았습니다. 이제는 교수님의 소속 학회에 가면 꽤 많은 분들을 알고 있습니다. 한번 스칠 인연이라고 생각하고 말면 언젠가 또 업무적으로 만나게 됩니다. 연구용역의 연구자로 만나게 된다거나, 필요에 따른 인연으로 만나게 됨을 알았습니다. 그래서 스치는 인연이라도 잘 대하고 기억해야 한다는 것도 알았습니다.

5. 가치와 필요

교수님과 통일 업무를 하면서 가장 많이 은연중에 품었던 생각은 '왜 법학자가 통일이라는 일에 앞장서고 계시는 것이지?' 라는 의문 이었습니다. 이 부분은 교수님께서도 대외적인 자리에서 발표를 하실 때에 늘 시작하는 말씀입니다. 그런데 지난 10여 년 동안 함께 일하며 그 답을 알았습니다. 교수님의 자신의 가치를 높이신 것입니다. 법학자라고 해서 법학에만 몰두하는 것이 아니라, 세상을 보는 눈을 넓혀 또 다른 분야에 관심을 두심으로써 본인의 가치를 높이신다는 것을 알았습니다. '통일' 관련 업무를 하지만, 교수님이 정치학이 아닌 법학을 하시는 분으로써 더 오픈된 마인드로 해당 문제를 바라보실 수 있었던 것 같습니다. 예를 들면 통일을 정치학적인 시각으로만 바라보는 것이 아니라, 통일이 된 이후 법 제도적 변화, 행정지원의 변화, 토지의 변화 등 법학자로서 접근하시는 것을 보았습니다. 또 이것은 법학으로만 한정하는 것이 아니라 다른 학문들도 이와 마찬가지로 통일에 접근할 수 있는 것임을 알게 해주셨습니다. 이로써 '통일'이 나와 상관없는 문제가 아니라 나랑도 깊은 상관이 있는 일 일수 있겠구나를 알게 되고 저도 다른 사람을 만날 때 그렇게 설명을 할 수 있었습니다. 스포츠에서도 예술에서도 모든 분야에서 통일을 다룰 수 있다는 것을 지난 10년 동안 많은 사람들에게 필드에서 몸소 일깨워 주신 것 같습니다. 그렇게 교수님은 스스로의 가치를 높이고 어디서든 필요한 사람으로 만드시는 것을 보았습니다.

두 번째 기억으로 한참 '통일' 업무에 빠져있을 때 교수님께서는 제게 '민주시민교육'이라는 숙제를 던져주셨습니다. 그냥 단순히 지자체와 하는 용역사업으로 받아들이고 업무적인 입장에서만 접근했었습니다. '민주시민교육과 통일이 또 무슨 관련이라고..', '일반 시민들이 관심이나 있을까' 했던 저의 생각은 사업이 모두 마무리되고 완벽하게 바뀌었습니다. 역시나 교수님은 또 한 번 본인을 언제 어디서든 필요로 한 사람으로 만들고 계신다는 것을 알게 되었습니다. 민주시민교육이 한 참 화두에 있을 때 교수님은 제자리에만 머물고 계신 것이 아니라 또 한번 새로운 접근을 통해 일을 개척하고 본인의 가치를 올리셨습니다. 언제 어디서든 사업을 제안하고 계획서 제출하는 것에 머뭇거리지 않으십니다. 당시에는 기본적으로 제가 가진 일이 워낙 많다고 생각이 들어 자꾸 일을 주시는 교수님이 대단하기도 하고 또 원망스럽기도 했습니다. 하지만 지나고 보니 참 많은 것을 교수님께 직접 배운 것 같다는 생각이 듭니다. 저도 실제 대진대학교 교직원 정규직 면접을 볼 때 자기소개로 했던 말이 어디서든 필요한 사람이라고 저를 소개했던 것이 생각납니다. 국고보조금을 시작으로 지방보조금 지자체보조금 산학협력단 용역회계, 대학의 등록금 회계 등 많은 일들을 했기에 어디서든 필요로 한 사람이 될 수 있다고 포부를 밝혔던 일화가 생각납니다.

이 밖에도 무수히 많은 일들이 머리를 스쳐가지만, 대표적으로 꼽을 만한 일들을 생각해 보았습니다. 교수님께서 화갑을 맞이하신 올해 저에게도 많은 변화가 생겼지만, 교수님과의 인연을 밑거름으로 생각하고, 잊지 않고 어디서든 꼭 필요한 사람이 되어야겠다고 다시 생각하게 됩니다. 교수님과의 인연이 닿는 동안 저는 열정적인 20대를 보내기도 했고, 30대에 들어서는 결혼도 하며 가정을 꾸리게 되었습니다.

앞두고 있는 출산으로 잠시 자리를 떠나지만 떠나있는 동안에도 언제나 교수님의 앞날을 응원하겠습니다.

다시 저의 자리로 돌아왔을 때에도 교수님께서는 언제나 그 자리에서 최선을 다하고 계실 것이라고 생각됩니다.

저도 그 걸음에 동행하겠습니다.

소성규 교수와 좌담회 이야기

노겸 선생과의 만남 그리고 대진의 인연, 사랑 "좌담회"

날 짜 : 2024년 7월 4일(목)
장 소 : 경기도 연천군 한반도통일미래센터 통일관
사 회 : 임경식(경기북부저널 대표이사)
참석자 : 김규선(前연천군수),
　　　　서장원(前포천시장),
　　　　정찬영(前경기북부전기공사협회장,
　　　　　　㈜남양전기통신 대표이사),
　　　　최 윤(前대한건설협회 포천시협의회장,
　　　　　　태윤종합건설(주) 대표이사)
사 진 : 최재훈 박사(경인일보 경기북부 취재본부장)
기 록 : 천영성 박사(개성포럼 사무국장)

I. 노겸 선생과의 만남 그리고 대진의 인연, 사랑

2024년 7월 4일(목). 유난히 하늘이 맑다. 미세먼지 하나 없다. 경기도 접경지역 연천군, 통일미래세대 교류와 화합의 장, 통일체험 연수 시설 "한반도통일미래센터".

노겸 소성규 교수님 화갑을 기념하기 위해 제자 몇 사람들이 만났다. "한반도통일미래센터"는 통일부가 만든 전국에서 하나밖에 없는 통일체험 시설이다. 김규선 전 연천군수님 재직 시설 건립되었다. 이 시설을 건립하기 위해 당시 부지 소유권자인 재일교포를 만나러 일본까지 건너간 김규선 전 연천군수님 등이 함께 모였다. "노겸 선생과의 만남 그리고 대진의 인연, 사랑"을 기억하기 위해서다. 좌담회는 이렇게 시작되었다.

경기북부시사저널 대표이사 임경식입니다.

2024년. 대진대학교 노겸 소성규 교수님이 화갑을 맞이했습니다. 이를 기념하기 위해 그동안 석사·박사 제자들이 중심이 되어 준비위원회를 구성하여 "북 콘서트"를 준비하고 있습니다. 이 "북 콘서트" 필진으로는 제자, 전문가, 지인 100명 여명이 참여하고 있습니다. 저 역시 필진으로 참여하고 있습니다.

위원회 차원에서 논의결과, 제자 중에서 연륜과 경륜이 높으신 분 중에서 "대진사랑"이 남다른 4분을 모시고, 그동안 노겸 선생님과의 학문적 교류와 함께 그동안 나누었던 정담을 기록으로 남겨 놓자는 의견이 있었습니다. 어느 분으로 할 것인지에 대해 논의결과, 모든 분이 추천하는 공통적인 4분이 있군요. 바로 오늘 참석하신 분들이다. 그동안 노겸 선생님과 대진대학교 인연 가운데 가장 활동적이고, 열성을 가진 분입니다. 저 역시 이런 귀중한 자리에 사회자로 참석하게 되어 영광입니다.

우선 본인 소개부터 부탁드립니다. 고향 포함 사회 활동 경력 말씀 부탁드립니다.

김규선 : 제36대·제37대 연천군수를 지낸 김규선입니다. 1998년 제2회 전국동시지방선거에서 무소속으로 연천군의회 의원에 출마하여 당선되었으며, 연천군의회에서 부의장을 지내기도 했습니다.

2010년 제5회 전국동시지방선거에서 한나라당 후보로 경기도 연천군수에 출마하여 당선되었으며, 2014년 제6회 전국동시지방선거에서는 새누리당 후보로 경기도 연천군수로 출마하여 당선되었습니다. 2024년 현재에도 "국민의 힘" 당적을 가진 진정한 보수 정치인입니다. 그동안 연천군 청년회의소 회장, 민주평화통일자문회의 위원, 연천군 체육회 부회장, 연천군의원, 덕인장학회 이사장, 연천군 새마을회 회장 등 고향 연천을 위해 많은 활동을 했고, 2010년, 2014년 두 번 연천군수에 당선되었습니다,

아버지는 개풍, 어머니는 개성이 고향입니다. 실향민 가족입니다. 6.25. 전쟁으로 피난할 당시 조부모님은 돌아가셨고 외조부모님만 고향에 남고 자식들만 떠나보냈습니다. 설마 늙은이들을 어떻게 하겠느냐는 마음에서였다고 합니다. 결국, 그것은 영원한 이별이 된 셈이지요. 당시 저는 갓난아이였습니다. 아버님은 경찰관인데, 안동경찰서, 파주경찰서,

1954년에는 연천경찰서 개청 멤버이기도 했습니다.

저는 연천 전곡초등학교, 선인고등학교, 서정대학교, 서울사이버대학교를 졸업하고, 대진대학교 법무행정대학원(현재는 공공정책대학원)에서 법학석사학위를 취득했습니다. 당시 대학원 지도교수님이 소성규 교수님입니다. 물론 정치인 생활을 하면서 그전부터 알고 있긴 했지만, 대학원 지도교수님으로, 더욱 깊은 인연이 되었습니다. 제가 군수 시절, 교수님은 연천군을 위해 위원회 활동 포함 접경지역 발전을 위한 자문을 많이 해 주셨습니다.

정치적으로 저는 이한동 전 국회의원 지역연락사무소 보좌관으로 정계에 입문했으며, 이수성 전 국무총리를 존경합니다. 이수성 전 국무총리는 제가 군수 시절 "연천 DMZ국제음악제" 조직위원장을 맡는 등 연천군과의 인연이 있으며, 아직도 그 인연을 이어가고 있습니다.

서장원 : 제3대~5대 포천시장을 지낸 서장원입니다. 1958년 1월 20일 경기도 포천군 포천면 설운리(현 포천시 설운동)에서 태어났습니다. 포천에서 15대째 살고 있는 포천 토박이입니다. 대구 서씨가 실제로 포천시에 제법 많이 살고 있습니다. 지금도 농사를 짓고 있는 농사꾼이지요.

저는 선단초등학교, 포천중학교, 포천고등학교를 졸업했습니다. 이후 1979년 5월 15일 육군에 입대하여 1982년 2월 25일 병장으로 만기전역했습니다. 군 복무 기간 동안 "5.18. 광주민주화 운동", "12.12."를 직접 경험하기도 했습니다.

정치적 첫 경험은 1991년 포천군의원 선거에서 28표 차이로 낙선했고, 1995년 치러진 제1회 전국동시지방선거에서 제2대 포천군의원으로 당선되었습니다. 이때 만남 분이 소성규 교수님입니다. 그때는 아주 젊었지요(지금도 젊게 사시지만요). 이후 1998년 제2회 전국동시지방선거에서 제3대 포천군의원으로 당선되었습니다. 포천군의원 시절, 당시 이진호 군수님과 오치성 국회의원 등과의 사적 모임에 자주 참석하기도 했습니다.

당시 정치인으로 생활했지만, 공부에 대한 미련과 끈은 놓지 않고 있었습니다. 그동안 공부하지 못한 학업을 위해 야간대학에 다니기도 했습니다. 경성전문대학(현 경복대학교) 유통관리과를 졸업한 이후, 학업을 위해 대진대학교 (공공인재)법학과 95학번으로 소성규 교수님과 첫 인연을 맺었습니다.

2002년 치러진 제3회 전국동시지방선거에서 포천군수에 도전했으나, 낙선하고, 이후 2006년에 치러진 제4회 전국동시지방선거에서 포천시장에 도전했으나 또다시 낙선했습니다. 낙선 때에도 소성규 교수님은 저를 많이 격려해 주셨습니다. 이후 박윤국 시장이 제18대 총선 출마를 이유로 사퇴하면서 2008년에 치러진 재보궐 선거에서 제3대 포천시장으로 당선되었습니다(무소속). 2010년 제5회, 2014년 제6회 전국동시지방선거에서 제4대(한나라당), 제5대 포천시장(새누리당)으로 당선되면서, 포천시 첫 3선 시장이 되었습니다.

그동안 포천시 발전을 위해 자치분권 경기연대 공동대표, 포천군 학교운영위원회 위원장, 선단초등학교 운영위원회 위원장, 포천고등학교 운영위원회 위원장, 농업경영인회 포천읍 지회장, 포천시 새마을지회장 등 다양한 활동을 하기도 했습니다.

정찬영 : 저는 전북특별자치도에서 1952년 9월에 태어나 10대까지 평범한 시골 소년으로 자랐습니다. 20대에는 큰 도전을 맞이했습니다. 1973년 10월 18일. 군에 입대하게 된 것이죠. 경기도 연천군 군남면 진상리 소재 28사단 977포병대대 본부 포대 작전상황실에서 통신무전병으로 근무하며 군 생활을 충실히 마쳤고, 1976년 8월 18일. "판문점 도끼만행" 사건이 일어나던 날, 뒤늦게나마 무사히 전역신고를 하고 전역했습니다.

전역 후, 곧바로 새로운 도전을 시작했습니다. 대학을 졸업하고, 사회생활하면서 1981년 중매로 만난 김미화씨와 1982년 3월 14일 결혼하여 장녀 정은선(자영업 종사 중), 차녀 정은진(숙명여자대학교와 대학원 졸업 후 본교 조교로 근무하다가 현재 "남양전기통신주식회사" 근무 중), 쌍둥이 아들(쌍둥이 중 장남 정도홍은 대진대학교 공공인재법학과 졸업 후, 공기업에 근무 중이며, 차남 정도호는 경기도내 지방직 공무원으로 근무 중)이 있습니다. 2남 2녀의 자랑스런 아버지가 되었습니다. 이후 1985년 4월, 서울 송파구 방이동에서 "삼강전기"라는 상호로 전기공사업을 시작하게 되었습니다.

1990년에는 경기도 의정부시로 이전하여 더 큰 도전을 하였습니다. 1996년 10월에는 개인사업자를 법인사업자로 변경하여 "남양전기통신 주식회사"를 설립하여 현재까지 전기·통신·소방공사업에 종사하고 있습니다.

한국전기공사협회 경기도 북부회에서 2008년 1월부터 2011년 1월까지 부회장을 역임했고, 2011년 1월부터 2017년 1월까지 4대 회장, 2017년 2월부터 2020년 2월까지 한국전기공사협회 임원으로 활동하며 전기공사업계의 발전에 기여하였습니다.

2014년 3월에는 대진대학교 법무행정대학원 CEO과정(최고경영자과정)을 입학하여 2015년 2월에 수료했습니다. 대진대학교 CEO과정을 다니면서 그동안 못한 학업을 이루기 위해 2014년 9월 1일 법무행정대학원 공공인재법학과 석사과정에 입학하여, 2016년 8월에 법학석사학위를 수여받았습니다. 이렇게 대진대학교와 인연이 되어 오늘 좌담회에 참석하게 된 것을 영광으로 생각합니다.

그동안 의정부지역 통신협력회장 위촉(1999년 12월 1일~2003년. 체신부장관 남궁석), 경기도지사 임창렬 표창(2002년 1월 11일), 서울체신청장 유필계 표창(2006년 1월 19일), 지식경제부장관 이윤호 표창(2008년 5월 21일), 대통령선거 새천년민주당 대통령 후보 노무현 특별위원 위촉(2002년 12월 10일), 제19대 대통령선거 더불어 민주당 대통령 후보 문재인 중앙선거 대책위원회 위원 위촉(2007년 5월 1일), 한국전기안전공사 경기북부지역본부 명예본부장 역임(2008년 6월 1일~2016년 6월), 한국전기공사협회 경기도 북부회 2대 부회장 역임(2008년 1월~2011년 1월), 한국전기공사협회 경기도 북부회 회장 당선(3~4대 회장 역임), 한국전기공사협회 임원(2017년 2월~2020년 2월) 등의 활동을 하였습니다.

최운 : 저는 1954년 소성규 교수님의 고향인 경북 의성과 같은 지역구이며, 김수환 추기경님께서 탄생하신 삼국유사의 고장! 경북 군위가 고향입니다.

현재는 대구광역시에 편입되었습니다. 포천상공회의소 초대 회장님이신 김인만 회장님의 고향이기도 합니다.

1973년 군위종고 졸업 후 고향에서 농사일을 하다가 우연한 기회에 건설회사인 남양진흥기업(주)의 군위~안동간 도로확·포장공사 현장 계약직으로 회사생활을 하게 되었습니다. 현장에서는 경리업무, 자재업무, 현장측량 업무를 두루두루 하기도 했습니다. 당시 배원호 공사 주임의 권유로 측량을 배우게 되었습니다. 측량업무를 가르쳐 준 은인이기도 합니다. 이후 삼보측량기술공사에서 측량을 체계적으로 배워, 측지기사 자격을 취득하였습니다. 1979년 남양진흥기업 주식회사에 정식입사를

하게 되고, 이후 다양한 현장 업무를 경험했습니다.

저는 건설 토목기술자 출신으로 측량, 공무, 공사 등 현장실무를 하면서 "사즉생 생즉사(死卽生 生卽死)"의 각오로 남들이 기피하는 산간벽지, 오지현장과 탄광촌 등 열악하고 험한 현장을 자원해서 자신의 미래와 회사를 위해 성실히 근무했다고 자부하고 있습니다. 그 결과 회사에서 인정받아 명문 엘리트들을 제치고 3년 연속 최우수 사원상을 수상하고 빠른 승진을 했습니다. 처음으로 시행된 독립채산제식으로 1993년 3월에 지금의 경기도북부청사 전신인 경기북부출장소 건설과 발주인 ①포천관

내 창수~관인간 도로 확·포장공사, ②초성~신평간 도로 확·포장공사 현장을 맡게 되었습니다. 그 성과와 경험을 토대로 현재의 태윤종합건설(주)와 대윤건설(주)를 창립하여 운영하고 있습니다.

그동안 전 재경군위향우회장, 전 대한건설협회 포천시협의회장, 전 포천시 계약심의위원회 위원이었고, 현재는 포천시 기술자문위원회 위원, 개성포럼자문위원장을 맡고 있습니다.

1999년 경복대학교를 졸업하고, 대진대학교 법무행정대학원 공공인재법학과에 입학하여 소성규 교수님과 아름다운 인연을 맺어 지금까지 이어지고 있습니다.

임경식 : 오늘 참석하신 분들은 경기북부지역 유명인사입니다. 각자 분야에서 최고의 경지에 오르신 분들이지요. 살아오시면서 이루신 업적들이 정말 많으신 분들입니다. 그중에서 이것만은 내가 정말 제일 잘하고, 높이 평가받고 싶으신 일들이 있을 것 같습니다. 1~2가지만 말씀 부탁드립니다.

서장원 : 포천시장 재직시절, 광우병 파동이 있었고, "기업섬김이 대상"

을 받아 이명박 대통령님으로부터 청와대 초청을 받았습니다. 헤드테이블에 앉아 대통령님과 가까이서 대화할 시간이 있었습니다. 이때 구리~포천 간 고속도로 개설을 강력하게 주장했더니, 대통령님께서 시장님 생각을 잘 알았으니, 관계 부처에 챙겨보라고 이야기하겠다는 말씀까지 주셨습니다. 이후 시간이 걸리긴 했지만, 구리~포천 간 고속도로는 접근성 차원에서 포천 발전의 견인차 역할을 하고 있습니다.

둘째, 포천에 4개 산업단지를 유치한 점입니다(각 산업단지의 특색은 지면의 한계로 생략합니다).

셋째, 공무원들에게 일할 수 있는 분위기를 조성한 점입니다.

정찬영 : 저는 전기공사업을 경영하면서 경기도 전기공사업의 발전에 많은 노력을 했습니다. 특히 2006년 1월에 한국전기공사협회 경기도 북부회를 설립하였는데, 북부회 설립 추진위원으로 활동하기도 했습니다.

2015년 5월에는 한국전기공사협회 경기도 북부회 장학회를 독자적으로 설립하여 지금까지 운영하고 있습니다. 이 장학회를 통해 경기북부지역의 고등학교와 대학교 전기공학과 재학생들에게 매년 1월에 5명 정도를 선발하여 장학금을 전달하고 있습니다. 대진대학교 전기공학과 재학생도 매년 1명을 추천받아 장학금을 지급하고 있습니다. 이러한 노력을 통해 지역사회 인재 육성과 전기공사업의 발전에 기여하고 있습니다. 여러분들에게 제 이야기를 들려드릴 수 있어 기쁘고, 앞으로도 많은 관심과 응원 부탁드립니다.

최윤 : 저는 특별히 내세울 것은 없습니다. 평생을 건설 분야에서 "토목인"으로 살아온 만큼, 정부와 지자체에서 막대한 예산을 투자한 SOC 사업을 수행하는데 있어서, "최선을 다하는 완벽한 책임시공", "일류를 지향하는 최고의 기술 시공", "시대를 앞서가는 첨단시공"을 실천하려고

하고 있습니다.

회사의 모든 임직원과 현장의 기사, 근로자까지 수시로 안전문제를 주지시키고, 타사와 다른 현장의 모범이 되도록 운영한 결과, 재해대책 추진을 통한 국가사회발전에 기여공로를 인정받아 대통령 표창(2004.02.27.), 도로개발사업추진 공로를 인정받아 행정자치부장관 표창(2002.02.18.), 국토건설사업수행에 기여한 공으로 국토교통부장관 표창(2009.12.31./2010.12.31.), 재해대책에 기여한 공으로 경기도지사와 지자체 표창을 수차례 수상했습니다. 부단한 기술개발 시행으로 아치형 중복식 교량 등 여러 건의 교량특허 획득 등 부실공사 방지, 부실설계 방지, 합리적인 설계와 시공 등을 목표로 건설경제발전에 이바지했다고 생각하고 있습니다.

김규선 : 우선 서울 신설동에 연천군 출신 학생들이 공부할 수 있도록 "장학관"을 설립한 것입니다. 고향 연천을 떠나 공부하는 학생들을 위한

시설입니다. 소요예산 때문에 논란이 많았지만, 강력한 추진력으로 예산 확보를 했습니다. 제가 중학교 시절 서울로 등하교하기 위해 매일 4시 30분에 기상했습니다. 기차 시간에 맞추기 위해 깨던 게 버릇이 되었습니다. 아직도 새벽에 일어나 운동을 합니다.

둘째는 전철 유치입니다. 우여곡절 끝에 1호선 개통이 공식적으로 확정된 첫 출발점은 2013년 12월 31일을 잊지 못하고 있습니다. 이후 공무원, 정치인들의 역할이 있었고, 앞으로도 연천 발전을 위한 크게 기여하리라 봅니다.

셋째는 남북한이 참여한 국제 유소년 축구대회와 경기도 체육대회 유치입니다. 김문수 경기도지사님 재직 시절, 경기도 화성시에 개최 예정이던 경기도 체육대회가 연천군으로 바뀌면서, 열악한 체육시설을 확충하는 계기가 된 것 같습니다. 지금의 탁구 전용 경기장 등은 당시 만들어진 체육시설입니다.

넷째, 행정구역상 "읍·면"은 도로 개설에서 국비 부담이지만, "동"은 지자체 부담으로 되어 있었습니다. 관련 법률 개정을 통해 도로 개설 부담금을 국비 부담으로 변경한 것입니다. 이를 위해 김영우, 김성원 국회의원, 남경필 경기도지사, 오세창 동두천시장님 등 여러 정치인의 역할이 있었습니다.

임경식 : 유명하시고, 사회활동을 많이 하다 보니, 가정생활, 특히 아내와 아이들에게는 다소 소홀한 측면이 있었을 것 같기도 합니다만.... 저 역시 양주시의원 하면서 아내와 아이들에게 많이 소홀했거든요. 이 부분을 어떻게 극복하셨는지? 사모님 포함 아이들 자랑해 주셔도 됩니다. 조금 어려운 질문일지 모르겠습니다만, 아들, 딸, 사위, 며느리 등이 앞으로 세상을 어떻게 살아가면 좋을지? 나름 인생에서 성공한 선배 입장에서 아님 부모 입장에서 말씀해 주시면 좋겠습니다. 어느 분부터 말씀하시겠습니까?

최윤 : 아내(이정란)와 자식 이야기를 한다는 것이 많이 쑥스럽지만, 이런 기회가 주어진 만큼 한마디 한다면, 특히 저처럼 여기저기 지방과 현장 생활을 많이 한 입장에서 아내와 아이들에게는 정말 미안한 마음이 듭니다. 0점짜리 "가장"이었습니다. 요즘 같으면 한마디로 이혼감이지요. 그 시절에는 오로지 일밖에 몰랐던 것 같아요. 그때를 생각하면 한가지 가슴 아픈 생각이 나네요. 1984년경으로 기억됩니다.

강원도 탄광지대인 태백~사북간 도로현장에 근무할 때입니다. 신혼방을 요즘처럼 아파트는 고사하고, 수도도 없는 고한 탄광촌 쪽방을 얻었습니다. 제대로 된 신혼살림도 갖추지 못하고, 큰아들을 가졌습니다. 물을 영하 20도 이상 비탈길에 양동이로 길어다 먹어야 했는데, 아내가 만삭의 몸으로 무리를 해서 하혈을 하고 난리가 났지요. 저희 아버님이 병원이며, 용한 한의원을 찾아 약을 지어주셨습니다. 고맙게도 큰일 없이 잘 넘기기는 했지만, 지금도 그때를 생각하면 아찔하고 아내에게 미안하고 가슴이 아픕니다. 지금은 살다가 힘든 일이 있으면 그때 이야기를 하면서 서로 위로하곤 합니다.

인생은 각자 운명이 있나 봅니다. 지금은 아들 두 형제가 잘 자랐습니다. 둘 다 토목환경공학과를 졸업하고, 해병대 출신인 큰 아들(최홍섭)은 LH한국토지주택공사에, ROTC 장교 출신인 작은 아들(최영섭)은 서울시 공직자로 근무하고 있습니다. 우리 삼부자는 모두 토목환경공학과 출신으로 현재도 건설토목 분야에서 일하는 "건설토목 가족"이네요. 하하하. 특히 둘째는 소성규 교수님이 주례를 해 주셔서, 남다른 인연이지요.

지금은 우리 때처럼 먹고 사는 것이 그렇게 힘든 것은 아니지요. 각자 처한 환경에서 긍정적 사고로 일을 즐기면서 보람을 찾고, 예의 바르고 성실히 살아가면서 가끔 주위에도 관심을 가지고 주위와 더불어 살아갔으면 하는 바람입니다.

김규선 : 저는 딸(김민혜), 아들(김민재)이 있습니다. 딸은 서울대학교 의학박사로 현재 이화여대 서울병원 내과 의사로, 아들은 육군사관학교 졸업 후 현재 육군 중령입니다. 딸은 의사로서 아픈 사람을 위해 최선을 다하는 삶을 살고 있는 것 같고 아들은 국가보위를 위해 일하고 있습니다. 지금은 담배를 피우지 않지만, 딸 덕분에 금연을 결심한 적이 있습니다. 담배를 피우는 사람들은 아시겠지만, 금연하는 것이 그리 쉬운 일이 아니지요. 어느 날 딸과의 금연 약속을 계속 지키지 않고 있을 때, "딸과의 금연 약속을 지키지 못하면서 어떻게 연천군민들과의 약속을 지킬 수 있겠느냐"라는 딸의 일침이 있었지요. 금연을 하게 된 결정적 계기가 되었습니다. 자식들은 부모의 거울 같습니다. 신뢰를 잘 지키는 것이 중요할 것 같습니다.

가정의 평화와 화목을 위해 이룬 것은 모두 제 아내(이향순) 덕분입니다. 큰아버님, 큰어머님, 아버님을 모시고 살았고, 제사도 극진히 모시는 등 효부입니다. 저는 "남자를 만드는 것은 여자다" 라는 말을 실감하고 있습니다. 고맙고, 감사하지요(기록자 입장에서, 연천 사람들이 김규선 전 군수님 사모님 별칭을 "연천 신사임당"이라고 하는 이유를 알겠습니다)

서장원 : 저는 84년생, 87년생 아들이 두 명 있습니다. 아이들에게 늘 미안한 마음이 있지요. 학교운영위원장을 했지만, 아이들 담임선생님과 아이들 문제로 깊은 대화를 해야 하는데 그러질 못했습니다.

교장 선생님 등과 학교 이야기만 했지, 아이들 장래 문제 등에 대한 깊은 고민 이야기를 나누지는 못해 아쉬운 점이 있습니다. 아내 또한 같습니다. 정치한답시고, 술 먹는 나를 위해 아내가 대신 운전을 해주는 등 아내의 헌신은 이루 말로 표현할 수 없습니다. 이 지면을 통해서라도 사랑과 감사의 표현을 합니다. "내조의 여왕"이라고 말하고 싶습니다(지인들 모두가 한결같이 하는 말입니다).

세상이 그리 호락호락하지만은 않습니다. 인간사회에서는 더욱 그러합니다. 정치적으로도 말입니다. 대화와 토론을 통해 잘 풀어 갔으면 하는 마음입니다.

정찬영 : 저는 시골에서 태어나 세상 물정을 잘 모르는 청소년 시기를 보냈습니다. 20대에 군 복무를 마친 후 가정을 이루고 수도권에서 어렵게 전기공사업을 경영하게 되었습니다. 경영 초기에는 어려움이 많아 아내와 자식들에게 소홀한 면이 많았던 것 같습니다.

하지만 시간이 지나면서 환경이 점차 좋아졌고, 제 아내와 아이들은 자신의 역할을 충실히 해내며 성장했습니다. 현재 아이들은 지방직 공무원과 공기업에 종사하며 각자의 길을 걸어가고 있습니다.

사회에 모범이 되고, 가정과 직장에서 충실하게 역할을 다하며, 꾸준히 자기개발에 힘쓰는 사람으로 성장했으면 합니다. 항상 성실하고 진실한 마음으로 주변 사람들과 소통하며, 끊임없이 자기발전을 위한 노력을 아끼지 않았으면 합니다.

임경식 : 화제를 조금 바꿔 보겠습니다. 다들 나이가 있고, 사회적 지위와 명망이 높은 분들입니다. 늦은 나이에 왜 공부를 결심하게 된 것인지, 서울 소재 대학이나 대학원도 있는데, 굳이 대진대학교를 선택하게 되었는지 궁금합니다. 순서에 구애받지 마시고 자유롭게 말씀 부탁드립니다.

최윤 : 저는 토목기술자로서 평생을 건설 분야에서 측량, 공무, 공사 등 실무를 경험하면서 살았습니다. "토목인"이 왜 법학전공을 하는지에 대한 이야기를 듣곤 합니다.

우리나라는 각종 건설 관련 법률들이 현실과 상충되는 부분이 있습니다. 법제도 개선이 필요한 부분이 많습니다. 대학원 입학 당시 최대홍수 수위 변화에 따른 설계고(도로계획고, 교량 등)에 따른 문제점과 해결책을 고민하던 중, 부동산법제와 이 분야 전문가인 소성규 교수님과 함께 대화하고, 고민하기도 했습니다. 이 즈음에 소성규 교수님의 권유와 함께 토목건설 관련 법제도 개선을 연구하고자 대진대학교 법무행정대학원 공공인재법학과에 입학하게 된 것입니다.

김규선 : 저는 공부는 나이가 들어도 계속해야 한다고 생각합니다. 지금도 책을 열심히 보고 있습니다. 군수 재직 시절에도 그러했던 것 같습니다. "부모가 아이들이 공부할 수 있는 분위기를 만들어 주는게 중요하다"는 생각을 가지고 있습니다. 그런 의미에서 대학원 공부를 하고 싶었고, 수업시간에도 제일 앞에 앉아서 강의를 들었습니다. 나중에 안 사실이지만, 교수님들이 현직 군수가 제일 앞에서 강의를 들으니, 다소 부담스러웠다는 이야기를 듣긴 했습니다. 물론 서울로 대학원을 다닐 수도 있었지만, 경기북부지역 관학협력 차원이기도 했습니다. 사실 경기북부지역에서는 대진대학교 법무행정대학원이 소성규 교수님을 포함하여 제일 훌륭한 교수진을 갖춘 대학원이라고 평가했기 때문입니다. 이런 취지에서 연천군청 공무원들에게도 대학원에서 공부했으면 좋겠다는 독려를 하기도 했습니다. 이현주, 박영선, 오릴리, 이명란, 박충렬, 조태광, 박차남, 권영민 등이 대진대학교 대학원을 졸업한 것으로 알고 있습니다.

서장원 : 제가 초등학교 다닐 때는 중학교 입학시험도 있었습니다. 그 시험에 떨어진 적이 있습니다. 저 역시 대학에는 가지 못했습니다. 이런 저런 개인적 사정도 있었습니다. 포천시장 재직시절에도 학력평가에서 포천시가 전국에서 아주 낮았습니다. 이런 점을 감안하여 교육의 중요성을 인지하고, 서울에 공부하는 포천 학생들을 위해 "장학관"을 만들기도 하고, 교육 예산을 아주 많이 편성했습니다.

포천군의원 시절, 이런 사정을 잘 알고 있던 김승한 선배님의 권유로 경복대학교와 대진대학교에서 공부를 하기로 결심했습니다. 경복대학교는 경영학을 공부했지만, 의정 생활과 정치인 생활에는 법학이 훨씬 더 유용하다는 생각을 했습니다. 특히 당시 (공공인재)법학과는 야간학과였습니다. 낮에는 의정활동을 하고, 밤에 공부할 수 있어, 다른 한편으론 좋기도 했습니다. 특히 대진대학교는 제가 살고 있는 집과도 아주 가까운 거리에 있습니다. 이 시기에 저를 공부와 의정 생활에도 도움을 많이 주신 분이 바로 소성규 교수님입니다. 저로는 감사하고, 고마운 인연이지요. 그동안 함께 한 시간을 어찌 다 말과 글로 표현할 수 있겠습니까. 그저 감사하다는 말 밖에는…….

정찬영 : 저는 자기의 부족함을 잘 알고 이를 채우기 위해 노력하는 것이 인간의 본능이라고 생각합니다. 이러한 이유로 대진대학교 대학원을 선택하게 되었습니다.

대진대학교는 지인의 소개로 소성규 교수님을 처음 만났습니다. 이후 소성규 교수님께서 법무행정대학원장으로 CEO과정을 맡게 되면서 당시 경기북부 전기공사협회장인 제게 CEO과정 입학을 권유하셨습니다. 당시 서울 소재 대학교의 CEO과정 입학을 권유받기도 했지만, 경기북부지역에서 제일 훌륭한 평가를 받고 있는 대진대학교 CEO과정 27기로 입학하게 된 것입니다. 협회 내 다른 CEO도 함께 추천하기도 했습니다. CEO과정 재학 중 그동안 못했던 공부를 좀 더 하고픈 열정과 그동안 현장경험을 바탕으로 전기공사업의 발전방향을 남기고 싶어 법학석사 학위과정 입학 의사를 밝혔고, 그해 2학기에 정식으로 대학원에 입학할 수 있었습니다.

　대진대학교에서의 학업은 제게 큰 의미가 있었고, 많은 성장을 이룰 수 있는 소중한 시간이었습니다.

　임경식 : 대진대학교에서 공부하시면서 각자 분야 관련 논문을 쓰신 것으로 알고 있습니다. 왜 이런 논문을 쓰게 되었는지? 이유가 궁금합니다. 혹시 졸업 이후 결실을 맺은 것이 있는지? 너무 어려운 질문 같기도 합니다만....대답할 수 있는 것만 말씀 주셔도 됩니다.

　정찬영 : 저는 "전기공사업에 관한 법제도 개선방안"(2016년 8월 12일 졸업)으로 논문을 쓰게 되었습니다. 전기공사업을 40년 동안 경영하면서 쌓은 경험과 노하우를 바탕으로, 전기공사업법을 연구하고 개선하기 위해 이 주제를 선택했습니다. 특히 공사 분리발주와 전기공사계약법에 대한 개선을 위해 노력했습니다. 그러나 법제도 개선에는 여러 가지 절차와 어려운 점이 있는 것 같습니다. 앞으로도 전기공사업의 발전을 위해

노력을 할 예정입니다.

최윤 : 저는 "주거용 집합건물의 공급 및 관리제도에 관한 법정책적 과제"(2016년 2월 19일)로 논문을 작성했습니다.

우리나라는 높은 인구밀도와 도시화로 토지의 효율적 이용이 절실합니다. APT와 같은 공동주택의 필요성은 인정되지만, 현재의 공동주택은 사법인 집합건물법과 공법인 주택법의 이원적 체계로 규율되고 있습니다. 중복적 규정으로 인해 법 해석과 적용상의 문제점뿐만 아니라 체계적인 공동주택 관리에 필요한 법 규정이 미흡한 측면이 있습니다. 선분양 후시공의 문제점(아파트를 살 때는 어느 정도 완성되었을 때 구입해야 하는데 우리나라는 앞으로 입주 예정인 견본주택을 먼저 보고 아파트를 구매하는 선분양 제도임), 공동주택의 관리제도의 문제점 등의 법정책적 과제에 대해서 연구했습니다. 앞으로도 하자담보책임(계약해지권, 하자보수청구권, 손해배상청구권 등), 관리단관 입주자대표회의의 상호관계 등에 관한 연구는 계속되어야 하리라 봅니다.

김규선 : 저는 "통일 후 북한 토지소유권의 처리방안"(2015년 8월 14일 졸업)으로 석사논문을 작성했습니다. 개풍과 개성에 있는 실향민 가족이기도 하고, 연천군이 DMZ 등이 제일 가까운 곳에 있습니다. 이런 점에서 연천군과 제 가족사 등을 종합적으로 고려하여 논문을 작성해 보았습니다.

현직 군수 시절이라 바쁜 시간이었지만, 새벽에 일어나 제일 먼저 했던 일이 논문 작성이었던 같습니다. 물론 소성규 교수님의 조언과 자료 제공 등의 도움을 받기도 했습니다.

서장원 : 처음에 소성규 교수님과 함께 생각했던 논문 주제는 "경기분도"에 관한 연구로 석사학위 논문을 생각했습니다. 그러나 자료 부족과

함께 법리 분석이 너무 어려웠습니다. 현재 김동연 경기도지사가 추진하고 있는 "경기북부특별자치도" 추진과 맥락을 같이합니다. 그러던 중 접경지역 문제와 통일을 생각하면서, 남북교류협력에 관한 연구로 논문 주제로 변경하기로 하고, 논문을 작성한 것이 "남북한 교류협력 법제의 개선방안에 관한 연구"(2009년 2월 20일 졸업)입니다. 2024년 현재는 남북관계가 경색되어 있지만, 지방자치단체가 남북교류협력의 주체로 법 개정이 이루어진 점 등은 제가 연구한 부분이 반영되어 다행이라고 생각합니다. 앞으로 남북교류협력을 통해 통일이 앞당겨지는 계기가 되길 희망합니다.

임경식 : 모교인 대진대학교가 앞으로 경기북부지역에서 어떤 역할을 했으면 좋을지? 향후 계획은? 너무 추상적이고 거창할지 모르겠지만, 가족을 위해 무엇을 하고 싶은지? 국가나 지역사회에 당부하고 싶은 말씀도 좋고요. 말씀 부탁드립니다.

서장원 : 현대 사회는 성과 위주와 치열한 경쟁의 시대 같습니다. 이런

시대에 그래도 "나와 인연이 있는 사람들이 행복했으면 좋겠습니다". 너무 거창할지 모르겠지만, "국가정책 역시 국가와 지역사회 입장을 함께 생각하면서, 서로 윈윈하는 정책"을 공무원과 정치인들이 했으면 합니다.

정찬영 : 대진대학교의 역할인 지역 인재양성과 고용 창출에 힘써 명문대학으로 발전하기를 바랍니다. 아울러 경기북부지역 주민들과 유대감을 형성해 지역경제 활성화까지 도모하여 우리 지역과 함께 성장하고 발전하는데 기여할 수 있기를 기원합니다.

우리 모두에게 제일 중요한 것은 바로 건강입니다. 정신적 건강과 육체적 건강, 이 두 가지야말로 우리 삶의 근간이 되는 보물입니다. 평범한 시민으로서, 저는 이것이 우리의 가장 큰 자산이라고 믿습니다. 건강한 몸과 마음이 있어야 가정도, 사회도, 국가도 번영할 수 있기 때문입니다.

자신의 건강을 소중히 여기는 삶이 되었으면 합니다. 이를 위해 규칙적인 운동, 균형 잡힌 식단, 충분한 휴식으로 자신의 몸을 돌보십시오.

스트레스 관리, 긍정적인 사고, 좋은 인간관계를 통해 정신건강도 챙기시길 바랍니다. 우리 각자가 건강하게 살아갈 때, 가정과 국가도 더욱 건전하고, 건강한 사회가 될 것입니다.

최윤 : 대진대학교와 개성포럼은 경기북부지역이 처한 특수한 환경을 감안하여 지역발전을 위한 노력을 확대해 갔으면 좋겠습니다.

저 역시 가족을 위해서는 그동안 앞만 보고, 오로지 회사와 일에만 몰두했습니다. 앞으로 못다 한 가족의 의견을 많이 듣고, 많은 시간을 함께 하도록 할 예정입니다.

아울러 지금의 우리 사회에 가장 필요한 것은 "사람"입니다. 중앙정부 차원에서 출산과 양육정책을 최우선 국정과제로 채택해야 한다고 봅니다.

마지막으로 인성교육의 중요성을 말씀드리고 싶습니다. 이를 위하여 "명심보감"과 "주자십회"(주자십훈, 송나라 유학자 주자가 제시한 10가지 후회를 적은 한시)를 꼭 읽어보시길 권유 드립니다.

김규선 : "남에게 폐가 되지 않지 않는 삶", "건강을 위해 늘 운동하는 삶", "늘 공부하는 삶"이면 좋겠습니다. 저는 그동안 지역에서 일하고 있는 후배 리더들에게 남겨 주기 위한 메모장을 굉장히 많이 보관하고 있습니다. 기회가 되면 그 메모장 내용을 글이나 강의를 통해 후배 정치인들에게 남기고 싶은 생각이 있습니다(회고록이나 출판 정도는 아니고요).

요즘 개인적으로 후배들이 죽어 가는 모습을 보곤 합니다. 화장장에 가면서 시신 운구할 6명이 없는 현실을 봅니다. 남은 시간, 나와 함께 정을 함께 나눌 친구나 후배 6명 정도는 있어야 하지 않을까 생각을 해 봅니다.

국가적으로는 통일을 생각해 봅니다. 북한을 도와준다는 생각보다는 같은 민족, 동족이라는 생각이 중요하다고 봅니다. 개인적으로는 북한에 있는 조상님들 유해를 모시고 싶네요(눈시울이 붉어짐....). 이정도 하겠습니다. 감사합니다.

임경식 : 노겸 소성규 교수님 화갑을 기념하기 위한 좌담회에 참석해서 귀하고 소중한 말씀에 감사합니다. 후학들이 잘 새기면 좋겠다는 생각을 합니다. 선배님, 모두 건강하시고 행복하시길 기원합니다. 감사합니다.

Ⅱ. 신선불취단(神仙不醉丹: 술을 취하지 않게 해주는 처방)

- "뒷풀이"

좌담회는 한 편의 시와 같았다. 하나의 장편소설의 분량을 한 장의 시로 표현해내듯 30년이라는 시간을 3시간에 담아내는 과정은 한 편의 시가 완성되기까지 시인의 고뇌가 느껴지듯 쉬운 일은 아니었다. 문장 하나 단어 하나 아끼어가며 표현한 30여년의 시간의 회상의 여운은 뒷풀이에서도 이어졌다.

필자는 기록을 위해 함께 자리를 했을 뿐 좌담회와 뒷풀이에서 옵저버(참관인)의 역할을 했으며 그 옵저버의 시각으로 뒷풀이의 이야기를 정리하고자 한다(기록과정에서 소성규 교수님의 조언이 있었음). 장소의 특성상, 술을 한잔 나누는 자리의 특성상 그리고 필자가 알 수 없는 다양한 인물들의 등장과 체험하지 못한 시기에 대한 무지로 온전히 옮기지 못하였음을 미리 고백하고 양해를 구한다.

좌담회장에서 식당으로 이동하는 차 안에서 소그룹 대화는 이어졌다. 뒷풀이 장에서는 차 안 소그룹 대화가 이어져 앞의 내용을 알 수 없는 김규선 전 군수님의 이야기로 시작되었다.

"내가 연천에서 아까 얘기했듯이 다양한 사회활동을 했고 민주자유당 전곡읍협의회 회장을 시작으로 지금에 이르기까지 정당명은 바뀌었어도 정당은 바뀐 적이 없다니깐.

합당 때 당적이 바뀐 사람들이 많지". 필자가 추측으로, 1997년 김대중 대통령의 새정치국민회의와 김종필의 자유민주연합이 공동 여당의 목표를 가지고 결성한 연합인 소위 'DJP연합'때의 이야기로 추정된다.

당시 공무원으로 추정되는 많은 분들의 이름이 열거되고 그 분들과 관련된 에피소드가 참석한 분들에게 즐거움을 주었다. 그리고 "남은 삶을 같이 건강하게 같이하길"이라는 건배 제의를 하시면서 멀리 떨어져 앉은 분들에게 "멀리 앉았네. 문자 보내"란 당부를 잊지 않으셨다. 잔을 부딪히지 못한 미안함을 "문자 보내"란 유머로 표현하시며 참석자 전원을 챙기셨다.

그리고 "OO는 요즘 어때?"라는 질문과 "OO은 죽었어"라는 답변이 오고 간다. 요즘 표현으로 리즈 시절 불같은 열정으로 같은 목표를 바라보고 치열한 삶을 살아간 전우들의 안부를 그리고 수많은 인연의 고리로 얽혀 추억을 공유할 수 있는 공통분모인 지인들의 부고 소식을 덤덤히 받아들이고 전하는 노병의 모습이었다.

　최윤 회장님의 건배 제의가 이어진다. 여담으로 필자가 평소 알고 있는 평소 최윤 회장님은 항상 준비를 해오신다. 개성포럼 자문위원장으로 축사를 하시게 되면 항상 축사를 미리 준비하시고, 준비하신 원고를 토대로 축사를 하시고 축사를 하시기 전까지 수정하고 수정하신다.

　최윤 회장님의 건배 제의는 간단하였지만 함께 하는 모든 분들을 향한 최윤 회장님의 마음을 전달하였다.

　서장원 전 시장님의 건배 제의로 이어간다. 요즘 세상의 승자는 행복하게 살아가는 사람들입니다. 우리는 정치한다고 행복하지만은 않은 삶을 살아왔습니다. 그런 면에서 보면 우리는 패자입니다. 그러나 우리는 열심히 살아왔습니다.

시장은 제가 했지만 엄청난 역할은 이 자리에 계신 분들이 해주셨습니다. 이 자리에 참석해주신 소성규 교수님 그리고 인생의 선배님들 감사드립니다. 하지만 학교는 제가 선배죠. 하하하. 우리가 함께 했음에 감동 그리고 감사합니다.

소성규 교수님의 건배 제의가 이어진다. 저는 박사입니다. 하지만 박사보다 훌륭한 세 사람이 있습니다. 그 세 사람이 여기 계신 여러분입니다. 여러분의 공통점은 "밥사", "술사", "감사"입니다. 밥을 잘 사고, 술을 잘 사고, 그 모든 것에 감사하는 마음을 가진 여러분들에게 감사하는 마음입니다. 젊은 나이에 교수가 된 저를 동생처럼 함께 잘 도와주신 여러분들에게 감사드립니다. 그런 의미에서, 김규선 전 군수님의 '김', 서장원 전 시장님의 '서'로 건의 제의 드리면, 정찬영 회장님의 '정', 최윤 회장님의 '최'로 답해주시기 바랍니다. 저의 감사의 마음을 담아 건배를 제의합니다.

"김서", "정최"

감사합니다.

　귀한 분들과 귀한 시간을 갖게 되었다고 이에 감사한 마음을 표현하기 위해 참석자 전원에게 복숭아 1박스씩 선물을 주셨던 정찬영 회장님의 건배 제의가 이어졌다.

　저희 모임은 "정"이 넘치는 모임입니다. 그래서 가급적 저희 모임 참석을 우선으로 하고 있습니다. 그러나 최근 학술세미나 등 지방행사가 있어 참석하지 못해 송구합니다. 우리는 항상 "정"이 우선입니다. 우리의 우정은 영원할 것입니다.

　오늘 좌담회의 사회를 맡아 진행해주시고 뒷풀이 자리까지 진행하여 주신 임경식 대표님은 노겸 소성규 교수님의 8월 20일, 북콘서트의 성공을 3행시로 기원하였다.

　뒷풀이에 참석해주신 양주시 김현수 의원님, 연천군 이명란, 박차남 동문 그리고 사진 촬영을 위해 귀한 시간을 내어주신 최재훈 박사님의 건배 제의까지 이어지며 술자리는 깊어지고 있었다.

　집에 들어갔더니 취했냐고 물어보길래 안 취했다고 했지. 솔직히 취했지. 술이 취해서 옷도 제대로 벗지 않고 잠이 들었는데 다음날 내가 벗어놓은 옷이 그대로 있는 거야. 보기에 그렇잖아. 특히 아이들도 보는데 말이야. 다음 날 아침에 옷 좀 정리 좀 하지 그냥 두었냐고 안사람한테 물으니 안사람이 이렇게 답하더라구 "당신이 그걸 봐야 느낄 거 아니야" 정말 여자는 남자를 변화시켜. 여자가 남자를 변하게 한다니깐. 이렇게 현명한 집사람이 있었기에 지금의 내가 있는거라니깐. 하하하.

지방자치단체의 기초단체장으로 그리고 젊은 날부터 건설현장에서 수많은 시간을 한결같이 보내오시고 지금도 그 자리에서 역할을 감당하고 계시는 회장님들의 인연, 기억 그리고 사랑 이야기는 수십 권의 분량의 책으로 기록해야 할 방대한 이야기이다.

지금 이 시간, 이 시대의 영웅들이 살아온 이야기는 한 편의 시와 같이, 짧은 문장, 짧은 단어로 함축되어 표현되어 진다. 이 시를 올바르게 전부 이해한다는 것은 독자 역시도 자신의 삶을 시로 표현할 수 있는 연륜에 도달했다는 것일지도 모른다.

오가는 많은 대화만큼 술잔도 채워지고 비워진 술병이 늘어간다. 하지만 이 자리에서 마시는 술은 그 본연의 기능을 하지 못하였다. 술을 마셨으나 취하지 않은 안주 바로 30여년의 시간 동안의 소중한 추억이 바로 "신선불취단"이기 때문이다.

소성규 교수의
지인들 이야기

노겸선생님과의 만남, 학문적 교감, 그리고 감사함

강한구

입법정책연구원 국방혁신연구센터장

노겸선생님과의 만남과 우정

○ 만남의 계기가 된 '군과 지역사회발전연구회'

군과 '지역사회발연구회', 줄여서 '군지연'! 이 연구모임은 제가 노겸 선생님을 뵙게 해준 연결고리입니다. 왜 이 모임을 만들게 되었는지는 '모임의 명칭'을 보시면 짐작이 가실 것입니다.

그 배경은 이렇습니다. 군은 국가안보를 책임지는 조직으로 군사전략적으로 중요한 거점에 주둔하면서, 훈련하고 보급품을 지원받아 전시에 대비하는 집단입니다. 이러한 군의 주둔과 활동은 불가피하게 △대규모의 토지 점유, △군사시설보호구역 지정에 따른 주변지역의 토지이용 제한, △훈련시 소음, 진동 분진 등을 발생시키게 됩니다. 이 때문에 지역

주민과 해당 지자체는 군의 주둔과 훈련을 반대하고, 다른 지역으로 이전해 갈 것을 요구하게 됩니다. 하지만, 군은 이를 모두 받아들이기 어렵습니다. 이리하여 이른바 군과 지역사회간 갈등이 발생하게 되는 것입니다.

이렇게 발생되는 민군간의 갈등은 1980년대 이후 확산된 민주화운동과 1991년에 부활된 지방자치제도가 정착되면서 심화되었습니다. 갈등(conflict)! 여기서, '갈'은 칡(葛)을, '등'은 등나무(藤)를 각각 가리킵니다. 그리고 '칡은 왼쪽 방향(시계 반대방향)'으로, '등나무는 오른쪽 방향(시계방향)'으로 감아 올라가는 습성이 있습니다. 이에 따라 이 둘은 한번 엉켰다 하면 그야말로 제대로 뒤엉켜버리고 맙니다. 제3자의 도움이 없이는 엉킴을 풀기 어려운 지경(?)에 이르게 됩니다. '군과 지역사회발전연구회'는 바로 이들 상황을 연구하여, 군과 지역사회가 상생(윈-윈)할 수 있는 방안을 모색하고 제언하기 위해 2009년도에 출범하였습니다.

연구회가 출범되기 직전의 10년 동안, △주한미군기지 이전사업(2002년 2월 입지 확정), △특전사이전 사업(2005년 8월 이전 결정), △기무부대 이전사업(2002년 4월 입지 확정), △제주해군기지 건설사업(2007년 6월 입지 확정) 등이 추진되었습니다. 그리고 이를 둘러싼 군과 지역사회간의 갈등은 과거와 달리 지역차원을 넘어 사회적 문제로 비화되었습니다.

또한, 파주의 무건리 사격장과 인제의 과학화훈련장에 대한 확장 반대와 공사저지를 위한 실력 행사도 이 시기에 발생했습니다. 여기에, 토지이용을 규제하는 '군사기지 및 군사시설보호구역(이하 군사시설보호구역)'의 △해제, △축소, △규제완화에 대한 지역사회의 요구도 군과 지역사회간 갈등을 증폭시키는 요인으로 작용했습니다.

이 결과, 분산된 군사시설을 사령부 단위로 통합하려던 '한국군의 부대재배치 방침(2007년 전후)'은 철회되기에 이르렀습니다. 지역사회가 자기 지역에 주둔하는 군부대가 다른 지역으로 떠날 것을 강하게 요구하는 상황에서, 다른 지역으로부터 이전해오는 것은 더욱 거부했기 때문입니다. 군부대는 사회적 기피의 대상이 되었으며, 이를 둘러싼 '님비(NIMBY: Not in My Back Yard)' 현상은 전국으로 확산되어 갔습니다. 그리하여, "군부대를 타 지역으로 이전하겠다"는 선거공약이 지방선거와 국회의원 선거에서 등장하기 시작하였습니다.

발족 당시, 우리 '군지연'은 △연구기관(한국국방연구원, 국토연구원), △대학(대진대학), 그리고 △공공기관(한국국토정보공사)에 종사하는 연구자들로 구성되었습니다. 저와 노겸선생님은 이 연구회의 이른바 창립회원으로 만난 것입니다.

창립 직후, 군지연은 △다양한 민군갈등 현상에 대해 조사하고 토론하였습니다. 우리는 현장 방문(경기도 제2청사, 의정부시청 등)을 통해 실상을 파악하고 논문발표회도 개최했습니다. 이후 우리의 연구활동에 공무원과 예비역 장교분들이 참여하게 되었으며, 2024년 현재 군지연은 회원수 40명에 이르는, 소박하지만 알찬 연구모임으로 발전하였습니다.

○ 기호식품(?)을 통해 깊어진 우정

제가 한국국방연구원 재직자로서 정년을 1년여 앞두고 있던 2015년 전후로 기억됩니다. 저와 노겸선생님과의 관계(?)가 긴밀해 진 시기가 말입니다. 창립 초기, 자주 참석하지 못하셨던 노겸 선생님께서는 이 시기에 접어들면서 참여의 강도(?)를 높이기 시작하였으며, 기호식품(?)이 유사하고, 또 귀가 방향이 같았기 때문입니다.

우리 연구회는 토론회를 마치면 반주를 곁들인 저녁식사로 뒷풀이를 하곤 했습니다. 그날도 노겸 선생님과 저는 청량리역에서 의정부행 1호선 전철에 몸을 실었습니다. 못다한 이야기(?)를 다하기 위해 석계역에서 하차하기로 합의하고 말입니다. 공통의 기호품인 알콜이 웬지 부족한데다, 하고픈 이야기들이 남아 있었던 모양입니다.

1차 뒷풀이에서 만땅 채운 상태에서 2차 시기에서는 아마도 술이 저희들을 챙겼던 것 같습니다. 초여름으로 기억됩니다만, 포장마차에서 여러 이야기를 나눴답니다. 그때 제일 기억에 남는 것은 "강박사님! 미래는 걱정하지 마십쇼. 저는 정년이 15년 정도 남아있으니까요. 계속 연구하시는데 도움을 드릴테니까요"라는 노겸 선생님의 말씀이었습니다. 사실 너무 반갑고 고마운 말씀이었습니다. 12시 쯤 해서 노겸 선생님은 택시로 귀가하셨고, 저는 그날 선생님께 감사의 메시지를 날렸습니다. "교수님, 감사하고 힘이 납니다!"라고 말입니다.

그 이후 노겸 선생님과 저는 자주, 석계역에서 추억쌓기를 계속했습니다. 그때마다, 선생님께서는 격려의 말씀을 해주셨고, 저는 그때마다 감사의 메시지로 응답하곤 했답니다. 그리고 선생님은 실제로, 저를 '대진대학교 법정책연구소'의 객원교수님으로 만들어 주셨으며, 올해(2024년)로 5년째가 되었습니다.

지난 해 12월 중순경, 노겸 선생님은 객원교수 연장 건에 관해 말씀하셨고, 저는 감사하면서도 미안한 마음에 흔쾌히 응답하지 않았습니다. 하지만, 노겸 선생님께서는 "객원교수 신분을 유지하는 편이, 앞으로 대진대학교와의 공동연구에 참여하기가 용이할 것입니다"고 하시면서 후견인(?)으로서 강한 의지를 표명하셨습니다. 이리하여, 올해는 대진대학교 법정책연구소에서 대진평화통일교육연구원 객원교수라는 귀한 신분을 얻게 되었고, 인간적인 교감의 폭은 깊어가고 있답니다.

학문적 교감과 감사함

○ 공동연구를 통한 학문적 교감

노겸 선생님과의 인간적인 관계는 공동연구를 통한 학문적 교감으로 발전되었습니다. 2019년 국방부가 발주한 '영평사격장 주민이주 방안 연구(노겸 선생 책임, 2019.07 종료)'를 시작으로, 2020년에는 '2020 ~ 2024 군사기지 및 군사시설 보호구역 등 관리기본계획 수립 연구(강한구 책임, 2020.05 종료)'와 '지뢰제거에 관한 법안 연구(노겸 선생 책임, 2020.10 종료)'를, 그리고 2023년에는 '드론산업과 연계한 기회발전특구 추진전략 연구용역(강한구 책임, 2023.12 종료)을 함께 수행하였습니다.

　논리적으로 주둔부대와 지역주민과간의 갈등문제는 피해발생원과 피해주민을 격리시키면 해결될 것입니다. 즉, △피해발생원인 군사시설을 다른 곳으로 이전시키거나, △피해주민을 안전한 곳으로 이주시키는 것이겠지요. 영평사격장관련 연구용역은 후자에 해당하는 것으로, △영평사격장 주변지역에 피해구역을 설정하고, △이곳에 거주하는 주민 수를 산정하여, △이 분들을 대상으로 이주 의사 등을 파악하여야 했습니다. 참고로 주민을 이주시키는 측면에서 민군갈등을 해소하려는 시도는 이 과제가 최초였을 것입니다. 그간의 민군갈등 관련 연구는 모두 군사시설을 타 지역으로 이전하는 방안을 모색하는 연구였기 때문입니다.

　노겸 선생님의 그 풍부한 인적 네트워크는 바로 여기서 효력을 발휘했습니다. 연구과정에서 △연구진이 설정한 사격장 피해지역을 방문하고, △주민을 면담하여, △설문 조사를 실시하여야 했기 때문입니다. 노겸선생님은 "포천지역은 저의 제2의 고향입니다"고 하실만큼, 방문하는 곳마다 선생님의 지인들이 계셨습니다. 그 덕택으로, 연구진은 △이주대상 주민의 산출, △이주시 보상항목 식별 및 항목별 보상액 설정, 그리고 △총 소요 보상액 등을 추정하여 연구에 반영할 수 있었습니다.

　그리고, 노겸 선생님의 인적 네트워크가 포천시를 넘어 멀리 연천지역까지 이르고 있음은 '2020 ~ 2024 군사기지 및 군사시설 보호구역 등 관리기본계획 수립 연구(2019.12~2020.5)'를 수행하는 과정에서 확인되었습니다. 이 과제는 국방부가 2020년부터 2024년까지 5년간 전국에 지정한 '군사시설 보호구역'과 '비행안전구역'에 대한 관리계획을 수립하는데 필요한 계획(안)을 작성하는 연구였습니다. 따라서 연구진은 전국의 육군, 해군, 공군 부대와 지방자치단체를 선별하여 방문하고, 군과 지자체가 당면한 구역관리와 관련된 애로사항과 건의사항 등을 조사하게 되었습니다. 출장은 관련 조기에 정확한 실태파악을 위해 동절기인 2019년 12월과 2020년 1월에 집중되었으며, 이때 강원도, 대구광역시, 부산시, 충청남도, 경기도에 주둔하는 육해공군 부대와 시청 및 군청을 방문하였습니다.

돌이켜 볼 때, 참으로 현명한 선택이었습니다. 출장이 마무리된 2020년 1월말로 부터 20여일이 지난, 2020년 2월 20일, 정부는 '코로나 발생'을 공식적으로 선포하였기 때문입니다. 만약 출장계획을 뒤로 미뤘다면, 부대방문은 불가능했을 것이고, 따라서 연구에서 절대적으로 중요한 '군사시설보호구역과 비행안전구역에 대한 관리실태와 문제점'에 대한 파악은 불가능했을 것입니다.

다시, 노겸 선생님의 인적네트워크 얘기로 돌아가겠습니다. 연구진은 출장계획에 따라 경기도내 고양시청, 양주시청, 포천시청, 연천군청, 경기도 제2청사 등을 방문하게 되었는데, 역시 가는 곳마다 노겸 선생님의 역할이 돋보였습니다. 2020년도 새해가 막 시작된 시기라서 행정적으로 바쁜 와중에도, 담당관님들은 면담에 적극적으로 응해주셨고, 자료도 흔쾌히 제공해 주셨기 때문입니다.

특히, 연천군청에서는 연장될 지하철 1호선의 연천역사 건설 예정지점이 탄약고의 탄약양거리(군사시설보호구역)내에 위치하고 있음을 알게되었고, 노겸 선생님의 오랜 지인 공무원의 배려로 엄동설한에도 불구하고 현장을 방문할 수가 있었습니다. 이러한 과정을 통해, 연구진은 △군사시설보호구역에 대한 정보관리체계 구축, △필지별 작전성 검토가 아닌 특정 구간에 대한 행정위탁 확대, △탄약고 주변지역에 지정하는 공로거리 제도의 명확화 및 운영확대 등을 제안할 수 있었습니다.

노겸 선생님과의 세 번째 공동수행과제인 '지뢰제거에 관한 법안 연구(노겸 선생 책임, 2020.10)'에서는 선생님의 법률적 전문성과 열정을 확인할 수 있었습니다. 이 과제는 군사전략적으로 필요가 없게 된 지뢰를 제거하는 절차와 이 과정에 민간업체가 참여와 관련된 기준 등이 포함된 법률안을 마련하는 것이었습니다. 당초 국방부의 요청 사항은 ①민간업체가 군사적으로 불필요한 지뢰를 제거하는데 필요한 법률안을 작성하는 한편, ②군이 지뢰를 제거하는 데 필요한 법률안을 작성한 후, ③2개 법률안의 장단점을 비교하여 최종적으로 최적의 법률안을 제시하는 것이었습니다.

이에 연구진은 ① 1차적으로, 군이 지뢰를 제거하는데 필요한 각 종 규정을 담은 '지뢰제거법률안'을 작성하고, ② 2차적으로, 이 과정에서 민간부문에 위탁가능한 영역을 식별하여 법률안에 반영(조정)하는 제안서를 작성하기로 하였습니다. 지뢰는 비군사화(폐기) 조치가 끝날 때까지 국방자산이자 위험물이기 때문에 이의 제거와 관련된 모든 과정을 군이 책임감을 가지고 제거활동을 주도하여야 한다고 판단했기 때문입니다. 결국, 이러한 연구진의 발상은 국방부의 요구사항을 대폭 변경한 것으로, 심사하는 과정에서 '요구 불충족' 또는 '요구 비이행(괘씸죄)'으로 불합격될 가능성이 높다는 의견도 있었습니다.

하지만, 우리가 제출한 제안서는 선택되었습니다. 국방부는 우리의 생각에 동의해준 것입니다. 그리고, 법률전문가인 노겸 선생님의 활약으로 과제는 순조롭게 진행되었으며, 중간보고서는 새로 부임하였기에 착수보고를 받지 못했던 군사시설국장으로부터 "이제 제대로 맥을 잡았네요"라는 평가를 받았습니다. 그간 수차례에 걸쳐 '지뢰제거에 대한 법률안'이 마련되었지만, 법제화에 이르지 못한 상태였기 때문입니다.

이 과제는 △지뢰의 속성, 제거 방법, 불필요한 지뢰 분포 등과 함께, △국제기구가 제시한 '인도적 지뢰제거'와 관련된 지식을 섭렵하여야 했으며, △법체계에 대한 전문성도 요구하였습니다. 과제 책임자인 노겸 선생님은 특히, 법률안의 작성 부분을 담당하셨는데, 연구수행 중 소속 대학에서 큰 임무를 맡게 되자, 본인의 연구수당 사용하여 후배 교수를 보조 연구자로 투입하는 등 자기 책임을 다하는 모습을 보이셨습니다.

이러한 과정을 거쳐 연구과제는 성공적으로 마무리되었고, 제출된 법률안은 국방부의 실무 검토와 수정을 거쳐, 2024년 2월 20일, '지뢰의 제거 등 지뢰대응활동에 관한 법률(법률 제20312호)'로 제정 및 공포되었습니다. 우리가 작성했던 연구결과가 위험한 지뢰를 보다 안전하고 확실하게 제거(인도적 지뢰제거)할 수 있는 법률로 탄생되게 된 것입니다.

이로부터 3년이 지난 2023년 8월, 이번에는 포천시가 발주한 용역을 노겸 선생님과 공동으로 수행할 기회가 주어졌습니다. '드론산업과 연계한 기회발전특구 추진전략 연구용역'이라는 명칭의 용역은 포천시가 정부가 추진하는 '기회발전특구제도'를 활용하여 드론산업단지를 신청하는 데 필요한 논리와 자료를 작성하는 것이었습니다. 노겸 선생님으로서는 제2의 고향이라던 포천지역의 발전에 기여할 기회가 찾아 온 것입니다.

특히, 이 과제는 노겸 선생님과 단둘이서 수행하였는데, 우리는 당초 포천시가 요청한 드론산업단지라는 개념을 대폭 확대시켜, 민군공용의 △드론인증센터, △드론인큐베이팅센터, △드론정비센터, △드론교육센터, △드론생산단지, 그리고 △드론지원센터 등 6개 조직으로 구성된 이른바 '포천 민군복합 드론클러스터'라는 개념으로 확장시켰습니다. 지뢰제거관련 법률 용역에 대한 제안서 작성시, 국방부의 요구사항을 대폭 변경했던 것과 마찬가지로, 이번에는 포천시의 요청 범위를 대폭 확장시켜버린 것입니다.

포천시는 이같은 우리의 구상을 그대로 수용하였으며, 2024년에는 제안된 6개 조직 가운데 △민군복합 드론인증센터, △민군복합 드론정비센터, △민군복합 드론교육센터에 대한 세부 구축계획(안)을 요구하는 용역이 발주되었답니다. 노겸 선생님께서 정년하시는 5년 이후가 되면, 포천시에 민군이 공동으로 사용하는 민군복합 드론클러스터가 그 윤곽을 드러낼 것이고, 이에 따라 많은 사람들이 포천지역에 들고 나게 될 것입니다. 이렇게 될 때, 포천시는 노겸 선생님을 어떻게 평가하게 될까요.

○ 여러 단체에의 초대와 감사함

정신적인 후견인이자 학문적으로 가르침을 주셨던 노겸 선생님은 또 다른 방면에서 저에게 귀한 기회를 주셨습니다. 선생님은 다방면에서 대외 활동을 수행하셨던 만큼 많은 모임을 이끌고, 또 참여하고 계셨습니다.

이 가운데 '개성포럼'은 연구자로서 과년(?)한 제가 활동할 수 있게 된 모임입니다. 선생님의 추천으로 말입니다. 노겸 선생님은 항상 저를 "대한민국 최고의 군사시설전문가"라고 소개해 주셨습니다. 과분했지만, 싫지만은 않았습니다.

이 포럼은 4~5년 전에 창립되어, 주로 △남북통일문제, △접경지역문제, 그리고 △민군협력문제 등을 연구하고 토론해 오고 있는데, 저는 그간 몇 차례 논문을 발표할 기회도 얻었습니다. 이 과정에서 저는 개성포럼에 참여하는 많은 전문가님들을 뵙게 되었고, 또 친분도 쌓게 되었습니다. 동시에 포천지역에 대한 저의 이해도와 친밀도는 커지고 넓어졌으며, 그 결과로서 포천시가 발주한 용역에서 포천시의 '산업단지 조성안'을 '민군복합 드론클러스터 조성안'으로 과감하게 확장시켰는지도 모릅니다. 형성된 '친밀함'의 '가시화'라고 표현할 수 있겠지요?

동시에 노겸 선생님의 지인들 가운데 많은 분들이 저의 지인이 되었습니다. 선생님의 제자, 대학동문, 지역 공무원 분들과 '토론의 장'과 '뒷풀이 장'에서 교분을 쌓았고, 이제는 이분들과 전화로 소통할 수 있는 단계에 와 있습니다. 이 자리를 빌어 이 모든 것들이 이루어진 것에 대해 선생님께 감사의 예를 올립니다.

남은 시간에 대한 바람

○ 노겸 선생님의 자랑스러움

이처럼 노겸 선생님은 누구라도 부러워할 여러 가지 장점을 지닌 분입니다. 선생님의 장점을, △남자로서 준수한 용모와 건강한 심신, △연구자로서 폭넓은 연구영역과 적극적인 도전 정신, △다양한 연구분야와 부지런한 연구활동, △교수로서 100명 이상의 석박사급 제자 양성과 이들과의 끊임없는 소통 등으로 들고 싶습니다.

노겸 선생님을 처음 뵈었을 때, 매우 준수한 용모에 피부가 곱고, 선하다는 인상을 받았습니다. 웃음이 많고 유머러스한 면모도 보여주셨지요. 또한, 법학을 전공하신 분으로는 드물게 군사시설보호구역과 민군갈등문제에 관심을 두고 있다는 점도, 선생님이 지닌 특징 가운데 하나였습니다. 일본유학시절에 들었던 "사회과학을 연구하는 학자의 연구테마는 항상 패셔너블(Fasionable)하여야 한다"는 교수님의 말씀이 생각났습니다. 한 분야를 깊게 연구하면서 사회가 요구하는 주제를 계속해서 쫓아야 한다는 것입니다. 이렇게 하여야만, 새로운 논문을 끊임없이 작성할 수 있으며, 그 결과로 사회발전에 기여할 수 있기 때문이라는 것입니다. 노겸 선생님은 일본 교수가 말한 바와 같이 법학자이지만, 사회가 요구하고 사회적으로 주목되는 분야를 다양하게 탐구하고 있는 셈입니다.

아울러, 노겸 선생님이 다양한 학회활동에 더해 여러 기관의 심사 및 자문위원으로 활동하시고 계시다는 사실을 최근에 알게 되었습니다. 그 덕분에 저는 '한국부동산법학회'와 '한국법정책학회'와 접촉할 수 있게 되었습니다. 법인만이 국가와 계약할 수 있기 때문에, △영평사격장 연구용역(2019)과 군사시설보호구역 연구용역(2020)은 한국부동산법학회와,

그리고 △지뢰제거법 연구용역은 한국법정책학회의 명의로 각각 계약하였습니다. 당연하게도 노겸 선생님은 이 2개 학회의 회장직을 순차적으로 맡고 계셨답니다.

그리고, 노겸 선생님은 대진대학교(공공인재법학과)에 봉직하는 동안 학부 졸업생에 더해 석사 101명과 박사 10명의 제자를 길러내신 분입니다. 일반적으로 대학 과정(학사 과정)은 일반사회에서 요구하는 인재 양성에, 그리고 대학원 과정(석사 및 박사 과정)은 연구자를 양성하는 것에 목적을 두고 있다고 얘기되고 있습니다. 그렇습니다, 노겸 선생님은 법학지식을 갖춘 연구자를 100명 이상을 육성한 셈입니다. 학술활동과 대외활동에 더해 전문가 양성활동에도 게을리하지 않으신, 매우 부지런하면서도 '연구자 다산왕'이라 할 수 있겠습니다. 100명 이상의 석박사를 배출하는 경우는 흔하지 않은 일이기 때문입니다. 더 중요한 것은 이들 제자들과 끊임없이 소통하고 교감하고 계신다는 점입니다. 너무(?) 부지런하신 것은 아닐까요?

가정밖의 일과 가정내 일을 모두 잘하기 어렵다고 합니다만, 선생님은 가족에 대한 사랑도 매우 깊은 분이라 여겨집니다. 그 예를 들어보겠습니다. 얼마 전 변호사 시험에 합격하였다는 선생님의 아드님은, 2020년도 즈음에 통역장교로 국방부에 근무하고 있었습니다. 당시 우리는 국방부가 발주한 연구용역을 수행중이었고, 이런 연유로 가끔 국방부 인근에서 식사할 기회가 있었습니다. 그때마다 노겸 선생님은 자제분과 전화 소통하셨고, 때로는 식사자리로 불러 내셨습니다.

장교신분으로 복무하고 있어 식사메뉴를 선택하는데 덜 구애받고 있을 테지만, 아버지로서 할 수 있는 역할을 다하신 것입니다. 이러한 연유로 그 아드님이 캐나다의 유명한 맥길대학(McGill College)에서 경제학을 공부하였다는 것도 알고 있답니다.

○ 노겸선생님에의 바람

잠시나마, 금년 화갑을 앞두고 계신 노겸 선생님과 저와의 만남, 그 이후의 인간적이고 학문적인 교감과 고마움, 선생님의 장점 등에 관해, 부족한 글솜씨로 회상해 보았습니다. 선생님의 외면과 내면을 존재하는 그대로 잘 표현하지 못했음에 죄송한 마음입니다. 저의 부족함을 너그럽게 이해해 주시길 희망합니다.

아울러 노겸 선생님께 앞으로도 계속해서 성원하고 응원해 주실 것을 부탁드립니다. 동시에 △준수한 용모, △과감한 연구분야의 개척과 집중, △인적 네트워크의 확장, 그리고 △가족에 대한 따뜻한 사랑, 이 모든 것들을 계속 유지하고 지속하시길 기원합니다. 이들이 이루어지기 위해서는 무엇보다 건강하셔야 되겠지요? 이 모든 것들이 이루어지기를 기원하면서 "**이 모든 것을 위하여**"를 크게 외쳐봅니다.

존경하는 소성규 교수님

고대유

대진대학교 행정정보학과 교수

어느 새 다가온 환갑을 진심으로 축하드립니다.

교수님을 처음 뵈었을 때가 생각납니다. 정직하게 말씀드리면 처음에는 조금 무서웠습니다. 빈틈없어 보이시고 약간은 차가우신 느낌이셨습니다. 저는 매사에 덜렁거리고 빈틈이 많은 편입니다. 같이 모시고 용역을 하였을 때 잘 보좌할 수 있을까 하는 걱정이 컸습니다. 하지만 그 걱정은 금방 해소되었습니다. 지난 7년간 교수님을 뵙고 느낀 마음을 표현하고자 합니다.

교수님께서 걸어오신 짧고도 긴 60년의 삶은 법학계 뿐만 아니라 우리 선후배들에게 귀감이 되어 왔습니다. 교수님께서는 언제나 연구에 깊은 열정과 헌신으로 저희에게 큰 영감을 주셨습니다. 법학으로 후학 교육에 헌신하시며 수많은 제자들에게 귀감을 주신 교수님의 노고에 깊은 존경과 감사를 드립니다. 또한 주변 교수님들과 후배들에게 자상하셔서 배울 점이 많았습니다. 제자들에게 애정이 각별하시고, 그 사랑과 관심으로 많은 학생들이 자신의 꿈을 이루기 위해 힘쓸 수 있었습니다.

교수님은 강단에서 단순하게 지식을 전달하는 분이 아니라, 열심히 일하는 사람을 인정해 주고 주변 분들을 예우해 주시는 분이십니다. 함께 일할 때마다 저는 교수님께서 해주시는 배려와 격려로 더욱 큰 동기부여를 받았습니다. 교수님께서는 언제나 제가 하는 것 이상으로 보상해 주셨습니다. 특히, 늘 밥과 술을 잘 사주시는 인심 좋으신 분입니다. 이로서 저는 항상 교수님께 감사한 마음을 가지고 있습니다.

학자로서 교수님은 이론과 실무를 두루 겸비하신 분이십니다. 교수님의 깊이 있는 지식과 현장 경험은 저에게 많은 가르침을 주었으며, 법학 연구는 물론 특히 통일 분야에 크게 기여하셨습니다. 또한 교수님께서는 연구에 진심으로 열정적이신 분입니다. 교수님의 지도를 받으며, 이론과 실무를 조화롭게 갖출 수 있는 길을 더욱 확고히 다질 수 있었습니다. 항상 연구와 교육의 최전선에서 끊임없이 노력하셨으며, 그 결과로 많은 업적을 이루셨습니다. 이러한 교수님의 헌신과 열정은 저에게 큰 영감을 주었습니다.

환갑을 맞이하신 지금, 지난 세월 동안 이룩하신 모든 업적과 헌신에 대해 깊은 감사를 드립니다. 교수님의 가르침과 정감 어린 모습은 저에게 큰 자산이 되었으며, 교수님의 따뜻한 마음과 배려는 저에게 큰 위로와 힘이 되었습니다. 앞으로도 저는 교수님의 가르침을 바탕으로 더욱 노력할 것입니다.

앞으로 교수님의 건강과 행복이 가득하시길 바라며, 새로운 인생의 장에서도 많은 성취와 기쁨이 함께하시기를 기원합니다. 교수님의 지혜와 경험이 계속해서 후배들에게 큰 가르침이 되기를 바라며, 저도 교수님의 발자취를 따라 노력하겠습니다.

다시 한번 환갑을 맞이하신 것을 진심으로 축하드리며, 존경과 감사의 마음을 담아 이 글을 전합니다.

진심을 담아, 고대유 올림

또 하나의 시작을 축하드리며...

김도협
대진대학교 공공인재법학과 교수

　지난 수년간 코로나로 인해 우리 모두가 힘겨워하고 낯설어하던 시기가 지나고 이제는 익숙하면서도 새로운 일상이 스쳐 지나는 많은 사람들의 표정에서 느껴집니다.

　이처럼 좋은 시기에 무엇보다도 제가 존경하고 감사하는 소성규교수님께서 화갑을 맞이하니 더욱 뜻깊고 기쁩니다.

　'화갑'을 맞이하는 많은 이들은 예나 지금이나 가족 등 주변사람으로부터 축하와 감사의 인사를 받을 것입니다. 이는 짧지 않은 60년이라는 세월 동안 기쁘고 행복했던 일뿐만 아니라, 때로는 아프고 힘들었던 일들조차 당당히 극복하고 오늘을 맞이하였다는 의미에서 어떤 이들은 축하하고 또 어떤 이들은 감사하는 것입니다.

　이 같은 의미에서 저는 오늘 화갑을 맞으신 소성규 교수님께 축하드림은 물론, 지난 20년 가까이 함께하고 있는 우리 공공인재법학과의 동료이자 후배 교수로서 깊은 존경과 감사의 마음을 올립니다.

제가 지난 2006년 우리 공공인재법학과에 전임교수로 임용된 이래 우리 소성규 교수님은 항상 커다란 소나무처럼 우뚝 선 변함없는 본보기가 되어주셨고, 또 한편으로는 우리 공공인재법학과의 높고 큰 울타리가 되어 주셨습니다. 특히, 단정하고 깔끔한 옷차림과 반듯하게 빗은 머릿결은 학생 앞에 나서는 스승의 무겁고도 설레는 참된 모습이 무엇인지를 보여주셨고, 학장, 대학원장, 입학홍보처장, 통일교육선도사업단장 등 중요한 직책을 수행하실 때에는 언제나 최선의 노력과 최고의 역량을 보여주셨습니다. 교수님의 이러한 모습들은 짧지 않은 세월을 함께해온 저에게는 너무나 큰 행운이고 축복이었다고 생각합니다.

존경하는 소성규 교수님은 탁월한 연구업적뿐만 아니라, 무엇보다도 한국부동산법학회와 한국법정책학회 등 여러학회의 회장을 역임하실 정도로 활발한 학계활동을 하셨으며, 이로 인해 우리 대진대학교의 위상제고와 학계 및 지역의 발전에도 크게 기여하셨습니다.

더욱이 교수님의 '법정책학'분야에서의 학문적 성과는 '평화경제특구 조성의 실효성 확보를 위한 입법체계 정합성 확립과 상호보완 방안', '여행알선업자 법적 지위 명확화 방안', '통일부 국립통일교육원 지원사업의 효과성 분석', '경기북부특별자치도 설치의 법정책적 과제', '미군공여지 특별법제정의 법정책학적 과제', '군사시설보호법의 개정방향', '경기북도 신설의 당위성과 방법론', '온천의 사권성 보장론', '2022년 평화통일대비 전문행정인 양성과정 교육영상 제작', '38선 평화공원 컨텐츠 개발 및 활용 연구용역', '지역특색에 맞는 양주시 주민자치회 모델 수립을 위한 연구용역', '상수원관리지역 규제피해에 대한 보상사업 추진을 위한 정책연구' 등 100여편의 연구논문과 용역 등의 업적으로 빛나고 있습니다.

아울러 교수님께서는 '학자가 바라보는 통일교육과 민주시민교육', '통일교육과 통일법제를 이해하는 열두 개의 시선', '가족정책법', '법여성학강의', '민법총칙', '채권총론', '채권각론', '채권법', '물권법', '주석 민법 채권각칙', '부동산법학' 등 다수의 전문저서를 발간하셨을 뿐만 아니라, 그 동안 많은 석사와 박사 등 후학의 양성에도 항상 정성과 노력을 기울이셨습니다.

 다시금 교수님의 화갑을 축하드리며, 지난 세월을 우리 공공인재법학과와 함께하신 교수님께 깊이 감사드립니다.

학문의 전환: 물리학에서 부동산학으로

김선주
경기대학교 부동산자산관리학과 교수

    대학 시절에 양자역학, 상대성이론 등 복잡한 이론들을 이해하며 과학의 경이로움을 심취했던 나는 대학 졸업 후 사회생활을 시작하면서 점차 경제와 사회 구조 등 현실적인 문제들에 더 관심을 가지게 되었다.

    그러던 중 부동산 시장의 급격한 변화를 경험하면서, 나는 부동산 시장에 대한 깊이 있는 분석 욕구가 생겼다. 부동산 시장의 복잡성과 변동성을 이해하고 예측하는 데 흥미를 느끼기 시작했다. 그리고 사람들의 생활과 직결된 부동산의 가치, 그리고 경제 전반에 미치는 영향력은 매우 흥미로웠다. 이에 부동산학을 체계적으로 공부하여 부동산 시장에 대한 전문적인 지식을 쌓고, 이를 바탕으로 현실적인 문제들을 해결하고 싶다는 생각이 들었다.

    새로운 학문을 배우는 과정은 쉽지 않았지만, 물리학에서 얻은 논리적 사고와 데이터 분석 능력은 큰 도움이 되었다. 부동산 시장의 동향을 분석하고, 데이터 기반의 부동산 정책 효과를 예측·분석하는 과정에서 과학적 접근 방식이 큰 장점을 발휘했다. 나는 부동산 관련 다양한 연구 프로젝트에 참여하였고, 약 80편의 연구 논문을 작성하였다. 이 과정에서 다양한 부동산 시장의 이슈와 동향을 깊이 있게 분석하고 연구할 수 있었으며, 이러한 경험은 나에게 부동산 시장에 대한 폭넓은 이해와 전문적인 지식을 쌓는 데 큰 도움이 되었다. 또한, 다양한 연구 주제를 다루면서 학문적 역량을 강화하고, 실제 시장 상황에 대한 분석 능력을 크게 향상하게 되었다.

물리학에서 부동산학으로의 전환은 나에게 큰 도전이자 기회였다. 두 학문은 매우 다른 분야이지만, 본질적으로 문제를 분석하고 해결하는 과정에서는 많은 공통점이 있다. 이러한 경험을 통해 나는 학문적 경계를 넘어 새로운 도전을 할 수 있는 자신감을 얻게 되었다.

부동산학을 공부하는 과정에서 다양한 전문가들과의 네트워킹을 통해 학문의 깊이와 폭을 확대할 수 있었다. 학계에서는 부동산학의 저명한 교수들과 연구자들과 교류할 기회가 많았다. 학회와 세미나에 참석하면서 최신 연구 동향을 파악하고, 다양한 연구 주제에 대한 깊이 있는 토론을 나누었다. 이러한 학문적 교류는 나에게 새로운 연구 아이디어를 제공하고, 기존의 연구 방법론을 더욱 정교하게 다듬는 데 큰 도움이 되었다. 또한, 공동 연구 프로젝트를 통해 다양한 연구자들과 협력하면서 연구의 질을 높일 수 있었다.

이 과정에 소성규 교수님이 계셨다. 소 교수님과의 만남으로 부동산법학회, 개성포럼, 경기도 지역혁신협의회 등의 활동을 하게 되었다.

먼저, 부동산법학회 활동을 통해 최신 부동산 법률 및 정책 변화에 대한 깊이 있는 이해를 도모하였다. 판례와 입법 동향을 분석하고, 이를 기반으로 부동산 법률의 적용과 실무적 의미를 탐구하였다. 이러한 과정은 부동산 법률 지식의 폭을 넓히고, 심도 있는 법적 이해를 확장하는 계기가 되었다. 특히, 세미나에서 발표와 동료 학회원들과의 토론을 통해 다양한 시각을 접하고, 이를 비판적으로 수용하며 자신의 논리를 더욱 견고하게 다지는 기회를 가질 수 있었다.

다음은 개성포럼에서 주로 논의된 주제들은 북한의 부동산 현안과 과제, 통일 이후의 부동산 문제 등이다. 이는 한반도의 평화와 번영을 위한 해결해야 할 중요한 과제들이었다. 이 포럼에 참여하면서, 한반도 통일이 단순히 정치적 사건이 아니라 경제적, 사회적 통합을 위한 복잡하고 다차원적인 과정임을 깊이 이해하게 되었다.

그리고, 지역 사회의 발전과 경제 활성화를 위해 다양한 전략과 정책을 연구하고 실행하는 기구인 경기도 지역혁신협의회 활동이 있었다. 해당 협의회에서는 경기 북부지역의 개발 저해 요인을 분석하고, 이를 극복하기 위한 발전 방안과 부동산의 효율적 이용 방안을 중점적으로 논의하였다. 이러한 활동들은 나에게 지역 사회의 발전과 경제 활성화를 위한 구체적인 방안을 마련하는 의미와 사회적 책임감을 함양하는 데도 중요한 역할을 했다.

이 모든 경험은 부동산학자로서 학문적 역량을 크게 강화하였고, 부동산 시장의 복잡성과 다양성을 이해하는 데 중요한 기반이 되었다. 또한, 학자로서 사회적 책임감과 부동산의 사회적 기여 문제를 고민하는 기회였다. 이러한 경험들은 앞으로의 연구 활동에서 중요한 자산이 될 것이다.

2:8 가르마

김영주

대진대학교 역사문화콘텐츠학과 교수

교수님 안녕하세요.
영주입니다.
벌써 화갑이시라니...
그런데 화갑을 축하드린다고 해야 할지 말아야할지 선뜻 판단이 되지 않습니다.
화갑이라고 하시기에는 일에 대한 열정과 생체 나이가 너무 젊으시니까요^^

교수님, 마음 가득 담아 진심으로 화갑을 축하드립니다.

교수님의 화갑에 즈음하여, 화갑 기념집에 실을 한 꼭지를 할애해주신 덕택에 교수님을 처음 뵈었을 때를 되뇌어봅니다.
25년 전이었죠. 99년 5월이었던 것 같습니다. 석사 1학기차라 정신없을 때였는데, 윤교수님께서 잠시 쉬는 시간에 "영주야, 수업 마치고 고시원장실로 가봐."라고 하시지 않겠어요.

'웬 고시원장실?'

아무튼 가보라고 하셨으니, 수업 후 고시원장실로 향했었습니다. 그리고 그 곳에서 아주 강렬한 인상의 교수님을 처음 뵈었습니다.

하얀색 와이셔츠에 푸른색 넥타이, 그리고 정갈하게 빗어 넘긴 2:8 가르마.

교수님의 첫 모습이었습니다. 빈틈없이 빗어 넘긴 가르마를 보면서 왠지 빈틈없으실 것만 같았던 첫 모습.

실제 빈틈이 없으시기도 했었죠. 사실 제가 그리 꼼꼼한 편은 아니었거든요. 그리고 이제 막 대학원 공부를 시작한 터라 놓치는 것이 꽤나 많았었습니다. 근데 교수님 일을 도우면서 보았던, 쉼표 하나, 마침표 하나까지 꼼꼼하게 체크하시던 모습이 마치 어떻게 공부를 해야 하는지를 알려주시는 것 같았습니다. 교수님과 25년의 인연이 그렇게 시작되었습니다.

근데 교수님.

25년의 세월은 많은 것을 변화시키기에 충분한 시간이지 않습니까. 그런데 교수님께는 변하지 않는, 그리고 아마도 앞으로도 변하지 않을 것 같은 것이 있는 것 같습니다. 앞에서도 잠시 말씀드렸던 건데...

2:8 가르마

모르긴 몰라도 모두가 동의하지 않을까 싶습니다. 뭐 아무튼 저는 교수님하면 제일 먼저 떠오르는 것이 정갈하게 빗어 넘긴 2:8 가르마니까요^^

25년 전 느꼈던, 정갈하다 못해 빈틈없어 보였던 그 2:8 가르마는 25

년이란 세월이 무색할 만큼 여전히 그렇게 빈틈없이 교수님의 가장 높은 곳에서 '나 소성규야'하면서 교수님을 떠올리게 하는 아이콘으로 자리매김하고 있는 것 같습니다.

교수님과의 첫 만남부터 지금까지의 시간을 추억하다보니, 애플의 창업자였던 고(故) 스티브 잡스가 했던 연설이 기억납니다. 2005년 미국 스탠포드 대학 졸업식에서 했었던, 인생에서의 선택을 '점과 점을 이어 긋는 것'에 비유한 연설이었는데 많은 이들에게 회자되었던 명연설이었죠. 잡스는 이렇게 얘기했었습니다. "내가 지금 한 일이 인생에 어떤 점을 찍는 것이라고 한다면, 미래에 그것들이 어떻게 이어질지는 예측할 수 없습니다. 그러나 10년이 지난 후 돌이켜보니 그 점들은 이미 모두 연결되어 있었습니다."라고. 그런 것 같습니다. 지금 제가 찍은 어떤 점이 미래에 어떻게 연결되어 있을지는 아무도 모르지만 미래의 어느 시점에서 되돌아보면 그 점들은 어떤 식으로든 연결되어 있는 것 같거든요.

교수님과의 인연도 그런 것 같습니다. 99년도에 찍었던 점 하나가, 교수님의 일을 잠시 도와드렸던 것에서 끝이 날 수 있었던 그 점 하나가 25년의 시간을 이어와서 지금 그 점들을 추억하고 있으니 말이죠. 그런데 가만히 들여다보니 25년 동안 교수님과의 관계맺음에 있어서의 점은 모두 교수님께서 찍으신 것 같기도 합니다. 대학원생때 처음 뵈었던 터라 쉽사리 먼저 말씀을 드리기도 어려웠을 뿐더러, 같은 학과 소속이 아니었다보니 함께 할 수 있는 시간이 없었었습니다. 그럼에도 학교 행사에서 뵈면 항상 먼저 식사를 제안해주셨고, 가끔씩 전화를 주셔서 식사나 맥주타임을 제안하시기도 하셨죠.

뿐만 아니라, 학술적인 부분에서도 많은 교류의 기회를 주셨던 것 같습니다. 특히, 2020년부터 2023년까지 4년 동안 일곱 차례나 대진통일콜로키움의 한 꼭지를 진행할 수 있는 기회를 주셔서 '종교, 평화, 통일'을 주제로 많은 분들을 모시고 심도 있는 논의의 장을 마련할 수 있었으니까요. 그리고 함께했던 몇 분들과 『종교와 평화를 말하다』라는 책을 책임 집필하기도 하였습니다. 정말 감사할 따름입니다.

* 종교와 평화를 말하다.

타과 대학원생이었던 저까지, 그리고 타과 교수인 저까지 챙기는 것이 사실 쉬운 일은 아니지 않습니까. 그런데도 교수님께서는 참 쉽게 하시는 것 같더라고요. 그래서 그런 생각도 듭니다. 쉽지 않은 일을 쉽게 하시는 것도 교수님만이 가지고 계신 능력이라고. 사람 좋아하시고, 베푸는 것 좋아하시니까 그렇지 않을까 하고 말이죠.

교수님.

교수님 화갑 덕분에 교수님과 함께 찍었던 점들을 추억해봤습니다.

이 글을 쓰면서 교수님께 비쳤던 저의 첫 모습은 어떠했을까 궁금하기도 합니다. 교수님께서는 제가 대학원생에서부터 교수가 되는 과정까지 많은 관심을 가지고 지켜봐주셨습니다. 그래서 작은 욕심 한 번 부려봅니다. 이 글을 읽으시면서 청년에서 중년으로, 대학원생에서 교수로, 한 남자에서 가장이 된 저의 모습을 한 번 추억해보시면서 잠시나마 미소 짓는 시간을 가져보십사 하는 작은 바램 말이죠. 물론 속 터지는 순간이 더 많으시겠지만요.^^

교수님.

화갑을 다시 한 번 마음 가득 축하드리며, 건강관리 잘하셔서 고희(古稀)때도 빈틈없이 정갈하게 빗어 넘긴 2:8 가르마의 사람 좋은 교수님의 모습을 뵐 수 있기를 앙망합니다. 그리고 25년의 기나긴 인연을 회상하며, 글을 쓰는 내내 미소 짓게 해주셔서 다시 한 번 감사드립니다.

* 오래된 학과 사진첩을 정리하다 97년도의 교수님을 뵙게 되었습니다. 그 해 여름에 개최되었던 한·일종교연구자 심포지엄 때의 사진입니다. 젊다 못해 앳되어 보이기까지 하네요.^^ 아직은 교수님과 저의 점이 찍히기 전이었지만 교수님께서는 학교의 스텝으로, 저는 심포지엄의 스텝으로 같은 공간에서 함께 했던 소중한 기억입니다.

시일야 파안대소

김욱한

㈜엘케이물류 회장, 체육학 박사(골프)

　소생이 노겸 소성규 선생과 손잡고 한세월 같이 지내온 건 경북고 동문이라는 인연입니다. 제가 56회이고 소 박사가 64회이니 8년 터울인 셈입니다.

　대구 출신으로 서울에 와서 만나 함께 해온 30여년 세월 동안 수 많은 추억들이 있지만 그 중에서도 SBS에서 주관하는 2024년 현재 22회를 맞고 있는 전국 160여 개 고교가 참가하는 고교동창골프대회에 소 박사와 함께 어깨동무하고 후배선수들을 선발하고 후원해서 우승까지 일궈냈던 기억이야말로 이 세상에서 맛볼 수 있는 최고의 경험이자 추억일 것입니다.

　노겸 소성규 교수 화갑 기념집 출간을 맞아 골프를 좋아하는 소성규 교수님과의 추억을 이 글에 담아 소중한 인연을 되새겨 봅니다(2017 SBS 고교동창 골프대회 경북고 또 우승!)

　대한민국 모든 고교동창들이 그리도 간절히 원하는 우승컵을 경북고 선수들이 2007년 대회 우승 이후 10년만에 2번째 품에 안았습니다(2017

년 경북고가 두 번째 우승 당시 제가 기록해뒀던 글입니다)

볼 하나에 하나 되다.

정으로 쌓아올린 두번째 영광.

시일야 파안대소!

오늘 같은 날 어찌 허리끈이 터져라 크게 웃지 않으리요.

세상이라고 사람들이 만나고 모여서 여러 가지 경험을 하면서 살아가고 있지만, 내가 이 세상에 태어나 지금까지 살아오면서 가장 잘한 일을 꼽으라면 우리 집사람 만난 것, 다음으로는 경북고를 졸업했다는 사실일 것입니다.

2017년 SBS 고교동창 골프대회 경북고 또 우승

남들이 보면 어찌 보면 아무것도 아닌 저들끼리의 축제일수도 있지만 그래도 우리한테는 적어도 경북고 동문들한테는 더없이 소중한 축복이지요.

대한민국 모든 고교동창들이 그리도 간절히 원하는 우승컵을 저희 경북고 선수들이 2007년 대회 우승 이후 10년만에 2번째 품에 안았습니다. 아마도 이 세상에서는 다시 해보지 못할 경험이요. 기쁨이 아닐까요. 커다란 축복이구 말구요. 말로 글로 다 표현할 수 없는 이 가슴 벅찬 감동이 꿈만 같습니다. 오늘 이 기분을 어찌 필설로 다 형언하리요. 그래도 이 순간을 기록으로 남겨야겠다는 소명감으로 한순간 한 홀 더듬어 다시 또 가슴 졸여 봅니다.

손홍래 선수의 마지막 1.8미터 퍼팅.

들어가면 우승, 안 들어가면 피말리는 연장이다.

차마 두 눈 뜨고 똑바로 보지 못하고 응원단 뒤쪽 카트에 돌아 엎드려 두 손 모아 기도하고 있는데 와! 하면서 우승을 외치는 함성으로 백화산 자락에 자리 잡은 상주뻘이 떠나가는 듯 천지가 흔들거린다.

"골프채 손에 잡은 이후 수많은 퍼팅을 해 봤지만, 오늘 이 짧은 퍼팅이 가장 어려웠다고 가장 힘들었다고 그리고 가장 짜릿했다"고 손홍래 선수의 고백이다.

얼싸안고 홀홀 뛰었다. 그냥 허공에 대고 맘껏 소리 질렀다. 10년 전 선수로 뛰면서 우승했을 때와는 또 다른 감회와 가슴 벅찬 감동에 목이 콱 메이고 눈시울이 뜨거워졌다. 단순히 작은 골프대회에서 우승한 것이 아니었다. 대한민국 건국 이래 산업화와 민주화를 거쳐 세계 10대 경제 강국에 들기까지 우리 경북고 선배님들이 계셨기에 오늘 우리 대한민국이 있다는 강한 자부심과 긍지를 가지고 살아왔는데, 언제부턴가 개인적으로는 치열한 삶의 현장에서 바쁘고 숨가쁘게 살아오면서 모교에 대한 기억들은 뒷전으로 밀려 있었던 게 사실이다.

이렇듯 아련한 추억으로만 존재하던 어릴 적 까까머리 시절에 대한 아득한 그리움과 모교를 잊고 지냈던 미안함이 한데 어우러져, 그냥 허공에 대고 울부짖듯 외쳐본다. 이겼다! 경북고! 경북고 만세!

목이 잠겼다.

2017년 11월 7일 화요일 아침

9시가 가까워지자 블루원 상주 골프장 입구가 북적북적 술렁거린다. 가을 날씨는 눈이 시리도록 좋다. 초대형 리무진 버스가 줄을 이어 들어온다. 창원기계공고 응원단이라고 팻말 붙인 버스 두 대가 입구를 가로막는다.

시끄럽다. 서부 경남 바닷가 말투와 소리가 거칠고 억세지만 정겨움을 자아낸다. 자신감 넘치는 듯 우승하러 온 게 아니고 우승컵 맡겨둔 것 찾으러 온 같다. 가족들도 보이고 동부인한 응원단이 많이 눈에 띈다.

응원 도구도 많다. 주황색 타올에 여러 가지 문구들 인쇄해서 준비해

온 게 우승을 향한 강한 염원을 느끼게 한다. 뒤이어 리무진 버스 두 대가 앞서거니 뒤서거니 들어 온다. 우리 경북고 응원단이다. 앞차는 서울서 온 차고 뒷차는 대구서 온 차다. 10년 전 우승했던 해부터 오늘까지 선수단 뒷바라지에 헌신해 온 56회 신원석 선수지원단장이 아침부터 부산하다. 오늘 응원단 점심 도시락부터 응원 도구까지 챙긴다고 바쁘다. 그동안 응원단 수가 다른 학교에 비해 눈에 띄게 적었기에 결승전 만큼은 현장을 찾는 동문 수가 조금만 더 많기를 기도했다. 정말 많이들 왔다. 100명을 훨씬 넘는다. 선수들에게 더없이 든든한 힘이다. 오늘 좋은 기운이 감돈다.

본인이 현장에 오신 게임은 패한 적이 없다는 불패 신화의 주인공 41회 이규태 왕고문님을 필두로 김정융 42회 선배님, 김승묵 61회 선수지원 부단장, 73회 남중관 아우 그리고 1백 수십명의 반가운 선후배님들이다. 대구 차에서는 이재철 교장선생님이 친히 응원하러 오셨다. 선수들의 자부심과 투지를 더욱 북돋우리라. 56회 엄용운·전동욱 동기를 비롯해서 59회 박정규·65회 이준우 아우 등이 대구 차에서 내린다.

고교동창 골프 최강전이 출범한 이래 2017년이 13회째, 전국에서 매년 160여개 고등학교가 모교의 명예를 걸고 치열하게 격돌하는 가운데, 우리 경북고는 10년 전 3회 대회 때 우승을 한 후 2017년까지, 총 13회중 11번이나 예선을 통과해 자타가 공인하는 고교동창 골프사의 전설이요 산 역사로 자리매김하고 있다. 겨우 6번 예선을 통과한 학교가 본선 진출 기록 2위라니 경북고의 위상은 가히 자랑할만 하다.

사실 요즘은 예선 통과가 하늘에 별따기다. 고교동창 골프대회 포섬 경기방식의 특성상 우승은, 선수들 개인 기량이 출중해야 함은 지극히 당연한 것이고, 전략·작전·팀웍 응원 1년여 기간 동안 동문들의 성원들이 한데 어우러진 종합예술의 결정체이다.

경북고는 공부만 잘하는 학교가 아니라 스포츠를 통해 다른 학교들과도 소통하고 화합할 줄 아는 명실상부한 명문 고등학교임을 만천하에 자랑하고 있다.

TV를 통해 중계방송을 보면서 전국 각지에서 응원을 해 주시는 4만5천여 동문과 그 가족들에게, 사는데 바빠 어쩌면 잊고 지내왔던 모교 사랑에 불을 지피는 계기를 만들고 있다는 자긍심이 선수들에게 더더욱 열심히 하도록 힘을 보태주고 있다.

2017년 3월 22일 162개 학교가 참여한 예선전에서, 경북고 골프사에 불세출의 전설이자 대한민국 아마골프계의 지존인 59회 손홍래 선수와 63회 이동용, 66회 백승재, 71회 김성호 선수가 출전, 32강을 뽑는 예선을 무난히? 꼴찌 32등으로 통과하였다.

본선 첫 경기는 예선 1위로 통과한 마산 용마고와 맞붙었다. 32강은 예선 1등과 꼴찌 32등·2등과 31등으로 조편성한다. 예선 꼴찌 32등 경북고를 조금 쉽게 생각한 용마고와의 대결은 오히려 쉽게 통과했다.

그러나 16강전 인덕공고와의 대결은 고전 끝에 연장전 벙커샷으로 승부를 갈라야 했다. 경북고의 히든카드 그린의 떠오르는 황태자 71회 김성호 선수의 1.2미터짜리 환상의 벙커샷 한방으로 신승, 가슴 졸이던 동문들에게 통쾌한 웃음을 선사했다.

8강전에서는 광주석산고를 6번 홀 마치면서 4up으로 가볍게 누르고 4강에 안착하면서, 올해야말로 10년 전 우승의 영광을 재현할 수 있는 절호의 기회로 동문들의 가슴을 설레이게 했다.

4강전은 풀리그방식으로, 4개 학교가 각각 한번씩 붙어 3게임씩 치룬 결과를 두고 승점제로 (승 2점 무승부1점 패 0점), 승점이 같을 경우에는 먼저 몇 번 홀에서 이기느냐, 즉 승부를 결정지은 홀수에 따른 점수 계산으로, 이것까지 같을 경우에는 승자승 원칙에 따라 상위 2팀이 결승에 진출하는 방식으로 치러졌다.

4강전은 우리가 10년 전 우승할 때 결승전 상대였고 그 후 절치부심

수년 전에 기어이 우승을 일궈냈던 남대전고 그리고 창원기계공고와 천안고가 예측하기조차 어려운 팽팽한 경기를 펼쳤다.

4강전 풀리그방식이 그 진가를 발휘하여 마지막 게임, 마지막 홀까지 가는 기가 막힌 절묘한 조합으로 우리가 2위로 결승에 진출했다. 이런 말도 안될 만큼 아기자기한 결과는 풀리그 방식만이 만들 수가 있는 경우의 수 중에서도 가장 재미있는 극적인 결과이다.

2017년도는 우승상금 2천만원, 준우승 1천만원, 3등 5백만원, 4등 3백만원으로 결승진출만으로도 최소 1천만원 장학금은 후배들에게 전해줄 수가 있다. 우리 경북고는 그나마 10년 전 우승경험으로 선수단이나 응원단도 조금은 여유가 보인다.

창원기계공고 응원단들은 우승 결의로 상당히 경직되어 있었다. 전반 9번 홀 파4. 현재 1up으로 우리가 이기고 가는 중이다. 좌측으로 굽은 도그랙 홀인데다 거리도 만만치 않고 오르막에 왼쪽으로 길게 헤저드가 있어서 시합때 마다 희비가 엇갈리는 승부홀이다. 마침, 37회 강신성일 선배님이 도착, 선수들에게 격려의 힘을 전해주신다. 건강이 좋지 않으시다고 TV를 통해 듣고 있는 터라 반갑고 고맙지만 걱정도 함께한다. 손홍래 선수의 드라이브샷이 휙 말리면서 좌측 헤저드 옆 벙커에 들어가서 위기를 맞았지만, 창원의 선수가 어프로치 뒷땅, 두 팀 모두가 보기로 비겨 전반 9홀을 1up으로 우리가 한 홀 이긴 상태에서 잠시 점심시간을 갖는다.

우린 알뜰한 살림꾼 신원석 선수지원단장이 도시락으로 주문, 선후배 간 잔디밭에 삼삼오오 모여서 소풍 나온 기분으로 가을 정취를 만끽한다. 백화산 자락에 단풍이 절정이다. 이기고 있으면 단풍이 눈에 들어온다.

오후 시합 재개, 후반 12번홀까지는 엎치락 뒤치락 하면서 방송을 재미있게 해 준다. 그 와중에도, 지금까지는 적어도 우리가 앞서거나 비기면서 진행해 오고 있다. 그런데, 13번홀을 내주면서 올 스퀘어가 되더니, 14번 홀을 아차 순간에 또 내주면서 졸지에 1down으로 뒤지기 시작한 채로 15번 홀로 이동한다.

1년간 가슴 졸이면서 여기까지 왔는데 밀려오는 허탈감과 안타까움에 다리가 풀린다. 선수단 분위기가 순간 무거워 진다. 마침 그늘집이다. 분위기를 직감한 우리 응원단들의 목이 터질 듯한 응원이 백화산 자락을 휘감는다. 그늘집 위쪽에서 잠시 이런 모습 내다 보고 있노라니 갑자기 콧잔등이 싸 해진다.

동문이란 이름으로 80세 되신 강신성일 선배님과 80년생 80회 응원단장 38세 조현국 아우에 이르기까지... 오늘 여기 결승전 현장에서 처음 만났지만 그 자리에서 악수하고 인사 나누고는 하나 되어 간절한 맘으로 그 무언가를 위해 기도하는 중이다. 같은 문으로 다니고 같은 창을 통해 세상을 보고 배워서일까. 동창이요 동문이란 이름으로 경북고 선후배 사이가 확인된 순간부터는 마치 오래도록 잘 알던 형님을 동생을 오랜만에 만난 듯... 잠시만 지나면 아무런 경계나 스스럼이 없어진다. 참 희한한 일이다. 신기하다, 그리고 참 좋다.

우승이란 어쩌면 하늘이 점지하는 것일게다.

15번홀, 파3, 내리막 160미터,

창원기계공고 류재국 선수가 티샷, 그린 우측에 온. 13미터 오르막 퍼팅이 남아있다. 우리 백승재 선수가 티샷한 볼은 그린에 못 미쳐 왼쪽 엣지에 떨어져 있다. 티잉그라운드에서 그린 옆까지 걸어가는 160미터 길이 왜그리도 멀던지, 이번 홀 내주면 16·17·18번 3홀 남기고 2dn으로... 거의 끝이다. 물론 야구도 9회말 투아웃부터 라고 하듯 희망의 불씨가 완전 꺼진 것은 아니지만... 절체절명의 위기속에서 우리 김성호 선수의 어프로치 샷, 이게 또 약간 타핑성으로 그린 뒷쪽에 꽂혀있는 핀을 훌쩍 지나 그린 엣지까지 올라가서 아주 어려운 내리막 라이에 서 있다. 절망이다. 눈을 감는다. 창원기계공고 강성규 선수가 침착하게 버디퍼팅, 홀컵 70센티 앞에 갖다 놓고 오르막 파퍼팅을 기다린다. 우리측 백승재가 최고의 어프로치 샷으로 50센티에 붙여 놓았다. 오르막이다. 창원기계공고 선수의 파퍼팅이다. 이게 들어가면 이 홀은 우리가 패하고 그리하면 16·17·18번 3홀 남기고 2dn으로 우린 거의 끝이다. 숨소리조차 들기지 않는 적막감 속에서 류재국 선수가 어드레스에 들어간다. 차라리 보지 않고 돌아서서 기도해 본다. 아하! 외마디 탄성이다. 이럴수가~ 70센티 오르막 파퍼팅이 68센티 와서는 홀컵 앞에서 멈췄다. 보기.

운명의 여신이, 승리의 여신이 우릴 향해 살짝 웃고 계신다. 바로 이 순간이다. 오늘. 1년여 대장정의 운명이 여기서 갈렸다. 순간, 말없이 보기 퍼팅에 들어서는 우리 막내 김성호 선수의 얼굴에 자신감이 보인다. 땡그렁~ 보기. 이번 홀 비겼다. 여전히 1홀 지고는 있지만 16번 홀로 가는 우리 선수단과 응원단의 발걸음이 가볍다.

그렇다. 표정관리를 하고는 있지만 벼랑 끝에서 다시 살아나면서 하늘이, 신이, 삼라만상에 모든 기운이 우리들을 위해 기도해 주고 있음을 온몸으로 느낀다. 평소 저 정도 거리의 퍼팅을 놓쳐본 적이 없을 창원고 선수인데 10년에 한번 나올까 말까 한 퍼팅 미스가 결승전에서, 그것도 성공 시 99% 우승에 쐐기를 박을 수 있는 중요한 순간에 나온 것이다. 얼마나 긴장했으면 70센티 오르막 퍼팅이 공 한 개 정도 짧아서 멈춰 설까? 제정신이 아닐게다. 안스럽지만 승부라는게 다 그렇게 결정지워지더라. 인생사 마찬가지더라.

거꾸로 우리에게는, 4강전 마지막 경기 마지막 순간에 오묘한 신의 조화로 우리가 승점에서 남대전고를 제치고 결승진출을 할 때부터, 신의 섭리로... 우리가 알 수 없는 그 무언가가 우리 경북고를 우승으로 밀어올리고 있음을 온몸으로 느꼈다. 우리 선수들 분위기가 상승기류를 타기 시작했다.

　승패는 교과서에 있는 기록이나 기량이 결정 짓는게 아니다. 순간의 분위기가 게임의 향배를 가른다. 서로 말은 하지 않고 있지만 창원기계공고측 선수들은 심히 불길한 기운으로 불안정하다. 사람이기 때문에 니편 내편 할 것 없이 현재 이 상황에 대한 느낌은 침묵속에서도 똑 같다. 다음 홀로 이동하는 창원기계공고 쪽 분위기가 무겁다. 선수단 응원단 모두다 거의 장례식장 입구 같다. 아니나 다를까. 16번 홀 파4, 티샷 떨어지는 지점에 항아리 벙커가 크게 입을 벌리고 주린 혓바닥을 날름거리고 있다.

　우리 팀의 떠오르는 황태자 71회 김성호 선수의 주특기 드라이버 샷이 깡 하는 비명과 함께 시뻘겋게 불을 뿜었다. 벙커 정수리를 향해 날라가는 동안 우리 응원단 모두는 굿샷이라고 외치지도 못하고 숨죽이고 지켜본다. 벙커가 겁나서... 어쩌면 나를 비롯한 김성호 선수의 비거리를 아는 사람들만이 굿샷! 하며 외마디소리를 질렀을게다. 이번 대회 최고의 비거리와 정확도를 자랑하는 우리들의 자랑, 차세대 우리 경북고 골프의 신화를 이어갈 주역인 71회 71년생 김성호 선수의 비거리를 익히 잘 알기에~ 벙커를 훌쩍 넘어갔다.

　창원기계공고는 티샷 전문 김영섭 선수다. 오늘 하루 종일 거의 완벽에 가까운 드라이버샷으로 우리를 긴장하게 했던 친구다. 바로 앞에서 김성호 선수의 드라이버를 봤기에 힘이 들어갈 수 밖에, 깡! 하는 소리와 함께 어!어! 하는 소리도 거의 동시에 들린다. 좀 덜 맞았다. 방향은 벙커쪽인데, 아뿔싸!!! 벙커다. 저기선 탈출만 해도 칭찬받을 정도로 깊은 벙커이기에, 김샜다. 뭔가 불길하다. 생각이 자꾸 복잡해질게 분명하다. 샷에 집중해야 한다는 걸 잘 알면서도, 벙커 탈출에 이은 어프로치도 약간 짧아서 창원은 더블보기로 홀 아웃! 우리는 파 세이브로 16번 홀은 경북고 승.

드디어 동점이다. 16번 홀 마치고 2홀 남기고 원점에서 다시 시작이다. 허나 우리는 상승기류에 올라타고 승천 중이고 창원기계공고는 내리막 기운에 싸여 선수와 응원단 모두 조용하다. 몇 사람이 분위기 전환코자 큰소리로 뭐라 외쳐도 다들 별 호응이 없다.

찬 기운이 휑하다. 17번 파3 숏홀 165미터. 백승재의 빈 스윙이 한결 가볍다. 66회로 골프만 잘 치는게 아니라 사업도 잘한다. 나이 50이 넘었는데도 요즘엔 주짓수에 빠져서 도장을 차려놓고 건강관리중이란다. 해맑은 웃음이 나이에 맞지 않게 너무 맑고 밝아서 섹시가이로 통한다. 우리 팀 분위기 메이커다. 오늘따라 더 환한 웃음이 우승을 예감케 한다.

백승재 선수의 6번 아이언 티샷~. 멋지게 날아서 핀을 향한다. 핀옆 4미터에 안착, 버디찬스다. 오늘 종일 파3 홀 3번 거치는 동안 티샷 온그린은 처음이다. 평소에는 무조건 홀컵 2~3미터 이내에 붙이던 친구들이 얼마나 긴장했으면...

창원기계공고 선수의 티샷은 그린미스, 어프로치가 또 타핑. 우리끼리 용어로 대가리를 때려서 7미터거리에, 파퍼팅이 안 들어가서 컨시드 보기로 홀아웃, 우리 측 손홍래 선수의 버디퍼팅이 홀컵 50센티에 붙고, 백승재 선수가 침착하게 넣어서 파. 우리가 한 홀 이긴 채 18번 홀로 이동한다.

사실 백승재 선수가 넣은 마지막 50센티 파 퍼팅이 보는 이는 당연히 들어가야 하지만 백승재 선수는 지금껏 가장 숨막히는 퍼팅이었다고 나중에 얘기한다.

18번 마지막 홀, 우리가 1홀 이긴 상태로 티잉 그라운드에 선다. 감독을 맡고 있는 이동용 63회 선수의 발걸음이 부산하다. 현재 전주에서 현대자동차 부품 관련 사업을 하고 있는 재원으로, 올해 감독을 맡아서 열악한 후원환경 속에서도 보이지 않는 곳에서 한편으로는 선수들 마음 다칠까, 다른 한편으로는 후원해 주신 동문들이 서운하실까 노심초사 하면서 여기까지 오느라 맘고생 많이 한 이동용 감독이다. 고맙고 또 미안하다.

　마지막 홀은 우리가 비기기만 해도 우승이다. 무리하지 말고 편안하게 치자는 주문일게다. 상승 분위기에서 한결 홀가분한 맘으로 때린 김성호 선수의 드라이버 샷이 허공을 가른다. 멋지다. 소름이 돋는다. 저 친구는 시합 마치고 건강검진 한번 제대로 받도록 주선할 예정이다. 숨이 막히고 목이 말라 침 뱉으려하니 목젖이 붙어 따라 나오는 듯한 긴장 속에서 이런 상황에서 어떻게 저런 위대한 샷이 나올 수가 있을까? 간 쪽에 조금 문제가 있거나 아니면 정신 쪽에 무슨 질환(?) 있는 게 아닐지 검진부터 받게 해 봐야지.

　창원기계공고도 페어웨이에 안착, 양쪽 모두 다 투온에 성공. 퍼팅 싸움이 남았다. 우리는 이홀 비기기만 해도 우승이다. 먼저 창원기계공고 15미터 남짓 오르막 후에 약간 내리막 슬라이스 라인이다. 창원기계공고 선수가 멋지게 홀컵에 갖다 붙였다. 60센티 정도 거리에 마크 대기중. 우리 쪽 김성호 선수 순서, 2단 그린 위쪽에 홀컵. 우리 공은 2단 아래쪽 홀컵에서 8미터 정도 거리~ 오르막 훅 라인이다.

　김성호 선수의 오르막 퍼팅이 붙어서 컨시드만 받으면 우리가 우승이다. 긴장한 김성호 선수가 퍼팅한 볼이 계속 굴러서... 홀컵 지나 계속 굴러 홀컵을 지나더니 홀컵 뒤쪽 1.8미터 거리에 섰다. 미친다. 오늘 하루종일 손홍래 선수가 저 정도 거리에 퍼팅을 두 개나 놓쳤기에, 보는 이들이 더 숨이 막힌다. 저 퍼팅이 들어가면 우승 확정인데~ 만에 하나 빠지면 연장으로 가야 한다.

　도저히 그냥 볼 수가 없어 뒤돌아 꿇어앉아 어제 다녀왔던 아버지께

빌었다. 10년 전 아버지와 이 세상에서 헤어지던 해에 내가 주장으로 우승했다. 아버지가 가시면서 주고 가신 선물이라 생각했다. 그 우승을 계기로 골프를 좀 더 공부해 보고자 10년간 노력 끝에, 환갑의 나이에 골프전공으로 체육학 박사학위를 받았다. 남은 내 삶의 방향을 정해 준 이 대회이니만큼 남다를 수 밖에. 어제 응원차 내려오는 길에 아버지 산소에 찾아뵙고 10년 만에 찾아온 우승기회라고 결승전 한다는 말씀드리고 왔기에 기도하고 있는데~.

와! 하는 함성이 천지를 흔든다. 돌아앉은 상태에서 차마 돌아보지 못하고 순간 생각한다. 이게 누구의 함성인가? 퍼팅 성공 시 우리 측이고 실패 시 창원기계공고 측의 함성일게다.

형님! 축하합니다. 우승입니다.

후배 73회 남중관 아우가 와락 등뒤에서 껴안는다. 일어서는데 다리가 후들거리고 숨이 가쁘다. 와~ 그냥 허공에 대고 외마디 큰소리로 외쳤다. 코끝이 찡하고 가슴이 뭉클 먹먹해 눈앞이 흐릿해진다. 저기서 손홍래 선수가 형님! 하면서 쫓아 오는게 희미하게 보인다.

고교 동창 골프 최강전이 2017년이 13회째, 성공리에 높은 시청률을 유지하면서 대회를 개최해준 SBS와 키움증권 측에 참가한 학교 동창들을 대신해 고마움을 전합니다.

13회 대회 중 11번 예선을 통과하고 우승컵을 2회나 들어 올린 경북고는 가히 본대회의 살아있는 역사요, 고교동창골프의 가족이라고 해도 과언이 아닙니다. 앞으로도 권위와 전통을 자랑하는 최고의 대회로 발전하길 진심으로 소망합니다.

지금까지 1년여 동안 개인적인 일들을 뒤로 하고 묵묵히 연습하고 시합하고 이겨서 오늘 여기까지 와 준 선수들에게 마음속 깊은 고마움과 경의를 표합니다. 여러분들의 그런 열정과 노력이 우리 경북고 동문과 그 가족 모두에게서 잠시 잊고 있던 모교 사랑에 불을 지피는 마중물이 되었음을 확신합니다. 다시 한번 고마운 맘으로 고개 숙입니다.

　누구보다도 더 목마른 애정으로 시도 때도 없이 선수단 격려해주면서 함께 뒹굴었던 10년 전 저와 함께 출전 우승을 일궈냈던 원년 우승 맴버 59회 정광영·이동수 아우들과 이 우승의 영광을 함께합니다.

　불패신화 이어가고자 새벽길 멀다 않고 후배들보다 더 열정적으로 달려와 주신 41회 이규태 왕고문님, 요즘 건강이 좀 덜 좋으시다고 전국의 동문, 가족들이 걱정인데도 오늘 현장까지 오셔서 응원해 주신 지금은 고인이 되신 우리 시대 최고의 마지막 로멘티스트 강신성일 선배님 고맙습니다.

　전국에서 주치의를 대동해서 시합하는 학교는 우리 경북고 밖에 없었습니다. 상주에서 개원하고 있는 죄로 10여년 째 선수단 건강 챙겨주시는, 매년 들끓는 철없는 응원단 뒷바라지에도 늘 환한 이쁜 미소로 반겨주시는 56회 김원기 원장과 그 사모님께 이 우승의 영광을 함께 드립니다.

　예선부터 오늘까지 열심히 묵묵히 궂은 일 다 맡아 해주신 62회 김승묵 선수지원부단장·64회 남궁 선·68회 손영욱·73회 남중관·김재현·79회 최현욱·80회 응원단장 조현국 아우님들 애쓰셨네들....

　10년 전 우승 때부터 올해 우승에 이르기까지 10년 동안 매년 연습 과정부터 실전까지 선수단과 동문들 사이에서 섬세한 소통을 통해 모두가 하나 되도록 해주시어 오늘 이 우승이 있게 해 준 자랑스런 내 친구 56회 신원석 선수지원단장, 자네는 경북고 고교동창골프사의 산 역사요 살아있는 전설이라네. 자네 같은 지원단장이 또 나타나면 후배들이 곧 또 우승할 걸세. 확신하네. 자네가 있어서 오늘 우리들의 이 영광이 있음을 우리 모두는 잘 알고 있다네. 자네의 위대한 열정과 모교 후배 사랑에 존경을 드리네.

　우리 모두의 정신적인 지주로서 선수단이 지치지 못하도록 이끌어주신 39회 송석근 형님, 늘 멀리서 가까이서 물심양면으로 저희들을 이끌어 주신 한준호 동창회장님·이재광 재경동창회장님·40회 이동수·조규상·김정수·우제걸 선배님, ·41회 이상원·42회 김정륭·45회 조용국·49회 최낙민·51회 윤승현·52회 정은택·53회 최곤·54회 정창영·장윤철 선배님, ·56회 김훈 회장·김신·김찬곤, 57회 김호민·하광룡·58회 조현관·59회 이송·이수길·63회 심현섭·67회 이찬우 아우님들 이외에도 후원해 주신 많은 동문들과 안방에서 TV를 보면서 맘속으로 열렬히 성원해 주신 동문 선후배님들, 가족분들께도 고개 숙여 고마운 맘 전합니다. 고맙고 또 고맙습니다. 우리 모두의 열망이 한데 어우러져 오늘 이 우승을 만들어 낸 것입니다. 특별히 선수들과 후원단에 기록없이 수시로 격려해주신 58회 이철승·오상윤·59회 조규영 아우님께도 고마움 전합니다. 대구에서도 이것저것 세심하게 신경써 주신 이준복 동창회 사무처장님·56회 송중원 회장·59회 박정규,황성련 동창회 부처장, 이영철 선수지원부단장·65회 이준우 아우님. ¨고맙습니다. 특히 우승하던 날 현장에서 전체 동문들 함께 축하연을 베풀어 주신 65회 정춘목 아우님께 이 자리를 빌어 인사드립니다.

1년여에 걸친 대장정 동안 완벽한 팀웍을 유지할 수 있도록 우리 모두를 아우르면서 동문들의 성원을 함께 이끌어 주신 51회 배인준 선배님¨. 고맙습니다. 형님의 후배들을 향한 격렬한 사랑이 오늘 이 영광을 만들어 주셨음을 저희 선수·지원단 모두는 잘 알고 있습니다. 잊지 않겠습니다.

인사가 너무 길었습니다만, 요즘 국사에 바쁘심에도 수시로 격려 전화로 1년간 느슨해질 수도 있는 선수·지원단 분위기를 바짝 조여주신 56회 김부겸 행정안전부 장관님 고맙습니다.

작지만 2천만원 장학금을 후배들을 위해 모교에 전달합니다. 모교 후배님들, 지금 여러분들이 다니고 있는 그 교문을 드나들면서 그리고 지금 여러분들이 내다보는 그 창문을 통해 세상을 배우고 먼저 나가서, 오늘 우리 대한민국을 있게 한 동문 선배들이 밖에서 멀리서 항상 여러분들을 향해 무한사랑 드리고 있음을 기억해 주시길 바랍니다. 이 우승이 우리들 가슴속에 잠시 잊고 있었던 모교 사랑에 다시 한번 불을 지피는 마중물이 되기를 간절히 소망합니다.

경북고 만세!
경북고여 영원하라!

2017. 11월.

경북고 선수 59회 손홍래. 63회 이동용, 66회 백승재, 71회 김성호, 선수지원단장 56회 신원석.

우리 경북고가 제13회 2017 SBS 고교동창 골프 최강전에서 우승하던 날, 10년만에 이룬 두 번째 우승을 기억하기 위해, 10년 전 2007년 첫 우승을 일궜던 선수단 주장 56회 김욱한이 썼습니다.

노겸선생님과의 아름다운 동행

김재광
선문대학교 인문사회대학장
한국공법학회장

I. 첫 만남의 계기

노겸 선생님에 대한 명성은 이미 워낙 높아 만나기 전에도 잘 알고 있었다. 주로 젊은 나이에 대학의 중요보직을 했다는 얘기, 경기북부에서 활동이 대단하다라는 얘기, 카리스마가 보통이 아니다라는 등의 얘기였다. 실제로 만나보지는 못했기 때문에 어떤 분일까 하는 궁금증은 점점 커져만 갔다. 그것은 필자가 어릴적부터 위인전(偉人傳)을 많이 읽었기 때문에 더욱더 그랬는지 모르겠다. 아니면 대학이란 곳이 워낙 인재들이 많다보니 아주 특별한 경우가 아니면 장기간 두각을 나타내기 쉽지 않은 곳이기에 그런 것인지도 모르겠다.

노겸 선생님이 재직하고 있는 대학이 필자가 재직하고 있는 대학과 같은 해에 인가를 받아 개교했다는 사실, 고향이 경북 의성으로 필자와 같은 경북 북부의 촌사람이라는 사실, 두 사람 모두 1980년대 대구에서 고교시설을 보냈다는 사실, 연배가 비슷하다는 사실 등 몇몇 유사점들이 머릿속을 맴돌곤 했지만 동문이 아니니 學緣을 내세울 것도 없고 동향이 아니니 地緣으로도 거리가 있으니 사실상 남이나 진배없다는 것이 진실에 부합할 것이다.

필자는 서울 노원구 중계동 은행사거리에서 살고 있다. 노겸 선생님이 사시는 양주와는 그리 멀지 않은 곳이다. 동네이웃인 오승규 교수(현 한국부동산법학회장)는 노겸 선생님의 대학 후배이다. 그런 오 교수를 통해 노겸 선생님에 대한 얘기들을 간간히 전해들을 수 있었다. 오 교수 또한 노겸 선생님을 매우 존경하고 있었다. 후배에게 존경받는 선배들이 많지 않은 세태에 그것은 신선한 충격으로 다가왔다. 그 자체로 노겸 선생님은 인생을 잘 살아오신 것이라고 볼 수 있다.

어느날 오 교수가 한국부동산법학회 부회장을 맡아줄 수 없냐고 물어왔다. 당시 필자는 공법분야에서 학회 활동을 비교적 활발하게 하고 있는 편이었고 한국사이버안보법정책학회라는 크지 않는 학회의 회장도 맡고있는 상황이라 그리 활동반경을 넓히고 싶지는 않았다. 그런데 그 한국부동산법학회의 회장을 노겸 선생님께서 맡았다는 사실을 들었을 때, 행정법학에서 말하는 '재량권의 영으로의 수축' 현상이 일어나서 승낙할 수밖에 없었다. 그렇게 노겸 선생님과의 만남이 우연이 이루어지게 된 것이다. 그 만남을 가능하게 한 오승규회장은 필자가 가장 아끼는 후배이자 학문적 동반자로서 같은 길을 걸어가고 있다.

II. 노겸 선생님과의 첫 만남

정확한 날짜는 기억이 나지 않지만 한국부동산법학회 학술세미나에서 노겸 선생님을 만났다. 지금 와 생각해보니 첫인상이 강렬하게 와닿은 것 같다. 노겸 선생님은 당당함과 열정, 불굴의 의지를 강력하게 풍겼다. 그때 왜 필자가 나폴레옹을 생각했는지 모르겠다. 개인적으로도 나폴레옹에 관한 전기를 늘 가방에 넣고 다니며 읽을 정도로 그를 좋아한다. 그의 영웅적 행태보다는 프랑스혁명을 통해 유럽을 잠에서 깨우고 자유평등박애라는 혁명정신을 전파했으며 프랑스민법전을 제정하여 법학사에도 큰 발자국을 남겼기 때문에 존경한다.

당시 한국부동산법학회는 상당히 어려운 상황에 놓여있었고 노겸 선생님이 구원투수로 등장하였다는 것을 여러 정황으로 보아 알 수 있었다. 필자의 그간의 학회 운영 경험을 통해 말한다면 학회 운영은 생각보다는 쉽지 않다는 점이다. 무엇보다도 학회 재원이 회원들의 회비와 연구용역과제 간접비 등에 의존하기 때문에 회원들이 자발적으로 회비를 내지 않고 학회장이 연구용역과제 수주를 하지 못하면 재원 마련은 사실상 어렵기 때문이다. 회원들의 경우에 여러 학회에 가입되어 있어 아주 특별한 경우가 아니면 학회에 대한 충성심이 강하지 않기 때문에 회비 내는 회원들이 많지 않다. 결국 회장의 능력이 중요하게 되는 셈이다. 그런 어려운 시기에 노겸 선생님이 회장으로 등장한 것이다. 한국부동산법학회로서는 회생의 전기를 마련하였다고 볼 수 있다. 필자 또한 부회장으로 노겸 선생님을 지근거리에서 모신 기억은 인생에 있어 즐거운 몇 컷 중에 하나가 될 것이다.

노겸 선생님이 학회장으로 있던 기간 내내 학술세미나에 참여하는 전문가들도 많았고 학술세미나 내용도 實事求是를 추구하는 노겸 선생님의 뜻에 맞게 매우 알찼던 것으로 기억된다. 특히 만찬은 즐거움이 배가 되었던 것 같다. 물론 필자도 학술세미나에 거의 대부분 참여했고 학회의 발전에 어느 정도는 주어진 역할을 수행한 것으로 자부한다.

학회에서 만났던 회원 중에 특히 기억에 남는 이는 노겸 선생님 뒤를 이어 회장에 오른 김진 박사님과 편집위원장으로 고군분투하던 이춘원 교수님(후에 회장이 됨)이 생각난다. 김진 박사님의 노겸 선생님에 대한 공경한 태도는 오랫동안 기억에 남는다. 참으로 두 분의 궁합이 잘 맞았다고 생각한다. '바늘 가는데 실 가듯' 그렇게 협력하여 학회의 전성기를 만들었으니 김진 박사님의 능력도 탁월하다고 볼 수 있다. 두 분이 계신 자리에 필자도 꽤나 많이 동석을 했는데, 특히 광운대학교 법학관에서 학술세미나를 하고 만찬을 한 뒤 필자가 고집을 부려 2차로 노원역에 있는 「논골집」에 자주 가던 기억이 즐겁게 떠오른다. 「논골집」은 노원역에 있는 고깃집으로 그 동네에서는 맛집으로 유명한데, 주인이 필자가 잘 아는 형님인 탓에 그리로 자주 간 것이다. 김진 박사님이 회장일 때 명절마다 임원들에게 보내주던 안동사과는 지금도 잊을 수 없다. 이런 분은 회장을 계속해야 하는데 임기를 채우고 그만두고 말았으니 너무도 안타까운(?) 일이 아닐 수 없다. 그 인연으로 필자도 개인적으로 지금까지 안동사과농원을 계속 이용하고 있기도 하다. 그리고 이춘원 교수님은 필자가 한국법학교수회 사무총장을 할 때 2년간 사무차장으로 한 팀으로 활동하던 사이라서 각별하게 지냈는데, 학회의 실무적인 일을 도맡아 한 것으로 기억된다. 특히 학회지를 등재지로 만들어낸 불굴의 의지를 가진 교수님이기도 하다. 사실 학회에 학회지가 없으면 절에 선방(禪房)이 없는 것과 다를바 없지 않겠는가. 조계종의 종정을 지내신 성철스님에 관한 일화가 생각난다. 합천 해인사에서 수계를 받고 제주도에서 수행하던 한 스님이 성철스님을 찾아와 제주도에서 수행한 얘기를 하는데, 성철스님이 묻기를 "그 절에 선방 있나?" 하니 "없습니다"하였다. 그랬더니 성철스님 왈 "선방도 없는게 무슨 절이고"하셨다. 당연히 그 스님의 발원으로 선원을 개설했으니 그 유명한 '남국선원'이 그것이다. 필자는 하루에 한번은 성철스님 책을 볼 정도로 존경한다. 성철스님은 '우리 곁에 온 부처님'이시다. 학회 간사를 하던 이춘원 교수님의 제자들이 매우 훌륭했는데, 한국법학교수회 일도 도와준 분들이다. 깊이 감사드리고 앞으로의 무궁한 발전을 기원한다. 이교수님께는 밥 한번 산다고 하면서 공수표를 날렸는데, 조만간 갚을 생각이다.

이제 노겸 선생님은 학회에서 한발 물러나(?) <개성포럼>이라는 제자들 모임을 중심으로 학문적 여정을 불태우고 있다. 필자 또한 자문위원으로 참여하고 있는데, 남들이 보면 노겸 선생님과 함께 하는 '참여연대'(?)라고 오해하지 않을까 싶다. 그러나 세상은 좋은 사람과 함께 할 때 행복한 것이므로 그런 오해쯤은 기꺼이 감수하고자 한다.

Ⅲ. 노겸 선생님의 實事求是에 입각한 학문활동

먼저 노겸 선생님은 학문활동에 있어서 철저하게 空理空談을 경계했던 것 같다. 그동안 노겸 선생님과 나눈 대화들을 생각하면, 그리고 논문들을 보노라면 한마디로 實事求是에 입각한 학문을 작심하고 한 것으로 생각된다. 사실 법학자들이 쉽게 빠지기 쉬운 것이 空理空談이다. 필자가 만난 법학자 중에 그것을 깨기 위한 실천적 노력을 한 분이 노겸 선생님이라고 생각한다. 아마 그러한 학문에 대한 태도가 필자와의 만남을 가능케 한 것이 아닌가 한다. 당시도 그렇고 지금도 그렇지만 노겸 선생님은 우리 국가사회가 안고 있는 문제들을 해결하는데 학문적 역량을 진력하였는데, 특히 경기북부가 처한 접경지역이라는 태생적 한계를 법제도 개선을 통해 극복하고자 많은 노력을 기울였다. 경기북부는 접경지역으로 수많은 규제들로 오늘날까지 신음하고 있다. 그 고통스런 신음소리에 귀기울이고 그 고통을 완화하기 위해, 치유하기 위해 온몸을 바쳐온 산증인이다. 그런 와중에 필자가 쓴 「사회갈등시설법론」, 「국책사업갈등관리법론」 등이 노겸 선생님의 독서 목록에 추가되면서 학문적 인연이 시작되었던 것 같다. 그리고 그것은 노겸 선생님과 필자가 지향하는 實事求是의 법정신이 상당부분 상통된다는 점에서 새로운 형태의 학문적 협력인연을 만들어낸 것 같다. 후일담이지만 필자의 책이 먼저 노겸 선생님의 관심을 끌게되면서 그 책을 쓴 사람까지도 끌려가게 된 것이다. 그런 점에서 사람보다 책이 중요한 것 같다(?). "책이 사람을 만든다". 최근에 경기북부특별자치도 설치 얘기가 많이 회자되고 있다. 그것을 견인하는 분이 노겸 선생님이시다. 경기북부 전역을 돌며 경기북부특별자치도 설치의 필요성을 역설하고 설득하는 역할을 수행하고 있다. 필자도 그런 노겸 선생님을 도와 미력이나마 힘을 보태고 있다. 관련 발표도 하고 법안 작업에도 참여하고 있다. 머지않아 이루어지리라고 생각한다.

다음으로 노겸 선생님은 연구용역과제 수행에서도 實事求是를 중요시 하셨다. 법학자들의 연구는 물론이고 연구용역과제의 경우에도 空理空談에 빠지는 경우가 허다한데, 노겸 선생님들은 철저히 그것을 경계하셨다. 필자가 그것을 소상히 알게 된 것은 노겸 선생님께서 여러차례 연구용역과제를 수행하면서 필자를 살뜰히 챙겨주었기 때문이다. 특별한 인연이 없는 필자에게 베푼 따뜻한 배려에 대해 참으로 감사하게 생각한다. 법학자들의 세계에 드문 '의리'를 매우 중시하셨기 때문으로 생각한다. 필자가 능력이 그리 뛰어난 것도 아니고 정책에 대한 이해가 깊지 않음에도 불구하고 기회가 있을 때마다 불러주셨으나 필자는 그것을 전혀 갚지 못하고 있으니 송구스럽기만 하다. 이 지면을 빌어 감사하다는 뜻과 송구하다는 마음을 아울러 전하고자 한다. "노겸 선생님! 감사합니다. 그리고 송구합니다". 노겸선생님의 연구용역과제는 철저히 實事求是를 지향하였다고 언급한 바 있는데, 그것은 법현실에 대한 깊은 통찰과 법정책과 입법에 대한 복잡다단한 이해를 전제로 하기 때문에 가능한 것이라고 생각한다. 필자 또한 국책연구기관인 한국법제연구원에서 입법을 연구하고 입법에 참여하고 입법이론실무학회장을 지내는 등 입법과 숙명적 인연을 맺고 살고 있기 때문에 노겸선생님의 촌철살인(寸鐵殺人)

과 같은 입법에 대한 혜안에는 존경의 마음을 감출 수가 없었다. '숲을 보면서 개개 나무들을 세밀히 헤아리는' 능력은 정말 탁월하다고 생각한다.

마지막으로 노겸 선생님의 제자들의 석박사 학위논문에도 실사구시적 풍모가 짙게 드러나고 있다. 필자가 심사위원으로 참여한 것은 아니어서 구체적인 내용을 잘 알 수 없지만, 노겸 선생님과 대화를 하면서 제자들의 학위논문주제와 법적 쟁점들을 들을 때가 적지 않았다. 노겸 선생님은 공법학자보다 더 공법학자답다라고 감히 평가할 수 있다. 그것은 노겸선생님이 수행한 법학연구 및 연구용역과제들 대부분이 공법적 문제들이기 때문이고 그러한 연구들에서 매우 비범한 성과를 이룩하였기 때문이다. 公私法을 넘나드거나 학위논문주제 포착능력도 대단하다는 생각이 들었고 제자들에게 그 주제를 이해시키고 필요한 정도로 끌어올리는 능력 또한 간단치 않다는 걸 새삼 느꼈다. 公私法을 넘나든다는 것과 사법학자가 공법을 연구한다는 것은 우리 법학 풍토에서는 두배가 아니라 그 이상의 노력과 에너지가 필요하다는 점에서 노겸 선생님의 학문에 대한 열정과 어려운 주제를 훌륭하게 잘 소화해서 좋은 논문을 세상에 내놓는 제자분들의 능력에도 존경을 드리는 바이다. 필자도 석박사 제자들의 학위논문주제를 정할 때 그다지 도전적으로 하지 않고 필자가 필요하다고 생각하는 주제들을 중심으로 하고 있는데, 노겸 선생님을 가까이 하면서 보다 도전적인 학위논문주제를 부여해야겠다는 다짐을 하고 있다. 아울러 노겸 선생님을 가까이하는게 반대로 필자를 힘들게 하는 것 같아서 앞으로는 다소 거리(?)를 둘 생각이다.

Ⅳ. 秋史門下三千士와 노겸선생님

秋史門下三千士라는 말은 추사 김정희의 제자인 강위(姜瑋)라는 분이

한 말인데, 추사의 제자들이 엄청나게 많다는 표현이다. 참고로 강위는 제주도에 귀양가 있던 추사를 찾아가 5년 남짓 사사하였는데, 당대 제일의 시인이자 개화사상가이다. 추사의 제자로는 흥선대원군 석파 이하응을 들 수 있다. 흥선대원군은 석파난(石坡蘭)으로 유명하다. 우리 모두가 잘 아는 그 유명한 세한도(歲寒圖)도 추사가 제주도에 귀양가 있을 때 역관이었던 제자 우선 이상적(李尙迪)이 청나라에서 구한 귀한 「經世文編」을 제주도까지 찾아와서 스승에게 바치자 그 고마움에 의리를 생각하며 그린 그림이 아닌가. 세한도는 "추운 계절이 된 뒤에야 소나무와 잣나무가 푸르게 남아 있음을 안다(歲寒然後 知松柏之後凋)"라는 공자의 명언을 주제로 삼아 겨울 추위 속에 소나무와 잣나무가 청청하게 서 있는 모습을 화폭에 담아낸 것이다.

필자는 노겸 선생님을 보면서 秋史門下三千士라는 말을 생각했다. 주지하다시피 우리 사회에서 웬만해서는 석박사 제자들을 많이 배출하기 어렵다. 노겸 선생님이 재직하고 있는 대진대학교가 서울대학교가 아님에도 불구하고 100여명의 석박사를 배출했다는 것은 기적과도 같은 일이라고 생각한다. 필자의 경우에도 제자 욕심이 많아서 학부생 중에 학자로서 장래가 촉망되는 학생들에게 대학원에 진학하라고 권유하지만 필자의 말을 따르는 학생들이 거의 없기에 매번 좌절하기 일쑤이다. 그것을 비교해보면 노겸 선생님의 제자복은 타의 추종을 불허한다고 볼 수 있다. 그것을 제자복이라고 하면 어폐가 있겠지만 제3자의 눈에는 그렇게 보이는 것을 숨길 수 없다. 더욱이 제자들이 하나같이 능력은 물론이고 인품도 훌륭하니 더 말해서 무엇하겠는가. 일일이 호명할 수 없지만 천영성 박사 등 필자와 인연을 맺은 분들이 몇 분 있는 것으로 스스로 위안을 삼고자 한다. 이제 제자들 중심으로 <개성포럼>을 만들어서 제자들이 주축이 되어 노겸 선생님의 학문과 사상을 이어간다고 하니 축하드리고 무궁한 발전이 있기를 기원하는 바이다.

V. 노겸 선생님처럼만

올해 노겸 선생님이 華甲을 맞는다고 한다. 아직도 푸른 소나무처럼 獨也靑靑한데 화갑이라니 믿어지지가 않는다. 어느 누구보다도 치열하게 살아오신 노겸 선생님이시니 큰 박수를 받을 자격이 충분하다고 생각한다. 걱정인 것은 노겸 선생님께서 화갑을 맞이하여 더 열심히 살겠다고 굳게 다짐하면 어떻게 할 것인가이다. 이제는 조금은 여유를 가지고 일에서 벗어나 한가로움을 가지기를 바라마지 않는다.

필자는 요즘 하루살이를 자주 생각한다. 그것은 하루살이처럼 하루를 열심히 살자는 다짐을 하기 위해서이다. 인생살이와 학문의 길을 노겸 선생님처럼만 하면 더 바랄 나위 없을 것 같은데, 그렇게 되기는 어려울 것 같고 하루살이처럼 하루를 열심히 살기를 바래야겠다.

짧은 지면에 모든 이야기를 다 담을 수는 없다. 字間 사이에도 수많은 이야기들이 숨어있을 것이다. 노겸 선생님과 함께 한 나날들을 이렇게 몇 자 적으려하니 지나간 날들이 마치 주마등처럼 스쳐 지나간다. 그런데 가슴이 뜨거워짐은 어떤 이유에서인가. 이 또한 '소이부답(笑而不答)'으로 남겨야 하리.

화갑을 맞이하신 노겸 선생님께 다시한번 옥체만강(玉體萬康)하시라는 축하인사를 올리며, 앞으로 사랑하는 가족들과 함께, 제자들과 함께, 학문적 동반자들과 함께 지금과 같이 '아름다운 동행'을 하기를 기원한다.

누군가 '어떻게 인생을 살아야 합니까'라고 내게 묻는다면 이렇게 답하리라.

"노겸 선생님처럼만"

통일의 길은 늘 희망이다.

김정수
대구대학교 교수
前 통일부 인도협력국장

동향의 멋진 형과 다시 만나다

소성규 교수, 그와는 30여 년 훌쩍 넘어서 재회했다. 고등학교를 졸업하고 처음이었다. 2016년 3월 통일부의 지역통일교육센터 사무처장 워크샵 자리였다. 소 교수가 경기통일교육센터, 필자가 경북통일교육센터의 사무처장으로 만났다. 단번에 알아보고 왜 그동안 연락이 없었냐고 책임을 서로에게 미뤘다. 아마도 미안함을 그렇게 대신하고자 하였던 것으로 보인다. 통일부가 우리들의 인연을 이어준 셈이다. 강산이 세 번 바뀌었으나 그의 활력 넘치는 목소리는 여전했다. 재회의 만남은 기쁘고 반가웠다.

우와~ 형님 오랜만입니다.
그래, 그동안 잘 지냈소? 라며 그동안의 세월의 간극을 눈인사와 악수로 메웠다.
소 교수님과는 고향이 같다. 우리는 경상북도 의성군 출신이다. 중학교는 다르지만 고등학교 진학을 대구로 유학오면서 서로 알게 되었다.

더구나 필자의 절친인 친구의 4촌 형이라는 인연이 한몫했다. 동향이라는 1차적인 끈이 각별하게 받아들이는 세대의 사회적 분위기에서 성장한 배경도 무시하지 못했다. 소 교수님이 1년 선배이다. 호칭은 형님이라 하고, 소 교수님은 나를 김 교수라고 부른다.

이 만남 이후 소 교수님과는 지금까지 거의 1주일에 1-2번은 전화로 서로 연락하고 있다. 대구에 언제 갈꺼라는 시시콜콜한 얘기부터 통일교육 사업 진행에 아이디어를 구하는 일까지 대화의 주제는 다양하고 깊이도 있다. 공사(公私)를 함께 발전시키는 소 교수님의 전략인지도 모르겠다. 먼저 개인적인 두터움을 쌓아두고, 이를 바탕으로 공적인 일에 참여시킴으로써 후배를 키워주고자 하는 깊은 뜻이 숨어 있는 듯하다.

예를 들면 소 교수님의 영식 군이 캐나다 유학 시절 서울에 왔다. 마침 행사를 마치고 함께 있는 자리인데 자기 아들하고 저녁 같이하고 대구에 가란다. 만나서 이런저런 대화도 나누니 장래가 촉망되는 청년이란 점을 금방 발견할 수 있었다. 아버지를 이은 훌륭한 법조인이 되라는 격려를 하고 헤어졌다. 이렇게 세세하게 관계를 만들어 가는 솜씨는 몸에 베인 그의 친화력이 아니고서는 불가능하다고 생각한다. 그 아들은 로스쿨을 올해 봄에 졸업하고 지금은 변호사로 활동하고 있다.

소 교수와는 여러 일들을 함께 해 왔다. 대구지역의 학교, 공무원 연수원, 아카데미 등에 초청해서 훌륭한 강의를 들었다. 교수님은 우선 밝은 분위기에서 재미있게 강의를 하는 탁월한 능력을 갖고 계신다. 통일교육을 유익하고 재미있게 진행하기가 쉬운가! 청중들의 눈과 귀를 붙들어 매는 입담과 컨텐츠를 갖고 계신 분이 소성규 교수다. 그만큼 내공이 뛰어난 분이라는 걸 보여준다.

나는 소 교수님이 진행하는 다양한 프로그램에 참여할 수 있는 기회를 얻었다. 특히 양주시 평화통일대비 전문행정인 양성과정, 경기도 통일교육 프로그램 개발, 그리고 저술에 필요한 재정적인 지원을 받았다. 개인적으로 생각도 다듬고 새로운 통일 논의에 눈뜨게 되는 소중한 계기였다. 이 자리를 빌어서 다시 한번 감사드린다.

남북한 통일의 마지막 과정은 행정통합이다.

최근 남북관계를 둘러보면 통일의 길은 멀고도 험한 먼 미래의 일처럼 보인다. 어쩌면 분단 100년이 되는 2044년이 되어도 통일의 단초를 마련하지 못할 가능성도 있어 보인다. 남북한 대결의 골이 깊어만 가는 듯해 안타깝기 그지없다.

지금 남한의 통일방안은 '민족공동체통일방안'이다. 여기에는 화해협력단계, 남북연합단계, 그리고 통일국가단계를 상정하고 있다. 화해협력단계가 조금 진화되는 듯 하다가 북한의 핵문제에 발목이 잡혀 한치도 진전되지 못하는 상황이다. 화해협력단계를 진전시키기 위한 방안에는 두 가지 의견이 대립하고 있다. 하나는 핵문제와 북한과의 관계 개선을 위해서는 투 트랙으로 접근하자는 의견이다. 이른바 진보진영의 논리다. 반면 다른 의견은 북핵 문제의 진전 없이는 어떠한 화해도 가짜 협력이므로 북한의 진정한 비핵화의 행동이 필요하다는 주장이다. 보수진영이 이렇게 주장한다. 양쪽 모두 일리는 있다.

문제는 평화를 깨지 않은 게 중요하다. 더 악화시키지 않고 우선 북한의 핵 수준을 '멈춤'으로 묶어 두어야 한다. 왜냐하면 시간이 지날수록 북한의 핵 프로그램은 진화하기 때문이다. 진화의 구체적인 모습은 북한이 핵무기를 소형화, 경량화, 다량화에 힘쓰고, 일정한 성과를 거두는 듯해서 매우 우려스럽다.

남북한 통일의 여정에는 두 가지가 병행되어야 한다. 하나는 북한의 핵 프로그램의 진화를 막기 위해서는 '관여'가 필요하다. 어떻게든 북한과의 대화의 창은 열어두어야 한다. 지금 윤석열 정부의 대북정책에서 아쉬운 부분이다. 다른 하나는 북한의 행정을 현대화하고 종국적으로는 통합에 참여할 수 있는 인력을 양성하여야 한다. 이 관점에서 보면 남한의 통일준비는 사실상 손을 놓고 있다고 해도 지나친 말이 아니다.

남북한 통일 대비 행정인력 측면에서 좀 더 상세하게 논의해 보자. 동서독 통일 당시 서독은 동독에 행정통합을 위해 약 4만여 명을 파견하였다. 연방 차원에서 1만 명, 주 정부 차원에서 1만 5천여 명, 민간에서 1만 5천여 명 등이다. 아마도 동서독 행정체계 수준이 상당한 격차가 있었을 터이다.

남북한 행정 수준은 동서독보다 격차가 더욱 클 것으로 짐작된다. 하나의 예이긴 하지만 이산가족 상봉행사를 할 경우, 남한은 이산가족 상봉에 필요한 가족을 선발하는데 1주일 정도면 시간적으로 가능하다. 그러나 북한은 필요한 절차를 진행하는데 3개월 정도의 시간이 주어져야만 한다. 남한이 컴퓨터 추첨으로 시간을 절약하고 전화를 통해 업무를 신속하게 추진하는데, 북한은 일일이 집으로 찾아가서 신변을 확인해야 하기 때문이다. 아마도 남북한의 행정통합을 위해서는 10만명은 차출할 수 있어야 할 것으로 필자는 추정한다. 왜냐하면, 북한의 인구가 당시 동독보다 훨씬 많고 행정 수준은 뒤떨어졌다고 보기 때문이다. 현재 북한의 인구는 약 2,500만이고, 당시 동독은 1,600만 정도였다. 그리고 동독은 사회주의 국가 가운데 경제와 문화가 가장 앞선 것으로 평가받았었던 점을 고려한 판단이다.

남한은 통일 대비에 힘을 쏟고 있는가? 여기에는 북한의 행정체계에 대한 연구가 선행되어야 함은 불문가지이다. 그리고 통합의 방향과 실제 준비를 어떻게 할 것인가를 연구하고, 필요한 인력을 양성해 나가야 진정한 통일준비라고 할 수 있다. 통일준비는 말만으로는 되지 않는다. '우리의 소원 통일' 노래도 학교에서 사라졌지만, 그 뜻을 실현하고 가능한 세계를 그릴 수 있는 통일정책도 미흡하기는 마찬가지다.

그러면 지금 북한 행정을 연구하고 인력을 양성하는 재원은 있는가? 좀 더 구체적이고 현실적인 질문은 통일교육의 내실화가 이루어지고 있는가? 법 제정은 물론이고 예산의 뒷받침되고 있는지는 무엇보다 중요한 핵심 요인이다. 어느 광역 시·도나 마찬가지지만 대구·경북의 경우 통일부, 교육부, 광역시도 등의 예산을 모두 합쳐도 시도민 1인당 평균으로 환산하면 1,000원을 넘지 않는다. 분단국가에서 통일교육에 투입하는 예산 규모가 아이스크림 하나도 구입할 수 없을 정도로 집행하면서, MZ세대들이 통일에 무관심하다고 우려하는 목소리는 문제의 본질을 잘못 짚어도 한참 빗나간 공염불이다.

방법은 있다. 바로 남북협력기금을 활용하는 것이다. 현재의 남북교류협력법으로는 기금을 통일교육에 사용할 수 없다. 법 개정을 통해 기금의 10~15%를 통일교육, 이른바 통일기반 조성에 활용함으로써 통일교육의 내실화를 가져올 수 있다. 후학들의 양성에도 도움이 될 것이다. 통일 분야를 공부하고자 하는 대학원생들은 국가 장학생으로 선발하여 장래의 행정통합 인력으로 이북지역에 파견할 수 있는 전문가로 육성한다는 긴 안목을 가질 필요가 있다. 아울러 통일교육 현장의 능력있는 강사로 파견해 통일교육의 질을 제고할 수 있는 방편이 될 수 있다. 투자 없는 성과는 있을 수 없다.

위에서 언급한 내용들은 양주시 행정통합 인력양성 아카데미에서 동서독의 사례를 살펴보고 얻은 시사점들이다. 우리 현실을 둘러보면 어둡고 암울해 보이기조차 한다. 하지만 새벽은 그 어둠의 끝에서 출발한다고 하질 않은가. 이러한 논리들은 소 교수와 함께 프로그램을 준비하면서 얻은 깨달음이다. 결과적으로 소 교수의 코칭의 성과물인 셈이다.

북한사람들이 어떻게 살아가고 있는지 이해를 깊게 했다.

『북한의 직업세계와 일상생활』 책을 썼다. 소 교수가 단장으로 있는 대진대 통일교육선도대학사업단의 후원에 힘입어 2022년 년 말에 출판했다. 이 책을 쓰는 데는 많은 탈북민들과의 인터뷰가 핵심 내용들을 채울 수 있게 해 주었다. 북한의 생생한 정보를 얻기가 쉬운 일이 아니란 것은 북한 관련 논문이나 글을 써 본 분들이라면 한결같이 느낀 점이리라.

이 책은 북한의 직업세계를 본격적으로 다루었다는 측면에서 의미가 있다. 아마도 국내에서 첫 시도가 아닌가 싶다. 내가 소속돼 있는 대구대학의 '북한의 심층 이해' 과목의 교재로 활용되고 있다. 사례를 중심으로 다루고 있어서 학생들이 어렵지 않게 읽을 수 있다. 여기에서 다루는 직업들은 학생, 노동자, 농민, 의사, 노동당원, 군인 등 8개의 직업들을 다루고 있다.

책을 쓰면서 내 스스로 얻고 느낀 점도 적지 않다. 세 가지로 요약하면 다음과 같다. 첫째, 북한은 정권 수립 당시 '반제 반봉건'의 기치 아래 북한 정권을 수립하였으나, 시간이 지남에 따라 '반봉건'의 정신은 무너지고 '봉건'을 향해 질주해 왔다. 북한의 2,500만 주민을 핵심계층, 동요계층, 적대계층으로 나누었다. 또한 직업을 농장원(농민)의 자식은 농장원으로, 탄부의 자식은 탄부로, 경찰 2세는 경찰로 등의 연좌제를 적용하고 있다. 이러한 봉건제적 요소를 돌파하려고 공부를 잘 하는 학생들은 죽기 살기로 학업에 매진해 사범대나 이과대학에 진학하려 노력한다는 탈북민의 전언은 가슴을 멍먹하게 두들겼다.

둘째, 무상치료 및 무상교육의 붕괴다. 북한은 무상교육과 무상치료를 자랑해 왔다. 그러나 1995년 고난의 행군 이후 무상치료는 무너지고, 실질적으로 시장에서 약을 구입해야 하며 의료행위에 필요한 각종 의약품들을 직접 구매해서 병원에 가져가야만 치료를 받을 수 있게 되었다. 무상교육 역시 빈말이 되었다. 교사가 직접 과외선생이 되어야 생계를 꾸리는 게 가능해 지고, 이를 단속하는 경찰들은 매월 일정한 날짜에 들러 과외 교사를 협박해 상납금을 뜯어가는 체계가 만들어져 있다. 가난과 굶주림의 일상 속에서 무상치료와 교육의 붕괴는 일반 인민들의 고통을 가중시키는 주요한 요인으로 작용하고 있다.

셋째, 정년퇴직의 남녀가 차별이 있다. 남성은 60세에, 여성은 55세에 퇴직을 한다. 북한이 1946년 남녀평등법, 사회주의 노동법 등을 제정하여 남녀평등을 강조해 왔으나, 작금의 현실은 그렇지 못하다. 이러한 사실이 남한 같으면 어떻게 되었을까? 여성단체들의 집회와 항의가 계속되어 하루라도 조용할 날이 없었을 것이다.

책을 쓰면서 북한 주민들의 일상에 대한 이해의 폭을 넓히는 계기가 되었다. 이는 남한에 와 있는 탈북민에 대한 이해도 보다 확대되는 계기로 작용하였다. 이들과 대화하는 데 많은 도움이 되었다.

통일의 길은 험하고 멀지라도 함께 갑시다.

별리의 30여년, 만남의 10여년.

이 10여년 동안 많은 행사와 일들 속에서 소 교수로부터 많이 배우고 느낀 소중한 시간들이었다. 통일교육 분야에 적지 않은 기여도 했다. 많은 논문과 저서, 그리고 필요한 곳곳에서의 통일의 논리를 만들어 내는 귀한 시간이었다. 소성규 교수는 늘 웃고 희망을 노래해 왔다. 앞으로도 척박한 통일교육의 장에서 윤활유 같은 멋진 삶을 응원하고, 성원을 보낼 것이다.

고향 선배이자 동지인 소성규 교수!

늘 다정하고 무언가 이웃과 주변에 도움을 주고자 헌신하는 따뜻한 교수!

포천 지역을 넘어 남북한의 통일교육에 우뚝 서는 스승!

그의 전도양양함을 기원한다.

불합리한 토지경계 해소 방안

김진
LX공간정보연구원 연구위원, 법학박사
前 한국부동산법학회장

1. 서 론

토지[1]는 국가건설의 기초일 뿐만 아니라 작게는 우리 인간의 활동과 쉼의 터이고, 한민족 공통의 의존체로서 인간의 욕구를 채우기 위해 노동을 해야 하는 재료이자 터이며, 주거지다. 그리고 토지는 부를 생산하거나 분배하는 기본이며, 국민들의 사회·정치·경제·지식 또는 도덕적 상태를 결정하는 근본으로서 삶의 터이다.[2] 따라서 동·서양을 막론하고 위정자들은 토지에 대한 정책을 최우선과제로 생각하고 추진하였다.

---

* 이 논문은 공간정보연구원에서 수행한 '토지가치향상 지원 특별법안 연구' 및 '토지경계조정에 관한 특별법 하위법령(안) 제정 연구'에서 일부를 발췌 수정 보완하여 김진(주저자), 임형택(교신저자), 임송이 '불합리한 토지경계 해소방안에 관한 연구'로 한국지적학회지 제34권 제3호(2018.12.)에 게재한 논문입니다. 이를 다시 조금 수정 보완하였습니다.
1) 사전적 의미에서 토지는 '지구 표면의 딱딱한 부분'이며 자연적 관점에서는 흙, 땅, 터를 의미한다. 정치적으로는 '영토(領土)'이며 법률적 관점에서는 '일정한 구획을 나누어 등기에 의해서 사법상 소유의 대상이 되는 것'을 의미한다.
2) 방경식·장희순 공저(2004.5), 부동산학 개론, 부연사, P.29. 참고.

대한민국은 역사의 소용돌이 속에서 수많은 격변을 경험하였으나 제2차 세계대전 이후 독립했던 신생국가로서는 예외라고 할 정도로 급속한 경제성장을 하였다.3) 이런 괄목할 만한 경제성장은 토지정책과 밀접한 관련이 있다. 우리나라의 토지정책은 산업화·도시화 정책에 따라 대단위 지구를 지정하여 획일적으로 추진하였다.4) 이와 같이 대단위 사업을 목적으로 하는 사업지구지정방식은 국민들의 삶의 질을 향상시킴과 동시에 국가경제발전에 많은 기여를 한 것은 자명한 사실이다. 다만 이러한 산업화 도시화 정책은 사업지구에 지정되지 않은 좁은 면적의 소규모 필지의 증가를 가져왔다.5) 따라서 정부정책에 의한 대단위 사업지구지정 방식이나 현행 법제도 때문에 불편을 겪고 있는 국민들이 없는지, 있다면 그들의 토지문제를 어떻게 해결하면 좋은 지 함께 고민할 필요가 있다.

예를 들면 다음 [그림 1]과 같다.

---

3) 정희남·한만희·김채규외 21인 편저, 2015, 「토지정책론」, 부연사, p.99. 참고.
4) 정희남, "정부수립 이후의 한국 토지정책 60년사 소고, 1948~2008", 부동산연구 제20권 1호, 2010, pp.277-302.
5) 토지경계조정 대상 필지 수는 약 2,936,629 필로 추정되며, 산출근거는 다음과 같다(제2차 지적재조사 기본계획 참고).
(1) 부합지역필지 수 : 2,413만 필(64%)
- 2009년 전국 필지 수 : 3,753만 필
- 지적불부합지역 필지 수 : 542만 필(14.5%)
- 확정측량지역 필지 수 : 498만 필(13%)
- 개별불부합지 필지 수 : 300만 필(8%)
- 따라서 부합지역 필지 수 : 2,413만 필(64%)
(2) 지적재조사 제외 부합지역 필지 수 : 22,247,193 필
- 전국 토지 필지 수 : 34,760,240 필(2016년)
∴ 전국 필지 수(38,516,552) - 임야필지 수(3,756,312)
- 지적재조사사업지구 등을 제외한 전국 토지 필지 수 : 22,247,193 필
∴ 전국 토지 필지 수(34,760,240 필) × 64%(2009년 부합지역 필지 수)
(3) 전국 대상 필지 수 추정 : 2,936,629 필
- 양평군 양평읍 양근리 조사 : 4,121 필 중 546 필(13.2%)
- 전국 토지필지 수(22,247,193 필) ×13.2% = 2,936,629 필
그러나 이 추정치는 양평군 양평읍 양근리를 대상으로 표본 조사한 것을 기초로 이를 전국에 비율적으로 대입하여 산출한 것이기 때문에 보다 정확한 물량산출이 필요하다

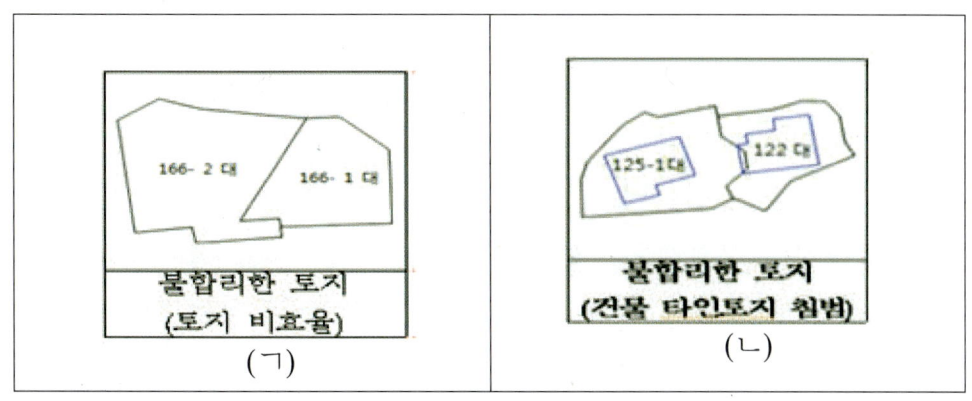

[그림1] 불합리한 토지경계

특히 국토의 계획 및 이용에 관한 법률 은 제56조(개발행위의 허가)에서 토지 분할(건축물이있는 대지의 분할은 제외한다)과 같은 행위로서 대통령령으로 정하는 행위(이하 "개발행위"라 한다)를 하려는 자는 특별시장 광역시장 특별자치시장 특별자치도지사 시장 또는 군수의 허가(이하 "개발행위허가"라 한다)를, 제77조(용도지역의 건폐율)과 제78조(용도지역에서의 용적률)에서는 대통령령으로 정하는 기준에 따라 특별시 광역시 특별자치시 특별자치도 시 또는 군의 조례로 제한하고 있다. 또한 건축법 은 제57조(대지의 분할 제한)와 같은 법 시행령 제80조(건축물이 있는 대지의 분할제한)는 "주거지역: 60제곱미터, 상업지역:150제곱미터, 공업지역: 150제곱미터, 녹지지역:200제곱미터, 그 외 지역: 60제곱미터 이상으로 분할하도록"규정하였다. 따라서 토지 분할시 지방자치단체장의 허가를 받아야 하거나 소 면적 분할을 할 수 없다는 한계가 있다.

따라서 본 연구는 소 면적 분할제한 등 각종 규제로 불편을 겪고 있는 국민들의 불합리한 토지경계[6] 해소를 통해 토지의 효율적 이용(국민 편익 증진) 및 국토의 효율적 관리·보존을 위한 방안을 마련하는데 목

---

[6] 불합리한 토지경계에 대한 용어정의에 대하여 고민하였으나 불합리하다는 것이 너무 추상적이어서 용어정의를 하기 보다는 특별법(안) 제2조(정의) 제1호에 "'대상토지'란 토지의 효율적 이용을 위하여 이 법의 요건에 따라 경계조정의 대상이 되는 특정한 토지를 말한다." 고 규정하였다.

적이 있다.

이러한 토지경계조정에 관해서는 이를 직접적으로 규율하는 법령은 존재하지 않으며, 현재 각 토지 중 경계조정이 필요한 부분을 분할한 후 그 분할된 부분을 인접한 토지소유자가 서로 교환하여 다시 이를 합병하는 각각 토지의 분할제도, 토지의 교환제도 및 토지의 합병제도가 사회적 필요에 따라 결합하여 소위 토지의 분할·합병제도라는 이름으로 속칭되고 있다. 이러한 토지의 분할·합병에 관해서는 지적제도에 관한 기본법인 「공간정보의 구축 및 관리 등에 관한 법률(이하 「공간정보관리법」이라 약함)」을 개정하여 불합리한 토지경계를 해소하는 것이 원칙이다. 그러나 토지의 분할·합병에 관해서는 타법인 「국토의 계획 및 이용에 관한 법률」이나 「건축법」 등에서 여러 가지 제한을 두고 있기 때문에, 「공간정보관리법」에서 그 개정규정을 두는 경우에는 타법의 제한규정과의 충돌을 피하기 어렵다. 또한 국토의 효율적 이용과도 관련된 경계조정의 특별한 목적을 충분히 실현하기 위해서는 등기나 세금 등과 관련한 「부동산등기법」, 「소득세법」 및 「지방세법」 등과의 특별한 관계를 필요로 하기 때문에, 일반법인 「공간정보관리법」의 일부 규정을 개정하는 것은 여러 가지 한계가 있다. 이에 따라 본 연구에서는 불합리한 토지경계를 조정하기 위한 단일의 특별법 제정의 필요성을 검토하고 그 특별법의 입법원칙을 제시하고자 한다.

2. 입법(특별법)의 필요성

2.1. 현행 법률의 문제점

2.1.1. 「국토의 계획 및 이용에 관한 법률」

이 법은 국토의 계획적 체계적인 이용을 통한 난개발의 방지와 환경친화적인 국토이용체계를 구축하기 위하여 제정하였다. 이를 위하여 제

56조(개발행위의 허가)에서 "건축물의 건축 또는 공작물의 설치, 토지의 형질 변경(경작을 위한 경우로서 대통령령으로 정하는 토지의 형질 변경은 제외한다), 토지 분할(건축물이 있는 대지의 분할은 제외한다)과 같은 행위로서 대통령령으로 정하는 행위(이하 "개발행위"라 한다)를 하려는 자는 특별시장 광역시장 특별자치시장 특별자치도지사 시장 또는 군수의 허가(이하 "개발행위허가"라 한다)를 받아야 한다."고 규정하였다.10) 그리고 제77조(용도지역의 건폐율)에서는 "제36조에 따라 지정된 용도지역에서 건폐율의 최대한도는 관할 구역의 면적과 인구 규모, 용도지역의 특성 등을 고려하여 ①도시지역에서는 주거지역: 70퍼센트 이하, 상업지역: 90퍼센트 이하, 공업지역: 70퍼센트 이하, 녹지지역: 20퍼센트 이하 ②관리지역에서는 보전관리지역: 20퍼센트 이하, 생산관리지역: 20퍼센트 이하, 계획관리지역: 40퍼센트 이하 ③농림지역에서는 20퍼센트 이하 ④자연환경보전지역에서는 20퍼센트 이하의 범위에서 대통령령으로 정하는 기준에 따라 특별시 광역시 특별자치시 특별자치도 시 또는 군의 조례로 정한다."고 규정하였다. 또한 제78조(용도지역에서의 용적률)에서는 "제36조에 따라 지정된 용도지역에서 용적률의 최대한도는 관할 구역의 면적과 인구 규모, 용도지역의 특성 등을 고려하여 ①도시지역에서는 주거지역: 500퍼센트 이하, 상업지역: 1천500퍼센트 이하, 공업지역: 400퍼센트 이하, 녹지지역: 100퍼센트 이하 ②관리지역에서는 보전관리지역: 80퍼센트 이하, 생산관리지역: 80퍼센트 이하, 계획관리지역: 100퍼센트 이하(다만, 성장관리방안을 수립한 지역의 경우 해당 지방자치단체의 조례로 125퍼센트 이내에서 완화하여 적용할 수 있다) ③농림지역에서는 80퍼센트 이하 ④자연환경보전지역에서는 80퍼센트 이하의 범위에서 대통령령으로 정하는 기준에 따라 특별시 광역시·특별자치시·특별자치도·시 또는 군의 조례로 정한다."고 규정하였다. 따라서 이 법에 따르면 토지를 분할하기 위해서는 개발행위 허가를 받아야 하고, 건폐율과 용적률을 충족해야 하는 한계가 있다.7)

2.1.2. 「건축법」

이 법은 건축물의 대지 구조 설비 기준 및 용도 등을 정하여 건축물의 안전 기능 환경 및 미관을 향상시킴으로써 공공복리의 증진에 이바지하는 것을 목적으로 제정하였다.[8] 이를 위하여 이 법은 제57조(대지의 분할 제한)에서 "건축물이 있는 대지는 대통령령으로 정하는 범위에서 해당 지방자치단체의 조례로 정하는 면적에 못 미치게 분할할 수 없다. 그러나 제77조의6에 따라 건축협정이 인가된 경우 그 건축협정의 대상이 되는 대지는 분할할 수 있다."고 규정하였다. 그리고 이 법 시행령 제80조(건축물이 있는 대지의 분할제한)는 "주거지역: 60제곱미터, 상업지역: 150제곱미터, 공업지역: 150제곱미터, 녹지지역: 200제곱미터, 그 외 지역: 60제곱미터 이상으로 분할하도록" 규정하였다. 물론 건축물이 있는 대지의 경우 소 면적 분할을 인정하게 되면 분할된 소 면적을 활용할 수 없기 때문에 국가적 측면에서 보면 효용가치가 없는 작은 필지의 토지들이 많이 발생하게 된다. 이러한 남용을 막기 위하여 소 면적 분할을 제한한 것이므로 이 법의 취지로는 타당한 규정이다.[9] 그러나 이 법에 따른 소 면적 분할 제한을 모든 경우에 적용하는 것은 한계가 있으며, 하여간 지역별로 차이가 있지만 60제곱미터 미만으로는 분할할 수 없다는 한계가 있다.[10]

---

[7] 불합리한 토지 경계를 조정하고 싶어도 국토의 계획 및 이용에 관한 법률 에 따르면 분할하는 경우에 건폐율과 용적률을 충족하지 못하면 분할 할 수 없다. 따라서 특별법(안)에는 "어느 한 대상토지가 건폐율 등의 제한을 위반하고 있는 경우에 경계조정에 따른 면적증감이 없거나 경계조정으로 인하여 그 위반 비율이 낮아지는 경우"에는 경계조정을 할 수 있도록 규정하였다.

[8] 그러나 처음에는 도시계획구역내의 건축물, 도시계획구역 외에 있어서의 일정한 규모이상의 건축물 및 학교, 병원 등 특수용도에 공하는 건축물에 관하여 그 대지, 구조, 설비의 기준과 용도, 건축, 대수선 및 주요변경에 관한 사항을 규정함으로써 건축 등을 도시계획 기타 국가시책에 부응하게 하여 공공복리의 향상을 기하기 위하여 제정되었다

[9] 소면적 분할 제한 등으로 지목과 건축물용도와의 불일치에 대하여는 배세연외 1인, "지목과 건축물용도간 불부합 현황 및 개선방안", 한국지적학회지 제31권 2호, 2015, pp.59-74. 참고.

[10] 주거지역의 경우에 인접토지 소유자가 10제곱미터만 분할하면 충분하고 건폐율 및 용적률 등을 고려하면 10제곱미터를 분할하고 싶지만 건축법 제57조 및 같은 법 시행령 제80조에 따르면 60제곱미터 미만으로는 분할 할 수 없다고 규정하고 있기 때문에 법리적으로 분할 될 면적이 60제곱미터 미만인

토지 분할(건축물이 있는 대지의 분할은 제외한다)과 같은 행위로서 대통령령으로 정하는 행위(이하 "개발행위"라 한다)를 하려는 자는 특별시장·광역시장·특별자치시장·특별자치도지사·시장 또는 군수의 허가(이하 "개발행위허가"라 한다)를, 제77조(용도지역의 건폐율)과 제78조(용도지역에서의 용적률)에서는 대통령령으로 정하는 기준에 따라 특별시·광역시·특별자치시·특별자치도·시 또는 군의 조례로 제한하고 있다. 또한 「건축법」은 제57조(대지의 분할 제한)와 같은 법 시행령 제80조(건축물이 있는 대지의 분할제한)는 "주거지역: 60제곱미터, 상업지역: 150제곱미터, 공업지역: 150제곱미터, 녹지지역: 200제곱미터, 그 외 지역: 60제곱미터 이상으로 분할하도록"규정하였다. 따라서 토지 분할시 지방자치단체장의 허가를 받아야 하거나 소면적 분할을 할 수 없다는 한계가 있다.

2.1.3. 「농지법」과 「농어촌정비법」

「농지법」은 농지의 소유 이용 및 보전 등에 필요한 사항을 정함으로써 농지를 효율적으로 이용하고 관리하여 농업인의 경영 안정과 농업생산성 향상을 바탕으로 농업 경쟁력 강화와 국민경제의 균형 있는 발전 및 국토 환경 보전에 이바지하는 것을 목적으로 제정하였다. 이를 위하여 이 법은 제41조(농지의 지목 변경 제한)에서 "①제34조제1항에 따라 농지전용허가(다른 법률에 따라 농지전용허가가 의제되는 협의를 포함한다)를 받거나 같은 조 제2항에 따라 농지를 전용한 경우, ②제34조제1항제4호 또는 제5호에 규정된 목적으로 농지를 전용한 경우, ③제35조 또는 제43조에 따라 농지전용신고를 하고 농지를 전용한 경우, ④ 농어촌정비법 제2조제5호가목 또는 나목에 따른 농어촌용수의 개발사업이나 농업생산기반 개량사업의 시행으로 이 법 제2조제1호나목에 따른 토

토지는 분할 할 수 없다는 것이다.

지의 개량 시설의 부지로 변경되는 경우, ⑤시장 군수 또 자치구구청장이 천재지변이나 그 밖의 불가항력(不可抗力)의 사유로 그 농지의 형질이 현저히 달라져 원상회복이 거의 불가능하다고 인정하는 경우 외에는 농지를 전 답 과수원 외의 지목으로 변경하지 못한다."고 규정하고 있다.

「농어촌정비법」은 농업생산기반, 농어촌 생활환경, 농어촌 관광휴양자원 및 한계농지 등을 종합적 체계적으로 정비 개발하여 농수산업의 경쟁력을 높이고 농어촌 생활환경 개선을 촉진함으로써 현대적인 농어촌 건설과 국가의 균형발전에 이바지하는 것을 목적으로 제정하였다. 이를 위하여 이 법은 제43조(교환·분할·합병의 시행)에서 "시장·군수·구청장 또는 한국농어촌공사는 농지 소유자 2명 이상이 신청하거나 농지 소유자가 신청하지 아니하더라도 토지 소유자가 동의를 한 경우에는 농지에 관한 권리, 그 농지의 이용에 필요한 토지에 관한 권리 및 농업생산기반시설과 농어촌용수의 사용에 관한 권리의 교환·분할·합병(이하 "교환·분할·합병"이라 한다)을 시행할 수 있고, 시장·군수·구청장 또는 한국농어촌공사가 제1항에 따라 교환 분할 합병을 시행하는 때에는 교환·분할·합병계획을 세워 시·도지사의 인가를 받아 그 개요를 고시하고 시장·군수·구청장과 등기소에 알려야 하며, 2명 이상의 토지 소유자는 농지의 집단화를 위하여 필요한 경우 상호 협의에 의하여 교환·분할·합병을 시행할 수 있다."고 규정하였다. 그리고 제44조(교환 분할 합병의 결정 방법)에서는 "제43조에 따라 교환·분할·합병계획을 작성할 경우에 농지 소유자가 새로 취득할 농지의 면적 및 가격은 그가 상실한 농지의 면적 및 가격에 비하여 큰 차이가 나지 아니하도록 하여야 하고, 처분에 제한이 있는 농지로서 농림축산식품부령으로 정하는 것과 지상권 또는 임차권이 설정된 농지로서 그 권리가 압류·가압류 또는 가처분의 목적으로 되어 있는 것에 대하여는 교환·분할·합병계획을 정하지 못한다."고 규정하였다.

따라서 이 법에 따르면 천재지변이나 그 밖의 불가항력(不可抗力)

의 사유로 그 농지의 형질이 현저히 달라져 원상회복이 거의 불가능하다고 인정하는 경우 외에는 농지를 전 답 과수원 외의 지목으로 변경하지 못하고, 농지의 집단화를 위하여 농지에 대해서만 교환·분할·합병을 할 수 있다는 한계가 있다.[11]

2.1.4. 「공간정보관리법」

이 법은 측량 및 수로조사의 기준 및 절차와 지적공부 부동산종합공부의 작성 및 관리 등에 관한 사항을 규정함으로써 국토의 효율적 관리와 해상교통의 안전 및 국민의 소유권 보호에 기여하기 위하여 제정하였다. 이를 위하여 법 제79조 및 같은 법 시행령 제65조(분할 신청)에서는 "1. 소유권이전, 매매 등을 위하여 필요한 경우, 2. 토지이용상 불합리한 지상 경계를 시정하기 위한 경우, 관계 법령에 따라 토지분할이 포함된 개발행위허가 등을 받은 경우에는 분할을 신청할 수 있다"고 규정하였다. 그러나 제80조(합병 신청)에서는 "토지소유자는 토지를 합병하려면 대통령령으로 정하는 바에 따라 지적소관청에 합병을 신청하여야 한다고 하면서 ①합병하려는 토지의 지번부여지역, 지목 또는 소유자가 서로 다른 경우, ②합병하려는 토지에 소유권 지상권 전세권 또는 임차권의 등기, 승역지(承役地)에 대한 지역권의 등기, 합병하려는 토지 전부에 대한 등기원인(登記原因) 및 그 연월일과 접수번호가 같은 저당권의 등기 외의 등기가 있는 경우 등에는 합병할 수 없다"고 규정하고 있다.

또한 이 법은 지적공부에 등록사항이 잘못된 경우 등록사항을 정정할 수 있도록 규정하고(제84조) 있기 때문에 불합리한 토지경계를 등록사항 정정으로 해결할 수도 있다고 생각한다. 그러나 제84조(등록사항의 정정)에서는 "①토지소유자는 지적공부의 등록사항에 잘못이 있음을 발견하면 지적소관청에 그 정정을 신청할 수 있다. ②지적소관청은 지적공부의 등

---

[11] 농지법과 농어촌정비법에 따르면 전답 과수원으로만 분할 합병할 수 있기 때문에 그 외의 지목은 분할 합병할 수 없다(현행법은 28개 지목을 규정하고 있음).

록사항에 잘못이 있음을 발견하면 대통령령으로 정하는 바에 따라 직권으로 조사·측량하여 정정할 수 있다."고 규정하고 있지만 등록사항 정정은 "토지이동정리 결의서의 내용과 다르게 정리된 경우, 지적도 및 임야도에 등록된 필지가 면적의 증감 없이 경계의 위치만 잘못된 경우, 지적공부의 작성 또는 재작성 당시 잘못 정리된 경우, 지적측량성과와 다르게 정리된 경우, 지적공부의 등록사항이 잘못 입력된 경우 등과 같이 지적소관청에서 지적공부를 잘못 정리한 경우"에 한하여 예외적으로 인정하는 것이다.[12] 따라서 등록사항 정정으로도 해결할 수 없다.

2.1.5. 「지적재조사에 관한 특별법」

이 법은 토지의 실제 현황과 일치하지 아니하는 지적공부(地籍公簿)의 등록사항을 바로 잡고 종이에 구현된 지적(地籍)을 디지털 지적으로 전환함으로써 국토를 효율적으로 관리함과 아울러 국민의 재산권 보호에 기여함을 목적으로 제정하였다.[13] 이를 위하여 제7조(사업지구의 지정)에서 "지적소관청은 실시계획을 수립하여 시 도지사에게 사업지구 지정 신청을 하여야 한다."고 규정하고, 제8조(사업지구 지정고시)에서 "시 도지사는 사업지구를 지정하거나 변경한 경우에 시 도 공보에 고시하고 그 지정내용 또는 변경내용을 국토교통부장관에게 보고하여야 하며, 관계 서류를 일반인이 열람할 수 있도록 하여야 한다."고 규정하였다. 그리고 제10조(일필지조사)에서 "지적소관청은 제8조에 따른 사업지구 지정고시가 있으면 그 사업지구의 토지를 대상으로 일필지조사를 하여야하며, 일필지조사는 지적재조사측량과 병행하여 실시할 수 있다."고 규정하였다. 또한 제14조(경계설정의 기준)에서 "지적소관청은 ①지상경계에 대하여 다툼이 없는 경우 토지 소유자가 점유하는 토지의 현실경계 ②지

---

[12] 상세한 내용은 공간정보의 구축 및 관리 등에 관한 법률 시행령 제82조 참고.
[13] 지적재조사의 발전 방향에 관하여는 김행종, "지적재조사사업의 현황분석과 향후 발전 연구", 한국지적학회지 제32권 제1호, 2016, pp.11-30. 참고.

상경계에 대하여 다툼이 있는 경우 등록할 때의 측량기록을 조사한 경계 ③지방관습에 의한 경계의 순위로 지적재조사를 위한 경계를 설정하여야 한다."고 규정하면서 ④지적소관청은 앞의 순위에 따라 경계설정을 하는 것이 불합리하다고 인정하는 경우에는 토지 소유자들이 합의한 경계를 기준으로 지적재조사를 위한 경계를 설정할 수 있다"고 규정하였다(2017.4.18.).[14] 이 법은 경계를 설정함에 있어서 지적소관청이 1,2,3, 순위에 따라 경계를 설정하는 것이 불합리하다고 인정하는 경우에 한하여 토지소유자들이 합의한 경계를 설정함으로써 바른땅 사업(토지정형화사업)을 병행하고 있다.[15] 다만 이 법은 국가가 2030년까지 추진하는 국가재정사업(국가비용부담)이며, 지적재조사사업지구(사업지구지정방식) 내에서 예외적으로 인정하고 있다는 한계가 있다.

2.1.6. 기타(「빈집 및 소규모주택정비 사업에 관한 특례법」과 「도시재생 활성화 및 지원에 관한 특별법」)

「빈집 및 소규모주택정비 사업에 관한 특례법」은 사업시행지역을 대상으로 주거생활의 질을 높이는 주택정비와 주거환경 정비 사업을,「도시재생 활성화 및 지원에 관한 특별법」은 도시재생 활성화지역을 대상으로 국민의 삶의 질 향상을 위하여 도시활성화 사업을 추진한다고 규정하였다. 즉 사업지구지정방식과 같이 선정된 지역을 대상으로 추진한다는 한계가 있다.

2.2. 합병조건 분할 방식의 문제점

합병조건 분할 방식이란 「공간정보관리법」에 명시적으로 규정하고 있지는 않지만 제79(분할 신청)과 제80조(합병 신청)을 이용하여 불합리한

---

14) 경계설정 기준에 관하여는 신국미, "지적재조사에 관한 특별법 제14조의 경계설정기준에 관한 연구", 한국지적학회지 제31권 3호, 2015, pp.107-122. 참고.
15) 국제표준인 LADM을 활용한 적합한 필지등록 방안에 관해서는 이용호, "필지등록에 있어서 지상경계 도입에 관한 연구", 한국지적학회지 제33권 2호, 2017, pp.127-137. 참고.

토지경계를 해소하는 방식이다. 합병조건 분할 방식은 [그림 2]와 같이 토지소유자 사이에 매매계약을 체결하여 각 필지를 분할하고 다시 합병하는 방식이다.

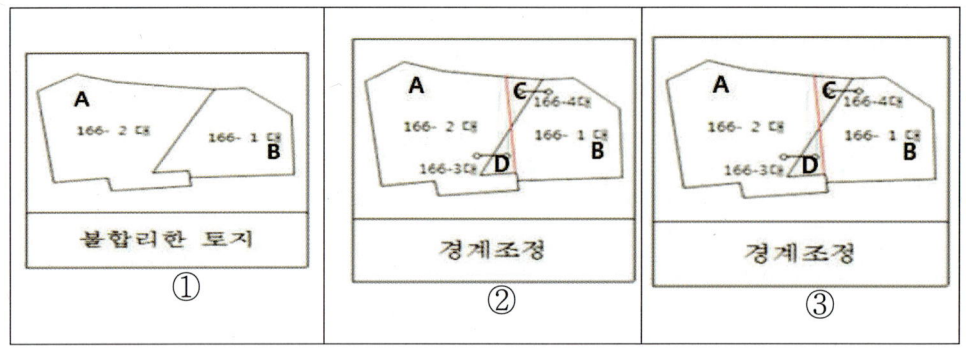

[그림2] 합병조건 분할 방식

그러나 합병조건 분할 방식의 문제는 다음과 같다.

첫째로, 합병조건 분할은 부동산 매매를 전제로 한다. 먼저 매매계약서를 작성하고 [그림 2]와 같이 원토지에서 일부를 분할하고 나서 다시 합병을 해야 한다. 따라서 절차가 복잡하고 시간과 비용을 부담해야 한다.16) 즉 A토지와 B토지를 합병조건으로 분할하는 경우, A토지로 분할되는 C토지와 B토지로부터 분할되는 D토지를 각각 교환하여 D토지는 A토지에 합병하고 C토지는 B토지에 합병을 하는 것이다. 이러한 경우에는 그 분할 당시 A토지와 B토지는 변경등기를 하여야 하며, C토지와 D토지는 보존등기를 하여야 하며, 다시 C토지와 D토지를 각각 교환한 후, D토지는 A토지에 합병하고 C토지는 B토지에 합병하기 때문에 양도세와 취등록세를 각각 납부하여야 한다.

둘째로, 합병조건 분할 방식은 인정범위가 너무 제한적이다. 즉 합병

---

16) 불합리한 토지경계를 사용하고 있는 토지소유자들을 면담한 결과(2016.9.~2018.8.) 합병조건 분할 방식을 이용하고 싶지만 절차도 복잡하고 시간과 비용이 많이 들기 때문에 이용하기 어렵다고 한다.

조건 분할을 위해서는 지목이 같아야 하고 면적증감이 없어야 한다. 토지의 이활용을 높이기 위하여 불합리한 토지경계를 조정하기 위해서는 지목이 다른 경우에도 그리고 필요한 최소한의 범위 내에서의 면적증감을 인정해야함에도 불구하고 동일지목이면서 주고받는 면적이 같아야 하는 한계가 있다.[17]

셋째로, 합병조건 분할을 위해서는 토지소유자가 개발행위부서(인허가부서)의 허가를 받고 난 다음 지적부서에 합병조건 분할 측량을 신청하는 것이다. 그러나 토지소유자는 합병조건 분할 측량을 지적부서에서 지연시키거나 해주지 않는 것으로 오해하는 경우가 많다.[18] 사실은 개발행위부서에서 합병조건 분할에 대한 명확한 법적 근거가 없다는 이유로 허가를 해주지 않기 때문이지 지적부서에서 지연시키거나 해주지 않는 것이 아니다. 지적부서는 개발행위 허가를 해줄 권한이 없다.

넷째로, 실무적으로는 합병조건 분할을 허가해 주어서 지적부서에서 합병조건 분할측량을 하고 난 다음에 토지소유자가 공부정리(합병)를 하지 않고 그냥 두는 경우 강제할 방법이 없다는 것도 문제이다.

따라서 합병조건 분할 방식은 법에 명시적으로 규정되지도 않은 방식이며 합병조건 분할 방식에 따르면 불합리한 토지경계를 해소할 수 있지만 비용과 절차가 복잡하고 제한적일 수밖에 없다는 한계가 있다. 또한 합병조건 분할 방식은 토지소유자 입장에서 보면 매우 복잡하고 시간과 비용이 들기 때문에 불편하지만 불합리한 토지를 그냥 감수하고 지낸다는 한계도 있다.

---

[17] 불합리한 토지경계 해소 방안을 위한 토론회에서 지적소관청 공무원들이 면적증감이 없도록 하면 별 실효성이 없다고 하면서 최소한의 범위에서 면적 증감을 인정해야 한다고 주장하였다(2018.6.14. 국회의원회관 소회의실).

[18] 건축사무소 소장들도 불합리한 토지경계 해소가 매우 필요하다고 주장하면서 지적부서 불합리한 토지경계에 대하여 합병조건 분할 측량을 해주지 않는 것으로 잘못 알고 있다.

2.3. 소 결

앞에서 살펴 본 바와 같이 「공간정보관리법」, 「국토의 계획 및 이용에 관한 법률」, 「건축법」, 「농지법」, 「농어촌정비법」, 「지적재조사에 관한 특별법」, 「빈집 및 소규모주택정비 사업에 관한 특례법」과 「도시재생 활성화 및 지원에 관한 특별법」에 규정된 내용과 합병조건 분할 방식으로는 불합리한 토지경계를 해소하는 데에는 한계가 있다.

따라서 대단위 사업지구지정방식이 아닌 불합리한 토지경계로 불편을 겪고 있는 토지소유자들끼리 경계조정 대상필지, 조정할 경계의 위치와 면적 그리고 면적증감 등에 따라 청산이 필요할 때에는 그 청산금액 내지 청산방법 등에 대하여 합의한 후에 신청을 하는 방식과 국가가 비용을 부담하는 것이 아니라 불합리한 토지경계를 조정하기 위하여 지적소관청에 경계조정을 신청한 신청자 본인이 비용을 부담하는 방식, 또한 합병조건 분할과 같은 분할 합병방식이 토지경계조정방식[19]으로 불합리한 토지경계를 해소할 필요가 있다.

3. 개선 방안

3.1. 현행법 개정의 한계

주지하다시피 지적제도에 관한 모법인 「공간정보관리법」을 개정한다고 하여도 「국토의 계획 및 이용에 관한 법률」이나 「건축법」 등에서 여전히 토지 분할 제한 등을 규정하고, 「농지법」과 「농어촌정비법」에서는 농지(전, 답, 과수원)외에는 분할, 합병, 교환을 할 수 없기 때문에 타법에서 규정한 내용과 충돌하게 된다. 또한 「지적재조사에 관한 특별법」에서 필지정형화사업을 추진하고 있으므로 이 법을 개정하

---

[19] 토지경계조정방식에 대해서는 후술함.

여 추진하면 효율적이라 생각할 수도 있지만 이 법은 지적재조사 사업지구 내에서 국가가 비용을 부담하여 추진하는 방식이기 때문에 이 법을 개정하는 것도 한계가 있다. 「빈집 및 소규모주택정비 사업에 관한 특례법」과 「도시재생 활성화 및 지원에 관한 특별법」도 선정된 지구를 대상으로 한다는 한계가 있다.

따라서 불합리한 토지경계를 조정하기 위한 절차간소화와 비용부담 최소화를 목적으로 하는 단일의 특별법을 제정할 필요가 있다.

3.2. 입법의 기본 방향

토지의 이 활용에 불편을 겪고 있는 토지소유자들을 위한 특별법(안)의 기본 방향은 다음과 같다.

3.2.1. 1 Point 입법

지목 및 권리까지 변경되는 경우에는 현행 지적체계 및 등기체계와 충돌되어 새로운 문제를 야기할 수 있기 때문에 입법의 기본 방향은 「국토의 계획 및 이용에 관한 법률」, 「건축법」 등에서 규정하고 있는 소면적 분할 제한에 따른 토지이용상 불합리한 토지경계의 조정에 중점을 두었다. 따라서 ① 원칙적으로는 경계조정에 따라 면적증감과 지목에 변동이 없는 경우로 하고, ② 경계조정에 따라 토지면적에 변동이 있는 경우에는 인접토지가 동일 지목이며 증가하는 토지면적이 원토지 대비 「건축법 시행령」 제80조 각 호에서 규정하는 범위 미만인 경우와 인접토지가 서로 다른 지목이며 증가하는 토지면적이 원토지 대비 100분의 20 이하로서 최대 60㎡ 미만인 경우로 한정하였다.[20]

---

[20] 인접토지가 서로 다른 지목인 경우에 경계조정의 범위를 어디까지로 할 것인지 대하여 가장 논란이 많았다. 왜냐하면 그 범위를 너무 크게 하면 부당이득을 얻을 수 있고, 너무 작게 하면 이 사업의 취지가 훼손될 수 있기 때문이다. 지적소관청 담당자들의 의견을 수렴하여 대상토지의 증가하는 토지면적이 원토지 대비 100분의 20 이하로서 최대 60㎡ 미만인 경우까지 인정하는 것으로 잠정적으로 합의하였다.

3.2.2. 토지소유자의 신청에 의한 조정

현재 토지의 경계조정과 관련한 토지구획정리사업[21], 도시개발사업, 재개발사업, 지적재조사사업 등은 사업지구지정방식을 채택하고 있다. 그러나 이러한 사업지구지정방식은 헌법 제23조의 재산권 보호 규정과 관련하여 경계이론과 분리이론으로 대표되는 복잡한 법률문제를 내포하고 있다.[22] 이에 비해 이 법은 토지 소유자의 합의를 기초로 당사자 신청방식에 의한 토지경계 조정방식을 채택함으로써, 헌법 제23조와 관련한 재산권침해 논란을 제거하였다. 따라서 인접토지 소유자들의 합의가 성립된 경우에만 경계조정신청을 허용하도록 한다. 경계조정은 토지 소유자의 이익을 위한 것이므로 이에 따른 비용은 인접토지 소유자가 부담하고 국가는 절차를 간소화하거나 조세를 감면하는 등의 지원을 할 수 있는 장치를 마련하도록 한다.

3.2.3. 분할·합병방식이 아닌 경계조정방식

불합리한 토지의 경계조정을 위해 토지의 분할·합병방식이 아니라 [그림3]과 같이 경계조정 방식을 채택하였다.

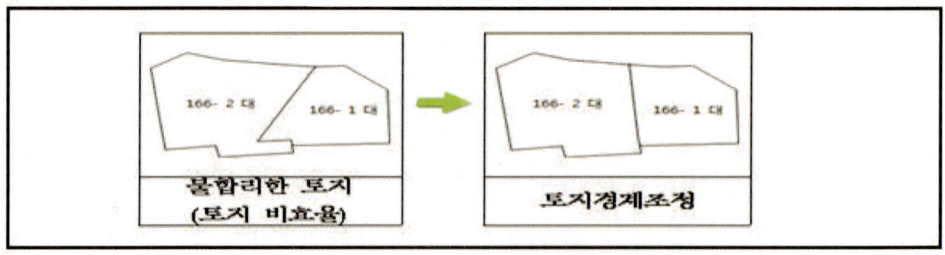

[그림3] 토지경계조정방식

---

21) 정혜영, "재산권이론 발전에 따른 독일 토지구획정리제도(§§45-84BauGB)의 법적 성격-연방헌법재판소의 판결(BVerfGE 104.1)을 중심으로, 서강법학 , 2005, pp.159-187. 참고.
22) 정하중, 2003,헌법상의 재산권보장체계에 있어서의 경계이론과 분리이론, 서강법학, 참고.

토지의 분할·합병방식은 C토지와 D토지를 각각 독립된 물권의 대상으로 보는 방식이다. 그러나 본 법안에서의 토지경계조정은 A토지와 B토지의 불합리한 경계를 일정한 범위에서 조정하기 위한 것으로 C토지와 D토지를 독자적인 물권으로 취급할 필요성은 전혀 존재하지 않는다. 법리적으로도 토지경계의 변경은 권리의 변동이 아니라 사실의 변경일 뿐만 아니라, 면적증감이 없는 토지경계의 변경은 등기사항이 아니라는 점을 생각할 때, C토지와 D토지를 반드시 독자적인 물권으로 취급해야 하는 것은 아니다. 이에 따라 본 법에서는 토지의 경계조정을 통해 각각 A토지와 B토지의 경계가 변경되고 경우에 따라 이에 수반한 A토지와 B토지의 면적증감이 발생할 뿐이고, C토지나 D토지가 생성되는 것은 아니라는 법리를 채택하였다. 이를 위해 본 법안에서는 원칙적으로 경계조정을 통해 토지의 면적이 증감하지 않는 경계조정방식을 채택하였으며, 그 증감이 불가피한 경우에는 이를 최소화하는 방식을 채택하였다.

따라서 본 법안은 경계조정을 통해 토지의 면적증감이 있는 경우에도 이전등기 없이 변경등기만 할 수 있도록 등기를 간소화하였으며, 조세 역시 토지의 분할·합병 방식에 따라 생성되는 토지의 교환을 기준으로 하는 것이 아니라(C토지와 D토지의 이전에 따른 취득세 등) 그 증감된 토지부분에 한해 조세를 부과하도록 하였다.

3.2.4. 한시법

본 법안은 현행 지적체계에 대한 특례일 뿐만 아니라, -비록 선행 사업 지구에 대한 면밀한 현장조사를 바탕으로 하였지만- 아직 전국적으로 시행된 적이 없으며 세계적으로도 유래가 없는 한국형 토지경계조정모델인 경계조정방식을 채택하였기 때문에 한시법으로 운영하고자 한다. 그리고 우선 그 법적 효력에 대한 유효기간을 5년으로 하였다. 따라서 향후 그 법적 수요에 따라 시행기간 동안의 활용현황 등을 살펴 향후 일반법으로 저노한 가능성을 열어 두고자 한다.

4. 결 론

좁은 국토면적에 매우 높은 인구밀도를 나타내는 우리나라의 특성에 비추어 볼 때, 한정된 국토를 보다 효율적으로 관리하고 그 토지가치를 향상시키기 위해 부단한 노력을 해 왔다. 즉, 토지경계의 정리와 관련하여 현재 우리나라의 농어촌지역에는 「한국농어촌공사 및 농지관리기금법」과 「농어촌정비법」이 시행되고 있으며, 도시지역에는 「도시개발법」, 「도시 및 주거환경정비법」, 「택지개발촉진법」 등이 시행되고 있다. 본 연구에서는 현행 토지경계정리와 관련한 법률들의 구체적 문제점들을 살펴봄으로써 그 한계에 대해 살펴보았다.

따라서 본 논문에서는 토지경계조정을 위한 새로운 한국형모델을 정립하기 위하여 당사자의 합의를 기초로 당사자 신청에 의해 경계를 조정·정리하는 특별법을 제정할 것을 제안하면서 그 법안의 기본방향을 제시하였다. 이러한 특별법의 기본방향으로는 우선 기존의 법률의 적용대상에 포함되지 않거나 그 적용에 어려움이 있는 토지를 대상으로 경계정리절차를 간소화하는 1 Point 입법을 제안하였다. 또한 특별법은 토지소유자의 신청에 의하여 경계를 조정함으로써 국가의 재정적 부담을 해소하거나 최소화하는 한편 해당 토지들의 가치를 극대화할 수 있는 저비용·고효율의 경계조정방식을 채택하였다. 나아가 경계가 불합리한 토지의 경계조정을 분할·합병방식이 아니라 경계조정방식으로 처리함으로써 등기를 간소화하고 경계조정에 따른 조세부담을 최소화할 수 있도록 하였다. 다만 이러한 특별법은 현행 법체계에서 여러 가지 특례가 있기 때문에 우선 5년의 한시기간을 정하여 법률을 시행할 것을 제안하였다. 이러한 한시 기간 동안의 법률적용을 통해 본 법안에 대한 수요가 증폭될 경우, 이를 보완한 일반법으로의 전환 역시 염두하고 있다는 점을 밝히고자 한다.

<참고문헌>

1. 김승종, "미국의 토지이용규제에 관한 연구-용도지역제도와 토지이용허가제도를 중심으로",서울법학 제22권 1호, 2014.
2. 김종보, "도시계획의 핵심기능과 지적제도의 충돌-건축단위와 건축허용을 중심으로", 행정법연구(16) , 2016.
3. 김행종, "지적재조사사업의 현황분석과 향후 발전 연구", 한국지적 학회지 제32권 1호, 2016.
4. 방경식 장희순, 부동산학 개론 , 서울: 부연사, 2004.
5. 배세연 외 1인, "지목과 건축물용도간 불부합현황 및 개선방안", 한국지적학회지 제31권 2호, 2015.
6. 신국미, "지적재조사에 관한 특별법 제14조의 경계설정기준에 관한 연구", 한국지적학회지 제31권 3호, 2015.
7. 이용호, "필지등록에 있어서 지상경계 도입에 관한 연구", 한국지적 학회지 제33권 2호, 2017.
8. 정하중, "헌법상의 재산권보장체계에 있어서의 경계이론과 분리이론", 서강법학 , 2003.
9. 정혜영, "재산권이론 발전에 따른 독일 토지구획정리제도 (§§45-84 BauGB)의 법적 성격-연방헌법재판소의 판결(BVerFGE 104.1)을 중심으로", 서강법학 , 2005,
10. 정희남, "정부수립 이후의 한국 토지정책 60년사 소고, 1948 ~2008", 부동산연구 제20권 1호, 2010.
11. 정희남 한만희 김채규외 21인, 토지정책론, 서울: 부연사, 2015.

<붙임1> 경계조정 예시

1. 경계조정을 통해 맹지를 도로와 연결

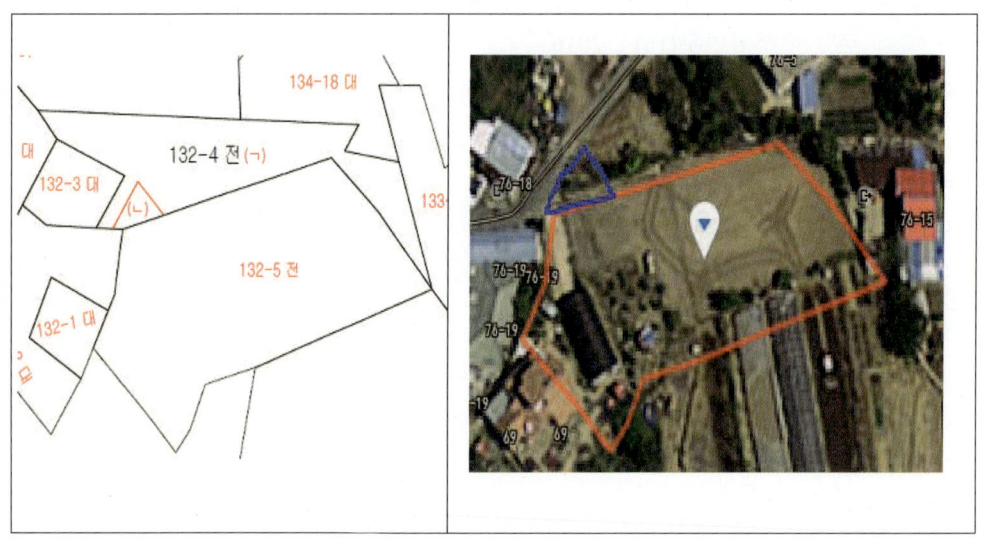

(1) 현황: 132-5번지(전)소유자는 도로와 인접하지 않은 맹지를 매입하였으므로 인접도로로 진입하기 위해서는 자기 소유의 132-5(전) 중앙에 5~6m의 도로를 내야함

(2) 해소방안: 132-5번지(전) 소유자는 132-4번지(전) 소유자에게는 활용성이 적은 (ㄴ)은 부분(26㎡)에 대하여 상호 합의하여 경계를 조정하면 맹지 해소를 통한 인근도로 출입이 가능

(3) 효과: 132-5번지의 토지소유자는 따로 도로를 만들기 위해 5~6m 폭의 도로를 내는 경우에 발생하는 추가적인 비용 해소 및 토지활용률 증가

2. 경계조정(정형화)을 통해 도로진출입로 확보

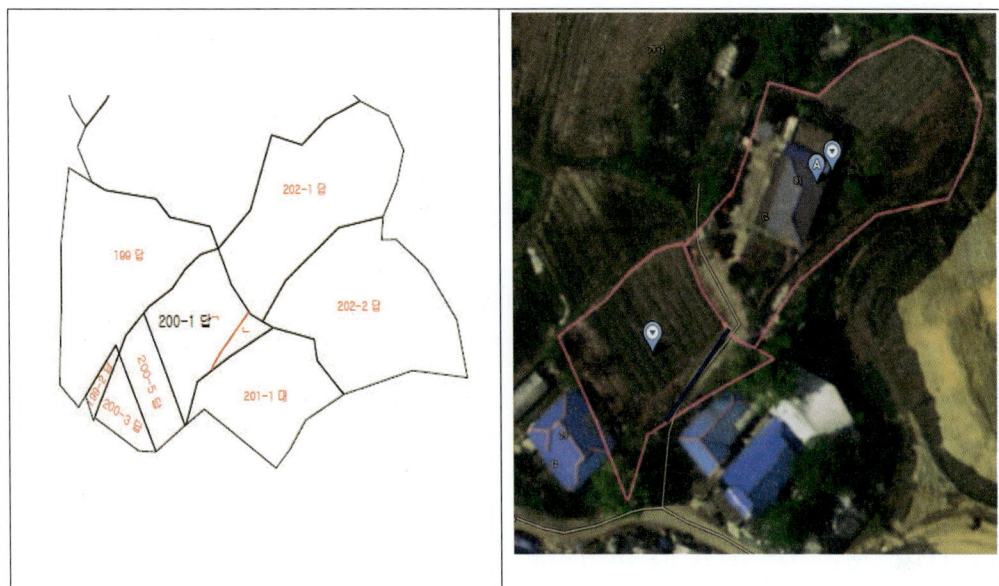

(1) 현황: 200-1(답) 소유자는 자기 소유의 토지 571m2중 ㄴ 부분 (58m2) 안쪽에 담장선을 설치하여 사용하고 있으므로 ㄴ은 별가치가 없으나, 202-1(답)소유자는 도로진입로가 없어 200-1(답) 소유자의 ㄴ 부분을 이용하여 출입

(2) 해소방안: 202-1(답)소유자는 도로진입로가 없어 200-1(답) 소유자의 ㄴ 부분을 이용하고 있으므로 200-1(답) 소유자는 202-1(답)소유자 합의하여 200-1(답)의 ㄴ 부분(58㎡)을 202-1(답)소유자의 토지에 편입토록 경계 조정

(3) 효과: 인근도로 진출입로 확보로 자유로운 출입 가능

3. 경계조정을 통해 토지가치 상승, 주차창 및 통행로 확보

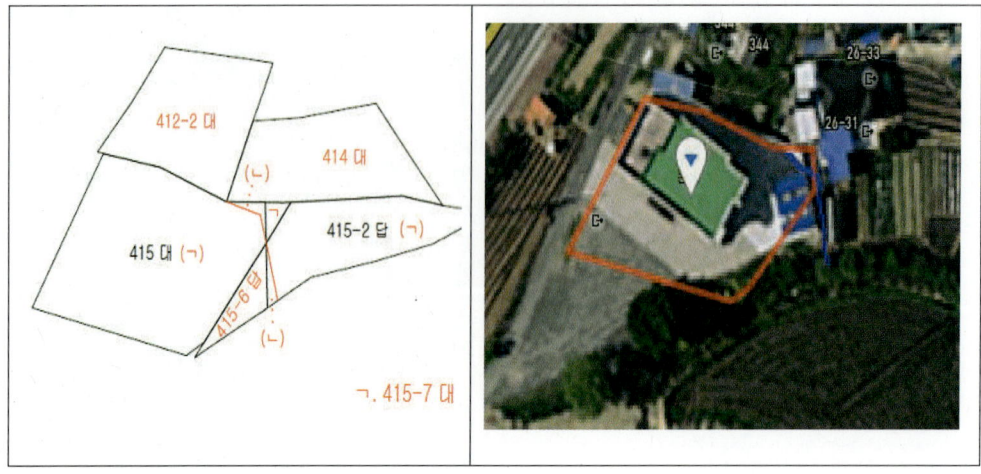

(1) 현황: 414번지(대) 토지소유자와 415-2번지(답) 토지소유자가 동일인으로 414(대) 소유자의 건축물이 415(대)의 (ㄴ)부분 경계를 일부 침범할 뿐만 아니라 415(대)의 (ㄴ)부분 경계와 인접하여 건축물 외벽 옆으로의 통행이 거의 불가능하고, 415(대) 토지소유자는 식당을 운영하면서 주차장이 좁아 영업에 어려움이 있음

(2) 해소방안: 음식점을 운영하는 415번지(대) 소유자가 415(대)의 (ㄴ)부분 (10㎡)을 414번지(대) 소유자에게 주고 415번지(대)의 소유자는 415-2(답)의 (ㄴ)부분(10㎡)을 받아 토지경계를 정리

(3) 효과: 415번지(대) 소유자는 토지정형화에 따른 토지가치 향상 및 주차장 확보로 영업이익 발생, 한편 414번지(대) 소유자는 자기 소유의 토지에 대한 통행이 자유로움(이지목 교환)

4. 경계조정을 통해 월경건물 및 건폐율 해소

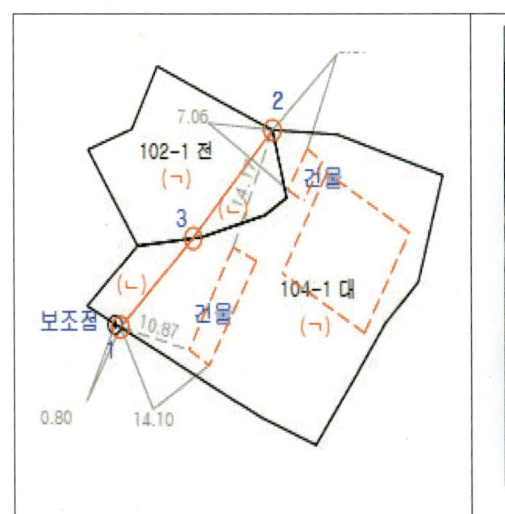

(1) 현황: 104-1번지(대) 소유자의 건축물 일부가 102-1번지 (전)소유자의 토지일부를 침범하고 있을 뿐 아니라 104-1번지(대) 소유자는 건축법상 건폐율 위반

(2) 해소방안: 104-1번지(대) 소유자는 102-1번지(전) 소유자와 합의하여 102-1(전)의 (ㄴ) 부분 (59㎡)을 104-1(대)에 편입토록 하는 경계조정

(3) 효과: 104-1(대) 소유자는 월경건물에 따른 분쟁해소 및 건폐율 위반 문제 해소

5. 경계조정을 통해 토지가치 향상 및 월경건물 해소

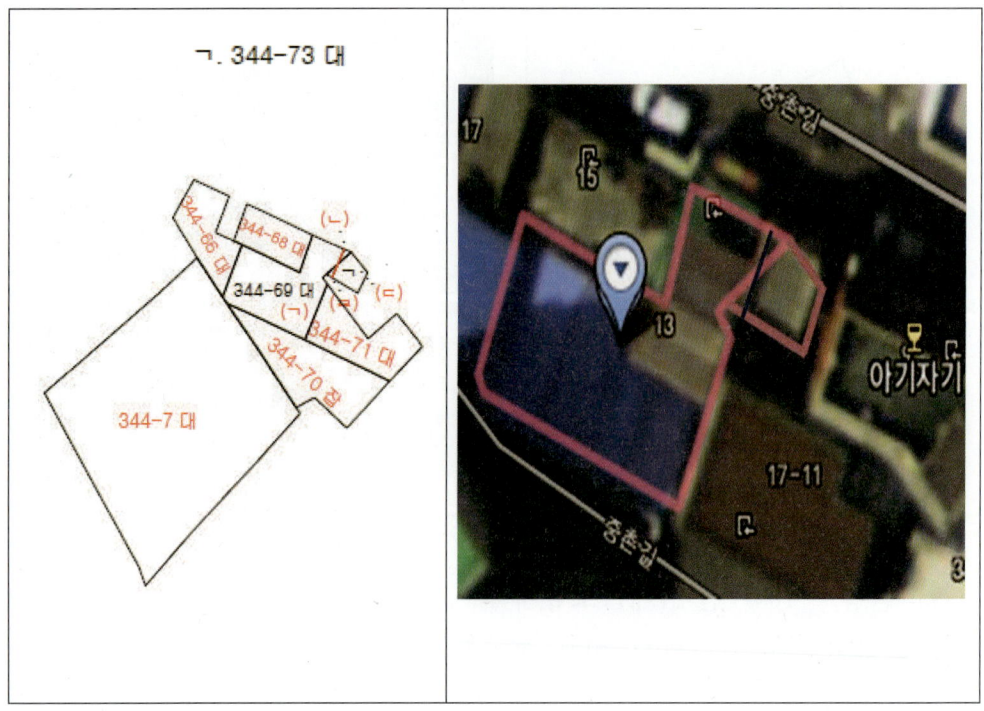

(1) 현황: 344-73번지(대:19㎡) 소유자의 건축물 일부가 344-69번지(대:132㎡) 소유자의 토지일부를 침범하고 있음

(2) 해소방안: 344-73(대) 소유자와 344-69(대) 소유자가 서로 합의하여 344-69(대) 소유자는 (ㄴ) 부분(1㎡)을 344-73(대) 소유자는 (ㄹ) 부분(1㎡)을 상호 교환하는 경계조정

(3) 효과: 344-73(대) 소유자와 344-69(대) 소유자는 필지정형화를 통하여 토지가치가 향상되고, 특히 344-73(대) 소유자는 월경건물에 따른 분쟁 해소

6. 경계조정을 통해 월경건물 해소 및 농지취득자격증명원 발급 불가 해소

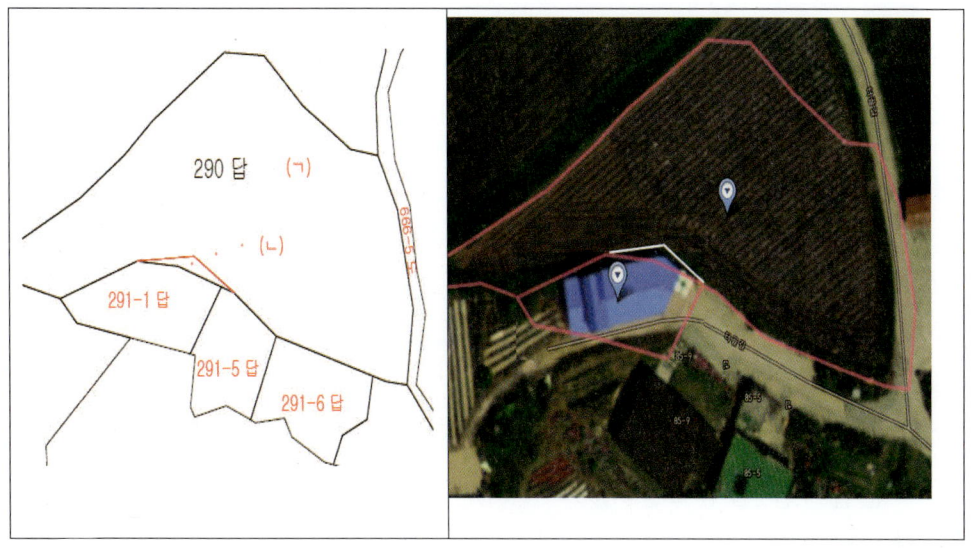

(1) 현황: 291-1번지(답:240㎡) 소유자의 건축물(동물사육시설)이 290번지(답:1769㎡) 소유자의 토지일부를 침범하고 있으며, 290번지(답) 소유자는 자신의 토지인 290번지(답)에 291-1(답) 소유의건축물(경계침범건축물)이 있기 때문에 농지취득자격증명원(농민으로서 누릴 수 있는 혜택)을 발급 받을 수 없음

(2) 해소방안: 290번지(답) 소유자가 291-1번지(답) 소유자와 합의하여 290(답)의 (ㄴ) 부분(18㎡)을 291-1(답)에 편입토록 하는 경계조정

(3) 효과: 290(답) 소유자는 농지취득자격증명원을 발급 받을 수 있어서 농민으로서 혜택을 누릴 수 있게 되고, 291-1(답) 소유자는 월경건물에 따른 분쟁 해소

<붙임2> 기대효과

□ 국민 편익 9,341억 원 절감(2018년 기준으로 산정)

　ㅇ 제도개선에 따른 측량수수료 3,950억 원 절감

　　* (현행수수료) 7,900억 원- 3,950억 원 (개정수수료) = 3,950억 원

　　** 4필지 토지분할 기본 수수료 : 908,000원 / 경계조정수수료(50% 감면) : 454,000원 예정

　　*** 전체 대상 필지 290만 필지 중 약 30%신청을 가정 87만 필지

　ㅇ 토지이동 신청 수수료 41.7억 원 절감(2018년 기준으로 산정)

　　* 분할 4필 합병 2필 4,800 × 87만필 = 41.76억 원

　　** 분할 후 1필지 당 : 1,400원/ 토지합병 전 필지 당 1,000원

　ㅇ 소유권이전 등기비용(등기수수료+법무사비용) 2,740억 원 절감 (2018년 기준으로 산정)

　　* 315,000 × 87만 필 = 2,740.5억 원

　　** 부동산 등기 수수료 규칙 제5조 소유권이전 매 부동산 마다 15,000원

　　*** 소유권이전 등기법무사 수입료 1건당 300,000원

　ㅇ 사회적 갈등비용 (경계확인소송 등) 2,610억 원 절감 (2018년 기준으로 산정)

　　* 3,000,000(변호사 수임료 1건 당)× 8.7만 필지(87만 필지 중 10%) = 2,610억 원

□ 토지가치 상승에 따른 국민·국가 편익 3,201억 원

(2018년 기준으로 산정)

○ 토지정형화로 토지가치가 상승되는 편익
 * 3,680,000원 × 87만 필지 × 0.1 = 3,201.6억 원
 ** 공시지가 3% 상승 시 필지 당 평균 증가액 : 3,680,000원
 *** 전체 대상 필지 290만 필지 중 30% 경계조정 신청: 87만 필
 **** 공시지가 증가원인 중 토지경계조정이 미치는 영향 : 10%

□ 세수증대에 따른 국가 편익 (추정 필요)

○ 증세 없이 매년 보유 세(재산세) 증가
○ 양도소득세 : 보유기간과 시세차익에 따라 양도소득세 추산은 어려우나, 상당히 증가할 것으로 판단됨

김형석의 통일여정, 노겸 소성규 교수와의 인연

김형석
대진대학교 객원교수
前 통일부차관

2024년 6월은 이른 더위의 외적 열기와 대북전단과 오물풍선의 남북관계 강대강 대치국면의 내적 열기로 인해 후끈후끈 달아 오르고 있습니다.

불볕 더위속의 소나기 처럼, 카하~하고 마시는 청량음료의 상쾌함과 같은 시원함이 절실하게 기대되는 상황입니다.

저는 이산가족이 아닙니다. 북한과 직접적인 연관이 없습니다.

하지만 민주화의 격동기인 80년대 대학생활을 하면서 한반도 통일에 대한 열정과 소망을 가지고 20대인 1989년부터 정부의 일원으로 '통일여정'을 시작했습니다.

저는 1965년 정의의 주먹 고장, 꼬막으로 유명한 전남 벌교에서 태어나 초등학교, 중학교를 그 곳에서 졸업했습니다.

벌교중학교 졸업후 더 넓은 세상으로 가는 첫번째 도전을 하였습니다.

1980년대 순천은 읍이 아닌 시였고 대표 문화시설인 맘모스 극장과 유명한 호텔 자동문 등 벌교 촌놈에게는 신세상이었습니다.

순천고등학교 입학후 3년 재학중 '심오한 사고, 정확한 판단, 과감한 실천'이라는 정신을 가슴에 새기며 '삼산은 높이 솟았고 이수 감돌아 흐르는 승평의 땅'에서 '오늘도 세계를 주름잡기 위한 꿈'을 키워 왔습니다.

순천고등학교 졸업후 1984년 저는 두번째 도전에 나섰습니다.

순천과 호남을 넘어 국가와 민족을 위한 큰 일을 해 보자는 일념으로 저를 키워준 순천벌교를 떠나 서울로 상경하였습니다.

1984년 당시 서울역과 맞은편 대우빌딩, 처음 타보는 전철, 의리의리한 신세계 백화점과 빌딩을 보면서 거대도시이고 대한민국의 심장인 서울의 모습에 기가 질리기도 했지만 무한한 가능성과 발전의 무대에 첫 발을 내딛는 설레임을 느낄 수 있었습니다.

1년의 재수 기간을 거쳐 1985년 서울대학교 영문과에 입학하였습니다.

입학후 캠퍼스의 낭만은 즐길 수가 없었고 독재 타도 정치 민주화의 격동의 시기에 최루탄 가스와 분신 자살, 백골부대라고 하는 전투경찰의 데모 진압속에서 대학시절을 보냈습니다.

저도 열혈 청년학도로 시위도 하고 대학생 군사훈련도 거부하는 등 군부독재에 저항하는 학생운동을 하였습니다. 그러던 중 1987년 대통령 직선제가 도입되었고 청년학도들의 주된 관심은 정치민주화에서 자연스럽게 조국통일 문제로 바뀌었습니다.

마침 그 당시 6.25 참전용사이시고 강직하면서도 자애로우셨던 아버님 건강이 안좋았고 막내인 저의 앞길을 걱정하시다가 제가 3학년때 돌아오실 수 없는 먼 길을 떠나셨습니다.

그래서 저는 학생운동 보다는 다른 방법으로 아버님의 걱정을 덜어들이고 국가와 민족의 미래를 위해 기여해 보자는 일념에서 세번째 도전에 나섰습니다.

　행정고시에 도전해서 대학 4학년인 1988년에 합격하고 이듬해 1989년 전라남도청과 보성군청에서 수습사무관 연수를 받고 주저없이 통일부(당시 국토통일원)를 선택하였고, 2017년 6월 박근혜정부 마지막 통일부 차관을 끝으로 공직생활을 마무리했습니다.

　부처 선택시 대부분의 주위분들이 생기는 것없는 통일부를 가지말고 다른부처로 가라고 했지만 김구선생님이 해방된 조국의 문지기가 되어도 좋다는 일념으로 독립운동에 헌신하셨듯이 저도 대한민국의 자유민주 통일을 이루는데 기여하고 운이 좋으면 남한출신 첫 평양시장이 되고, 대동강과 모란봉이 보이는 평양 대동강의 무지개 유람선에서 사랑하는 친구와 선후배, 동지들을 모시고 멋진 통일 축하 잔치를 해보자는 생각에서 통일부를 주저없이 선택했습니다.

　통일부에 들어가 북한 정세 분석, 교류협력, 통일정책 등 통일관련 모든 일을 수행하였습니다. 크리스마스 이브날 북한관련 책자발간을 위한 교정작업에서 부터 새벽 4시에 청사에 나와 북한방송을 모니터링하고 내용을 요약하는 소위 '허드렛일'에서 부터 시작했습니다. 이후 90년대 중반 북한에 대한 인도적 식량 지원과 납북자 국군포로 등 인권문제 해결, 탈북자 정착 지원, 그리고 북한 신포에 경수로원전 건설 사업을 위한 한반도 에너지개발기구(KEDO) 북한담당관, 이산가족 상봉을 위한 적십자회담과 남북정상회담·남북한 철도도로연결 등 경제회담 등에 회담대표로 참가하면서 한반도 통일의 문을 열어가는 통일여정을 걸어 왔습니다.

　1998년에는 중국 도문과 북한 남양을 잇는 다리를 통해 북한땅에 첫발을 내딛기도 하였습니다. 2007년 7월 7일 개성 자남산 여관에서 진행된 남북회담에 수석대표로 참여해서 6.25전쟁으로 운행이 중단된 경의선 남북간 열차 운행 재개에 합의하였습니다. 이후 임진강에 전시된 '달리고 싶은 철마'는 화물열차로 변모하여 약 1년간 서울역과 개성역간을 운행하기도 하였습니다.

2008년 금강산관광객 피격 사망사건, 2010년 천안함 폭침, 연평도 포격 도발과 북한의 핵무기 개발에 따른 2016년 개성공단 중단 등 남북관계 상황이 어려워졌습니다. 이러한 상황에서도 '원칙있고 절제된 대화협력'으로 한반도 통일을 이루어 나가는 노력은 계속되었습니다. 저는 이명박 정부시절 청와대 선임행정관, 그리고 박근혜 정부시절에는 통일비서관에 이어 통일부 차관에 임명되었습니다. 2015년 통일비서관 시절 목함지뢰사건 발생과 준전시사태 선포 등 긴장된 국면에서 남북간 '2+2 회담'을 통해 이산가족 상봉과 당국간 회담, 개성만월대 공동 발굴 등 민간교류 재개로 보수정부에서 한반도 통일을 위한 발걸음을 중단없이 내딛는데 역할을 하기도 했습니다.

2016년 통일부 차관으로 임명된 후 그동안 쌓아 온 경륜으로 한반도 통일의 실질적 진전을 위한 일을 해 볼 수 있겠다는 기대감에 부풀어 있었습니다. 2018년 평창 동계올림픽을 통해 남북관계 개선의 계기로 활용해 보자는 구상도 있었습니다. 하지만 차관 취임 100일만에 국정농단 사건이 발생하고 정부는 식물 정부가 되어 30여년 가까이 쌓아왔던 한반도 통일에 대한 경험과 열정 그리고 소신을 펼칠 수 있는 기회를 갖지 못하고 퇴임하게 되었습니다.

2017년 통일부 차관직을 마친 직후부터 운좋게도 비무장지대(DMZ)에서 가장 가까운 4년제 종합대학인 대진대학교에서 '통일과 통일이후를 준비'하고 있는 젊은 청춘들과 통일문제를 얘기하고 함께 고민해 오고 있습니다.

노겸 소성규 교수와의 인연은 공직생활 마감후 대진대학교에서 시작된 저의 제2의 통일여정과 함께 시작되었습니다. 2017년 당시 대진대학교는 정부가 지정한 경기도 통일교육센터이었고 실질적인 센터장의 역할을 노겸 소성규 교수가 수행하고 있었습니다. 이후 대진대학교가 노겸의 중추적 역할과 기여로 통일교육선도대학으로 선정되었고, 노겸은 교양필수로 통일관련 교과목을 선정하고 통일교육의 선도적인 모델을 정립하였습니다. 또한 '개성포럼'을 발족해서 민간차원의 통일추진 플랫폼을 구축하기도 하였습니다.

노겸의 지원과 협력으로 대진대학교에서의 제2의 통일여정은 순풍에 돛단배처럼 순탄하게 출발했고 지금도 이어지고 있습니다.

대학생 대상 통일강의, 양주시 등 지역사회 공무원 통일역량 강화 활동, 통일교육 위원 등 지역 주민과의 통일대화 등 그동안 당국자 입장에서 관찰만 했던 민간차원에서의 통일활동에 직접 참여하였습니다. 이러한 활동을 통해 민간 통일동지들의 열정과 소신, 헌신, 전문성을 직접 체험하고 확인할 수 있었습니다.

저는 앞으로의 한반도 통일은 당국이 아닌 민간차원에서의 젊은 청춘들과 헌신적인 동지분들이 이루어 낼 것이라는 확신과 희망을 가지고 있습니다.

노겸 소성규 교수는 소탈한 외모지만 반짝이는 눈, 청명한 목소리로 법학자의 권위와 함께 한민족의 염원인 통일에 대한 남다른 열정과 헌신의 모습을 보여주고 있습니다. 통일의 외길을 걸어 왔던 저에게 있어서 노겸 소성규 교수는 소중한 보배이자 통일여정의 동반자이고, 더 나아가 저의 스승이라고 해도 과언이 아닙니다.

노겸의 그동안의 열정적 활동과 헌신에 대해 높이 평가하고 존경의 뜻을 표하는 바입니다.

노겸 소성규 교수님

존경합니다.

사랑합니다.

통일교육의 새로운 방향과 과제[1)]

모춘흥
한양대학교 평화연구소 연구교수

1. 들어가며

통일은 단수가 아니라 복수다.[2)] 그러나 그간 (한반도) 통일담론은 배타성 혹은 자기중심성에서 벗어나지 못한 채 특정 입장을 강조하는 인식의 틀에 갇혀 있었다. 그 이유는 지속된 분단 상황과 한반도를 둘러싼 주변국들 간의 대립적 관계로 인해 통일한국이 지향해야 할 '미래상'이 어떠한 것이며, 그 방법론은 무엇인가에 대해 극명한 진영 간 대립이 존

---

1) 이 글은 박선형 외, 『정치교육론: 이론과 실천 및 과제』 (서울: 학지사, 2022) 제13장에 수록된 글을 수정 및 보완한 것이다. 또한 이 글은 저자가 소성규 교수님과 함께 수행한 경기도청 연구과제(경기도 평화통일교육 중장기 계획 수립 연구용역, 2019)와 통일부 연구과제(한반도통일미래센터 일반성인 대상 통일체험 프로그램 강화 방안 연구, 2021)에 수록된 내용에 기초하고 있다. 저자는 소성규 교수님과 함께 여러 연구과제를 수행하는 과정에서 통일교육의 새로운 지향점으로서 '통일(統一)'에서 '통이(通異)'로의 관점 전환'이 필요하다는 데 의견을 공유했음을 밝힌다. 소성규 교수님의 화갑(勞謙)을 진심으로 축하드리며, 저자의 졸고를 소성규 교수님 화갑기념집 원고로 제출합니다. 감사합니다.
2) 이 글에서 사용하는 통일이 '단수'가 아니라 '복수'라는 주장과 그 연장선에서 평화들이라는 표현은 이찬수가 제시한 평화다원주의 시각을 원용한 것이다(이찬수 2016).

재기 때문이다. 양 진영 간 극단적 주장으로 인해 통일에 대한 논의는 분절성과 폐쇄성을 띠게 되고, 이에 따라 지속가능한 통일담론이 제대로 이루어지지 못했다.

물론 '탈분단 통일교육'과 '평화지향적 통일교육'이라는 이름으로, 현재 분단체제 극복과 평화를 연결하는 교육적 실천이 늘어나고 있다(조정아 외, 2019). 그러나 분단된 지 70여 년이 지난 현재, 통일에 대한 열망이 점점 줄어들고 있고, 무엇보다 통일의 필요성에 대한 젊음 세대의 부정적 응답이 늘어나고 있다(박상훈·허재영, 2020). 따라서 시대적 상황에 맞는 지속가능한 통일교육이 이루어질 필요가 있다.

그렇다면 기존의 배타적 통일논의의 한계를 넘어 다양한 '통일들'을 긍정하고 수용할 수 있는 통일교육이란 무엇을 의미하며, 이러한 통일교육을 하기 위해서는 어떠한 내용과 가치들을 담아야 하나? 이러한 질문에 주목하는 이유는 이 글은 기존 (한반도) 통일논의와 통일교육이 갖고 있었던 한계에서 벗어나고자 하는 반성에서 시작할 필요가 있다고 보기 때문이다. 특히 통일은 특정 집단들의 노력만으로는 달성하기에 어려운 과제이며, 한국사회 모든 구성원들의 적극적인 관심과 노력을 기울여야 하는 사안이지만, 기존의 통일논의는 서로 소통하고, 교류하여 공통의 분모를 만들어내는 것이 아니라 자신들의 입장을 강조하는 방벽을 세우는 데 집중됐다. 이에 기존의 통일교육은 오늘날 젊은 세대들의 관심을 이끌어내는 데 한계가 있을 수밖에 없다(배영애 2017, 318-319). 이에 젊은 세대가 마주하고 기대하는 통일의 의미를 통일교육에 적극 반영할 필요가 있다.

2. 통일교육의 의미와 현주소

「통일교육지원법」에 따르면, '통일교육'이란 "자유민주주의에 대한 신념과 민족공동체의식 및 건전한 안보관을 바탕으로 통일을 이룩하는 데 필요한 가치관과 태도를 기르도록 하기 위한 교육"을 의미한다. 2023년 3월 통일부 통일교육원에서 발간한 『2023 통일문제 이해』에서는 통일문제에 대한 국민들의 인식이 낮은 상황에서 통일 한반도로 나아가기 위한 실천적 동력을 만들어내기 어렵다는 점을 지적하는 가운데, 국민들의 통일인식 제고를 통일교육의 주된 목표로 강조하고 있다(국립통일교육원 2023a, 194-196).[3]

「통일교육지원법」의 근거는 「헌법」 전문의 "조국의 평화적 통일의 사명" 규정과 제4조에서 "대한민국은 통일을 지향하며, 자유민주적 기본질서에 입각한 평화적 통일정책을 수립하고 이를 추진한다"는 규정에 기초하고 있다. 그러나 통일교육이 갖는 중요성에도 불구하고, 통일교육의 의미와 그 범위가 명확하지 않다는 비판을 받고 있다(통일교육 지원법 일부개정법률안, 2021/12/24; 모춘흥 외 2020, 230). 일부 연구에서는 통일교육을 "통일과 관련된 전반적인 지식교육과 더불어 통일 이후의 파생되는 문제점을 해결하기 위하여 학습자의 가치관 및 태도, 의지 함양을 위한 교육의 성격"을 갖고 있고, "통일을 위하여 점진적으로 가능성을 높이는 동시에 통일 후 사회통합을 위한 미래지향적 교육"의 성격을 갖고 있다고 설명한다(배영애 2017, 322-323).

통일교육은 초·중·고 학생들과 대학생들을 대상으로 하는 학교통일교육과 지역사회의 통일문제에 대한 관심과 이해를 제고하기 위해 실시되고 있는 사회통일교육, 그리고 중앙행정기관, 지방자치단체(이하 지자체), 공공기관 등에 소속된 공무원과 직원 등을 대상으로 하는 공무원통일교육으로 분류할 수 있다. 학교통일교육과 관련하여 초·중·고 학생들을 대

---

[3] 문재인 정부 역시 통일교육의 목표를 주된 국민들의 통일인식 제고로 보았다. 2018년 8월 통일부 통일교육원에서 발간한 『평화·통일교육: 방향과 관점』에서는 통일교육의 목표를 "평화적 통일을 이루어 가는 데 필요한 긍정적 인식과 바람직한 태도를 기르는 것"으로 설명했다(통일부 통일교육원 2018, 6).

상으로 하는 통일교육은 대체로 정부가 지향하는 방향에 기초해서 이루어지고 있지만, 상대적으로 대학 통일교육은 교육의 내용과 방법의 측면에서 상대적으로 자율성을 보장받고 있다(변종헌 2012, 160).

물론 정부와 지자체는 대학생들의 통일에 대한 관심을 제고하고 대학 사회의 통일교육 참여를 유도하기 위해 다양한 사업들을 진행하고 있다. 통일부 국립통일교육원에서는 통일교육 선도대학을 지역별·기능별 통일교육 거점대학으로 육성하고 있고, 대학생들에게 다양한 통일교육 기회를 제공하기 위해 대학생을 위한 통일특강 및 강좌 지원사업과 대학생들의 자율적 통일활동 등을 지원하고 있다.

정부가 제시한 통일교육이 국민의 통일인식 제고에 초점을 두고 있지만, 문재인 정부는 통일교육에서 '평화'의 의미를 보다 강조했고, 통일부 통일교육원에서 발간한 『평화·통일교육: 방향과 관점』에서 평화·통일교육이라는 용어를 정부가 공식 문서에서 처음으로 사용했다(한만길 2019, 136). 또한 (한반도) 평화문제와 관련하여 눈여겨 볼만한 연구 역시 눈에 띄게 늘었다. 평화다원주의 시각에서 여러 '평화들'을 긍정하고, '평화들'이 인간의 얼굴을 한 평화가 되도록 하는 작업이 평화 연구의 목적이라는 점을 제시한 연구(이찬수 2016), 지속가능한 평화의 구축을 위하여 평화와 관련된 긍정적 가치를 확대하기 위하기 위해 생태, 공정성, 공공성, 신뢰, 공존, 대화 등 "평화의 여러 가지 얼굴"에 대한 검토(김성철·이찬수 편 2020), 한국 평화학의 필요성과 가능성을 탐색한 시도(서보혁 2019), 한반도의 특수성과 국제평화의 보편성을 연계시키려는 시도(김태균 외 2021), 북한 핵과 미·중 경쟁 격화되는 이중 도전에 직면한 대한민국의 평화 정책을 '힘으로 지키는 평화', '협력으로 만드는 평화', '평화 구축을 위한 외교', '인간과 평화'라는 시각으로 풀어낸 시도(최대석 외 2021) 등이 대표적인 사례이다. 이러한 연구들은 한반도와 관련된 평화 개념을 보다 구체화하면서 한반도 평화 담론의 수준을 한층 높이는 데 상당한 기여를 했다(홍용표 2021, 35).

한편 2022년 5월 출범한 윤석열 정부는 "'자유롭고 평화로운 통일한반도' 기반 구축"을 목표로 하고 있으며, 이러한 목표는 2024년 3월 1일 윤석열 대통령 3.1절 기념사를 통해서 확인할 수 있다. 윤 대통령은 "3.1 운동은, 모두가 자유와 풍요를 누리는 통일로 비로서 완결"되는 것이며, "자유와 인권이라는 보편의 가치를 확장하는 것이 바로 통일"이라는 점을 강조했다. 또한 윤석열 정부는 통일교육 기본교재 『2023 통일교육 기본방향』에 자유와 인권, 법치, 복지, 민주주의 등 보편적 가치들을 폭넓게 반영했으며, 특히 통일교육의 첫 번째 중점방향으로 "자유민주적 기본질서에 입각한 평화적 통일을 추구해야 한다"는 점을 제시했다(국립통일교육원 2023b). 그러나 일각에서는 정부의 통일교육지침서(통일교육 기본방향, 통일문제이해 북한이해)에서 '평화'가 빠지고 자유, 인권, 민주주의 등이 강조된 것을 놓고서 통일교육이 후퇴했다고 평가하고 있다(통일뉴스 2024/5/2). 또한 민주당 김상희 의원은 통일교육을 평화통일교육으로 바꾸는 취지의 「통일교육지원법 일부개정법률안」을 발의했다. 김 의원은 동 법률안을 발의한 이유와 관련하여, 기존 통일교육에서 "'통일'이라는 표현을 '평화통일'로 개정하여 통일은 평화로운 방식과 평화로운 과정으로 이루어져야 한다는 평화통일의 의지를 강조하려는 것"이라고 말했다(김상희의원 대표발의, 2023/9/26(의안번호: 24778). 이렇듯 정부가 바뀌면, 정부의 통일교육의 기본방향과 목표가 일부 수정되며, 이를 놓고서 다양한 해석들이 제기되곤 한다.

기존 통일교육은 교육적인 측면에서도 모호한 부분들이 존재한다. 앞서 살펴본 바와 같이, 문재인 정부와 윤석열 정부는 통일교육에서 각각 평화와 자유민주주의 가치를 강조했지만, 내용적 차원으로 들어가면 대북 정책 또는 통일 정책을 중심으로 평화와 자유민주주의를 이야기하는 경우가 많았고, 그조차도 평화와 자유민주주의의 당위성을 앞세울 뿐,

어떤 평화와 어떤 자유가 필요하며 어떻게 그러한 평화와 자유에 다가가야 하는지에 대한 본격적인 논의는 부족한 것이 현실이다(홍용표 2021, 35-36).

이런 상황에서, 정부와 지자체, 그리고 민간이 통일교육이 갖는 중요성을 고려하여, 많은 투자와 시도를 하고 있지만, 통일교육 수혜자의 필요와 관심에 부합된 교육이 이루어지고 있다고 말하기는 힘들다. 사실 통일교육 수혜자들에게는 자신들이 원하는 통일이 무엇이며, 어떻게 이룰 것인지, 통일을 방해하는 것을 어떻게 없앨 것인지, 그리고 통일 이후 어떻게 평화롭게 같이 살 것인지가 더욱 중요하다(정주진 2013, 6). 이런 측면에 주목하면, 우리가 현실에서 경험하는 통일은 '단수'가 아니라 '복수'이지만, 그 평화통일들 역시 평화통일이라는 공통성을 공유한다는 것을 확인할 수 있다(이찬수 2016, 18). 말하자면 '세대별', '성별', '계층별'로 경험하는 통일과 자유는 상이할 수 있지만, '통일'이라는 목표와 가치를 포괄한다.

결과적으로 통일(교육)은 특정 국가 행위자나 시민사회 행위자가 독점될 수 없고 그래서도 안된다. 말하자면 통일의 가치가 다양한 공공정책에 걸쳐서, 국가와 시민사회를 가로지르면서, 국가의 영역 안에서는 중앙과 지방을 아우르면서, 시민사회 안에서는 알려진 조직이나 단체뿐 아니라 '일상'의 영역에까지 닿을 수 있어야 한다.

3. 젊은 세대가 마주하는 통일

통일은 우리에게 익숙한 단어이다. 통일이라는 단어는 「헌법」에도 아홉 번이나 담겨 있고, 인터넷을 검색하면 통일 관련 뉴스를 거의 매일 볼 수 있다. 이렇듯 통일은 우리의 삶 언저리에 항상 존재하고 있다. 그러나 통일에 대한 국민들의 열망이 점차 식어가고 있다. 이제 통일은

'당위'의 문제가 아니라 '선택'의 문제로 받아들여지고 있다.

젊은 세대가 마주하는 통일은 어떠한가? 통일이라는 말 자체는 좋지만, 세대마다 통일에 대한 의식과 기대는 다르다. 통일에 대한 관심은 분단의 역사만큼 오래되었고 수많은 연구가 이루어졌다. 그러나 어떻게 통일을 준비하고, 이룩해야 하는지를 놓고서 합의된 결론은 존재하지 않는다. 국민들이 전제하는 통일 과정과 통일한국의 형태는 각기 다르며, 통일을 상정하는 담론 역시 다양하다(이석희·강정인 2017, 3).

젊은 세대에게 있어서도 통일은 분단 상태에서 대립하고 있는 남한과 북한의 문제와 관련되어 있다. 그러나 조금만 더 깊이 들어가 보면 젊은 세대가 원하는 통일의 목표와 정책 방향은 단순하지 않다. 2018년 평창 동계올림픽 남북 여자 아이스하키 단일팀 구성 논란은 통일의 핵심적인 가치를 '민족'으로 꼽았던 기존의 통일 논의가 젊은 세대에게는 쉽게 받아들여지지 않음을 보여주는 대표적인 사례이다. 이에 평창 동계올림픽 개회식 사전 리셉션에서 문재인 대통령은 "우리는 지난겨울 공정하고 정의로운 나라를 위해 촛불을 들었고, 이번 동계올림픽을 준비하면서 공정함에 대해 다시 성찰하게 되었습니다"라고 말했다(대통령비서실 2018, 266).

사실 "분단은 악, 통일은 선"이라는 이분법적 논리는 집단보다는 개인의 행복과 만족을 우선시하는 젊은 세대에게는 쉽게 받아들여지지 않는다. 이들에게는 민족이라는 이름으로 개인의 이익을 침해하는 것이 더 이상 정당화되지 않는다. 통일 그 자체를 목적으로 상정하면서 그 안에 존재하는 다양한 차이와 가치들을 억압하는 것이 아니라 젊은 세대는 어떻게 나에게 이로운 통일의 계기를 마련할 것인지를 보다 중요하게 여긴다. 이렇듯 젊은 세대는 통일을 민족적 감정과 더불어 구체화 된 실리적 입장에서 바라보며, 일부 학자들과 정치인들이 만들어낸 통일 담론을 수동적으로 받아들이는 것에서 벗어나 주체적으로 관련 담론을 생산하고 공유한다(모춘흥 외 2020, 234).

　그러나 통일 문제에 있어서 '국가'와 '민족'이라는 가치가 갖는 중요성을 고려할 때, 이 두 핵심가치를 도외시한 채 통일을 논하는 것은 또 다른 문제를 야기할 수 있다. 현재 통일에 대한 관심을 추동할 수 있는 근본적인 동력조차도 국가와 민족에 있기 때문이다. 따라서 새로운 통일 논의를 모색하는 데 급급하기보다는 기존 통일 논의의 현실적 유용성을 키우는 것이 바람직하며, 그 과정에서 젊은 세대의 세대적 특성을 적극 반영할 필요가 있다.

　여기서 중요한 것은 젊은 세대가 원하는 통일의 목표와 핵심 내용에 대해 최소한의 공감대를 형성할 필요가 있다.

4. 통일교육의 새로운 지향점

　통일은 한반도의 분단과 전쟁의 상흔을 극복하는 문제이다. 이에 통일은 한반도의 특수한 문제이지만, 통일은 보편적 가치인 평화의 문제와 깊이 연결되어 있다. 그러나 기존 통일담론과 실천들은 분단이라는 특수성을 지나치게 고려한 결과 '평화'의 가치를 소홀히 다루거나 논의의 범위가 협소했다. 또한 한반도 평화구축과 통일의 과정을 단선적으로 이해하고 있다. 역사가 증명하듯 평화의 과정 속에서 체결되는 협정은 정치적 협상의 결과물로서 그 자체가 실질적 평화를 보장하는 것이 아니며 신뢰, 용서, 화해 등의 인식의 변화가 수반돼야만 진정한 평화와 통일이 될 수 있을 것이다.

　이런 상황에서 최근 통일과 평화를 대립적으로 보려는 시각을 극복하려는 논의와 연구들이 늘어나고 있으며(홍용표 2021, 38-39), 이러한 관점이 통일교육에도 반영되고 있다. 다만 변화하고 있는 통일교육 역시 통일을 인식하고 향유하고자 하는 젊은 세대의 가치와 생각을 온전하게 반영하지 못하고 있는 것으로 보인다. 이에 필자는 젊은 세대를 위한 통일교육의 새로운 지향점으로 첫째, 평화의 관점에 기반한 통일교육. 둘째, 남북 간 소통의 새로운 가치 정립. 셋째, 거대담론에서 개인적·일상적 접근을 제시하려고 한다.

1) 평화의 관점에 기반한 통일교육

사실 한국적 맥락에서 평화는 통일문제와 분리해서 생각하기 어렵다. 한국적 맥락의 평화교육에서 분단과 통일의 문제가 핵심적인 주제가 되는 것은 한반도의 평화는 가장 근본적인 구조적 폭력의 원인이자 반평화의 근원이 되는 분단 극복을 통해서 달성될 수 있기 때문이다(조정아 외 2019, 14). 이에 한국적 맥락에서 보면, 통일과 평화는 동전의 양면이라고 할 수 있다. 또한 기존의 통일교육에서 평화적 시각을 적극적으로 도입해야 하는 이유는 평화적 가치를 통해서 봐야지만 통일의 의미를 보다 적극적이며 미래지향적으로 사유할 수 있기 때문이다.

평화적 가치에 기반한 통일교육은 국제사회에서의 평화의 논의와 한국적 맥락에서의 평화의 논의가 접목될 필요가 있다. 조정아가 지적한 바와 같이, 한반도에서의 통일교육과 평화교육은 그 역사적 태생이 다르고, 정도의 차이는 있지만 양자가 모두 사회적 실천과의 영향을 주고받으며 각각의 독자적인 교육 영역을 구축해왔다. 이에 통일교육과 평화교육은 각각의 교육이 갖고 있는 사회역사적 맥락과 교육적 특성을 적극적으로 고려하면서도, 양자 간의 접근가능성을 모색하고 접점을 모색하는 것이 필요하다(조정아 외 2019, 14).

기존의 통일교육에 평화교육을 결합하면 통일교육이 북한이해교육, 통일정책 홍보, 안보교육 등에 머무르지 않고, 오랜 적대적 타자성의 극복과 남북 간 공존과 공생의 가능성을 모색하는 데 기여할 수 있다. 특히, 평화적 가치에 기반한 통일교육은 분단폭력과 분단트라우마의 문제점을 적극적으로 사유하고, 나아가 사회통합과 평화통일의 구현을 위한 새로운 삶의 가치와 사회문화의 혁신을 이끌어내는 데 기여할 수 있다(이동기·송영훈 2014, 8-9).

평화적 가치에 기반한 통일교육은 통일을 분단 이후 이질화된 정치체제 간의 통합과 더불어 사람과 사람사이의 통합이자, 새로운 안보위협에 대처할 수 있는 역량을 갖출 수 있는 가치와 내용을 다루는 것을 포괄한다. 먼저 사람과 사람사이의 통합의 측면에서 평화적 통일교육은 타자와 어떻게 만나고 그들을 이해하고 함께 소통하고 어울림의 영역을 창출할 것인지를 가르치는 데 주목한다. 특히, 기존의 남한적 자아와 사회체제가 담아내지 못하는 북한주민과 북한이탈주민의 개별적이고 이질적인 삶의 모습을 있는 그대로 대면하고 환대할 수 있는 역량을 중요하게 고려한다(모춘흥·이상원 2019, 116).

다음으로 평화적 가치에 기반한 통일교육은 '평화'의 본질적 측면을 중요하게 고려한다. 이러한 관점의 통일교육은 한반도 평화와 폭력의 문제를 편파적으로 접근한 기존 연구시각의 한계와 문제점을 지적하고, 총체적(holistic)인 접근을 통해 비판적, 대안적 시각의 내용을 중요하게 고려한다. 말하자면 기존의 국가안보 중심에서 벗어나 한반도에서 평화의 이상과 가치를 실현하기 위한 인간중심적 평화에 대한 성찰과 본질에 관한 내용을 적극적으로 고려하는 것이다. 한반도 내에 발생되는 폭력상황의 근원적 원인을 국제적 차원(냉전), 남북관계적 차원(분단), 국내적 차원(비민주성, 반인권)으로 구분하여 기존 통일교육이 갖는 한계를 넘는 총체적 접근을 시도할 때 평화와 통일의 본질에 좀 더 가까워질 수 있기 때문이다.

마지막으로 새로운 안보위협에 대응할 수 있는 역량을 갖출 수 있어야 한다. 이는 2024년 현재 새로운 안보위협의 등장과 함께 빈곤, 성차별, 아동학대, 교육, 환경, 보건, 문화 등에 이르기까지 인간의 일상적 평화를 파괴하는 구조적 폭력의 상황이 만연해지고 있기 때문이다. 이와 관련하여 2018년 유네스코는 UN을 비롯한 국제기구들의 지난 70여 년의 연구와 성과를 정리한 『평화를 향한 긴 여정: 예방 문화를 향해(Long Walk of Peace: towards a culture of prevention』에서 '정의로운 평화(just peace)' 개념을 소개하면서 평화가 인간의 일상적 삶을 파괴하는 폭력의 악순환을 끊고 인간관계를 정의롭게 만들어가는 역동적 사회구조로 기능해야 한다는 점을 강조했다(UNESCO 2018, 31-32). 평화가 구조적 폭력으로부터 인간의 존엄성을 지킬 수 있으며, 그렇기 때문에 평화의 지속성은 '정의(just)'에서부터 시작한다는 점을 강조한 것이다. 이런 맥락에서 평화가 구조적 폭력으로부터 인간의 존엄성을 지킬 수 있으며, 그렇기 때문에 평화의 지속성은 '정의(just)'에서부터 시작한다는 내용과 가치를 젊은 세대를 위한 통일교육이 지향하는 주된 목표로 받아들일 필요가 있다.

2) '통일(統一)'에서 '통이(通異)'로의 관점 전환

그간 통일교육과 관련해서 가장 많이 논의된 부분은 이질화된 남과 북의 정치체제를 어떻게 통합할 것인지에 있다고 해도 과언이 아니다. 이와 관련해서 기존 통일교육은 자유민주주의와 시장경제가 통일한국이 지향해야 하는 이념이자, 정체성이라고 말해왔다. 이 점은 부인할 수 없는, 어쩌면 부인하기 어려운 이미 답이 정해진 물음이었다. 대한민국의 헌법에서부터 이미 "대한민국은 통일을 지향하며, 자유민주적 기본질서에 입각한 평화적 통일 정책을 수립하고 이를 추진한다"고 규정하고 있기 때문이다.

그러나 70여 년이 지난 현재 이질화된 체제에서 살아온 남북한 주민들 간의 마음의 통합은 어느 특정한 가치로 수렴되기 어렵다. 독일통일이 주는 교훈도 바로 이 지점에 있다. 또한 우리는 남북의 이질화된 마음을 이미 경험하고 있다(김성경 2020). 남한사회에 들어온 북한이주민들이 겪고 있는 사회문화적 적응의 문제가 바로 그것이다. 이는 34,121명(2024년 3월 기준)의 북한이탈주민들이 낯선 남한사회에서 성공적으로 안착하지 못하고, 남한의 사회적 취약 계층의 삶과 별반 다르지 않는 삶을 영위하고 있는 2024년 현재 하나의 문화와 가치로 남과 북의 통합을 얘기하는 것은 현실적으로 어려우며 바람직하지도 않다.

이에 통일교육에서는 어떻게 하면 통일 이후 남북이 소통할 수 있을지에 대한 물음을 제기하고 젊은 세대 스스로 이에 대한 답을 내릴 수 있는 역량을 갖출 수 있는 것을 중요하게 다룰 필요가 있다. 사실 통일 이후 북한(주민들)과 소통하기 위해서는 먼저 말이 통해야 하는데, 현재는 의사소통에 장애가 있을 정도로 남북의 언어문화가 이질화됐다. 이와 관련하여 남북 간 소통의 새로운 가치로서 매우 신선한 아이디어가 있다. 이우영 교수가 주장한 '통일(統一)'이 아닌 '통이(通異)'가 바로 그것이다.

이우영 교수는 자유민주주의 국가에서 지향해야 하는 통일은 서로의 다름을 인정하고 함께 사는 것이며, 이에 나눠진 것을 하나로 만드는 '통일(統一)'이 아닌, 서로 다른 것이 통하는 '통이(通異)'를 지향하는 것이 바람직하다고 주장했다(이우영 2018). 사실 통일을 생각하고 이야기하는 사람들의 생각이 각기 상이하다는 점에서 '통이(通異)'를 지향하는 것은 우리 안의 분단극복을 위한 건전한 토론의 문화를 조성하는 데에도 매우 효과적이다.

이에 통일교육에서는 정치적 차원에서는 자유민주주의와 시장경제를 통일한국이 지향해야 하는 가치로 인정하는 것과 함께 사회문화적인 차원에서는 '통일(統一)'보다는 '통이(通異)'를 지향하는 것이 보다 참신하고 적절한 방안이 될 수 있다는 내용을 담을 필요가 있다. 이는 '통이(通異)'에 기반한 소통능력은 남남갈등을 극복하고 남북 간 소통을 위한 기반을 굳건하게 다지는 데 효과적이기 때문이다.

3) 거대담론에서 개인적·일상적 접근으로

현재 젊은 세대가 소비하고 유통하는 통일담론에서 '국가', '민족', '체제', '이념' 등이 설 자리는 점점 줄어들고 있다. 2018년 2월 평창 동계올림픽 남북 여자 아이스하키 단일팀 구성 과정에서 '공정성' 훼손 논란이 제기된 것만 보더라도 기존의 국가와 민족을 강조하는 통일교육으로는 젊은 세대들의 관심을 끌기 어렵다.

이런 맥락에서 젊은 세대를 위한 통일교육에서는 통일이 국가적, 민족적 차원의 과제임을 강조하는 동시에 젊은 세대에게 있어서 통일이 어떠한 의미로 활용될 수 있는지에 대한 정보를 제공하는 것이 필요하다(조정아 2019, 37). 이에 대한 내용을 보다 구체적으로 제안하면 다음과 같다.

젊은 세대를 위한 통일교육은 통일의 필요성, 당위성, 가능성에 대한 인식의 확산과 더불어 통일역량을 갖춘 인재의 육성에 초점을 맞출 필요가 있다. 한편으로는 통일의 목적과 방법에 대한 광범위한 공감대를 형성함으로써 통일을 위한 국내적 기반을 조성해야 하며, 다른 한편으로는 다양한 전문성을 가진 젊은 세대들이 각자의 분야에서 통일을 고민하고 통일에 기여할 수 있는 방법을 찾음으로써 통일 준비에 동참할 뿐만 아니라 본인들의 미래를 열어감에 있어서도 통일이 새로운 기회가 될 수 있음을 주지시킬 수 있어야 한다. 말하자면 통일이 우리 민족 모두의 공공재인 동시에 젊은 세대 개개인의 사적재화가 될 수 있음에 착안하여 통일에 대한 보다 적극적인 동기를 부여해주는 것이 필요하다. 또한 젊은 세대를 위한 통일교육은 다양한 학문 분야가 어떻게 통일문제와 접목될 수 있는지를 함께 토론하고 고민할 수 있는 계기 혹은 기회를 제공할 필요가 있다.

5. 어떻게 가르쳐야 하나?

"자네는 평화를 만들기 위해 폭력에 의지하겠나? 아니면 비폭력에 의지하겠나?" 이 말은 「워싱턴포스트」지에서 비폭력과 평화, 사회적 정의와 관련된 이슈에 대해 오랫동안 영향력 있는 목소리를 내온 콜먼 맥커시(Coleman McCarthy)가 「비폭력 평화수업」이라는 저서에서 한 말이다. 그는 평화는 멀리 어디엔가 있는 애매모호한 것이 아니며, 우리 가까이 있다는 점을 강조했다. 또한 그는 평화는 가르치고 배워야 한다는 점에 주목했다(콜먼 맥차시 저. 이철우 역 2007, 17-18). 그렇다면 통일을 어떻게 가르치고 어떻게 배워야 할까? 이 질문에 대해 본고는 젊은 세대 위한 통일교육은 다양한 관심을 갖고 있는 젊은 세대 스스로 각자의 위치에서 통일을 고민하고 통일에 기여할 수 있는 기회를 제공해줄 수 있어야 한다고 본다.

젊은 세대의 세대적 특성을 고려한 통일교육은 통일이 젊은 세대의 개인적 삶에 어떠한 의미를 가지고 이들은 통일에 어떠한 기여를 할 수 있으며, 나아가 통일이 이들에게 줄 수 있는 선물은 무엇인가를 함께 탐색하고 고민할 수 있는 기회를 제공해주는 것이 중요하다. 이러한 목적을 달성하기 위해서는 기존의 정치학, 북한학을 중심으로 이루어졌던 통일강좌 이외에도 경제학, 법학, 의학, 사회복지학, 공학, 건축학, 체육학 등 다양한 학문 분야에서 각각의 전공의 특수성을 고려한 통일강좌가 개설될 필요가 있다. 특히 이렇게 다양한 학문 분야에서 개설된 통일강좌를 통해 통일과 북한에 대한 매우 다양한 이야기를 들을 수 있는 기회를 제공해주는 것이 필요하다. 이렇게 다양한 학문 분야에서 개설된 통일강좌는 젊은 세대로 하여금 각자의 자리에서 통일을 어떻게 이해하고 통일이 주는 기회를 어떻게 활용할 수 있을 것인가를 고민할 수 있는 기회를 제공할 수 있다.

통일교육이 다루는 주제의 다양성과 함께 다양한 형식의 교육 방법이 도입될 필요가 있다. 이런 맥락에서 최근 들어 통일교육이 가치 주입식 강의 방식에서 벗어나 점차 참여 중심의 방식으로 진화하고 있다. 특히, 공급자 위주의 교육이 아닌, 이미 검증된 프로그램으로 교구재 등을 활용한 수요자 중심의 교육이 실시되고 있다. 또한 기존의 획일화된 대학 통일교육의 유형이 강좌유형, 강연회·세미나 포럼 유형, 캠프 및 기행 유형, 문화·행사 등 다양한 유형으로 확대되고 있다.

물론 젊은 세대의 세대적 특성을 고려한 통일교육의 방법론과 관련해서는 주제와 교육 방법의 다양성도 중요하지만, 통일과 평화가 단수가 아닌, 복수라는 점을 중요하게 다룰 필요가 있다. 이는 통일과 평화에 대해서는 동일한 경험이 없으며, 비슷한 세대를 가장 가깝게 살아온 가족 구성원들 간에도 통일과 평화에 대한 경험은 동일하지 않기 때문이다. 이찬수의 표현을 빌리면, "평화는 다양하게 요청되고 전개될 수밖에 없다. 저마다 평화라 말하지만, 그 의도와 내용과 지향이 다르다. '평화'와 '평화들'을 구분해야 하는 것이다. 나아가 동일한 평화상태가 아니라, 인간이 다양하게 경험하는 평화들을 긍정하면서, 이들의 관계성에 초점을 두고서 서로 대화하고 합의해 나가야 하는 것이다"점에 주목할 필요가 있으며(이찬수 2016, 52-53), 이 점에서는 젊은 세대를 위한 통일교육도 예외는 아니다.

결국 젊은 세대를 위한 통일교육 여타 다른 세대들을 위한 교육과 같을 수 없다는 점에서, 그들의 눈과 귀, 머리로 인식하고 이해하며 향유할 수 있는 방향으로 이루어질 필요가 있다.

프랑스에서의 법관 양성제도

박수곤

경희대학교 법학전문대학원 교수

I. 들어가며

먼저 소성규 교수님의 화갑을 진심으로 축하합니다. 그리고 화갑기념집의 집필진으로 함께 할 수 있게 된 것에 대해 영광으로 생각합니다. 소성규 교수님은 개인적으로는 저의 대학선배로서 제가 학문을 시작함에 있어서 모범을 보여주신 분이시며, 또한 제가 프랑스로 유학을 결심하기까지 다양한 각도에서 조력을 아끼지 않으셨습니다. 이 글은 평소 소성규 교수님께서 우리나라에서의 법조인 양성제도에서의 문제점과 바람직한 발전방안에 대한 의견을 피력하신 내용을 보충하는 측면에서 프랑스에서의 법관 양성제도를 소개하는 글입니다.

프랑스에서의 법조인도 우리와 마찬가지로 판사, 검사, 변호사 등으로 분류할 수 있을 것이나 용례의 사용과 관련하여서는 다소 그 표현을 달리하고 있다. 우선, 법원의 분류와 관련하여 '사법법원(ordre judiciaire)'과 '행정법원(ordre administratif)'으로 나누고 있으며, 사법법원은 다시 민사법원과 형사법원의 둘로 나뉜다.

민사법원은 다시 1심법원으로서 '민사지방법원(tribunal judiciaire)'4)과 '근접법원(tribunal de proximité)'5) 이외에 노동법원, 상사법원으로 나뉘며, 제2심법원인 항소법원에는 민사부, 상사부, 사회부가 있다. 상고법원은 '파기원(Cour de cassation)'이라고 하며, 민사와 관련하여서는 다시 민사부, 상사부, 사회부가 있다. 형사법원은 1심법원으로서 '경죄법원(Tribunal correctionnel)'과 '경찰법원(tribunal de police)' 및 '중죄법원(cour d'assises)'으로 나뉘며, 2심법원인 항소법원은 경죄항소법원과 중죄항소법원으로 다시 나뉜다. 상고법원인 파기원에는 형사부가 설치되어 있다. 한편, '행정법원(ordre administratif)'도 1심법원으로서의 '행정재판소(tribunal administratif)', 2심법원인 '항소행정법원(cour administrative d'appel)',6) 최고행정법원으로서의 '국사원(Conseil d'État)'이 있다.7) 다만, 후술하는 바와 같이 국사원의 구성원과 행정재판소 및 항소행정법원 법관은 그 소속을 달리하고 있다. 그러나 이상에서 언급한 사법법원과 행정법원의 구성원을 선발하는 방식은 법원의 유형에 따라 그리고 직급에 따라 다양하게 나타난다.

본고에서는 프랑스에서의 사법법원의 재판관인 사법관의 양성방법과 행정법원의 재판관인 국사원의 재판관과 행정재판소 및 항소행정법원의

---

4) 현재 전국적으로 164개의 민사지방법원이 있다고 한다. 한편, '법원의 개혁에 관한 2019년 3월 23일의 법률 제2019-222호(loi n° 2019-222 du 23 mars 2019 de programmation 2018-2022 et de réforme pour la justice)'에 의하여, 종래 우리 식의 '지방법원'에 해당하는 소위 '대심법원(tribunal de grande instance : T.G.I.)'과 우리 식의 '지방법원지원'에 해당하는 소위 '소심법원(tribunal d'instance : T.I.)'이 동일한 '꼬뮌(commune)' 내에 있는 경우에는 2020년 1월 1일부터 이들을 통합하여 심급상 1심에 해당하는 '민사지방법원(tribunal judiciaire)'을 창설하게 되었다. 반면, T.G.I와 T.I.가 서로 다른 꼬뮌에 위치하는 경우에는 T.I.를 '민사지방법원의 근접법원(une chambre de proximité du tribunal judiciaire)'으로 변경하면서 그 명칭을 '근접법원(tribunal de proximité)'으로 하게 되었다. 아울러 기존의 '근접법원(justice de proximté)' 제도를 폐지하지 않았다는 점에서도 의의가 있다.
https://www.justice.gouv.fr/le-ministere-de-la-justice-10017/reforme-de-lorganisation-judiciaire-32855.html.
5) 현재 전국적으로 125개의 근접법원이 있다고 한다.
6) 현재 전국적으로 42개의 행정재판소와 8개의 행정법원이 있다고 한다.
7) 사법법원과 행정법원 이외에도 헌법재판을 담당하는 '헌법위원회(Conseil constitutionnel)'가 있으며, 대통령의 책임을 추궁하는 '고등원(Haute Cour)'와 정부구성원의 책임을 묻는 '공화국재판원(Cour de justice de la République)', 관할에 있어서의 다툼을 담당하는 '관할법원(tribunal des conflits)'이 있다. 이에 대해서는, 전학선, "프랑스 법원의 인사관리시스템과 최고사법관회의", 유럽헌법연구 제30호, (2019. 8), 372면.

법관선발방식에 대해 살핀 뒤, 우리 법에의 시사점을 모색하고자 한다.

II. 사법법원과 사법관 양성

1. 서

프랑스에서는 판사와 검사를 합하여 '사법관(magistrat)'으로 칭한다. 그리고 앙시앙레짐 시대에는 '사법관의 업무(charge de judicature)'를 왕으로부터 매수하였으며, 해당 업무는 가산을 구성하여 상속될 수 있는 재산으로 여겨졌다. 따라서 당시에는 전통적인 사법관가족이 탄생할 수 있었으며, 재판에 있어서의 사법관의 독립성도 보장될 수 있었다고 한다. 그러나 이와 같은 제도의 불합리 내지 결함은 충분히 상상할 수 있는 것이며 프랑스혁명을 거치면서 폐지되었다.[8] 이후 사법관이 되기 위해서는 대학에서의 '법학사(licence en droit)' 학위 취득만으로 족한 시기를 거친 뒤, 1908년 2월 13일의 데크레에 의하여 비로소 사법관이 될 수 있는 전문자격시험제도가 도입되었다고 한다. 그리고 해당 시험은 관련 문제들을 해결하지 못한 채 급속히 경쟁시험으로 전환하여 '司法試驗(concours d'admission à la magistrature)'으로 되었다고 한다. 즉, 장래의 사법관들은 상당한 부담이 주어지는 '실무교육(formation pratique)'을 받았음이 증명되어야 하는데, 이를 위해서는 사법시험에 응시하기 이전에 대소사나 검찰에서 일정 기간 '연수(stage)'를 받을 것이 강요되었다. 그러나 이러한 연수과정을 거치더라도 사법관으로서 이론적·실무적 지식이 담보되는 것은 아니었기에 고유한 의미에서의 연수를 거친 것으로 볼 수 없었다. 즉, 사정이 이러하다보니 20세기 중반에는 젊은 대학졸업자들이 사법관에 지원하는 것을 꺼리게 되었고 그 주된 이유는 사법관 지원자들에 대한 적절한 교육이 이루어지지 않았다는 점을 들 수 있을 것

---

8) M. Douence et M. Azavant, Institutions juridictionnelles, 4e éd., Dalloz, 2019, n° 482.

이며, 아울러 경력이 일천한 사법관에 대한 열악한 처우도 한 몫을 한 것으로 평가된다.[9] 그리고 프랑스에서 여성에게 사법관이 될 수 있는 기회는 1946년에야 비로소 가능하게 되었다.[10]

한편, 이상과 같은 제도적 흠결을 보정하는 계기가 된 것이 1958년의 오르도낭스[11]이다. 즉, 1958년의 오르도낭스에 의해 현재의 사법관 양성체제가 확립되게 되었다는 것이다. 1958년 오르도낭스 제2장에서는 '사법관의 임용과 교육에 대하여(Du recrutement et de la formation professionnelle des magistrats)'라는 표제 하에서 제14조 내지 제25-4조에 걸쳐 관련 규정을 두고 있다. 그리고 제2장 제1절에서는 '사법관학교를 통한 사법부 구성원으로의 접근'이라는 표제하에서 제15조 내지 제21-1조에 걸쳐 관련 규정을 두고 있다. 관련 규정을 종합할 경우, 프랑스에서 사법관이 되는 방법은 두 가지가 있다. 우선, 국립사법관학교에 입학하는 방법을 고려할 수 있으며, 다른 하나는 일정한 자격이나 경력을 갖춘 경우에 일정한 절차를 거쳐서 법관이 되는 방법이다.[12] 전자에 의한 방법이 주를 이루며 후자에 의한 방법은 '측면선발(recrutement latéral)'이라고 표현되기도 한다. 그리고 전자의 방법인 '국립사법관학교(école nationale de la magistrature : E.N.M.)'에 입학하는 경우에는 일정기간 이상의 연수과정을 거쳐야 한다. 후자의 방법인 국립사법관학교를 거치지 않는 경우로는 변호사 또는 우리 식의 법무사 그리고 법률분야에서 경력을 쌓은 공무원이나 대학교원을 직접 사법관으로 임용하는 경우를 가리킨다.[13]

---

[9] M. Douence et M. Azavant, *op. cit.*, n° 483.
[10] A. Maurin, M.-B. Aillaud et A. Héraud, *Institutions juridictionnelles*, 10e éd., Sirey, 2015, p. 113.
[11] 사법관의 지위에 관한 조직법에 대한 1958년 12월 22일의 오르도낭스 제58-1270호(Ordonnance n° 58-1270 du 22 décembre 1958 portant loi organique relative au statut de la magistrature).
[12] 1958년 오르도낭스 제15조에서는 "사법관 시보(auditeur de justice)는 ① 제17조에서 정한 요건에 따른 경쟁시험(concours) 또는 ② 자격(titres)에 의해 임용된다."라고 규정하고 있다.
[13] 현재 프랑스에서 활동하고 있는 법무부 산하의 사법관의 수는 약 8,500명이라고 하며, 66%가 여성이라고 한다. 여성 사법관의 평균나이는 46세이며, 남성 사법관의 평균나이는 51세라고 한다. https://www.leparisien.fr/societe/les-heros-du-service-public/les-magistrats-en-chiffres-13-10-2020-8398491.php.

다른 한편, 사법관이 되기 위한 일반적 요건에 대해서는 1958년 오르도낭스 제16조에서 구체적으로 적시하고 있다. 그리고 그 구체적인 내용은 대체로(peu ou prou) 공직(fonction publique)에 입문하는 대부분의 경우에 있어서 공통적이라고 할 수 있다. 우선, 프랑스 국적을 가진 자여야 하며,14) '시민으로서의 권리(droits civiques)'를 향유하고 또한 '건전한 정신(bonne moralité)'을 가진 자여야 한다.15) 다음으로, 신체조건에 있어서도 사법관으로서의 공직을 수행하기에 적합하여야 하며, 장기간의 휴가권을 행사할 수 있는 모든 유형의 질병으로부터 자유롭거나 이미 완치되었다는 것이 확인되어야 한다.16) 뿐만 아니라, 일정한 학력요건도 충족하여야 하는데, 비록 법학은 아니라 하더라도 최소한 '바깔로레아(baccalauréat : 우리 식의 고등학교 졸업증명)'를 취득한 이후 4년 이상의 고등교육을 받아야 한다.17) 즉, 학제가 개편되기 이전의 '석사학위(diplôme de maîtrise)' 또는 현재의 학제상으로는 '석사과정 1년 수료(master 1)'의 학력이 요구된다는 것이다. 다만, 이 학력요건은 사법관이 되는 경로에 따라서는 일부 면제의 가능성도 있는데, 그 이유는 사법관의 임용경로가 다양하기 때문이다.18)

이하에서는 국립사법관학교의 입학을 통한 임용방식과 기타의 방식을 나누어 살핀다.

---

14) 1958년 오르도낭스 제16조 제1항 제2호.
15) 1958년 오르도낭스 제16조 제1항 제3호.
16) 1958년 오르도낭스 제16조 제1항 제5호.
17) 1958년 오르도낭스 제16조 제1항 제1호에서는 학력요건으로서 "고등학교 졸업장 취득 후 최소 4년의 학업 기간에 해당하는 교육기간을 증명하는 학위의 소지자이거나 국사원 데크레에서 정한 조건하에서 적어도 (위 학위와) 동등한 것으로 인정되는 자격을 증명하는 학위의 보유자"일 것을 요구하는 한편, "이러한 요건은 제17조 제1항 제2호 및 제3호에서 규정하는 후보자에게는 적용되지 않는다."라고 규정하고 있다.
18) M. Douence et M. Azavant, op. cit., n° 484.

2. 국립사법관학교 입학

(1) 개관

1958년 오르도낭스는 사법관이 되고자 하는 자들에 대한 품위있는 교육을 제공한다는 취지에서 '국립사법연수원(Centre national d'études judiciaires : C.N.E.J.)'을 개원하였다. 그리고 이 국립사법연수원이 1970년 7월 17일의 법률 제70-642호에 의하여 '국립사법관학교(E.N.M.)'로 명칭을 바꾸게 된다.[19] 국립사법관학교의 설립목적은 두 가지인데, 그 하나는 장래의 사법관이라고 할 수 있는 '사법관 시보(auditeur de justice)'에 대한 교육을 그 목표로 하며, 다른 하나는 현재 재직 중인 사법관에 대한 '계속적 교육(formation continue)'을 목표로 한다. 이하에서는 사법관학교 입학요건과 연수과정을 나누어 살피기로 한다.

(2) 국립사법관학교의 입학요건

국립사법관학교에의 구체적인 입학의 방식에 있어서도 다시 두 가지의 방식이 있다. 즉, 그 하나는 시험(concour)에 의한 것이고, 다른 하나는 시험이 아닌 경력에 의한 자격인정의 경우가 그것이다.

가. 입학시험을 통한 입학

국립사법관학교에 시험을 통하여 입학하는 경우도 다시 3가지의 경우를 나누어 볼 수 있다.[20] 즉, ① 대학졸업자를 상대로 한 입학시험을 들 수 있으며, 다음으로 ② 일정한 기간 동안 공무원으로서 경험을 쌓은 자들에 대하여 입학을 허락하는 경우, 그 다음으로 ③ 일정한 직역에서 일정기간 이상 복무한 경우에 입학을 허가하는 경우로 나눌 수 있다.

우선, 국립사법관학교에의 입학생 중 가장 큰 비율을 차지하는 집단

---

19) 국립사법관학교는 법무부 장관의 지휘를 받으며 보르도에 소재하고 있다.
20) 1958년 오르도낭스 제17조에서 이들 세 유형의 시험과 관련한 응시자격에 대해 규정하고 있다.

은 대학졸업자를 상대로 한 제1유형의 입학시험으로서 '학생의 시험(concours étudiant)'이라고 불리기도 한다. 제1유형의 시험에 응시하기 위해서는 위에서 언급한 1958년 오르도낭스 제16조에 따른 요건을 모두 충족하여야 하며, 특히 '석사과정 1년 수료(master 1)'의 학력요건을 충족하여야 한다. 즉, 제1유형의 시험과 관련하여서는, 대학에서 4년 이상의 교육을 받은 자에게 국립사법관학교에 입학할 수 있는 시험에의 응시자격이 주어진다. 그리고 제1유형의 시험에 응시하기 위해서는 시험이 있는 해의 1월 1일을 기준으로 31세 이하의(2022년 시험을 위해서는 1990년 12월 31일 이후 출생) 프랑스 국적을 가진 자여야 한다는 요건도 충족하여야 한다.

다음으로, 제2유형의 시험은 일정기간 동안 공무원으로 복무한 자를 대상으로 하는 시험이라는 점에서 '공무원의 시험(concours fonctionnaires)'이라고도 불린다. 공무원으로서의 복무유형과 관련하여서는 특별한 제한이 없으며, 국가나 지방자치단체 또는 공기업 등에서 복무한 것으로 족하다. 제2유형의 시험에서는 전술한 바와 같이 학력요건이 요구되지 않으며, 응시연령에 있어서의 제한도 완화되어 있어서 시험이 있는 해의 1월 1일을 기준으로 최장 48세 5개월 이하의 공무원은 해당 시험에 응시할 수 있다. 다만, 제2유형의 시험을 통한 입학허가의 사례는 상대적으로 그 수가 제한적이라고 한다. 한편, 공무원의 경력과 관련하여서는 시험이 시행되는 해의 1월 1일을 기준으로 하여 4년 이상의 경력이 있을 것이 요구된다.[21]

다음으로, 제3유형의 시험은 일정한 직역에서의 경험을 갖춘 자에게 입학을 허가하는 경우이다. 즉, 일정한 전문직역에서 8년 이상 경력을 쌓았거나 지방자치단체 등의 선출직 의원의 경력이 있거나 또는 '비전문직 사법관(fonctions juridictionnelles à titre non professionnel)'[22]의 경력이

---

[21] M. Douence et M. Azavant, op. cit., n° 487.

있는 자들에 대하여 일정한 검증절차를 거쳐 사법관학교에의 입학을 허가하는 경우이다. 제3유형의 시험을 응시함에 있어서도 학력요건은 요구되지 않으며, 응시연령은 시험이 있는 해의 1월 1일을 기준으로 40세 이하의 프랑스국적을 가진 자여야 한다. 따라서 입학이 허가되는 경우의 수는 다른 유형의 시험에 비하여 상대적으로 소수라고 할 수 있다.

아무튼, 사법관학교에의 입학시험의 경우, 총 응시기회는 3회로 제한되며, 제1유형 및 제3유형을 모두 포함하여 대체로 매년 200명 내외의 입학생을 선발하는 것으로 평가할 수 있다.[23]

나. 시험 이외의 방법을 통한 입학

프랑스에서는 소위 공개된 경쟁시험을 통한 사법관학교의 입학 이외에도 시험 이외의 방법을 통한 사법관학교에의 입학이 허용되기도 한다. 즉, 일정기간 동안의 실무경험이 있는 경우에는 그와 같은 지위나 경력을 인정하여 사법관학교에의 입학을 허가하는 경우를 말한다. 구체적인 입학자격과 관련하여서는 1958년 오르도낭스 제18-1조에서 열거하고 있다.

우선, 공통적인 요건으로서 법학 또는 경제학, 인문·사회과학 분야에서 4년 이상 '사법실무경력(fonctions judiciaires)'이 있어야 한다. 그리고 이들 중에서 고등학교 졸업 이후 4년간 법학분야에서 고등교육을 받은 자, 즉 법학석사학위를 가진 자 또는 국사원에서 정한 요건에 따라 적어도 (위 학위와) 동등한 것으로 인정되는 자격을 증명하는 학위의 보유자이어야 한다.

다음으로, 1958년의 데크레 제16조 제1항 제2호 내지 제5호의 요건을

---

[22] 비전문직 사법관의 대표적인 예로는 '노동법원의 법관(conseiller prud'homme)'이나 '상사법원의 법관(juge dans un tribunal de commerce)'을 들 수 있다.
[23] 2022년 프랑스 국립사법관학교 입학생의 총수는 261명이며, 그 중 제1시험 합격자가 151명이고 나머지 110명은 전문직업 경력자로서 제2시험 합격자가 35명, 제3시험 합격자가 10명이라고 한다. 그리고 이하에서 살피는 시험 이외의 방법을 통한 입학자가 65명이라고 한다.
https://www.enm.justice.fr/actu-02022022-rentree-l-enm-de-258-eleves-magistrats-de-la-promotion-2022.

충족한 자(프랑스 국적, 시민권보유자, 국가복무규정에 따른 정규직(position régulière au regard du code du service national), 신체조건)로서 ① 법학박사 학위 이외에 다른 '고등교육학위(diplôme d'études supérieures)'를 소지한 자, ② '보조법률가(juriste assistant)'로서 최소 3년 이상 전문적인 경력을 갖추었음을 증명한 법학박사학위 소지자, ③ 고등학교 졸업 후 5년 이상 법학분야에서 교육을 받았음을 증명하는 학위, 즉 현행 학제상에서의 법학석사(mater 2)[24] 또는 국사원에서 정한 요건에 따라 적어도 (위 학위와) 동등한 것으로 인정되는 자격을 증명하는 학위의 보유자이면서 보조법률가로서 최소 3년 이상 전문적인 경력을 갖추었음을 증명한 자, ④ 현행 학제상에서의 법학석사(mater 2) 또는 국사원에서 정한 요건에 따라 적어도 (위 학위와) 동등한 것으로 인정되는 자격을 증명하는 학위의 보유자이면서 3년 이상 고등교육기관에서 교육 또는 연구경력이 있는 자도 마찬가지의 조건으로 입학이 허가될 수 있다.

한편, 시험 이외의 방법으로 사법관학교에 입학하고자 하는 후보자는 입학시험이 있는 년도의 1월 1일을 기준으로 27세 이상 40세 미만의 자이어야 하며, 사법관학교의 '승진심사위원회(commission d'avancement)'의 허가를 얻을 것을 요건으로 한다. 그리고 2007년 3월 5일의 법률에 의해 1958년의 오르도낭스 제18-1조가 일부 개정이 되었는데, 그 내용은 비시험입학의 합격자 수를 경쟁시험을 통하여 입학하여 승급하는 시보의 수의 1/3을 넘지 못하게 하였다.[25]

(3) 사법관학교에서의 시보의 지위와 연수과정

가. 사법관시보의 지위

1958년의 오르도낭스 제1조의 규정에 의하면, '사법관시보(auditeurs de

---

[24] 舊 학제에서는 D.E.A. 또는 D.E.S.S.라는 학위에 해당한다.
[25] 1958년 오르도낭스 제18-1조 제3항. 2007년 3월 5일의 법률 제2007-287호 이전에는 공개경쟁시험을 통하지 않은 우회적 입학의 경우에는 그 수가 총 입학생의 1/5을 넘지 못하는 것으로 하였었다.

justice)'는 사법부(corps judiciaire)의 구성원이 된다. 즉, 사법관시보는 사법관에 준하는 지위로 보며 비밀유지의무를 포함하여 사법관과 동일한 의무를 부담하고 동일한 겸직금지 규정의 적용을 받는다.

사법관에게 요구되는 겸직금지 사항 중 대표적인 것으로는 정치활동과 외부에서의 전문직업활동을 들 수 있다.

우선, 정치활동의 제한은 1958년 오르도낭스 제9조에서 규정하고 있다. 즉, 동조 제1항에 의하면, 사법관은 의회, 유럽의회 또는 경제·사회·환경위원회 위원으로서 임무를 겸직할 수 없다. 만약, 사법관이 이들 직무의 수행을 위하여 피선된 경우에는 사법관의 직을 휴직하거나 사임하여야 한다. 그리고 이와 같은 겸직금지는 사법관의 배우자가 위와 같은 임무를 수행하는 경우에도 마찬가지로 적용된다.[26] 아울러, 사법관이 선거직에서 당선되어 의원으로 활동한 경우에는 비록 임기가 만료되어 선거직을 떠났다 하더라도 당해 관할 지역에서는 5년간 사법관으로 임용되거나 계속하여 직을 수행할 수 없다. 단순히 출마를 하였다고 하더라도 마찬가지의 제한이 따른다고 한다.[27]

다음으로, 사법관은 외부에서의 전문직업활동을 겸직할 수 없다. 이는 외부활동으로 인하여 양심에 따른 재판과 법원의 독립성이 훼손되는 우려를 방지하기 위함이라고 할 수 있다. 그리고 이에 대해서는 1958년 오르도낭스 제8조에서 규정하고 있다. 즉, 제8조 제1항에서는 사법관의 직무수행은 모든 유형의 공직과 모든 유형의 전문직업활동 또는 급여를 받는 직업활동과 배치된다고 규정하고 있다. 다만, 동조의 규정은 상사법원 판사나 노동법원 판사 및 후술하는 '임시직 사법관'에 대해서는 적용되지 않는다. 다만, 이러한 겸직금지 규정에도 불구하고 사법관이 과

---

26) 1958년 오르도낭스 제9조 제2항에서는 배우자가 국회의원 또는 상원의원인 경우에는 해당 도(道)의 전부 또는 일부를 관할하는 법원의 사법관으로 임명되거나 사법관의 직무를 계속할 수 없다고 규정하고 있다.
27) M. Douence et M. Azavant, op. cit., n° 515.

학, 문학, 예술 및 교육활동을 하는 것에는 장애가 되지 않는다.28) 이는 이러한 활동들이 사법관의 독립성이나 품위를 손상시키지 않기 때문이라고 할 수 있다. 다만, 중재는 이러한 활동에 포함되지 않는다.29) 한편, 사법관은 자신들의 업무 이외에 공적역무에 소환되지 않으나(1958년 오르도낭스 제12조 제1항), 사법관이 행정부나 공공기관의 위원회에 소속되고자 하는 경우에는 법무부장관의 허가를 얻어야 한다(동조 제2항). 다만, 맡겨진 임무가 장기에 걸쳐 수행되어야 하거나 민간영역에서의 직위에 대한 제안이 있는 경우 사법관은 '최고사법관회의(Conseil supérieur de la magistrature)'에 휴직을 신청할 수 있으며, 최고사법관회의는 당해 사법관이 직전 3년간 수행한 임무와 부합하는지의 여부를 심사하여 그 가부를 결정하게 된다.30)

다른 한편, 위에서 언급한 바와 같이 사법관시보도 준사법관으로서 공무원이므로 사법관시보에게도 일정한 금액의 보수(매월 1,600유로)가 지급되며, 유급휴가와 사회보장제도의 혜택이 주어진다.31) 아울러, 국립사법관학교에 입학하여 사법관으로 임용된 자는 최소 10년 동안 공무원으로서 복무할 의무가 부과된다.32)

나. 교육과정

사법관시보도 사법관으로 볼 수 있으나 교육과정에 있다는 점에서 사법관과 차이가 있다. 사법관시보를 위한 교육은 현재의 관련 규정에 의할 경우 31개월이다. 그리고 이 교육과정은 2기로 나누어 진행된다.

우선, 제1기는 일반적인 교육기간으로서 사법관시보로 하여금 사법관

---

28) 1958년 오르도낭스 제8조 제3항.
29) 1958년 오르도낭스 제8조 제2항.
30) M. Douence et M. Azavant, op. cit., n° 516.
31) M. Douence et M. Azavant, op. cit., n° 489.
32) 국립사법관학교에 관한 1972년 5월 4일의 데크레 제72-355호(Décret n° 72-355 du 4 mai 1972 relatif à l'Ecole nationale de la magistrature) 제56조. 동조에 의하면, 사법관시보는 10년 이상 복무할 것이라는 서면에 서명하여야 하며, 이와 같이 10년의 복무기간을 충족하지 못하는 경우에는 이미 수령하였던 보수를 반환하여야 한다.

의 삶이나 업무수행 중에 겪게 될 사회·경제적 문제에 대해 교육한다. 제1기는 다시 여러 단계로 나눌 수 있는데, 그 기간이 비교적 장기인 '연수(stage)'는 행정부나 기업, 지방자치단체 또는 외국의 법률기관에서 견습을 하는 과정이다. 다음으로, 보르도에 소재하는 사법관학교에서의 '교육단계(phase de scolarité)'에서는 사법문화, 사법제도의 기본원리, 법조윤리에 관한 일반적 교육을 받는다. 그리고 법원에서의 연수기간 동안에는 사법관의 책임하에 법원의 활동에 참여하게 된다. 이 때 사법관시보는 공판에 참여하거나, 심리에 참여하거나, 예심재판관(juge d'instruction)을 조력하거나, 검사처럼 구형을 할 수도 있다. 그리고 이 기간에 사법관시보는 변호사 사무실에서 최소 6개월 이상 연수를 거쳐야 하며, 이 과정에서 변론의 기회를 가지게 된다. 이상과 같은 내용의 제1기 과정을 마친 후, 사법관시보는 자신들의 능력이나 사법실무경력을 검증하는 등급시험을 치르게 되며 이를 통하여 자신들에게 알맞은 보직의 선택을 위한 등급을 받게 된다.[33]

다음으로, 제2기는 6개월간의 특성화된 교육을 위한 기간으로서 사법관시보로 하여금 자신들이 보임하게 될 최초의 직위를 준비하는 기간이라고 한다. 이 기간 동안의 교육내용은 연구지도, 세미나, 학술발표 등의 형태로 이루어진다. 즉, 제2기는 사법관시보가 근무하게 될 임지에의 '사전임용(pre-affectation)'의 형식으로 이루어진 연수과정을 거치면서 종료하게 된다. 그리고 이러한 일반적인 교육과정은 일정한 자격이나 경력을 통하여 선발된 사법관시보에 대해서는 교육기간이나 연수의 내용에 있어서 다소의 조정이 인정되기도 한다.[34]

---

[33] M. Douence et M. Azavant, op. cit., n° 490, p. 333.
[34] M. Douence et M. Azavant, op. cit., n° 490, p. 334.

3. 측면선발

(1) 서

　소위 측면선발의 특수성은 국립사법관학교에의 등록을 필요로 하지 않고도 직접 사법관의 직역을 수행할 수 있다는 점에 있다. 그러나 사법부에서는 측면선발에 대해 호의적이지 않았으며, 그 주된 이유는 외부인에 의하여 '온갖 어려움(foruches caudines)'을 겪고 사법관에 지원한 내부자를 희생시킨다는 것이었다. 아무튼, 측면선발의 경우에도 사법관을 직접 선발하는 경우와 임시직으로 선발하는 경우를 나눌 수 있다.

(2) 직접선발

　프랑스에서는 사법관학교를 졸업하지 않더라도 사법관이 되는 길이 없는 것은 아니다. 1958년 오르도낭스에서는 이와 관련하여 엄격한 절차를 규정하고 있다.[35] 즉, 동 제도에 의해 곧 바로 사법관이 될 수 있는 자들의 리스트에 대해서는 법률에서 이를 상세히 규정하고 있다. 구체적으로는 변호사, 서기 및 일정한 유형의 사법공무원(A급 공무원)이 이에 해당하는데, 이들은 다시 석사학위를 소지하여야 하며 적어도 7년 이상의 실무경력을 갖추고 있어야 한다. 일반직역의 국사원 재판관(구성원)이나 10년 이상의 경력을 갖춘 국사원의 '청원관(maître de requête)', 10년 이상 대학의 법과대학에서 교육경력을 가진 자 및 국사원 변호사와 파기원 변호사에게도 마찬가지의 기회가 주어진다.[36] 아무튼, 교육과정과 실무상 경험의 다양성을 고려할 때, 이전에 어떠한 직역에 얼마나 종사하였는지의 여부에 따라 사법관으로의 직접선발에 있어서도 차이가 있다.[37] 아무튼, 그 어느 경우에 해당하건 사법관으로 직접선발되기 위해서는 사법관학교에서 제공하는 연수를 통하여 그 능력을 검증받아야 한다.[38]

---

35) 관련 규정은 1992년 2월 25일의 법률에 의해 상당한 개정이 초래되었다.
36) M. Douence et M. Azavant, op. cit., n° 492.
37) 예컨대, 법학교수의 경우에는 곧바로 파기원에 대법관으로 임용되기도 한다.

(3) 임시적 사법관

1995년 1월 19일의 법률에 의해 도입된 '임시직 사법관(magistrats exerçant à titre temporaire)' 제도[39]는 사법관을 지원하는 자가 자신의 직업을 그대로 유지하는 경우를 말한다. 최초 임시직 사법관제도를 도입할 때에는 외부의 능력있는 자를 사법관으로 임용한다는 취지였다고 할 것이나, 오늘날에는 다양한 경험을 가진 자를 사법관으로 임용함으로써 사법관 직역의 다양성을 확대한다는 점에서 의의가 크다고 한다.[40] 아무튼, 1958년의 오르도낭스에서는 수 차례에 걸쳐 임시적 사법관의 임용과 관련하여 변화를 시도하였으며, 현재는 다양한 방식의 임용가능성이 인정되고 있다.

우선, 공무원을 파견한 이후에 선발하는 방식이 있다. 즉, 공무원이 종전에 자신이 소속되어 있던 직무에서 법원으로 일정기간 파견되는 경우를 고려할 수 있다. 대체로 5년의 기간 동안 파견근무를 하게 되며, 대학교수나 전임강사 및 재정담당 공무원이나 국회의 공무원이 민사지방법원이나 항소법원의 법관으로 임용되는 경우를 예로 들 수 있다.[41]

다음으로, '예외적 역무종사 사법관(magistrats en service extraordinaire)'을 예로 들 수 있는데, 이들은 25년 이상의 전문직업활동을 하였으며, 파기원에서의 사법관업무수행을 위한 특별한 자격이 있는 것으로 평가되는 자들이다. 다만, 이 경우의 임기는 8년이며 갱신되지 않는다. 따라서 이들은 검사가 아닌 재판관으로 임용되는 것이 일반적이라고 한다.[42]

다음으로, 고유한 의미에서의 임시직 사법관을 예로 들 수 있다. 이는

---

38) M. Douence et M. Azavant, op. cit., n° 492.
39) 임시직 사법관 제도는 우리 대법원에서 전문직 재판연구관을 임용하는 절차와 비교될 수 있다고 할 것이다.
40) 다만, 임시직 사법관들이 종래 자신들이 소속되어 있던 집단의 이익을 무시할 수 없으며, 임시직을 사임한 이후에는 다시 본업으로 돌아간다는 점에서 사법관의 독립성의 확보라는 점에서는 문제가 없지 않다는 우려가 있다.
41) M. Douence et M. Azavant, *op. cit.*, n° 494.
42) M. Douence et M. Azavant, *op. cit.*, n° 495.

사법부에서의 업무과중을 완화하기 위하여 민사지방법원의 역무제공에 있어서 전현직 법조인이 기여할 수 있는 기회를 마련하고자 함에 그 취지가 있다. 임시직 사법관이 되기 위해서는 65세 이하의 자로서 자신이 활동하는 직역에서 7년 이상의 경력이 인정되어야 한다.[43] 임시직 사법관에 임용되는 경우에도 일정기간(6개월)의 연수과정을 거쳐 7년의 임기로 활동할 수 있으나 중임은 금지된다.[44] 한편, 임시직 사법관은 자신이 수행하던 업무를 유지하면서 임시직 사법관을 겸직할 수 있으나, 자신이 사무소 소재지를 관할하는 민사지방법원의 관할 구역내에서는 판결업무를 수행할 수 없다. 다만, 2016년 8월 8일의 법률 제2016-1090호는 1958년 오르도낭스 제41-10조의 개정을 초래하면서 선발요건을 다소 완화하여 경력요건을 5년으로 단축시키는 한편, 임시직 사법관으로서의 활동연령을 75세까지 확장하였다.[45]

4. 사법관의 임명

개정된 사법관 임명제도에 의하면, 사법관은 법무부장관의 추천을 받아 대통령의 데크레로 임명한다.[46] 사법관시보의 경우에는 최고사법관회의의 의견을 청취하여 사법관학교 졸업시의 자신들의 성취도에 따라 보직을 선택한다. 최초 임용을 받는 경우, 사법관은 자신의 임무를 성실히 수행하고 직업의 수행과정에 영득한 비밀을 유지할 것임에 대해 항소법원에서 선서를 하여야 한다. 아울러 사법관은 법원에서의 공판과정에서 취임식을 거행함으로써 업무를 개시하며, 법원장이 다른 동료 사법관에게 신임 사법관을 소개하는 과정을 거친다.[47]

---

[43] M. Douence et M. Azavant, op. cit., n° 496.
[44] 임시직 사법관이 우리나라에서의 향판과 유사하다는 평가로는, 전학선, "프랑스 사법관 선발의 다양성과 지위", 세계헌법연구 제15권 제3호, (2009. 12), 403면.
[45] M. Douence et M. Azavant, op. cit., n° 496, p. 336.
[46] 파기원의 법관과 항소법원장 및 지방법원장은 법관 관할부의 제청으로 대통령이 임명한다. 전학선, 전게 "프랑스 법원의 인사관리시스템과 최고사법관회의", 338면.
[47] M. Douence et M. Azavant, op. cit., n° 498.

III. 행정법원과 법관의 양성

1. 서

프랑스에서의 행정법원은 '국사원(Conseil d'État)', 행정재판소(tribunal administratif), 항소행정법원(Cour administrative d'appel)로 나누기도 한다.[48] 그러나 국사원은 고유한 의미에서의 법원과는 구별되는 기관이며,[49] 국사원의 구성원 또한 행정재판소 및 항소행정법원의 법관들과 동일한 소속이 아니다. 이러한 이유로 국사원 구성원의 선발과 행정재판소 및 항소행정법원 법관의 임용절차는 구별하여 살필 필요가 있다.

2. 국사원의 구성원

(1) 국사원 구성원의 지위에 대한 규율

위에서 언급한 바와 같이 국사원의 구성원은 행정재판소 및 항소행정법원의 법관들과 그 소속이 다르다. 따라서 이들의 지위 및 선발에 대해서도 별도의 규정을 두고 있다. 즉, 국사원의 지위에 대해서는 프랑스 '행정법원법(Code de justice administrave)' 제1권 제3편에서 규정하고 있는데, 특히 제L.131-1조에서는 국사원 구성원의 지위와 관련하여 행정법원법 제1권의 규정 및 국가공무원의 지위에 관한 규정이 적용된다고 규

---

48) 국사원은 '행정최고재판소'로 번역되기도 한다. 그리고 행정재판소는 우리 식의 지방법원에 해당하며 항소행정법원은 우리 식의 고등법원에 해당하는 것으로 평가할 수 있다. 2019년 8월을 기준으로 프랑스에는 42개의 행저업원과 8개의 항소행정법원이 있다. 이러한 설명으로는, 전학선, 전게 "프랑스 법원의 인사관리시스템과 최고사법관회의", 374면.

49) 국사원도 재판을 하는 경우가 있으므로 그 기능의 면에서는 행정법원의 기능도 가지는 것으로 평가할 수 있으나 기본적으로는 행정기관이라는 평가도 있다. 그 이유는 국사원의 장은 수상으로 되어 있기 때문이라고 한다. 이러한 설명으로는, Y. Gaudemet, Droit administratif, 19e éd., L.G.D.J., 2010, p. 47. 아울러, 프랑스 행정법원법(Code de justice administrave) 법률부 제1권에서는 국사원에 대해 별도로 규정하고 있는데, 그 제1편에서는 국사원의 '권한(attribution)'에 대해 규정하고 있다. 그리고 제1장에서는 재판권한, 제2장에서는 행정 및 입법권한, 제3장에서는 권리문제에 대한 의견제시, 제4장에서는 중재에 대해 규정하고 있다. 따라서 프랑스에서의 국사원을 우리 식의 일반법원 또는 행정법원과 같이 비교하기는 어렵다.

정하고 있다. 그런데 본조의 규정은 국사원의 구성원들이 이중적 지위를 규정하는 것으로 해석될 수 있다. 즉, 국사원의 구성원들은 공무원으로서 관련 법령의 적용을 받으며,50) 그 외에도 재판업무를 담당한다는 점에서 독립성과 공정성의 보장을 위한 개별적 보호조치들이 특별규정에 의해 규정되기도 하였다.51) 그러나 오늘날에는 이러한 보호조치들이 행정법원법전의 법률부 및 명령부에서 규정하고 있다.

(2) 국사원의 조직 및 구성원의 선발방법

가. 국사원의 조직

국사원의 조직에 대해서는 행정법원법 법률부 제1권 제2편에서 규정하고 있다. 동법 제L.121-2조 제1항에 의하면, 국사원은 1° 부소장(vice-président), 2° 국장(présidents de section), 3° 국사원 보통재판관(conseillers d'Etat en service ordinaire), 4° 국사원 특별재판관(conseillers d'Etat en service extraordinaire), 5° 소원(訴願) 심사관(maîtres des requêtes), 6° 특별 소원(訴願) 심사관(maîtres des requêtes en service extraordinaire), 7° 심의관(auditeurs)52)으로 구성된다. 그리고 L.121-3조에 의하면 국사원에는 '송무국(section du contentieux)'과 '행정국(section administrative)'을 두는 것으로 규정하고 있다.

국사원의 구성원이 되는 일반적인 방법은 2021년 6월 2일의 오르도낭스53)에 의한 개정이 있기 이전까지는 우선 '국립행정학교(École nationale d'administration : E.N.A.)'54)를 졸업한 뒤 제2급 심의관으로서 국사원에

---

50) 국가공무원의 지위와 관련하여서는 '공무원의 권리와 의무에 관한 1983년 7월 13일의 법률 제83-634호'(loi n° 83-634 du 13 juil. 1983 portant droits et obligations des fonctionnaires)와 '국가의 공직에 관한 규정에 대한 1984년 1월 11일의 법률 제84-6호(loi n° 84-6 du 11 jan. 1984 portant dispositions statutaires relatives à la fonction publique de l'État)'에서 규율하고 있다.
51) 국사원 구성원의 지위에 관한 1963년 7월 30일의 데크레 제63-767호(Décret n°63-767 du 30 juillet 1963 relatif au statut des membres du Conseil d'Etat) 참조.
52) 심의관은 다시 '1급 심의관(auditeur de 1re classe)'과 '2급 심의관(auditeur de 2e classe)'으로 나뉜다.
53)가 공직의 상위조직의 개혁에 관한 2021년 6월 2일의 오르도낭스 제2021-702호(Ordonnance n° 2021-702 du 2 juin 2021 portant réforme de l'encadrement supérieur de la fonction publique de l'Etat).

임용되는 것이며,55) 이후 일정기간의 복무기간이 경과함에 따라 소원심사관을 거쳐 재판관(conseiller d'État)으로 승진한다. 그러나 심의관으로 임용되는 것만이 국사원 내의 상위직급에 임용되는 유일한 길은 아니며 각각의 직급에서 구성원의 일부는 소위 정부의 '외부선발'(au tour extérieur)에 의하여 임용되기도 한다.56)

한편, 국사원 특별재판관은 그 표현에서 드러나듯이 특수한 지위에 있다. 그리고 이들에 대해서도 프랑스 행정법원법 법률부 제1권 제2편 제2장에서 '국사원 특별재판관'이라는 표제하에서 제L.121-4조 내지 제L.121-8조에 걸쳐 비교적 상세한 규정을 두고 있다. 우선, 국사원 특별재판관은 전통적으로 재판업무에는 관여하지 않았었다. 그러나 2016년의 법률57)에 의해 특별재판관도 그 임용과정 및 조건이 어떠하였는지에 따라 '자문업무' 또는 '재판업무'에 관여할 수 있게 되었다.58) 즉, 전통적인 역할인 자문업무를 수행하는 특별재판관은 '전국적인 다양한 활동영역에서 자격이 있는 것으로 인정되는 자' 중에서 선임된다. 따라서 이들은 소송국(section du contentieux)에 배치될 수 없으며, 단지 '전체회의(assemblée générale)'에 참여할 수 있고 '행정국(formation administrative)'에서만 활동할 수 있다.59) 반면, 2016년 개정에 의해 신설된 특별재판관은 법률분야에서 25년 이상 활동한 자로서 재판관으로서의 업무수행에 있어서 적격성이 있는 것으로 인정된 자 중에서 선임되며,60) 소송국에 배치되어야지 '행정국'에 배치되어서는 안 된다.61) 다른 한편, '자문업무'를

---

54) 국립행정학교(E.N.A.)는 2021년 12월 31일에 폐지되었으며, 2022년 1월 1일부터는 '국립행정대학원(Institut national du service public : I.N.S.P.)'으로 대체되었다.
55) 舊 프랑스 행정법원법 제L.133-6조.
56) M. Douence et M. Azavant, op. cit., n° 528.
57) 공무원의 직무윤리와 권리의무에 관한 2016년 4월 20일의 법률 제2016-483호(loi n° 2016-483 du 20 avril 2016 relative à la déontologie et aux droits et obligations des fonctionnaires).
58) 프랑스 행정법원법 제L.121-4조 I 참조.
59) 프랑스 행정법원법 제L.121-4조 II 참조.
60) 프랑스 행정법원법 제L.121-4조 III 제1항 참조.
61) 프랑스 행정법원법 제L.121-4조 III 제2항 참조.

담당하는 특별재판관이든 또는 '재판업무'을 담당하는 특별재판관이든 불문하고 특별재판관은 모두 법무부장관의 추천을 받아 대통령이 임명한다. 그러나 자문업무 담당 특별재판관은 그 표현에도 불구하고 법관에 해당하지 않으나, 재판업무 담당 특별재판관은 국사원에 소속되어 있는 동안에는 법관에 준하는 것으로 본다. 아무튼, 모든 유형의 특별재판관의 임기는 5년이며, 2년이 경과하기 전에는 재임명될 수 없다.62) 행정국 특별재판관에 대해서는 보수를 지급하지 않으나 위임된 사무를 완료한 경우 그에 대해서만 보상할 뿐이다.63) 반면, 소송국 특별재판관이 공무원이었던 경우에는 자신들이 원래 소속되었던 기관과는 절연되며, 국사원에서의 직급에 따라 보수가 지급된다.64) 특별재판관들은 자신들의 '사적 직업활동(activité professionnelle privée)'을 수행할 수 있으나 자신들이 국사원의 특별재판관으로 복무하고 있음을 밝혀서는 안 된다.65)

나. 국사원 구성원의 일반적 선발방법

국사원의 구성원 선발에 있어서 가장 일반적인 방식은 종래의 국립행정학교(E.N.A.)를 졸업한 자를 대상으로 하는 방법이다. 매년 졸업생 중 가장 성적이 좋은 5명 정도를 2급 심의관으로 선발하였었다.66) 그리고 이들이 국립행정학교에 입학하는 방법이 일정한 경력을 이유로 한 것이었다면 입학 이전의 경력도 고려하여 보수 등이 결정된다.67) 아무튼, 국사원 재판관의 공석이 발생하는 경우, 2/3는 소원심사관 중에서 선발한다(프랑스 행정법원법 제L.133-3조 제2항). 아무튼, 45세 이하의 자는 누구도 국사원 재판관이 될 수 없다(프랑스 행정법원법 제L.133-3조 제3항). 그리고 소원심사관의 선발인원은 매년 국사원 부소장의 아레떼로

---

62) 프랑스 행정법원법 제L.121-5조 제1항.
63) 프랑스 행정법원법 제L.121-6조 제1항.
64) 프랑스 행정법원법 제L.121-6조 제2항.
65) 프랑스 행정법원법 제L.121-7조.
66) 2021년 오르도낭스에 의해 삭제된 舊 프랑스 행정법원법 제L.133-6조.
67) M. Douence et M. Azavant, *op. cit.*, n° 530.

정하며, 소원심사관은 정원의 3/4을 심의관 경력이 3-4년이 된 자 중에서 법무부장관의 추천에 의해 데크레로 임명한다(프랑스 행정법원법 제L.133-4조 제2항). '심의관(auditeurs)'은 국사원의 데크레로 정한 리스트에 포함되는 국가직 행정공무원 또는 그에 준하는 자들 중에서 제L.133-12-1조의 '자문위원회(comité consultatif)'의 의견을 청취한 뒤, 국사원 부소장의 아레떼로 임명하며, 임기는 3년으로 개임되지 않는다(프랑스 행정법원법 제L.133-5조).

다. 외부선발

소위 '외부선발(recrutement au tour extérieur)'의 방식에 의해서도 국사원의 구성원을 선발하기도 한다. 외부선발은 국립행정학교를 졸업한 심의관에 대해서는 적용되지 않으며, 고위 공직자들을 대상으로 한다. 국사원 재판관과 소원심사관에 대한 외부선발은 국사원 부소장의 의견을 청취한 이후에만 임명할 수 있다. 국사원 부소장은 의견을 제시함에 있어서 지원자의 종전의 직무수행 내용 및 경험 등을 종합적으로 고려하여야 한다. 그리고 부소장의 의견은 지원자의 요청이 있는 경우 그에게도 전달된다. 다만, 이상의 내용은 행정재판소나 항소행정법원의 법관 중에서 국사원의 구성원을 선발하는 경우에는 적용되지 않는다.[68]

즉, 외부선발인원 중 일정한 비율의 인원은 행정재판소와 항소행정법원의 법관에게 할당된다. 국사원 재판관의 경우 2년마다 1명씩 행정재판소 또는 항소행정법원의 법관 중에서 법원장의 직급에 이른 자 중에서 선발한다. 그리고 소원심의관의 경우 매년 2명을 행정재판소 또는 항소행정법원의 법관 중에서 선발하나, 이들은 35세 이상이고 10년 이상의 경력이 인정되어야 한다.[69] 그리고 이러한 외부선발의 방식은 국사원의 구성원의 다양성을 확보한다는 점에서 의의가 크다고 한다.[70]

---

68) 이상에 대해서는 프랑스 행정법원법 제L.133-7조.
69) 프랑스 행정법원법 제L.133-8조 제2항.
70) M. Douence et M. Azavant, op. cit., n° 531.

라. 공무원과 사법관의 파견 후 선발(recrutement après détachement)

2012년부터 이미 공직에 복무 중인 공무원과 사법관의 파견에 의한 국사원 구성원의 선발이 인정되게 되었다. 이에 대해서는 프랑스 행정법원법 제L.133-9조에서 규정하고 있는데, '국립행정대학원(Institut national du service public : 舊 국립행정학교)'을 졸업하여 공무원이 된 자나 사법법원의 사법관, 대학교수 및 전임강사, 국가 또는 지방자치단체의 공무원 등은 4년 이내의 임기로 '특별 소원(訴願) 심사관(maîtres des requêtes en service extraordinaire)'으로 임용될 수 있다.[71] 한편, 2021년 가을부터는 2022년에 직무를 개시하는 조건으로 2인의 심의관을 파견선발의 방식으로도 채용할 수 있는 것으로 하고 있으며, 2023년부터는 심의관의 선발에 있어서는 파견선발의 방식만에 의하는 것으로 하였다고 한다.[72]

3. 행정법원 법관의 선발

(1) 행정법원 법관의 지위

행정재판소(tribunaux administratifs)와 항소행정법원(cours administratives d'appel)의 구성원은 동일한 조직에 소속되어 있으며, 위에서 언급한 국사원의 구성원과는 조직을 달리한다. 그리고 이들의 지위에 대해서도 별도의 법령에 의해 규율한다. 한편, 법관이라고 하면 전통적으로 사법법원의 법관만을 상정하였기에 행정재판소와 항소행정법원의 구성원들에 대해서는 전통적으로 이들을 법관으로 고려하지는 않았다.[73] 그러나 2012년 개정을 통하여 행정재판소와 항소행정법원의 구성원도 그 지위가 '사법관(magistrats)'임을 천명하게 되었다.[74] 다만, 이들 또한 행정법원

---

71) 프랑스 행정법원법 제L.133-9조 제1항 참조.
72) https://www.conseil-etat.fr/pages/recrutement-et-carrieres/au-conseil-d-etat/recrutement/devenir-membre-du-conseil-d-etat2/le-detachement-dans-les-fonctions-d-auditeur.
73) 프랑스 행정법원법 제L.231-3조에서는 행정법원의 법관이 행정법원에서 '사법관의 직무(fonctions de magistrats)'를 수행하는 경우에는 승진을 하더라도 다른 업무를 맡지 않는다고 규정하고 있는데, 사법관의 직무라는 표현을 하고 있다는 점에서 이러한 태도를 엿볼 수 있다고 평가되기도 한다.

법 이외에도 국가의 공직자의 지위에 관한 규정의 적용을 받는다[75])는 점에서 이중적 지위를 가진다고 평가할 수 있다.

(2) 행정법원 법관의 선발방식

가. 일반적 선발방식

2021년 6월 2일의 오르도낭스가 시행되기 이전의 프랑스 행정법원법 제L.233-2조에 의하면, 국립행정학교를 졸업한 자 중에서 행정법원의 법관을 선발하는 것을 원칙적인 모습으로 규정하고 있었다. 그러나 2021년 오르도낭스에 의한 개정으로 인하여 외부선발과 파견에 의한 선발을 제외하고는 모두 종전의 직접선발의 방식을 원칙적인 모습으로 변경하였다. 즉, 2021년 개정 이전의 행정법원법 법률부 제3권 제3장 제4절은 '직접선발(Recrutement direct)'이라는 표제하에서 제L.233-6조 한 조문을 두고 있었으나, 동조를 삭제하고 그 내용의 변경하여 동장 제1절에서 총칙이라는 표제하의 제L.233-2조 및 제L.233-2-1조를 신설하였다.

우선, 제L.233-2조에 의하면, '국립행정대학원(Institut national du service public : 舊 국립행정학교)'을 졸업한 뒤 국사원의 데크레로 정한 조건에 따라 '전국적 행정관(administrateurs de l'Etat)'으로서 2년 이상 복무한 자 중에서 행정재판소와 항소행정법원의 사법관을 시험을 통하여 선발하는 경우, 이들은 '고등법원 판사(conseiller)'의 직급으로 임용한다. 다만, 외부선발에 관한 제L.233-3조 및 제L.233-4조, 파견선발에 관한 제L.233-5조에 의해 임용된 사법관의 경우에는 그러하지 아니하다. 다음으로, 국립행정대학원을 졸업하고 전국적 행정관을 선택한 자 중에서 'A직급(catégorie A)'에 준하는 직무를 4년 이상 '공적 영역 또는 사적 영역(secteur public ou privé)'에서 수행한 자도 '시험을 통하여(par voie concours)' 곧 바로 사법관으로 임용될 수 있다.

---

74) 프랑스 행정법원법 제L.231-1조.
75) 프랑스 행정법원법 제L.231-1조.

다음으로, 제L.233-2-1조에서는 '일반인들을 대상으로 한 시험(concours externe)'과 '공무원들을 대상으로 한 시험(concours interne)'을 통해서도 행정법원의 법관이 될 수 있음을 규정하고 있다. '일반인들을 대상으로 한 시험(concours externe)'은 국립행정대학원 입학시험에 응시할 수 있는 자격요건으로서 요구되는 학력요건을 갖춘 자이어야 한다. '공무원들을 대상으로 한 시험(concours interne)'은 사법법원의 사법관 뿐만 아니라 일정한 직급('A직급(catégorie A)')의 공무원 중 시험이 있는 해의 12월 31일을 기준으로 실제 공직에 복무하였음을 증명하는 경우에 응시자격이 있다. 그리고 이들 시험에 의한 합격자의 수는 매년 국사원 부소장의 아레떼로 정한다.

나. 기타의 선발방식

① 외부선발

행정법원법 법률부 제3권 제3장 제2절에서는 '외부선발(nomination au tour extérieur)'이라는 표제하에서 제L.233-3조 내지 제L.233-4-1조에 걸친 3개의 조문을 두고 있다.

우선, 제L.233-3조에서는 10년 이상의 경력을 가진 일정한 직급 이상의 공무원과 사법법원의 사법관에 대해서는 '고등법원 판사(conseiller)'의 직급으로 임용할 수 있다고 규정하고 있다. 다만, 이와 같은 방식으로 선출되는 인원수는 국사원의 데크레로 정하나, 제L.233-2조에 따라 시험(concour)을 통하여 임용되는 법관 수의 1/3을 초과하지 못한다.

다음으로, 제L.233-4조에서는 8년 이상의 경력자로서 '국립행정대학원'을 졸업하고 공무원이 된 자, '국립행정대학원'에 입학할 수 있는 학력요건을 갖춘 자로서 일정한 직급('A직급(catégorie A)' 또는 국사원의 데크레로 정한 직급)에 이른 자, 사법법원의 사법관, 대학의 교수 및 전임강사, 국회행정관, 지방공무원 또는 법령에서 정한 보건기관의 관리자 등도 행정법원의 제1재판관(premier conseiller)으로 임용될 수 있다고 규정하고 있다. 다만, 이 경우에도 임용가능 인원은 국사원의 데크레로 정하나, 제L.233-2조에 따라 시험(concour)을 통하여 임용되는 법관 수의 1/3을 초과하지 못한다.

② 파견에 의한 선발

행정법원법 법률부 제3권 제3장 제3절에서는 '파견 후 선발(recrutement après détachement)'이라는 표제하에서 제L.233-5조 한 조문만을 두어 이에 관하여 규정하고 있다. 사실, 파견은 어느 공직에 종사하는 자가 자신이 속해 있던 조직을 떠나 다른 조직에 소속되어 임무를 수행하는 방식이므로 엄격한 의미에서는 '선발'이라고 볼 수 없으나, 특정한 업무수행을 위해서 직책을 맡는다는 점에서 선발이라는 표현을 사용한 것으로 평가할 수 있다.

제L.233-5조에서는 국립행정대학원을 졸업하고 소속기관에서 공무원으로 활동하는 자, 사법법원의 사법관, 대학의 교수와 전임강사, 국회행정관 등은 행정재판소나 항소행정법원에 고등법원의 판사 또는 제1재판관의 자격으로 임용될 수 있다고 규정하고 있다. 임기는 3년을 초과하지 못하며, 제L.233-3조 및 제L.233-4조의 요건을 충족하여야 한다. 사법법원의 사법관의 경우에는 3년에 더하여 1회의 임기연장이 가능하다. 아무튼, 공무원이 임기를 마치고 본래의 소속기관에 돌아가지 않고 행정법원에 남고자 하는 경우, 그와 같은 청구가 받아들여질 때에는 고유한 의미에서의 파견 후 선발에 해당한다고 할 것이다.[76]

(3) 행정법원 법관의 임용

행정재판소와 항소행정법원의 법관은 대통령의 데크레에 의해 임명된다(프랑스 행정법원법 제L.233-1조). 다만, 행정재판소와 항소행정법원의 사법관의 임관은 국사원 부소장의 아레떼에 의해 선언된다. 그러나 행정

---

[76] M. Douence et M. Azavant, *op. cit.*, n° 556.

재판소와 항소행정법원에 최초로 임용된 경우로서 일정한 법령의 직무(제L.234-3조, 제L.234-4조 및 제L.234-5조)를 수행하는 법관에 대해서는 대통령의 데크레로 선언된다.

한편, 임용의 경로가 무엇이든 불문하고 제1재판관과 법관은 최초로 업무를 개시하기 이전에 국사원에서 제공하는 6개월간의 보충교육을 수료하여야 한다(프랑스 행정법원법 제L.233-9조 및 제L.233-10조). 그리고 이와 같은 교육의 목적은 행정재판소 또는 항소행정법원 조직 내 구성원 상호간의 화합과 동일성을 제고하기 위함이라고 한다.[77]

IV. 마치며

이상에서는 프랑스에서의 법관 양성 및 선발제도에 대해 살펴보았으며, 다음과 같은 점들은 우리 법에 시사하는 바가 적지 않다고 할 것이다.

우선, 프랑스에서는 판사와 검사를 구분하지 않고 사법관이라는 명칭 하에서 국립사법관학교에서의 연수과정을 통하여 우리 식의 판·검사를 배출하고 있다는 점에서 우리의 제도와 비교하여 근본적으로 차이가 발견된다. 다음으로, 사법관의 양성과 관련하여서 가장 중요한 역할을 담당하는 기관은 국립사법관학교라고 할 수 있다는 점에서 과거 우리나라에서의 사법연수원을 기억하게 한다. 다만, 프랑스에서의 국립사법관학교에의 입학에 있어서는 과거 우리 식의 사법시험뿐만 아니라 다양한 경로에서의 접근이 가능하다는 점도 특이할만하다. 즉, 일정한 경력을 갖춘 공무원의 경우에는 그들만을 대상으로 한 시험을 통하여 사법관학교에의 입학을 허용하고 있다는 것이다. 아울러 공무원의 경력이 없더라도 일정한 기간 동안 법률분야에서 활동한 자들에 대해서는 사법관학교

---

[77] 현재 '행정법원연수원(Centre de formation de la juridiction administrative : C.F.J.A.)'은 '몽트뢰이 행정재판소(tribunal administratif de Montreuil)'에 설치되어 있으며(Seine-Saint-Denis), 1월부터 6월말까지 교육이 진행된다고 한다. 이상과 같은 설명에 대해서는, M. Douence et M. Azavant, op. cit., n° 558.

에의 입학을 허가하고 있다는 점 또한 주목할만하다. 요컨대, 프랑스에서는 판사 또는 검사에 임용되기 위한 요건으로서의 사법관학교에의 입학에 있어서도 다양한 접근방법이 보장된다는 점이 특징적이다. 뿐만 아니라, 시험을 통하지 않고도 일정한 경력을 쌓은 경우에는 시험 없이도 사법관학교에의 입학가능성이 보장된다는 점도 주목할만하다. 더 나아가, 프랑스에서는 일정한 경력을 갖춘 자에 대해서는 사법관학교에의 입학 이외에도 직접 사법관으로 임용될 수 있는 가능성이 열려 있으며, 필요한 경우에는 임시직 사법관의 선발제도도 유지하고 있다는 점에서 우리 법에의 시사점이 있다.

다음으로, 프랑스에서의 행정법원의 법관선발과 관련하여서는, 국사원의 재판관과 일반 행정재판소 및 항소행정법원의 법관의 선발을 달리하고 있다는 점이 주목할만하다. 물론, 이러한 현상은 국사원의 구성원과 행정법원의 구성원의 소속이 동일하지 않다는 점에서 기인하는 현상일 수 있으나, 국사원과 행정법원의 기능적 측면에서의 차이에서 기인하는 결과라고도 평가할 수 있을 것이다. 아무튼, 국사원의 경우에는 소위 특별재판관제도를 두어서 전문적인 지식을 가진 자에 대해서는 자신들의 직업을 유지하면서도 전문역량을 발휘할 수 있게 한다는 점에서 시사하는 바가 적지 않다고 할 것이다. 아울러, 국사원 구성원의 임용과 관련하여 내부승진에만 의존하지 않고 다양한 경력을 가진 자들에 대해서도 소위 외부선발이라는 절차를 거쳐 국사원의 재판관이 될 수 있는 기회를 부여하고 있다는 점은 주목할 대목이라고 할 것이다. 특히, 일반공무원 중에서도 업무관련성이 있는 자들에 대해서는 파견 후 선발이라는 제도를 활용하고 있는 점은 우리 법에도 시사하는 바가 적지 않다고 할 것이다.

군사 및 통일문제에 관한 경기북부 지역의 현안과 미래

박영준

현대건설(주) 상무 스마트건설연구실장

1. 서론

경기 북부지역은 여러 매력들로 가득한 지역이다. 반면, 난공불락처럼 보이는 문제들이 가득한 지역이다. 지역 특성상 개발 호재가 가득하지만, 각종 군사규제로 인해 생각만큼 사업의 추진이 쉽지가 않다. DMZ는 대한민국 번영의 터가 될 수 있는 무궁무진한 주제를 갖고 있지만, 격랑의 남북한 정세로 인해 지속가능한 발전이 더딜 수밖에 없다. 이러한 차에 경기 북부지역의 메카이자, 남북통일의 교두보 역할을 자처하는 대진대학교를 알게 되었다. 특히, 이 부분에 대한 열정과 전문성, 그리고 경험이 가득하신 소성규 교수님을 만나면서 함께 문제를 인식하고, 논의하며, 아울러 해법을 제시하기 위한 노력을 함께 할 수 있어 행복했다.

이에 본 고에서는 지난 시간 소성규 교수님과 공유한 경기북부 및 통일에 대한 현실태와 비전을 정리해본다.

2. 본론

2.1 경기 북부지역의 메카

개미의 세계는 참 흥미롭다. 여왕개미를 중심으로 일개미와 병정개미가 역할을 나눠 맡는다. 이 둘은 생김새부터 다르다. 일개미는 군체(群體, Colony)를 위해 쉴 새 없이 일한다. 반면 큰 머리와 몸집을 가진 병정개미는 자기희생을 마다하지 않고 군체를 위협하는 세력에 맞서 싸운다. 인간 세계의 민간인과 군인을 보는 것 같다. 한편, 일부 개미들간에 발생하는 작은 싸움이 커져 개미집 사이의 전쟁으로 치닫는 경우가 종종 있다. 개미들은 개미집을 지켜내기 위해서, 혹은 더 넓은 개미집을 빼앗기 위해 전쟁을 불사한다. 국지전이 모든 병정개미가 출정하는 전면전으로 확대된 것이다. 전면전에서 승패는 여왕개미의 생사에 달렸다. 한편의 체스게임을 보는 것 같다. 일단 전면전이 발생하면 일개미와 병정개미의 구분은 없어진다. 여왕개미가 죽어 전쟁에서 패한 군체는 이긴 군체의 노예로 살아야 한다. 인간사에서 많은 전면전이 총력전으로 번지는 이유와 별반 다를 바 없다. 지구상에는 약 1만5천여 종(種)의 개미가 있다고 한다. 이들 가운데 꿀단지개미는 싸우는 척만 한다. 싸우는 척하면서 서로 협상하는 것이다. 군체의 요구가 관철될 수 있다면 불필요한 싸움을 피하는 게 낫기 때문이다. 이는 전쟁의 참사를 알기에 외교로 마무리하기 위한 것이다. 한편, 아마존개미는 자기 군체를 위한 노예를 확보하기 위해 다른 개미집에서 애벌레와 번데기를 납치한다. 때에 따라서는 다른 개미집을 털어 전체를 노예로 삼는다. 패배한 개미들은 승리한 군체의 여왕개미가 뿜어내는 페로몬에 의해 순종적인 노예 개미가 된다. 이때, 개미는 전면전에서 한 발짝 더 나아간 총력전을 치른다. 한 민족이나 국가 역시 전쟁에서 지면 식민지가 된다. 지배자의 세뇌식 교육과 가혹한 노예의 삶을 피하기가 쉽지 않다. 여왕개미의 생사처럼 국가의 존망이 달린 전쟁에서 국가는 가능한 모든 자원과 수단을 동원하여 총력전을 치른다. 일개미와 병정개미가 온 힘을 다해 싸우는 것처럼 총력전에서 민군관계는 승패를 가르는 중요한 요인이다. 군이 민군관계를 학문의 영역으로 확대하여 다루며, 중요한 군사작전의 한 형태로 교리발전을 시키는 이유이다.

우리나라는 '군'과 '민'이 좋은 관계를 유지하고 있을까? 군에 대한 국민의 사랑과 지지와 달리 민군관계가 우호적이라고 받아들이기가 쉽지 않다. 특히, 군사시설 주변지역에서 군부대 주둔에 따른 재산권 행사 및 활동에 제약이 많아 갈등의 골이 만만치 않다. 우리나라 군사시설보호구역은 국토 면적의 8.2%에 달한다. 70% 정도를 차지하는 산지를 제외하면, 국민이 느끼는 체감 규모는 이보다 더 클 것이다. 매해 국민 재산권과 활동을 보장하기 위해 국방부에서는 군사시설보호구역을 해제해 왔다. 올해는 1억 평 이상을 해제한다고 한다. 군사작전에 미치는 영향 등을 고려하여 군사시설보호구역 일부를 꾸준히 해제해 왔지만, 이번 해제는 전대미문의 규모를 자랑한다. 군사시설보호구역 해제는 매해 발표가 있는 날이면 신문의 1면 머리기사로 다뤄진다. 그만큼 국민들에게는 군사시설보호구역이 끼치는 불편함이 적지 않다. 이러한 차에 군은 이전에 없는 대규모 군사시설 사업을 목전에 두고 있다. 바로 국방개혁에 따른 군부대 이전, 통합 및 폐쇄이다. 군부대 주둔에 따른 군사시설 주변지역의 피해를 줄이는데 큰 기대가 모이고 있다. 그런 반면 군부대가 떠난 뒤 예상치 못한 피해가 하나둘씩 속출하고 있다. 국방개혁이 추진되면서 군부대가 주둔했던 지역에서의 경기침체 및 주민이탈이 심각한 사회문제가 되고 있다. 실제로 강원도 양구, 화천 등은 군부대가 빠지면서 지역경제가 급전직하로 추락하여 지역소멸이라는 절체절명의 위기에 봉착해 있다.

시선을 돌려 미군의 BRAC(Base Realignment and Closure, 美 군부대 재배치 및 감축) 사업을 살펴보자. 전후 군축의 필요성에 따라 군부대 이전과 통합, 그리고 재배치가 이루어졌다. 당시 미군은 군부대 외에도 군부대가 주둔했던 군사시설 주변지역을 철저히 배려했다. 즉, 군부대가 떠난 도시에 산업 및 경제활동의 터전을 마련해 준 것이다. 현재 미 국방부에 있는 생뚱맞은 경제지원국은 당시 BRAC의 후신이다. 지금도 여전히 민군협력을 위한 중요한 임무를 수행하고 있다. 군사시설이 민군갈등이 아닌 민군협력을 불러온 선례가 된 것이다.

전쟁이 일어나면 군인만 싸우는 것이 아니다. 말 그대로 국가 총력전이다. 군은 민의 지지가 없으면 싸울 수 없고, 민도 군이 없으면 생명과 재산을 보호받을 수 없다. 민군협력은 선택이 아닌 필수다. 국방개혁이 한창 진행 중이다. 무기체계에서부터 병력운용까지 수많은 분야에서 환골탈태가 이루어지고 있다. 이 가운데 군사시설은 미국, 일본 등의 선례에서 보듯 국방개혁의 성패를 가르는 핵심이다. 군사시설이 성공적인 국방개혁과 지속발전가능한 민군관계를 이루는 효자 노릇을 하길 기대한다.

2.2 남북통일의 교두보

2.2.1 DMZ

DMZ(Demilitarized Zone, 비무장지대)는 한국전쟁 이후 남북한 사이의 군사적 무력 충돌을 방지하기 위해 설정한 완충지역이다. 휴전선을 연하여 남북 2km까지를 DMZ로 지정하였지만, 여러 이유로 거리 유지 및 비무장 준수가 잘 이루어지지 않고 있다. 한편, 한국을 찾은 외국인들이 가장 가고픈 곳이 DMZ라고 한다. 언뜻 듣기에 다소 의아하겠지만, 잠시만 생각해보면 충분히 납득이 간다. 한때 국제뉴스에서 북한이 남한보다 자주 등장했던 것처럼 서울보다 DMZ가 더 유명한 것은 어찌 보면 당연할 수도 있다. DMZ는 세계 최고라 해도 가히 손색이 없을 '번영의 터전'이다. 70년 넘는 분단으로 인해 한탄강 주상절리, 철원 두루미 서식지, 두타연 등 수많은 천연기념물과 생태환경이 자연 그대로 보존되어 있다. 아울러, 궁예 철원성, 노동당 당사, 통일전망대, 땅굴 등 역사와 안보와 관련한 우수 관광자원이 곳곳에 널려 있다. 또 해양세력과 대륙세력, 민주주의와 사회주의, 자본주의와 공산주의가 최고조로 맞닿아 있는 곳이어서 숱한 국제기구가 주목하고 있는 곳이기도 하다.

이러한 가치를 알기에 노무현 정부의 'DMZ 평화생태공원', 이명박 정부의 'DMZ 생태공원', 박근혜 정부의 'DMZ 세계평화공원', 문재인 정부의 'DMZ 평화의 길' 등 DMZ 활용을 위한 많은 노력이 있었다. 추진속도에서 완급은 있었으나, 정파를 떠나 중단 없이 꾸준히 이어져온 사업이다. 필자는 번영의 큰 터전인 DMZ의 활용을 위한 우리 사회의 노력, 하나의 민족이기에 함께할 수 있는 북한과의 협력, 그리고 세계평화와 공동번영을 위한 국제사회의 역할에 대해 살펴본다.

2.2.2 우리 사회의 노력 : 경계는 분리하고, 자연은 연결한다

통상 TV에 자주 등장하는 철책선, 즉 남방한계선은 한반도를 남북으로 가르는 군사분계선, 즉 규정상 휴전선에서 2km 남쪽에 떨어져 있다. 민간인들은 남방한계선에서 5~15km 남쪽으로 더 떨어진 민간인통제선까지 갈 수 있다. 민북지역, 즉 민간인통제선에서 남방한계선까지는 관할 군부대로부터 허가된 사람만 출입이 가능하다. 한편, 남방한계선을 넘어 DMZ 출입은 유엔사령부 군사정전위원회 승인이 필요하다. 이 지역으로 민간인이 출입하는 것은 현실적으로 쉽지 않다. 상황이 이렇다 보니 출입이 어려운 민북지역만 해도 미지의 세계로 보이니, 출입이 거의 불가

능한 DMZ는 신비의 세계로 보일 만도 하다.

　독일에는 DMZ의 미래모델이라 할 수 있는 '그뤼네스 반트'(Grünes Band)가 있다. 독일 통일과 함께 동서독을 갈라놓았던 경계지역에 다시 태어난 유럽 최대의 생태보전 지역이다. 우선 최북단 발트해에서 시작하여 최남단 체코 국경까지 이어진 철조망이 걷어졌다. 다음으로 완벽하지는 못하지만 여기저기 매설된 지뢰가 상당 부분 제거되었다. 끝으로 무장군인들이 오가던 순찰로가 방문객들이 거니는 탐방로로 탈바꿈했다.

　이처럼 그뤼네스 반트는 죽음의 땅을 생명의 땅으로 변화시켜 극찬받은 사업이다. 또한 생태적 보전 이외에 살펴야 할 것은 이 사업이 독일 통일에 있어 정부가 아닌 민간이 이바지한 대표적 사례라는 점이다. 통일 이후에도 분트 중심의 보전사업은 여전히 진행 중이다. 민간이 선도하는 사업에 정부기관인 자연보전청(Bundesamt für Naturschutz)과 지자체가 꾸준히 지원하고 있다.

　우리나라 DMZ에는 그뤼네스 반트 이상으로 천혜의 자연환경이 잘 보전되어 있다. 서해안 강화에서 동해안 고성까지 이어진 길이 248km의 생태 띠에는 반달가슴곰, 사향노루, 산양, 삵, 담비, 하늘다람쥐 등이 마음껏 뛰어다니고 있다. 겨울에는 두루미, 여름에는 저어새가 DMZ를 찾는다. 멸종 위기에 있는 야생동식물만 101종에 달한다. 원시림에 가까운 향로봉 일대, 우리나라 유일의 용늪이 있는 대암산 정상부, 화산활동에 의해 생성된 한탄강의 주상절리, 끝없이 이어진 추가령구조곡, 드넓게 펼쳐진 철원평야, 한강과 임진강의 자연하구 등이 만드는 동서 생태축이 한반도를 남북으로 잇는 또 하나의 생태축인 백두대간과 교차한다.

　우리는 독일을 교훈삼아 시민단체를 중심으로 환경운동에 대한 새로운 장(章)을 써내려갈 때를 맞이했다. 그 대상이 DMZ 생태공원이다. 민간이 주도하고 정부가 지원하는 DMZ 생태공원, 통일 한반도를 이루는 큰 힘이 될 것이다.

2.2.3 북한과의 협력 : 피는 물보다 진하다

1987년 독일 베를린장벽 인근에서 가수 데이비드 보위는 독일 통일을 염원하며 '히어로즈'를 열창한다. 숱한 역경 가운데 단 하루만이라도 연인과 함께하고픈 사무치는 그리움을 가사에 담았다. 베를린장벽을 넘은 가사는 동독까지 전해진다. 수많은 동독 시민이 장벽 가까이 모이기 시작한다. 이내 이들은 데이비드 보위를 따라 '히어로즈'를 함께 부른다. 베를린장벽으로 갈라진 가족과 친구들이 하루빨리 만나 가족애와 우정을 함께 나누고픈 독일인의 외침이었던 것이다. 열창이 있은 지 9일 후, 미국 레이건 대통령의 베를린장벽 붕괴를 촉구하는 연설이 이어진다. 이후로 동서독의 교류가 활발히 이뤄진다. 데이비드 보위의 공연이 있은 지 2년 후 거짓말처럼 베를린장벽이 무너진다. 독일 통일에 대한 데이비드 보위의 기여는 미미했을지 모르나, 독일 민족의 정체성을 일깨운 것만은 확실하다. 이러한 민족 정체성이 통일을 이루는 위대한 힘이었음을 우리는 잘 알고 있다.

시선을 한반도로 돌려보자. 우리도 남과 북이 하나의 민족인 까닭에 한반도 통일은 염원이 아닐 수 없다. 하지만, 이 주장이 점점 설득력을 잃고 있다. 분명 남한과 북한은 하나의 민족이다. 과거 인륜적 차원의 전후세대를 위한 통일을 넘어서, 미래세대를 위한 통일을 준비해야 한다. 즉, 통일은 동북아, 나아가 국제사회의 중심이 되기 위한 번영의 터전을 마련하기 위한 소중한 숙원이라는 인식의 전환이 필요하다. 통일의 목적은 변할 수 있지만, 남과 북이 하나의 민족이라는 변하지 않는 정체성은 통일을 이루는 데 굉장한 힘이 될 것이다.

우리와 북한을 갈라놓은 DMZ에는 수많은 유적이 있다. 우리가 북한과 공유하는 동일한 역사의 흔적이다. 후삼국시대 태봉국의 '철원성'(철원)은 '월정리역'(철원)에서 가까운 우리 측 DMZ에 있다. 철원성에 연하여 군사분계선 북쪽으로는 고려의 태조 왕건이 즉위식을 올린 '포정전'

(철원)이 있다. 학계에선 이 유적들의 학술적 가치를 높게 평가한다. 물론 지금은 접근할 수 없는 곳에 있다. 이들 외에도 DMZ에는 역사 유적이 즐비하다. 임진강 주변은 선사시대 문명이 만개한 곳으로 추측한다. 사찰 터인 '창화사지'(파주)와 '가곡리사지'(연천), 석성(石城)을 대표하는 '고장리산성'(연천)과 '성재산성'(김화)은 삼국시대 유적이다. DMZ 유적 발굴이 이루어지면 삼국(三國)의 전성기를 가져온 한강 쟁탈전에 한탄강과 임진강이 더해질 수도 있다. 우리의 역사가 바뀔 지도 모를 일이다. 고려시대를 대표하는 상감청자 조각이 즐비하게 출토되는 곳도 있다. DMZ 순찰 중에 발견된 '목 잘린 미륵불'(파주)은 신체 비율과 옷 모양에서 고려시대 유물임을 한눈에 알아볼 수 있다. 조선시대 유물과 유적도 많다. 홍건적 무리의 사체를 모아 돌로 매장한 '매두분'(김화)과 병자호란에서 청군을 궤멸시킨 기마대첩의 영웅들을 기리는 '전골층'(철원)도 있다. 이처럼 DMZ에는 반만년에 걸친 우리 민족의 역사가 곳곳에 숨어 있다. 한때 남북이 공동으로 DMZ 유적을 '유네스코세계유산'에 등재하기 위해 뜻을 모으기도 했다. 이는 정부 주도의 사업이었다. 하지만, 지뢰가 유적 주변에 지천으로 깔려있고, 냉탕온탕을 오가는 한반도 정세는 정부 주도 사업의 연속성을 보장하기 어렵게 만들었다. 당연히 복원은커녕 기초조사도 제대로 이루어지 않고 있는 실정이다. 이제 학계 등 남북의 민간단체가 힘을 모아 DMZ 문화유적을 유네스코세계유산으로 등재하면 좋겠다. 이러한 활동은 분명 남과 북이 하나의 민족이라는 정체성을 바탕으로 한반도의 통일을 앞당기는데 크게 기여할 것이다.

2.2.4 국제사회 역할 : 모든 길은 로마로 통한다

독일에는 '뫼들라로이트'(Mödlareuth)라는 작고 평화로운 마을이 있다. 두 개의 행정구역을 가진 이 마을은 '작은 베를린'으로 불리며 세계적 유명세를 타고 있다. 한때 독일 분단의 상징이었던 이 마을이 이제는 독일 통일의 상징으로 바뀌었다. 전체 주민이 50명 남짓이지만, 해마다 10

만명이 넘는 관광객이 이 마을을 찾고 있다. 분단과 재통일이 독일 역사 교육과 함께 지역경제에 엄청난 활력이 된 것이다.

뫼들라로이트 외에도 냉전 시기 동서독을 나누었던 1,393km의 국경선에는 최북단 국경통과소가 있던 발트해 연안의 뤼벡(Lübeck)의 쉴루툽(Schlutup)에서부터 체코슬로바키아 국경에 맞닿은 미텔함머(Mittelhammer) 사이에 9개 도로와 7개의 철도가 관통하는 마을들이 있다. 이들 마을에 도로와 철도에 연하여 세워진 여러 박물관과 기념비 등에도 수많은 이들을 찾아오고 있다.

한반도 역시 약 250km의 군사분계선에 열차가 달릴 수 있도록 문산(南)에서 개성(北)을 잇는 경의선, 강릉(南)에서 속초(南), 제진(南)을 거쳐 금강산(北)까지 이어지는 동해선이 놓여있다. 동시에 차량 통행을 위한 도로를 두 철도와 나란히 닦아 놓았다. 서해선은 목포(南)에서 신의주(北)까지 이어지던 '국도 1호선', 동해선은 부산(南)에서 온성(北)까지 이어지던 '국도 7호선'의 일부 구간들이다. 한국전쟁 최대 격전지 가운데 하나였던 철원(南) 화살머리 고지에도 DMZ를 관통하여 북한까지 이어지는 폭 12m의 군사도로가 뚫렸다. 이 도로는 남해(南)와 초산(北)을 이어 한반도 중앙을 관통하는 '국도 3호선'의 일부이다. 이 외에도 경원선(철원), 금강산 전기철도(김화) 등 한때 철마가 달리고 싶었던 철도 흔적이 여럿 있다.

한편, 도로와 철도가 남북을 잇고 있지만, 우리의 현실은 독일과 많이 다르다. 독일은 동서독 간 왕래가 어느 정도 가능했지만, 우리는 거의 단절되어 있다. 인프라를 통한 남북교류, 나아가 통일 대한민국을 기대할 수 없어 안타깝다. 남북을 잇는 인프라를 활용할 수 있는 길은 없을까? 이를 통해 남북교류를 활성화하여 통일을 앞당길 수는 없을까? 해답으로 DMZ를 관통하는 철도와 도로에 연하여 중립적 성격의 국제기구 유치를 제안한다. 우리가 알고 혹은 모르는 사이에 우리나라에는 적지 않은 국제기구가 들어와 있다. GCF(녹색기후기금), GGGI(글로벌녹색성장기구), IVI(국제백신연구소) 등은 본부를 우리나라에 두고 있다. 북한 사회의 인권 개선을 목표로 하는 OHCHR(유엔인권최고대표사무소)처럼 북한사회를 직접 겨냥하는 국제기구, 해마다 철새가 오고가는 DMZ에서 큰 활동을 수행할 수 있는 EAAFP(동아시아-대양주 철새이동경로 파트너십)도 본부를 우리나라에 두고 있다. UNESC(유엔경제사회위원회), UNCITRAL(유엔국제상거래법위원회), UNDRR(유엔재난위험경감사무국) 등은 동북아 혹은 아시아-태평양 중심국가인 우리나라에 지역사무소를 두고 있다. UNHCR(유엔난민기구), ION(국제이주기구), WFP(세계식량계획), UNICEF(유엔아동기금) 등과 같이 북한에 큰 도움이 될 수 있는 국제기구 지역사무소도 여럿 있다.

DMZ에 남북을 잇는 철도와 도로에 연하여 국제기구를 설치한다면 철저히 봉쇄된 남북한 왕래에 작은 물꼬라도 틔울 수 있을 것이다. 이 물꼬가 큰 물결이 되면 국제사회와 단절된 북한사회를 변화시킬 수도 있을 것이다. 국제기구들은 DMZ라는 의미있는 곳에서 나름의 설립 목적과 취지에 부합하는 활동을 적극 전개할 수 있다. 이러한 활동을 수행하는 국제기구가 통일 한반도를 준비하는 전초기지 역할을 해줄 것도 기대해 볼 수 있다.

3. 결론

안보 차원에서 경기북부 지역에 대해 고찰해 보았다. 경기북부는 수많은 군사규제로 인해 숱한 개발호재에도 불구하고 뚜렷한 발전의 흔적을 찾아보기 쉽지 않다. 핵심에는 군사목적을 이유로 지역사회에 일방적 희생을 강요한 바가 없지 않다. 국방개혁의 초입에 있다. 경기북부 지역이 발전적 민군관계의 모범사례가 되어 지역현안 해결을 포함하여 지역발전을 함께 도모할 수 있길 바란다.

DMZ는 자연 및 문화유산이 가득하며, 국제사회가 주목하는 지역이다. 유네스코 등재 및 국제기구 유치를 통해 세계인 주목하고 찾는 곳으로 조성할 필요가 있다. 통일은 시대에 맞지 않는 우리의 사명이 아니다. 인도적 차원을 넘어 대한민국 번영의 틀로 삼아야 한다. 이러한 통일을 위해 DMZ에 대한 보다 많은 관심과 활용전략을 고민해야 할 것이다.

　이와 같은 경기북부의 현안과 DMZ 개발에 관한 통일 문제를 소성규 교수님과 함께 중단없이 고민하고 풀어나가길 진심으로 바라는 바이다. 아울러, 이러한 문제와 해결의 중심에 소성규 교수님께서 변함없이 서 계실 것을 확신한다.

국토 균형발전, 발상의 전환이 필요하다!

서진형
광운대학교 교수
前 대한부동산학회장

□ **소중한 인연**

우리나라는 국토의 균형발전을 위하여 여러 가지 법체계를 갖추고 있다. 먼저 2003년 국토건설종합계획법을 폐지하고, 제정된 국토기본법이다. 이 법에서 국토의 균형 있는 발전을 위하여 각 지역이 특성에 따라 개성 있게 발전하고, 자립적인 경쟁력을 갖추도록 함으로써 국민 모두가 안정되고 편리한 삶을 누릴 수 있는 국토 여건을 조성하여야 하고, 수도권과 비수도권, 도시와 농촌·산촌·어촌, 대도시와 중소도시 간의 균형 있는 발전을 이룩하여야 규정하고 있다.

그리고 생활 여건이 현저히 뒤떨어진 지역이 발전할 수 있는 기반을 구축하여야 하며, 지역 간의 교류협력을 촉진시키고 체계적으로 지원함으로써 지역 간의 화합과 공동 번영을 도모하도록 명시하고 있다.

2007년 제정된 국가균형발전특별법을 통하여 정부는 국가균형발전을 촉진하기 위해 5년 단위로 부문별 발전계획안과 광역경제권발전계획을 기초로 하여 국가균형발전 5개년 계획을 수립하고 있다. 지역발전계획에는 지역발전의 목표에 관한 사항, 국토의 개발과 지역발전역량의 확충에 관한 사항 등이 포함되어야 한다고 명시되어 있다.

그럼에도 불구하고 국토관리의 기본이념인 국토의 균형발전과 2004년 제1차 계획을 수립한 이후에 2019년까지 제4차에 걸쳐 20여년 동안 계획을 수립하여 시행해 왔던 국가균형발전계획은 국가의 균형발전이라는 정책의 목표를 달성하였는지 의문이다.

법과 제도를 갖추고 있지만 오히려 수도권의 편중은 심화되고, 지방은 소멸되어 가고 있다. 물론 선거 때가 되면 또 지역균형발전이라는 구호, 각종 지역개발공약, 공기업 이전 등의 구호가 난무할 것이다. 행정수도 이전이라는 정책이 노무현정권의 탄생과 박근혜정부의 탄생에 일조한 것은 주지의 사실이다. 예전 정부의 공공기관 지방이전정책도 지역균형발전이라는 명분으로 추진하였지만 그 효과에 대해서는 의문이다. 행정의 비효율로 인하여 재정낭비만 초래하고 있는 측면이 있기 때문이다.

최근 '어디에 살든 균등한 기회를 누리는 지방시대'를 천명하고 있지만 그동안 추진된 국가균형발전 정책은 산업과 연계가 이루어지지 않고 추진되었기 때문에 성공할 수 없었다.

지역산업의 활성화는 인구의 유입을 유도하고, 양질의 교육·문화 환경을 구축하게 된다. 이로 인한 지역경제의 활성화는 지역균형발전의 원동력이 된다. 표를 의식한 지역개발공약보다는 지역경제기반을 다질 수 있는 지역산업의 육성에 초점을 둔 5개년 계획을 제대로 마련해야만 지방소멸이라는 국가적 재앙을 막을 수 있다.

국토의 균형발전은 공허한 메아리일까? 아닐 것이다. 모두 함께 노력하면 어느 정도 해소할 수 있을 것이다. 우리 국토가 모두 같은 수준으로 발전할 수가 있을까? 안될 것이다. 그러나 각 지역은 고유한 잠재력을 바탕으로 전략을 마련한다면 격차를 줄일 수는 있을 것이다.

지방소멸의 문제는 표퓰리즘적 정책으로 해결될 문제가 아니다. 이는 국가미래의 어젠다이고 정부와 민간이 협력하여 해결해야 한다. 하지만 그 해결방안은 찾기가 쉽지 않고, 어떤 해법이라도 그 효과가 나타나는 데 많은 시간이 소요될 것이다. 왜냐하면 산업·교육·문화 등 여러 가지 문제를 함께 해결해야 하기 때문이다.

먼저 지방소멸의 근본적 원인은 지방산업의 소멸이다. 지방에 일할 곳이 없기 때문에 수도권으로 인구가 집중되는 것이다. 각 지역에 양질의 일터가 마련하면 복잡한 수도권으로 몰리는 현상은 사라질 것이다. 결국 전 국민의 삶의 질을 높이는 국토균형발전이 이루어질 수 있도록 발상의 전환이 필요하다.

지방에 맛집, 카페, 축제 등을 몇 개 만든다고 지속 가능한 발전을 기대할 수 없다. 사람이 정주해야 한다. 관광만으로는 한계가 있다. 지역경제의 산업을 기반으로 인구유입을 통한 경제 활성화만이 최선의 방안이다. 이제 마지막 수단으로 외국인의 이민을 적절하게 허용하는 방안도 대승적 차원에서 고민할 시점이다.

초역전의 시대, 부동산정책도 변화가 필요하다

제4차 산업혁명시대는 초역전의 시대이다. MZ세대가 역량을 발휘하면서 사회의 전반에 초역전현상이 나타나고 있다. 국민이 공무원보다 똑똑한 세상, 학생이 교수보다 똑똑한 세상이 초역전시대이다. 이는 새로운 문명의 주기가 단축되면서 나타나는 현상이다. 시대의 주기가 짧아지고 있기 때문이다. 농업혁명 등 주기가 긴 사회에서는 나이가 많고 경험이 많을수록 능력을 발휘할 수 있었다. 4차 산업혁명 등 주기가 짧은 시대에는 새로운 문명을 경험한 1세대가 고도의 능력을 발휘하는 것이다.

따라서 부동산시장에 대응하는 정책도 구시대적 이론과 정책으로는 한계가 있다. 향후 글로벌경제는 저성장과 저물가(디플레이션), 고성장과 저물가, 고성장과 고물가, 저성장과 저물가라는 다양한 방향 중에서 어느 방향으로 진행할지 예측하기란 쉽지 않다. 정부는 이러한 여러 가지 시나리오를 가정한 부동산정책을 마련하여야 한다.

> 무한경쟁시대 겪는 MZ·알파세대 집에 대한 불안감 해소 정책 필요
> 소통 커뮤니케이션시스템 구축도 재테크·투자방식·정보 취득 다양
> 경제 영향·소득 증가 방안도 점검

이제는 부동산시장이 변하고 있다. 구시대적 정책보다는 초역전시대에 대한 정책의 전환이 필요하다. 첫째, MZ세대와 알파세대를 위한 부동산정책의 비전을 제시하여야 한다. 오늘날 우리나라 경제, 사회, 문화 발전의 원동력은 20대에서 40대까지 MZ세대나 알파세대이다. 이들은 정보화, 민주화, 신자유주의 등 무한경쟁시대를 경험한 세대들이다. 이들은 지금 우리 사회의 중추세력으로 등장하고 있다. 그런데 글로벌 금융위기 등으로 가장 고통을 받는 계층은 MZ세대와 알파세대이다. 이들을 위한 공공영구임대주택 공급, 회사 기숙사 또는 사택제도 활성화 지원 강화, 주거바우처 제도 활성화, 셰어 하우스 확대 등을 통하여 이들 세대가 집에 대한 불안을 해소할 수 있는 정책이 필요하다. 둘째, MZ세대 및 알파세대와 소통할 수 있는 부동산정책의 커뮤니케이션시스템을 구축하여야 한다. 이 세대는 정보화시대의 인재, 제4차 산업혁명 시대의 인재들이다. 그런데 민주화 의식이 강한 이 세대는 정의·인권·공정·평등 등에 민감하고, 권위주의에 의한 상명하복은 갑질이라는 인식 때문에 강력히 저항한다. 따라서 부동산정책도 보도자료 중심의 소통보다는 SNS, 메타버스, 유튜브 등을 활용하여야 한다. 이때 정책의 당위성에 대한 기초자료, 빅데이터 자료, 통계자료 등 근거를 제시하여야 한다. 그래야만 그

정책이 정의롭고 공정하다고 판단하기 때문이다. 셋째, MZ세대는 특수한 부동산활동 패턴을 가지고 있기 때문에 이를 반영한 정책을 수립하여야 한다. 이들의 부동산활동 특성은 재테크에 대한 높은 관심도, 부동산투자 방식의 다양화, 부동산투자정보 취득의 다양화 등 세 가지다. 이와 같은 특성을 가지고 있는 세대의 부동산활동이 어떤 방향으로 전개될 것인지 분석하여 대응하는 부동산정책이 필수적이다. 특히, MZ세대의 생활방식, 취향 등이 경제에 미치는 영향을 점검하고, 소득을 증가시킬 수 있는 방안과 부채를 감소시킬 수 있는 방안 등에 대한 정책적 노력도 필요하다. 이상과 같은 방향으로 부동산정책을 마련하여야만 초역전시대의 갈등을 해소하고 우리나라의 대외 경쟁력을 높일 수 있다.

노겸 소성규 교수와 서진형의 필연(必然)

소성규 교수와는 동갑이라는 인연, 의성이라는 동향 인연, 제가 한양대학교 석사과정 재학시 대학원장님이신 김기수 교수님께서 노겸의 지도교수라는 점, 저의 석사과정 지도교수인 김상용 교수님의 수제자(?)인 사실, 제15회 공인중개사시험 출제 동료로 재시험이라는 사회적 문제를 일으킨 동지(?)라는 공통점, 한국토지법학회, 한국부동산법학회 등 각종 학회의 임원으로 함께 활동한 동료라는 점, 제가 대한부동산학회, 한국부동산경영학회의 회장으로 활동할 때 본 학회의 운영에 적극적으로 지원한 든든한 우군, 부동산중개실무라는 책을 출판할 때 본인의 저서인 부동산중개계약론(부연사, 소성규)을 활용할 수 있도록 흔쾌히 허락한 넓은 맘, 본인이 수주한 각종 부동산 관련 용역에 함께 참여하여 동고동락한 전우 등 크고 작은 수많은 추억들을 함께 공유하고 있다. 우리는 하루에도 수많은 인연을 만나게 된다. 우리는 그냥 스쳐가는 인연이 아닌 참 좋은 인연으로 오래오래 함께 하는 인연이 내일에도 이어질 것이다. 노겸과 나는 우주공간에서 우연히 만나 인연이 되었고, 노겸의 공(功)으로 필연(必然)이 되었다.

노겸 소성규교수님과의 인연을 돌아보며

신상화
한국승강기대학교 교수
前 한국주거환경학회장

대진대와의 인연의 시작

노겸 소성규교수님의 화갑기념집 출판을 축하드리며, 교수님과의 인연을 글로 옮기는 원고를 요청받아 너무 영광으로 생각합니다.

1. 노겸 소성규교수님과의 만남

소성규 교수님과는 2015년 무렵 한국주거환경학회 장희순 교수의 소개로 처음 만난 것으로 기억하고 있다. 교수님은 경북고등학교 2년 선배이셨고, 부동산 분야와 법학 분야를 융복합, 학제간 교류를 지향하는 열린 마음을 가진 열정적인 연구자의 모습이었다.

한국부동산법학회의 활동에 참여하면서 이런저런 학회활동과 일들을 상의하기도 했지만 지정기부금단체 지정(2016.9.30.)에 의견을 더했던 부분은 지금 생각해보니 나름 학회발전에 기여한 부분이 있는 듯하여 보람을 느낀다.

* 2017년 10월 14일. 서울시립대학교에서 개최한 한국부동산법학회에서

본인의 전공은 건축학으로 한국부동산법학회의 참여를 통해 법학의 중요성을 인식하게 되었고 법학적 관점에서 도시와 건축을 바라보는 계기가 되었다. 소 교수님의 화갑기념을 축하하는 원고를 작성하자니 많은 생각이 떠올랐지만 필력이 딸려 글보다는 함께 했던 사진을 많이 올리는 것이 좋겠다는 생각에 사진을 많이 소개하는 것으로 원고의 방향을 결정하게 되었다.

소 교수님과 함께 했던 일들을 회고해보니 참 많은 시간을 함께 했음에 놀라게 된다. 개인적으로 평소 건배사로 소동파의 시구절에서 인용하고 있는 '여수동좌'(與誰同坐. 누구와 함께 자리를 같이하랴)의 의미처럼 함께 하고 싶은 분이라서 "그냥" 좋아서 였던 것 같다.

기억에 남는 일화를 떠올려보니 2019년 6월 무렵, 경남 진주에서 거제를 거쳐 대진대로 이동한 적이 있었다. 편도 510km가 넘는 거리이다. 소 교수님과의 모임에 참석하기 위해 진주에서 승용차로 출발하여 거제시청에서 열린 오후 회의에 참석을 하고, 거가대교을 거쳐 동대구에 도착, KTX로 서울역, 서울역에서 지하철로 창동역으로 이동, 다시 택시로 대진대까지 이동했던 기억이 있다. 돌이켜보면 소 교수님의 매력이 없었으면 하기 힘든 행동이었다고 생각한다. 그리고 소 교수님의 아들 준영 군이 공군 통역장교로 입대하고 전역하던 때, 부산대 로스쿨에 입학한 것이 엊그제 같은데 지난 4월 16일 변호사시험에 합격했다는 소식에 축하드리면서도 세월의 빠름을 느낀다.

무엇보다도 개인적으로 한국승강기대학교로의 이직은 소 교수님과의 인연에서 비롯되었다. 소 교수님을 통해 맺어진 한국승강기대학교 이현석 총장님과의 인연으로 2003년 3월부터 2023년 2월까지 20년간 근무했던 한국국제대학교 도시계획부동산학과에서 2023년 3월 한국승강기대학교로 이직하였다. 제 인생에 큰 전환점이 되었다. 이 지면을 빌려 심심한 감사를 드린다.

* 2020년 9월 21일, 영등포 영진시장 연구용역모임을 앞두고 손경환 LHI원장님과 용산에서

2. 소성규 교수님과의 연구활동

소 교수님과는 LH공사의 연구용역으로 지방중소도시 노후주거지 정비사업 공공참여 확대방안(2020.12 완료), 도심 내 공공주도 긴급정비사업 추진을 위한 제도개선 연구용역(2021), 대규모 공공택지의 효율적 추진을 위한 법제도 개선방안 연구용역(2021.12.완료)을 함께 했다. 지방중소도시 노후주거지 연구용역과 관련해서는 진주라 천리 길을 마다않고 열정적으로 방문해주셔서 법학적 관점에서 연구의 방향을 제시해 주심에 연구용역의 질적 수준을 높이는데 큰 도움을 받았고, 대규모 공공택지 관련연구용역에서도 연구진 구성과 역할 등 연구용역을 수행하는데 효과적인 요령을 배우는 소중한 시간들이었다. 소 교수님을 통해 만난 김재광 교수님과 경북고 후배인 장욱 교수, 그리고 윤익준 교수와도 소중한 인연이 맺어지고 연구용역을 통해 서로의 전문 분야를 이해하고 관심사를 공유한 소중한 시간들을 함께 했다. 모두 소 교수님과의 만남에서 비롯되었다.

3. 소성규 교수님과 함께 했던 여행

돌이켜보니 소 교수님과 함께 한 여행 횟수가 적지 않다. 재직했던 학교가 진주이다 보니 함께 가장 많이 둘러본 도시는 진주이지만, 거제와 통영, 의령의 삼성 이병철 회장 생가, 진주 지수, 합천 삼가, 밀양, 거창, 부산, 마산, 진해, 순천, 평창, 완주의 아원고택, 전주, 서울, 동두천, 포천, 대구, 의성 등 참 많은 지역을 여행했고 지역의 맛집과 술잔을 앞에 두고 학회이야기, 삶에 대한 이야기를 나누었다. 그리고 함께 했던 많은 사람들. 삶에 큰 도움이 되었던 시간들이었다.

화갑(華甲) 이라는 새로운 시작점에 서계신 소성규 교수님!

앞으로도 건승(健勝) 하시고 추사 김정희선생이 세한도(歲寒圖)에 남긴 장무상망(長毋相忘)의 소중한 마음으로 앞으로도 쭉 함께 해주시길 소망합니다.

* 2015년 7월 22일, 동두천 공여구역 주변지역 활성화 연구용역에 따른 현장방문

* 2019년 10월 17일, 통영 우체국 앞에서 청마 유치환의 시, 행복!! 을 앞에 두고

* 2019년 10월 17일, 통영 케이블카를 타고 올라간 미륵산

* 2021년 7월 24일, 전주 객리단길의 생활의 달인 집에서 장희순교수와 함께

* 2021년 7월 17일,
평창 1458m 발왕산 정상에서 커피를 기다리며 김재광교수, 장욱교수, 윤익준교수와 함께

* 2021년 7월 24일, 아원고택에서 망중한을 즐기는 소교수님

* 2021년 7월 22일, 진주시 강남지구 도시재생현장지원센터 방문

* 2021년 12월, 눈 오는 덕수궁에서

* 2022년 3월 30일, 진주중앙시장 삼각지다방에서 LH 한병홍 이사님과

* 2022년 6월 30일, LH공사 김성연처장, 김동인부장과 서울역에서 만남

* 2023년 2월 26일,
백산 안희재 선생 생가에서

* 2023년 2월 26일,
남명조식 선생의 철학,
경(敬)으로써 내면을 밝게 하고, 의(義)로써 밖으로 행동을 결단하라는 "내명자경 외단자의(內明者敬 外斷者義)"
남명의 동상 앞에 서서 노겸은 무슨 생각을 하고 계시나요?

* 2023년 2월 10일,
남평문씨세거지 수백당(守白堂)에서

* 2023년 2월 10일,
추사의 글, 쾌활(快活)에 어울리는 소교수님

綠竹猗猗(녹죽의의) - 푸른 대 우거졌네

양재모

한양사이버대학교 교수

　항상 글의 시작은 사람의 만남처럼 쉽기도 하고 어렵기도 하지만 삶의 여러 과정속에서 자신에게 커다란 영향을 주었던 분들과의 만남과 시간을 반추하는 것은 그 분들에 대한 마음의 크기가 큰 만큼 어려워진다는 것을 깨닫게 된다.

　소성규 교수님, 저에는 학교의 선배님이고 스승이셨던 고 김기수 교수님을 모셨던 사형이기도 하지만 이런 외형적인 틀 외에도 아직 삶을 이야기 하기에는 미천한 나이지만 내 삶의 한 부분의 롤 모델이기도 한 분이다.

　대학교를 졸업하고 여러 우여 곡절 끝에 고 김기수 교수님의 연구실에 들어가면서 소성규 교수님과의 인연이 시작되었다. 사실 그 때 소성규 교수님이 여러 사람들에게 질투와 부러움의 대상이었다. 사실 우리

세대의 학문연구자 들에게 교수가 되는 것은 최대의 삶의 목표였고 희망이었는데 소성규 교수님은 어린 나이에 이미 그 자리에 올라가셨기 때문이다.

　많은 학교의 사람들이 이런 저런 이야기를 했지만 저에게는 참 부러운 교수님이라는 것이 첫인상이었다. 그러나 소성규 교수님을 그 후에 뵈었을 때는 그 분이 이룬 업적 들이 단순히 사람들의 말처럼 운으로 되신 것이 아니라 작지만 허튼 일 없이 추진해나가는 절차탁마의 마음이었다는 점을 알게 되었다.

　남들 보다 어린 나이에 교수가 되시고 학교의 여러 일을 하시면서도 논문이나 강의를 하는데 충실하셨고 여러 교재도 출간하셨다. 제가 소성규 교수님의 나이가 되어보니 교재를 쓴다는 것이 정말 쉽지 않고 어려운 일이라는 점을 깊이 깨닫게 되고 다시 한번 그 열정과 노력에 경의를 표하게 된다.

　제가 소성규 교수님과 본격적으로 일을 하게 된 것은 소성규 교수님이 인터넷법학회장, 한국부동산법학회장 등을 역임하게 되신 때 부터인 것 같다. 두분야 모두 순수 법학을 하시는 분들에게는 사실 생소하고 새로운 분야이기도 하여서 이 분야에 대해 전문적인 접근이 많지 않으셨던 분야이기도 하셨다. 그런데 두 학회에서 일을 하시는 소성규 교수님의 모습은 정말 열정적이고 계획적이며 치밀하셨다. 이 모습은 20대말 30대초 박사과정생으로 살아야할 성실의 롤 모델을 주셨던 모습에서 40대와 50대 학문영역의 한분야에서 리더로서 살아야할 모습을 보여주셨다고 생각이 든다. 제가 10여년이 넘도록 한 학교에서 처장으로서 역할을 수행하는데 소성규 교수님의 삶의 모습이 제게 녹죽(綠竹)과 같은 모습이었다.

　이 두 학회의 운영과정에서 소성규 교수님과의 좋았던 관계가 어려움에 처해진 계기가 되기도 했다. 두 학회에서 회장이 되신 소성규 교수님을 잘 도와야 했지만 소성규 교수님과 같은 능력이 부족했던 저로서는 어려운 점이 있었다. 학교에서 처장을 하면서 학교 일을 해야 했고 학회의 상당 부분을 여러 사람들에게 나누었는데 일이 여러 면에서 진행이 더딘 일이 발생했다. 저는 제가 일을 시킨 사람들의 보고를 신뢰했어야 했고 학회 전체의 일을 해야 했던 소성규 교수님은 학회 전체의 사람들의 의견을 조정하셨어야 했을 것이라 생각된다. 그런데 이 과정에서 사실 치기어린 마음에 오랜 시간동안 관계를 맺어온 사람을 신뢰하지 못한다는 생각을 하게 되었다. 하지만 일과 사람의 정은 별개의 문제이고 그러한 개인적 감정이 주어진 업무의 효율성과 안정성을 해칠 수 있다는 점은 누구나 알 수 있는 일이라고 생각한다.

요즘 학교의 중요사에 대해 학교에 건의를 하거나 학과를 신설하고 폐과를 진행하면서 당시 제가 가졌던 어리석음이 느껴질 때마다 소성규 선배님이 생각이 난다. 사람으로서 싫은 소리나 관계를 명확히 한다는 것은 누구에게나 쉬운 일은 아니다. 그리고 그 속에서 인간적인 관계도 유지한다는 것은 더욱 더 쉬운 일이 아니다. 우리의 역사상 리더는 덕장이거나 맹장이거나 지장이고 사실 덕장이 가장 좋은 리더의 모습처럼 바라보여진다. 그러나 덕장은 자신의 노력이 아니라 타인의 노력의 결과물위에 존재한다. 물론 이처럼 타인을 리딩할 수 있는 모습에서 존중받을 수 있지만 우리 들이 칭하는 덕장의 전형이 유비의 경우에도 만약 제갈공명이나 관우가 없었다면 그 자리에 있을 수 있었을까 하는 것이다. 조직체계가 미흡하고 조직구성원이 작은 학회를 운영하시면서 의사를 결정하고 업무를 추진하는 일은 덕장의 모습으로만 되는 것은 아니고 지장의 모습이 필요하다. 이점에 요즘에 다시 깨닫게 되는 소성규교수님의 50대 모습인 것 같다.

한동안 제 자신의 옹졸함과 바쁨으로 소성규 교수님과 인연의 시간이 지났고 연구년을 다녀온 뒤 다시 문자를 드렸었다. 그런데 참 고맙게도 바로 연락을 주셨고 그 후에도 여러번 연락을 주셨다. 사실 제가 50대가 넘어보니 누군가에게 연락을 하고 만남을 가진다는게 쉽지 않는 일이라는 것을 깨닫는다. 소원(疏遠)은 그 근본이 오(惡)에 해당하는 것으로 그 회복이 쉽지 않다. 저도 일을 하면서 학교 후배나 친근했던 사람들과의 관계가 여러 이유로 틀어지는 경험을 하게 된다. 학교일 등이 개인적인 정만으로 이루어질 수 없고, 원칙에 따라 친밀도에 관계없이 처리해야 하는 일이 생기기 때문이다. 이렇게 멀어진 사람들이 연락을 해오면 기쁘기도 하지만 다시 만남을 결정하기는 쉽지 않다. 그런데 흔쾌히 만남을 원하시는 소성규 선배님의 모습은 저를 다시 부끄럽게 하기 충분했다. 이제 60대가 가져야할 또 다른 모습을 가지시는 것 같다. 소성규 교수님을 보면서 항상 떠오르는 글귀가 있다. 공언이지만 이 글귀는 대학원시절 정동호 교수님이 수업시간에 가르치셨던 논어 때문에 읽기 시작했던 시경의 한 구절인데 참 소성규 교수님과 잘 어울린다는 생각을 한다. 이 글귀를 제 인생의 롤 모델이신 소성규 교수님께 드리면서 이 자리를 빌어 우둔한 후배를 지금까지 잘 이끌어 주셔서 감사드린다는 말을 드리고 싶다.

"瞻彼淇奧 綠竹猗猗 有匪君子 如切如磋 如琢如磨 瑟兮僩兮 赫兮喧兮"

"저 기수가의 물굽이 푸른 대나무 우거졌네 빛나는 군자(그 분) 쪼개고 다듬은 듯, 갈고 간 듯 엄하고 너그럽고 빛나고 환하다."

대진과의 인연 - 노겸과의 인연

오승규
한국지방세연구원 지방재정연구실장
한국부동산법학회장

노겸과의 만남

勞謙 蘇星圭 敎授 華甲.

노겸(勞謙)은 큰 공로가 있으면서도 겸손하다는 뜻이다. 소성규 교수님과의 인연이 오래되었지만, 아호(雅號)에 관한 이야기는 이 행사를 앞두고 처음 들었기 때문에 생소하게 느끼면서도 다른 한편으로 그 의미를 곱씹어보았다. 공로(功勞)는 일차적으로는 노력을 쌓아올린다는 의미이고, 이차적으로는 그 노력과 수고로 만들어낸 결과이다. 오늘의 주인공 소성규 교수님의 인생은 많은 노력과 수고를 들여 커다란 성과들을 만들어왔고, 본인은 그에 대해 노력에는 자부하나 결과에는 겸손한 마음을 늘 지니고 살아왔다는 의미를 부여하고 싶다. 역시 훌륭한 분으로 존경해온 내 생각이 틀리지 않았다고 자부하면서 새삼 노겸과의 인연을 돌이켜보고자 한다.

나와 노겸과의 인연은 내가 대학교 1학년 때인 1991년으로 거슬러 올라간다. 내가 그를 본 것은 1991년 2학기 물권법총론 개강일이었다. 우리가 만났다가 아닌 보았다고 한 것은 조우가 아니었기 때문이다. 당시 강의를 맡으신 김기수 교수님의 조교로 들어오셨고 나는 뒷자리에서 강단에 선 노겸을 바라보았다. 학기 첫 수업에 정장을 입고 들어오신 분이니 당연히 교수님인 줄 알았다. 앞에서 보이지는 않겠지만 그래도 옷맵시를 단정히 하고 바른 자세로 앉으려 하는데, 본인은 법대 83학번으로 박사과정에 있다고 소개를 하셔서 살짝 당황했던 기억이 있다. 김기수 교수님에 대한 비교적 상세한 설명과 민법 공부에 대한 조언 등을 해주셨던 것으로 기억한다. 사실 교수님이라고 해도 믿을뻔할 정도의 강력한 첫인상이었다. 나이에 비해 묵직한 정장과 지금도 유지하는 고유의 8대 2 가르마. 아무튼 대화가 없었기에 만남이란 이름을 붙이기는 어렵지만 나와 노겸의 첫 인연은 이렇게 시작되었다.

그 후 2년이 지나 친구의 법률문제 상담을 받을 요량으로 김기수 교수님 연구실을 방문하였는데, 거기에 선배님이 계셨다. 교수님께서 강의 중이신 관계로 노겸께서 간단한 상담을 해주셨는데, 친구에게 전달만 하고 더 일이 진행되지는 않았던 것 같다. 아마도 심각한 일이 아니었나 보다. 학부생 시절 노겸과의 만남은 이렇게 두 차례였던 것으로 기억한다.

다시 세월이 흘러 2002년 여름 한국법정책학회 하계 학술대회에서 진짜 조우를 하게 되었다. 당시 나는 박사과정을 다니면서 법무부 법무심의관실에 연구위원으로 출근하고 있었는데 주 1회 출강을 할 수 있어 강릉대학교(지금의 강릉원주대학교) 법학과에서 경찰법, 지방자치법 등을 강의했다. 마침 강릉에서 한국법정책학회 하계학술대회가 개회되어 참석할 수 있었다. 초학자인 내가 기라성같은 선배님들과 세미나 장소에 같이 앉아있는 것만으로도 어색했는데, 유달리 활발하고 주도적인 분이 눈에 띄었다. 자세히 살펴보니 십여 년 전 그 조교 선생님이 아닌가. 법정책이라는 용어 자체가 생소할 때였는데, 무거운 세미나 현장에서도 가벼운 뒤풀이 장소에서도 참석자 중 가장 쉽게 그 의미를 풀어나가며 이야기를 주도한 것은 다름 아닌 노겸 그였다. 지금도 그렇지만 매우 샤이(shy)한 성격의 나는 주저하다가 식당에 들어가서 자리 잡기 전에 비로소 그에게 인사를 건넸다. 그도 처음 보는 내가 궁금했던지 바로 인사를 받아주면서 통성명을 하였다. 대진대에 우리나라 최초로 법정책연구소가 설립되었다는 소개부터 시작해서 그리 길지는 않았으나 법학의 새로운 돌파구로서 법정책이 갖는 의미와 우리가 관심을 가져야 할 필요성에 대해 적지 않은 시사점을 얻을 수 있었다. 그리고 그 식사 자리는 아주 편하게 진행되었는데, 우리 일행이 전세내다시피한 식당에서 대한민국과 포르투갈의 2002 월드컵 조별예선 마지막 경기를 보면서 박지성의 결승골에 모두 얼싸안고 기쁨의 환호를 보낸 즐거운 밤이었다.

노겸과는 그해 겨울 대진대학교에서 다시 만났다. 이번에는 얼치기 학자인 나도 토론자로 참여하게 되었다. 1박 2일로 성대히 치러진 학술대회는 경기도와 공동으로 지역발전을 위한 법정책적 과제를 논했던 것으로 기억한다. 알찬 학술토론과 맛난 식사를 했고, 특히 둘째 날 포천 이동갈비를 먹으면서 노겸과 법정책학, 포천 그리고 대진대에 관해 이야기를 나누었다. 고전적 법해석학을 벗어나 현실적 법정책학의 영역을 개척하고 이를 실현하려는, 당시로서는 무척 새로운 연구 성향을 가진 분이라는, 다소 독특하다는 인상을 받았다. 더구나 민법 교수가 ……. 아무튼 범상치 않은 기운을 느낀 강력한, 실질적인 첫 만남은 이렇게 2002년에 이루어졌다.

내가 2006년 초에 남보다 늦게 프랑스로 유학을 떠나기 전까지 노겸과 다시 만난 기억은 없다. 마치 향후 이어질 인연을 위해 시간을 아껴두는 것처럼.

노겸과의 동행

나는 2012년에 프랑스 유학을 마치고 귀국하여 1년의 대법원 재판연구관을 거쳐 2013년 중원대 교수로 임용되었다. 박사학위를 받고 1년만에 교수로 바로 강단에 설 수 있게 된 행운을 누리게 된 데에는 노겸의 도움이 컸다. 여러모로 부족함 투성이였던 내가 교수의 길로 나아갈 수 있게 이끌어주신 노겸의 은혜에 어떻게 감사의 뜻을 표해야 할지 모르겠다.

세상에 행정법 문제는 다 논할 것처럼 하루 강아지 범 무서운 줄 모르는 것처럼 천방지축 두서없는 연구를 하고 있던 내게 어느날 한국부동산법학회 학술대회에서 토론을 맡으라는 연락이 왔다. 겁도 없이 덜컥 수락하고 말았다. 그러나 참석 당일 엄청난 후폭풍이 기다리고 있었다. 판도라의 상자가 열리듯 하더니 내 운명이 거기에 빨려들고 말았다. 바로 노겸 그가 2014년 7월 12일 가천대학교에서 개최된 한국부동산법학회 하계학술대회에서 제12대 회장으로 선출된 것이다.

한국부동산법학회는 1985년에 설립된 유서 깊은 학회였으나 상당기간 침체기에 있었다. 노겸은 학회 설립 당시 김기수 교수님을 도와 많은 준비작업을 했고 특히 회원명부 작성을 맡아 수백 명의 이름을 수기로 기입했음을 지금도 회고할 정도이다. 가라앉은 그 학회를 이제 그가 소생시키러 돌아온 것이었다. 그리고 그의 귀환은 나와의 동행을 시작하는 것이기도 했다.

노겸은 회장에 취임하자마자 조직 정비, 사업계획 수립을 완료하고 이듬해부터 학술행사와 학술지 활성화에 박차를 가하기 시작했다. 지금의 김진 고문을 편집위원장으로 영입하여 학술지 발간 정상화를 개시하였고, 연구이사진을 확대개편하여 연 4회의 학술대회를 중단 없이 개최하였다. 나는 첫해인 2014년에 홍보이사를 맡아 홈페이지 정상화 및 회원 연락망 구축 등의 잡일을 하였고, 2015년부터 공법 분야 연구이사로서 학술대회 기획과 섭외를 맡기 시작하였다. 그때 만해도 이 일을 9년 동안이나 하게 될 줄은 예상하지 못했다. 연구이사는 공법(公法), 사법(私法), 부동산학(不動産學)의 3분야로 구성되었는데, 공법은 내가 맡고 사법은 이춘원 광운대 교수가 1년 반 정도 한 후 이홍렬 부천대 교수가 이어받아 2023년 말까지 쭉 함께 하였다. 부동산학은 최완호, 김준환, 김선주 그리고 길혜민 교수 이렇게 네 분이 이어갔다. 이들과는 참 많은 일을 함께 했다. 특히 이홍렬 교수와 길혜민 교수와는 동고동락(同苦同樂)한 사이라고 정리할 수 있겠다. 이렇게 다양한 분야로 학술활동이 이루어진 것은 일찍이 노겸이 실사구시적이고 학제적인 연구를 중시했던 평소의 소신이 학회운영에 반영된 소산으로 본다.

노겸의 불같은 추진력으로 학술대회가 정기적으로 성료되었고, 학술지는 등재후보지를 거쳐 등재지가 되었다. 노겸은 2018년 여름에 김진 제13대 회장에게 자리를 물려주고 명예회장이 되었다. 정말 학회를 반석 위에 올려놓고 명예롭게 물러난, 이름 그대로 名譽會長이었다.

노겸과 함께 이 한국부동산법학회를 운영하면서 나의 연구분야도 부동산법제로 확장되었다. 그리고 이제는 마치 고향 같은 느낌이 든다. 학술대회를 기획하면서 많은 지인들과 의논하고 그들을 참여시켰다. 신축보다 어려운 재건축을 해낸 느낌이다. 마치 내 집 같은 존재가 되어버린 학회이다. 그리고 이제는 내가 학회장이 되어 올해와 내년 이 학회를 이끌어가야 한다. 학회장을 맡게 된 것도 노겸의 강력한 권유와 후원이 있었기에 가능했다. 그와 함께이기에 부담스럽고 두렵기까지 한 소임을 감당할 수 있었다. 이제는 개성포럼과 더불어 통일시대를 바라보는 큰 그림을 그리고 있다.

노겸 소성규 교수. 그는 나의 영원한 대부(代父)이다.

군과 지역사회의 접점에서

우정범
한국국방연구원 연구위원

지역사회에 대한 관심

2013년, 나는 박사학위를 받았다. 박사논문 주제는 국가가 근대화를 경험하는 과정에서 나타나는 지역공동체와 도시맥락의 상호작용 프로세스였다. 나는 박사논문을 작성하는 과정에서 국가 번영과 도시 발전의 근간에 지역사회가 있다는 것을 깊이 깨닫게 되었다. 도시와 지역공동체가 서로에게 어떤 영향을 미치는지, 그리고 그것이 어떻게 국가 전체의 발전에 기여하는지를 연구하면서 나는 지역사회의 중요성을 체감하게 된 것이다.

군과 지역사회의 접점에 서있는 군사시설

2015년, 나는 현재 직장인 한국국방연구원에 입사하게 되었다. 이곳에서 나는 군사시설을 주요 연구분야로 다루게 되었다. 그 과정에서 주한

미군기지이전, 군공항이전, 사격훈련장 등 군사시설과 직접적으로 관련된 과제뿐만 아니라, 민군갈등이나 국방 관련 국내갈등이 국제문제 정책결정에 미치는 영향에 대해서도 연구하게 되었다. 아마도 군사시설이라는 것이 군과 지역사회의 접점에 있는 것이기 때문에, 자연스럽게 상호간의 관계와 그 관계와 연결되어 있는 관계들에 대한 연구를 하게 된 것 같다. 나는 이러한 연구를 통해 군과 지역사회가 상호작용하는 방식을 이해하게 되었고, 이를 통해 지역사회에 대한 깊은 이해가 필요함을 점점 더 느끼게 되었다.

소성규 교수님과의 첫 만남

군과 지역사회의 상호작용에 대한 관심으로부터 '군과지역사회발전연구회'에 자연스럽게 참여하게 되면서, 나는 대진대학교의 소성규 교수님을 만나게 되었다. 소성규 교수님은 법학을 기반으로 군과 지역사회에 대한 깊은 이해를 가지신 분이셨다. 교수님과의 첫 만남은 나에게 큰 인상을 남겼다. 그는 지역사회의 문제와 군의 요구사항을 균형 있게 고려하며, 법적 관점에서 해결책을 모색하는 탁월한 능력을 가지고 있었다. 비록 교수님과 프로젝트나 연구를 직접적으로 진행하지 않았지만, 세미나나 토론회, 그리고 개인적인 대화를 통해 많은 것을 배울 수 있었다. 교수님과의 대화는 언제나 새로운 시각과 깊은 통찰을 제공해 주었고, 군사시설과 지역사회 간의 복잡한 관계를 더 깊이 이해하는데 도움이 되었다. 이는 나의 사고의 폭을 넓히는 데 큰 도움이 되었다.

협력과 배움의 시간

2020년 무렵, 소성규 교수님이 '군과지역사회발전연구회' 회장으로 취임하시면서 나는 간사로서 교수님을 옆에서 모실 수 있게 되었다. 그때 교수님과의 대화를 통해 더욱 많은 것을 보고 듣고 배우게 되어 매우 기뻤다. 교수님은 항상 새로운 아이디어와 관점을 제시해 주셨다. 교수님의 추천으로 개성포럼 민관군협력분과위원장을 맡게 된 것도 큰 영광이었다. 이를 통해 훌륭하고 좋은 분들을 알게 되었고, 군과 지역사회의 긍정적인 상호작용을 위해 많은 분들이 노력하고 있다는 것을 알게 되었다. 이러한 경험들은 나의 연구와 업무에 큰 자산이 되었다.

소성규 교수님과의 인연의 의미

돌이켜 생각해보면, 소성규 교수님과의 인연은 단순한 협력과 배움을 넘어 나의 인생과 경력에 큰 영향을 미치고 있는 듯 하다. 언젠가 교수님께서 국가와 국민을 위한 국방정책의 근간에 지역사회의 지지가 있어야 하며, 상호호혜적 관점에서 군이 지역사회의 요구를 반영해야 한다고 강조하셨다. 이는 내가 한국국방연구원에서 연구를 수행하면서도 늘 마음속에 간직하고 있는 원칙이 되었다. 교수님의 지혜와 통찰력은 나의 연구 방향을 잡는 데 큰 도움이 되었고, 나 또한 교수님처럼 지역사회와의 상호작용을 중요시하게 되었다.

인연에서 필연으로, 앞으로의 다짐

이제 나는 교수님과의 인연을 밑거름 삼아, 앞으로도 한국국방연구원에서 지역사회의 지지를 받는 국방정책을 만들어 나가기 위해 노력할 것이다. 교수님께서 강조하신 군과 지역사회 간 상생의 중요성은 내가 앞으로도 지속적으로 추구해야 할 목표가 될 것이다.

어쩌면 이번 교수님 화갑기념집 출판을 위한 글을 쓰게 된 것도 이러한 인연의 연장선상에 있는 사안이 아닐까? 이 글을 통해 소성규 교수님께 깊은 감사를 드리고 싶다. 교수님과의 인연은 나에게 큰 축복이었고, 앞으로도 나의 연구와 삶에 큰 영향을 미칠 것이다. 교수님의 가르침을 마음에 새기며, 국가와 군, 그리고 지역사회를 위해 최선을 다하는 연구자가 되겠다. 이 글이 교수님께 작은 보답이 되길 바라며, 교수님의 화갑을 진심으로 축하드린다.

법학교육에 대한 반성과 미래

위계찬

한양대학교 법학전문대학원 교수

I. 시작하며

　백세시대라고 일컬어지는 요즈음 누군가의 환갑을 축하하는 일은 매우 드문 일이다. 하지만 대학교수로서 정년까지 5년여의 시간을 남겨둔 환갑의 나이에 지난 날들을 되돌아보고 앞으로 무엇을 하면서 어떻게 살 것인지를 계획하는 시간을 갖는 것은 매우 중요한 일이다. 더욱이 개인적인 문제를 넘어서 사회의 중요한 문제를 두고 과거, 현재 그리고 미래를 논의할 수 있다면 의미가 더할 것이라고 생각된다.

　금년에 환갑을 맞이하시는 노겸소성규 교수님께서 바로 이러한 일을 하시는 것 같다. 노겸선생님은 교육, 지역발전, 통일교육 등의 문제와 관련하여 여러 제자 및 지인들과 함께 과거, 현재 그리고 미래를 얘기하고자 하신다. 단지 환갑이 아니라 바로 이러한 일을 할 수 있는 노겸소성규 교수님의 노고에 깊이 감사드리며 또한 축하드린다.

필자는 대학 재학 중에 당시 민법 전공의 대학원생인 소성규 조교선생님을 처음으로 알게 되었다. 필자와 소교수님과의 인연이 지금까지 이어지게 된 발단은 아마도 필자가 대학원에 입학하여 김기수 교수님의 지도로 민법을 공부하기 시작한 것이다. 필자는 대학원 입학과 함께 조교업무를 수행하면서 당시 석사과정을 마치고 군복무를 하게 된 소교수님의 뒤를 이어 지도교수님의 교육과 연구를 보조하게 되었다. 필자가 지도교수님의 교육과 연구를 보조하는 일이 쉽지 않았지만, 군복무를 마치고 연구실로 복귀한 소교수님을 통하여 대학원생으로서 어떻게 공부를 하여야 하고 조교로서 임무수행과 관련하여 많이 배울 수 있었다. 이후 필자가 독일 유학을 마친 이후에도 교육활동 및 연구활동에 많은 가르침을 주셨다. 이 자리를 빌어서 필자는 노겸선생님과의 개인적 인연과 감사의 인사말씀과 함께 민법학 교육을 담당하는 사람으로서 법학교육의 문제와 방향에 대하여 간단히 살펴보고자 한다.

이 글을 준비하면서 대진대학교 홈페이지를 통하여 노겸선생님의 연구업적 목록을 살펴보았다. 소교수님께서 대학에서 법학을 공부하였고 대학원에서 민법을 전공하여 '과실'을 주제로 박사학위를 취득하였으며 이후 민법학 분야에서 다양한 논문과 저서를 발간하였고 나아가 민법학 분야를 넘어서 지역발전과 통일교육 문제와 관련한 융합적이고 실천적 연구를 수행하고 있다는 점에 대하여는 대충 짐작을 하고 있었다. 그러나 교수님의 연구목록과 연구결과의 소개를 보고서 민법학 분야에서 교육자와 연구자로 출발한 교수님께서 민법학의 토대를 유지하면서도 자신의 삶과 교육의 현장인 지역에 관한 심도있고 통찰력 있는 수 많은 연구결과물을 발표하고 통일교육 등에서 열정을 바쳐왔다는 것을 구체적인 실적물로 확인하고 실로 놀라움과 감탄을 금치 못하였다.

교수님은 민법학자로서 개인간의 법률관계에 관한 연구에서 그치지 아니하고 자신의 삶과 교육현장인 바로 경기북부에서의 생활에서의 문제와 연결하여 실천 가능한 연구결과를 제시하는 이론가이면서 실천가의 면모를 보여주고 있다. 가령 반환되는 공여지의 활용을 위한 방안을 강구하고 관련 특별법 제정을 위한 주요 연구, 남북교류협력을 위한 지역사회의 역할과 방안에 관하여 심도 있는 연구를 수행하였고, 교실에서 추상적이고 수동적으로 이루어진 통일교육의 패러다임을 전환하여 지역문화와 연계를 강화하고 현장에서의 체험을 통한 통일의 필요성을 일깨우는 교육활동을 하셨다. 교수님의 이러한 연구와 교육활동은 그야말로 소중한 문헌자료로 활용되는 것뿐만 아니라 실천 가능한 정책적 대안으로 활용됨으로써 일반 시민의 실제 생활현장에도 중요하게 영향을 미칠 것으로 보인다.

Ⅱ. 법학에서의 융합교육의 필요성

소성규 교수님께서 위와 같이 연구자와 교육자로서 걸어온 길은 향후 교수님 개인적으로 새로운 출발을 시작하는 것뿐만 아니라 우리 사회의 기틀을 다지는데 있어서도 매우 중요한 디딤돌이 될 것으로 확신한다. 소교수님의 과거의 길을 살펴보던 중 필자는 법학교육에서도 소교수님께서 걸어오신 길이 큰 참고가 될 수 있을 것이라는 생각이 되었다. 민법학 분야의 연구자와 교육자로서 소교수님께서 세부전공을 토대로 하면서도 수행한 다른 학문분야와의 융합적 연구와 교육은 현실의 법학교육에도 매우 필요한 것이라고 생각된다. 여기에서는 대학에서 법학교육 특히 민법학 교육의 현실과 미래를 간단히 살펴보고자 한다.

우리나라에서 법학전문대학원에서의 법학교육은 2009년에 시작되었다. 법학전문대학원은 "국민의 다양한 기대와 요청에 부응하는 양질의 법률서비스를 제공하기 위하여 풍부한 교양, 인간 및 사회에 대한 깊은 이해와 자유·평등·정의를 지향하는 가치관을 바탕으로 건전한 직업윤리관과 복잡다기한 법적 분쟁을 전문적·효율적으로 해결할 수 있는 지식 및 능력을 갖춘 법조인의 양성"이라는 교육이념[1])에 부합하게 체계적으로 교육과정을 운영하여야 한다.[2]) 법학전문대학원은 이러한 교육과정을 운영함으로써 법이론교육과 실무교육을 조화하여 학생에게 법조인으로서 가져야 할 가치, 법률지식 및 전문기술 등을 지도할 수 있어야 한다.[3]) 이처럼 법학전문대학원법과 동법시행령은 법학전문대학원에게 '교양과 인성을 갖춘 것으로 평가되는 학생들이 건전한 직업윤리와 법적 분쟁을 전문적·효율적을 해결할 수 있는 법학지식과 능력을 갖출 수 있도록' 학생들에게 법학을 교육할 것을 요구하고 있다. 그런데 2009년 개원한 국내의 법학전문대학원은 법령이 요구하는 교육과정의 운영을 통하여 양질의 법조인을 양성하고 있는가? 법학전문대학원이 개원한지 15년여가 지난 지금에도 많은 우려가 제기되고 있다.

실제 법학전문대학원에서 시행하는 각종의 교내 시험을 통해서 필자가 종종 느끼는 것 중 하나를 소개하면 다음과 같다.[4]) 어렵다고 생각되는 사례문제에 대해서는, 비교적 많은 학생들이 (사안을 제대로 포섭하지 못하고, 단지 판결의 요지만을 제시하고 결론을 간단히 언급하는 것으로 그친 답안을 제출한 학생들도 상당수가 있기는 하였지만) 좋은 답안을 제시하였지만, 그와 반대로 상대적으로 쉽다고 생각되는, 그러나 관련 판례가 없거나 수험적으로 중요하게 취급되지 않았던, 문제에 대해서는 제대로 답안을 작성하지 못하였다. 뿐만 아니라 취지가 같다고 하더라도 문제의 형식과 질문의 방식에 따라서 답변에 차이가 있는 경우가 많이

---

[1]) 「법학전문대학원 설치·운영에 관한 법률」 (이하 '법학전문대학원법') 제2조.
[2]) 법학전문대학원법 제20조 제1항
[3]) 법학전문대학원법시행령 제13조 제1항 참조.
[4]) 아래의 내용은 필자가 이미 법학교육 또는 민법학교육에 관한 여러 세미나에서 발표한 내용 중의 일부에 관한 것이다. 본문의 사례와 법학전문대학원에서의 교육방법과 관련한 사례는 2014. 2. 6. 영남대학교 법학전문대학원이 주최한 "2013학년도 하반기 로스쿨 교육방법론 학술토론회"에서 발표한 자료에도 수록된 내용이다.

있다. 예컨대 '채권자 아닌 제3자가 근저당권자로 되어 있는 경우 그 근저당권은 유효한가?'라는 질문에 대하여는 학생들이 대체로 대법원 2001. 3. 15. 선고 99다48948 전원합의체 판결에서의 다수의견, 즉 "근저당권은 채권담보를 위한 것이므로 원칙적으로 채권자와 근저당권자는 동일인이 되어야 하지만, 제3자를 근저당권 명의인으로 하는 근저당권을 설정하는 경우 그 점에 대하여 채권자와 채무자 및 제3자 사이에 합의가 있고, 채권양도, 제3자를 위한 계약, 불가분적 채권관계의 형성 등 방법으로 채권이 그 제3자에게 실질적으로 귀속되었다고 볼 수 있는 특별한 사정이 있는 경우에는 제3자 명의의 근저당권설정등기도 유효하"다는 것을 거의 토씨도 틀리지 않고 잘 대답하였다. 그러나 근저당부동산의 경매절차에서 근저당권자로 등기된 제3자(甲)가 다른 근저당권자(乙)에 우선하여 배당받은 것으로 사례를 구성하고 乙이 甲을 상대로 배당이의 또는 부당이득의 반환을 구할 수 있는지와 같이 질문에 대하여는 제대로 쟁점을 파악하지 못하였고 위의 추상적 법리를 사안과 질문에 재대로 적용하지 못한 경우가 많았다.

어떠한 법제도나 법원칙의 내용 및 관련 판례와 관련 사례를 외우고 있는 것들은 암기한 내용을 토대로 어느 정도의 답변을 할 수 있었지만, 상당수의 학생들은 판결의 결론 또는 요지만을 판례의 태도로서 암기하여 기억함으로써, 실제 사례문제에서는 제대로 대응을 하지 못하는 것으로 보인다. 위의 대법원 전원합의체판결의 다수의견의 요지를 외우고는 있지만, 어떠한 구체적인 분쟁사례에 적용할 수 있는 것인지는 제대로 이해하지 못하고 있었던 것이다.

이미 법학부와 법학전문대학원에서의 민법학 교육방법의 과거와 현재 그리고 미래에 대한 글들이 발표되었다.[5] 그러한 글들에서는 민법학교육

---

[5] 예컨대 김대정, 법학전문대학원에서의 사례위주 민법교육방법에 관한 시론, 민사법학 제44호, 2009. 3, 99면 이하; 김동훈, 민법학 교육, 무엇이 문제인가, 법학연구(연세대 법학연구소), 제12호, 2002, 37면 이하; 김재형, 새로운 민법 교육의 체계와 방법 : 서울대의 경우, 민사법학 제45-1호, 2009. 6, 33면 이

의 문제점으로 다양한 것들이 제시되었다. 그것들 중 주요한 것들은 '추상적 법이론의 전달을 위주로 하는 강단법학, 실무교육의 부족, 인접학문이나 법학 내의 다른 전공에 대한 무관심과 폐쇄적 고립화, 질의·응답을 통한 토론에 의하지 않은 일방적 강의에 의존한 수업, 시험준비 위주의 수험법학, 교수나 강사 중심의 교과목 편성, 교육방법에 대한 토론의 부족' 등 다양하다.6)

또한 다른 문제점으로 "인접학문이나 법학 내 다른 전공에 무관심한 폐쇄적 고립화 현상"7)의 문제(또는 민법학 내부에서의 각 강의과목 사이에서조차도 폐쇄적 고립도 문제8)나 추상적인 개념위주의 강단법학에 비하여 실무교육의 부족 문제도 제기된다.

한편 종래 법학부에서의 민법수업은 민법전의 편제순서에 따라 민법총칙, 물권법, 채권총론, 채권각론 그리고 가족법의 순으로 매 학기 1과목씩의 강의가 이루어졌으며, 이중 상당수의 과목은 필수과목으로 지정되었다.9) 그러나 법학전문대학원 체제에서의 교육과정은, 민법전의 편제순으로 기본과목을 편성하는 학교도 있기는 하지만, 많은 학교들이 계약법, 법정채권법, 담보법, 가족법 등과 같이 구성한다. 이와 같은 기본과

하; 명순구, 사법학의 교육내용 및 방법 - 민법, 제5회 한국법률가대회논문집: 법학교육, 어떻게 할 것인가?, 사단법인 한국법학교수회, 2006, 256면 이하; 박동진, 법조인 양성을 위한 법학전문대학원의 교육방향, 저스티스 통권 제124호, 2011. 6, 35면 이하; 안법영·김상중, 법학전문대학원에서 민법교육의 구성과 운영, 민사법학 제44호, 2009. 3, 3면 이하; 양창수, 민법학교육의 문제점과 개선방향, 민사법학 제17호, 1999. 4, 221면 이하; 지원림, 바람직한 민법학 교육방법 - 개인적인 경험을 기초로 한 극히 주관적인 모델의 제시 -, 저스티스 통권 제132호, 2012. 10, 73면 이하 등.
6) 종래 법학교육 내지 민법학교육의 문제점에 대하여는 김동훈, 위의 글, 37면 이하; 명순구, 위의 글, 256면 이하; 안법영·김상중, 위의 글, 5면 이하; 양창수, 위의 글, 221면 이하; 지원림, 위의 글. 75면 이하.
7) 안법영·김상중, 위의 글, 5면 이하; 지원림, 위의 글, 75면; 양창수, 위의 글, 232면 이하
8) 양창수, 위의 글, 232면은 '채권 및 물권을 다루는 '재산법'과 '가족법' 사이에서 이러한 현상을 쉽게 관찰할 수 있다고 한다.' 재산법과 가족법 사이에서뿐만 아니라 재산법영역 내에서도 그러한 예는 쉽게 발견된다. 예컨대 총칙의 법률행위의 무효와 취소는 총칙에서, 부당이득의 문제는 및 계약의 해제 및 그에 따른 원상회복의 문제는 채권각론에서 교육한다.
9) 물권법을 채권법에 앞서서 강의하는 것은 피해야 한다는 시각에서, 그리고 채권법도 각론을 먼저 강의하고 총론을 나중에 강의하는 식으로 교육과정을 편성하는 예도 있다(양창수, 앞의 글, 238면, 같은 곳 주 5) 참조.

목의 편성이유는 로스쿨에서의 민법학 교육이 판덱텐체계에 맞춘 교육에 의하여 추상적 법률지식의 습득에 그치는 문제점을 극복하고, 법제도 내지 법원칙들의 기능적 연관성을 고려하여 분쟁해결능력을 갖춘 법조인의 양성이라는 로스쿨법상의 취지에 맞추어 법학교육을 하여야 한다는 점에 있다. 또한 법학부에서의 민법학 교육시간과 비교해 볼 때 훨씬 적은 시간에 이와 같은 목표를 달성하기 위해서는 교육과정을 효율적으로 운영하여야 한다는 점에서도 그러하다. 이 점에서 생활사실(분쟁)별로 기능적으로 과목을 편성하여 운영하고자 한 것이다.[10]

한편 법학전문대학원을 개원한 대학들은 2009년부터 법학전문대학원 신입생을 선발하였다. 그와 동시에 그 대학들이 운영하고 있던 법과대학은 더 이상 신입생을 선발할 수 없게 되었으며 2017. 12. 31.자로 법과대학을 폐지하였다. 법학전문대학원을 두고 있지 아니한 대학교들도 종래의 법학부를 폐지하거나 다른 전공학과와의 통폐합을 통하여 법학교육과정을 축소하여 운영하고 있다. 이러한 사정에서 학생들이 법학전문대학원에 입학하기 전에 민법전 체계에 따른 체계적 교육을 받지 못하게 되었다. 따라서 법학전문대학원의 교육과정에 적응하기에 어려움을 느끼는 학생들이 많이 있다. 또한 종래 법조인 선발제대로 시행 중이던 사법시험제도는 법학전문대학원 개원 이후 법학전문대학원에서 법학을 이수한 사람들에게 응시자격을 부여한 변호사시험제도와 2012년부터 2017년까지는 병존하였다. 2018년에 사법시험제도가 완전히 폐지됨에 따라 법조인 양성은 법학전문대학원에서 법학을 이수한 사람들만이 시험을 응시할 수 있는 변호사시험으로 완전히 일원화되었다. 우리나라에서의 법학교육은 큰 변화를 겪게 되었다. 무엇보다도 학부에서의 법학교육이 크게 위축되었고 이는 법학소양교육의 부재, 전문법학교육의 부실화 및 학문의 융합화 추세에 역행하는 문제가 야기되었다.[11] 뿐만 아니라 법철학

---

10) 안법영·김상중, 앞의 글, 4면 이하

이나 법제사와 같은 기초법학의 부실화 문제도 많이 지적되고 있다.

이러한 사정에서 학부와 법학전문대학원에서의 법학교육의 문제점은 학문후속세대의 양성에서도 문제점이 노출되고 있다. 법학전문대학원 출범을 계기로 법학교육과 관련하여 많은 문제점이 제기되었지만 현실에서 제시된 대안은 제대로 실천되지 못하였고 그러한 현실은 지금까지 이어져 오고 있다. 이러한 문제는 법학분야의 학문연구를 위한 학문후속세대의 양성에도 영향을 미치고 있다.

이러한 현실은 최근 한국법학교수회가 발표한 다음과 같은 성명에서도 그대로 나타나고 있다.

"근자의 현상을 보건대 판례는 분쟁 해결의 결과에 불과한데도 판례가 내린 결과만을 절대적으로 맹신하는 풍토는 법학을 학문이 아니라 테크닉으로 전락시키고 말았으며 선택과목의 심각한 편중 현상으로 인하여 정작 실무에 필요한 과목들은 외면을 받고 있다. 사실상 방치되고 있는 이러한 현실로 말미암아 법학전문대학원의 교육과 실무의 수요 사이에 메울 수 없는 간극이 조장되고 있는 것이다. 게다가 법과 제도에 대한 비판적 성찰을 위하여 반드시 필요한 기초법학도 변호사 시험과목이 아닌 탓에 전국 대부분의 대학에서 거의 개설되지 않거나 폐강 위기에 처해 있어 사실상 고사(枯死)하고 있는 실정이다."[12]

Ⅲ. 마치며

최근 정보통신기술의 발달, 인공지능, 자율주행이나 빅데이터 등으로 대변되는 4차산업혁명 시대에 대비한 융합적 교육과 연구는 법학 분야에서도 예외가 아니다. 반드시 4차산업혁명이 아니라고 하더라도 다른 전문분야, 가령 의료나 국제거래 통상 또는 통일이나 기업경영과 관련해

---

11) 김정현, 법과대학 폐지 이후 학부에서의 법학교육, 법교육연구 제13권 제3호, 2018. 12, 79면 이하.
12) https://lawprofessors.or.kr/bbs/board.php?bo_table=klpa000&wr_id=257, 한국법학교수회 2024. 4. 15.자 성명서

서도 법학의 필요성은 아무리 강조해도 지나치지 아니하다.

이러한 시대변화에 발맞추어 교육혁신이 중요한 화두로 떠오르고 있으며 교육혁신에서도 융합교육이 대안으로 제시되고 있다. 교육혁신의 방안의 하나로 정부주도에 의한 대학교육혁신사업이 추진되고 있다. 그 사업에서 핵심적 키워드는 무전공입학전형이고 융합교육이다. 대학이 전공을 정하지 아니하고 신입생을 선발하여 다양한 융합교육프로그램을 통하여 교육할 수 있도록 하게 하는 것이다. 하지만 정부주도의 융합교육만으로는 충분하지 아니하다. 대학 스스로가 학생들에게 다양한 융합교육프로그램을 제시할 수 있어야 하며, 그러한 융합교육 프로그램 중에는 법학을 포함한 융합교육 프로그램이 필요하다. 이러한 융합적 교육은 교육을 담당하는 주체의 열린 마음에서 시작한다.

민법학 분야의 연구자 및 교육자로서 교수생활을 시작한 소교수님께서 이미 민법학 분야에서 머무르지 않고 이 시대의 중요한 문제를 융합적 관점에서 연구하고 실천가능한 대안을 제시하며 그것을 교육에 활용하고 있다. 필자는 소교수님의 융합적 연구와 실천의 길이 우리 모두에게 필요하다고 생각한다.

기다리는 사람에게는 인연도 찾아오지 않는다.

윤익준
대구대학교 연구교수
법무법인(유한) 강남 전문위원

    29살, 군대에 그것도 일반 사병으로 입대하기에는 너무 늦은 나이였다. 나의 20대, 숙제처럼 아니 지나온 삶에 대한 벌칙처럼 그렇게 2004년 1월 의정부 306보충대로 입대하게 되었다. 20대라고는 하지만 그동안의 방황으로 지친 나에게 이제 막 20대의 문턱을 넘어선 친구들과 함께 뛰고 구르는 훈련은 버겁기만 했다. 무엇보다 참기 어려운 것은 육체적인 힘겨움이 아닌 문득문득 맨살을 베어내는 겨울바람에 터져나오는 핏물 같은 후회였다. 마음 둘 곳 없이 흐르는 대로 보내온 시간들과 여전히 가야할 길이 어디인지 모른 채, 그리고 바람에 툭툭 채여 나뒹구는 낙엽처럼 버려진 지금, 모래가 가득 낀 쉰 목구멍으로 밭은 숨을 한 웅큼 털어낼 때마다 후회는 누런 타액 속 선홍빛 핏물처럼 돋아나곤 했다.
    대한민국 남성으로 군생활을 마친 대부분의 사람들은 자신의 군생활이 가장 힘들었다고 자신있게 말하곤 한다. 나 역시 그런 수많은 이들 중 하나지만, 나의 포천에 대한 기억은 그렇게 군생활에서 시작되었기 때문에 그때를 다시 떠올리지 않을 수밖에 없고 여자들이 가장 싫어하는 군대에서 축구한 얘기 다음으로 싫어하는 군대 얘기를 잠시나마 하지 않을 수 없을 것 같다.

의정부에서의 6주간 훈련병 생활을 마치고 자대 배치를 받던 날, 하나 둘 각자 가야할 부대를 통지받고 누군가는 울음을 터트리기도 하고 누군가는 환호성을 지르는 시간들이 지나는 동안 어째서인지 나와 몇몇은 끝까지 호명되지 않았다. 그때 누군가가 던진 "너무 먼 부대라 데리러 오는 것이 늦는 것이 아니냐?"라는 혼잣말이 잔잔한 파문을 그리며 남은 이들 주위로 퍼져나가기 시작했다. 그리고 마지막으로 불려가서 도착한 곳은 양주시 은현면에 있는 모포병단이었다. 다들 전방부대가 아님에 안도하면서도 새로운 환경과 군대에 대한 막연한 두려움은 가슴 한 구석에 돌무덤을 쌓듯이 무겁게 내려앉았다.

그렇게 시작한 24개월의 시간들 중 하나가 포천 사격장에서의 기억이다. 1941년 제작한 견인곡사포를 육공트럭으로 끌고 가서 실시된 실사격과 당시 고막을 찢을 듯 울리던 포성과 포 주위로 뿌옇게 솟아오르던 먼지들 속에서 정신없던 순간, 제2차 세계대전 당시 미군이 쓰다 던져준 원목으로 된 20kg 사격재원을 그리는 도판을 어깨에 매고 화생방보호복과 방독면을 뒤집어 쓴 채 나는 뛰고 있었다. 불과 100여 미터를 갈지자로 이동하면서 화학적 오염을 탐지하는 단순한 훈련이었지만 한 걸음 한 걸음 뜀박질 순간마다 목덜미를 조여오던 숨결은 결국 마지막 도착점에서 더 이상 이어지지 못하고 하늘도 땅도 하얗게 변하는 순간을 경험하게 해주었다.

돌이켜보면 그때 그 시간들이 지금의 나를 있게 한 것이 아닌가 싶다. 늘 계속되는 긴장과 익숙해지지 않는 생활들, 그리고 돌아갈 수 없는 지난 날들에 대한 후회들이 응어리져 발목까지 진창에 빠져 어기적

거리면서도 살아보겠다고 무엇이든 시도했던 시절이었기 때문이다. 지금 생각해보면 어이없는 시도 중 하나가 이등병 때부터 부대 독서실에서 토플공부를 하겠다고 부대장에게 건의했었던 사건이다. 현역병 생활을 해본 사람이라면 알겠지만 이등병이 일과 후에 또는 취침시간을 이용해 독서실을 이용하겠다는 자체가 참신한 똘기로 받아들여졌었다. 물론 육체적 피로와 눈에 띄는 눈총에 일찌감치 포기했지만 그 만큼 절박함을 느낀 순간이 그 즈음이었던 것 같다.

어느 정도 군생활에 적응하면서 내 자신이 이곳에서 생존할 방법을 찾아가기 시작했다. 군대라는 게 결국 훈련이든 하다못해 축구든 육체적 능력으로 평가받는 곳이지만 반드시 그러하지 않다는 사실을 작전병으로 전직하고 난 후 알게 되었다. 당시 작전장교는 대학원까지 다니다 왔으면 워드나 프리젠테이션은 해봤을 거 아니냐고 관련 업무를 지시했는데 90년대 학번의 법학 전공자가 워드든 프리젠테이션이든 얼마나 해보았겠는가? 독수리로 분당 70타를 치는 워드실력에 나에게 구술하는 것을 속기사 수준으로 타이핑하도록 요구하는 작전과장을 보며 처음에는 어이가 없었다. 당시 부대 작전병들은 평균 분당 1,000타 내외가 기본이었으므로 작전과장 역시 나를 보며 황당해했다. 과학적으로 진화론이 절대적 진리는 아니더라도 생존을 위해서는 어쨌든 진화(?) 또는 적응하게 된다는 것을 그때 알게 되었다. 일과 중에는 동원부대 특성상 부대 정비작업에 투입되고, 저녁식사 이후 남들이 쉬는 동안부터 본격적으로 작전과 일과를 시작했는데 작업이 늦어질수록 취침시간이 늦어졌다. 돌이켜보면 이런저런 이유로 작전병이 된 이후로는 하루 평균 3-4시간 정도밖에 못잔 것 같다. 그 결과 분당 600타 정도로 워드는 늘게 되었고, 기본적인 한글 편집은 익숙해졌다.

작전과 생활을 통해 또 하나 중요한 변화는 휴가증을 받는 방법을 전수받았다는 점인데 당시 작전과 선임은 다른 부대원보다 늘 많은 휴가증을 가지고 있었고 그것이 나에는 늘 의문이었다. 그렇게 선임이 전역을 앞두고 휴가증을 받는 노하우를 전수받았는데 육체적 능력이 필요한 부분을 제외하고 의외로 군대에서도 소위 글발이 필요한 영역이 많고 이와 관련하여 휴가를 받을 기회도 많다는 점이었다.

제대를 몇 개월 남겨두고 나도 글발의 혜택을 보게 되었는데 국방부에서 주관하는 병영문학상 문예공모가 그 중 하나였다. 고등학교까지 취미로 문예반 활동을 하면서 나름 지역에서는 글 좀 쓰는 축에 속했던 경험을 토대로 공모전 준비를 시작했다. 1년 반이 훌쩍 지나 메마른 감성으로 글을 쓰는 것도 어려운 일이었지만 이걸 어떻게 보낼 것인가도 문제였다. 공식적으로 응모할 경우 부대장 승인을 거쳐야 하고, 괜히 알려져서 무안당하는 것이 부담스러웠기에 작전과 특성상 매일 부대끼는 통신장교에게 조용히 우편 발송을 부탁했다. 그리고 한두 달쯤 지난 시점에 국방일보 한 구석에 병영문학상 당선작이 게시되었고, 시 부문 1등과 2등을 지나 3등인 가작 당선자 3명 중 하나에 이름이 실리게 되었다. 당시 국방일보 기사가 대대장실을 거쳐 당시 우리 부대 최고 지휘관에 보고되었고, 개인면담을 거쳐 용산에서 있을 시상식 참석을 위해 휴가증을 받을 수 있었다. 그 밖에도 무슨 퀴즈대회니, 부대 내 백일장이니, 도전 골든벨이니 군대와 무관한 소소한 행사들에서 휴가증을 수집하면서 그럭저럭 남들보다는 많은 휴가를 챙기게 되었고, 이를 계기로 제대 후에도 수상은 고작 한 번이 전부였지만 몇 번의 공모전에 출품하기도 했다.

그렇게 나의 20대의 마지막, 그리고 30대의 처음 한 해는 경기 북부 양주와 포천, 연천과 전곡을 오가는 군생활로 채워졌고, 나와 이곳의 인연은 그것으로 끝날 것으로 믿었다. 20대의 길었던 방황에 마침표를 찍고, 제대증을 들고 돌아서던 그때, 가야할 길은 여전히 모르지만 그렇게 돌아서는 등 뒤로 산처럼 쌓인 후회와 미련들이 소리없이 무너져내리는 듯 했다.

그로부터 8년이 흐른 2014년, 그 해는 내 인생의 또 다른 변곡점이었다. 이직을 위해 여러 곳에 낸 원서들이 쓸쓸함만 남긴 채 휴지통 속에 고요히 침전하던 그 해. 서른 후반에 접어들어 주위를 둘러보면 다들 어떻게 살아갈 것인지, 무엇을 위해 살아갈 것인지 하나 둘 각자의 길을 찾아가는 시점에 나는 일그러진 밤바다 한켠에 갈 길을 잃고 비스듬히 놓여있는 낡은 목선마냥 그렇게 하루하루 비틀거리고 있었다.

돌아보면 길을 찾기보다는 언젠가 때가 오기를 기다리며, 때로는 무엇이든 발버둥 쳤어야 할 그 시점에도 기다림에 인이 배여 습관처럼 그렇게 때를 흘려보냈는지 모른다. "기다림이 아름다운 세월은 갔다. 길고 찬 밤을 건너가려면 그대 가슴에 먼저 불을 지피고 오지않는 사람을 찾아가야 한다."1)

어느 시인이 말했듯이 스스로 움직이지 않으면 기회도 인연도 찾아오지 않음을 그때는 왜 알지 못했을까?

소성규 교수님과의 만남은 그 즈음이었다. 동아리 선배의 권유로 시작한 포천시 과제를 통해 경기 북부와의 새로운 인연의 시작을 맞이하게 되었다. 서른 중반이 되어서 받게 된 박사학위와 처음 자리를 잡은 대학 연구소에서 여전히 쳇바퀴처럼 어제와 같은 오늘을 보내던 때 새롭게 시작한 과제는 매너리즘에서 벗어나고픈 작은 몸무림이었는지 모른다.

10여 년 전 뽀얗게 피어나던 포성처럼 그렇게 여운을 주었던 포천시 연구과제는 하면 할수록 환경문제에 대한 종합선물세트 같았다. 이 작은 도시에 군사격장 소음문제, 피혁공장 악취문제, 의료폐기물 처리시설 집중 문제 등 다양한 환경관련 갈등들이 산재해 있었다. 포천시 청사에서 가진 중간보고회 발표는 지금까지 그 어떤 발표보다도 인상 깊게 남았는데 시정 현안문제에 지역과 연고가 깊은 소교수님이 진행하는 과제이

---

1) 안도현, "기다리는 사람에게", 「모닥불」, 창작과 비평사, 1989.

기에 거의 모든 업무부서 인원이 다 참석했는지 50여 명이 대회의실을 빈 자리를 찾아보기 어려울 정도로 가득 매우고 있었다.

그렇게 이어진 포천과 소교수님과의 인연은 한국부동산법학회를 거쳐 2024년 현재까지도 이어지고 있다. 특히 2014년부터 학회 운영이 어려울 정도로 재정이 바닥난 상태에 있던 한국부동산법학회를 소교수님이 4년간 학회장을 맡아 운영하시던 동안 연구과제 외에 학회관련 다양한 분들을 만날 수 있었고, 4년이 지나 어느덧 새롭게 자리매김한 학회를 보면서, 기다림이 아닌 행동으로, 말이 아닌 실천으로 해내는 모습은 늘 따라가고픈 큰 그림자를 드리워주고 있다.

2021년, 다시 찾은 포천은 궂은 날씨에 추적추적 비가 내리고 있었다. 길을 잃고 헤매었던 십 수 년 전 그곳을 이제는 나를 너무나도 닮은 어린 딸과 언제 어디든 함께 해주는 아내가 함께 다시 찾았다. 그리고 박사학위를 받고 잡은 첫 직상상사이자, 초등학교 7년 선배인 장교수님 내외도 소교수님과 함께 자리하고 있었다.

돌이켜보면 길었던 10대와 20대 어디로 가야 할지 모르던 그때로부터 곧 오십줄에 이르는 지금까지 여전히 나는 정해진 길이 아닌 곳을 헤매고 있는지 모른다. 이 길이 그 길이 아니더라도 길의 끝이 어디인지 모르지만, 멈춰서기 보다는 계속 걸어야 한다는 것을 안다.

소교수님, 장욱교수님 내외 그리고 어린 딸과 와이프와 함께 포천에서의 밤이 깊어가던 그 날, 기우는 잔과 차오르는 달빛, 주섬주섬 챙기던 이야기들 속에 내일이면 또 다른 길에서 만나고 헤어지고, 또 낯선 길 위를 걷게 되더라도 오늘은 어제가 그토록 바라던 내일이었음을.

이제는 돌아보기에는 너무 먼 길을 가고 있는 것은 아닐까 싶다. 날아가는 새는 뒤를 보지 않고, 강물을 거스르지 못하는 연어는 인연을 만날 수 없듯이 이제 이 길 위에 만남과 인연을 안고 갈 생각이다. 오지 않은 인연을 찾아 돌아가는 길을 찾기 보다 길이 힘이 들면 소리없이 목구멍에 피가 맺히도록 소리라도 지르면서 가야 한다는 것을 이제는 안다. 내가 가는 지금 이 길이 그 인연을 위한 길이라는 것을.

노겸 소성규교수님과의 추억

이강일

대진대학교 스마트건설환경공학부(토목공학전공) 교수
공학박사/토질 및 기초기술사
제11대 (사)한국지반신소재학회장

들어가는 말

1) 이글을 쓰게 되는 이유

2024년 1월 15일 어느 날 모르는 분으로부터 카카오톡이 도착했다. 카톡을 보낸 분은 소성규 교수님 화갑기념 준비 위원회 천영성(법학박사) 간사라는 분이었다. 내용인 즉, 준비위원회에서 화갑을 기념하기 위해 사회 활동하시면서 인연이 있는 특별한 분들에게 교수님과의 사연을 자서전적인 성격으로 수필문을 모아 "대진의 인연, 기억 그리고 사랑"이라는 제목으로 출판물을 준비하고 있어 원고 집필을 요청하는 내용이었다.

갑작스런 요청으로 일단 승낙은 했지만 앞이 캄캄했다. 그동안 이런 원고를 작성해 보거나 요청받은 사실도 없고 저의 경우 토목공학(지반공학전공)을 전공한 엔지니어이기 때문에 모든 글은 수식과 표 그리고 그림을 통해 논문을 작성해 온 터라 이러한 유형의 글에 대해서는 소질이 없었기 때문이다. 그러나 한참이 더 지나 2차 원고 요청이 카톡을 통해 도착했다. 그래서 교수님과 우연한 만남이 있어 내용을 파악해 보았다. 교수님께서는 저와의 특별한 인연을 이야기하시면서 그간의 대진대학교에 오셔서 저와의 인연, 가족과의 인연, 학교에서의 연구 활동 등에 대하여 다양한 형태로 내용에 관계없이 수필형식으로 글을 작성하시면 된다고 하셨다. 그래도 걱정이 되지만 수많은 저희 대학교수님들 중 저를 연구실 제자들과 함께하는 자서전에 초대해주셨는데 계속 사양할 수만은 없어 몇 자 적기로 했다.

2) 소성규 교수님의 공적

교수님에 대한 업적에 대하여 감히 여기서 논하는 것이 예의는 아니며 또한 그분의 수많은 업적에 대하여 상세히 잘 모르기 때문에 언급하기에는 부적절 하지만 제가 알고 있는 대표적인 내용을 간단히 몇 자 적어 본다. 소 교수님은 한양대학교에서 민법학을 전공하고 대진대학교에 1995년 3월 1월에 부임하여 30년째 대학 교수로서 경험과 실력을 갖춘 이 분야의 대가이며 더불어 대진대학교에서 수많은 보직(법무대학원장, 공공정책대학원장, 공공인재대학장, 입학홍보처장, 통일교육선도대학사업단장 등)을 역임한 대학 행정 분야에서도 그 어느 분 보다 뛰어난 경험과 실력을 갖추신 분이다. 또한 (사)한국부동산법학회, (사)한국법정책학회장 및 (사)한국인터넷법학회 학회장을 역임하시면서 학회의 재정 및 회원 수를 기하급수적으로 끌어올려 학회의 귀감이 되시는 분으로 알고 있으며 대학에서도 학부생들의 다수가 다양한 기업 및 정부기관에서 훌륭한 인재로 근무할 수 있도록 지도를 해주신 것으로 알고 있다(이하 수많은 사회활동 등은 생략).

교수님의 연구실은 과거부터 제가 많은 관심을 가지고 있었다. 그 이유는 대학원 석, 박사학생을 어떻게 모집하고 지도하고 졸업한 후 졸업생들과의 인연을 잘 이어가고 있는지를 배워서 제 연구실(토목공학과 지하공간연구실)에 모델로 삼기 위해서였다. 잘 알고 있는바와 같이 사회과학대학에서 대학원 석, 박사과정 학생을 다수 모집한다는 것이 쉬운 일은 아닌 것으로 알고 있다. 그러나 교수님께서는 우리대학의 타 교수님과 비교해서 탁월하게 이러한 일을 잘 해내는 분이었다. 그 이유를 나름대로 분석해 본 결과 교수님은 학회활동 및 외부활동(대학에서는 봉사활동)이 남다르게 특출했으며 이를 통해 알게 된 수많은 분들을 놓치지 않고 메모했다가 인연을 만들어 대진대학교 대학원과정 입학까지 연결한 것이다. 제가 알고 있기로는 현재 대학원 석, 박사 졸업생이 약 110여 명이 넘는 것으로 알고 있다. 그분들 중에는 우리 사회를 이끌어 가는 사회지도층 인사 뿐만아니라 다양한 분야(예로서 토목분야도 포함)에서 사회의 중추적인 역할을 하고 있는 것으로 알고 있다. 이 정도의 숫자는 수도권 북부에 위치한 대진대학교 입장에서는 그 어느 누구도 해내기 어려운 일이며 앞으로도 6년이라는 대학교수 재직이 남아 있다는 점으로 보아 약 150명 이상의 연구실 졸업생을 배출한 교수님으로 기억되길 바란다.

저는 이러한 모델을 저희 연구실에 그대로 응용하여 유사한 석, 박사 졸업생을 배출하여 가끔 교수님께 감사의 말씀을 전하고 있다. 사실 대진대학 입장에서 석, 박사과정 학생을 지도하려면 학부를 졸업한 학생이 많이 지원해 야 하는데 수도권과 인접하고 있어 대부분의 학생이 졸업 후 서울에 있는 대학원으로 진학하다 보니 대학원 진학 학생이 그리 많지는 않다. 그러나 대학원생이 대진대학교 학부생만 있는 것이 아니다. 따라서 이러한 틈새를 노려 대학을 졸업한 직장인을 상대로 학생을 모집하여 1명에서 2명이 대학원에 들어오면 그분들이 또다시 다른 분을 소개하여 계속적으로 학생 수가 늘어나게 되어 연구실이 활성화되고 또한 그분들이 학부졸업생을 기업에 소개하여 취업시키는 모델을 저는 소 교수님으로부터 대포 한잔 하면서 많은 것을 배웠다.

소성규 교수님과의 인연

1) 가족과의 인연

교수님의 아호가 노겸(勞謙)으로 알고 있다. 제가 교수님께 아호의 뜻을 여쭈어 보았더니 연구실 졸업생들이 "열심히 일하고 겸손한 교수님"이라고 해서 작명해 주셨다고 들었다. 정말 멋진 두 개의 적절한 단어를 조합한 신의 한수의 작명인 것 같다. 아마도 연구실 제자 분들이 교수님의 그간의 활동과 앞으로 연구실을 이끌어가는 인생의 항로에 대해 아호를 창작해주신 것 같다. 저도 가장 좋아하는 단어가 겸손과 배려인데 저와도 잘 맞는 단어인 것 같다. 참고로 저의 아호는 운암(雲岩)으로 제 연구실 제자 분들로 부터 작명을 받았다.

교수님과의 인연은 이렇게 시작되었다. 저는 1997년 3월에 대진대학교 토목공학과 지반공학 분야로 채용되었다. 물론 1년 전부터 대진대학교에서 시간강사를 하고 있었던 터라 어느 정도 대진대학교에 대하여 알고는 있었지만 정작 전임교수가 되고 나서부터는 어떻게 학생을 지도하고 연구를 시작해야할지 막막하였다. 그러던 어느 날 전체 교수회의 중 정말 멋지게 생기신 분이 제 눈에 들어왔다. 그날 그분과 함께 인사를 나눈 것이 처음이었다. 늘 그래왔듯이 친절하고 명쾌하고 처음 보는 사람에게 인상을 남길 정도로 의욕과 정열이 넘치는 패기 있는 그런 모습이 제 눈에 아직도 크게 남아 있다. 그 이후부터 소 교수님과는 만남이 시작되었다.

저는 대진대학교에 채용 이후 의정부 신곡동에 가족의 보금자리를 마련하여 살고 있었다. 그러던 어느 날 우리 큰 딸(지은)이 다니고 있는 ECC라는 영어 유치원에서 학예발표회가 있다고 해서 발표회를 참석했는데 그곳에서 교수님을 마주친 것이다. 그래서 무슨 일 이시냐고 물었더니 큰 아들 준영이가 그곳에 유치원에 다니고 있어 본인도 학예발표회에 참석차 왔다고 했다. 그 곳에서 가족들과 인사를 나누고 그 이후 교수님과의 친분이 쌓이기 시작하고 가족 분들과 함께하는 시간도 갖게 되었다. 아마도 교수님과의 특별한 인연이 이곳에서 출발한 것 같다.

잘 알다시피 교수님 큰 아들 준영이는 한국에서 초등학교 졸업 후 캐나다에서 유학을 시작하여 맥길대학(McGill University)에서 경제학을 전공 후 다시 국내로 귀국하여 부산대 법학전문대학원을 졸업하고 2024년 제13회 최종 변호사 시험을 통과하여 로펌에 근무중인 것으로 알고 있다. 우리 큰 딸은 내가 2007년 미국 콜로라도주립대학(볼더)에서 연구년으로 방문했을 때 그곳에서 중학교와 고등학교를 다니다 다시 귀국해서 한국에서 고등학교를 마치고 미국 뉴욕주립대학을 입학후 졸업을 했다. 그 이후 서울대학교에서 경영학 석사를 마치고 현재는 대기업 인사팀에서 근무 중이다. 준영이와 우리 큰 딸은 유치원 친구이기 때문에 어릴 적에는 잘 알고 지냈지만 점점 커가면서 각자 가는 길과 사는 곳이 달라져 현재는 서로 연락처는 알고 있지만 그 이후로는 만난 적은 없다고 한다. 친구 사이로 어느 날 어릴 적 친구로 만남이 다시 이루어지길 기대해 본다.

2) 생명의 은인

제가 인생을 살면서 많은 분들에게 도움을 주기도하고 도움을 받기도 하면서 살고 있지만 교수님에게는 잊을 수 없는 일이 하나 있다. 14년 전 개인적인 소송문제가 발생했을 때 법률 쪽에는 아는 것이 없는 터라 많은 도움을 받은 적이 있다. 상대방에게 도움을 준다는 것은 쉬우면서도 정말 어려운 문제인 것이다. 그러나 교수님은 저에게 가족처럼 따스하게 많은 도움을 주셨다. 저 보다도 더 앞장서서 알아보시고 파악하고 정리해서 저의 등대처럼 앞장서 주셨다. 저는 그에 대한 보답을 하지 못하고 있어 늘 마음 한곳에 미안함이 남아 있다.

3) 골프로 통한 인연

저는 대진대학교에 임용된 뒤 2001년 일본 동경공업대학(TIT)에서 1년간 연구재단 프로그램지원으로 Post. Doc과정을 다녀온 뒤 많은 것을 보고 깨달았다. 즉, 대학에서 교수가 학생에게 무엇을 어떻게 가르쳐야 하는지 그리고 대학원생들에게 논문지도방법에 대하여 많은 것을 보고 느끼게 되었다. 그때까지만 해도 연구에 매진한터라 레크레이션 등에 대한 취미가 없었지만 주변의 권유로 저는 골프라는 운동을 조금씩 배우고 있었고 소 교수님과도 몇 번 함께 했다. 그래서 골프와의 이야기를 조금만 해보고 싶다.

아마도 교수님과 골프를 해보신 분들은 다들 아시겠지만 드라이브는 프로 폼은 아니지만 제법 거리가 190m 정도의 비거리를 가지고 있고 거의 오비가 없는 분이다. 그러나 드라이버 거리가 짧지만 우드, 아이언 등은 정확하고 특히 어프로치, 퍼팅 등은 매우 고수급에 해당한다. 따라서 교수님의 드라이버 거리를 보고 얕보았다가는 큰 코 닥친다. 즉 숏게임의 천재이기 때문이다. 개인적으로 여러 번 함께 라운딩을 한 기억이 있지만 늘 한 가지 법칙이 있다. 내기 게임을 잘 하지 않고 운동 후 간단히 소주 한잔하면서 그간의 소회를 나누는 시간을 갖는다는 것이다. 최근 우리 연구실 제자 분들과 함께 했던 사진 한 장을 실어본다. 그날도 소 교수님이 81타로 저와 공동 1등을 하고 오후에 점심 식사 겸 소주 한잔을 하면서 과거 함께 했던 많은 추억과 앞으로의 일들에 대하여 함께 감사하는 이야기를 나누었다. 늘 제가 많은 신세를 지고 살고 있는데 앞으로 이런 운동이라도 함께하면서 그분의 주옥같은 인문학적 대담을 들으려한다.

* 2024년 3월 16일 KU CC에서(저희 연구실 박사제자들과 함께)

함께했던 프로젝트

1) 포천파워 상생 프로젝트

교수님은 법률적인 부분을 떠나 건설관련 분야에 많은 인맥을 보유하고 있으며 그와 관련된 지역 현안 사업에도 많은 연구 및 프로젝트에 참가한 것으로 안다. 그중에서도 저와 함께했던 프로젝트는 "포천파워(주)와 주변지역 주민간의 지속가능한 상생협력 방안 연구"라는 제목으로 대진대학교 교수가 중심이 되어 진행된 프로젝트이다. 연구책임자인 교수님께서 저에게 연구 참여의 기회를 주어 이러한 분야에 참여하게 되었다.

포천파워(주)의 포천복합화력발전소는 경기도 포천시 창수면 추동리 일원에 자본금 2,700억원(2013년 2월 말)이 투자되어 건설된 총 1,560MW

LNG 복합화력발전소로서 2014년 6월 이후 상업운전을 개시하였으며, 2014년 11월까지 1단계 발전시설의 조성이 완료되어 수도권 지역에 전기를 공급하는 전력개발 사업이다. 본 연구는 포천파워(주) 포천복합화력발전소의 안정적인 운영과 지역주민의 만족스러운 생활여건을 조성함으로써 양자 간의 지속적인 상생방안을 모색하고 양자 간의 이해 증진을 통해 상호불신을 해소하고 주변지역 지원사업의 효율적인 집행에 의해 실질적인 지역발전을 도모함으로써 지속가능한 상생관계를 도출하고자 한 것이다. 특히 본 연구는 발전사업자와 지역 간의 동반성장의 가치실현을 궁극적인 목적으로 설정하고 지금보다 더욱 잘 사는 지역공동체를 만들기 위해 창의적인 방법으로 그 방안을 모색하여 포천파워(주)와 지역사회가 나눔과 상생을 실천하는 모범적인 모델을 구축하는데 목적이 있다.

본 연구의 범위는 지역현황분석, 지역주민 지원사업 국내·외 사례연구, 포천파워(주)와 지역주민 간의 상생방안 모색이며 연구의 방법으로는 문헌연구(발전소 주변지역 및 발전소 지역주민 지원사업 관련 기초자료 분석), 사례연구(발전소 주변지역 지원사업에 대한 국내·외 사례분석), 현장조사(국내외 연구대상 사례지역 및 벤치마킹 대상사례 방문조사), 설문조사(지역지역 지원사업에 대한 인식도 및 만족도 조사, 오피니언 리더 및 전문가 설문조사, 주변지역 학교 교사 설문조사, 포천파워(주) 종사자 설문조사)등으로 구성되었으며 최종 보고서는 약 400페이지에 이르는 광범위한 내용을 포함하고 있다.

교수님은 연구총괄 및 전문가 설문조사 참여하고 저는 연구 간사(각종 회의, 워크숍, 중간보고, 최종보고회 준비 및 연락, 자료인쇄 등) 역할로 참여하였다. 사실 법학전문가와 엔지니어가 함께 프로젝트를 한다는 것은 흔한 일은 아니다. 엔지니어인 제에게는 이러한 프로젝트는 처음이서 일을 이끌어가는 방향성, 원고 집필 및 다양한 전문가를 모시고 수차에 걸친 세미나 그리고 지역주민들의 공청회 및 최종적으로 발주처와의 협의 과정 등 다양한 연구 루틴을 배울 수 있었다. 아래 사진은 1차 워크숍시 책임자인 교수님과 연구진이 함께 세미나 후 찍은 사진으로 제 사진첩에 보관된 자료이다. 다시 한번 이 지면을 통해서 함께 연구하고 지역의 현안문제를 해결할 수 있게 기회를 주신 교수님께 감사드린다.

* 천파워와 주변지역 주민간의 지속가능한 생생협력방안
1차 워크숍을 마친 후(2015년 1월 14일)

2) 지하안전영향평가법

저는 주 전공이 토목공학 중에서도 지반공학을 전공하고 그중에서도 지하공간구조물 굴착에 대하여 많은 연구업적 및 석, 박사 졸업생 배출하였다. 이러한 관련분야에 흥미로운 연구를 진행하던 도중 어느 날 서울 9호선 지하철공사도중 송파구에서 씽크홀이라는 지반함몰이 발생하여 언론으로부터 많은 보도가 있었다. 아마도 이러한 사례 때문에 지하안전 영향평가법이 제정된 것으로 안다. 이와 관련된 내용을 잠깐 소개

하면 다음과 같다.

최근 도시화로 인해 지상공간이 포화되면서 지하 공간 개발은 필수요수로 선택되고 있다. 하지만 이 같은 지하 공간 개발로 인해 일부 지반굴착 공사구간과 운영 중인 도로 등에서 지반함몰 발생건수가 증가함에 따라 시민의 안전이 우려되고 있으며, 이 같은 지반함몰 사고로 인한 인적·물적 손해가 증가하며, 대형 재난에 대한 위험성이 높아져 가고 있는 가운데 지반함몰 예방을 위한 체계적인 지하안전관리가 요구되고 있다. 또한 국토교통부의 건설안전정보시스템 자료에 의하면, 건설현장 사고사례 현황 중 지반굴착에 관련된 사건사고의 발생건수는 108건으로 33%에 달하며, 피해금액은 전체 피해금액의 14.5%를 차지하고 있고, 지반함몰 발생건수는 5년을 기준으로 2011년 573건에서 2015년 1,035건으로 증가하고 있다.

이러한 문제점들을 보완하기 위해 정부와 지자체에서는 지반함몰과 관련된 기술개발과 사업, 관련 법규 등 제도를 정비하고 있다. 정부에서는 지반 재해 대책 마련을 위해 정부 주도 하에 '지반침하 예방대책'을 마련하고, 지하 공간 통합안전관리 체계를 구축하고 있다. 이와 관련하여 '지하안전관리에 관한 특별법'이 2015년 6월에 의원입법에 의해 발의되어 2015년 12월에 국회본회의를 통과하고 2016년 1월에 공포되었다. 이후 시행령, 시행규칙, 지침, 세부지침, 업무매뉴얼 작성이 되었고 2년간의 유예기간을 거쳐 2018년 1월1일 지하안전법이 시행되었다. 이 특별법은 지하를 안전하게 개발하고 이용하기 위한 안전관리 체계 확립을 통해 지반침하로 인한 사고를 미연에 방지하고, 공공의 안전을 확보하기 위해 제정됐다.

제가 이와 같은 지하안전에 관한 특별법을 소개한 것은 저희 지반공학 분야가 가지고 있는 유일한 법이며 이러한 법으로 인해 연간 2000억의 새로운 시장이 열리게 되었기 때문이며 이러한 법은 교수님과도 연관이 많은 법이기 때문이다. 본인도 이러한 특별법이 생긴 이후 연구실 제자 분들이 이와 관련하여 작은 엔지니어링 업체를 운영하는 분들이 많고 저도 관련하여 연구 및 프로젝트 그리고 자문 등을 수행하고 있다. 앞에서도 언급한바와 같이 이러한 법과 관련하여 저희 분야에서 발생되는 많은 분쟁 등이 예상되므로 교수님과 함께 관련된 연구방안을 협의해서 연구자로 함께 일하거나 자문위원으로 참여할 기회를 만들고 싶다.

맺는말

어렵게 시작한 글을 맺으려 합니다. 교수님과의 인연과 추억 그리고 감사의 표현을 이 몇 자의 글로 대신할 수 없지만 이 지면을 통해 그간 함께 해왔던 30년의 대진대학교 생활 및 사회활동을 통해 많은 것을 배우고 도움을 받았습니다. 60년 화갑을 맞이하는 노겸 소성규 교수님께 진심으로 감사드리며 건강한 모습으로 늘 그 모습대로 함께 인생을 동행하는 그런 분으로 함께 했으면 합니다.

또한, 지금까지도 그래왔듯이 주옥같은 많은 연구, 기고문 및 프로젝트를 수행하시어 소수의 약자 뿐만 아니라 기업을 운영하거나 또는 인생을 살아가면서 누군가는 교수님이 저술한 연구물이 많은 도움이 되는 그러한 연구를 지속적으로 해주시기 바랍니다. 그리고 앞에서도 언급한 바와 같이 교수님 연구실의 수많은 다양한 인재를 지금까지도 잘 지도해 왔듯이 지속적으로 더 많은 후학양성에도 힘을 써주시길 바랍니다.

"배운다는 것은 자기를 낮추는 것입니다. 가르친다는 것은 희망에 대하여 이야기하는 것입니다. 사랑한다는 것은 먼 길을 함께하는 아름다운 동행입니다." 라는 어느 분의 말씀을 대신해서 이 글을 맺으려 합니다. 감사합니다.

대진의 인연 기억 그리고 사랑

이규관

前 대진대학교 박물관장, 정치학박사

勞謙 소성규 교수님이 華甲을 맞이하여 30년 넘게 재직하신 대진대학교 제자분들이 만들어 드리는 기념집 제작을 진심으로 환영한다. 소 교수님과 대진대학교에서 오랜 세월 함께했던 나에게 이런 영광스러운 글자기를 마련해 주신 준비위원회에도 감사드린다. 글, 재주가 없어 많이 부족하지만 소성규 교수님에 대해 다른 분들이 그동안 잘 알지 못했던 이야기들이나, 지나온 시절에 꼭 이것만은 알리고자 하는 내용들을 위주로 적어보고자 한다. 그래야 소성규 교수님의 열정과 고생하셨던 부분 등 참모습들을 알 수 있을 것 같아 용기를 내 적어보았으니 불편한 부분이 있더라도 소성규 교수님께서 많은 이해와 아량으로 보아주시면 고맙겠습니다.

1992년 3월 포천의 진산(鎭山) 왕방산(王方山) 동쪽 기슭에 한수 이북의 유일한 종합대학교인 대진대학교(大眞大學校)가 개교되면서, 경기 북부에서는 최초의 종합대학이라는 신선하고 새로운 좌표와 희망 그리고 자부심을 갖게 하는 시작점이 되었다고 생각한다.

소성규 교수님은 1993년 사회과학대학에 법학과가 신설되면서 대진대학교와의 인연이 시작되었는데, 당시 젊디젊고 눈이 반짝이고 패기만만한 젊은 교수가 대학교에 입성하여 희끗희끗한 반백의 중후한 중년의 교수가 되어 환갑을 맞이하다니, 참으로 감회가 새롭고 지나가는 세월이 유수와 같음을 느낀다.

대진대학교 오픈 멤버인 저와 노겸(勞謙) 소성규 교수님과의 첫 만남은 법학과 교육과정과 시간표 작성이라는 사무적인 만남으로 시작되었지만, 법학자로서 고압적, 권위적이지도 않으면서 논리적이었고, 행정을 이해하고 친근감 있고 배려심 있는 모습에 다른 분들과는 다르다는 것이 첫 만남의 기억이었다.

이후 열정으로 가득했던 소성규 교수님과의 구체적인 만남은 보직교수와 교직원으로 대학 발전이라는 목표를 향해 음양(陰陽) 관계로 함께했던 동반자이자 동료이었다고 자평해본다. 함께 했던 시간들을 회상하니 학교발전과 제자양성이라는 두 개의 목표를 위해 진정으로 모든 열정을 다 바치신 분이지 않았나 생각된다.

학교가 변혁기에 접어들면서 누구도 앞장서지 못했던 국책사업과 국고 유치, 대규모 행사와 발전기금 유치, 다양한 MOU 체결 등을 그 짧은 보직 기간 동안 이루어내고 자리매김까지 완성시킨 소 교수님의 능력은 정말 대단한 분이라고 나는 인정한다.

늘 새로운 사업계획과 대안을 제시하고, 갈등을 소통과 대화로 해결하면서 원활한 운영과 진행을 위해 열정적으로 동분서주하면서 함께 울고 웃었던 기억들이 스크린처럼 지나간다.

지나간 기억 전부를 소환하기엔 기억에 한계가 있어 빠뜨린 부분들도 있을 수 있고, 자세하게 묘사하지 못하는 아쉬움도 있지만, 소 교수님과 함께 분주하게 지나왔던 시간들 중에서 희로애락을 같이했던 시간들을 중심으로 간략하게 적어볼까 한다.

소성규 교수님과 함께했던 지난 시간들 중에서 기억에 가장 먼저 떠오른 것은 여러 가지가 있지만, 그중에서도 2011년 소 교수님이 입학홍보처장으로 계실 때 대학교 상생음악회 및 투게더바자회 행사가 생각이 난다.

2011년 10월 31부터 11월 4일까지 대진대학교 체육관에서는 상생음악회와 투게더 바자회(상생대진 2020 'Together daejin, to gather 2020')가 개교20주년 준비의 일환으로 개최되었는데 대진인이 하나가 되어 나눔을 실천하는 발전기금 모금 캠페인 행사로 수익금은 전액 발전기금으로 기부하는 행사였다.

상생음악회는 대진대학교 음악학부 학생들로 구성된 오케스트라 음악회로 많은 교직원들과 학생들의 호응을 얻고 발전기금 유치에 발판을 만들어준 멋진 음악회였다고 생각된다.

학교구성원과 지역민 등 많은 사람으로 꽉 들어찬 체육관에서 은은하게 울려 퍼지는 클래식 선율이 늦은 가을 저녁을 감미롭게 하고, 음악회의 높은 열기와 뒤섞여 온몸을 휘감는 감성과 감동의 시간들로 완성되어 하나씩 마무리되어 가고 있었다.

학교 주관의 음악회는 어느 부서에서도 경험해본 적이 없는 행사였지만, 기획부터 흔들리지 않는 소성규 교수님의 자신 있는 한마디 한마디는 우리에겐 힘이었고, 보직교수를 넘어 실무자들과 함께 처음부터 끝까지 동고동락하면서 끊임없는 격려와 독려들이 행사를 잘 마칠 수 있었던 원동력이었지 않았나 생각한다.

또한, 준비하는 매 순간마다 쉽게 넘어간 것은 없었지만 항상 긍정 마인드와 진취적인 생각과 지혜로 준비하는 내내 어수선했던 우리에게 힘이 되어 주었던 소 교수님이 계셨었기에 무사히 해낸 것으로 생각된다.

상생바자회는 체육관에서 5일간 진행되었는데 그중에서 가장 기억에 남는 것이 바자회 유일한 경험자였던 나를 빼고는 다들 처음이었는데, 모르면 용감하다고 2달 전부터 바자회 기획과 준비가 영글어 가고 있었다.

소성규 교수님 주도하에 소성규 교수님 특유의 탱크처럼 밀어붙이는 대단한 열정과 활약 덕분에 많은 기부금 유치와 다양한 기업체에서의 연속된 물품 기부 등이 이어지면서 홍보팀은 힘든 줄도 모르고 2달간 준비하느라 눈, 코 뜰새 없이 바빴던 바자회 준비가 기억난다.

상생바자회는 5일간이었지만 2달간 준비하는 내내 우리에겐 너무나 긴 시간이었고 숨 막히는 시간들이었다. 바자회는 학교발전기금 마련을 위한 기부금 유치가 목표였었기에 10.31일 상생음악회를 시작으로 포천시장의 기부금과 동문, 교직원들의 발전기금 전달식 등이 이어졌다.

시간 날 때마다 힘들어하는 직원들을 위로하고, 격려해주는 소 교수님 덕분에 직원들이 밤늦도록 바자회 물품들을 정리하고 목록표와 가격표를 붙이고 계획을 수정하면서 체육관과 사무실에서 2달간 밤을 새우며 성공적인 바자회를 위해 열심히들 준비했기에 바자회 준비가 착착 진행되었지 않았나 생각된다,

또한, 체육관 전체를 구역별로 나누어 바자회 물품 전시가 되면서, 학교 구성원 한분 한분이 내놓은 기부 물품들과 지역 지자체와 기업체, 지역민들의 협찬과 협조로 체육관 전체가 백화점처럼 식품, 과일, 의류, 가전제품, 주류, 스포츠용품 등이 가격 대비 90% 할인된 가격으로 풍성하게 진열될 수 있었다.

생소하게 대학교에서 주최하는 바자회를 처음 경험하는 학교 구성원들과 지역민들은 저렴한 금액으로 구입한 물건들을 양손 가득 들고 환한 웃음을 지으며 즐거워하는 모습을 보면서 바자회가 성공적으로 진행되고 있음을 확인하고 5일간의 바자회를 함께했던 최영환 선생님, 이민경 선생님이 생각난다.

음악회와 바자회를 통해 대학교가 지역사회에서 해야 할 기능과 역할들이 있지만 행사를 통해 대학의 품격과 위상을 보여준 멋진 행사였다고 자부하고 싶다. 기획부터 운영, 마무리까지 물 흐르듯이 진행되었는데, 전체적인 것을 진두지휘했던 소 교수님의 지혜로움과 추진력 그것을 묵묵히 따라주었던 직원 선생님들이 있었기에 가능하지 않았나 생각한다.

　　본격적으로 개교 20주년 기념식 '상생문화의 밤 행사'를 준비하고 진행하면서 가장 힘들었던 것은 기념식 준비위원회와 기획사와 행정부서 간의 소통이었는데, 수많은 갈등 조정을 중간에서 잘 연결해 주고 소통할 수 있도록 자리를 마련하고 노력해주신 소성규 교수님의 역할로 극한으로 치닫기 쉬운 일들이 순탄하게 진행된 것으로 기억된다.

　　또한, 행사 기획과 실무진들의 업무 분담, 체크리스트 작성과 진행 결과 보고 등 세밀한 부분까지 확인하고 점검했던 소 교수님의 치밀함으로 기념식 준비는 차질 없이 진행되었다.

　　소성규 교수님과 끊임없이 세부 기획안을 확인하고 수정하면서 성공적이고 완성도 높은 기념식을 만들어 내기 위해 수많은 자료 검토와 셀 수도 없는 내부 회의를 거치면서 전심전력으로 총력을 기울일 때였기에 구성원들과 같이 체육관과 사무실을 밤낮없이 오고 간 기억과, 밤늦게 퇴근길에 소 교수님과 간단한 술 한잔으로 서로를 위로하며 출, 퇴근하던 기억들이 새삼스럽다.

　　기념식이 진행되면서 기념식 첫날부터 종단 임원분들과 내, 외빈들의 참석 명단이 바뀌면서 사회자 시나리오 맞추기, 기념식 단상의 앞 좌석 차지하기 위한 정부 기관과 단체장의 비서진들과의 힘겨루기로 등에 땀이 흘러내릴 정도로 어려움이 많았던 것으로 기억난다.

　　첫날 기념식 행사가 시작되면서 체육관이 꽉 차게 질서정연하게 깔아 놓은 하얀 의자에 교내구성원과 종단관계자, 역대 총장, 지역을 대표하는 지자체장, 동창생, 지역민들로 인원이 채워지고, 화려한 조명과 함께 대진대학교 20주년 기념 영상, 대진대학교 심포니밴드와 향피리 공연, 하얼빈 사범대학교 예술단 공연, 초대 가수 남진 공연으로 첫날 기념식 1부가 마무리되었다.

2부 행사인 만찬이 진행되면서 체육관 깔려있는 테이블에 종단관계자, 내, 외빈들이 자리하고 맛있는 식사가 뷔페식으로 진행되고, 음악과의 현악 4중주가 자연스럽게 울려 퍼지면서 기념식 참석 주요 인사들의 축배사로 분위기가 무르익어 가고 있었다.

바쁘게 시간들이 지나가고 이후 만찬과 정리까지 마치고 소 교수님이 조촐하게 마련한 늦은 저녁 식사 자리는 서로 위로하고 등 두드려 주는 시간이었다.

기념식뿐 아니라 음악회와 바자회 등 행사가 진행될 때마다, 혹시 놓쳤나 하는 가슴 철렁한 순간 순간들마다, 구성원들과 준비위원, 진행자들을 편안하게 안정시키고, 침착하고 빠르게 대처했던 소성규 교수님의 부드러운 리더십과 지혜로움과 참 마음이 재삼 확인되고 믿음으로 확신하는 순간들이 반복되었다.

둘째 날 기념식 본 행사에서는 비전 선포식과, 기념 영상, 정부 인사와 지자체 단체장, 국회의원, 유명 인사들의 축사와 음악과 교수분들의 축하공연, 하얼빈 사범대 예술단의 이색적인 공연무대, 학생들의 동아리 공연 등이 이어지고 초대 가수 아이유의 축하공연으로 개교 20주년 기념식은 절정에 다다랐다.

각종 행사들이 매시간 기획 의도에 맞춰 물이 흐르듯이 잘 흘러가고 있었지만, 소성규 교수님과 저를 비롯한 진행위원과 실무 선생님들은 마치 5분 대기조처럼 팽팽한 긴장 속에 한가지씩 섹션이 지날 때마다 긴장과 안도의 연속이었다.

기념식에 참석한 학교 구성원들과 참석자들이 혼연일체가 되어 뿜어져 나오는 열기와 기대감, 희망을 함께 확인하는 시간으로 체육관에는 환호와 박수가 이어지고 있었다.

이후 20주년 행사의 연속으로 학교와 총동창회가 주관하여 종로의 유명 뷔페에서 동창들을 초청하여 음식을 대접하면서 동창회 모임을 확대하고 관리하는 체제를 갖추는 시간을 갖고자 '동행'이라는 타이틀로 제1회 총동창 모임 행사가 진행되었다.

각 학과별로 테이블이 설치되고 연영과 출신 연예인 하하(하동훈)의 사회로 기부금 행렬과 오랜만에 만난 동기, 선후배들의 끈끈한 만남의 시간이 이어졌고, 많은 정보들이 교류되면서 대학의 발전상과 비전을 보고하는 시간을 갖으면서 학교에 대한 자부심을 느끼는 시간이 만들어졌다.

소성규 교수님과 행사 사전 기획과 행사 준비를 하면서 학교가 아닌 외부에서 행사를 진행하는 것이 처음이었던 우리에겐 더욱 신경이 쓰였지만, 좋은 분위기로 동창회가 마무리되고. 동창생들의 좋은 호평이 이어지면서 이런 자리가 지속적으로 이루어졌으면 한다는 제안 들이 이어졌다.

소성규 교수님과 수고와 평가의 시간을 가지면서 졸업생들이 학교에 대한 자부심을 갖게 하는 것은, 지속적으로 국고 사업 유치와 좋은 평가를 받아 학교의 위상을 드높이는 것이 절대적으로 필요하다는 것을 다시 한번 느끼는 시간이었다.

대외사업유치 차원에서 세계대학태권도대회가 대진대학교와 포천시가 함께 유치하면서 단순한 학교 행사가 아닌 지자체와 함께 진행하는 행사로 그 규모도 방대했고 준비도 여느 행사와는 다른 국제적인 행사로 남달랐다. 우선은 예산 씀씀이가 학교와는 천양지차로 달랐으며 공무원들의 체계적인 준비를 한 수 배우는 계기가 되기도 하였다. 세계 대학에서 몰려든 젊은 태권도인들의 잔치를 위해 우리 학교에서도 발 빠르게 움직이기 시작했다.

세계대학태권도 대회를 대진대학교에 유치하는데 최고의 일등 공신은 최일선에서 지자체와의 교섭 능력을 보여준 소성규 교수님의 노력과 활약의 결과였다고 생각한다. 전 세계 47개국 600여 명의 태권도 선수들이 6월 25일부터 30일까지 6일간 품새와 겨루기로 기량을 겨뤘는데, 이로 인해 지역의 경제 활성화와 대진대학교를 대내, 외적으로 알리고 홍보할 수 있었던 또 한 번의 기회를 창출하는 중요한 계기가 되었었다.

학교 홍보를 위해 좋은 아이디어와 기획을 항상 염두에 두고 있던 소 교수님 덕분에 세계대학태권도대회 기간 중 경기장 심판진 옆과 점수판 옆에 학교 배너와 대진대학교 이름을 새긴 보드판을 깔아놓으니, 자연스럽게 스포츠 뉴스나 대회 중계 때 대내, 외적으로 대진대학교를 노출시키는 결과로 당시에도 몇억 대의 홍보 효과를 얻는 것으로 방송관계자들이 전해줬었다.

기부금 유치를 위한 각종 기업체, 유관기관, 동문, CEO들이 기부금 전달을 위한 MOU가 많게는 하루에 두 번씩 진행할 정도로 소 교수님이 보직을 맡는 동안 이루어지면서 역대 기부금 유치 최고 보직교수라고 장담할 수 있다.

보직교수로서도 열정으로 그 역할을 다하였지만 잘 따라주었던 직원 선생님들에 대한 배려 또한 타 보직교수들과는 차원이 다르셨는데, 한번은 의정부종합운동장에서 조용필 콘서트가 있는데 좌석표 예약을 해놓았으니 가족들과 함께 편안하게 그동안 쌓였던 스트레스를 날려보러 가자는 것이었다.

무대에서 가슴 울리는 드럼 소리와 환상적인 기타 소리가 이어지면서 계속 이어지는 조용필 가수의 히트곡들을 끊임없이 따라부르며 그동안 쌓였던 스트레스를 일 순간 날려버리고, 노래에 환호하고 가슴 뻥 뚫리게 소리치며 따라 부르던 그 순간은 정말 옛날 젊었던 시간으로 다시 소환되어 내 온몸에 전기 스파크가 나는 시간이었다.

소성규 교수님의 엄청난 배려로 묵묵히 잘 따라와 줬던 고생한 직원들과 가족들을 격려해주시고 배려해주셨던 진한 정이 있는 마음에 함께 했던 모든 이들이 감동하고 진심 감사하였다.

이후에도 소성규 교수님의 폭넓은 배려는 계속되어 졌는데, 부부 동반으로 의정부예술의전당에서 쎄시봉 콘서트와 이승철 콘서트를 함께 보고, 틈만 나면 부부 동반으로 분위기 있는 맛집에서 식사 등을 마련해 주셔서 집안에 가장으로 목에 힘주는 그런 행복한 시간들도 있었다. 가족들을 대표하여 소성규 교수님께 진심으로 고맙고 감사함을 전하고 싶다.

다른 한편으로는 평소 자신의 활약보다는 직원들과 관계자들에게 공을 돌리고 표창을 받게 노력해주는 등, 소 교수님의 성격상 아무도 모르게 지나갈 수 있는 일들을 평소 같았으면 분명히 이런 글을 쓰는 것을 잔망스럽게 여기고 하지 못하게 할 것이지만 이 글은 온전히 제가 쓰다 보니 소 교수님께는 죄송하지만 이젠 조금씩 알려져도 괜찮다는 말씀을 드리고 싶다.

먼저 학교와 지자체에서 절대적으로 이루어내지 못하는 부분을 탁월한 능력으로 유치를 성공시키고 거액의 국고를 유치하는 성과를 낸 소 교수님의 활약을 조금만 소개해 보고자 한다.

정부 기관의 일은 해보신 분들은 알지만, 국민의 세금으로 지원되다 보니 참 까탈스럽고 조그마한 사업이라도 유치하기 위해선 많은 노력과 치열한 경쟁자들을 정리하는 꼼꼼함도 있어야 하고, 경쟁자들의 오해를 사지 않도록 평소 관계를 잘 유지해야 하는 수많은 변수들이 지뢰밭처럼 깔려 있고, 이것 하나하나를 챙겨서 한 걸음씩 전진해서 얻은 결과물이라는 것은 다 알고 있는 것들이다.

국고 사업을 유치하거나 예산을 유치하는 것은 쉽지 않은 것으로 정말 학교 차원에서 힘을 실어 줘야 할 때가 있고, 필요에 따라서는 전체 구성원들이 달려들어 노력과 지원을 해줘야 할 때도 있는데, 정부 기관이나 지자체의 경우에도 사업적인 성격은 조금씩 다를 수 있지만, 공통점은 진행되는 과정에서 그것을 주도하는 개인이나 조직이 엄청난 노력과 정성이 필요하다는 것이다.

이야기를 하기 전에 대진대학교의 특수성 중에 옹골차게 연결 되어져 있는 것이 있는데 바로 통일과 군사 관련 내용들이 많이 구축되어져 있다는 것이다. 그중에서도 가장 확실했던 것은 문재인 정부에서 통일을 대비하여 사회 통일교육과 학생통일 교육에 주안점을 두고 많은 예산을 들여 지원하는 것과 대진대학교가 경기 북부에 종합대학교로서 실적이나 위상이 제일 높았다는 것이 시기적절하게 들어맞았다는 것이다.

하지만 이러한 전략적으로나 기획적으로도 좋은 연결고리들이 존재하였음에도 불구하고 작품을 만들지 못하고 있던 차에, 정부와 지자체의 통일교육 추진 사업계획들이 발표되었다.

경기도가 워낙 크다 보니 정부 기관과 유관기관, 예산들도 대부분 경기 남부에 몰려있어 경기 북부 주민들의 불만이 많은 상황에서, 2011년 경기도가 경기 북부 지역에 통일 교육센터 설립을 추진해서 향후 통일교육 활성화를 하겠다는 취지가 발표되고 경기도의회에서 '통일교육 지원법'을 근거로 '통일교육 활성화 조례'가 제정되었고, 의정부, 파주, 포천, 연천이 후보지로 물색 되어 통일부와 협의해 설립할 계획이라는 것이었다.

통일 교육센터 설립은 2011년 당시 대진대학교가 경기 북부 지역뿐 아니라 전국적으로 경쟁력을 스스로 확인해 볼 수 있는 계기가 되었는데, 소 교수님은 통일부라는 정부 기관을 대상으로 국가사업을 유치할 수 있는 좋은 기회를 맞은 것으로 판단하여 학교의 적극적인 참여를 요청하였지만, 당시 대진대학교 입장에서는 국가에서 주도하는 사업계획이 예산도 적고 유치했을 때 잡일도 많고 학교 예산 운영 차원에서도 학교 대응투자금도 적지 않은 부담이었고, 지자체들과의 경쟁에서도 쉽지 않은 것 같다고 판단해서 그런지 거의 관심 밖의 분위기였다.

하지만 미래를 보고 연쇄적으로 사업이 확장되고, 대진대학교를 알릴 수 있다는 확신을 가졌던 소성규 교수님은 학교의 판단에 굴하지 않고, 통일 교육센터 설립 사업을 평소 준비하고 대비했던 소 교수님은 경기북부청과의 연계점을 시작으로, 하나하나 연결해가면서 분위기는 해볼 만하다고 점차 변해가고 있었고 소성규 교수님의 뚝심 있는 고군분투는 계속되었다.

당시 포천건강가정지원센터와 다문화센터를 학교에 유치하고 운영해본 경험이 있는 나는 좋은 기회를 놓칠 수 없다고 판단하고, 소성규 교수님을 적극적으로 보좌해드려야겠다 마음먹고, 소성규 교수님과 통일교육원을 방문하고 담당 공무원들을 설득시키는 작업을 하면서, 거의 무에서 유로 만드는 그런 작업이 오랜 시간 진행되었고 대진대학교 여야만이 된다는 근거 자료들이 만들어지고 통일 관련 기관을 자주 방문하면서 정리된 자료 제출 등이 숨이 막히게 진행 되어졌다.

글로는 간단하지만 실제 당시 상황은 너무 힘들고 어려웠던 시기로서 고통을 감내하고 많은 기획자료 작성과 늦은 귀가와 스트레스로 지친 소성규 교수님께서 건강이 위험해질 수 있는 위기의 순간들이 찾아오기도 하였다.

힘겨운 시간들이 지나가고 있었으나 그래도 긴장의 끈을 놓지 않고 노력과 정성을 들이다 보니 소 교수님이 제출한 자료가 센터 유치의 적정성과 타당성에서 좋은 평가를 받아 2012년 통일부 지정 경기 북부지역 통일 교육센터를 대진대학교에 유치하는 쾌거를 이루게 되었다.

2012년부터 2020년까지 2년씩 4번에 걸쳐 경기 북부지역 통일 교육센터가 대진대학교에 연속으로 유치되면서 경기 북부지역의 도내 각 기관, 단체와 도민, 초, 중, 고, 대학생들을 대상으로 학생통일교육과 사회 통일교육이 진행되었으며, 덤으로 미래 대진대학교를 찾을 수 있는 잠재 학생 인적자원들에게 대진대학교를 알리는 커다란 장을 열게 되었다.

센터가 운영되면서 매년 수천 명 이상의 학생들과 도민들이 대진대학교를 방문하고 찾아오게 되면서, 통일교육을 통해 안보 자원, DMZ 생태 자원 체험, 남북교류 협력 사업 등으로 통일을 준비하고 이해하는 체계적인 체험 시간들을 가졌는데, 통일문화주간에는 초, 중, 고 학생들을 대상으로 대진대학교에서 백일장, 그림그리기, 사진전, 전적지와 땅굴 체험 등 방문 체험학습 등이 병행되면서 수많은 버스가 학교 교정에 몰려들 때는 참으로 장관이었다.

센터 사업이 다양해지면서 통일교육 토크콘서트를 방송으로 송출하기도 하고, 연천 한반도통일 미래센터에서는 숙박을 하면서 대학생토론회를 하고, 대진대학교에서는 대학생 대상 통일교육과 통일교육 위원들의 워크숍, 포럼, 세미나 등이 정기적으로 진행되었다. 5군단과 6군단 군 장병을 대상으로도 통일교육이 병행되면서 학생과 시민, 군 장병 대상 통일교육이 점차 자리 잡는 계기가 되었다.

또한 2020년 2월 통일 교육센터에 이어서 '통일교육 선도대학 사업'에 최종 선정되었는데, 이 또한 경기 북부 통일 교육센터라는 8년간의 노고와 성과의 열매로 소성규 교수님이 8년간 센터를 정성을 들여 기획하고 관리, 운영, 진행하면서 얻어낸 성과라고 할 수 있다.

통일교육 선도대학은 매년 2억여 원씩 통일부로부터 지원을 받아 4년간 통일교육 사업을 추진하는 사업으로 대학에서 주도적으로 통일교육 프로그램을 연구, 개발하고 확산하고, 통일강좌를 반영하여 대학 사회에 통일 논의를 활성화 시켜 대학생들의 통일 의식을 높이자는 지원사업인데 2024년 2월까지 운영 기간이 정해져 있었다.

2024년 2월 통일교육 선도대학 사업을 마지막으로 소성규 교수님은 통일교육 사업의 전문가로서 우리나라 통일교육 사업에 커다란 한 획을

그으셨고, 소성규 교수님의 어깨에 얹혀 함께했던 16년간의 커다란 통일교육 사업들이 마감되면서

종착지에 편안하게 내릴 수 있는 시간이 된 것으로 표현하고 싶다.

그동안 통일 관련 특화된 대학으로 대진대학교가 경기 북부지역에 통일교육의 기초를 튼튼하게 정착시키고 자리매김하는데 큰 역할을 하였고, 대진대학교를 누구보다 많이 알리는데 큰 역할을 하시고, 대학 발전에 진심이셨던 소 교수님의 탁월한 능력은 누구도 감히 따라올 수 없는 통일교육의 대가이자 전문가라는 금자탑을 쌓았다고 감히 평하고 싶다.

통일교육 16년간의 유공자로서 우리나라의 통일교육을 바로 잡고 방향을 제시할 수 있는 기획과 실무까지 겸비한 분으로서 통일 교육하면 대진대학교, 통일교육 전문가 하면 소성규 교수님이라는 타이틀은 당연하다고 생각한다. 그에 맞는 정부 기관의 지도자로 상응한 발탁이나 대접을 받으셨으면 하는 개인적인 바람이 이루어졌으면 좋겠다.

그동안 대학 발전을 위해 참으로 애쓰셨고 대학과 정부, 지자체, 유관기관을 설득하고 이해를 시키는 역할에 진정으로 열심인 분이었다. 소 교수님은 매사에 핵심을 벗어나지 않았고, 복잡한 것을 간단명료하게 정리하고 주위 사람들과도 좋은 인연과 의리를 중시했던 소성규 교수님은 시원시원한 언변과 유머로 자연스러움과 노련함이 프로라는 것을 알게 타인들이 알아서 인정해주었던 분이라고 적고 싶다.

대진대학교에서 행사와 학교 일을 가장 많이 한 분으로 인정하고, 내 개인적으로도 대학교 근무 기간에 가장 많이 함께했던 분으로 늘 생각한다. 늘 존경하며 늘 자랑스럽게 생각하고 평생 그리워하며 늘 연락하고 싶은 분이다.

화갑 이후에도 제자양성에 온전히 노력하실 분이기에 그동안 많은 시간 동안 봉사와 정성으로 힘들었던 시간들을 뒤로 하고 앞으로는 학교 일 보다는 건강과 휴식의 시간을 많이 가지셨으면 하는 바람이다.

다시 한번 화갑을 축하드리며 지나간 기억 전부를 소환하기엔 기억에 한계가 있어 빠뜨린 부분들도 있을 수 있고, 자세하게 묘사하지 못하는 아쉬움도 있지만, 같은 시간대를 함께 열정적으로 희로애락을 같이 했던 동지이자 가족이었다고 감히 말씀드리고 두서없이 써 내려간 글을 넓은 아량으로 이해해 주실 것이라는 바람으로 글을 마칩니다.

  소 교수님 건강하세요. 사랑합니다.^^

대진대학교 前박물관장 이규관 드림.

"새로운 시작" 오늘도 삶은 새롭게 시작된다.

이종덕
대진대학교 공공인재법학과 교수

우연한 기회의 인연들이 이어져

우둔함과 부족함 때문이겠지만, 감사하게도 제가 소성규교수님으로부터 현재 가장 큰 도움을 받고 있는 사람 중 하나임은 분명한 사실입니다. 올해 처음으로 대진대학교의 교수지원센터가 추진하고 있는 시니어교수와 새내기 교수의 맨토링 프로그램에 신청하여 선정되었습니다. 오늘은 소성규교수님과 함께 해당 프로그램의 오리엔테이션에 참여하였다가 나누어준 도시락을 받아 들고 나와서 법학과가 위치한 대학원 건물 뒤 테이블에 앉았습니다. 대진대학교의 교정은 왕방산 자락의 언덕에 위치하여 어느 때나 아름답지만, 특히나 4월 초 벚꽃이 피는 계절에는 절정을 이루는 것 같습니다. 지금 앉은 이곳은 공공인재대학의 벚꽃 축제가 매년 개최되는 곳으로 특히나 수령이 많은 벚나무들에 둘러 쌓여 비현실적인 느낌 마저 들곤 합니다. 기대했던 것 보다 열어 본 도시락은 구색을 갖춘 초밥 세트로 맛도 상당히 괜찮았습니다. 올해부터 매주 금요일은 온라인데이로 진행되어 학생들이 없는 고즈넉한 분위기에다 맛있는 식사와 호사스러운 경치 속에서 교수님과 이런저런 이야기들을 오랜만에 꽤나 길게 나눌 수 있었습니다. 교수님은 본인 스스로 정년이 이제 얼마 남지 않았다고 하시지만, 여전히 MZ 세대인 학생들에게 강의내용을 쉽고 효율적으로 전달하기 위하여 새로운 교수법이나 강의자료의 준비와 업데이트를 위해서 교내의 다른 어떤 교수님들보다도 교수지원센터의 여러 가지 프로그램에 적극적으로 참여하고 있다는 것을 알 수 있었습니다. 언제나 느끼는 것이지만, 소성규 교수님의 흐트러짐이 없는 자기관리와 넘치는 열정에 경탄을 금할 길이 없습니다.

　소성규 교수님과 저는 한양대학교에서 수학하고 민법을 전공하였다는 점에서 접점이 많은 듯도 하지만, 사실 교수님과 저의 인연이 시작된 기간은 그렇게 길지는 않습니다. 2017년 1월 독일에서 유학을 마치고 귀국하여 보니 이미 여러 경로로 전해 들은 것처럼 법학 교육에서는 많은 변화가 있었습니다. 귀국 직후부터 운 좋게도 서울시립대학교 법학연구소에 전문연구원으로 근무를 시작했지만, 교수 임용을 위해서 필요한 강의경력, 특히나 전공분야인 민법과목의 강의 자리를 얻는 것은 쉬운 일이 아니었습니다. 로스쿨 제도의 도입 이후 전임교수님들 조차도 강의시수를 채우는 것이 쉽지 않아서 제자나 후배를 챙겨주는 것이 쉽지 않았고, 그마나 있는 강의 자리들은 먼저 학위를 취득한 박사님들이 이미 선점하고 있는 상황이었습니다. 신규교수 채용은 거의 없고, 민법 분야의 경우에는 국책연구기관에서도 소외되고 있던 터라 신진학자들의 정체현상은 더욱 심각해지고 있는 실정이었습니다. 그러다가 교수님들이나 먼저 학위를 받은 선배님들이 대진대학교에 재직중이신 소성규교수님께서 후배들을 많이 챙겨주신다고 찾아뵙고 인사를 드리면 도움을 받을 수 있을 것이라는 조언을 받았습니다. 그래서 2017년 초여름에 처음 소성규 교수님의 연구실로 찾아뵈었습니다. 교수님은 법과대학 학생회장 출신으로 리더쉽과 카리스마가 엄청나다는 전언이 있기도 하였고, 학번도 상당히 차이가 나는 대선배님이시다 보니 만남에 대한 걱정이 없는 것은 아니었습니다. 후배의 학위취득을 축하해주시면서 밝은 표정으로 덕담을 해주셨지만, 차분하고 낮은 음성이나 눈빛에서 뿜어져 나오는 강한 내공에 다소간 위축될 수 밖에 없었습니다. 그 당시 대진대학교 공공인재법학과에는 주간반과 야간반이 있어 상당히 많은 법학과목들이 개설되어 있었고, 다행히도 민법총칙, 물권법, 채권법 등 전공분야를 처음으로 학생들에게 본격적으로 강의할 수 있는 기회를 얻게 되었습니다. 또한 소성규교수님께서 한국법정책학회에 회장으로 취임하신 후에 저도 학회의 재무이사를 맡으면서 학술세미나와 연구용역 등과 관련하여 일을 처리하면서 인연은 더욱 깊어지게 되었습니다. 그러한 관계들이 이어지다가 2023년부터는 소성규교수님께서 재직하고 계신 대진대학교에서 교수로서의 첫발을 내딛게 되었습니다.

희망과 좌절 속에서 인생을 알아가다

사실 법학자로서의 길은 넉넉하지 않은 집안의 형편으로 제가 처음부터 의도했던 방향은 아니었습니다. 우리나라에서도 제일 오지로 손꼽히는 경상북도 봉화군에서 유년기부터 중학교를 마칠 때까지 시간을 보냈습니다. 운동이나 예능에는 전혀 소질도 없었고, 워낙 시골이라 나쁜 쪽으로 빠지는 것 자체가 불가능할 정도였던 터라 부모님의 농사일을 돕는 시간을 제외하고는 학업을 게을리하지는 않았던 것 같습니다. 그리고 기질적으로 경쟁심이 강하고 지는 것을 싫어하는 성격으로 인해 학원

근처에도 가본 적이 없었지만, 학교성적에서는 항상 수위를 다투었습니다. 특히나 수학을 좋아해서 매년 연례행사처럼 봉화 읍내에 있는 학교에서 개최되었던 수학경시대회에 참가하였고, 사실 대회의 결과보다는 인솔 선생님께서 사주시던 짜장면이 더 중요하게 여겼던 것 같습니다. 중학교 3학년 2학기 무렵에는 고등학교 입학시험을 보기도 전에 영주중앙고등학교에 3년 장학생으로 입학이 결정되었고, 처음으로 모든 비용을 고등학교에서 부담해 주었던 덕에 고교 예비과정으로 영어와 수학을 영주 시내의 학원에서 배웠습니다. 봉화에 있는 집에 오는 차편이 불편해서 학원에서 제공하였던 독서실에서 쪽잠을 자면서 추운 겨울에 한 달 넘게 지내다가 고등학교에 입학하게 되었습니다. 그리고 학교 기숙사에서 1-2학년을 보내고 동생이 같은 고등학교로 입학하면서 학교 앞에 방을 얻어서 함께 자취생활을 하였습니다. 학력고사에서 수능으로 대입제도가 완전히 변경된 첫번째 희생양인 세대로 저희뿐만 아니라 학교도 선생님도 상당히 혼란스러운 상태에서 고3에 접어들었습니다. 1993년에는 2번의 수능시험을 보고 더 나은 성적으로 선택할 수 있었는데, 성적은 꽤나 괜찮게 나왔습니다. 다만, 국어, 영어, 수학, 한문의 본고사를 제대로 준비하지 못하여 서울대에 지원하였으나 결과는 실망스러웠습니다. 지금처럼 합격자를 인터넷을 확인할 수 없는 터라 직접 기차를 타고 서울대 운동장에서 합격자 명단을 보러 갔다가 청량리에서 쓸쓸하게 밤기차를 올라타고 고향집으로 내려오면서 실망감과 미래에 대한 불안으로 참았던 눈물을 쏟아내었습니다. 몇 일간 집안에 칩거하는 동안 어떻게 알았는지 건국대학교 법학과에서 후기로 지원하면 장학금을 지원해 준다는 전화도 받았지만, 좌절감에 쉽게 결정을 내릴 수도 없었습니다. 그러다가 양평에 있는 기숙학원에서 1994년 당시에 매달 학원비 80만원에 달하는 비용을 면제해 줄 테니 몸만 와서 열심히 공부하라는 연락을 받게 되어 고향집을 떠나서 재수생활을 시작하였습니다. 재수학원의 친구들은 대부분이 서울에서 살고 있었는데, 공부에는 별로 흥미가 없는 것처럼 보였습니다. 아마도 마라톤으로 치면 페이스메이커 역할을 해줄 사람이 필요해서 제가 그 자리에 있는 것 같다는 생각이 들었습니다. 재수학원은 폐교한 초등학교를 리모델링한 것이었는데, 철조망으로 사방이 둘러싸여 있고 경비원 아저씨가 항상 출입문을 잠그고 지키고 있었습니다. 철조망에 개구멍을 내거나 주말에 이루어지는 학원 밖으로의 구보시간을 틈타서 기숙학원을 탈출하려다가 다시 붙잡혀 오는 아이들이 일주일에 한 둘씩은 항상 있었습니다. 왜냐하면 학원이 외진 곳에 위치하여 대중교통을 이용하기 어렵고, 시내로 가려면 최소 1시간 정도는 걸어야 했긴 때문에 수시로 이루어지는 인원 점검에서 결원을 알아차리게 되면 시내로 가는 유일한 도로 위에서 학원 관계자들에게 발각되어 되돌아오게 되는 것은 시간문제일 뿐이었습니다. 매달 1번은 주말에 외박이 허용되었는데, 양평에서 학원버스가 출발하여 항상 압구정 현대고등학교 앞에서 내려주었습니다. 돌이켜 생각해보면 항상 학원에서 나누어준 운동복을 입고 생활하다 보니 알아채지 못했지만, 학원 친구들은 상당히 부유한 집안의 자제들이었던 것 같습니다. 어쨌건 압구정에서 청량리역으로 이동해서 기차를 타고 고향집인 봉화로 가는 기나긴 여정은 토요일 새벽에 시작해서 늦은 밤에야 끝이 났고, 다음날에는 반대로 영주역까지 버스로 이동한 후에 기차를 타고 양평으로 돌아오려면 어둠이 채 가시지도 않은 새벽에 집을 나서야 했습니다. 부모님의 얼굴을 보는 것은 좋았지만, 한 번 외박을 나가서 고생을 한 후부터는 학원에서 그냥 머물렀던 것 같습니다. 학원에는 정말 모든 것을 제공하였기 때문에 따로 금전적인 부담은 전혀 없었습니다. 옷은 물론 생필품들까지 제공해주고, 특히나 참고서와 문제집 등은 제가 책을 다 보면 다른 것들을 구해줘서 그 점은 참 좋았던 것 같습니다. 그렇게 수능일 직전까지 그렇게 시간을 보내고, 짐을 챙겨서 고향집으로 돌아왔습니다. 1년 더 고등학교 과정을 공부한 결과는 수능성적에서 확인할 수 있었습니다. 지금과 달리 당시의 수능은 매우 난이도가 높은 편이었는데, 국어와 영어는 만점을, 탐구영역과 수학은 몇 개씩을 틀렸지만 상당히 높은 성적을 받아서 처음 교육청으로부터 수능성적을 전달받은 고등학교에서 연락이 왔었습니다. 백분위 상위 0.02%로 전국석차가 대략 40위권에 해당하여 부모님도 많이 기뻐하셨고 주변에서도 많은 축하를 받았고, 그 동안의 노력에 대한 결실을 조만간에 보리라는 기대에 한껏 부풀어 있었습니다. 그 후에 본고사 준비를 위해서 서울 노량진에 있는 당시 종로학원과 쌍벽이었던 대성학원을 다니면서 고시원 쪽방에서 1달을 보냈습니다. 기숙학원에서도 본고사 준비를 혼자서 나름 했다고 생각했었는데, 학원에서 배우는 내용들은 전혀 다른 수준이었던 것으로 기억합니다. 수능성적만으로 지원하는 특차지원이 없는 서울대를 제외하고는 본고사 없이도 어느 학과든 입학이 가능한 상황이었지만, 실패에 대한 미련으로 다시금 서울대 법학과에 원서를 넣었으나 본고사를 제대로 준비하지 못한 탓에 결과는 실망스러웠습니다. 그후에 한양대학교 후기전형으로 고시반특별장학생으로 입학하여 법대고시반에서 생활하면서 매달 지급되었던 도서구입비를 용돈으로 사용했습니다. 그렇게 고시반의 4층은 2층 침대와 철제 캐비넷이 설치되어 있고, 건물은 꽤나 오래된 건물이었습니다. 최대 8명이 수용 가능한 호실마다 평균 6명 정도가 생활했었는데, 저보다 15살도 넘게 차이나서 형이라고 부르기엔 부담스러운 선배들도 간혹 있었습니다. 어쨌거나 1학년 고시반 자치회장을 맡는 등 나름 동기들이나 선배님들과 함께 기숙학원과 별반 차이가 없는 대학시절을 행복하게 보냈던 것 같습니다. 몇몇 친구들은 재학중에 사법시험에 합격하기도 했지만, 그러한 행운은 나에게 허락되지 않아서 졸업 후에 군에 입대할 수 밖에 없었습니다. 홍천에 있는 11사단에서 근무를 하였는데, 고시생활 못지 않게 몸도 마음도 많이 힘든 시간을 보내게 되면서 성격적으로도 변화가 있었습니다. 입대전에는 상당히 예민한 성격이라 항상 걱정이 많았습니다. 그런데 군대에서 생활해 보니 아무리 걱정을 한들 겪어야 할 일들은 닥쳐오게 마련이고 또 어떻게든 스쳐 지나간다는 것을 체득하면서 좀 느긋한 성향으로 바뀐 것이 군대가 소중한 26개월의 대가로 제게 준 선물이라고 할 것입니다. 11시단의 신교대에서 외치던 구호가 "피할 수 없는 고통은 즐겨라"였었던 것으로 기억합니다.

법학자로서의 길을 시작하다.

그렇게 제대 후 다시금 신림동으로 복귀하여 고시공부를 시작하였으나, 결과는 좋지 못해서 2006년 무렵 다시 고시반으로 돌아와서 후배들을 지원하는 고시반 조교로서 근무를 하게 되었습니다. 석사학위 지도교수님이신 이덕환교수님께서 그 당시 저에게 시험을 위한 공부보다 학문을 위한 공부가 적성에 맞을 것이라며 민법 공부를 권하셨습니다. 아마도 고시반장학금을 계속 받으려면 일정한 성적 이상을 유지해야 했기 때문에 성적관리에 신경을 쓴 덕에 우등졸업을 하게 되어 교수님께서는 그것에서 후한 평가를 해주신 것으로 생각됩니다. 그렇게 서른이 넘은 나이에 늦게서야 대학원에 진학하였습니다. 고시반 조교로 근무한 2년 동안 무상으로 숙식이 제공되었고, 대학원에서도 장학금을 받으면서 유학에 필요한 비용 일부를 저축할 수 있었습니다. 남산에 있는 독일문화원에 다니면서 독일어를 처음으로 배우면서 준비하다가 2010년에는 독일정부장학금을 받아 독일 콘스탄츠대학교에서 3개월 정도 체류하면서 공부할 수 있는 기회를 얻었습니다. 그곳에서 흔쾌히 지도교수님이 되어주신 아스트리드 슈타들러(Astrid Stadler)을 운명처럼 만나게 되어 이듬해인 2011년에 석사과정(LL.M)에 정식으로 입학하게 되었습니다. 여전히 독일어가 서툴러 여러 난관이 있었지만, 2012-2013학년도의 최우수 로스쿨 졸업생으로 선정되어 납부했던 학비를 모두 반환받기도 하였습니다.

2013년에 로스쿨 과정을 마치고 귀국하여 보니 안타깝게도 아버지의 대장암이 재발하여 이미 치료는 불가능하고, 마약성 진통제 이외에는 달리 병원에서 해줄 수 있는 것이 없는 상황이었습니다. 아버지는 매 순간이 고통스러워 진통제로 버티셔야 했는데, 진통제의 양이 늘어나면서 여러 가지 후유증들도 늘어가고 특히나 정신이 혼미한 상태인 경우가 많았습니다. 그런 아버지를 지켜보는 가족들에게도 힘든 나날이었습니다. 그렇게 그해 6월 6일에 아버지는 병마와의 싸움을 마치고 먼 길을 떠나셨고, 저는 아버지의 마지막 바람 대로 저에게 물려주신 땅을 처분해서 유학비용을 마련하여 다시금 독일행 비행기에 몸을 실었습니다. 새롭게 시작된 독일생활은 처음보다는 수월하였지만, 박사 논문을 준비하는 과정이 녹록지는 않았습니다. 당시 유럽연합을 통해 경제적 공통체는 완성되었지만, 각 나라마다 법률규정들이 달라 실제로 자유로운 재화와 용역의 거래가 이루어지는 것에는 한계에 봉착하여 있는 상황이었습니다. 당시 유럽에서 법학에서 가장 큰 이슈는 유럽연합에 통용되는 공통매매법을 만드는 것이었습니다. 유럽민법전을 만들면 좋겠지만, 일부 회원국들의 반대로 현실적으로 어려운 터라 가장 효용성과 영향력이 큰 매매법 분야에서의 통일을 위해서 유럽공통매매법(Common European Sales Law)을 위한 법안이 유럽위원회(European Commission)에 의해 제안되었고, 유럽의회도 전폭적인 지지를 보내는 상황이었습니다. 이러한 상황과 저의 지도교수님도 해당 프로젝트에 참여하여 논문을 발표하시는 등 많은 관심이 있는 터라 박사학위논문 주제는 유럽공통매매법으로 가닥을 잡았습니다. 국내에서도 한국민사법학회가 2014년 10월 18일 숙명여대에서 유럽공통매매법을 대주제로 한 학술대회를 개최하는 등 많은 관심을 보이고 있었습니다. 논문의 방향은 그렇게 정하였지만, 자료수집과 논문 작성은 큰 진전이 없이 시간은 속절없이 흘러만 가고 은행의 잔고도 빠르게 줄어들고 있었습니다. 박사과정은 강의를 수강할 필요가 없었지만, 지도교수님의 강의에 항상 참여하여 맨 앞줄에 앉아서 들었습니다. 왜냐하면 독일 교수님들은 너무 바쁘신 터라 약속을 잡기도 어렵고 약속을 잡아도 최소 일주일 이상이 걸리는 터라 항상 눈도장을 받고 그래도 열심히 하고 있다는 모습을 보여드리고 싶었기 때문이었습니다. 어느 날 교수님께서 수업이 끝나고 다가오셔서 저에게 항상 열심히 하고 있다는 것을 잘 알고 있고, 여러 번 같은 강의를 반복해서 수강하여 강의를 직접 해도 될 정도일테니 용건이 있으면 강의실로 오지 말고 약속 없이도 연구실로 바로 와도 된다고 하셨습니다. 같은 지도교수님 아래 있는 독일인 박사과정생들과도 한 달에 한 번 이상은 주기적으로 모임을 갖고 교류하려고 노력하였습니다. 함께 축구를 보면서 맥주를 새벽까지 마시기도 하고, 화창한 날에는 학교 근처 잔디밭에서 고기, 소시지, 치즈 등을 구워 먹는 그릴 파티도 즐겼습니다. 특히 슈트트가르트에 본사를 두고 있는 중견기업 오너가의 차남인 마티아스 클뢰퍼(Matthias Kloepfer)는 저의 독일생활의 처음과 끝을 함께한 가장 친한 친구로 많은 도움을 주었습니다. 그는 부유한 명문가의 자녀이지만 항상 검소하고 겸손하며, 성격도 좋아서 항상 주변에 많은 사람들이 있는 친구였습니다. 해마다 마티아스의 생일에는 콘스탄츠 시내의 술집을 통째로 빌려서 함께 파티를 했는데, 너무나도 다양한 부류의 사람들이 몰려와서 북적였습니다. 그 덕에 저 역시 많은 독일 친구들과 교류를 할 수 있었습니다. 또한 마티아스는 매우 영민하여 학문적으로도 탁월한 능력을 보여 지도교수님께서는 학자로서의 길을 권했지만, 박사학위 취득 후에 고향인 슈트트가르트로 돌아가 대형로펌에서 근무하다가 현재는 아버지의 회사에서 일을 돕고 있습니다. 유학생활의 가장 큰 위기는 2015년 9월 21일에 논문을 작성하던 노트북을 도난당한 사건으로, 독일 친구들과 경찰서에 가서 신고도 하고 찾기 위해 많은 노력을 했지만, 모든 것이 허사로 돌아갔습니다. 잃어버린 노트북 자체도 아까운 것이지만, 그 안에 들어있던 작성 중인 논문과 수집한 논문자료까지 모두 없어진 것이 가장 큰 문제였습니다. 2년이 넘는 기간 동안의 성과가 대부분 사라졌고, 유학 경비 마저도 바닥을 보이는 상황이라 벼랑 끝으로 내몰리는 기분이었습니다. 마음을 다잡고 매일 첫 버스를 타고 막차를 타고 기숙사로 돌아오는 생활을 반복해 가면서 희망이 보이기 시작했습니다. 사실 도난 전에 작성하였던 논문의 내용을 지도교수님의 말을 빌리자면, 너무도 내용이나 표현이 너무 고급스럽고 훌륭하여 외국인 학생이 쓴 글로는 보이지 않는다고 항상 이야기하였습니다. 사실 제가 논문이나 책에서 좋은 문구나 내용들을 스크랩해서 단어를 바꾸거나 어순을 바꾸는 등의 방법으로 박사논문을 작성하였던 터라 라틴어나 은유적 표현들이 상당히 많이 있었습니다. 그런데 거의 제로베이스에서 새롭게 빨리 작성하여야 하다 보니, 내용은 머리 속에 있는 얼마간 있는 상황에서 저의 문장으로 써서 교수님께 보여드리니, 문장의 오류들은 있지만 내용적으로는 훨씬 정리되어 훌륭하다고 칭찬을 해주셨습니다. 또한 저의 불행을 지켜보았던 독일 친구들이 매우 적극적으로 저를 도와주기 시작해서 과거에는 교정을 부탁해도 거절하거나 최소 보름에서 한 달씩 걸리던 것이 몇 일 안에 바로 피드백이 되니 논문의 진척은 매우 빨라져 최소 하루에 2-3 페이지 이상씩을 작성하였습니다. 그러다가 아직 목차상의 큰 챕터가 한 개 더 남아 있는 상황에서 지도교수님께서는 그 부분은 생략해도 무방하니 논문을 그만 정리해서 마무리해도 될 것 같다고 말씀해 주셨습니다. 소위 "인간만사 새옹지마(人間萬事塞翁之馬)"라는 구절이 정말 저의 상황에 꼭 들어맞게 되었습니다. 도난 후 마음을 다 잡은지 10개월 남짓 동안 거의 논문이 완성되어 2016년 10월에 최소 3개월 이상이 소요되는 박사학위취득을 위한 절차(Promotionsverfahren)를 개시하였고, 졸업논문에 대한 심사도 12월 중순에 마무리되었습니다. 다만 마지막 관문인 구두시험의 심사위원이신 다른 교수님들과의 일정 조율이 필요하여 해를 넘겨 구두시험을 하는 것으로 결정되었습니다. 2017년 1월 11에 구두시험을 통과하면서 독일에서의 유학생활은 마침표를 찍게 되었습니다.

    그렇지만, 윈도우 시작화면에서 한 때 사용했던 문구처럼 박사학위 취득은 "새로운 시작"에 불과하였고, 인생의 장은 다음 챕터로 넘어가면서 또 다른 행복은 물론 역경도 기다리고 있었습니다. 어제의 역경을 넘어서 떠오르는 태양을 맞이 한 우리는 항상 새로운 오늘인 지금 현재에 최선을 다하며 살아가야 하는 것이 숙명일지도 모른다.

대진의 인연, 기억 그리고 사랑

이학남

양주시 도시환경사업소 하수과장

(대진대 석사)

* 2011년 불곡산 등산 중

인연(Connection)

> 子曰 "三人行, 必有我師焉, 擇其善者而從之,
> 其不善者而改之."
> (자왈 "삼인행, 필유아사언, 택기선자이종지,
> 기불선자이개지.")
> 공자께서 말씀하되 "세 사람이 길을 걸어간다면, 그 중에는 반드시 나의 스승이 될 만한 사람이 있으니, 좋은 점은 본받고, 나쁜 것은 살펴 스스로 고쳐야 한다."
>
> -논어, 술어편-

삶이란 여행속에서 많은 사람들과 스쳐가게 됩니다. 이를 인연, 운명 등 의미 있는 말로 표현하고 가치를 부여하고는 합니다. 이러한 만남 중 본 받을 수 있고 저에게 감동을 주는 스승과 같은 인연을 창을 열고 밤바람 속에 생각해 보면 우리 소성규 교수님이 떠오릅니다.

교수님과 어떤 순간에 만나게 되었을까요? 그 순간의 감정과 느낌을 되새겨 보며, 우리 인연의 시작을 회상해 봅니다. 2011년 무렵, 직장동료들과 어린 두아이를 동반한 가족의 불곡산 등반 때였을 겁니다. 직장동료의 소개로 첫 만남이 시작되었지요. "안녕하세요, 양주시에 근무하는 이학남 입니다." 저의 소개에 교수님은 옅은 미소로 손을 내밀어 인사하셨습니다. 처음에는 어색함과 함께 간단한 인사와 서로의 일상과 업무에 대해 이야기를 주고 받았습니다. 불곡산 등반을 통해 땀흘리며 막걸리 한잔의 서로의 대화는 점차적으로 교수님의 다양한 학식과 경험 이야기로 향했고, 이를 통해 교수님의 긍정적이고 열정적인 삶의 자세에 공감하며 이러한 인연이 후로도 계속해서 이어져 갔으면 하는 막연한 기대를 품었던 기억은 시간이 꽤 지났지만 당시 산의 정취, 푸른 하늘,

바람 내음과 교수님의 첫인상과 함께 어우러진 그 장면이 사진처럼 제게 남아 있습니다.

함께 오랜 시간을 보내지 않았지만 오랜만에 보아도 편안한 관계가 있을 수 있는 이러한 관계가 진정한 인연이 아닐까 생각하고 교수님은 저에게 변하지 않는 그런 분이십니다. 저의 고민을 이해해 주시고 저의 믿음을 지지해 주시는 이러한 인연은 어디에 계시든 교수님의 존재만으로 편안함을 주는 제 삶에 큰 선물일 것입니다.

인연의 가치를 좀 더 높이기 위하여 저는 한단계 성장하는 것을 목표로 매사에 노력하고 모든 순간을 소중히 여기고 정진하는 것만이 교수님과의 인연을 진정한 의미로 되새길 수 있는 것으로 생각하고 부단히 노력하겠습니다. 오랫동안 이러한 인연의 연결고리가 지속될 수 있도록 항상 건강하시길 기원하게 되는 밤입니다.

기억(Memory)

> 子曰 "人而無信, 不知其可也. 大車無輗, 小車無軏, 其何以行之哉?"
>
> (자왈 "인이무신, 부지기가야. 대거무예, 소거무월, 기하이행지재?")
>
> 공자께서 말씀하되 "사람이 만약 신의가 없다면 그것이 옳은지 모른다. 큰 수레에 소의 멍에 걸이가 없고, 작은 수레에 말의 멍에 걸이가 없다면 무엇으로 그것을 운행하겠는가?"
>
> -논어, 위정편-

가족, 친구, 직장 동료 등 다양한 사람들과 공유한 중요한 순간들은 잊혀 지지 않습니다. 그 순간들이 모두 모여 제 삶에 미친 영향이 크든 작든 있기 때문이겠죠. 교수님과 공유한 시간을 기억하고 축약해 보면 '신의'란 단어로 귀결 됩니다.

사람과의 관계 중 가장 중요한 것은 사람과 사람 사이의 믿음이라도 항상 생각해 왔습니다. 믿음이 없으면 기본이 없는 것과 같으니 일이든 사람이든 앞으로 나아가질 못합니다. 양주역세권개발팀의 업무팀장으로 『주한미군 공여구역주변지역 등 지원 특별법』에 따른 "경기도 종합발전계획"에 반영하고 해당사업의 사업성을 높이고자 "조세 감면"에 대한 법률 및 제도개선을 고민하던 시기였습니다. 이러한 내용을 포함한 양주시 주요 현안 사항을 교수님께 법률 자문을 의뢰 드렸고, 이것이 교수님과의 본격적인 기억의 시작이었습니다.

처음에는 늘 그렇듯 단순한 업무적 관계였지만, 자문이 반복되면 반복될수록 교수님에 대한 저의 신뢰는 더욱 더 깊어 갔으며, 법률 문제를 고민하는 과정에서 보여주신 교수님의 열정과 의지에 매우 큰 영감을 받았고, 문제를 해결하는 데 함께 도움이 되고 있다는 사실만으로도 저는 큰 보람을 얻었습니다. 그리고 이러한 신뢰는 단지 업무적인 것으로 그치지 않았습니다. 교수님의 모습에 투영된 저의 의지를 통한 신뢰는 저에게 큰 자신감과 힘을 주었고, 이를 통해 긍정적이고 진취적인 행정 집행을 할 수 있는 더 나은 행정가를 꿈꾸게 되었습니다.

좋은 기억을 추억이라고 부릅니다. 추억은 마치 신비한 보석 같습니다. 그 투명하고 반짝이는 면을 통해 삶에 빛을 비춰 주죠. 그리고 교수님과 함께한 순간들은 기억 속에 아름답게 간직되어 있습니다. 교수님과의 기억은 시간과 함께 깊어져 갔고 함께한 시간은 서로를 이해하고 존중하는 데 큰 토대가 되었습니다. 교수님과의 신뢰는 시간이 흘러도 변하지 않으며 기억 속에 간직된 교수님의 모습은 영원히 흐르는 시간 속에서 빛나고 있으리라 믿습니다..

사랑 (Love)

> 子曰 "學如不及, 猶恐失之."
> (자왈 "학여불급, 유공실지.")
>
> 공자께서 말씀하되 "배우기를 항상 모자란 듯이 여기고, 배운 것을 잃을까 두려워 해야한다"
>
> -논어, 태백편-

　나이를 먹거나 사회적 지위가 오르다 보면 대부분 게으름을 피우고 정체되고는 해서 저 또한 많은 반성을 합니다. 하지만 옆에서 지켜본 교수님은 배움을 사랑하고 새로운 도전에 두려움이 없는 분이며 이는 삶 자체를 사랑하는 분이라고 생각합니다.

　교수님께서 저에게 보여주신 관심, 격려가 모두 삶에 대한 사랑에서 시작됨을 알기에 감사의 마음을 글에 담아 전할 수 있는 계기가 있어 다행입니다. 평소 무심코 만나게 되는 여러 사람들과의 관계에서 보면 서로에 대해 어떻게 느끼고 있는지, 그리고 서로에 대한 배려가 어떻게 우리의 삶을 풍성하게 만들어 주는지를 문득 고민하게 됩니다.

　배려와 관심은 서로를 이해하고 존중하는 것에서 시작되고 이러한 인연의 씨앗은 공감으로 자라나며, 서로의 생각과 감정을 공유함으로써 더욱 강해집니다. 이러한 과정을 교수님께서 저에게 보여주셨고 교수님과 매시간 함께하지는 못했지만 함께하는 즐거움과 어려움을 나누며 서로를 지지하고 격려하는 과정이 매우 행복했습니다. 그리고 감사합니다.

　'대진의 인연, 기억 그리고 사랑'은 우리 삶의 보다 깊은 의미를 찾아가는 여정의 일부입니다. 서로에게 모두 좋은 관계를 유지하고 발전 시킴으로서 더 나은 세상을 만들어 나갈 수 있습니다. 그리고, '대진의 인연, 기억 그리고 사랑'은 마치 물과 공기처럼 살아감에 있어서 필수적 요소 입니다. 인연은 마음을 따뜻하게 만들고, 기억은 서로를 더 깊이 이해하고 서로에게 의지할 수 있게 하고 사랑은 이를 지속하게 합니다.

교수님과의 첫 만남에서 보여주셨던 미소와 함께 보여주신 긍정적 사고와 배려는 저에게 큰 영감을 주었고, 어려운 순간을 이겨내는 데 큰 힘이 되었습니다.

처음과 변함없는 밝은 모습으로 항상 건강하시길 진심으로 기원하며 교수님의 화갑기념에 즈음하여 감사와 축하의 마음을 전합니다.

그리고 진심으로 존경하고 사랑합니다.

한국승강기산업의 미래와 한국승강기대학교의 비전

이현석

한국승강기대학교 총장

　먼저 한국승강기산업의 미래와 한국승강기대학교의 비전을 말하기 전에 소성규 교수님의 화갑기념에 동참하게 되어 개인적으로 영광스럽게 생각하고, 진심으로 감사의 인사를 드리고 싶습니다.

　교수님과 저는 조금 남다르고 각별한 인연을 가지고 있습니다.

　마산 촌놈이 아무런 연고도 없이 혈혈단신 상경하여 갖은 풍파와 우여곡절을 겪으며 전국을 보따리 들고 떠돌아 다닐 때 부족한 저의 손을 잡아주시고 학교에 교편을 잡을 수 있도록 배려해 주신 때로는 부모같은, 스승같은, 큰형님 같은 존재였습니다.

　교편생활을 하면서도 빽도 비전도 없는 저를 응원해 주시고 지지해 주셨고, 저도 늘 곁에서 교수님의 교육관과 인생관을 닮아가려고 노력하였으며 그렇게 제가 자립하는데 큰 힘이 되어 주신 분입니다.

이 소중한 인연과 추억들을 마음속에 영원히 간직하면서 앞으로도 참된 인재를 양성하여 대한민국의 미래를 개척하는 일에 교수님과 함께 하고 싶습니다.

우리의 일상에 자연스럽게 스며든 나머지 평소 그 고마움을 잊고 사는 것을 들라고 하면 누구나 가장 먼저 공기를 떠올리기 마련이다. 그런데 승강기 산업에 종사하는 이들은 공기 못지않은 존재감을 지닌 것으로 주저 없이 승강기를 꼽곤 한다. 여러 이유로 승강기가 멈춰선 건물에 들어섰을 때 맛봤던 낭패감을 기억해 보면 그들이 공기 다음으로 승강기의 존재감을 말하는 이유에 금세 수긍하게 된다.

이렇듯 일상의 필수품으로 자리잡은 승강기는 1910년 당시 조선은행에 화폐 운반용으로 우리나라에 처음 들여온 지 114년이 지나는 사이 산업 규모와 기술 모두에서 꾸준한 성장을 이룬 분야이기도 하다. 지난 2022년 말 기준으로 한국 승강기 시장 규모는 5조 원을 넘어섰고 81만여 대의 승객용, 화물용, 장애인용 소방 구조용 등 각종 승강기가 지금 이 순간에도 전국 곳곳에서 운행되고 있다.

시야를 넓혀 세계 승강기 업계를 살펴보면 시장 규모는 100조 원을 넘었고 이 분야 전문가들은 2030년까지 190조 원에 육박할 것이라는 전망을 내놓는다. 단순히 시장 규모를 두고 비교하자면 한국 승강기 시장은 세계 시장 대비 1/20에 그치지만 매년 새롭게 설치되거나 교체 설치되는 규모를 놓고 따지면 한국은 매년 5만여 대의 승강기가 새롭게 설치되며 중국, 인도에 이어 세계 세 번째로 많다. 앞서 승강기 보유 대수 기준으로 보면 세계 7위, 다국적 기업들과의 치열한 경쟁 속에서 국산 승강기 기업인 현대엘리베이터가 글로벌 점유율 6위에 올라와 있는 사실까지 더하면 한국은 세계 승강기 분야에서 결코 무시할 수 없는 신흥 강국으로 주목받고 있다.

물론 시장 규모로만 보면 여느 기간 산업에 비해 크게 주목할 만한 정도가 아니라고 할 수 있다. 그러나 승강기 산업이 가진 공익적 가치와 지속성장성을 면밀히 들여다보면 여러 흥미로운 점이 발견된다.

우선 거의 모든 산업이 그렇지만 특히 승강기는 24시간 사람이 타고 고층 빌딩을 오르내리는 만큼 최고의 가치를 안전에 둔다. 다행히도 한국은 세계 어느 나라와 견줘도 이 점에서 최고 수준에 이르렀다고 평가받는다. 이는 승강기 안전과 관련한 여러 사안을 법으로 엄격히 정한 덕분이다. 자동차를 예로 들면 더욱 쉽게 설명이 된다. 정비소에 가지 않더라도 운전자가 늘 예방 점검을 하거나 행여 고장이 발생해도 정비소를 찾기 전 누구라도 고장 원인을 찾고 손볼 수 있다. 그러나 승강기는 법으로 인증을 받은 업체, 관리자가 아니면 예방 점검은 물론, 고장 시 수리까지 일절 금지된다. 승강기를 신규 혹은 교체 설치할 때 역시 말할 필요가 없다.

이는 한국이 세계에서 유일하게 승강기 안전 관리 부문을 법으로 정하고 있기 때문이다. 최소 승강기기능사 자격증을 보유한 후 법이 정한 일정 기간 현장에서 실무 경험을 쌓아야만 승강기 점검, 유지보수 업무에 투입될 수 있다. 모든 승강기는 월 1회 이상의 자체 점검, 2년 이내 정기 검사, 설치 15년 후 정밀 안전 검사 등을 받아야 하는데 이 역시 세계에서 유일하게 우리만 법으로 규정하고 있다. 이를 위반하거나 불합격한 승강기를 개선 없이 운행하면 3년 이하의 징역 또는 3천만 원 이하의 벌금에 처할 만큼 규제도 엄격하다. 세계에서 한국의 승강기 안전도가 가장 높은 이유가 여기에 있다.

세계에서 유일한 승강기 안전 법령, 관련 산업 성장으로 이어져
세계 3위 신규 설치 시장이지만 고질적인 인력 부족은 여전

승강기 산업이 흥미로운 지점은 이렇듯 법적 규제가 엄격한 덕분에 지속적으로 성장하면서도 세계 최고 수준의 기술을 보유하게 됐다는 사실이다. 이는 여러 의미 있는 현상으로 이어 진다.

우선 점검, 유지보수, 관리, 설치 등 승강기 산업 전 분야에 걸쳐 지속적인 수요가 발생하고 있다는 점이다. 앞서 언급했듯 법령으로 점검과 검사 주기를 규정하고 교체 설치 시기 역시 최소 15년, 길어야 20년이 된 승강기에 강제로 적용되다 보니 관련한 여러 분야의 수요가 꾸준히 발생한다는 사실이다. 승강기 산업은 IMF 당시에도, 2008년의 금융 위기 때도 지금껏 단 한 번도 불황을 겪은 적이 없다는 말이 있을 정도다. 어떤 경기 불황에도 아파트, 오피스 빌딩 등에 설치된 승강기가 멈춘 일은 없었기 때문이다.

이와 연결되는 또 하나 주목할 만한 현상은 고질적인 인력 부족이다. 승강기 점검과 검사, 유지보수 인력의 자격을 법으로 정한 반면 아파트를 비롯한 고층 건물을 비롯한 건설 수요가 지속적으로 증가하는 우리나라는 매년 설치와 관리가 필요한 승강기 역시 이에 비례해 늘어난다. 일선 승강기 업체들이 일감은 넘쳐 나는데 '사람 찾기'에 골머리를 앓는 일은 어제 오늘이 아니다.

인력 부족은 승강기 관련 현장 작업자, 관리자는 물론 이용객의 안전과 직결된다. 간혹 보도되는 승강기 안전사고는 이용객의 부주의로 발생하기도 하지만 대부분 작업자에게서 일어난다. 이를 예방하기 위해서는 여러 안전 의무를 준수하는 것 외에도 점검 업무 기준 1대 당 2인 1조의 규정을 지키고 안전 관리 업무가 과중되지 않도록 충분한 시간을 확보하는 것은 물론 직무와 안전 교육에도 공을 들여야 한다. 이를 위해서는 승강기 산업에 신규 인력이 지속적으로 유입이 되어야 한다고 업계 종사자들은 입을 모은다. 승강기 산업의 규모 있는 성장과 안전을 모두 보장할 수 있는 첫 단추는 다름 아닌 전문 인력의 확보인 셈이다. 경제적인 이익을 넘어 국민의 안전이라는 더 큰 가치를 얻기 위해 승강기 산업이 풀어야 할 가장 큰 숙제라는 의미이다.

우리나라 승강기의 기술과 안전 전 분야에 걸쳐 공적 업무를 수행하는 한국승강기안전공단은 이 숙제의 해답으로 2000년대 중반에 이르러 승강기 분야 전문 인력을 양성하는 교육 기관 설립을 내놨다. 그리고 승강기 분야를 지역 특화 산업으로 육성하기 위해 2009년부터 승강기 산업 단지(승강기밸리)를 조성해 왔던 거창군과 함께 한국승강기대학교 설립을 결정해 2010년 문을 열었다. 세계 최초이자 지금도 유일한 승강기 특성화 대학교가 탄생한 순간이었다.

공공이 설립하고 사립재단이 운영하는 이색적인 이력을 가진 한국승강기대학교의 지난 14년의 발자취를 짚어보면 처음의 의도가 성공적으로 실현되었음을 여러 지표를 통해 알 수 있다.

한국승강기대학교는 개교 이래 빠른 속도로 국내에서 손꼽히는 특성화 교육의 전당으로 자리매김했다. 승강기의 설계부터 설치, 유지보수, 관리, 감리, 검사, 법령 해석 등 승강기 관련 전 분야를 아우르는 통합형 교육을 통한 진정한 승강기 전문가를 양성하는 데 초점을 두고 있기 때문이다.

이를 위해 실제 엘리베이터와 에스컬레이터가 설치된 실습동과 더불어 설계, 용접, 유지보수, 감리 등의 실무 전반을 현장과 다름없는 수준으로 습득하는 인프라를 확보, '수업이 곧 현장'이라는 진정한 특성화 교육을 실현하고 있다. 국내는 물론 세계를 통틀어 승강기 교육 분야에서 쉽게 따라올 수 없는 규모와 수준을 갖췄다고 알려진다.

이 과정에서 그간 4천여 명에 육박하는 졸업생이 배출되는 동안 평균 취업률은 85%를 넘나들며 전국 4년제 대학교와 전문대학을 통틀어 꾸준히 3위권 안팎을 기록하고 있다. 진학이나 직종을 변경한 경우를 제외하고는 거의 모든 졸업생이 취업에 성공했을 뿐만 아니라 취업처 역시 승강기 산업에 집중되어 있다고 한국승강기대학교 관계자는 설명한다.

단순 취업률만 높은 것이 아니다. 승강기 분야의 기업과 학생을 1:1 맞춤형으로 연결해 안정적인 취업을 돕고 취업자의 53% 이상이 대기업과 공기업에 재직하고 있어 승강기 산업 전반의 핵심 인재로 자리 잡았다. 설립 14년에 불과한 '젊은 대학'이 이루기에는 벅찬 성과들은 달리 말해 그만큼 승강기 산업이 얼마나 지속적으로 성장해 왔는지를 증명하고 있다.

최근에는 이 대학의 대표 학부인 승강기공학부를 대기업 취업 약정형 전공으로 세분화해 취업의 수준을 한층 더 높여가고 있다. 현대엘리베이터 설치, 현대엘리베이터 서비스, 미쓰비시엘리베이터 등과의 협약을 통해 해당 전공 이수 후 협약에 따라 졸업 후 곧장 해당 기업에 입사하는 방식이다. 2년제 전문학사 학위를 취득한 뒤 곧장 대기업에 입사하는 보기 드문 사례이다.

취업처도 매우 다양하다. 승강기 분야 중소중견기업과 대기업을 포함해 한국승강기안전공단과 서울교통공사, 코레일, 인천공항공사 그리고 한국토지주택공사 등 승강기 업무와 관련된 공기업 그리고 승강기 설치 규모에 따라 별도의 유지보수와 관리 부서를 둔 일반 대기업까지 아우르고 있다.

연 평균 85% 수준, 전국 최상위 취업률로 승강기 분야 전문 인재 양성 가치 높여
대기업 취업 약정형 협약 전공과 다양한 취업처로 승강기 분야 곳곳에 졸업생 포진

한국승강기대학교의 성장 배경은 단순히 업계의 수요라는 구조적인 이유에만 있지 않다. 전문대학 혁신지원사업과 고등직업교육 거점지구사업(HiVE)을 비롯한 여러 정부 재정지원 사업과 연구 과제를 성공적으로 수행하며 학생들의 안정적인 학업과 교원의 연구 활동을 도운 결과인데, 최근 3년 동안 약 300억 원 규모의 각종 지원 사업을 수행해 오고 있다.

여기에 그치지 않고 더욱 우수한 인재 양성을 보장하기 위해 2025학

년도부터 국내 사립대로서는 유일하게 '등록금 제로(Zero)'를 실현하겠다고 선언해 또 한 번 주목받고 있다. 한 술 더 떠 100% 이상의 수용률을 확보한 기숙사 입소생을 대상으로 매학기 30만 원을 지원하는 정책도 마련했다. 여러 재정 확보 방안을 수립해 충분히 실현할 수 있다고 대학 측은 자신감을 내비친다.

지난해부터 본격화된 대학 운영과 교육 과정의 혁신은 올해 정점을 맞이할 것으로 보인다. 전문대학으로서도 보기 드물게 대학원 설립 인가를 얻어 올해 첫 기술석사 학위 과정을 열었는데 이는 승강기 분야에서 유일한 사례이기도 하다.

이와 더불어 2025학년도부터 승강기 외 더욱 다채로운 학과 학부를 개설해 미래 직업 환경에 선제 대응한다는 계획을 완성해 실행하고 있다. 스포츠 분야의 태권도경호학과와 함께 호텔외식조리, 베이커리, 바리스타, 스마트팜, 반려동물, 요가심리치료, 파크골프 등 실무 실기를 기반으로 한 전공으로 이뤄진 선샤인융합학부가 그것이다. 미래 직업 환경은 어느 한 분야에만 한정되지 않은, 달리 말해 평생 유연한 직업을 가진 전문가만이 생존할 수 있다는 전망에서 출발한 도전이다.

이를 위해 복수 전공 이수와 복수 학위 취득이라는 파격적이고 유연한 학사 운영 계획도 마련했다. 예를 들어 승강기 분야 자격증을 취득하거나 관련 전공을 이수하면서 동시에 스마트팜 운영 및 재배 기술도 함양할 수 있는 길을 마련한 것이다. 태권도경호학과에서 국민의 안전을 지키거나 전문 선수로 성장하면서 동시에 먼 미래를 대비해 승강기 관련 자격증도 취득하는 일도 한국승강기대학교에서는 가능할 것으로 보인다. "대학 내 분위기는 그야말로 제2의 건학이라고 할 정도이다. 승강기 분야와 여러 신설 전공을 이수한 뒤 우리 대학을 졸업할 때는 자격증 다섯 개 정도는 보유할 수 있도록 지원하겠다"

승강기 분야를 넘어 미래 융복합형 인재 양성의 혁신적인 도전
사립대 유일 등록금 '제로(Zero)'와 복수 전공, 복수 학위 등 파격적 학사 운영으로 제2의 건학에 버금가는 혁신 시도

승강기를 가장 잘 아는 전문가를 양성해 온 한국승강기대학교는 시대의 흐름에 맞춰 승강기 산업과 더불어 미래 유망 산업을 두루 아우를 수 있는 인재 양성으로 방향타를 설정했다. 대학에서는 이를 두고 "미래 융복합형 인재 양성 대학"으로의 혁신이라고 설명한다.

이는 지방 대학의 존립을 위한 선택이 아니라 성공적인 학생 충원으로 대학이 자리한 지역의 인구 소멸 위기 해소와 지역 경제 발전에 함께함과 동시에 승강기 산업, 더 나아가 신설 학과 학부와 유관한 산업이 필요한 융복합형 전문 인력을 양성해 미래의 지속가능성을 확보하려는 보다 높은 가치를 실현하기 위해서라는 말도 잊지 않았다.

한국승강기대학교는 이제 대학 혁신을 통해 융복합형 다전공 다직업 인재 양성이라는 진정한 특성화 교육을 준비하고 있다. 자칫 어렵고 무모하다고 할 수 있는 한 지방대학교의 도전일 수 있지만 산업 발전의 기반인 전문 인재 양성을 통해 승강기 산업에 기여해 온 그간의 '경력 증명서'가 한국승강기대학교의 꿈이 어떤 결실을 맺을지 흥미롭게 다가오는 이유이기도 하다.

노겸 선생과 "감진회"

임종래

지승반짝이 대표

(대진대 CEO과정, 법학14)

2011년 2월. 어느 날 문득 배우고 싶다는 생각이 들었다. 포천에 소재하는 대진대학교에 무작정 전화해서 공부할 수 있는 길이 있냐고 문의했다. 대진대 CEO 과정(최고경영자과정)이 1년 과정이라고 했다. CEO 과정 21기는 그렇게 시작되었다. 그전에는 회사에서 일하고, 퇴근하는 다람쥐 쳇바퀴 돌 듯이 생활하고 있었다. CEO 과정에서는 매주 수요일 수업 이외 국내 워크숍 1박 2일, 해외 워크숍 3박 5일 등 다양한 프로그램으로 구성되어 있었다. 흥미를 느낄만했다.

CEO 과정 수료 후, 다시 공부할 기회가 생겼다. 이번에는 주말에 공부하는 "성인학습자" 과정이다. 4년 정규 학위과정이었다. 당시 법무행정대학원장을 맡고 있던 김영균 교수님의 권유가 있었다. 나는 고민 끝에 그동안 공부하지 못한 것을 이루기 위해 입학을 결심했다. 그것도 법학 전공이다. 젊은 시절 돈이 없어서 학업을 하지 못한 것을 성취하기 위해서다.

2014년 3월. 대진대학교 공공인재법학과 정식으로 입학했다. 당시 소성규 교수님은 민법 과목을 강의하셨다. 첫 만남은 교수님과 제자였다. 그 당시 소성규 교수님은 법무행정대학원장을 맡고 계셨고, CEO 과정까지 맡고 계실 때다. 어느 날 32기 CEO 과정 모집을 할 때다. 당시 유재관 CEO 총동문회장님과 저녁 식사로 기억된다. CEO 과정에 아내(이덕숙)를 입학하게 하면 어떠냐는 제안이었다. 저녁 식사 겸해서 반주까지 하는 자리다. 엉겁결에 동의했다. 처음에는 얼떨떨했지만, 우리 부부는 그래서 둘 다 "대진인"이 되었다. 그런 소성규 교수님이 고마웠다. 우리 부부는 즐거운 학창시절을 "대진대학교 캠퍼스"에서 실컷 누렸다. 나이가 있었지만, 뭔가를 배울 수 있다는 것에 감사했다.

2018년 2월. 공공인재법학과 법학사. 드디어 졸업했다. 어머님 "한(恨)"을 풀어 드린 것이다. 졸업식 날 어머님이 그렇게 좋아하셨다. 물질적 효도보다 부모님 마음을 즐겁게 하는 것이 효도라는 생각이 들었다.

이후 누군지는 정확하지 않지만, 대진대 CEO 출신 가운데, 나이가 같은 "갑진생" 용띠 모임을 하자는 이야기가 있었다. 소성규 교수님 포함 몇 명이 찬성했다. 물론 그동안 서로의 마음을 이해하고, 배려가 충분한 사람 중에서, 모두가 동의하는 사람으로 구성했다. "갑진생"이라 모임 이름도 "갑진회"라고 했다. 그 멤버가 바로 김현철(남양유업 포천 대리점 대표), 안순용(건설특급기술자), 임재혁(그린자동차 공업사 대표), 임종래 그리고 소성규 교수님이다.

"갑진회"는 친구들끼리 건강을 위해 한 달에 한 번은 골프를 하자는 취지다. 그냥 만나서 술 먹는 것보다는 건강을 위해 운동을 하자는 취지다. 소성규 교수님이 교육자라는 점이 고려되기도 했다. 소성규 교수님 일정에 많은 배려를 하자는 취지였다. 그러다 보니 주말을 이용한 1박 2일 골프 모임이 있었다. 다른 친구들은 사업을 해서 일정 조율이 자유롭지만, 소성규 교수님은 대학 보직자 겸 학생들을 가르치는 교육자라는 점을 친구들이 배려한 것이다. 이런 친구들을 소성규 교수님은 늘 고마워하고 있다.

　우리 친구들은 슬픈 일과 기쁜 일을 늘 함께 고민하고, 서로를 격려한다. 내가 공장에 화재가 있었을 때 친구들이 찾아와서 함께 걱정하고, 빠른 재기를 위해 조그만 위로금을 모아 주기도 했다.

　겨울에 원주 문막 "센츄리21"에서 1박 2일 운동하던 날, 라운딩 중간에 아들 소준영 군의 부산대학교 법학전문대학원 합격 소식을 들고 함께 기뻐했고, 2024년 4월 16일. 아들의 변호사 시험 최종 합격 소식을 듣고서, 친구들이 같이 기뻐하고, 축하해 주었다(물론 술값은 소성규 교수님 부담).

　추운 어느 1월. 임재혁 친구 별장이 있는 포천 이동 계곡에서 개구리 잡겠다고 얼음을 3겹, 전통 톱으로 자르면서, 한 마리도 잡지 못해 애태우면서도 서로 웃던 날, 개구리 대신 소주로 인생사를 밤새도록 이야기하던 날. "갑진회" 친구들은 기억하지.

　제자들로부터 "열심히 노력하고, 겸손한 교수님"이라, 아호까지 헌정받은 멋진 친구 "노겸(勞兼)" 소성규 교수님. 앞으로는 제자 교육과 연구에만 열심히 노력하지 말고, 친구들과 열심히 노세나. 우리 친구들은 앞으로 자네와 놀 수 있어, 행복하다네. 우리 친구들과 함께, 늘 고맙고, 감사한 마음으로, 건강하고 행복하게 잘 살자구.... "갑진회, 친구들 사랑합니다."

2024년 6월 어느 날. 친구들을 대표하여. 임종래 씀.

해피엔딩 드라마를 꿈꾸며

장욱

연세대학교 보건대학원 연구교수

요즘은 100세 시대라고 한다. 그런 의미에서 보면 나는 이제 인생 전반전을 끝내고 후반전을 막 시작하여 달리고 있다고 볼 수 있다. 아직 내 인생 후반기가 어떻게 될지 어떠한 방향으로 흘러갈지 알 수 없지만 내 인생 후반기에 가장 큰 영향을 미치고 있는 사람 중 한 명이 소성규 교수임은 부인할 수 없는 사실이다. 윤익준의 소개를 통해 알게 된 소성규 교수를 처음 만난 것은 코로나19가 한참 유행하던 2020년 8월의 어느 날 마포의 한 일식집에서였다. LH한국토지주택공사의 '대규모 공공택지 개발과 관련한 연구' 프로젝트의 연구 참여진들과 상견례 겸 향후 연구과제 준비를 논의하기 위해서였다. 그때 소성규 교수와 함께 또 다른 고교 선배인 신상화 교수와도 처음 인사를 나누게 되었다.

처음 소성규 교수를 만났을 때 했던 말이 기억에 남는다. 아마 윤익준이 프로젝트와 관련된 나의 능력을 띄워 주면서 덧붙여 고교 후배인 경북고 출신임을 얘기했던 거 같다. 그때 소 교수는 "고교 후배가 뭐가 중요해. 난 능력있고 같이 일할만해야 같이 갈 수 있다고 생각해."라고 얘기했던 거 같다. 그 얘기를 들으면서 '저 분 좀 까칠한 성격이신가? 쉽게 곁을 잘 안내주는 성격이신가?'라는 생각이 들면서 한편으로는 '내가 연구로 어디 가서 꿀려본 적 없는데...'라는 오기 내지 호승심이 같이 일어났던 거 같다. 그러나 처음에 말만 그렇게 하시지 소성규 교수가 누구보다 정도 많고 인간적이라는 것을 알게 되는 데는 사실 그리 오래 걸리지 않았던 거 같다. 약간은 어색하게 시작했던 관계가 지금은 다른 누구보다도 많은 일을 같이 하고, 만남을 많이 가지게 되는 사이로 발전했다. 인연을 맺은지 4년 정도에 불과한데 마치 십수 년을 같이 해온 선배이자 학문적 동지인 것 같은 느낌이다. 그리고 소성규 교수 덕분에 생각지도 못하게 그동안 살아왔던 내 인생을 돌아보면서 회고록까지 쓰게 되었다.

셰익스피어가 '인생은 한 편의 연극이다'라고 했던가? 내 인생을 4막의 연극이라고 했을 경우 난 전반부인 2막을 끝냈고, 3막에 접어들었다. 난 이제 전반부의 2막까지 어떠한 배역을 맡아서 어떤 역할을 했는지 돌아보고 막 시작된 3막에서 나는 어떠한 역할을 하며 어떻게 무대를 구성할지를 고민해보고자 한다. 그리고 나의 주관적 기억에 의존해 서술하다보니 혹시 역사적 사실과 조금 어긋나더라도 독자들에게 양해를 미리 구하고자 한다.

제1막 : 시골 소년에서 더 넓은 세상으로의 탈출을 꿈꾸다.

1969년 4월 나는 경상북도 구미시 오태동이라는 곳에서 2남 1녀 중 차남으로 태어났다. 사실 내가 태어날 당시에는 나의 고향은 구미시가 아니라 칠곡군 북삼면이라는 곳에 속해 있다가 몇 년 후에 구미시 확장과 더불어 구미시로 편입되게 되었다. 아버지는 대구에서 한전에 근무하셔서 실제 거주지 주소는 대구였다. 다만 초등학교 입학 전까지는 부모님과 떨어져 시골에서 할머니와 같이 살았었다. 먼저 세 살 위의 형이 초등학교 입학을 위해 대구로 오면서 내가 다시 할머니랑 구미에서 살게 되었다. 그 당시 시골에는 전기가 들어오지 않아 호롱불에서 생활을 하고, 밤에 마실을 나갈 때는 등잔불을 들고 다녔다. 가끔 내가 이런 이야기를 하면 우리 아내는 시대극을 눈 앞에서 보는 것처럼 신기해한다. 그러다가 내가 6~7살쯤 되었을 때 시골 마을에 처음 전기가 들어왔는데 동네 사람들이 신기해하고 마을 축제를 벌였던 게 어슴푸레 기억이 난다. 유년 시절의 나는 한곳에 가만히 있지를 못하고 참 말을 안듣는 아이였던 거 같다. 항상 할머니가 말씀하시기를 네 형은 가만히 있으라고 하면 있고 집도 잘 지키고 있는데 나는 잠시도 가만히 있지를 못한다고 비교하시곤 했다. 한날은 6~7살 먹은 꼬맹이가 아침에 상여를 따라서 수십리길 떨어진 장지까지 갔다가 혼자 산을 넘어 밤늦게 돌아온 일이 있었다. 저녁 때가 지나도 내가 나타나지 않으니 할머니는 애 잃어버렸다고 동네에서 찾고 난리가 났던 모양이다. 물론 돌아와서 할머니에게 뒤지게 혼났지만 이후에도 그 천성을 버리지는 못했던 것 같다. 시골 집에서 보면 낙동대교 위 고속도로로 차들이 지나 가는게 보였다. 그때 그레이하운드라고 2층짜리 고속버스가 있었는데 그 고속버스가 하루에 몇 대 지나가는지 세기도 하고, 그 버스를 타고 멀리 떠나는 꿈도 꾸었던 거 같다.

　그 후 초등학교에 입학하면서 부모님이 계신 대구로 왔고, 서부국민학교에 들어가게 되었다. 당시 부모님은 다가구주택에서 전세살이를 했었다. 한지붕 다섯 내지 여섯 가족은 되었던 것 같고, 어린 기억에 집주인 아들의 위세는 대단했던 것 같다. 소꿉놀이를 해도 집주인이 좋은 역할, 대장 역할을 하고 세사는 아이들이 졸병 역할을 하는 걸 당연하게 여겼었다. 그러다 초등학교 3학년 때 부모님이 대구 효목동에 있는 주공아파트를 분양받으면서 내 집을 장만하게 되었고 이사 가게 되었다. 거기서 초등학교, 중학교, 고등학교를 졸업하고, 20대 중반까지 살았다.

학창 시절의 나는 역시 공부에는 취미가 없고 놀기를 좋아하는 아이였다. 부모님도 형에 대한 기대는 컸지만 나에 대한 기대는 그다지 없었던 것 같고, 부모님보다 오히려 형이 더 내 공부에 신경을 쓰고 이끌고 가려고 했던 기억이 난다. 형이 중학교 졸업 후 고등학교를 당시는 신생학교인 경신고등학교로 배정받았을 때 집에서는 거의 초상집 분위기였다. 그리고 그 며칠 후 나도 중학교를 경신고등학교와 같은 재단인 경신중학교로 배정받게 되었는데, 부모님이 잘됐다고 좋아하셔서 난 '이런 반응은 뭐지' 하면서 황당했었다. 아마 부모님은 나를 형의 통제하에 두고 관리감독을 할 수 있어 좋아하셨던 것 같다. 그리고 정말로 난 또 2년 동안 형이랑 같이 등하교를 해서 학교 도서관 형 옆자리에서 밤늦게까지 있었다. 그 때 기억으로도 정말 미치는 줄 알았고 남의 속도 모르고 잘 모르는 선배나 형들은 도서관에 남아서 열심히 공부하는 줄 알고 기특해했던 것 같다. 형이 고3이 되고 나를 신경 쓸 여력이 없어지자 지겨웠던 나의 도서관 생활도 종지부를 찍게 되었다.

그 후 형이 서울로 대학교를 가고, 난 경북고등학교에 배정받아 가게 되었다. 그때 아버지가 옛날 같으면 내 실력으로는 경북고는 꿈도 못꿀텐데 추첨으로 가게 되었다고 무척 좋아하신 걸로 기억이 난다. 난 경북고의 전통이나 역사 그런 것보다는 새로 지은 신식건물에서 생활하게 되어서 좋아했었다. 1985년 경북고가 대봉동에서 황금동으로 학교를 새로 지어 이전하게 된 첫해였는데 한강 이남에서 제일 좋은 시설의 고등학교라는 이야기도 있었다. 나의 고등학교 시절은 형의 관리감독에서 벗어나서 나름의 자유를 만끽할 수 있었다. 그러다 보니 성적은 계속 우하향 곡선을 그리게 되었고, 부모님께 성적표를 보여드릴 수 없을 정도에까지 이르렀다. 당시에 부모님이 너희 학교는 시험을 안치냐고 왜 성적표를 가져오지 않느냐고 물으셔서 변명하느라 진땀 뺐던 기억이 여러 번 있다. 그 당시 공부를 등한시 했지만 그렇다고 큰 사고를 치고 그러지는 않았고, 그저 영화관을 가고 만화방을 가고 공을 차거나 한 기억들이 대부분이다. 그러다가 고3이 되고 본격적으로 진학을 고민하게 되었다. 아버지는 "서울대, 연·고대 정도 되면 서울을 보내주고 아니면 대구에 있는 대학교를 보낸다"라고 늘 말씀하셨다. 내가 집으로부터의 탈출, 진정한 자유를 누리기 위해서는 적어도 연·고대를 가는 수밖에 없다는 생각이 들어 비로소 공부에 대한 의지를 불태웠다. 고3 담임과의 첫 진학 상담 때 내가 고려대 상대를 가겠다고 했더니 기가 차다는 듯이 바라보면서 "지금 네 성적으론 4년제도 쉽지 않아"라고 하면서 면박을 줬었다. 그러한 주위의 비웃음을 보란 듯이 극복해 보이겠다며 공부에 열심히 매진하였고, 담임도 처음에는 어림도 없다고 생각하시다가 여름쯤에는 나를 바라보는 시선이 많이 달라져 있었다. 그러나 워낙 고1~2 때 성적이 안좋아서 최종 내신은 4등급에 머물렀다. 그때는 내신 등급간 2점차여서 수학문제 2~3문제 더 맞추면 된다고 너무 안일하게 생각했는데 비슷한 실력에서 4~6점 까고 들어가는 것은 극복하기가 쉽지 않았다. 고등학교 졸업하던 해에 고려대 무역학과를 지원했으나 떨어지고 재수를 하게 되었다.

고3 때 학력고사를 치고, 처음으로 연세대와 고려대 대학가를 둘러보게 되었다. 그 당시 고대 주변이 약간은 촌스럽고 좀 삭막하다는 느낌이 드는 반면에 연대 주변 신촌은 밝고 생동적인 느낌이 내 맘을 확 끌어당겼었다. 그래서 재수 때는 연세대로 진로를 정하고 준비하였다. 연세대 상대 중에 좀 약하다고 생각한 응용통계학과를 지원하였는데, 운이 없었던지 그해에 응용통계학과가 문과에서 가장 커트라인이 높았었다. 재수에서 떨어졌을 때는 좌절감이 심하였고, 후기로 성균관대나 한양대를 지원하자고 권유하였지만 부모님도 반대를 하시고 나도 어디라도 들어가자는 생각에 영남대 무역과를 지원하였었다. 후기 시험에서 상대 전체 수석을 차지하여 4년 장학생으로 영남대를 입학하게 되었다. 4년 장학생이어서 학비가 안든다는 생각에 부모님이 무척 좋아하셨었고, 나도 특유의 친화력으로 동기들 뿐만 아니라 고등학교 동문 선배와 학과 선배들의 이쁨을 받으면서 대학생활에 잘 적응하고 있었다.

 80년대 후반의 대학가는 여전히 학생운동이 심하던 시기였고, 아울러 학내분쟁도 끊이지 않았던 시기였다. 상대의 경우에는 당시 매년 경영학과 독립을 주장하고 무역학과와 경제학과는 그 반대를 주장하는 데모가 연례행사로 일어나고 있었다. 당시 중간고사만 끝나면 데모 준비에 들어갔고 데모로 기말고사는 무산되고 중간고사로 한 학기가 종료되었다. 사람들과 어울리는 것과는 별개로 한 학기였지만 상대에서 배우는 과목이 내가 생각한 것과는 달랐고 특히 회계원리의 경우 영 적성에 맞지 않았다. 그럼에도 사람들과 어울려 술마시고 대학생활에 잘 적응하고 있다고 생각하고 있었는데 형 눈에는 그 모습이 맘에 들지 않았던 것 같다. 어느 날 대구로 내려와서 처음 듣는 카투사 시험이라는 걸 알려주고 그 시험을 쳐서 군대나 갔다 오라고 얘기했다. 그렇게 이끌리듯이 카투사 시험을 쳐서 합격을 하였고 입대 전 몇 개월이 남아 있으니 준비해서 학력고사를 한번 더 쳐보라고 하였다. 처음에 9개월 이상의 공백이 있어 성적이 생각보다 안나왔지만 한두달 정도 공부를 하니 상당 부분 회복되었다. 문제는 무슨 과를 지원해야 할지가 고민이 되었다. 짧지만 상대를 다녀보니 내가 생각했던 것과는 거리가 멀었고, 사학 쪽에 개인적으로 관심이 있었는데 그 쪽은 부모님이 반대를 하시고 참 갈만한 곳이 딱히 없었다. 그러던 중에 형이 법대를 권하였는데 처음에는 난 공부하는 것도 좋아하지 않고 더욱이 고시 공부는 할 자신이 없다면 펄쩍 뛰었다. 형이 법학이라는게 고시 공부를 안해도 사회적으로 쓰임새가 많고 할만하다고 계속 바람을 넣었었고, 결국 원서 마감일 하루 전에 '에라 모르겠다'라는 심정으로 법대를 지원하게 되었다. 돌이켜 보면 스무

평생 법대에 가겠다는 생각은 한번도 해본적이 없었는데 원서 마감 하루를 앞두고 전격적으로 결정하게 되었고 떨어지면 영남대로 복학하겠다는 생각이었다. 다행이었는지 불행이었는지 난 연세대 법대에 합격을 하게 되었고 그렇게 한순간의 선택으로 법학자로서의 삶을 살게 된 시작이 되었다.

　대학 시험을 치르기 전에 난 벌써 영장을 받아 놓은 상태였기 때문에 합격 후 군에 입대하게 되었고, 카투사로서 미 제2사단에서 복무하였다. 우리 부대는 공병대대 중 보트 등을 이용해 다리를 놓는 도하부대였다. 주로 임진강에서 부교를 설치하는 것이었기 때문에 우리 부대는 문산에 위치하고 있었다. 내가 자대 배치를 받았을 때 우리 중대에 카투사가 16명 있었는데 내 맏고참으로 일병 한명 빼고 9명이 병장이었고, 나머지가 5명이 상병 그것도 주로 상병 말호병들이었다. 그러다보니 자대 배치 후 10개월 동안 거의 매달 제대 파티, 신병 파티의 연속이었다. 그렇게 정신없이 10개월 정도가 흘러보니 어느덧 상병을 갓달았음에도 불구하고 부대에서 넘버 3위가 되어 있었고, 내 밑으로 20명 가까운 후임들이 있었다. 자대 배치를 처음 받았을 때 병장 하나가 나보고 군번 너무 좋다고 자기는 병장 달아도 아직 중간 서열도 못되는데 나는 상병도 채달기도 전에 고참되겠다고 날 은근히 갈구곤 했었다. 그리고 중대 내 5개 소대에 나눠져 4~5명의 카투사 배치되어 있었는데 난 메이너스라고 차량 관리하는 부서에 행정을 담당했었다. 일병 5호봉이 되었을 때 소대 내에서는 내가 카투사 중 최고참이 되었고 소대장을 비롯한 미군들로부터 선임 카투사로서 대우를 받는 위치에 있게 되었다. 당시 우리 부대는 한국군에 없는 부교설치부대였기 때문에 중대지만 보유하고 있는 5톤 차량, 보트, 탱크 등을 다 합쳐 100여대가 넘었다. 그러다보니 차량 부품 등 새로 입고 되는 물량이 어마어마했었다.

　차량부품관리부서에 행정병이다 보니 훈련을 나가는 경우는 거의 없었고, 유일하게 훈련 뛰는게 팀스프리트 훈련이었다. 우리 부대는 지원부대였기 때문에 팀스피리트 시작 전에 제일 먼저 나가서 제일 늦게 철수하였다. 다만 훈련을 나가면 특히 우리 소대는 할 일이 별로 없어서 다른 소대 카투사들이 우리를 '필드의 황제'라고 하면서 부러워했던 기억이 난다. 카투사 계급들이 너무 낮다보니 난 상병을 두 달 일찍 달게 되었고, 91년 팀스피리트 때에는 상병을 갓달고 나가게 되었고 소대내 카투사 최고참으로서 불침번이나 잡일에서 모두 열외 되었었다. 그때 내가 하는 일이라곤 미군 소대장을 보좌해 도하 훈련 현장을 둘러보거나 한국군과 합동작전할 때 동행하는게 전부였다. 그리고 가끔씩 우리 부대와 계약한 인근 목욕탕에 가서 목욕을 하고 오는게 일이다 보니 아마 내 인생에서 가장 느긋하고 여유로웠던 시절이 아니었나 하는 생각이 든다. 그리고 제대를 앞두고 한 두어달 전에 말년 휴가 등을 받아서 7월에 대구 집에 미리 내려와 있었다. 그때 에어컨도 없는 한 여름에 대구의 여름을 겪다보니 에어컨 빵빵하게 나오던 부대 내 막사와 후임들이 챙겨주던 식사 등이 그리웠고 잠시 에이 그냥 부대에 있을 걸 그랬나 하는 생각을 하기도 했다. 돌이켜 보면 내 인생 전반기의 운은 군대에서 다 쓰게 아닐까하는 생각이 들기도 하는데 난 그렇게 전무후무한 병장 12호봉까지 하고 1992년 8월에 제대를 하였다.

내 인생의 1막을 정리하자면 집의 구속으로부터 자유 내지 일탈을 꿈꾸며 발버둥쳐 왔던 것 같다. 고3 때 성적이 계속 오르면서 부모님은 기대하지 않게 서울에 있는 대학으로 갈 수 있을 것 같다는 생각이 드셨나 보다. 한 날은 어머니가 내가 서울로 대학 가면 형도 서울에 있고 하니 아버지는 대구에 남아 직장 다니시고 어머니는 우리 형제 따라가서 서울로 가서 밥해주고 뒷바라지 하겠다고 말씀하셨다. 정말 난 그때 갑자기 하늘이 무너지는 듯한 기분을 느꼈고 철없는 어린 맘에 내가 왜 공부를 열심히 하는지도 모른다는 생각에 "엄마 따라가면 난 서울로 대학 안가"라고 했었다. 이런 나의 치기어린 반항에 서둘러 어머니가 나를 따라가겠다는 생각을 접으셨다. 그렇게 난 더 넓은 세상에서 자유를 꿈꾸며 우여곡절 끝에 서울 상경의 꿈을 이루게 되었다.

제2막 : 연세인이 되고자 하였으나 주변인에 머물다.

군대를 제대하고 1993년에 당시 한국 나이로 25살에 대학 1학년에 복학하게 되었다. 법대다 보니 군대 다녀오고 나이 든 사람들이 제법 많았다. 그러다 보니 대학 입시에서 실패라는 공통의 경험과 비슷한 연령대라는 공감대가 있어 자연스럽게 예비역들과 어울려 대학생활을 하게 되었다. 지금은 부산에서 변호사를 하고 있는 당시 30살의 새내기 이상경 형부터 우리들 중 막내인 2살 적은 손봉현까지 10명 정도와 함께 대학 4년을 어울려 다녔다. 그중에서도 특히 내 살같은 친구인 김영묵 변호사와 대학 4년 내내 거의 매일 붙어 다녔고, 지금도 주기적으로 안보면 서로의 안부가 궁금한 나의 가장 절친 중의 한 명이다. 그런데 내가 연세대에 오려고 희망했던 것은 서울 사람들과 어울려 화려한 도시생활이었는데 4년 내내 나랑 같이 어울려 다닌 사람들은 지방 출신의 예비역들이었고 내가 생각해도 우리 멤버들이 좀 촌스럽긴 했다. 당시 연대에서 주말이면 노동자 집회가 많이 열리곤 했는데 우리 멤버들이 그 노동자로 오해받고 기분 나쁘다고 술로 푼 기억들이 다수 있었다. 그리고 대부분 나이들도 있다 보니 1학년때부터 사시에 뜻을 두고 준비하고 있었고, 그들과 어울리다 보니 사시에 별 마음이 없었던 나도 자연스럽게 사시 공부를 같이 하게 되었고, 거의 도서관에서 생활하다시피 했다. 후배들이나 다른 과 친구들은 우리 멤버들을 보면 눈에 확 띄어서 어디에 있어도 금방 찾을 수 있다고 했다. 일명 우리들을 '연대 속의 고대'라고 칭했던 기억이 난다. 그렇게 화려한 연대생이 되길 꿈꿨는데 현실은 그러한 이상을 따라가지 못했다. 그렇게 우리는 외딴섬처럼 연대 분위기와 동떨어져 생활해왔고, 그나마 할 수 있는 건 당시 물이 젤 좋다는 연대 도서관 3층에 자리 잡고 공부하는 정도였던 것 같다.

애초에 고시를 오래 할 생각이 없었던 나는 대학 졸업반이 되었을 때 취직을 하기로 마음먹었다. 그런데 계속 고시공부하는 친구들과 어울리다 보니 취업에 대한 정보가 너무 없었다. 대부분의 특채들이 여름이나 9월쯤이면 대충 결정난다는 사실을 나중에야 알았고, 10월이 넘어서 내가 알아볼까 했을 때에는 남은 게 별로 없었다. 그리고 취업 면접을 가면 면접비를 줬는데 면접비를 받아서 친구들과 술마시는게 또 다른 낙이었다. 그러다보니 친구들이 내가 면접 갔다오기를 기다리기도 하였던 것 같다. 한번은 면접 시간에 늦었음에도 내가 면접비를 받아오기를 기다리는 친구들의 눈빛을 잊을 수 없어 제일 마지막에 면접을 보고 왔다. 면접 시간을 지키지 못한 나를 직원으로 뽑아줄 리 없으니 당연히 떨어졌지만 나는 면접비를 받아 친구들과 한잔할 수 있다는 생각만으로 무척 만족해했었다. 그리고 수자원공사 같은 경우엔 시험에 합격하고 면접을 대전으로 내려와서 보라는 이야기에 차비를 빼면 남는 게 없을 것 같아서 포기하기도 했다. 그러고 보면 취직을 하겠다고 했지만 취직이 내 마음에 와 닿지는 않았던 것 같다. 그렇게 진정성 없는 취직 준비를 하기 위해 몇 달을 그냥 흘려 보냈고, 결국은 다시 한번 더 사시에 도전해보기로 하였다. 그리고 1~2년 정도만 고시공부를 더 해보고 안되면 미련없이 접기로 하였고, 신림동 고시촌에 들어가서 스터디그룹도 하면서 열심히 공부하였다. 나름 열심히 노력한다고 했지만 아쉽게도 떨어졌고, 더 이상 고시 준비하는 것은 부모님에게 면목이 서지 않아 다시 한번 취직을 할까라는 생각을 가졌었다.

그때 멤버 중 맏형인 상경이 형이 박상기 교수를 통해 의대에서 새롭게 의료법 대학원 과정을 개설하는데 연봉 1,800에 대학원생을 뽑는다고 한번 가보라고 추천을 해주었다. 그 당시 제조업체 대기업 연봉이 1,800만원 정도였는데 대학원도 다니고 연봉도 준다는 말에 솔깃해서 면접을 보러 가게 되었다. 그렇게 손명세 교수를 만나고 바로 다음 주부터 연구실에 나오라고 해서 얼떨결에 연세대 의료법윤리학연구소로 출근하게 되었다. 그렇게 가보니 처음에 한 이야기와는 다르게 그 정도의 연봉은 아니었고 초기에는 월 50만원 정도의 연구비 지원 정도였다. 연구실에 출근해서 먼저 일을 시작하고 한두 달 후에 대학원 면접을 보게 되었다. 생각보다 일이 많았고, 보수도 생각보다 적은 것 같아서 대학원에 합격은 했지만 등록을 하지 않기로 나 혼자 마음먹었었다. 등록 마감이 지나면 손명세 교수를 비롯한 연구실 선생님들을 만나 '죄송합니다. 그동안 신세 많이 졌습니다.' 그러고 나갈 나 나름의 계획을 세우고 있었다. 이번에도 운명은 등록 마감 하루 전날 나의 의도와는 다르게 흘러가고 있었다. 당시 연구강사로 계시던 이인영 교수가 나를 부르셔서는 등록했냐고 물으시길래 안했다고 했더니 손명세 교수가 전해주셨다면서 300만원을 주시면서 등록하라고 하셨다. 예상치 못한 전개에 난 당황했었고, 당시 나 외에도 함께 입학할 동기 4명이 연구실 생활을 같이 하고 있었는데 나에게만 주는 것은 형평성의 문제도 있고 하니 못 받겠다고 거절을 했었다. 그럼에도 불구하고 이건 내가 앞으로 할 일에 대해 미리 보수를 주는 것이니 그런 걱정을 할 필요가 없다고 하셨고 몇 차례의 실랑이 끝에 난 그 돈을 받고 1999년 6월 대학원에 등록하게 되었다. 돌이켜 보면 그때 내가 의료법을 탈출할 수 있는 첫 번째 기회가 아니었나 하는 생각이 드는데 내 운명의 수레바퀴는 그걸 허용하지 않았다. 그리고 정말 그 300만원은 앞으로 내가 할 일에 대한 보수를 미리 주는 게 맞았다. 처음 연구실에 들어갈 때 한글 워드도 못치던 나였는데 통계분석인 SASS 분석, TREE 분석을 하고 몇 달간 잠도 제대로 못자며 개고생을 했었다. 역시 이유 없는 돈은 함부로 받는 게 아니었는데 후회했지만 늦었다. 의대 연구실에서의 대학원 생활은 법대 대학원생과는 달리 연구 프로젝트를 통한 실전형 도제교육시스템이었다. 그리고 내가 할 수 있는 것인지 판단하기 전에 일단 해 봐라는 식이었다. 그렇게 혹독한 훈련을 받으면서 나도 모르게 연구역량이 향상되어 있었고, 2000년 3월부터는 의과대학 조교로서 일을 하게 되었다. 의대 조교는 법대 조교와는 달리 전공의연봉을 받는 직원으로서 처음 상경이 형이 말했던 연봉 1,800만원 정도가 되었다. 그렇게 4년을 조교로서 일하면서 공부했는데 동기들 중에서 남자가 나뿐인 상황이어서 특히 손명세 교수가 나를 찾아서 일을 많이 시키곤 했었다. 아침에 출근하자마자 손명세 교수가 부르면 손명세 교수 연구실에서 하루종일 잡혀 있다가 점심, 저녁까지 같이 해결하고 오는 날들이 많았다. 반면에 남의 불행은 나의 행복이라고 했던가 다른 동기들은 내가 손명세 교수를 밀착 마크하는 만큼의 자유를 누릴 수 있어 무척 좋아했던 걸로 기억한다.

손명세 교수는 내 인생 2막에서 가장 큰 영향을 미친 은사이다. 그를 만나 새로운 세상을 보게 되고 많은 것을 경험하게 되었다. 손명세 교수는 굉장히 글로벌하면서 끊임없이 새로운 것을 찾아 도전하는 성격이다. 그러다 보니 그 밑에 조교들이나 대학원생들은 그의 생각을 따라가느라 많이 허덕이곤 했다. 태어나서 한번도 외국에 나가 본적이 없는데 손명세 교수 덕분에 처음으로 해외 학회에 참가하게 되었다. 2001년 네덜란드 마스트리트에서 열리는 세계의료법학회를 시작으로 호주 시드니, 미국 애틀란타에서 열리는 공중보건학회 등 세계 여러 나라를 다녔고 그러한 학회들을 통해 외국 의료법학자와 교류하는 기회를 가지기도 하였다. 물론 외국의 국제학회에 참가한다는 것이 견해를 넓히는 의미있는 경험이기도 하였지만 그 핑계로 처음 가본 나라들을 관광하고 경험할 수 있다는 걸 더 좋아하기도 하였다. 그러면서 당시 법대 대학원생들이나 다른 친구들이 나를 부러워했었고 괜히 어깨가 으쓱해지기도 하였다. 손명세 교수는 이런 내게 긍정적인 영향을 주기도 하였지만 내가 학문적으로 제대로 자리를 잡는 데에는 좋은 영향만을 주었다고 볼 수는 없을 것 같다. 의대 내 연구실에서 몇 년 동안 조교 생활을 하면서 점점 느끼게 된 것은 의사 집단의 배타성과 폐쇄성 등으로 인하여 의대 출신이 아니면 의대 내에서 자리 잡기가 쉽지 않다는 것이다. 나도 그러한 한계를 체감하면서 의료법윤리학과에서 박사를 마치는게 맞는지 고민하게 되었고, 하루는 손명세 교수를 찾아가서 여기서 박사 받는 것을 그만두고 독일로 가겠다고 진지하게 이야기를 했었다. 손명세 교수는 내가 의료법윤리학협동과정 1기 의료법 1호 박사임을 들어 박사를 마치고 유학을 갈 것을 바랬고, 그리고 앞으로 법학도 독일보다는 미국이 대세가 될 것이라면서 독일가는 것을 만류했었다. 지금 생각하면 아무 의미도 없는 1호 박사라는 허울에 넘어가 또다시 의료법윤리학 교실에서 탈출할 수 있는 기회를 놓게 되었다. 또 손명세 교수가 내 학위논문 심사자들을 조각하셨는데 내가 1기고 1호 박사이다 보니 박사 학위 논문과 관련하여 조언해줄 사람이 마땅하지 않았다. 내 박사 학위 논문 심사위원들로 상법, 행정법, 민법, 보건학 등 전공 교수들이 참가하였고, 논문 지도교수는 의료법윤리학과에 석좌 교수로 와계시던 상법 전공인 박길준 교수가 맡으셨다. 물론 박길준 교수가 가진 인품과 학문적 식견은 나의 지도교수로 모시기에 조금도 부족함이 없으시고 지금도 여전히 좋아하고 존경하는 분 중 한 분이다. 그러나 나의 박사 논문은 보건행정법 관련 내용이고, 그 이후에 학교에 지원할 때도 행정법 교수 모집에 지원을 하였다. 그러나 그때마다 심사자들로부터 논문은 행정법인데 왜 지도교수가 상법이냐는 질문을 많이 받은 것 같다. 그래서 학과 후배들이 나의 그런 전철을 밟지 않기를 바랬기에 학교에 남기를 바란다면 항상 논문 심사위원과 지도교수 선정에 유의하라고 말해주곤 했다.

그렇게 의료법으로 박사학위를 받고 미국 시카고 로욜라 대학 공중보건법 센터에 Visiting Scholar로 수학하게 되었다. 시드니에서 열린 세계의료법학회에서 만나 교류하게 된 존 블럼 교수를 통해 공중보건법 센터에서 연구할 수 있는 기회를 받게 되었다. 그리고 지금 생각하면 참 낯뜨겁고 블럼 교수에게 미안하기 그지없는 일이 있었다. 난 미국 월세가 그렇게 비싼지 모르고 월세 100만원(미화 800불 수준)이면 충분히 방을 잡을 수 있다고 생각하고 로욜라 대학 로스쿨 근처로 방을 알아봐달라고 부탁을 하고 공항에 픽업까지 나와줄 것을 부탁했었다. 블룸 교수는 진짜 시카고 최고의 핵심지인 존핸콕 빌딩 근처에 월세 750불 정도의 집을 구해주었는데 건물이 좀 오래되긴 했지만 위치가 너무 좋았었다. 나중에 미국 물가를 알고 나서 시카고 다운타운에서 그 월세를 주고 방 구하기가 하늘의 별따기라는 사실을 알게 되었고, 너무 무리한 부탁을 한 것이 아닌가 미안한 마음이 그지없다. 그리고 내가 로욜라대학 공중보건법 센터에서 잘 적응할 수 있도록 챙겨주고 많은 편의를 봐주었다. 한국에 돌아가서 제대로 자리를 잡고 은혜를 갚아야지 했는데 아직도 못갚고 있어 여전히 내 마음의 빚으로 남아 있다. 한국에서 매일 프로젝트에 쫓기는 생활을 하다가 미국 시카고에서의 생활은 내가 하고 싶은 공부를 하고 자유를 만끽하며 처음 6개월 동안은 천국에 온 듯한 느낌이었다. 6개월이 넘어가면서 사람도 그립고 하면서 야간에 인트락스라는 어학원을 다니게 되었고 거기에서 만나 지금도 연락하고 지내는 후배가 김명환이다. 1년 반의 Visiting Scholar 생활을 마치고 아쉬워서 인디애나 블루밍턴 로스쿨의 LL.M 과정에 들어가게 되었다. 그 곳에서 유학 온 많은 이들을 만나게 되었고, 짧지만 미국법을 배울 수 있는 좋은 경험을 하게 되었다.

LL.M 과정까지 마치고 2008년 8월에 귀국을 해서 다시 의료법윤리학연구원에서 잠시 연구원으로 일하다가 2009년 연세대 법학전문대학원에서 연구교수를 뽑는 것을 알고 지원하게 되었다. 그때 법전원 부원장이던 김종철 교수와 이종수 교수가 면접을 보았는데 언제 올 수 있냐고 내일이라도 당장 출근을 하라고 하였다. 며칠의 말미를 받고 의료법윤리학연구원 짐을 정리하고 연대 법학연구원으로 갔더니 내 자리가 마련되어 있지 않은 황당한 상황을 경험하였다. 그때 당시 김기홍이 조교로 있었는데 연구소 간사인 이승환 교수가 해외 출장 중이어서 연구실 자리를 내줄 수 없다는 것이었다. 내가 의대에서 새로 온다고 하니 텃세를 부린 것이었는데, 난 의대에서 자리를 빼고 잠시 공중에 붕 뜬 상황이 되었다. 그렇다고 김종철 교수를 찾아가서 이야기하기도 뭣해서 그렇게 일주일 이상을 보내고 이승환 교수가 일본 출장을 다녀와서야 연구실에 자리를 잡았다. 그리고도 한동안 나를 빼고 자기들끼리 식사하고 왕따 아닌 왕따를 당했었다. 그렇게 2주 정도 지나고 환영식을 겸한 식사자리를 마련하자고 이야기하고 그날 모든 걸 풀기 위해 정말 거하게 마셨다. 2차, 3차 지나면서 이승환 교수와는 서로 호형호제하면서 트게 되었고 그날 이후로 지금까지 아삼육같은 사이로 지내고 있다. 그런데 문제는 그 다음날 오후 12시에 법전원 원장님과 부원장님 그리고 연구교수들 업무보고 겸 회의가 잡혀있었다. 그날 난 술이 너무 되어서 눈을 떠보니 어딘지도 모르는 모텔방이었고, 시간은 벌써 12시가 넘어 부재중 전화가 무수히 와 있었다. 정신없이 술이 덜 깬 상태로 갔더니 두 연구교수는 갑자기 일이 생겨 참석이 어렵다고 미리 연락을 했다고 하고, 지금은 덕성여대 교수로 재직하고 있는 김도훈 박사만 제시간에 와서 업무보고를 했었다. 거기다가 난 법학연구원 연구교수로 와서 처음 하는 회의였는데 정말 분위기가 최악이었다. 어떻게 회의를 끝냈는지 모르게 회의가 끝나고 홍복기 원장 및 부원장들과 같이 점심식사를 하게 되었다. 진짜 밥이 코로 들어가는지 입으로 들어가는지 모르게 식사를 하고 있는데, 홍복기 원장이 갑자기 "장박사가 그렇게 프로젝트의 귀재라면서... 기대하는 바가 커."라고 하셨다. 정말 갑작스러운 기습공격에 숨이 턱 막힘을 느꼈고, 원장 주재 첫 회의에 술 냄새 풍기면서 지각한 죄까지 더해져 눈앞이 캄캄해졌다. 그러면서 나를 이렇게 사지로 몰아넣고 자기는 일이 생겼다고 회의도 나타나지 않은 이승환 교수가 원망스럽기 그지 없었다. 물론 그에 앞서 나를 왕따시킨 것과 이 일까지 합쳐서 두고두고 우려먹긴 했었다.

어쨌든 나의 이런 과오를 씻기 위해서는 뭔가 실적을 내야 하는데 상황이 여의치 않았다. 법학연구원 조교들은 연구원 행사와 학술지 출판에 동원하기에도 부족했고, 나를 도와줄 수 있는 인력이 전무했었다. 전에 있던 의대 쪽 연구원과 인적 인프라에 비해 너무 차이가 극심했었고, 처음 한두 개를 준비했었는데 혼자서 준비하는데 한계가 있어 실패했었다. 고심하던 끝에 작은 연구프로젝트로는 계속 압박에 시달릴 것 같고 큰 장기 프로젝트 한방으로 해결하자는 생각을 하게 되었다. 그러자면 적어도 나를 보조할 수 있는 행정전담인력이 필요해서 당시 법학연구원 원장으로 새로 부임한 손한기 교수를 찾아가서 프로젝트를 준비할 수 있는 행정보조인력을 요청드렸다. 그렇게 법전원에서 월 80만원 정도에 한두달 알바 학생을 쓰는 것을 지원해주기로 하였고, 연구재단 중점연구소 사업에 착수하게 되었다. 이전에 중점연구소 사업에 선정된 바있는 국가연구원 연구교수를 만나 노하우 및 정보들을 배우고 당시 이명박 정부의 주요 정책의제인 녹색성장을 주제로 하여 법정책적 과제를 준비하였다. 중점연구소 사업은 한 학교 한 팀만 낼 수 있기 때문에 교내의 사전 경쟁이 치열하였다. 내가 그 과제를 준비한다고 하였을 때 홍복기 법전원 원장도 그게 되겠어라고 하면서 회의적인 반응이었다. 그러다 교내에서 동서연구원 등 쟁쟁한 연구소를 꺾고 우리가 연세대 대표로 선정되었다. 그때부터 홍복기 원장이 달리 보면서 최종 선정까지 욕심을 내기 시작하였고, 교수회의에서 교수들도 적극적으로 도와주라고 하였다. 법전원 차원의 적극적인 협조에 힘입어 법학에서는 처음으로 연구재단의 중점연구소 사업에 선정되었고 간접비 포함 9년간 총20억이 넘는 연구비를 지원받게 되었다. 그러면서 연구원 업무는 간사인 이승환 교수가 총괄하지만 연구프로젝트는 내가 담당하게 되었고, 연구과제를 같이 할 연구교수를 새로 뽑게 되었다. 그 과정에 연구원 원장, 부원장과 함께 내가 연구교수 채용 면접에 참여하게 되었다. 그렇게 해서 인연을 맺게 된 이가 윤익준 교수이다. 윤익준 교수는 녹색성장 주제와 가장 부합하는 환경법 전공자였고 무엇보다 법대 출신치고는 보기 드물게 프로젝트 경험이 많았기 때문에 채용할 것을 연구원 원장에게 강력히 건의하였었다. 그렇게 윤익준 교수가 옴으로써 내 짐을 나눠서 프로젝트를 같이 할 수 있는 인력이 생겼다는 사실이 너무 좋았었다. 그리고 6년차 때에 건강보험심사평가원으로 자리를 옮기게 되었는데 내가 떠난 후에도 그 과제를 마지막까지 잘 마무리하였던 것 같다.

　손명세 교수가 건강보험심사평가원 원장으로 가면서 나를 불렀고 2015년에 연세대를 떠나 심평원 연구위원으로 자리를 옮기게 되었다. 나도 불안정한 연구교수보다는 공공기관 연구위원이 경제적으로나 여러모로 나을 거 같다는 생각에 이직하게 되었다. 처음 기획조정실 내 미래전략부에 배치를 받아 업무를 수행하게 되었고, 나름의 친화력으로 당시 미래전략부 부장인 기호균 부장과도 잘 지내고 조직에 잘 스며들었었다. 그러면서 1년차에 한 해 농사 중 가장 중요하다는 경평팀에 들어가 경평보고서를 쓰기도 하고, 원장이 직접 관심을 가지고 추진하는 조직 개편 업무를 담당하기도 하였다. 그 후 연구조정실 연구행정부장으로 보임을 받아 건강보험40년사를 편찬하는 업무를 수행하였다. 건강보험40년사를 우여곡절 끝에 건강보험공단과 공동으로 편찬하였는데, 공단은 그 작업에 빵빵한 예산과 인력을 투입하는데 반해 심평원의 경우에는 상대적으로 열악하였다. 그래서 어쩔 수 없이 연구팀으로부터 4명의 연구원을 지원받아 TF팀을 구성하고 어려운 여건 속에서도 심평원 파트의 편찬작업을 완료하였다. 그렇게 주어진 여건 속에서 최선을 다하며 그리고 심평원 기존 직원들과도 잘 융화되며 생활해왔다. 손명세 교수가 원장직에서 물러나고 그동안 원장에 대해 불만을 가졌던 실장이 득세를 하면서 조직에도 변화의 바람이 불었다. 문재인 정부가 들어서면서 심평원 내 연구원 정규직 전환 작업이 이루어졌는데 그 과정에 전 원장에 대한 반감을 가졌던 강경수 실장이 인사실장되면서 나를 배제하고자 하였다. 정규직 전환을 시키지 않은 연구원이 나와 딱 한 명이 더 있었는데, 그 친구는 연구소 내에서도 연구능력 등에 있어 평이 그렇게 좋지 않은 친구였다. 그 친구가 나를 찾아와 자신은 억울하다며 같이 대응하자고 했지만 그 친구와 동일한 취급을 받으며 소송을 진행한다는 것을 내 자존심이 허락하지 않았고, 세상에 할 일이 얼마나 많은데 나를 원치 않는 조직에서 일하고 싶은 마음은 추호도 없었다. 그리고 무엇보다 공공기관 소속 연구원으로 연구를 진행함에 있어 윗선의 눈치를 보고 진행해야 하고, 일개 보건복지부 사무관의 말에도 절절매게 되는 그 상황이 너무 싫었었다. 그렇다고 내 발로 먼저 박차고 나갈 용기는 없어 그냥 순응하며 살고 있었는데 새로운 기회를 준 것 같아 흔쾌히 던지고 나왔던 것 같다. 그리고 그 친구가 노동위원회에 제소해서 이겨서 복직을 하고, 그동안 못받았던 임금도 받았다는 이야기를 전해 들었다. 그 얘기를 듣고 복직에 대한 마음은 조금도 없지만 같이 했으면 나도 적지 않은 돈을 챙겼을텐데 하는 생각을 잠시 하긴 했다. 심평원을 나와서 한동안 휴식을 가지다가 연세대 보건대학원 연구교수가 되어 강의를 하고 프로젝트도 수행하면서 심평원 들어가기 전의 삶의 형태로 돌아가게 되었다. 아무래도 심평원이라는 공공기관의 연구원으로 삶보다는 강의도 하면서 자유롭게 프로젝트를 수행하는게 더 체질에 맞는 듯 하였다.

나의 25여년간의 2막의 인생을 돌아보면 미국에서의 유학 경험, 심평원에서의 연구원 생활 등 외유가 있었지만 연세의 한 일원으로 들어가기 위해 부단히 노력하였지만 제대로 응답을 못답고 주변에 머물렀던 것 같다. 나 혼자만의 외사랑으로 끝난 듯한 약간의 씁쓸함이 있다. 그리고 이제는 내 마음에서 연세에 대한 미련을 놓아버릴 때가 된 것 같다.

제3막 : 내 인생의 무대에서 진정한 주역이 되기를 꿈꾸다.

지나온 내 인생을 돌아보면 로맨스가 없는 드라마였다. 그렇다고 액션미 터지는 느와르 장르도 아니었기에 무미건조하기 짝이 없는 모노드라마 같았다. 그런 내 인생에 드디어 한 여인이 나타나 로맨스물로 바뀌었다. 그녀를 처음 만난 건 2017년 심평원을 다닐 때였다. 그러다 이직

등 나의 개인적 복잡한 사정으로 인하여 중간에 연락이 끊기게 되었고, 2019년 다시 연락이 닿게 되었다. 다시 만나 서로 사랑하게 되었고 그 어렵던 결혼이 급속하게 진행되게 되면서 2020년 5월 2일 우리는 비로소 부부가 되었다. 그 당시 코로나가 성행하고 있어 보다 많은 이들의 축복을 받으며 시작할 수는 없었지만 우리 두 사람의 사랑을 가로막기에는 역부족이었다. 결혼한 후 나의 아내는 아이를 원했지만 나는 가족 드라마보다는 두 사람이 만들어가는 로맨스물이 더 좋다. 우리 두 사람의 사랑이 너무 뜨거워 하늘이 시샘을 했는지 2023년에 아내에게 암이라는 불청객이 찾아와서 힘든 시간을 겪기도 하였지만 그러한 시련이 우리 두 사람의 사랑을 단단하게 만들어준 것 같다.

* 나의 결혼 사진인데 머리숱 없음을 가리기 위해 가발을 썼더니 결혼식날 우리 아버지도 못알아보셨다.

그리고 앞서 서두에서 언급하였다시피 2020년 내 인생 3막에 중요한 등장인물인 소성규 교수를 만나게 되었다. 그를 만나 부동산법, 통일법, 심지어 택배까지 새로운 영역의 연구에 발을 들이게 되었고, 끊임없이 새로운 영역에 도전하게 만들고 있다. 지방자치제도와 관련해서 과거에 지방자치법학회지에 논문을 투고한 적이 있긴 하지만 그동안 책이나 논문을 통해서만 알아 오던 피상적 수준에 머물렀다. 그러나 소성규 교수와 같이 2023년에 경기북부 접경지역 지원사업 관련 과제, 2024년 지방분권균형발전법 관련 과제 등 경기도 의회 과제를 수행하게 되면서 경기도의 지방자치와 관련된 현안 문제에 대해 일선에 있는 지방자치 의회 의원 및 공무원 등 현장의 전문가들과의 이야기를 들을 수 있었고, 이를 통해 미처 생각하지 못한 것을 깨닫기도 하고 지방자치제도에 대해 나의 식견을 넓혀주는 좋은 기회가 되고 있다.

* 윤충식 의원과 함께 한 경기북부 접경지역 지원사업 평가 및 신규사업 발굴 과제

* 김정영 의원과 함께 한 경기지방시대 계획 및 지역균형사업의 효율적 추진방안 과제

또한, 2년 전부터는 대진대학교에서 강의도 하게 되면서 대진과의 인연을 새롭게 쌓아가고 있다. 올해 초에 연구재단에 학술연구교수에 지원을 하면서 소속기관으로 기존에 있던 연세대학교로 할지 대진대학교로 할지를 고민하다가 대진대학교와 함께 가기로 하였다. 그리고 소성규 교수가 원장으로 있는 대진평화통일교육연구원 소속으로 지원서를 제출하였고, 학술연구교수에 최종 선정되어 2024년 7월 1일부터 향후 5년간은 대진의 일원으로서 같이 하게 될 것 같다. 대순진리회의 기본교리가 해원(解冤), 보은(報恩), 상생(相生)이라고 한다. 내 맘대로 해석일지 모르지

만 맺힌 게 있으면 풀고, 은혜를 입으면 갚으며 그렇게 더불어 살아가자는 것인데 거창하지 않고 참으로 인간적인 것 같아 내 맘에 든다.

  이제 3막이 시작될 무대는 대진으로 정했고, 모노드라마가 아닌 로맨스가 가미된 드라마의 주인공이 되어 능동적인 삶의 주체로서, 원한이 있으면 복수까지는 몰라도 마음에 맞지 않은 사람은 멀리하고 은혜를 입으면 보은을 하고 그러면서 상생하는 삶을 살아가고자 한다. 그리고 4막의 인생은 노년의 삶이 될텐데 사랑하는 아내와 그리고 마음 맞는 지인들과 다양한 나라들을 다니면서 새로운 세상을 경험할 수 있는 체력과 건강이 되기를 바란다.

소성규교수님과의 만남

장환명

대진대학교 학사팀장 겸 융합전공지원센터장

쯤오(0.5) 고등학교 선배

여느 날, 친형처럼 지내온 대학원에서 근무하는 선배가 갑자기 불러낸 자리에는 소교수님과 부서원들이 식사하고 있었다. 평소 직원들과 소탈하게 지내는 소문을 익히 들어온 터라 처음 만나는 자리였지만 낯설지 않았다. 술잔이 한두 번 돌고 분위기가 무르익었을 때, 소교수님이 "우리 대학에서 나와 술을 한 번도 마시지 않은 직원은 있어도, 한 번만 마신 직원은 없을 것이다"라고 말씀하셨다. 그 말은 한번 맺은 인연의 소중함을 여러 번 강조한 듯했고, 꽤 깊은 첫인상으로 남았다.

그 이후 인연의 소중함에 엮여 나 또한 여러 번 만남의 자리를 가졌고, 같은 지역 출신인 것을 알았을 때는 그 인연의 깊이가 한 층 더 두터워진 것 같았다.

내가 다니는 직장 내에는 연배가 있는 A선배가 있었는데, 동향이면서 같은 고등학교를 나왔다는 것을 알게 되어 내심 반가웠다. 그러나 그 선배가 다른 곳으로 전보를 가면서 연락이 뜸해졌다. 그러던 어느 날, 교수님과의 만남에서 우연히 A선배 이야기가 나왔다. 나는 반가운 마음에 A선배가 나와 같은 고등학교 출신이라고 이야기하자, 교수님도 깜짝 놀라시며 A선배가 자신과 같은 고등학교 선배라고 하셨다. 분명 교수님과 나는 같은 지역이지만 다른 고등학교를 나왔고, A선배는 나와 같은 고등학교 선배였는데, 어떻게 한 사람이 두 명의 선배가 될 수 있는지 궁금해졌다.

그 자리에서 바로 사실 확인에 들어갔다. A선배는 경북고등학교에 입학했다가 사고를 쳐서 나의 모교로 강제 전학을 와서 졸업한 것이었다. 나의 모교는 개교한 지 십여 년밖에 되지 않는 신생 고등학교였는데, 개교 당시 대구 경계선에 있는 2급 고등학교였다는 사실을 처음 알았다. 나는 내가 졸업한 고등학교에 대해 꽤 높은 프라이드를 가지고 있었다. 그 당시 대구에서는 동쪽의 덕원고와 서쪽의 내 모교가 신성처럼 떠오르는 고등학교였다. 내가 졸업했을 때도 학년별로 열댓 명이 서울대에 진학하는 등 신생 고등학교 중에서는 나름대로 인지도가 있었기에, 7~8년 전만 해도 2급 고등학교였다는 사실이 충격적이었다.

사실을 알고 난 후 떨떠름한 기분에 빠져있을 때, 소교수님이 "우리 이렇게 된 거, 고등학교 0.5 선후배 관계로 하자"고 하셨다. 비록 같은 학교 출신은 아니지만 같은 고등학교 선배를 두고 있으니, '쩜오'라는 선후배 관계도 멋진 인연이라는 생각이 들었다. 고등학교 선배는 있어도 '쩜오' 고등학교 선배는 처음이라, 우리는 유쾌하게 웃으며 한동안 긴 고등학교 시절의 이야기를 나눴다.

IT 얼리어답터

교수학습지원센터에서 교수들을 대상으로 구글클래스룸 강의를 요청받은 적이 있었다. 구글클래스룸은 교수-학생 간의 수업과 소통을 원활하게 할 수 있는 협업 도구로서 외국에서는 널리 알려진 솔루션이었다.

당시 구글은 클래스룸뿐만 아니라 클라우드 시장에서도 뜨거운 이슈를 만들고 있었다. 특히 구글드라이브는 일반인에게는 비싼 요금제를 제공하면서도, 교육기관에는 무제한 무료 서비스를 시작했고, 메일, 캘린더, 구글 오피스 등을 내세워 대학 클라우드 시장을 대부분 잠식하며 공격적 마케팅을 펼치고 있을 때였다. 이러한 구글의 전략이 맞아떨어져 1~2년 만에 전국 대부분의 대학교이 자체 학교 메일과 웹하드를 버리고 구글 클라우드로 이동했으며, 우리대학도 예외는 아니었다. 이러한 생태계 변화는 대학교수들 사이에서도 큰 이슈로 떠올랐고, 나름 빠른 도입으로 기술력을 겸비할 수 있는 덕에 강의까지 할 수 있게 되었다.

대학 직원이 강의 전문가인 교수를 상대로 가르치는 것 자체의 어색함보다는 평균 연령이 높은 대상자에게 IT 신기술을 쉽고 빠르게 이해시키는 것이 더욱 어려웠다. 1회차 강의가 무사히 마친 며칠 후, 2회차 강의를 준비하고 있을 때 소교수님이 본인도 그 강의를 청강해도 되는지 연락이 왔다.

평소 교수님이 IT에 깊은 관심이 있다는 것은 알고 있었지만, 스마트폰 등 IT 디바이스를 능숙하게 다루지 못한다는 것도 알고 있었기에 여러 주제를 빠르게 진행되는 그 강의가 어렵지 않을까 걱정이 되었다. 소교수님은 첫날부터 앞줄에 앉아 열심히 강의 진도를 따라오려 했지만, 젊은 교수들에 비해 이해하지 못하는 표정을 짓곤 하셨다. 그리고 여러 주제 중 구글 드라이브에 유독 높은 관심을 보였고, 강의가 끝난 이후에도 자리를 뜨지 않고 계속해서 질문을 하셨다.

구글 드라이브는 웹하드와 유사한 기능으로 PC에서도 자체 디스크처럼 인식하여 탐색기에서도 자유롭게 파일을 제어할 수 있는 클라우드 스토리지이기도 하지만, 특히 교육기관에서는 무제한 용량을 제한 없이 제공해 인기가 높았다. 백업기능도 우수하여 PC에 있는 중요 문서를 자동으로 백업하고, 파일을 버전별로 관리하여 덮어씌우는 실수를 복구할 수 있었으며, 별도의 조작 없이 학교에서 작성한 문서를 집에서도 편집할 수 있어 장소와 디바이스에 구애받지 않고 사용할 수 있었다.

교수님이 관심을 두는 부분은 외장하드를 대처할 수 있는가였다. 예전에 외장하드가 몇 번이나 말썽을 일으켜 중요 문서를 날려버린 기억이 있었는지, 구글 드라이브가 그 부분 대체만 할 수 있으면 자기가 직접 사용해 보겠다고 하셨다. 나는 IT에 능숙한 사람이 아닌 이상, 외장하드 대체제로 사용하는 것이 더 불편하다는 것을 알고 있었고 그 불편함이 나에게 귀찮음으로 오지 않을까 걱정하면서 추천하지는 않았지만, 결국 교수님은 외장하드를 버리고 구글 드라이브에 수십 년간 만든 모든 문서를 맡겼다. 나는 속으로 '아! 이렇다가 모든 파일을 다 날리는 순간 나에게 큰 원망으로 돌아오지 않을까' 걱정을 하였지만, 이후 구글 드라이브를 열정적으로 사용하는 모습을 보며 기우였다고 생각했다.

어느 날 이른 아침, 교수님이 집에서 며칠 동안 작성한 논문 파일이 다른 파일로 덮어씌워졌다는 급한 연락을 받았다. 보통 컴퓨터에서 파일이 삭제되면 복구하기가 쉽지만, 덮어씌워진 파일은 복구하기 어렵다. 원격제어로 상황을 살펴보다가 그냥 포기하시라고 말씀드리려는 순간, 혹시 구글 드라이브로 실시간 백업을 걸어두었는지 체크를 해보았다. 다행히 강의를 열심히 들으신 건지 실시간 백업이 작동하고 있었고, 구글 드라이브의 버전관리 기능으로 완벽하지는 않지만 몇 시간 전 파일로 되살릴 수 있었다. 그 이후로 교수님은 구글 드라이브에 대한 신뢰가 높아져 주변에 열정적으로 알리셨다. 내가 만약 교수님 입장이었다면 익숙하지 않은 신기술에 열정적으로 접근할 수 있을까? 어쩌면 나보다 더 얼리어답터가 아닌가 생각이 들었다. 그 후 구글의 교육기관 무제한 정책 철회와 보안 강화로 인하여 더 이상 자유롭게 구글드라이브를 사용하지 못하지만, 그 당시 IT 얼리어답터의 열정만은 대단하였다.

부동산의 개념과 부동산학의 연구대상

장희순
강원대학교 교수
(사)한국부동산학술회의 회장

부동산이란 용어에 대한 학문적 접근의 필요성

　토지와 주택이 움직이지 않는다 해서 부동산학의 연구대상이 되어야 하는가?. 움직이지 않는 것이 부동산이라 해서 전부 부동산학의 연구대상이라 주장할 수 있는가, 있다면 그 논리는 무엇인가? 토지와 주택이 기존의 성립된 학문적 체계속에서 이미 다루어져왔고, 토지·주택과 인간과의 사이에서 발생한 많은 문제들 또한 다양한 학문적 성과를 통해서 해결의 과정을 겪으며 현재에 이르고 있다. 굳이 부동산학이라는 새로운 학문타이틀을 만들면서까지 그러한 문제에 대해 새롭게 논의를 해서 얻을 수 있는 실익이 무엇인가.

집이 부족한 문제나 물리적 공간부족의 문제는 건축학과 건축기술이론의 발전과 경제학 이론을 통해서도 해결하고자 했으며, 해결해왔다. 토지의 효율적인 이용과 관련해서는 도시공학, 농학, 토목학, 경제학, 지리학, 지질학, 토양학 등 자연과학을 비롯하여 인문사회과학의 분야에서도 심도 있게 다루어져 왔다. 또는 각종 불합리한 토지이용이나 거래의 자연성을 저해하는 요소를 제거하여 시장의 안정을 도모하기 위해 공사법적인 해결방법을 동원해 왔고, 이를 정책에 반영하여 시장을 규제, 통제 및 완화와 같은 수단을 사용하여 왔다.

주택은 건축활동에 의해 만들어지고, 법률에 기초해서 소유되거나 임대되고, 경영활동에 의해서 거래되고 관리된다. 주택이나 건물(on land, in land)등은 부동산이라는 실존(실재)적 공간의 한가지 이용형태에 지나지 않는 것이다.

농촌공간, 도시공간이든, 산림공간, 하천공간, 상업공간, 공업공간, 주거공간 등의 공간적 분류는 부동산이라는 추상적인 공간입방체의 이용형태인 것이다. 따라서, 부동산학의 본질적인 연구대상은 세분화된 공간이용형태가 아닌 추상적이고 인위적인 공간이다.

학문활동은 서로 중복(重複), 지원(支援), 협력(協力), 고유영역(固有領域)다툼을 하면서 우리 사회에 존재하고 있다. 하지만, 어떠한 학문이라도 그 학문이 성립하기 위한 본질적인 대상을 가지고 있다. 그 본질을 추구하는 과정속에서 서로 중복이 발생하거나 호상 협력하기도 하고, 고유영역을 지키기 위한 활동이 끊임없이 일어난다.

일정면적의 토지공간위에 수많은 종의 식물들이 공간을 공유하면서 존재한다. 하지만, 동일한 토양(인간사회)에 있지만, 서로 다른 잎과 줄기와 꽃을 피운다. 이와 마찬가지로 부동산학의 학문으로서의 본질이 존재해야 한다는 점이다. 부동산학이 법학의 개념을 차용해서 사용한다고 해서 법학의 일부는 아니며, 경제학의 이론을 원용해서 사용한다고 해서 경제학의 종속학문이 아니다. 토지공간의 사용을 고민하고 공간을 실재적 유용공간으로 사용하기 위해 건축학의 개념을 차용한다고 해서 건축학과 동일시할 수 없는 이유다.

따라서, 부동산학의 본질과 그 연구대상은 무엇인가?

부동산학의 시·공간성

시간과 공간의 변화는 끊임없이 이루어지는 연속의 과정이고, 그 연속의 과정 속에 인간은 태어나고, 자라고, 활동하다가 사라져간다. 그러한 인간의 활동을 통해 국가가 만들어지고, 지역이 만들어지고, 역사가 생기며, 전통과 문화, 관습 등이 생겨난다. 이러한 것에 바탕해서 그 지역내 토지공간의 이용형태는 자연스럽게 지형이나 기후, 강우 등의 자연적인 조건에 영향을 받으면서 차이가 발생한다. 각 나라마다 주거의 형태가 다르고, 주택의 층수나 공간의 이용형태, 난방방식, 도시 내외부의 이용방식 등 천차만별이다.

이와 같이 인간은 사계절의 변화와 같이 하면서 일정한 라이프사이클을 유지하면서 토지를 기반으로 하는 공간속에서 생존해 왔다.

시간의 변화에 따라 인류는 진화하고, 기술이 발전하고 사회가 다양화 됨에 따라 공간의 이용방식도 변화해 왔다. 원시적 공간이용은 자연의 있는 그대로의 형태에서 인간이 자연에 의존해서 살아왔다. 인간이 집단생활을 시작하고 농업이 발달하기 시작하면서 집단주거지가 필요하게 되었고, 이것이 촌락을 이루는 계기가 된 것이다. 산업형태가 농업에서 공업으로 이전되면서 고도화된 주거구조와 상하수도, 도로 등이 필요한 도시로 인구가 몰려들게 되고 기존과는 전혀 다른 토지공간의 이용형태가 나타나게 된다. 또한 도시로의 인구집중은 토지이용의 고밀화 고층화를 자연스럽게 유발하게 되었고, 도시를 외연적으로 확산시키는데 주요 요인이 되었다. 이러한 일련의 과정은 토지경제학이나 지리학, 도시경제학, 문화인류학 등에서 이미 정리되었고 많은 연구성과를 보이고 있다.

그렇다면 부동산학의 관심은 어디에 두어야 하는가. 부동산학은 이러한 토지공간을 둘러싼 이용형태의 변화가 어떠한 경로를 거쳐왔는가, 어떤 요인에 의해 변화되어 왔으며, 앞으로 어떻게 갈 것인가에 대해 관심을 두어야 한다. 부동산학이 부동산이라는 실재적 공간의 실체를 시·공간의 관점에서 파악해야 하는 이유는 인류가 정지된 상태에 있지 않고 끊임없이 변화의 과정에 있기 때문이다. 그 시간의 변화 과정 속에서 정지된 듯한 한 지점의 공간이 활기를 띄기도 하고, 사람들의 관심에서 벗어나기도 하며, 가격이 오르기도 하고 내리기도하며, 사람이 모이기도 흩어지기도 하는 것이다. 이러한 시공간의 원리를 탐구하는 것이야 말로 부동산학에 있어 시공간의 원리이며, 부동산학의 핵심인 것이다.

부동산활동과 인간행동

부동산학은 만능학문이 아니다. 어떤 단어든지 앞에 부동산이란 글자를 붙인다고 해서 전부 부동산학의 대상이 된다고 주장하는 것은 그 설득력을 얻을 수 없다. 예로, 금융이나 투자와 같이 이미 특정된 목적을 위해 서비스를 제공하는 활동등은 그 대상이 어떠한가만 다를 뿐이지 그 행위는 동일하다. 금융활동의 대상속에 토지와 주택이 그 대상이 될 뿐이고, 투자활동의 내용 속에 토지와 주택에 투자하는 행위가 있을 뿐이다. 그리고, 경영활동 속에 경영의 대상으로서 기업이 있고, 그 기업의 활동 속에 토지의 취득이나 개발, 사옥이나 사원주택의 건축과 같은 행위가 있는 것이지, 특정하게 부동산경영활동이 존재한다고 판단하기는 어렵다. 물론, 주택을 지어서 판매하는 것이 본업인 건설회사의 경우라도 그것은 기업의 경영활동이지 부동산경영활동이라고 보기는 어렵다는 것이다. 따라서, 기존의 부동산학에서 언급하고 있는 부동산활동은 그 정연한 논리적 체계를 가지고 있지 않다. 토지공간을 대상으로 이루어지는 인간의 활동은 정말로 다양하다. 그중에서 부동산학의 대상이 되어야 하는 부동산활동은 무엇인가 하는 점이다. 이것이 정해지지 않는다면 부동산활동은 만능이며, 부동산학의 범주는 한이 없으며, 부동산학자는 그야말로 전지전능한 신적인 존재가 되지 않으면 그 모른 것을 헤아릴 수가 없다.

따라서, 부동산학의 대상이 되는 부동산활동에 대한 정연한 논리의 정립과 부동산활동의 범주에 대한 개념 정립이 필요하다.

부동산학의 이론적 발전이 미흡한 것은 법학이나 행정학등 기존의 규범이나 틀 속에서 부동산현상을 이해하려고 한 결과이며, 발생한 부동산현상에 대한 문제의 원인을 법과 제도등과 같은 규범에서 찾으려 했다는데 문제의 근본이 있다.

또한, 가정을 전제로 하는 경제학의 설명을 가지고 인간행동의 결과 나타난 부동산현상을 설명하는데 한계가 있었다는 점을 자인하지 않을 수 없다. 부동산의 속성에는 법학적 권리개념과 경제학적 생산요소의 개념이 내포되어 있지만, 이러한 개념으로 부동산현상을 설명하고자 했던 것은 인간의 행동결과를 효과적으로 설명하는데 한계가 있다는 점이다.

따라서, 부동산학의 연구대상이나 이론의 전개에 대한 전환이 요구된다. 즉, 부동산을 대상으로 전개하는 인간의 행동이론에 중점을 두고, 그러한 행위의 원인과 결과에 대한 인과관계를 설명하는데 분석의 초점을 두어야 한다.

심리학이나 사회학적 연구방법을 통한 인간행동에 의한 사회현상을 분석하는 측면으로 접근하는 것이 바람직한 부동산현상해석이나 문제해결에 실마리를 찾는데 도움을 줄 수 있을 것으로 생각된다.

부동산학에서의 부동산의 개념적 정의

부동산학은 기존학문의 연구결과를 취사선택(eclectic)하여 학문이라는 명칭을 부여한 것에 지나지 않는다는 비판을 받고 있는 것이 사실이다. 이는 부동산학의 태생이 법학·경제학·공학 등 여러 분야의 토지와 관련된 학문연구결과를 소위 짜깁기하여 만들어진 것이라는 점이다. 이러한 비판이 전혀 터무니 없는 것은 아니다.

이러한 비판이 나올 수 밖에 없는 것은 사실상 부동산이란 개념에 대한 과학 철학적인 관점에서 명확한 정의가 있는 것도 아니고, 단지 민법상의 부동산이란 개념을 그대로 원용하고 있다는 점에서도 그렇다. 민법에서 규정하고 있는 부동산이란 개념은 법학에서 다루고 있는 개념이기 때문에 부동산학이 직면하고 있는 다양한 문제에 대한 설명을 하는데 개념적 한계를 가질 수 밖에 없다. 왜냐하면, 민법 제 99조1항에 있는 부동산의 정의는 다분 법학적 개념이기 때문이다.

인위적인 이용·관리의 대상으로서 공간이며, 부동산학에서 의미하는 부동산이란 인위적인 이용관리대상인 물리적 실체로서의 공간이며, 부동산학은 그 이용관리상의 인간행위를 그 연구대상으로 하는 것이다.

법학상의 부동산개념을 가지고 부동산학에서 그 대상개념으로 삼는 것은 부동산의 실체를 왜곡시킬 우려가 있으며, 부동산학에서 다루어야 하는 법률상의 부동산개념은 소유·이용의 결과 얻게 되는 관리상의 권리개념이다.

따라서, 부동산학은 소유 및 이용의 결과 얻게 되는 법률효과(권리의 변동-소유, 이전, 임대차 등)가 미치는 영향을 연구의 대상으로 삼아야 한다. 따라서, 법학에서 다루는 소유의 개념에 입각해서 이루어지는 다양한 법률행위의 결과 발생하는 문제의 해결은 사법적 행위에 해당하는 것이지 부동산행위라고 확대해석하지 말아야 한다.

결국, 부동산이란 부동의 실체로서 법률적 개념이라기 보다는 인간의 인식작용에 의해 인식되어진 공간(無, Void)과 그 공간의 이용·관리행로서 인간의 작용에 의한 실물로서의 객체(Improvement, 有, Solid)인 것이다.

부동산학이 하나의 독립된 학문으로서 존재를 인정받기 위해서는 경제학으로부터 파생된 인식이나 법학적 개념의 구속에서 벗어나 부동산의 개념적 실체를 새롭게 인식해야 한다.

즉, 토지(有, Solid)와 토지를 둘러싼 공간(無, Void)이 진정한 부동산의 실체이며, 부동산을 구성하는 개념적 본질이다. 여기서부터 부동산학의 이론이나 개념에 대한 인식이나 사고가 전개되어야 한다.

부동산개념의 분석적 해석

부동산(Real Estate)은 부동(不動)의 것이 무엇인가를 끊임없이 생산(產)해 내고 있다는 의미다. 여기서 부동이란 개념을 부동산학적 관점에서 어떻게 해석해야 할 것인가. 단순히 물리적으로 움직이지 않는 것이라고 보는 것이 타당한가. 물론 물리적인 실체로서 인식되어야 할 때는 '움직이지 않는 실체'로서 부동의 개념이 적합하다. 하지만, 부동산학의 인식론적 관점에서 파악하고자 한다면 '움직임이 없는 것', 내지는 '움직임이 없는 상태'로 인식되어야 한다. 따라서, 부동산은 움직임이 없는 상태하에서 인간의 인식대상으로 무엇인가를 끊임없이 생산해 내는 존재일 때 의미를 갖는다. 토지가 영원하기 때문에, 지구가 하나의 커다란 부동산덩어리이기 때문에 영속적인 가치를 갖는 다고 주장하는 것은 부동산의 개념을 너무 무차별적으로 사용한 결과다. 그러면, 부동산이란 존재는 늘 움직임이 없는 존재인가. 아니다, 인간의 인식론이 작용할 때 비로서 유동적일 수 있다. 인간의 인식을 전제로 하지 않는 한 부동산이란 존재에 의미를 부여할 수 없다. 부동산이 인간의 인식하에 유동적일 수 있는 것은 바로 권리라는 눈에 보이지 않는 추상적인 개념이 작용할 때 비로소 가능한 것이다.

동물의 경우에는 자신의 권리(생존영역-여기서 영역이란 지구상의 물리적인 지표만을 의미하는 것이 아니라, 영역권내에 있는 모든 유형적 무형적 존재를 포함한다)를 지켜내기 위해 동종간 내지는 이종간에 끊임없이 싸움을 일으킨다. 그런 과정을 거치면서 생존을 유지해 간다. 마찬가지로 인간에게도 부동산이란 존재는 이와 같이 생존을 위한 존재이면서, 동물과는 다른 좀더 다른 사회활동을 위한 공간(이합집산의 다양한 활동공간)을 필요로 한다. 이러한 공간적 특성을 가진 것이 바로 부동산이다.

부동산학에서 토지는 인간의 인식론에 입각해서 부동산의 부동산성을 성립시켜주는 가장 기반이 되는 존재이며, 그러한 기반을 제공해 줌으로써 존개가치를 갖는다. 즉, 부동산학에서 연구해야 할 대상은 바로 그 부동산성의 정체성을 명확히 하고, 그 부동산성으로 인해 파생되는 많은 사상(事狀)들이다. 이러한 사상들을 인간의 인식론적 입장에서 해석하는 것이 부동산학의 역할인 것이다.

따라서, 부동(不動)이란 공간적인 실체로서 움직임이 없는 상태에 있는 존재론적 공간을 의미하는 개념이며 인간의 작위에 의해서 여러 가지 형태로 변형되어 나타나는 개념적 존재다. '움직이지 않는 것'이란 의미는 본래적으로 움직일 수 있는 것이 어떤 원인에 의해 움직이지 못하게 된 상태를 전제로 해서 성립된 개념이므로, 본래적으로 부동산학에서 추구해야 할 부동의 개념으로 이해하기 어렵다.

따라서, '부동'은 '움직임이 없는 상태(상황)'을 의미하는 것이며, 이는 물리적으로나 사회·경제학적으로도 동일한 의미를 내포하고 있으며, 그 '부동'의 상황속에서 유일하게 움직이는 것은 시간(Time)이다. 그 '부동'

의 개념은 시간에 의해서만 물리적으로나 사회적으로나 유동의 존재로 인식될 수 있다.

시간(Time)의 흐름은 그 '부동'의 속성을 인식하게 하는 지표와 같은 역할을 하는 것이다. 즉, 부동산성은 시간에 의해 실체적 공간으로 인식되는 것이다.

시간과 공간의 변화는 끊임없이 이루어지는 연속의 과정이고, 그 연속의 과정속에서 역사, 문화, 관습 등에 의해 그 공간의 이용방식을 달리하게 되는 것이다. 가장 중요한 관점은 사계절의 변화와 같이 인간이 태어나고 자라고, 활동하고, 지구상에서 사라지는 라이프사이클을 가지면서 지상의 공간속에 생존해 왔다는 점이다.

시간의 변화에 따라 인류는 진화해왔고, 기술이 발전하고 사회가 다양해 짐에 따라 공간이용의 방식이 변화해 온 것이다.

부동산학의 관심은 그 공간이용의 변화가 어떠한 경로를 거쳐왔으며, 어떤 요인에 의해 변화되어 왔는가에 중점을 두어야 한다. 부동산을 시간·공간의 관점에서 파악해야 하는 것은 인류가 정지된 상태에 있지 않고, 끊임없이 변화의 과정에 있기 때문이다. 그 시간의 변화 과정속에서 정지된 듯 한 어느 한 지점의 공간이 활기를 띄기도 하고, 사람들의 관심에서 벗어나기도 하고, 사람들이 모이기도하고 흩어지기도 하는 것이다. 이것이야말로 부동산학에서 시·공간의 원리이며, 부동산학에서 다루어야 야 할 핵심적인 내용이어야 한다.

장 희 순 교수

일본 국립 코베대학(神戶大學)에서 박사학위를 취득하고, 현재 강원대학교 부동산학과 교수로 재직중이다. 주요 관심분야는 부동산학원론, 감정평가이론, 부동산컨설팅, 부동산개발 및 도시재생분야다. 주요논문으로는 '부동산용어의 의미연결망 분석'(2014), '부동산학에서 토지의 개념적 이해'(2010, 주거환경), '부동산행위의 분류시론'(2010, 부동산학보), '부동산개발신탁수익권의 유동화가능성'(2008, 주거환경), '제주도신구간민속의 주거문화형성'(2008, 부동산학보), '비성장형도시의 쇠퇴원인분석과 활성화방안'(2006, 국토연구) 등이 있다 (kobejhs@kangwon.ac.kr).

    이 글은 노겸 소성규 교수님의 화갑을 기념하기 위해 작성한 글이다. 소성규 교수님과의 인연은 부동산학을 매개로 이루어졌다 해도 과언이 아니다. 공인중개사 감금출제에서 만난 인연과 소성규 교수님의 지도교수님이신 김기수 교수님과 이원준 교수님과의 인연으로 인해 더욱 깊은 만남으로 이어질 수 있었고, 부동산학에 대한 공감대가 만들어진 것도 사실이다. 한국부동산법학회 회장으로 취임하시면서, 부동산학분야의 교수도 필요하다고 판단하시고, 흔쾌히 부동산학분야의 부회장으로 최초로 초대해 주신 점 또한 감사한 일이다.

    다시한번 소성규 교수님의 화갑을 진심으로 축하드리며, 더 넓은 학문의 영역을 개척하시기를 기원합니다. 언제나 막걸리 잔을 기울일 수 있는 건강함도 유지하시길 기원합니다.

2024. 5. 13.

백령골에서 장 희 순 근상

소성규 교수님과의 인연을 되돌아보며

전원택
신중년창직교육원 대표

먼저 노겸 소성규 교수님의 화갑기념 '통이의 관점에서 소통하는 북콘서트'를 축하드립니다. 교수님과 함께 일했던 시간이 엊그제 같은데, 이렇게 교수님의 화갑을 기념하는 자리에 함께하게 되어 지난 추억들이 새록새록 떠오릅니다.

소성규 교수님과의 첫 만남은 1992년 대진대학교 개교 당시였습니다. 하지만 본격적인 인연은 본교에서 추진하던 법무대학원 산하 고시원이 개원하면서 시작되었습니다. 당시 소성규 교수님께서 고시원장으로 임명되셨고, 고시 분야에서는 불모지나 다름없던 본교 고시원의 기틀을 잡아주셨습니다. 저는 그때부터 교수님을 모시고 함께 일을 하게 되었습니다.

교수님의 열정적인 모습에 저도 신나게 일을 했던 기억이 아직도 생생합니다. 고시원생 한 명 한 명을 선발하여 입사할 때, 그들이 대진대학교를 모교로 생각하는 애정이 이리 깊을 줄은 몰랐습니다. 입사한 원생들이 본교 법무대학원의 기틀이 되었고, 교수님의 지도 아래 빠르게 성장했습니다.

교수님께서는 항상 학생들을 위해 헌신하셨고, 그들의 성공을 위해 아낌없이 지원하셨습니다. 교수님의 지도 아래 수많은 학생들이 훌륭한 법조인으로 성장할 수 있었고, 이는 대진대학교 법무대학원의 자랑이 되었습니다. 또한, 교수님은 고시원생들과의 소통을 중요시 여기셨고, 언제나 문을 열어 두고 학생들의 고민과 질문에 귀 기울여 주셨습니다. 이러한 교수님의 따뜻한 배려와 지도는 많은 학생들에게 큰 힘이 되었습니다.

교수님께서는 여러 행정적 역할을 맡아오셨습니다. 대진대학교 공공정책대학원장, 공공인재대학장, 글로벌산업통상대학장, 입학홍보처장을 역임하셨으며, 현재 공공인재법학과 교수로 재직 중입니다.

교수님의 한 땀 한 땀의 정성이 담긴 고시원은 대진대학교 법무대학원의 역사가 되었으며, 지금까지도 지역사회 인재 배출의 요람이 되고 있는 것을 보며 교수님의 노고와 열정에 다시 한 번 고개가 숙여집니다.

교수님께서는 항상 법과 정의를 중시하셨고, 학생들에게도 올바른 법조인의 길을 가르쳐 주셨습니다. 그 결과, 많은 제자들이 사회 각계각층에서 중요한 역할을 하고 있으며, 이는 모두 교수님의 지도 덕분이라 생각합니다. 교수님의 가르침은 단순한 지식 전달에 그치지 않고, 학생들에게 올바른 가치관과 인성을 심어주는 데 큰 역할을 했습니다.

교수님의 화갑기념집 출판을 축하드리며, 이렇게 글을 쓸 수 있는 영광을 주셔서 감사드립니다. 이번 화갑기념집 발간을 시작으로 칠순과 팔순 기념집도 출판되기를 소망해봅니다.

교수님, 항상 건강하시고 앞으로도 많은 후학들을 길러주시길 바랍니다. 다시 한번 교수님의 화갑을 진심으로 축하드립니다.

노겸과 나의 이야기

조대원

대진대학교 중국학과 교수

　나와 대진대학교와의 인연이 강사로는 2003년부터이고 정식 교원으로는 2005년부터이니 벌써 20년의 세월이 훌쩍 지났다. 당초 나는 교수 생활을 하면 학생들과의 교류를 제외하고는 시간적인 자유로움은 있을지언정 생활 자체는 굉장히 무미건조할 것으로 예상하였었다. 그러나 이런 나의 예상은 노겸과의 인연이 시작되면서 완전히 다른 방향으로 전개가 되었다. 우선은 '酒'선생님을 들 수 있겠다. 나는 젊은 날에 술을 정말 못 했다. 고등학교 졸업 후 재수할 때 처음 마셔본 술인 500cc 생맥주는 거품만 마시고도 너무 힘들었던 기억이다. 이후 대학 졸업과 함께 첫발을 내디뎠던 무역회사에서의 직장생활에서는 이처럼 술을 거의 못하는 점이 생활에 큰 어려움이었으며 거래선과의 미팅 과정에서 억지로 마시는 술에 이러다가는 죽을 수도 있겠다는 두려움이 생길 정도였었다. 이런 나를 오늘날 그래도 어느 모임에서건 분위기에 맞추어 마실 수 있게 만들어 준 분이 바로 노겸이다. 또 노겸은 지난 20년의 대학생활 중 내게 엄청나게 학교 일을 하게 해주셨다. 내 교수생활이 비록 바쁘기는 했지만 하얀 도화지에서 아기자기한 수채화로 꾸며질 수 있었던 것은 노겸의 배려가 없었으면 불가능했기에 이 기회를 빌어 우리 둘의 스토리를 공개하고자 한다.

이야기1 : 삼성래미안진흥아파트

나는 초중고를 다 서울시 용산구에서 나왔다. 나의 신혼 후 첫 거주지도 용산이었다. 대진대학교에 오기 전까지 나의 포천에 대한 기억은 둘째 동생이 일동에서 군 생활을 하여 부모님 모시고 운전하여 면회갔던 기억과 막내 동생이 지금의 송우리 부근이었던 기숙형 한샘학원에서 재수하게 되어 일 년간 뒷바라지 차 다녔던 기억이 전부였었다. 막상 교수로 부임이 된 후 당시 용산에서 포천까지의 출퇴근은 두시간을 훌쩍 넘기는 경우가 많았다. 나는 과감하게 부임된 지 한학기만에 용산 생활을 정리하고 경기북부청사 맞은편의 삼성래미안 아파트로 이사를 결정하였다. 공교롭게도 당시는 전혀 몰랐지만 노겸의 옆 동으로 이사 오게 되었다.

사실 노겸과 나의 첫만남은 서로 다르다. 본인은 모르지만 내가 노겸을 처음 본 것은 2005년 봄 대골회(대진대학교 교수 골프 동호회)였다. 당시 아침 일찍 포천 아도니스골프장에 온 나는 화장실이 급해서 기다리고 있는데 먼저 문이 열리면서 나온 분이 너무나도 인상 깊었었다. 아침 일찍인데도 단정하게 가르마를 탄 헤어스타일, 나도 작은 편이 아닌데 나보다도 더 큰 얼굴, 아침 대사를 치른 후의 편안한 표정 이 세 가지가 당시 내가 느낀 노겸의 첫 인상이었다. 당일에 우린 따로 인사를 나누지는 않았었다.

이후 2005년 가을쯤이었던 것으로 기억되는데 나는 모르는 번호로 온 전화를 받았다.

"조대원교수님. 저 소성규입니다. 잠시 만나실수 있을까요?".

"아, 네, 교수님. 제가 지금 학교에서 잠시 들를 곳이 있어서 마치고 바로 가면 저녁 식사는 가능할 것 같습니다."

나는 최대한 서둘러 노겸이 알려준 약속장소로 갔다. 이리하여 당시 노겸, 문헌정보학과 류부현교수님, 나 3인이 저녁자리를 가졌고 정식으로 인사를 나누었다. 노겸은 처음 보는 후배교수를 위해 본인의 단골 일식집에서 자리를 마련하였고 만찬 중 하얀 물수건을 팽팽하게 바닥에 깔고 폭탄주를 만들어 주었다. 나도 약간의 긴장을 해서 그런지 그날 무사히 주신 술을 마시고 또 기분 좋게 저녁식사를 하고 귀가하였던 것으로 기억한다. 당시 노겸은 대진대학교의 중국특성화사업을 집행하는 메인부서인 종합인력개발원장을 맡게 되었고 이를 충실하게 수행할 마음으로 내게 여러 가지 이야기를 듣고 싶어했다. 이후 노겸은 2005년도에 같이 임용된 내 동기교수들을 유달리 잘 챙겨주었다. 이 자리를 빌어 감사의 마음을 전한다. 이후에도 이웃인 우리는 자주 집 앞에서 만남을 가졌고 또 부용천 산책로에서 수시로 만나며 지냈다. 이후 노겸은 양주로 이사를 하였고 세월이 훌쩍 흘러 내가 노겸의 가족분들을 다시 함께 만난 것은 2018년의 어느 여름날이었고 경기북부가 아닌 잠실야구장이었다. 노겸은 평소 본인이 경북고등학교 출신인 점을 자랑스러워하고 한국야구의 대명사인 류중일감독과 고등학교, 대학교 동기동창인 점을 자주 이야기하였으나 정작 형수님과 프랑스에 거주하는 처제는 다 나와 같은 LG트윈스의 열혈팬이었다. 마침 그때 프랑스에서 처제분이 잠시 귀국하였다는 말을 듣고 나는 노겸 가족분들을 LG트윈스와 기아타이거즈의 경기에 응원석으로 모셨다. 당시 나는 연간회원권 좌석을 가지고 있어서 자신있게 가장 재미있게 야구 관람을 할 수 있는 홈팀 응원석으로 노겸과 가족분을 모실 수 있었다. 그리고 다행스럽게도 그날 LG는 기아를 상대로 승리를 거두었고 모두들 너무 즐거워했었다. 경험해본 분들은 알겠지만 잠실야구장 응원석에 가게 되면 누구나 다 응원가를 부르게 되고 구호를 외치며 팀을 응원하게 된다. 나는 분명히 밝힌다. 그날 내 기억에는 형수님과 처제분의 응원도 엄청 열정적이었지만 대구의 아들 노겸이 외친 "무~적LG"의 목소리가 말 그대로 쩌렁쩌렁 잠실에 울려퍼졌었다는 것을. 다만 그날 함께 찍은 사진이 없다는 점이 너무 아쉽다.

이야기2 : 중국 칭다오.

이후 노겸은 대진대학교 중국특성화산업의 본격적인 집행을 위하여 본교 중국캠퍼스와는 별개로 학생들의 취업에 도움을 줄 수 있도록 중국 칭다오에 '대진대학교 한중산학협력센터'를 개소할 계획을 가지게 된다. 이를 위해서 노겸, 나 그리고 당시 기획팀장 3인이 칭다오에 출장을 갔었다. 그리고 이는 나의 대진대학교에서의 공식적인 첫 출장이었다.

출장 첫 날 숙소는 기존에 중국 현지에서 업무를 봐주시는 분이 잡아준 곳이었는데 굉장히 허름한 곳이었다. 해외 출장의 첫날 밤에 노겸은 당신 방으로 모두를 부른 후 작은 손가방을 열었다. 그 안에는 팩소주가 가득 들어있었다. 그날 우리 셋(정확히는 나 빼고 두 분)은 한국에서 가져온 소주를 거의 다 마시며 늦은 시간까지 엄청나게 업무 이야기를 했었다. 다행스럽게도 형수님이 안주도 챙겨주셔서 속을 잘 달랠 수 있었다. 이것이 노겸이 내게 만들어준 해외출장 첫날밤의 기억이었다.

당시 노겸이 주도하여 설립한 '대진대학교 한중산학협력센터'는 칭다오해양대학교와 합작하여 해양대학교 내에 사무실을 오픈하였으며 이후 현지에서 오랜 비즈니스 경험을 가진 물류전문가를 센터장으로 초빙하여 방학 중에는 본교 재학생들을 대상으로 하여 해외인턴십을 시행하였고 현지 한인사회와 연계하여 실질적인 산학 연계활동을 펼칠수 있도록 자주 세미나를 개최하였었다. 이러한 활동을 통하여 대진대학교 학생들은 하얼빈과 쑤저우에 있는 중국캠퍼스에서 어학을 공부한 후 방학 중에는 실질적인 경험을 쌓을 수 있는 '중국 인턴십'프로그램을 칭다오에서 할 수 있었다.

이야기3 : 한중투자환경연구회.

대진대학교의 중국특성화사업은 2005~2009년간 교육부로부터 지원을 받았으며 이후에도 본교는 다양한 중국대학과의 협력을 펼쳐갔다. 본교는 중국의 10여개 이상 대학과 교류협력을 유지하고 있는데 이 중 광동성 광저우시에 소재한 '광동외어외무대학교'는 중국의 남방에서는 통상과 인문분야에서 손꼽히는 일류대학교이다.

본교와 광동외어외무대학은 당초 양교의 교수들간의 학술교류로 세미나를 진행하여왔으나 2010년도부터는 '한중투자환경연구회'라는 명칭의 한중 국제학술대회로 격상되어 본교와 광동외어외무대학을 매년 상호방문하는 형태로 발전하게 되었다. 이어서 본교는 노겸의 주도하에 '한국부동산법학회'와 연계하여 학술대회를 진행하였고 광동외어외무대학에서는 광동성 직속 연구기구인 '광동성국제전략연구원'과 연계하여 학술대회를 확대하였었다. 특히 당시 노겸이 학술대회에서 발표한 '京畿道投資环境分析与扶持政策'는 광동성국제전략연구원의 높은 관심을 받으며 중국의 핵심 학술지인 『战略决策研究』에 등재되기도 하였었다.

또 2011년에는 본교의 소재지역인 포천시와 광동외어외무대학 소재지역인 광저우시의 바로 옆 도시인 포산(佛山)시가 한중 양국의 대표적인 가구 클러스터 생산지역임을 착안하여 두 도시간의 우호도시 자매결연 협약을 체결하는 데에도 노겸이 중추적인 역할을 하였었다.

이야기4 : 통일동아리 이지아렌

　내가 대진대학교에 왔을 때의 본교 슬로건은 "통일과 통일이후를 대비하는 대학"이었었고 이후 중국특성화사업과 함께 "차이나는 대진대학교'라는 슬로건도 사용하였다. 이러한 슬로건에 걸맞게 노겸은 통일부로부터의 자금 지원을 바탕으로 2020년 본교에 통일선도사업단을 구성하고 본인이 직접 단장의 중책을 맡으며 여러 가지 관련 사업들을 구성하여 집행하였다. 이 사업단의 핵심사업 중 하나는 바로 5개 학과를 선정하여 진행했던 '통일동아리' 사업이 아니었을까 생각된다. 코로나로 인한 팬데믹 시기였지만 5개 학과에서는 나름대로 내실있게 학생들의 통일동아리 활동을 진행하였었다고 자평할 수 있겠다.

　노겸으로부터 중국학과도 학과 통일동아리를 구성해달라고 요청을 받아 나는 흔쾌히 수락하였고 2019학번 박수민학생을 동아리장으로 직접 선정하여 동아리 운영을 잘 해줄 것을 부탁하였다. 나와 박수민학생의 첫 고민은 바로 동아리 이름을 어떻게 작명할 것인가였다. 수민이는 통일동아리인 만큼 뭔가 '하나'라는 것이 들어간 이름이면 좋겠다는 의견을 냈고 순간 내 머리 속에는 젊은 날에 봤던 중국영화 속의 한 대사가 떠올랐다. 홍콩 갱스터 영화에서 양 쪽 무리들이 팽팽한 긴장 속 일촉즉발의 위기 상황에서 누군가가 나타나 "大家, 一家人。不要吵."(여러분, 우리는 한집안 즉 같은편끼리입니다. 싸우지 마세요.)이라고 하였고 이후 양측 두목들이 중재자의 말에 서로 세력을 합치는 뻔하고 뻔한 영화내용속 대사인 것이다. 여기서 나온 한가족이라는 뜻의 '一家人'의 중국 발음이 '이지아렌'이다. 나는 수민이에게 "그럼 '이지아렌'을 동아리 이름으로 정하면 어떨까?"라고 제안하였고 수민이는 너무 좋다고 흔쾌히 호응하였다.

동아리 활동 첫해인 2020년은 팬데믹임에도 불구하고 학생들은 대면으로 세미나도 개최하였고 경기도 고성의 통일전망대도 탐방하며 통일에 대한 의미를 다졌었다.

세미나 후 노겸은 학생들과 만찬을 함께 하며 격려를 해주기도 하였다.

2020~2023년의 팬데믹으로 인한 우울한 시기에 대진대학교 중국학과 학생들은 본교 통일선도사업단의 지원으로 통일과 안보 두 가지를 생각할 수 있는 여러 유적지들을 잘 탐사하였으며 사진으로 그 의미를 잘 설명하고자 한다.

* 2020년 활동사진

* 2021년 활동사진

* 2022년 활동사진

* 2023년 활동사진

공평(公平)과 공정(公正)의 경계

조용기
대진대학교 상생교양대학 교수

    본인과 노겸(勞謙) 소성규 교수(教授)와의 인연은 대진대학교를 통해서 20여년 넘게 이루어지고 있습니다. 제가 학생 때부터 옆에서 바라본 소성규 교수와의 인연은 남들과는 다른 입장에 있다고 하겠습니다. 소성규 교수께서는 교수로서 법학과에서 맡은 바 소임을 다하고 계셨고, 저는 대진대학교 학부와 대학원을 졸업하고, 첫 강의를 인문대학에 속하면서 자주 뵐 일은 없었습니다. 그럼에도 불구하고 대진대학교에서 이루어지는 다양한 특강과 회의, 그리고 <교수학습지원센터>를 통해 이루어지는 교수법 특강 교육 등을 통해서 서로 간에 짧은 만남의 기회가 있었고, 공교롭게 본인의 연구실이 같은 대학원 건물에 있다 보니 종종 만남이 있었습니다. 이때마다 소성규 교수께서는 저에 대한 안부를 물으셨고, 요즘 학생들에 관한 사항을 궁금해 하시면서 저에게 요즘 학생들에게 어떻게 가르치는 것에 대해 물어보곤 하셨습니다. 이때 제가 받은 느낌은 노겸 소성규 교수께서는 주변 사람에 대한 많은 관심을 갖고 있다는 것과 학생에게 가르치는 교육방법에 많은 관심을 엿볼 수 있었습니다. 이러한 분을 제가 대진대학교에 있으면서 만나 뵙게 된 것은 좋은 인연이라고 생각됩니다.

그 가운데 먼저 주변에 대한 관심 측면에서 소성규 교수께서는 교수로서 최근에 통일부에서 주관하는 <통일선도대학사업>에 선정 되어 단장으로 책임을 맡고 계셨을 때입니다. 한번은 저에게 통일에 관한 세미나를 추천해 주셨고, 소성규 교수께서 강조하시던 통이(通異)의 입장을 제가 재해석하여 조그만 논문으로 발표 할 수 있는 기회를 주셨습니다. 이를 통해 저는 다양한 교수들과 교류를 할 수 있었고, 통일을 위한 통이(通異)에 대한 다양한 분야의 전문가적 소견을 들을 수 있어서 학문적 영역을 넓히는 좋은 기회가 되었습니다. 그리고 이를 기반으로 하여 책도 출간하게 되어 저에게는 새로운 경험을 함과 동시에 학문의 영역을 넓힐 수 있는 기회가 되었다는 것입니다.

다음으로 소성규 교수께서는 학생에 대한 교육에 관심이 많으신 것으로 보입니다. 일반인이 보았을 때 교수로서 당연한 것일 수 있겠으나 소성규 교수께서는 다양한 학문적 연구활동과 교육활동, TV 등의 대중매체의 활동 등을 병행하고 계십니다. 그럼에도 불구하고 저에게 감동을 주었던 것은 학생을 위한 교육으로 학생과의 수업시간을 지키고 있었다는 것입니다. 일례로 최근에 교내에서 통일관련 해서 국내외 전문가들이 모인 중요한 세미나 행사가 열린 적이 있습니다. 보통 행사 후에 참여한 전문가들과 뒤풀이로 수업을 휴강하거나 대체 할 수 있는 방법이 있습니다. 그러나 소성규 교수께서는 행사를 마치시고, 학생과의 수업 약속을 지키고자 하였다는 것입니다. 행사이후 정해진 수업시간에 학생들과의 약속을 지키고, 교육에 대한 맡은 바 소임을 충실히하고 있는 것을 목격한 것입니다. 이를 통해 제가 맡은 소임과 책임감이 무엇인지를 깨닫게 해주는 광경이었습니다.

이러한 부분에서 제가 알고 있는 소성규 교수께서는 공평(公平)과 공정(公正)을 실천하고 계신 것 같습니다.

먼저 공평(公平)에서 공평할 공(公)은 여덟팔(八)과 사사 사(厶)가 합쳐진 것으로 갑골문에는 본래 입구(口)였던 것이 사사 사(厶)로 바뀐 것으로 어떤 물건(口)을 공평하게 나누는(八, 나눌 분(分)) 모양에서 치우침 없이 공정하다는 뜻을 나타내게 됩니다. 그러므로 공평(公平) 어느 한쪽으로 치우치지 않는 고름을 뜻하는 것으로 공정(公正)한 올바름을 뜻합니다. 여기서 공정은 가진 자의 잣대로 재는 것이 아니라 누구에게나 고르게 분배되는 것을 의미하고, 공평은 올바른 기준에 맞게 분배되는 것을 의미한다고 하겠습니다. 그 예로 키차이가 나는 사람들에게 똑같은 의자를 나눠주는 것은 공평한 것이고, 키가 작은 사람에게 더 높은 의자를 제공하는 것은 공정에 해당된다고 하겠습니다.

무엇보다 공평은 평등(平等)과는 구분되어야 합니다. 평등은 고르게, 차별없이 균등하게의 뜻으로 모두에게 골고루 또는 똑같이 하거나 나눠 갖는 것으로 같은 기회를 주는 것을 말합니다. 그러나 공평은 무언가를 한 만큼 받는 것으로 심은데로 거두는 것을 의미합니다. 앞서 나타낸 것처럼 소성규 교수께서는 외부의 다양한 활동을 통해 대학 내외에서 다양한 활동을 통해 교내에 시너지역할을 하고 계셨습니다. 그중에 하나가 <통일선도대학>의 단장으로서 대학내에서 통일의 '붐'을 이끌어 내고자 했던 것이고, 이를 위해 다양한 연구자들에게 그 기회를 제공해주신 것으로 보입니다. 그중에서 하나가 저에게 그 기회를 주셨고, 저는 이것을 통해 학문적 영역을 확장할 수 있는 기회가 되었다고 보입니다.

다음으로 공정(公正)입니다. 공정(公正)은 공평(公平)과 평등(平等)의 개념을 포함하는 넓은 개념입니다. 공정은 옳고 그름이라는 윤리적 측면에서 공정한 보상, 공정한 판결 등과 같이 사용되고, 과정과 절차의 평등, 공평은 기회의 평등, 평등은 결과의 평등으로 구분된다고 하겠습니다. 그러므로 넓은 의미에서 공정은 과정이 투명하고 절차가 모두에게 똑같이 해당되는 것이라 할 수 있습니다. 하지만 공평의 기회 평등은 완전하게 이루기는 더 어렵다고 하겠습니다.

특히 현대 물질문명의 발달로 다양한 직업과 다양한 일들을 하면서 마땅히 해야 할 일도 더욱 증가하면서 이에 따른 불공평한 것과 다양한 불만이 발생하게 됩니다. 최근에 접하는 '아빠찬스', '수저론' 등이 개인의 능력이나 노력과 무관한 불공평에 대한 대표적 용어로 보입니다. 하지만 우리는 이런 자연스러운 불평과 불만의 발생을 바꿀 수 없는 부분에 있습니다. 그래서 인간은 공평보다 공정에 더 관심을 두는 것일 수 있습니다. 그래서 공평한 분배를 주장한 공산주의가 공정을 기반으로 한 자유 민주주의에 패배했다고 보입니다. 이러한 입장에서 소성규 교수께서는 공평과 공정에 대한 입장을 보여주고 계셨습니다. 그 한 예로 소성규 교수께서는 자신의 얻은 것을 후배 교수들에게 기회를 제공하고자 하였고, 이를 통해 대진대학교의 발전에 기여를 했다고 보입니다. 공정한 기회를 통해 학교 발전을 이루어 불만과 불공평에 대한 부분을 상쇄시키는 역할을 했다고 보입니다.

인간이 공평을 바라는 것은 인간이 비교하는 속성이 있기 때문입니다. 사람들은 늘 다른 사람과 비교하여 적어도 똑같기를 바라지만 이루어질 수 없는 망상에 가깝다고 하겠습니다. 자신만의 기준으로 비교하면서 불공평해서 불행해지고 있다고 할 수 있습니다. 이러한 부분을 수긍하게 하는 것이 공정이라고 하겠습니다.

즉, 공평하게 나누려면 공정해야 하는 것입니다. 공평(equity)은 공정(fairness)과 포용(inclusiveness)의 두 의미를 내포하고 있습니다.

"솔로몬의 지혜"에서 두 여인은 한 아이를 두고 둘 다 자신이 아이 엄마라고 주장합니다. 그러자 솔로몬은 아이를 둘로 반 잘라서 반씩 똑같이 나누어 주겠다고 합니다. 여기에 진짜 엄마가 아닌 여인은 아이를 반으로 자르자고 동의한다. 이 여인은 그 순간에 아이에게 매우 낮은 가치를 부여하고 있었다는 본심이 드러난 것이라 하겠습니다. 반면, 진짜 엄마는 자신의 주장을 포기하여 자신이 선호하는 본질적 가치가 무엇인지를 드러냄으로써 아이 생명을 구하고자 한 것입니다. 이처럼 "솔로몬의 지혜"에 나타나는 공정한 분배는 단순히 똑같이 나누어 주는 것이 아니라 분배 대상에 대해 '당사자들이 생각하는 가치'를 고려해야 한다는 본질이 담겨 있다. 그러므로 공정은 '가치'를 고려한 분배라고 할 수 있습니다.

소성규 교수께서는 다양한 연구 활동을 통해 교수로서의 역할에 충실하고 있지만 또한, 학생을 가르치는 일에 있어서 중요한 가치를 두고 있었습니다. 여기에는 다양한 교내·외 활동을 통해 단순히 똑같이 나누는 분배로서의 활동이 아닌 활동마다의 가치를 소중히 생각하여 학생들을 가르치는 교수자로서의 책임을 다하고 있었던 것입니다. 또한, 이 분 스스로가 자신이 가진 것에 대해서 공평하고, 공정하게 분배를 하여 그 가치의 시너지를 더하고자 하였다는 것입니다.

결국 제가 옆에서 바라본 소성규 교수께서는 공평과 공정의 입장에 계신 분으로 알고 있습니다. 여기에 대진대학교에서 추구하는 상생(相生)의 이념을 실천하기 위해서 정(情)이라는 양심이 작용되어 저를 포함한 후배교수들에게 다양한 기회를 제공해주었다고 보입니다. 무엇보다 소성규 교수와 저는 학문적인 접합점이 없는 것으로 보입니다. 하지만 대진대학교의 구역 안에 학생을 가르친다는 공통점, 그리고 학문적 연구활동을 한다는 공통점, 연구실이 같은 건물에 속한다는 입장의 인연이 지금까지 교수님과 제가 좋은 인연으로 잘 이어져 온 것 같습니다. 이러한 인연은 소성규 교수께서 본인의 주어진 책임을 몸소 보여주고, 저 또한 맡은 바 일에 최선을 다하면서 그 접점이 좋은 인연으로 지금까지 이어져 온 것 같습니다.

우리말에 인과응보(因果應報)라는 말이 있습니다. 원인에 따라 결과로 보답 받는다는 의미로 해석할 수 있습니다. 이는 '콩 심은데 콩나고, 팥 심은데 팥난다'라는 이야기처럼 어떤 원인과 그 결과는 반드시 서로 상응한다는 의미를 담고 있습니다. 그러므로 소성규 교수께서 저에게 주신 관심과 기회들은 소중한 인연(因緣)의 정(情)을 통해 서로가 잘 살 수 있는 방법을 알려주신 것 같습니다. 그러므로 소성규 교수께서는 대안이 없는 불편과 불만이 아닌 미래에 대한 가능성을 제시해 주었다고 하겠습니다. 라틴어로 '카르페 디엠(carpe diem)'이 영어로는 'Seize the day'입니다. 이는 현재에 일에 집중하고 살다보면 언젠가는 옳은 결과가 나타날 수 있다는 것으로 소성규 교수께서는 저에게 알려주었고, 미래에 대한 불안과 걱정 보다는 현재의 충실함과 책임감을 알게 해주신 분입니다.

결국 소성규 교수께서는 공평과 공정의 경계에서 고민하시기 보다는 정(情)이라는 인연(因緣)을 통해 대진대학교의 미래적 가치를 높이는데 힘쓰는 분이라고 하겠습니다. 이러한 가르침에 노겸 선생님에게 감사를 드립니다.

勞謙 蘇星圭 교수님과의 인연, 그리고 은혜와 감사

최성환

국립한밭대학교 공공행정학과 교수

I. 들어가며

　우선 勞謙 蘇星圭 교수님의 화갑을 진심으로 축하드리며, 교수님의 건강과 행복을 기원합니다. 또한 이런 뜻깊은 기념집의 발간에 집필자로 초대해 주셔서 대단히 감사드리며, 교수님의 수많은 제자분들과 각계각층에서 활약하시는 전문가분들의 헌사 속에 저의 보잘 것 없는 글이 함께 실릴 수 있는 기회를 가지게 되어 개인적으로 매우 영광으로 생각합니다. 교수님의 화갑을 기쁘게 맞이하는 차제에 교수님과의 인연을 다시금 생각해보니 참으로 그동안 많은 일들이 있었고, 그 속에서 제가 교수님으로부터 큰 은혜를 입었다는 생각이 머릿속을 떠나지가 않습니다. 이에, 교수님께 지면을 빌려 진심을 담은 감사의 인사를 올리며, 교수님께서 제게 베풀어주신 관심과 배려, 응원과 지지를 바탕으로 실망시켜 드리지 않는 학계의 건실한 일원이 되어야겠다는 각오를 다시 한번 굳게 다지게 됩니다.

교수님은 제 인생에서 '최초의 기록'을 많이 만들어 주신 분이십니다. 이것만 보더라도 교수님의 '은혜와 감사'라는 이 글의 제목이 거짓이거나 과장된 표현이 아님을 알 수가 있겠습니다. 저를 처음으로 대학 강단에 서게 해 주신 분이고, 제 이름으로 시중 서점에서 판매되는 전문서적을 처음으로 출판하게 해 주신 분이며, 다양한 학술 세미나에 참여시켜 주심으로 저에게 학자로서의 긍정적인 자극을 많이 주신 분이십니다. 아래에서 이러한 교수님과의 추억을 더듬어 그 내용들을 하나하나씩 언급하며, 교수님의 은혜와 감사를 마음에 새기고자 합니다.

II. 대학강의

교수님은 저를 처음으로 대학 강단에 서게 해 주신 분이십니다. 교수님께서는 2019학년도 2학기에 대학원 박사과정의 '민사법의 법정책적 연구'라는 과목과 석사과정의 '통일교육과 통일법제'라는 과목을, 2020학년도 1학기에는 역시 대학원 박사과정의 '민주시민교육과 통일교육지원법 연구'. 석사과정의 '북한이탈주민과 통일가족법'이라는 과목을 각각 제게 맡겨 주셨습니다.

교수라는 꿈을 안고 2006년 대학원 석사과정에 입학을 했을 때부터 대학에서의 강의는 저의 오랜 소망이자 바람이었습니다. 그러한 꿈을 이루게 해 준 교수님께 저는 지금도 감사하게 생각하고 있습니다. 많이 부족한 탓에 학생들에게 얼마나 저의 지식과 생각이 전달되었는지 알 수는 없지만, 당시 저는 직장일과 병행하며 최선을 다해 매주 강의를 준비하였고, 그러한 경험을 가질 수 있었기에 대학에서 전임교원으로 자리잡고 있는 지금의 제가 있을 수 있다고 생각합니다.

<그림 1> 대학 시간강의 강의안 실례(2019/2 ~ 2020/1)

통일교육과 통일법제(2019)	민주시민교육과 통일교육지원법 연구(2020)
통일교육의 현황과 평가 - 경기도 사례를 중심으로 - 2019. 9. 5. - 1주차 -	통일교육 지원법1 - 통일교육 지원법의 주요 내용 분석 - 2020. 3. 26. - 2주차 -
북한이탈주민과 통일가족법(2020)	민주시민교육과 통일교육지원법 연구(2020)
한국 가족법1 - 공동상속재산의 법률관계(대판 94다61649 등)를 중심으로 - 2020. 3. 26. - 2주차 -	헌법과 민주시민교육 2020. 6. 4.-18. - 12-14주차 -

III. 저서출판

 교수님은 처음으로 제 이름으로 된 저서를 출판하게 해 주신 분입니다. 먼저, 통일교육과 통일법제의 기초이해, 남북한 민사법의 쟁점과 통합, 남북한 가족법과 북한이탈주민, 남북한 경제협력, 남북교류협력법제, 통일교육과 민주시민교육 정책 사례 등의 내용을 담은 「통일교육과 통일법제를 이해하는 열두 개의 시선」이라는 책을 교수님, 그리고 현재 대진대학교 공공인재법학과에 재직하고 계시는 이종덕 교수님과 함께 2020년에 출판하였습니다. 다음 해인 2021년에는 청소년 통일체험교육기관의 설립 및 지원에 관한 법률의 제정방향, 통일교육의 기본구조 및 통일교육 활성화를 위한 법제도 개선방안, 다문화시대와 통일교육 지원법, 민주시민교육과 헌법, 지방자치단체와 민주시민교육 등의 내용으로 구성된 「법학자가 바라보는 통일교육과 민주시민교육」이라는 전문서적을 역시 교수님, 그리고 대진대학교 공공인재법학과의 최용전 교수님과 함께 출판하게 되어 참으로 감사했습니다.

저에게 통일교육, 민주시민교육, 그리고 통일법제를 전문적으로 공부하고 그 결과를 저서로 출판할 수 있는 귀한 기회를 주신 점에 대해 다시 한번 감사드리며, 이러한 저서 출판 경험은 지금까지도 제게 부지런히 학문에 정진해야 한다는 실천적 가르침으로 남아 있습니다.

<그림 2> 출판 저서 표지(2020 ~ 2021)

IV. 학술세미나

교수님은 제가 학자들과의 교류와 학문적 대외활동에 목말라 있던 시절 저를 학술적 논의의 장으로 적극적으로 이끌어 주신 분입니다. 주지하시다시피 교수님께서는 '개성포럼', '군과 지역사회발전연구회'라는 학문적 모임을 주도적으로 설립, 운영하고 계시는데, 그러한 논의의 장에 저를 초대하여 여러 전문가들 앞에서 제 연구 결과를 발표하고, 다른 전문가들의 의견을 경청하며 발전적 검토를 할 수 있는 자리를 만들어 주셨습니다.

먼저, 저는 교수님의 덕분으로 2018. 9. 7. 대진대학교 대진교육관 국제회의실에서 개최되었던 경기북부 시민 대상 워크숍에서 '남북교류협력, 평화: 민주시민교육의 방향과 과제'라는 대주제 하에서 "**경기도 민주시민교육의 활성화 방안**"을 발표할 수 있었고, 2021. 10. 15.에는 군과 지역사회 발전연구회의 주관으로 진행된 '군과 지역사회의 공존·발전'이라는 대주제의 세미나에서 "**접경지역 토지 소유의 법적 쟁점과 대책**"이라는 제목의 글을 발표할 기회를 얻을 수가 있었습니다.

또한, 교수님께서는 제게 대진대학교 통일교육 선도대학 사업단, 대진대학교 법정책연구소, 대진평화통일교육연구원, 개성포럼이 2020. 6. 26.에 공동 주최한 세미나(대주제: '남북한 법제 비교 연구')에서 최용전 교수님의 "**북한 헌법상의 사회복지국가이념의 남한 헌법으로서의 수용가능성 연구**"라는 글을 토론자로서 공부할 수 있는 기회를 주셨으며, 2021. 6. 18.에는 대진대학교 법정책연구소, 개성포럼이 주관하는 공동 세미나(대주제: 남북한 사회통합의 여러 모습)에서 국가안보전략연구원 김영란 자문연구위원님의 "**남북한 사회문화교류협력과 경기도의 역할**"이라는 글을 토론할 수 있는 토론자로서의 역할을 부여해 주셨습니다.

이러한 다양한 주제의 학술 세미나 활동을 통해 다른 연구자들의 전문가로서의 식견과 역량을 직접 체험할 수 있었고, 그러한 경험은 매일 똑같이 반복되는 무미건조한 일상에서 새로운 길을 찾지 못하던 제게 많은 자극과 동기부여의 계기가 되었으며, 교수님께서 초대해 주신 세미나에 참가하고 나올 때면 다시금 연구에 매진할 힘을 늘 얻었던 기억이 있습니다. 지금도 후학인 제게 이러한 귀하고 다양한 기회를 부여해 주신 교수님께 저는 참으로 많은 감사의 마음을 가지고 있습니다.

'북한이탈주민과 함께 하는 민주시민교육의 방향' 경기북부 시민 대상 워크숍

□ 사업개요

o 사업기간 : 2018. 9. 07. 14:00-18:00
o 사업지역 : 대진대학교 대진교육관 2층 국제회의실
o 사 업 량 :
- 사업 대상 : 경기북부지역 시민 및 대학생 100명
- 대 주 제: 남북 교류 협력, 평화 : 민주시민교육의 방향과 과제

시간	내용	비고
13:30-14:00	등 록	
14:00-14:10	▶ **인사말씀** : 이면재 (대진대 총장)	1세션 사회 : 소성규 교수 (대진대)
14:10-15:10	▶ **북한이탈주민과 함께 하는 민주시민교육의 방향** : 모춘흥 교수 (한양대 평화연구소) ▶ **헌법교육을 통한 민주시민교육 활성화 방안** : 조원용 교수 (중앙선거관리위원회 선거연수원 제도연구부) ▶ **통일교육과 민주시민교육의 차이** : 최은석 교수 (통일교육원)	
15:10-16:10	▶ **토론1** : 정병화(대진대), 이철수(신한대), 이현석(대진대), 최용전(대진대), 현인애(이화여대), 이경화(숭실평화통일연구원)	
16:10-16:20	휴 식	
16:20-17:00	▶ **민주시민가치에 기반한 지방자치 활성화 방안** : 김종수 교수 (대진대) ▶ **경기도 민주시민교육의 활성화 방안** : 최성환 (경기연구원 연구위원)	2세션 사회 : 허훈 교수 (대진대)
17:00-17:40	▶ **토론2** : 홍성우(대진대), 장인숙(남북하나재단), 이상원(한양대 평화연구소), 박득배(한양대 한국후견신탁연구센터)	

○ 주최 : 대진대학교 통일교육 선도대학 사업단,
대진대학교 법정책연구소, 대진평화통일교육연구원,
개성포럼
○ 대주제 : "남북한 법제 비교 연구"
○ 일시 : 2020년 06월 26일(금요일) 13:00-20:00
○ 장소 : 대진대학교 국제회의실(대진교육관)
○ 세부일정

구분	시간	내용
행사 준비	13:00-13:30	등록
사전 행사	13:30-13:40 (10분)	o 개회사 : 소성규 (통일교육선도대학사업단장, 개성포럼 회장) o 전체 사회 : 천영성 (개성포럼 사무국장)
세션 I	13:40-16:00 (100분)	주제 : 북한 헌법상의 사회복지국가이념의 남한헌법으로서의 수용가능성 연구 o 사회: 김도협 교수 (대진대) o 발표1: 최용전 교수 (대진대) o 토론1: 최성환 연구위원 (경기연구원) o 토론2: 이철수 (신한대)
Coffee Break	16:00-16:10 (10분)	
세션 II	16:10-17:30 (100분)	주제: 남북한 부동산 공시제도의 비교와 통합방안 o 사회: 손경식 (의정부문화재단 대표이사) o 발표: 최진웅 법무사 (대진대) o 토론1: 이종덕 박사 (서울시립대) o 토론2: 박수곤 교수 (경희대)
기조강연	17:30-18:00	홍양호 (前 통일부 차관)
이동 및 만찬	18:00-20:00	이동 및 만찬 (해신탕)

군과 지역사회발전연구회 세미나 계획(안) (대진대 산학협력단 지원)

□ 사업개요
o 주최 : 대진대 법정책연구소, 대진평화통일교육연구원
o 주관 : 군과 지역사회발전연구회
o 일시 : 2021. 10. 15(금) 15:00-18:00
o 장소 : 온/오프라인(ZOOM/대진교육관 국제회의실)
o 대상 : 전문가 30명 내외
o 주제 : 군과 지역사회의 공존·발전

□ 세부일정

시간	내용	비고
15:00-15:10	등록	
15:10-15:20	▶ **인사말씀/개회사** : 소성규 (대진평화통일교육원장, 군과 지역사회발전연구회장)	사회 : 우정범 (간사/ 한국국방연구원)
제 1세션 15:20-16:20	▶ **발표(40분) : 지뢰제거 법안 제출 관련 비용추계서 작성 사례 연구** 강한구(前 한국국방연구원, 대진대 법정책연구소) ▶ **토론(20분)** 신성화(한국국제대학교) 남지현(경기연구원)	사회 : 김진 (한국부동산법학회장)
16:20-16:30	휴식	
제 2세션 16:30-17:30	▶ **발표(40분) : 접경지역 토지 소유의 법적 쟁점과 대책** 최성환 (한밭대학교) ▶ **토론(20분)** 심재정 (강남대학교) 박영만 (법무법인 법여울)	사회 : 김진 (한국부동산법학회장)
17:30-18:00	▶ **회의 및 폐회** 회의안건 : 2021년 결산 및 차기 회장 선출	사회 : 우정범 (간사/ 한국국방연구원)

2021년 대진대 법정책연구소/개성포럼 주관 공동 세미나

□ 사업개요

o 주최 : 대진대학교 통일교육선도대학사업단, 대진평화통일교육연구원
o 주관 : 대진대 법정책연구소, 개성포럼
o 일시 : 2021. 06. 18(금) 13:00-18:00
o 장소 : 온/오프라인(ZOOM/대진교육관 국제회의실)
o 대상 : 전문가 30명 내외
o 주제 : 남북한 사회통합의 여러 모습

□ 세부일정

시간	내용	비고
13:00-13:30	등록	
13:30-14:00	▶ 인사말씀: 소성규 (대진대 통일교육선도대학사업단장, 개성포럼 회장) ▶ 축사 : 이현석 (한국승강기대 총장) 정찬영 (개성포럼자문위원장)	사회 : 천영성 (개성포럼 사무국장)
14:00-14:50	▶ 북한주민 주거문화 향상을 위한 교류방안 - 승강기를 중심으로 고영준(한국승강기대학) ▶ 토론 임정관(동북아평화경제협회) 이원해(현대엘리베이터)	사회 : 최용전 (대진대)
14:50-15:00	휴식	
15:00-15:50	▶ 남북한 사회문화교류협력과 경기도의 역할 김영란(국가안보전략연구원) ▶ 토론 최성환(경기연구원) 모춘흥(한양대)	사회 : 김정수 (대구대)
15:50-16:00	휴식	
16:00-16:50	▶ 개성공단 법제와 개선방안 한명섭(변호사) ▶ 토론 장욱(연세대) 고병철(변호사)	사회 : 김도협 (대진대)
16:50-17:00	휴식	
17:00-17:50	▶ 남북한 가족법의 통합방안 - 혼인법을 중심으로 김영규(백석대) ▶ 토론 서창원(대진대) 이종덕(서울시립대 법학연구소)	사회 : 김천수 (성균관대, 한국민사법학회장)
18:00-	이동 및 만찬	

<그림 3> 발표자 및 토론자로 참가한 학술 세미나 개최 계획(2018 ~ 2021)

< 헌정의 글: 다문화주의와 통일교육지원법의 교차점* >

Ⅰ. 통일교육에서의 다문화주의의 의의

1. 다문화주의의 개념과 유형

다문화주의(multiculturalism)라는 개념이 등장한 지는 그리 오래되지 않았다. 하지만 오늘날 다문화적 사회 현상이 세계적으로 급속히 확산됨에 따라 다문화주의라는 개념은 너무나 다양한 분야와 현상들에 적용되면서 활발히 사용되고 있다.

다문화주의는 1970년대 캐나다, 호주, 미국 등을 중심으로 민족과 집단 간의 문화갈등 문제와 관련하여 논의된 이념으로,[1] 최근에는 장애인과 소수자 집단의 문제까지 확대되어 다양하고 폭넓은 의미를 지니게 되었으며, 1990년대 이후부터 소수자 정의의 문제에서 사회통합의 문제로 그리고 시민적 덕성과 정치적 안정성이라는 주제까지 그 논의가 심화되고 확장되어 왔다.[2] 다문화사회에서 서로 간의 문화를 존중하고 그 차이를 인정하며, 소수문화, 비서구문화 등 여러 이질적인 유형의 문화를 제도권 안으로 수용하자는 의미를 내포하는 등 결국 문화적 다양성을 존중하자는 이념인 다문화주의는 현대 세계 사회에서 각 나라의 정치·경제·문화·사회·교육 등의 분야에서 정책 기조로 발현되고 있고, 다

---

* 이 글은 최성환, "다문화시대 통일교육의 법적 과제", 『지역과 통일』, 제1권 제1호(2021)을 수정·보완한 것임.
1) "다문화주의는 1970년대 캐나다가 다문화주의 정책을 공식적으로 시행하면서부터 본격적으로 자리잡기 시작했다. …… 다문화주의는 국민통합을 위한 동화주의의 한계를 극복하기 위한 문화갈등해소이론으로 등장했다. 그동안 동화주의라는 이름 아래 소외되어 왔던 소수문화의 공존과 소수집단의 사회적 권리를 인정하면서 문화와 정체성의 다양화에 따른 사회갈등을 해소하려는 목적이 있다. 이렇게 된 데는 이민·유학생·노동력 등의 국제적 이동 및 국제결혼·난민·망명자 등의 증가와 함께 선(先)주민과의 갈등이나 다양한 소수자 권리의 자각이 보편화된 세계추세 때문이다. 그러다 보니, 다문화주의의 의미는 기존의 민족주의적 정서에 도전하거나 근대성에 대한 인식론적 도전 혹은 세계화에 따른 부작용의 해결 등의 차원에서 주목받고 있다." 김창근, 다문화주의와 만난 한반도 통일론, 교육과학사, 2013, 26-27면.
2) 박형빈, 통일교육에서 민족주의와 다문화주의, 윤리교육연구, 제31집(2013.8.), 216면.

문화주의라는 용어는 하나의 사회문화적 코드 나아가 이데올로기로 받아들여지고 있으며, 다문화주의로의 지향3)은 오늘날 별다른 의문 없이 당연한 것으로 인식되고 있는 실정이다.4)

이와 같은 의의를 가지는 다문화주의를 여러 가지 유형으로 구분하여 생각해 볼 수 있다. 다문화주의의 유형을 구분하는 견해로는 대표적으로, 다문화주의를 온건 다문화주의, 강경다문화주의, 시장 다문화주의로 구분하는 견해와 자유주의적 다문화주의, 조합적 다문화주의, 급진적 다문화주의로 구분하는 견해 등이 있다.5) 전자는 다문화주의의 논의 영역, 주안점, 가치 등을 기준으로 다문화주의를 나눠 보는 견해이고, 후자는 기존의 이념적 측면과 다문화주의가 지향하는 내용과 의도하는 결과 등에 따라 다문화주의 논의를 구분하는 견해라고 할 수 있을 것이다. 다문화주의는 폭넓고 다양한 영역에서 사용되어 그 개념을 일의적으로 정의하기 어려운바, 학자들마다 상이한 이러한 다문화주의 유형 구분 논의는 다문화주의를 보다 상세하고 깊이 있게 이해하기 위한 이론적 논의들로 볼 수 있다.

2. 다문화시대의 민족주의와 다문화주의

민족주의란 민족의 독립과 통일을 그 실체적 내용으로 하는 사상으로서 19세기 이래 근대 국가형성의 기본원리가 되고 있는 정치이념이다.6) 민족주의는 그 필수적 개념요소인 '민족', '독립', '통일'이 가진 의미의 개방성으로 인해 시대와 상황에 따라 변용을 거듭해 왔다.

---

3) 이와 관련하여, 오늘날 우리 사회가 이념적인 측면에서는 다문화사회를 지향하고 있다고 볼 수 있으나 정책적인 측면에서는 다문화주의에 대해 유보적인 태도를 보이고 있다는 시각이 있다. 이에 대한 자세한 내용은, 소성규, 결혼이민자 인식조사를 통한 다문화가족 법제도의 개선방향 -포천시 사례를 중심으로-, 법과 정책연구, 제10집 제2호(2010.8.), 481-483면 참조.
4) 박형빈, 통일교육에서 민족주의와 다문화주의, 윤리교육연구, 제31집(2013.8.), 216면.
5) 다문화주의의 유형에 관한 자세한 내용은, 위의 논문, 218-220면; 유재덕, 기독교 통일교육의 새로운 모색: 다문화주의를 중심으로, 기독교교육논총, 제42집(2015.6.), 245-250면 참조.
6) 김창근, 다문화시대의 '통일 민족주의'와 통일교육, 윤리연구, 제77호(2010), 141면.

즉, 민족주의란 일의적이고 객관화된 개념이 아닌 유연하고 다의적으로 해석될 여지가 많은 개념이다 보니,[7] 그 전개 양상이 다양한 형태로 표출되었다. 민족주의는 일반적으로 크게 세 가지의 유형으로 나누어 볼 수 있는데, 프랑스혁명을 통해 등장한 시민권 중심의 '국가민족', 혈연과 계통을 강조하는 독일식의 '문화민족', 제3세계 등지에서 식민 지배로부터 민족의 해방을 목적으로 하는 '저항민족' 등이 그것이다.[8] 하지만, 민족주의가 가진 개념의 다양성에도 불구하고 다양한 유형의 민족주의를 모두 관통하는 공통의 특징적 요소들도 존재한다. 자본주의, 공산주의, 전체주의, 제국주의 등 다른 이념들과 융합되어 존재해 왔다는 점, 언어, 종교, 문화, 혈통 등 민족을 구성하는 객관적 요인에 따라 그 양상이 다르게 나타났다는 점, 근대 민족국가의 형성을 이념적으로 뒷받침하였으며 때로는 민족국가 형성을 앞에서 끌고 나가기도 했던 이념이라는 점 등이 다양한 모습의 민족주의에서 공통적으로 찾아볼 수 있는 속성이라고 할 수 있다.[9]

문화적 다양성을 인정하고 존중하자는 다문화주의는 앞서 본 바와 같이 오늘날의 다문화시대에 별다른 의문 없이 당연한 이념으로 받아들여지고 있으나, 민족주의와 마찬가지로 그 쓰임에 따라 다양한 개념과 유형으로 설명될 수 있다. 하지만 다문화주의의 진정한 가치 내지 공통적으로 지향하는 바는 다음과 같이 살펴볼 수 있다.

우선, 다문화주의란 자유주의 이론 내에서 다문화주의의 가능한 수용

---

[7] "민족주의 개념이 다양한 것은 범위가 한정되어 있지 않고 그것을 이루는 바탕 또한 광범위하기 때문이다. 민족주의라는 용어는 영어의 nation과 -ism이 결합되어 생성되었다. 특히 민족주의가 다양한 형태로 표출되는 것은 nation이라는 단어 자체가 지니고 있는 다의적인 면에서 기인한다. nation에는 민족 외에도 국가, 국민이라는 뜻도 내포되어 있기 때문이다. nation을 일단 민족으로 이해한다 하더라도 혈통, 언어, 전통에 입각한 문화적 개념의 의미에서 민족주의는 대체로 민족적 열정, 민족적 개성을 나타내는 의미로 사용되고 있는 것이기 때문에 그 민족이 가지고 있는 공통적·보편적 특성을 말하는 것이다." 한주희, 제7장 통일과 통합을 위한 민족주의와 다문화주의의 공존 가능성 모색 -대학생들의 통일교육 현장으로의 활용-, 민족사상, 제8권 제2호(2014.8.), 201면.
[8] 김창근, 다문화시대의 '통일 민족주의'와 통일교육, 윤리연구, 제77호(2010), 141면.
[9] 위의 논문, 141-142면.

범위가 어디까지인지에 대한 고민으로 보아야 하므로, 자유주의의 범주 내에서 공동체를 보호하기 위해 자유주의적 맥락을 과거보다 확장해 나가는 데에 그 진정한 가치가 있다.10) 다음으로, 다문화주의는 근대 이후 추구되어 온 '정치적·문화적으로 동질한 국민만들기' 속에 가려져 있던 다문화의 의미를 드러내고 조화 방안을 찾아가는 등 동질한 국민성에 대한 반성에 그 진정한 가치가 있다.11) 마지막으로, 다문화주의는 다원주의적 접근을 통해 어떠한 정체성과 이익을 증진시킬 것인지에 관한 구체적인 문제를 해결해야 하는바, 궁극적으로 휴머니즘에 기초한 새로운 시민공동체의 형성을 모색하는 것에 그 진정한 가치가 있다.12)

이상으로 살펴본 기존의 민족주의와 다문화주의적 이념은 남북한의 통일과 통합을 실현하기 위한 통일교육에 있어 모두 일정한 한계를 지닌다. 다문화시대라 하더라도 통일의 당위성과 필요성 등을 효과적으로 설명하는 민족주의는 전적으로 배제되어야 할 이념이 아니고, 다문화주의를 바탕으로만 한 통일교육은 신뢰성, 책임성, 지속성 등에서 문제가 발생할 수 있다. 이에 따라 열린 민족주의, 신민족주의, 시민 민족주의 등과 같은 민족주의의 변형적 개념들도 등장하고 있는 실정인바, 다문화 시대의 통일교육을 위해 민족주의와 다문화주의의 조화 방안에 대해 숙고할 필요가 있다.

3. 통일교육에서의 다문화주의의 필요성

오늘날 우리 사회가 다문화사회로 급속히 변화되고 있다는 점은 다양한 인종과 민족의 문화를 인정하고 존중하는 다문화적 관점에서 통일교육이 재구성될 필요성이 있음을 보여준다. 과거의 통일교육은 국내외 통일환경의 변화와 남북관계, 정부의 통일정책, 국민의식의 변화 등에 기

---

10) 위의 논문, 143-144면.
11) 위의 논문, 144면.
12) 위의 논문, 144면.

초하여 시기별로 그 성격과 내용을 달리해 왔는바,13) 앞으로의 통일교육은 다문화시대에 걸맞게 민족과 혈통을 중시하는 관점만이 아닌 서로 다른 문화를 인정하고 존중하는 다문화주의를 반영하는 방향으로 그 개념이 확장되어야 할 것이다.14)

비교적 최근에 등장한 다문화주의적 관점이 반영된 통일교육은 이미 현재의 통일교육의 중요한 특징으로 자리잡아 가고 있다. 다문화주의적 관점에서는 남북한 간의 통일문제를 기본적으로 타자와의 평화적 공존의 문제로 인식하여 분단 이후 현재까지 서로 다른 발전과 변화를 이룩해 온 다른 사회와의 통합의 문제로 이해하므로, 이러한 관점에서는 통일교육을 나와 다른 타자와 공존하며 편견과 차별을 줄이기 위한 훈련으로 이해한다.15) 다문화주의적 관점이 반영된 통일교육은 타자와의 평화적 공존과 갈등의 사전 예방을 강조하므로, 이로 인해 다문화이해교육, 평화교육, 갈등해결교육 등 세계 각국에서 실시하고 있는 관련 교육 프로그램들이 우리나라의 통일교육에 적용될 수 있는 가능성이 생기게 될 것이다.16)

이러한 관점은 「통일교육 지원법」 제3조의2[17])에 근거하여 발간되는 통일부 통일교육원의 통일교육 지침에서도 찾아볼 수 있다. 과거 통일교육원의 통일교육 지침서에서는 '열린 민족주의'의 중요성을 제시하며, "통일은 단순히 분단 이전 상황으로 되돌아가는 것이 아니라, 더 나은 미래의 삶을 창조하기 위하여 자유민주주의와 시장경제, 인간의 존엄과 가치 존중 등을 기반으로 하는 새로운

---

13) 통일교육의 변화와 전개에 관한 상세한 논의는, 조정아, 통일교육의 쟁점과 과제, 통일정책연구, 제16권 2호(2007), 286-287면 참조.
14) 선봉규, 다문화시대 통일교육의 현황 및 과제, 한국지방정부학회 학술대회 논문집, 2017, 5-6면.
15) 함택영 등, 남북한 평화체제의 건설과 통일교육: 연합제와 낮은 단계의 연방제의 수렴을 중심으로. 국가전략, 제9권 4호(2003), 54면.
16) 위의 논문, 54면.
17) 제3조의2(통일교육 기본사항) ① 통일부장관은 제3조의 기본원칙에 따른 통일교육을 하기 위한 기본사항을 정한다.
② 통일부장관은 통일교육에 관한 기본사항을 정할 때에 미리 관계 중앙행정기관의 장과 협의를 하여야 한다.

민족공동체를 형성하는 과정이다. 민족공동체를 형성하기 위한 통일교육은 북한 주민을 더불어 살아갈 대상이자 민족공동체의 동등한 구성원으로 인식하는 것에서 출발해야 한다. 이와 함께 민족 지상주의와 같은 편협한 민족주의에 빠지지 않도록 주의해야 한다. 우리가 지향하는 민족공동체는 단순히 혈연에 기초한 폐쇄적인 민족주의가 아니라, 다른 민족과 그들의 문화도 존중하는 열린 민족주의에 바탕을 두고 있는 것이다."라고 한 바 있다.[18] 현재의 통일교육 지침에서는 한반도 통일은 민족문제이자 국제문제라고 하면서 "분단 극복과 통일은 일차적으로 남북한 당사자 간의 대화와 교류 협력 등을 통해 달성해야 할 민족적 과제이다. 그러나 한반도 분단의 과정은 주변국들의 개입 속에 진행되었고, 따라서 분단의 극복과 통일문제는 '민족문제'이자 '국제문제'라는 이중적 성격을 띠고 있다. 남북 분단은 제2차 세계대전의 종식과 함께 미소 양국의 한반도 분할 점령에 의해 비롯되었고, 북한의 남침으로 시작된 6·25전쟁을 통해 민족 간 갈등, 대립이 심화됨으로써 공고화되었다. 그러므로 한반도 통일은 남북 분단의 극복뿐만이 아니라 동북아시아의 냉전구조 해체 및 평화체제의 구축 등과도 관련된 문제이다. 여기에 더해 북한의 핵과 미사일 및 인권문제 등은 북한만이 아닌 지역적·국제적인 사안이 되고 있다. 이러한 현실에서 통일은 한반도에만 한정된 문제가 아닌 동북아시아와 국제사회 전반의 평화와 공동번영을 추구하는 차원에서 접근할 필요가 있다."라고 하거나,[19] 통일을 통해 구성원 모두의 자유·인권·평등·복지 등 인류 보편적 가치를 추구하는 국가를 건설해야 한다고 하면서 "통일의 이유에는 민족사적 당위성에서부터 현실적인 필요성까지 다양하겠지만 통일은 무엇보다 분단의 현 상황보다 더 평화롭고 풍요로운 환경 속에서 인간다운 삶을 보장받기 위한 것이다. 이런 점에서 우리가 지향하는 통일 국가는 자유민주적 기본질서와 시장경제를 근간으로 삼아 구성원 모두의 자유와 인권, 평등과 복지 등 보편적 가치가 존중되고 보다 풍요로운 삶을 영위할 수 있는 민족

---

18) 통일교육원, 2016 통일교육 지침서, 2016, 9-10면.
19) 통일교육원, 평화·통일교육: 방향과 관점, 2018, 10-11면.

공동체이어야 한다. 더 나아가 통일된 민족공동체는 세계화, 다문화 시대에 걸맞게 다른 민족을 배척하지 않고 함께 공존공영을 추구하는 열린 사회를 지향해야 한다."라고 하여 통일교육의 중점방향으로서 국제적, 다문화적 관점이 반영되어야 함을 강조하고 있다.[20]

Ⅱ. 다문화시대 통일교육지원법의 개정방향

1. 통일교육의 개념요소로서 보편성의 수용

다문화시대의 통일교육을 위해서는 우선, 통일교육의 개념을 보편성의 요소를 반영하여 재구성할 필요가 있다. 통일교육을 통해 이루고자 하는 이상적인 미래는 남북한의 주민, 재외동포 및 다양한 배경의 이주민들을 모두 포함하여 통일 이후의 국가 번영을 공동체의 구성원들과 함께 어떻게 이룰 것인가에 있으므로, 통일교육의 개념을 통일 전후의 대한민국과 직간접적으로 연결되어 서로 영향을 주고받는 다양한 주체들의 평화와 번영을 이루기 위한 교육으로 확장해야 하는 것이다.[21]

기존의 개념요소들을 포함한 이러한 통일개념의 확장은 공동체의 모든 구성원들을 대상으로 미래의 평화와 번영을 이루기 위한 효과적인 전략으로 통일을 논의하는 것이므로 교육 대상자들에게 보다 실제적인 교육이 될 수 있다고 본다. 다문화사회로 급속히 변화되는 오늘날의 현실 상황에서 통일의 당위성과 필요성을 단편적으로 설명하고 설득하는 과거의 교육방식은 곧 한계에 직면하게 될 것이다. 공동체 구성원들 모두를 교육 대상자로 하고 그들로 하여금 통일을 자신의 문제로 인식하게 해 줄 수 있는 교육이 필요하다.

보편성이 확보된 통일교육에 있어서도 독일 정치교육의 이념적 토대이자 원칙으로 제시된 '주입식 교육 금지 원칙', '논쟁의 투명성 원칙',

---

20) 위의 자료, 16면.
21) 김병연, 통일교육 관련 법 규범의 문제점과 개선 방향, 윤리교육연구, 제56집(2020.4.), 271면.

'수요자 지향성 원칙' 등의 보이텔스바흐 합의(Beutelsbacher Konsens)의 원칙은 여전히 중요하다. 보편성 개념이 확보된 통일교육에 회의적이거나 반대의 견해를 가진 교육의 대상자들과의 활발한 논쟁이 이루어질 수 있도록 통일교육의 목적과 내용 등이 수정되어야 할 것이다.22) 오늘날 통일의 과정 속에 있는 우리의 현실적 모습과 통일 후의 대한민국의 미래상을 직시하여 이를 바탕으로 통일교육의 콘텐츠들이 적절히 재구성된다면 교육의 대상자들은 북한과의 통일이 가지는 여러 문제들에 더욱 관심을 가지고 교육에 적극적으로 참여할 수 있다고 본다.

또한, 앞서 본 바와 같이 통일교육의 개념이 과거 법률의 개정을 통해 이미 변화된 적도 있다. 교육 대상을 국민으로 한 명시적 언급이 삭제된 것으로, 이는 교육의 대상을 대한민국 국적자로 한정하지 않겠다는 입법자의 의지를 간접적으로 표명한 것으로 해석할 수도 있을 것이며, 시대와 상황의 변화에 따라 통일교육의 개념도 그에 맞게 수정·보완될 필요가 있음을 보여준 예라고도 하겠다.

2. 통일교육의 기본원칙으로 다문화주의의 반영

통일교육 지원법 제3조를 개정하여 다문화주의를 통일교육의 기본원칙으로 도입하여야 한다. 동조는 현재 자유민주적 기본질서 수호, 평화적 통일 지향, 개인적·당파적 이용 금지를 통일교육의 기본원칙으로 규정하고 있는데,23) 이에 더하여 다문화주의를 시대에 맞는 새로운 교육원칙으로 반영할 필요가 있다고 본다.

통일교육은 남한과 북한이 오랫동안 민족공동체를 이루어 살아오는 과정에서 형성된 공통점은 물론 사회 변화 과정에서 새롭게 공동체의

---

22) 위의 논문, 272면.
23) 통일교육 지원법 제3조(통일교육의 기본원칙) ① 통일교육은 자유민주적 기본질서를 수호하고 평화적 통일을 지향하여야 한다.
② 통일교육은 개인적·당파적 목적으로 이용되어서는 아니 된다.

구성원이 된 다문화이주민과의 조화로운 삶의 중요성도 강조해야 한다.24) 오늘날의 변화된 사회상을 법률에서 적극 반영하면서 국내 거주 이주민 등 다양한 배경의 공동체 구성원들을 배려하고 포용할 수 있음을 보여주어야 하는 것이다. 또한, 남과 북의 분단이 장기간 지속되면서 서로 간의 이질성이 갈수록 심화되고 있는 상황임을 고려한다면, 다른 문화적 배경을 가진 사람들에 대한 배타적 태도를 갖지 않도록 하는 것은 통일교육이 추구하는 기본 방향이자 교육과정에서 다루어야 할 주요 내용이 되어야 할 것이다.

물론 민족주의 내지 민족공동체의 의식은 여전히 통일교육에 있어 핵심 가치이다. 다문화주의를 통일교육의 새로운 기본원칙으로 반영하자는 주장은 민족주의를 배제하자는 것이 아니다. 오늘날 세계 각국에서 살고 있는 재외동포들이 공통적으로 갖고 있는 한민족의 정서는 남한과 북한의 분단을 별다른 것으로 생각하지 못하고 살아가는 사람들에게는 찾아볼 수 없는 매우 강력한 힘을 가지고 있는바, 통일문제에 관한 논의에서 민족공동체의 의식은 통일의 당위성과 필요성 등에 있어 효과적인 논의 전제이자 핵심적인 소재일 수밖에 없는 것이다.25) 따라서 다문화주의의 강조로 인해 혹시라도 있을지 모를 통일교육에서의 민족주의 존폐론은 불필요하다고 본다. 결국, 통일교육의 기초로서 민족주의의 가치와 정서는 필요하므로, 다문화시대의 공존과 소통을 위한 기제로 민족주의가 새롭게 자리매김하기 위해서는 다문화시대에 걸맞게 다양한 민족과 문화의 관점을 수용할 수 있도록 민족주의 내지 민족국가 중심의 사고를 수정·보완하는 등 기존의 종족적이고 배타적인 의미가 아닌 보다 개방적이고 보편적인 의미로 민족주의의 개념을 재구성하여야 할 것이다.26)

---

24) 김병연, 통일교육지원법의 쟁점과 개정방안 연구 -제2조 정의, 제3조 통일교육의 기본원칙 조항을 중심으로-, 도덕윤리과교육, 제58호(2018.2.), 126면.
25) 위의 논문, 127면.
26) 김창근, 다문화시대의 '통일 민족주의'와 통일교육, 윤리연구, 제77호(2010), 153-154면.

결론적으로, 다문화시대에 우리 민족만이 중심이 되는 통일 논의는 곧 폐쇄적이고 배타적인 것으로 치부되어 통일의 추진과정에서 주변국과의 조화를 깨뜨리고 외교적 갈등을 초래할 수가 있는바,[27] 대한민국 통일의 국제적인 공감대 형성을 위해서라도 통일교육의 기본원칙으로서 다문화주의를 강조하고 민족주의 역시 다문화적 관점을 반영하여 그 의미를 재구성하는 것이 필요하다고 할 것이며, 이를 통해 한반도 통일의 우호적 환경 조성이 가능해질 수 있다고 하겠다.

3. 통일교육의 전문강사로서 다문화이주민의 활용

한이탈주민 등 국내에 거주하는 다문화이주민을 통일교육의 전문강사로서 육성·관리하는 방안도 검토하여야 한다.

예컨대, 전문강사로서 북한이탈주민의 경우만 하더라도, 자신이 체험한 북한 체제와 북한주민의 인권 실태 등을 바탕으로 생동감 있는 교육을 진행함으로써 통일의 필요성과 시급성을 알리고, 북한에 대한 단편적이고 피상적인 이해가 아닌 보다 객관적이고 실제적인 이해를 도와줄 것이다.[28] 또한, 통일교육에 참여하여 전문적인 훈련을 받은 북한이탈주민은 자기와 같은 처지에 있는 북한이탈주민을 대상으로 남한 사회에 대한 적응훈련을 직접적으로 도울 수 있을 것이고, 나아가 통일 이후에는 통일 전 북한 거주 주민들을 대상으로 실질적인 남북통합을 위한 교육도 실시할 수 있는 최적의 자원이 될 것이다.[29] 결국, 북한이탈주민을 통일교육의 전문강사로 활용한다면, 보다 깊이 있고 현실감 있는 통일교육이 실시될 수 있을 것이고, 남한과 북한의 통일과 통합을 위한 중요한 자원을 미리 확보할 수 있을 것이며, 북한이탈주민 집단에 자존감을 심어줄 뿐만 아니라 전문강사로서 북한이탈주민을 포함한 북한이탈주민

---

[27] 위의 논문, 154면.
[28] 음선필, 「통일교육 지원법」에 대한 입법론적 검토, 입법학연구, 제15집 제1호(2018.2.), 24면.
[29] 위의 논문, 24면.

전체의 남한 내 신속한 정착을 돕는 방안이 될 수 있을 것이다.[30]

북한이탈주민의 경우 남한과 북한의 통일과 통합 등을 위한 직접적 역할을 할 수 있으나 그 외의 다문화이주민의 경우에도 통일 분위기 조성과 통일 후 대한민국의 번영을 위한 다양한 역할을 충분히 해낼 수 있다고 본다. 통일은 남한과 북한 간의 민족문제만이 아니라 국제문제이고, 남북한의 주도적 노력과 함께 국제사회의 지지와 협력이 필요한 문제임을 간과해서는 안 될 것이다.[31]

다문화이주민을 통일교육의 전문강사로 양성하고 관리하기 위해서는 우선 현행 통일교육 지원법에 다문화이주민의 전문강사 육성에 관한 근거 규정을 명문화할 필요가 있다. 동법은 현재 '통일교육에 관한 전문인력의 양성·지원에 관한 사항'을 통일교육기본계획에 필수적으로 포함시켜야 한다거나 통일교육 전문강사 자격 부여 및 재교육 등에 관한 일반적인 내용만을 규정하고 있을 뿐, 북한이탈주민을 포함한 다문화이주민을 통일교육 전문강사와 관련하여 별도로 특정해서 언급하고 있지 아니하다.[32] 이에, 동법 제6조 제2항, 제9조의2 또는 제10조의2에 별도 조항 등의 신설을 통해 통일교육 전문인력 내지 전문강사에 다양한 배경의 다문화이주민이 일정 비율로 포함되어야 함을 명시할 필요가 있다.[33]

---

30) 위의 논문, 24면.
31) 자세한 내용은, 통일교육원, 평화·통일교육: 방향과 관점, 2018, 10-11면 참조.
32) 통일부의 훈령인「통일교육 전문과정 운영규정」도 이와 마찬가지로 전문강사로서의 다문화이주민에 대한 규정은 별도로 마련되어 있지 아니하다.
33) 참고로, 다문화시대 통일교육을 위한 정책방안으로 다문화가족을 위한 통일교육 프로그램 개발이 필요하다는 주장이 있다. 소성규, 통일교육 활성화를 위한 법제도 개선방안, 법과 정책연구, 제17집 제2호(2017.6.), 113면; 소성규,「통일교육지원법」의 개정방향, 법과 정책연구, 제19집 제3호(2019.9.), 323면. 동 견해는 통일교육이 통일을 이룩하기 위한 교육만이 아니라 통일 이후의 사회통합을 위한 교육이라면, 북한이탈주민을 대상으로 한 특별한 통일교육 프로그램 개발에도 관심을 가져야 할 것인데, 북한이탈주민 가족들의 남한사회 정착과 사회통합을 위한 '북한이탈주민 가족 캠프' 등이 그 예가 될 수 있다고 한다.

노겸 소성규 교수의 화갑을 축하하며

최용전
대진대학교 공공인재법학과 교수

글을 쓰기 전에 먼저 축하의 인사부터 전합니다.

소성규교수는 대구에 소재하고 있는 경북고등학교 2년 후배로서 1년 동안 같은 공간에서 공부를 하였지만, 그 시대에는 한 학급 친구들이 70명에 가깝고, 동급생이 750명에 다다르다 보니, 당시에는 알고 지내지 못하였습니다. 그러나 대봉동 같은 교정에서 같은 교문을 들고 나며, 같은 교복과 교모를 두르고, 3년간 청운의 꿈을 갈고 닦았으며, 어느날 같은 대학 같은 학과에서 다시 만나 한 가족이 되어 화갑을 맞이 하였다는 것은 대단한 인연입니다. 참으로 유일무이한 인연 속에서 각별한 신뢰와 사랑으로 생활하던 중, 화갑 축하 글의 부탁을 받고 너무나 기뻤습니다. 그리고 글 쓸 소재를 고민하며 소성규 교수를 생각해 보니, 그의 호(號)인 '노겸'이 제일 먼저 떠올랐습니다. 그래서 소성규 교수와 함께 한 그동안의 기억과 시간을 되돌아보며 '노겸'의 의미를 되새기며 이 글을 쓰고자 합니다.

노겸(勞謙): 일할 노, 겸손할 겸

소성규 교수의 호인 '노겸'에는 깊은 뜻이 담겨 있습니다. 전통적으로 아명(兒名)과 본명(本名)은 부모가 지어주고, 호(號)는 자기 스스로 짓고, 자(字)는 친구나 스승이 지어준다고 합니다. 그러나 소성규 교수의 호는 특별하게도 제자가 2017년도에 지어서 헌정(獻呈)한 것입니다. 이는 교수님의 깊은 인품과 학문적 성취를 존경하는 제자의 마음이 담긴 것으로, 소성규 교수에게는 큰 의미가 있을 것입니다.

'노겸'의 국어사전적 의미는 "큰 공로가 있으면서도 겸손함"을 의미하며, 노고(勞苦)와 겸양지덕(謙讓之德)의 약칭(略稱)이라고 풀이할 수 있습니다. 그리고 호는 작명과 관련되어 있으므로 작명의 기본서인 '역경(易經)'을 찾아보면, 역경에서 '겸(謙, ䷎)'은 64괘 중에서 15번째에 위치한 괘입니다. 위쪽 상괘는 땅(地)을 의미하는 '곤(坤, ☷)'의 괘이고 아래쪽 하괘는 산(山)을 의미하는 "간(艮, ☶)"의 괘입니다. '겸(謙)'은 위에 있는 땅이 아래에 있는 산을 만난 괘라고 하여 '지산겸(地山謙)'이라고 하며, 땅이 산 위에 놓인 형국입니다. 즉 낮은 땅 아래에 높은 산이 있는 형상이며, 이는 '겸손'과 '균형'을 상징한다고 합니다. "높은 자리에 있을 때 겸손을 유지하고, 낮은 자리에 있을 때는 과도한 겸손을 경계하며 균형 잡힌 태도를 유지한다"는 뜻입니다.

그동안 소성규 교수를 곁에서 지켜 본 인품과 '노겸'이라는 호를 생각해 보면, 지도교수님께 호를 지어 헌정한 제자의 식견에 감탄하였습니다. 대진대학교에서 만난 소성규 교수는 열정적이고 헌신적인 학자의 모습이면서, 겸손과 균형을 갖춘 노겸의 모습 그대로였습니다. 자신을 낮추고 남을 높여주는 내면의 겸허로 자신을 지켜 나간다는 의미, 남다른 노력을 기울여 공을 세우고도 스스로 겸손하여 자신을 낮춘다는 의미, 많은 것은 적은 곳에 보태고 사물을 저울질하여 공정하게 베푼다는 의미를 담고 있는 노겸은 소성규 교수의 삶과 학문적 태도를 그대로 반영하고 있습니다.

　소성규 교수는 법학 분야에서 탁월한 연구 성과를 이루였으며, 많은 논문과 저서를 통해 학계에 큰 기여를 하였습니다. 1995년 이후 대진대학교에 봉직하면서 걸어 온 길을 보면, 대진대학교를 위하여 많은 업적을 남겼지만, 특히 그동안 길러낸 후학들을 통하여, 그의 훌륭한 인품을 짐작할 수 있습니다. 그리고 수많은 학문적 업적으로 다수 학회의 회장을 지내고, 수많은 제자들을 지도하면서 존경을 한 몸에 받았음에도 불구하고, 묵묵히 학교에서 연구하고 지도하며 지역에 봉사하는 모습을 보면, 겸손과 미덕을 잃지 않고 살아가는 노겸의 모습 그대로입니다.

　소성규 교수는 학과회의에서도 균형을 잃지 않으려고 노력하며, 개인적 사정으로 학과 행사에 불참하게 되더라도 물심양면의 어떠한 방법으로든 빈자리를 메꾸려 노력하며, 누구에게도 누(累)가 되는 언행을 삼가는 모습을 볼 수 있었습니다. 그리고 소성규 교수가 가지고 있는 학문적 식견이 양주, 동두천, 연천 그리고 포천 등 경기북부지역의 발전에 크게 도움이 될 것으로 기대되어 정치활동의 뜻을 물어보면, 항상 겸양의 모습으로 응답하였습니다. 그리고 제자들의 논문지도 모습을 보면, 미래를 바라보는 선구안을 가지고 주제를 정하며, 논문 지도 과정에서도 세심하게 지극정성으로 지도하는 무한한 제자 사랑을 느낄 수 있었습니다. 이러한 제자 사랑은 지난 30여년간 지도한 제자들이 박사가 10명, 석사가 101명이며, 현재 박사과정 중인 제자가 3명이나 되고, 석사과정에도 다수의 제자가 있음이 웅변으로 말해 주고 있습니다.

　젊고 패기에 차 있던 젊은 학자는 지학(志學)의 나이에 학문(學文)과 청운(靑雲)의 꿈을 품고 대구로 유학을 떠나, 포천(抱川)에 웅거하며, 불혹(不惑)의 나이와 지천명(知天命)을 넘어 이제 이순(耳順)에 이르렀습니다. 세상의 이치를 이해하고, 자연에 순응하며, 자신의 삶에 충실한 시절에 다다랐으니, 앞으로도 부디 소성규 교수가 뜻하는 대로 모두 이루어지고, 자신과 가족 그리고 주변 지인들과 함께 항상 건강하고 행복한 삶이 되기를 바랍니다.

다시 한번 화갑을 진심으로 축하하며, 소성규 교수와 함께 하였던 많은 시간들을 아름다운 추억으로 간직하며, 소성규 교수의 변함없는 노겸의 길이 더욱 깊고 장대하게 계속되기를 기원합니다.

동료 교수이자 고교 선배이며, 대진대학교 후임인 최용전 교수가

인연의 시작

한병홍
대진대학교 DNA플러스융합기술전문대학원 초빙교수
前 LH한국토지주택공사 상임이사

약속해요 이 순간이 다 지나고 다시 보게 되는 그날
모든 걸 버리고 그대 곁에 서서 남은 길을 가리란 걸
인연이라고 하죠.
고달픈 삶의 길에 당신은 선물인 걸
이 사랑이 녹슬지 않도록 늘 닦아 비출게요.

대중가요의 한 소절처럼 우리의 삶은 혈연, 지연, 학연 그리고 관계가 맺어주는 인연의 연속이라 해도 과언은 아닌 것 같다. 소성규 교수님과의 인연은 2016년경으로 기억된다. 지인들의 소개로 늦게 첫 대면 이후 저는 통상적으로 후배 교수님들 중 한사람으로 생각하였으나 만남이 지속될수록 묘한 매력이 있었던 것 같았다.

제가 LH한국토지주택공사에서 스마트도시본부장(등기임원)을 마지막으로 34년간 재직하는 동안 다양한 부류의 사람들을 접해왔지만 제 경험적으로 법학을 전공하신 분들은 대부분 신중하고, 자구해석에 치밀한 분들이 많았던 것 같았다. 결론을 먼저 말씀하기보다는 다양한 해석을 바탕으로 결론에 도달하기까지 상당한 시간이 소요될 뿐 아니라, 결론이 오묘해서 도대체 결론이 뭔지 알쏭달쏭 한 경우가 많았다. 그런데 첫 만남부터 시원시원하고 거침없는 언변에 이분이 법학을 전공하신 분이 맞나 하는 의구심도 들었다. 물론 경북고등학교 후배 학연이 밑바탕이 있었기 때문인지 괜찮은 후배구나 하는 생각과 더불어 호감도가 빠르게 상승했던 것도 있었던 것 같다.

소성규 교수님의 험담을 조금 하자면 적당한 음주 가무가 내 스타일과 비슷하다고 해야 할까? 노래방 가면 앵콜 신청이 없어도, 잘 부르지 못해도 기본 3~4곡은 거뜬하다. 골프 실력도 폼은 제멋대로인데도 80대는 꾸역꾸역 거뜬히 치는 것 같다. 요즘 현대인이 아니라고 할 정도로 오지랖은 태평양보다 더 넓어 본인과 연관된 일이라면 자기 일처럼 적극적으로 앞장서서 해결하려고 노력한다. 대부분 득실을 따지는 이해 관계인들과는 달리 대가 없이 늘 베푸는 스타일이다. 박봉의 교수님 신분에도 지갑을 잘 연다. 그래서 싫지가 않다. 보통 고교 1년 선배가 가장 무섭다고 하는데 아무런 거리낌 없이 먼저 다가온다. 소성규 교수님처럼 성격 좋고 남을 배려할 줄 아는 후배는 보기 드문 것 같다. 통상적으로 선배님들을 존경하고 따르는 분들은 많았지만 후배가 귀감이 되는 경우는 많지 않았던 것 같다.

이렇게 시작된 인연이 정점을 찍은 것은 2020년 당시 집값 폭등으로 정부에서 대규모 공공택지개발을 통한 주거안정 문제를 해결하기 위하여 새로운 3기 신도시를 신속하게 추진토록 결정하고, LH한국토지주택공사로 하여금 3기 신도시를 추진토록 선정 발표하였다. 다행인 것은 이러한 급박한 시기에 소성규 교수님이 한국부동산법학회 회장을 역임한 이후, 한국법정책학회장을 맡고 있던 시기였다. 3기 신도시를 추진함에 있어서 1,2기 신도시에서 드러났던 법이나 제도상의 제반 문제점을 LH한국토지주택공사와 한국법정책학회가 상호 보완적 관계로 상호협력키로 하면서 국토부를 비롯한 정부와 특히 LH한국토지주택공사는 많은 도움을 받았다. 그때 우리나라 법제도적 문제점과 해결방안에 대하여 소성규 교수님 주도의 대규모 공공택지의 효율적 추진을 위한 법·제도 개선 연구를 통하여 3기 신도시를 원활하게 추진한 사례를 이 지면을 통해 소개함으로써 전문가로써 탁월한 식견과 능력을 조명해 보고자 한다.

우리나라 공공택지 개발 및 공급 관련 법체계상의 문제점을 요약해서 정리하면, 국토이용계획과 도시계획이 토지의 이용·개발·보전의 기본이 되고 있으나 각종 특별법은 토지이용계획 간의 부정합을 초래하고, 대규모 공공택지의 조성이 기존의 공간계획을 고려해서 선정하기보다는 정책적 차원에서 지역을 선정하여 추진하는 경우가 많고, 특히 「택지개발촉진법」이나 「공공주택특별법」의 경우, 상위계획인 국토계획의 부문계획인 「주거기본법」상의 주거종합계획에 따라 추진되고 있으나 중·장기적인 공간계획이나 국토이용계획과 유기적으로 연계되지 못하고, 중앙정부 중심의 택지개발 추진에 따라 단기적 공급 과잉으로 인한 부동산 경기침체, 지역갈등 및 택지수급의 왜곡을 초래하고 지방자치단체별 유입인구의 과다 책정으로 인한 중복투자의 문제가 발생하기도 한다. 또한 택지에 대한 수요가 불확실하고 부동산 경기에 민감하게 반응하며 지역특성에 따른 지자체의 기능이 제한적이기도 하다.

주거단지 위주의 개발에 따라 신도시의 기능적 다양성과 자족성이 부족하여 서울 중심의 의존성에서 벗어나지 못하고, 대규모 개발과 광역교통시설 공급으로 신도시 주변과 외곽지역에 개발압력이 높아지고 토지이용관리체계가 미흡하여 난개발과 부동산 투기 확산을 초래함으로써 도시인프라에 대한 부하가 급증하여 과밀·혼잡과 재정 소요 등 사회적 비용도 과도하게 증가하는 경향이 있다.

도시의 밀도, 주택호수, 토지용도별 면적, 녹지율, 자족용지율, 기반시설 등 주요 계획지표들이 도시별 개발목표와 전략 등에 기반하여 설정되기보다는 법적 기준의 총량이나 비율을 반영함으로써 일정 수준 이상의 도시 및 주거환경을 확보하는 순기능을 가지고 있음에도 도시의 경직성과 확일성을 야기하는 역기능도 초래하였다. 도시의 건설-운영-관리로 연계되는 생애주기에 따라 도시가 건전하게 성숙, 발전할 수 있도록 사업시행자와 지자체의 거버넌스 개념을 도입한 도시관리방식에 대한 고려가 미비하였다. 따라서 공공택지 공급 법체계에 있어 계획 및 법률 간의 부정합, 사업절차와 택지공급방식에 있어 비효율성과 경직성, 대규모 택지의 공급 위주의 편향성으로 인한 도시적 기능 제고에 있어 사업의 단절성 등이 문제점을 해소하기 위하여 공공택지 효율적 추진을 위한 법제도 개선방안을 소성규 교수님 연구팀은 아래와 같이 제시하였다.

정합성 측면에서 「공공주택특별법」의 목표 및 정책방향을 변경함으로써 「공공주택특별법」의 기능과 역할을 변화하도록 하고, 국토공간계획과 도시계획과의 정합성 제고를 통한 택지의 수요 및 공급의 적합성을 증대시키기 위해 「공공주택특별법」상의 공공택지 공급계획 법체의 정합성을 제고하도록 개정방향을 제시하고, 나아가 공급방식의 다양화를 통해 다양한 주택수요를 적기에 반영할 수 있도록 개정안을 제시하였다.

유연성 측면에서 공공택지 개발방식의 다양화를 통해 원주민 재정착과 주거 안정을 도모토록 제안하였다. 「공공주택특별법」의 경우 공공주택사업이 갖는 공공성을 고려하더라도 다른 개발사업법에 비해 민간사업자의 참여가 미비하므로 민간의 창의적 아이디어를 반영토록 개선안과 공공택지 개발방식의 다양화를 통해 원주민 재정착과 주거 안정을 도모토록 제안하였다.

효율성 측면에서는 공공주택지구 조성의 효율성을 제고하기 위해 공급 비율을 달리 할 수 있도록 하고, 「공공주택특별법」상의 생활SOC 확충을 통한 삶의 질 개선을 도모토록 하였다. 또한 공공주택지구 내 기업이주 활성화를 도모하는 한편 공공주택지구 지정 절차를 개선하도록 하였으며, 나아가 민간의 창의적 아이디어 반영을 위해 사업 참여 부분적으로 확대하고, 과도한 민간개발 수익을 제한하도록 제안하였다. 이를 위해 통합심의위원회의 전문성 제고를 통한 사업저해요인 사전예방 및 원활한 사업을 추진할 수 있도록 개정안을 제시하고, 공공주택사업계획에 인허가 의제사항, 스마트건설사업실시계획 등의 반영을 통해 효율성을 제고하도록 하고, 중대형 공동주택용지 공급방식을 변경하는 방향을 제시하였다. 「개발제한구역법 시행령」상의 훼손지 복구면적 산정기준 개선함으로써 불합리한 법제도를 정비토록 제안하였다.

지속가능성 측면에서는 공공택지 공급에서 공급 및 관리로의 사업자 역할 변화에 따른 지속가능한 도시 조성에 기여할 수 있도록 개정방향을 제시하였다. 공공택지 공급 뿐만 아니라 공급 이후의 안정화 및 사후관리를 고려하여 사업자도 협정 또는 위탁계약을 통해 도시관리주체로 역할을 수행할 필요가 있으며, 지속가능하고 효율적 관리에 필요한 일정한 기간을 보장토록 제안하였다.

이러한 내용을 알기 쉽게 도식으로 표현하면 아래 그림과 같다.

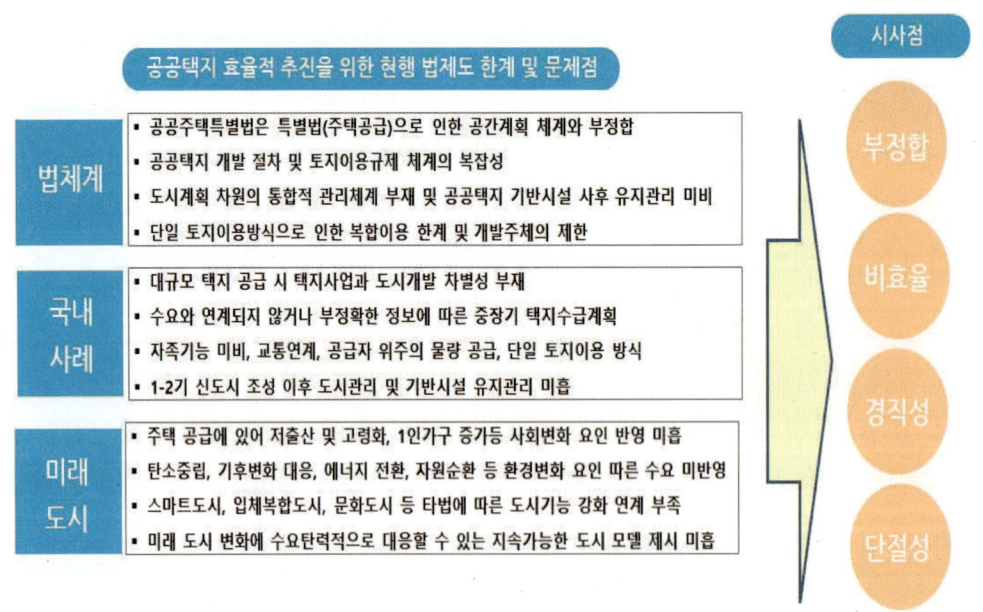

<법제도의 문제점과 시사점>

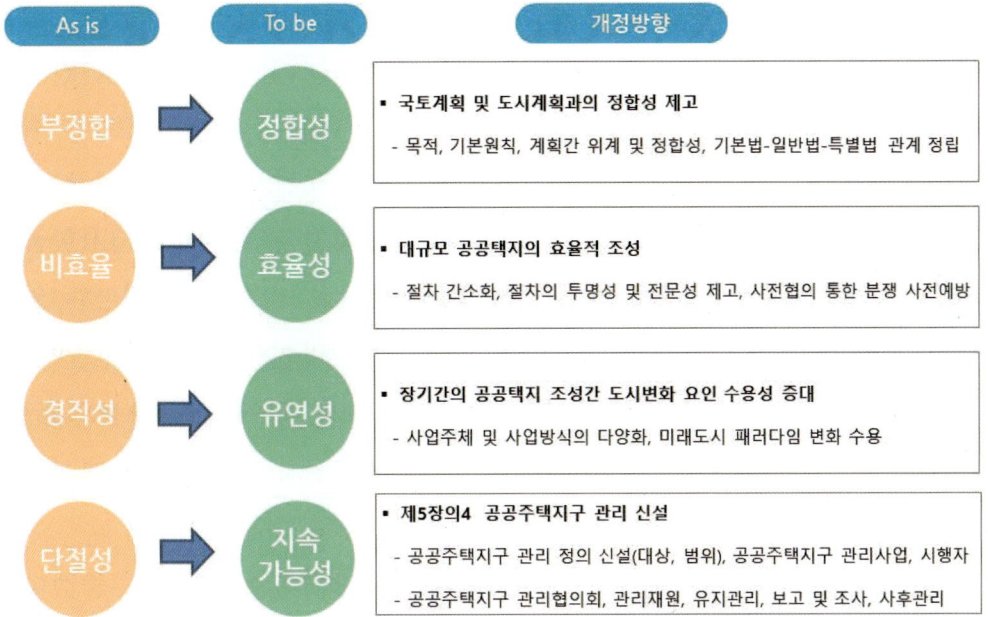

<공공택지의 효율적 추진을 위한 법제도 개정방향>

그뿐만 아니라 현재 상하수도 원인자 부담금 제도개선 관련 연구도 수행중이다. 지방자치단체와 LH간 원인자 분담금 비용과 관련하여 소송이 매년 증가하고 있으며, 그 소송액도 매년 수백억원에 달하고 있고, 기관 간 갈등요소가 상존하고 있는 실정이다. 특히 수도권의 경우가 많은데 그중에 하남시가 갈등이 가장 심한 상태이다. 상하수도 부담금은 대부분 지자체 조례로 원인자 부담금으로 부과하고 있으나 지자체별로 산정방식이 차이가 많고, 대부분 과다산정 부과로 LH에서 소송을 진행 중이다. 대부분 대법원까지 가서 LH한국토지주택공사 승소로 종결되지만 지자체 공무원 입장에서는 조례를 우선할 수 밖에 없는 현실적인 문제가 있는 실정이다. 어떤 지자체는 원인지 부담금 관련 소송을 제기하지 못하게 하는 경우도 있는 실정이다. 따라서 이러한 대법원 판례와 조례의 괴리에서 오는 법리 문제를 해결하기 위하여 「폐기물처리시설 설치촉진 및 주변지역지원 등에 관한 법률 시행령」 처럼 전국단위의 고

시단가를 결정하여 부담금 산정방법 가이드라인을 만들기 위하여 국토부, 환경부와 지자체 등 관계기관과 협의하여 합리적인 도출안을 만들기 위하여 오늘도 동분서주하고 있다.

법학자로써 이론적 배경을 바탕으로 실물 경제에 능통한 소성규 교수님의 적극적인 참여와 도움으로 대규모 공영택지를 개발하는 LH한국토지공사 입장에서는 앞으로의 개발사업에 있어서 바이블이 될 수 있는 법적 제도적 문제점을 해결할 수 있는 가이드 라인을 마련하게 되었다. 분담금 문제에 대해서도 법리 문제를 제도적 틀 안에서 합리적으로 해결할 수 있도록 노력해준 점에 대하여 LH한국토지주택공사를 대신하여 감사의 말씀을 전하고 싶다.

앞으로의 인생 여정에 영원한 동반자로써 늘 함께 했으면 좋겠다는 말씀으로 소성규 고수님의 화갑연을 축하드리며, 건승을 기원합니다.

소성규 교수님과의 만남

홍선기
동국대학교 법학과 교수

타생지연(他生之緣)

　타생의 인연(因緣)이라는 뜻으로, 불교(佛敎)에서 낯모르는 사람끼리 길에서 소매를 스치는 것 같은 사소(些少)한 일이라도 모두가 전생(前生)의 깊은 인연(因緣)에 의(依)한 것임을 이르는 말이다. 소성규 교수님과의 인연은 이렇게 시작되었다. 공법전공인 나로서는 사법 전공의 소성규 교수님을 만날 일이 없었다. 그러다 2016년 10월 광운대학교에서 한국부동산법학회가 개최되었고 평소 친하게 지냈던 프랑스 유학파 오승규 교수 소개로 이날 "통일 이후 재산권 문제해결을 위한 공법적 검토: 독일 사례와의 비교검토"라는 제목으로 발제를 맡았다. 이날 당시 회장을 맡고 계셨던 소성규 교수님을 처음 뵙게 되었다. 처음 보는 한창 후배학자인 나에게 고개를 숙이시면서 어려운 걸음 해주셨다고 말씀 주셔서 정말 겸손하신 분이구나라는 첫인상을 가지게 되었다. 나중에 오승규 교수를 통해서 소성규 교수님은 한국부동산법학회를 부흥시키기 위해 고군분투 하신다는 이야기를 전해들었고, 나중에 결국 「부동산법학」을 등재지로 승격시키셨다는 소식을 듣고 추진력도 겸비하신 분이라는 생각을 더하게 되었다.

아이유와 소성규

2021년 한국부동산법학회와 대진대학교가 공동으로 주최하는 세미나가 대진대학교에서 개최된 적이 있었다. 학자들이 이번 세미나를 위해 먼 길을 온다면서 소성규 교수님은 기념품이라도 드리고 싶다며 백방으로 노력해서 발표자와 토론자뿐만 아니라 모든 참가자들을 위해서 어딘가에서 한 상자가 넘는 기념품 꾸러미를 들고 오셨다. 기념품은 K-Pop 가수들의 음반이었고 쇼핑백 안에 들어 있어서 어느 가수의 음반인지 알 수 없는 상태에서 마치 제비뽑기처럼 하나씩 꾸러미를 선택해서 가져가면 되는 구조였다. 세미나에 참가한 대부분의 법학 교수들은 K-Pop 가수의 음반을 기념품으로 받는 것은 처음이라며 크게 웃었다. 어느 교수님은 BTS 음반을 선택했다며 자랑했고 내게는 아이유 음반이 주어졌다. 평소에도 아이유를 좋아했기에 매우 기분 좋은 상태에서 두 딸에게 아이유 음반을 주자 3초간 행복한 비명소리를 마주할 수 있었다. 지금도 아내가 운전하는 차에서 두 딸과 함께 아이유의 목소리를 접하게 되면 소성규 교수님의 얼굴이 떠오른다. 이게 맞는 조화인지는 모르겠지만 내게 아이유는 소성규 교수님을 떠오르게 하는 K-Pop가수가 된 것이다.

한잔의 술은 재판관보다 더 빨리 분쟁을 해결해준다
에우리피데스

3대 비극작가로 유명한 고대 그리스의 에우리피데스의 술과 관련된 명언이다. 그는 여러 작품에서 인간의 본능 및 타락에 관한 비극에 대하여 많이 서술하였는데 때때로 술은 인간의 갈등을 재판관보다 더 빨리 분쟁을 해결하는 도구였다는 통찰을 남겼다. 소성규 교수님이야 말로 바로 술을 가장 잘 다루는 교수님 중의 한 분일 것이다. 교수님은 술을 좋아하신다. 그리고 사람도 좋아하신다. 교수님과의 술자리는 항상 웃음이 끊이질 않고 즐겁기만 하다. 그래서 소성규 교수님과의 술자리는 항상 반갑고 사람을 기대하게 만든다. 세미나가 끝나고 저녁 만찬 때마다 유난히 에너지 넘치는 목소리로 건배사를 외치시는 모습은 많은 참가자들도 덩달아 유쾌하게 만들곤 했다. 막걸리 통을 들고 다니면서 후배학자들과 제자들의 잔을 채워주시면서 알뜰히 챙기고, 주위에서 벌어지는 크고 작은 갈등과 분쟁을 호탕하게 정리하시는 모습을 자주 보면서 노련한 학문 선배이자 술 선배의 전형이라고 생각하게 되었다. 하지만 단 한 번도 술에 취해 흐트러진 모습을 보이진 않으셨다. 참 배워야 할 것이 많은 선배가 아닐 수 없다. 그래서 소성규 교수님과의 술자리는 언제나 즐겁다.

통일교육과 소성규

사실 소성규 교수님하면 떠 오르는 키워드는 단연 '통일'이다. 대진대학이 통일선도대학으로 선정될 수 있었던 배경에는 소성규 교수님이 계셨기 때문이었다. 私法학자답게 통일 이후 북한 토지 사유화 방안에 대해서 많은 연구와 칼럼을 쓰셨다. 북한과 유사한 사회주의 국가체제에서 통일 후 체제전환을 한 독일과 베트남 그리고 자본주의 경제제도를 접목시킨 러시아와 중국의 토지 사유화 방안을 반면교사로 삼아서 위험성을 최소화 해야 한다는 교수님의 목소리는 통일부와 통일연구원 및 통일교육원 등 많이 전달되어 있다. 대한민국이 분단국가로 남아 있는 한 소성규 교수님의 통일을 향한 외침은 계속될 전망이고 또 우리사회가 항상 귀를 귀울여야 할 것이다. 평생을 통일과 통일교육에 애쓴 법학자는 국내에서도 흔치 않기 때문이다.

시절인연(時節因緣)

모든 인연에는 때가 있다. 일어날 일은 언젠간 자연스럽게 일어날 것이고 그 결과 또한 본인의 의지만으로 할 수 없다. 생각해 보면 나와 소성규 교수님은 처음부터 대단한 인연이 있었던 것은 아니다. 태어난 고향도 다르고 졸업한 대학도 달랐으며 사는 곳도 다르다. 전공 분야도 일치하지 않는다. 그럼에도 불구하고 소성규 교수님과의 인연은 10년을 넘어간다. 독일에서 갓 학위를 받고 온 신진학자에게 따뜻한 격려와 함께 따라주신 막걸리는 지금도 기억에 많이 남는다. 결국에는 시절인연인 것이다. 이젠 이 인연이 점점 더 깊어질 전망이다. 나이가 더 들어도 같이 술잔을 기울일 수 있는 선배가 있다는 건 행복인 일이다. 다행히 내겐 소성규 교수님이 있다.

소성규 교수님 시간내서 조만간 막걸리 한잔 하시지요 ^^*

통일 공감대 확산과 통일교육의 중요성

홍용표
한양대학교 교수
前 통일부 장관

통일교육의 중요성

· 상생과 평화를 주도하는 능동적 통일인재 양성
· 지속가능한 남북한 평화공존 학습체계 구축
· '대학과 지역'에서 '국가와 해외'로 확산하는 글로컬형 평화통일 교육

노겸 소성규 교수 주도로 대진대학교가 수행한 '통일교육 선도대학 업' 목표이다. 통일공감대 확산을 위해 필요한 통일교육의 방향을 적절하게 제시하였다. 통일교육 선도대학 사업은 필자가 통일부 장관으로 일할 때, 통일교육의 사각지대로 남아있던 대학교의 통일교육 활성화를 위해 만든 프로그램이다. 오랜 기간 통일공감대 확산을 위해 노력해 온 소성규 교수는 솔선수범하여 2020년부터 2024년까지 4년간 통일교육 선도

대학 사업을 진행하였고, 대학 통일교육의 대표적인 성공 사례로 꼽힌다.

"**우리의 소원은 통일, 꿈에도 소원은 통일....**" 예전에는 손에 손잡고 함께 이 노래를 부르면서 눈시울을 붉히고, 통일을 다짐하곤 하였다. 지금도 그런 사람들이 있을 것이다. 하지만 언제인가부터 통일은 우리의 소원이 아니라고 말하고, 통일의 필요성에 대해 회의적으로 생각하는 사람들이 늘고 있다. 최근 발표된 통일의식조사에 따르면, 통일이 필요하지 않다고 생각하는 사람들의 비율이 계속 증가하고 있다. 특히 20~30대 젊은 층을 중심으로 이런 현상이 두드러지게 나타난다. 20대의 경우 통일을 긍정적으로 생각하는 사람은 28%에 불과하지만, 통일을 부정적으로 생각하는 사람의 비율은 41%에 달하였다. 대신 남북한이 분단된 '현재대로가 좋다'는 응답의 비율이 계속 증가하고 있다.

또 다른 여론조사에 따르면 '반드시 통일이 되어야 하는 것이 당신의 진정한 소망'이냐는 질문에 대해서는 22.7% 만이 긍정적으로 대답하였고, 과반수 이상(50.7%)은 그렇지 않다고 반응하였다. 또한 '통일보다 지금처럼 분단 상태로 지내는 것이 낫다'는 의견에는 약 35%가 동의하였으며, '남북한이 전쟁 없이 평화적으로 공존할 수 있다면 통일은 필요없다'는 의견에 동의한 비율은 57%에 달했다. 적지 않은 우리 국민이 "지금과 같은 분단 상태"를 받아들이는 데는 주저하지만, 평화로울 수 있다면 따로 사는 것이 나쁘지 않다고 생각하는 것이다. 젊은 세대일수록 이런 경향은 더욱 강하게 나타난다.

과연 남북한이 통일하지 않고 평화롭게 살 수 있을까? 대한민국을 "괴뢰"라고 부르며 핵으로 위협하는 현재의 북한과 평화공존이 가능할까? 여기에 자신있게 '네'라고 답할 수 없다면, 또는 그런 방법을 찾기 어렵다면, 우리는 통일을 포기해서는 안 된다. 그리고 통일을 이루기 위해서는 무엇보다 우리 사회 내에 공감대를 높이는 일이 중요하다. 특히 통일에 대해 회의적이거나 무관심한 청년 세대의 통일 공감대를 높이기 위해서는 대진대의 선도대학 프로그램과 같이 젊은이의 눈높이에 맞는 통일비전을 중심으로 통일교육을 진행해야 한다.

통일비전: 평화, 자유, 연대

대한민국의 통일방안은 '민족공동체 통일방안'이다. 우리 사회에는 북한에 대한 인식, 대북정책의 방향에 대해 서로 다른 의견이 대립하는 소위 '남남갈등'이 존재한다. 하지만 다행스럽게도 통일방안에 대해서만은 국민적 합의 기반이 만들어져 있다.

그 출발은 1989년 발표된 '한민족공동체 통일방안'이다. 당시 노태우 대통령은 "자주·평화·민주의 3원칙을 바탕으로 남북연합의 중간 과정을 거쳐 통일"을 실현하자고 제안했다. 이 방안을 만드는 과정에서 정부는 광범위하게 여론을 수렴했다. 전국 단위의 공청회를 열었고, 국회를 중심으로 공론화 과정을 거쳤다. 특히 노태우 대통령은 국회에서 여야 간 합의를 중요하게 생각하였다. 당시 통일 방안을 만드는 과정에서 핵심적 역할을 한 이홍구 전 국토통일원 장관의 회고에 따르면 야당의 김영삼, 김대중 총재도 정부의 노력에 화답하여 "큰 방향이 맞으면 조그만 문제들은 어떻게든 맞춰 가려는 리더십을 발휘"하였고, 결국 여야가 합의한 통일방안이 탄생할 수 있었다.

김영삼 정부는 1994년 한민족공동체 통일방안의 통일과정을 화해·협력, 남북연합, 통일 국가의 3단계로 구체화한 '민족공동체 통일방안'을 발표하였다. 이미 한민족공동체 통일방안에 대해 폭넓은 여론 수렴과 합의 과정을 거쳤기에 민족공동체 통일방안은 별다른 수정 없이 지금까지 대한민국 정부의 공식 통일방안으로 자리매김하고 있다.

물론 30년 전에 제시된 통일 비전과 로드맵을 그대로 유지하는 것에 대한 문제의식도 있다. 북한 핵문제의 악화와 이로 인한 대북 피로감 누적, 미중 패권경쟁의 심화 등 국제환경의 변화, 민족에 대한 국민들의 인식 변화 등을 고려하여 통일방안을 재정비할 필요가 있다는 것이다. 시대가 변한만큼 거기에 걸맞게 통일방안을 보완·발전 시키기 위해 머리를 맞대야 한다. 그러나 그 과정에서 우리가 간과해서는 안 될 사실이 있다. 바로 '민족공동체 통일방안'에는 여전히 의미가 있고, 앞으로도 존중되어야 할 통일 원칙과 가치가 포함되어 있다는 점이다.

첫째, (한)민족공동체 통일방안은 통일을 "무력이나 전쟁"이 아니라 오직 "평화적으로" 이루어야 하며, 세계 평화에 이바지해야 한다는 점을 분명히 밝히고 있다. 둘째, 기존 통일방안은 통일한국이 "각자의 자유와 인권과 행복이 보장되는 민주국가"여야 한다고 강조한다. 통일은 "민족 구성원 모두의 자유와 권리를 바탕"으로 이루어지는 민주적 통합이어야 한다는 것이다. 셋째, '(한)민족공동체 통일방안'은 말 그대로 민족 간 공동체 형성을 목표로 하고 있다. 하지만 하나의 민족이기 때문에 무조건 통일해야 한다는 민족 당위성만을 내세운 것은 아니다. 우리가 분단 이전 긴 역사를 통해 "한 핏줄, 같은 언어, 같은 문화 전통"을 공유하고 있으며, 이것이 통일의 구심점이 될 수 있다는 논리를 담고 있다. 나아가 "같은 삶의 터전" 위에서 살아왔다는 점에 주목하며, 남과 북이 "공동생활권"을 만들어 함께 연대해야 한다고 강조했다.

통일 공감대 형성의 방향

앞에서 논의했듯이 민족공동체 통일방안에는 평화, 자유, 연대라는 소중한 가치가 포함되어 있다. 지금보다 평화롭고 자유롭게 살아갈 수 있는 한반도, 그리고 구성원 모두가 함께할 수 있는 한반도를 만드는 것이 통일의 목표이고, 통일해야 하는 이유이다. 무엇보다 통일은 우리의 삶에 어떤 영향을 미칠 것인지, 통일 이후 우리가 어떠한 가치를 추구하면 살아갈 것인가 하는 삶의 문제에서부터 논의를 시작할 때, 통일에 대한 공감대를 높일 수 있을 것이다.

첫째, 통일이 된다면 우리는 지금보다 훨씬 평화로운 삶을 향유할 수 있을 것이다.

2023년 5월 새벽 서울 시민들의 휴대폰에 날카로운 소리와 함께 '재난문자'가 떴다. 경계경보가 발령되었으니 대피할 준비를 하라는 내용이었다. 사람들은 깜짝 놀랐고, 주요 포털 사이트도 먹통이 되어있자 혼란은 커졌다. 전쟁이 일어났을지도 모른다는 두려움에 피난을 생각한 사람들도 꽤 있었다. 북한이 인공위성이라고 주장하는 발사체를 쏘아 올렸기 때문에 발생한 상황이다. 북한의 지속적인 군사 위협과 거듭되는 미사일 발사가 없었다면 이런 혼란이 일어나지 않았을 것이다. 분단의 현실과 평화로운 통일한국의 필요성을 잘 보여주는 상징적 장면이다.

"현재 남북한이 전쟁 중이라고 생각하십니까?" 이 질문에 우리 국민의 49%가 그렇다고 대답하였다. 국민 절반이 현재 한반도가 전쟁에 버금가는 상황에 놓여 있다고 인식하는 것이다. 사실 6.25 전쟁 이후 한반도에서 전면전은 없었다. 그 기간 대한민국은 빠르고 역동적인 경제 번영과 민주주의 발전을 이루었다. 하지만 그 평화는 불안한 평화였다. 대피 문자 소동에서 알 수 있듯이 국민 마음속 어딘가에는 전쟁에 대한 두려움이 남아있다. 그 공포심을 없애고 편안하게 살아갈 수 있는 길, 그것이 바로 통일에 있다. 통일을 통해 미래 한반도에 지속 가능한 평화를 조성할 수 있다. 그리고 그렇게 평화로운 한반도는 세계 평화에도 기여할 수 있다.

평화와 통일은 당연히 함께 가야 한다. 하지만 우리 정치권에서 소위 보수와 진보 성향의 정당과 지도자들은 평화와 통일문제에 대한 다른 인식과 접근법을 지니고 있다. 우선 김대중, 노무현, 문재인으로 이어지는 진보 성향 정부는 통일보다는 평화의 중요성을 강조하였다. 이러한 입장은 당장의 통일보다는 교류협력과 평화정착이 우선적 과제라는 인식에 기초한다. 반면 이명박, 박근혜, 윤석열 등 보수 성향의 정부는 통일의 중요성을 앞세운다. 특히 보수 정부는 통일의 기반을 마련하고, 통일을 미리 준비해야 한다는 점을 강조하였다. 정책적으로 어느 한쪽에 조금 더 비중을 둘 수는 있다. 하지만 한쪽에 치우쳐 다른 쪽 입장을 잘못된 것으로 간주해서는 안 된다.

안타깝게도 한국 정치권 일부에서는 통일준비에 대한 거부감이 존재한다. 예를 들어 보수 정부에서 통일이 언제 올지 모르니 항상 준비해야 한다고 말하면, 진보 진영에서는 북한 붕괴를 염두에 둔 흡수통일론이라는 비판이 나왔다. 하지만 실제로 보수 정부에서 흡수통일을 가정한 통일정책을 추진한 사례는 드물다. 어느 정부에서나 그렇듯이 북한 붕괴, 급변사태는 컨틴전시 플랜을 세워 대비할 문제이지, 정책적으로 추진할 사안이 아니다. 정부 정책 담당자는 북한 붕괴론으로 해석될 수 있는 언행을 자제할 필요가 있다. 그렇다고 북한의 반발까지 미리 우려하며 우리가 꼭 해야 할 통일준비를 금기시하는 태도에는 문제가 있다. 통일준비는 흡수통일을 위한 것이라는 인식에 사로잡혀 우리 자신을 옥죄서는 안 된다. 통일준비는 더욱 평화롭고 살기 좋은 한반도를 만들기 위해 반드시 선행되어야 할 작업이다. 따라서 통일준비를 회피하기보다는 통일과 평화를 통합적 시각에서 접근하며 통일준비와 평화준비를 함께 추진하는 방안을 모색해야 한다.

둘째, 한마디로 통일은 자유다. 우리는 이미 많은 자유를 누리고 있지만, 통일된 이후 한반도 구성원의 삶은 더욱 자유로워질 것이다.

"대한민국은 통일을 지향하며, 자유민주적 기본질서에 입각한 평화적 통일정책을 수립하고 이를 추진한다." 대한민국 헌법 제4조의 내용이다. 통일은 평화는 물론 자유라는 가치와 함께해야 한다는 의미이다.

김구 선생은 통일 독립국가 건설을 열망하였다. 그는 "우리가 세우는 나라" 즉, 통일된 국가는 "자유의 나라라야 한다"고 강조하였다. "우리 자손의 사상과 신앙의 자유를 속박함이 없는 나라, 천지와 같이 넓고 자유로운 나라를 건설하자고" 제안한 것이다. 김대중 전 대통령도 통일의 사상적 기조로 "전 지구적 민주주의"를 언급하였다. 이는 전 세계 사람들이 "똑같은 자유와 번영 그리고 정의를 누리도록" 해야 한다는 인식에서 출발한다. 자유로운 통일 한국은 시대와 이념을 초월해 우리가 꿈꿔온 나라이다. 어떤 이유에서든 이 정신이 훼손되어서는 안 된다.

우리 사회에는 '자유민주주의'란 표현을 둘러싼 논란이 존재한다. 예를 들어 교과서에서 민주주의 앞에 '자유'를 붙일 것인지, 헌법 제4조의 자유민주적 기본질서에서 '자유'를 뺄 것인지의 문제에 대해 보수와 진보의 의견에 차이가 있다. 어느 학자가 적절하게 지적했듯이 "자유에 집착하면 보수이고 자유를 빼면 진보라는 우스꽝스러운 말싸움"은 해소되어야 한다. 민주주의는 "근원적으로" 자유민주주의이기 때문이다. 우리는 보편적 가치인 자유를 지키기 위해 큰 노력을 기울여 왔다. 통일 이후에도 한반도의 모든 구성원은 자유를 누릴 수 있어야 한다.

자유는 민주주의라는 정치 제도적 측면은 물론 삶의 차원에서도 중요하다. 특히 요즘 젊이 세대는 이념과 체제 차원이 아니라 일상생활과 내 자신의 자유를 소중히 여긴다. MZ 세대에게 인기 있는 K-pop 가사를 보면 잘 알 수 있다. "집 없이 살고 싶어 온 세계를 누비며...날 사랑하는 것 free, 알아가는 것 freedom...."(악동뮤지션, Freedom). "난 생겨 먹은 대로 사는 애야, 뭘 더 바래, That's my style, 우리만의 자유로운 ninteen's ketsch...."(IVE, Kitsch). "나는 가야해 저 먼길, 앞으로 할 게 산더미 걸....you got to set me free...."(코드군스트 Set Me Free). 이런 젊은 세대의 통일 공감대를 높이기 위해서는 분단 상황이 우리의 자유로운 삶을 어떻게 가로막고 있는지, 통일이 되면 우리가 얼마나 더 자유롭게 생각하고 행동할 수 있는지 알려줄 필요가 있다.

"쇼생크 탈출"이라는 영화가 있다. 살인 누명을 쓰고 종신형을 선고받은 주인공의 교도소 생활과 탈출 과정을 담은 이 영화에는 다음과 같은 에피소드가 담겨있다. 젊은 시절 죄를 짓고 50년 동안 감옥에 있던 한 노인이 모범수로 선정되어 출소하게 되자, 갑자기 친한 동료를 흉기로 위협했다. 교도소 밖으로 나가는 것이 두려워 일부러 죄를 짓고 교도소 안에 남으려고 한 것이다. 이런 행동을 보면서, 역시 수십 년 간 감옥에 갇혀 있던 다른 죄수는 말한다: "그는 교도소에 길들어졌을 뿐이야. 교도소 장벽이 처음엔 싫지만, 점차 익숙해지지. 그리고 세월의 지나면 거기에 의존하게 되지."

　교도소는 범죄자의 '자유'를 빼앗음으로써 그 대가를 치르게 하는 곳이다. 그런데 그곳에서 오래 살다 보면 자유가 없는 교도소조차 편안해질 수 있다. 통일문제도 같은 맥락에서 생각해 볼 수 있다. 분단 상황에 익숙해지다 보니 휴전선이 우리의 자유를 제약하고 있는데도 그것을 뚫고 나가기보다는 거기에 안주하려는 것일 수 있다. "두려움은 당신을 감옥에 가두고, 희망은 당신을 자유롭게 할 것이다(Free can hold you prisoner, hope can set you free)." 이 영화 주인공의 외침이다. 통일은 분명 지금보다 훨씬 자유로운 삶을 우리에게 가져다줄 것이라는 희망을 잃지 말고 통일 공감대를 모아야 한다.

　셋째, 통일 이후 우리는 남북한 주민은 물론 이주배경을 지닌 구성원들과 통합하며 함께 어울릴 수 있다. 또 그렇게 만들어야 한다.

　"북한에 대해 알수록 북한과의 통일은 중국 유학생과 팀 프로젝트를 함께 하는 것과 비슷할 수 있다는 생각이 들었습니다. 중국 유학생들은 입학한 환경도 다르고 학점에도 별로 신경을 안 쓰며, 말도 잘 안 통합니다. 중국 학생들을 폄훼할 생각은 없지만, 불편한 진실을 말할 수밖에 없습니다. 북한은 매력이 떨어지는 동반자입니다." 통일 관련 교양수업에서 나온 어느 학생의 발언이다. 요즘 젊은 세대의 인식을 적나라하게 보여주고 있다.

요즘 젊은 세대는 북한을 '민족'이라는 관점에서 바라보기보다는 다른 나라, 특히 대한민국에 위협을 가하는 존재로 인식하는 경향이 높다. 다행히 여론조사 결과에 따르면 20대와 30대에서도 30% 정도는 '통일이 되어야 하는 가장 큰 이유'로 '같은 민족이니까'라고 응답하였다. 젊은 세대 중에도 북한과 민족 동질감을 느끼는 사람들이 꽤 있으며, 민족이 여전히 통일 공감대 형성의 구심점이 될 수 있다는 것을 시사한다. 문제는 젊은 세대의 공감대를 높이는 방향으로 통일과 민족의 관계를 설명하는 것이다. 비록 북한 정권과 군은 우리의 적일 수 있지만, 대다수의 북한 주민들은 오랜 역사 속에서 우리와 같은 말을 사용하고 문화를 공유해 왔으며, 따라서 우리와 함께할 수 있는 존재라는 것을 느끼도록 해야 한다.

그 방법 중 하나가 민족 동질성 회복이라는 틀에서 벗어나, 보편적이고 일상적인 가치를 중심으로 통일에 접근하는 "생활공동체" 개념을 활용하는 것이다. 생활공동체는 "개개인의 자율성과 민주적 가치가 실현되는 장"을 의미한다. MZ 세대는 개인주의적 성향이 강하다고 하지만, 공동체의 필요성도 느끼고 있다. 최근 'MZ 세대'에 대한 연구에 따르면 젊은 세대의 공동체 의식은 재미와 즐거움을 느낄수록, 자신의 감정이 잘 드러날수록, 의사소통이 잘된다고 여길수록 높아진다. MZ 세대를 중심으로 공통 관심사를 기반으로 한 커뮤니티인 "취향공동체" 모임이 늘어나고 있는 현상도 이러한 MZ 세대의 인식을 잘 보여준다.

이러한 젊은 세대의 특징을 활용해 북한문화를 함께 이해하고 소통할 수 있는 플랫폼을 만들어 볼 수 있다. 예를 들어 '밥상 문화', '평양냉면'에 대한 취향공동체를 만들고 남북한의 식생활 문화에 대한 친밀감을 높여 간다면, 하나의 생활권에서 살던 남북한 사이의 공통점을 자연스럽게 느끼고 연대감을 형성할 수 있을 것이다.

생활 속의 통일교육

소성규 교수는 "평화통일교육은 통일에 대한 거창한 이념이 아니라 우리 생활 가까이 있는 역사와 문화 속에서 출발" 한다는 소신을 지니고 있다. 대부분의 사람들이 통일을 교실에서 교과서로만 배운 탓에 통일을 "막연한 염원"으로만 생각한다는 문제점을 파악한 소성규 교수는 "우리 주변에서 쉽게 접하고 직접 경험하는 교육으로 패러다임이 바뀐다면 상황이 크게 달라질 것" 이라고 강조한다. 그가 제안한 '38선 평화공원', '역사문화체험길'사업 등도 이러한 취지를 담고 있다.

지역 주민들의 삶과 전통이 담겨있는 장소를 중심으로 '작은 평화', '작은 통일'을 만들어 가자는 통일교육 방향은 젊은 세대의 통일공감대를 높이는데 크게 기여할 것이라고 확신한다.

미래 통일을 이끌어갈 젊은 세대는 다양성을 추구하며 고정관념에서 벗어나고자 한다. 이들은 특정 이념에 얽매이지 않고 자신의 삶과 나아가 글로벌 가치를 지향한다. 앞으로 통일교육은 젊은 세대의 감성을 존중하는 방향으로 이루어져야 한다. 특히 일상 생활을 중심으로 통일에 접근할 경우 젊은 세대와의 통일 대화가 좀 더 부드러워질 수 있다.

그동안 소성규 교수는 맞춤형 통일교육을 통해 대학생들의 통일의식을 높이는 데 크게 공헌하였다. 나아가 그가 제시한 평화통일 교육의 비전은 미래 통일 공감대 확산의 길잡이가 될 것이다.

노겸 소성규 교수
삶의 기록 사진모음

사진편집 : 최재훈 박사(경인일보 경기북부 취재본부장)

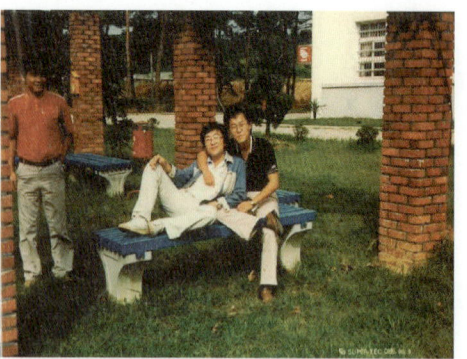

제 6 기 군사훈련수료기념 (1989. 7. 8)
육군제6755부대

법학박사 소 성 규
責任法上 過失法理에 관한 硏究

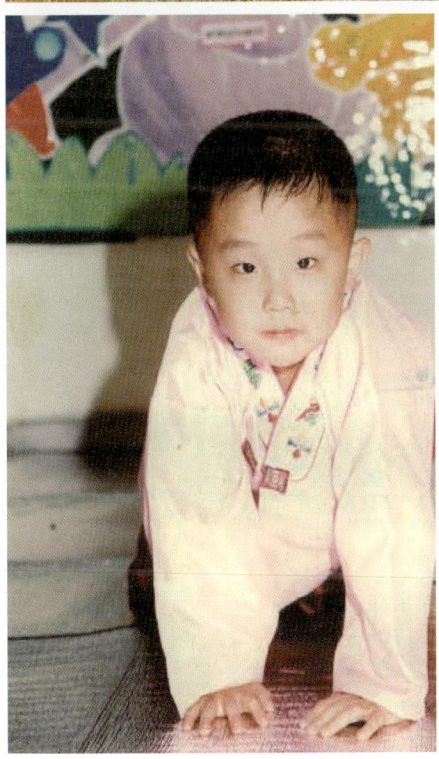

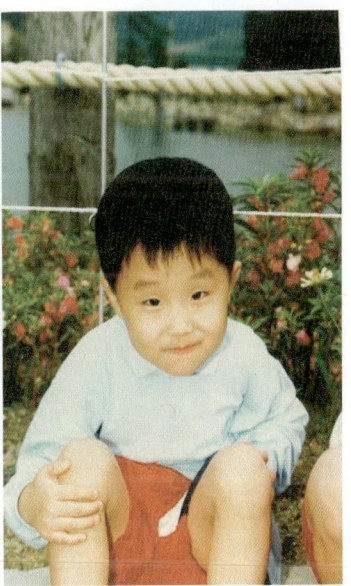

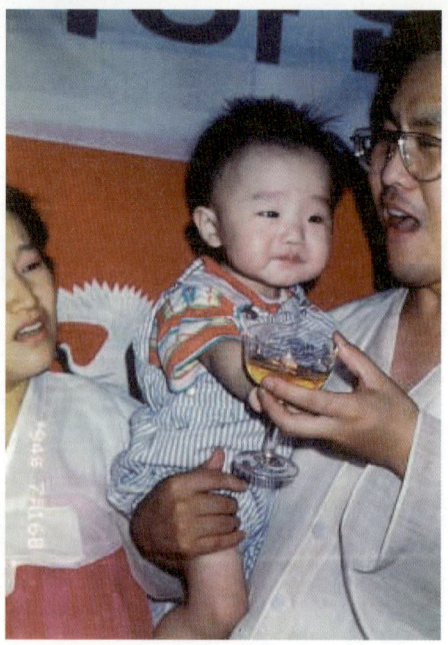

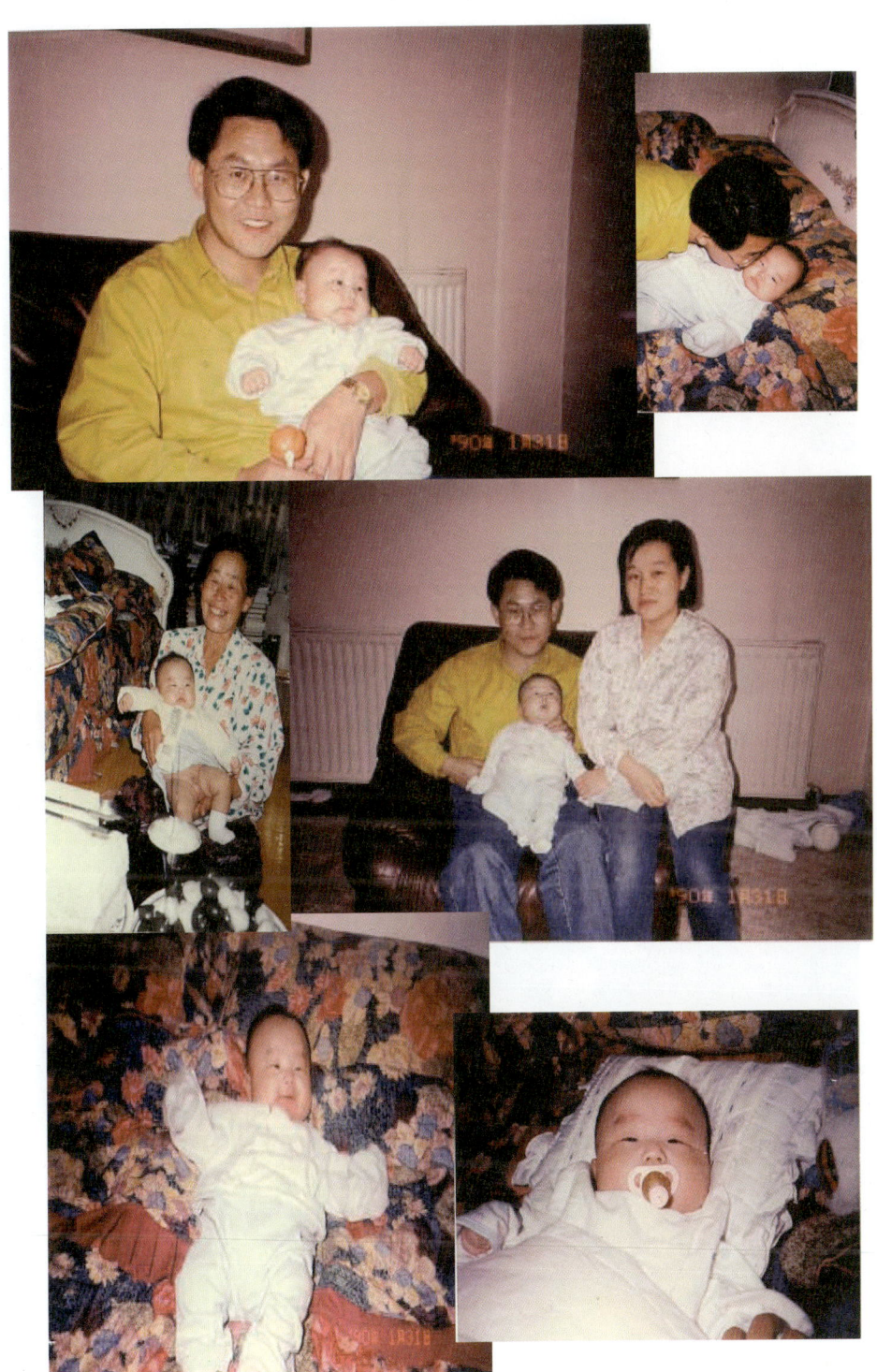

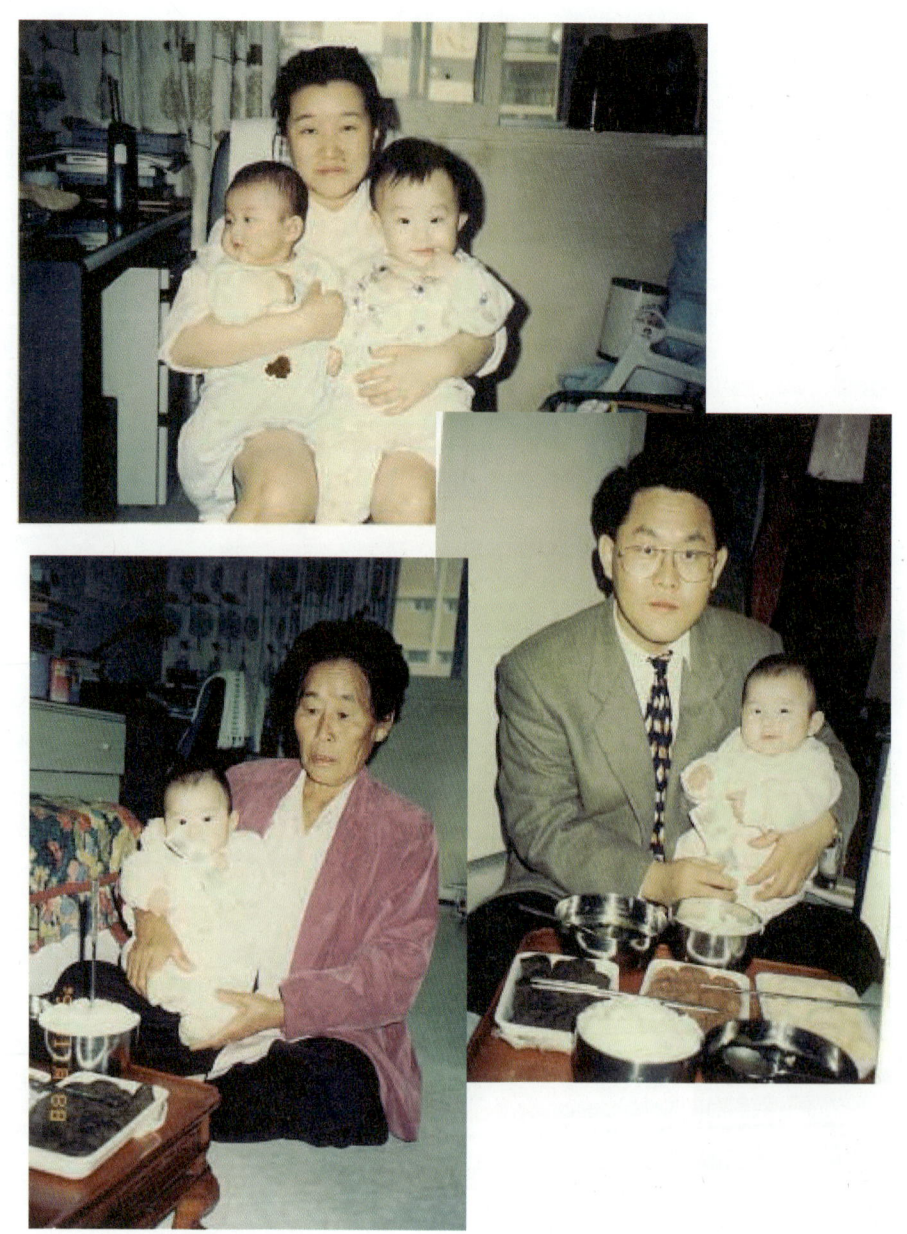

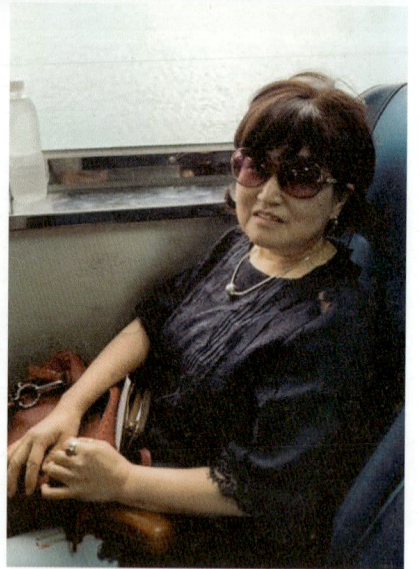

의정부지방검찰청 조희진 검사장 초청 신년하례식 기념 2017.1.9

경기북부 범죄피해자지원센터 정기총회 기념 2018.3.26
의정부지방검찰청 김회재 검사장과 함께

범죄피해자 지원 스마일 공익신탁 출범식에서 2016.5.26
의정부지방검찰청 조희진 검사장과 함께

범죄피해자지원 사랑나눔 대음악회 2016.11.3
조희진 검사장. 경기북부 9개 시.군 단체장과 함께

노겸 소성규교수 화갑기념 간행위원회 명단

* 총괄위원장 : 손경식(前의정부시부시장)

* 분과 위원장
  - 학계 대표 위원장 : 박수곤(경희대학교 법학전문대학원 교수)
  - 박사졸업생 대표 위원장 : 권영택(현대물류(주) 대표이사)
  - 석사졸업생 대표 위원장 : 원진희(경기도 감사담당관), 김윤범((주) 이산 대표이사)
  - 학부졸업생 대표 위원장 : 임춘환(대진대학교 총무처장)
  - 법률인 대표 위원장 : 고병철(변호사, 고병철 법률사무소)
  - 전문직 대표 위원장 : 서창원(세무법인 더조이 대표세무사)
  - 기업인 대표 위원장 : 최윤(태윤종합건설(주) 대표이사)
  - 공무원 대표 위원장 : 전철(경기도 평화기반조성과장)
  - 경찰직 대표 위원장 : 남상인(서울강북경찰서 감사실장)
  - 언론인 대표 위원장 : 최재훈(경인일보 경기북부 취재본부장)
  - 선출직 대표 위원장 : 윤충식(경기도의원)
  - 여성계 대표 위원장 : 김태희(대진대학교 객원교수)

* 실무위원
  - 행사기획 준비위원장 : 이상훈((주)인터니즈 대표이사)
  - 출판담당 준비위원장 : 최진웅(최진웅 법무사사무소 대표법무사)
  - 간사 : 천영성(대진대학교 객원교수)
  - 위원 : 김효윤((주) 미래푸드시스템 법무이사), 최정민(남양주시의회 주무관),
          신현숙(양주시청 팀장)

* 위원

강석원, 강성모, 고병철, 곽홍길, 권호석, 김규선, 김대중, 김민성, 김병태, 김상수, 김연분, 김영호, 김주연, 김창호, 김현석, 김현수, 박용학, 박지훈, 박차남, 박충렬, 백영현, 빈미선, 서우진, 서장원, 송인만, 신대수, 신택수, 우양태, 윤기상, 이관용, 이명란, 이승형, 이용호, 이원성, 이제흠, 이종호, 이준기, 이태승, 이태진, 이학남, 이현주, 이희창, 임경식, 임승환, 장인권, 전은우, 정규창, 정서영, 정석배, 정성호, 정재종, 정찬영, 조태광, 허 균, 홍준경, 홍진화.

노겸 소성규 교수 화갑기념 : **대진의 인연, 기억 그리고 사랑**

지은이 / 노겸 소성규 교수 화갑기념간행위원회·개성포럼	발행 2024. 07. 22
펴낸이 / 조 형 근	인쇄 2024. 07. 22
펴낸곳 / 도서출판 동방문화사	

서울시 서초구 방배로16길 13. 지층
전화 : 02)3473-7294   팩스 : (02)587-7294
메일 : 34737294@hanmail.net   등록 : 서울 제22-1433호

파본은 바꿔 드립니다.   본서의 무단복제행위를 금합니다.
정 가 : 70,000원   ISBN 979-11-89979-75-1 03060